Carsten Sieber

Kooperation von Zentralcontrolling und Bereichscontrolling

GABLER EDITION WISSENSCHAFT

Schriften des Center for Controlling & Management (CCM), Band 30

Herausgegeben von
Universitätsprofessor Dr. Dr. h. c. Jürgen Weber
WHU – Otto Beisheim School of Management, Vallendar

Die Schriftenreihe präsentiert Ergebnisse betriebswirtschaftlicher Forschung im Bereich Controlling und Führung. Sie basiert auf einer akteursorientierten Sicht des Controlling, in der die Rationalitätssicherung der Führung einen für die Theorie und Praxis zentralen Stellenwert einnimmt.

Carsten Sieber

Kooperation von Zentralcontrolling und Bereichscontrolling

Messung – Auswirkungen – Determinanten

Mit einem Geleitwort von Prof. Dr. Dr. h.c. Jürgen Weber

GABLER EDITION WISSENSCHAFT

Bibliografische Information Der Deutschen Nationalbibliothek
Die Deutsche Nationalbibliothek verzeichnet diese Publikation in der Deutschen Nationalbibliografie; detaillierte bibliografische Daten sind im Internet über <http://dnb.d-nb.de> abrufbar.

Dissertation WHU – Otto Beisheim School of Management Vallendar, 2007

1. Auflage 2008

Lektorat: Frauke Schindler / Stefanie Loyal

Der Gabler Verlag ist ein Unternehmen von Springer Science+Business Media.
www.gabler.de

Umschlaggestaltung: Regine Zimmer, Dipl.-Designerin, Frankfurt/Main
Gedruckt auf säurefreiem und chlorfrei gebleichtem Papier
Printed in Germany

ISBN 978-3-8350-0980-6

Meinen Eltern Rolf und Ingeborg sowie meiner Frau Kirsten
in Liebe und Dankbarkeit gewidmet

Geleitwort

Die vorliegende Dissertation von *Sieber* ist eingebettet in einen Forschungsstrang am Lehrstuhl, der sich mit Fragen der strategischen Positionierung des Controllerbereichs innerhalb von Unternehmen beschäftigt. Konzeptionelle Ausgangsbasis sind die Dissertation von *David* 2005 einerseits und mehrere empirische Arbeiten zu Erfolgsfaktoren der Controllerarbeit (z.B. die Dissertationen von *Bauer* 2002 und *Spillecke* 2006) andererseits. Hinter diesen Arbeiten liegt die Hypothese, dass Controllerbereiche – obwohl in der Hierarchie verankert bzw. vom Management eingerichtet – in Grenzen eigenständigen Handlungsspielraum besitzen, ihr Leistungsspektrum selbst festzulegen bzw. auf dieses gestalterischen Einfluss auszuüben. Diese – zunächst hypothetisierte – Möglichkeit ist inzwischen auch in weiteren empirischen Studien am Lehrstuhl bestätigt worden.

Wenn Controllerbereiche einen – begrenzten – aufgabenbezogenen Handlungsspielraum besitzen, dann können sie diesen zum einen nutzen, um sich besser auf die Bedürfnisse des Managements als ihren Kunden auszurichten. Zum anderen steht die Frage zur Entscheidung an, wie die Interaktion mit potentiellen internen Wettbewerbern um die Aufmerksamkeit des Managements gestaltet werden soll. Als solche Wettbewerber werden in der aktuellen Literatur insbesondere die Strategen bzw. Unternehmensentwickler, die Accountants und die internen Revisoren genannt. Ob zu diesen eher eine wettbewerbliche Grundposition eingenommen werden soll im Sinne der Übernahme bisher von diesen wahrgenommener Aufgaben oder ob eine Kooperationsstrategie für den Erfolg der Controller zu besseren Ergebnissen führt, ist in der Vergangenheit weder konzeptionell noch empirisch untersucht worden. Exakt an dieser Stelle setzt die vorliegende Dissertation an, die Teil eines größeren Forschungsprojekts ist. In parallelen Dissertationen werden die Beziehungen der Controller zu den oben genannten „Hauptwettbewerbern" untersucht. Zwei Arbeiten sind bereits erschienen (*Birl* 2007 und *Knollmann* 2007).

Sieber ist nun der Dritte im Bunde. Er beschäftigt sich mit einer Schnittstelle, die in der einschlägigen Literatur zwar häufiger pauschal angesprochen, aber dennoch eher vernachlässigt wurde: Controllerbereiche sind – zumindest in Großunternehmen – keine homogenen Gebilde, sondern weisen eine ausgeprägte Binnenstruktur auf. Insbesondere besteht eine deutliche Trennlinie zwischen den Controllern des Zentralcontrollings (z.B. der Controllingabteilung einer Konzernholding) und den Controllern der unterhalb der obersten Hierarchieebene angesiedelten Geschäftsbereiche. Diese besitzen ein eher ambivalentes Verhältnis zueinander: Auf der einen Seite verbinden die Controller eine gemeinsame Auffassung von der wahrzunehmenden Rolle und eine Vielzahl von Aufgabeninterdependenzen; auf der anderen Seite folgen die Controller leicht den Interessen der jeweiligen Organisationsebene, der sie zugeordnet sind, so dass es an den Schnittstellen zu entsprechendem gerichteten Verhalten und zu Konflikten kommt bzw. kommen kann.

Empirische Belege über die Schnittstelle zwischen Zentralcontrolling und Bereichscontrolling fehlen bislang weitestgehend. Dieser Mangel wird durch die vorliegende Dissertation in hohem Maße beseitigt.

Die Arbeit liefert eine Reihe wichtiger empirischer Erkenntnisse. Sie betreffen zum einen die Wirkung der Zusammenarbeit auf die Performance der Controller: Hier ist von einem „je mehr, desto besser" auszugehen. Es lohnt sich also für Zentralcontroller, die Kooperation mit den dezentralen Controllern zu suchen. Zum anderen zeigt *Sieber* auf, welche Faktoren die Zusammenarbeit beeinflussen. Mit beiden Erkenntnisbereichen liefert die Arbeit einen erheblichen, bemerkenswert sorgfältig herausgearbeiteten Forschungsfortschritt.

Insgesamt überzeugt die vorliegende Dissertation in jeder Hinsicht. Sie ist durch eine hohe Methodensicherheit ebenso gekennzeichnet wie durch eine sehr präzise und konsistente theoretische Ableitung der empirischen Vorgehensweise. Die Dissertation baut auf einer sehr intensiven, mustergültigen Literaturarbeit auf. Sie liefert wichtige neue Erkenntnisse. Diese bringen die Forschung im Bereich des strategischen Managements des Controllerbereichs ebenso voran, wie sie Beiträge zur Schnittstellenforschung liefern. Außerdem besitzen die Ergebnisse ein nicht unerhebliches praxeologisches Potenzial. Damit ist der Arbeit ein breiter Leserkreis zu wünschen.

Prof. Dr. Dr. h. c. Jürgen Weber

Vorwort

In größeren Unternehmen finden sich Controller als Unterstützer und Rationalitätssicherer des Managements nicht nur auf der oberen Unternehmensebene, sondern – genau wie Manager selbst – auch in den dezentralen Bereichen der Organisation wieder. Dem Verhältnis zwischen Zentralcontrollern einerseits und Bereichscontrollern andererseits wird in Literatur und Praxis eine besondere Bedeutung beigemessen. So wird durchgängig eine enge Zusammenarbeit beider Controllerbereiche gefordert. Gleichwohl ist festzustellen, dass die Kooperation von Zentralcontrolling und Bereichscontrolling bislang nicht fundiert analysiert worden ist – und dies, obwohl ein notwendiges erfolgreiches Zusammenwirken beider Controllerbereichsebenen angesichts auftretender Konflikte und Wettbewerbsbeziehungen durchaus keine Selbstverständlichkeit ist. In Anbetracht dessen bestand das Ziel der vorliegenden Dissertation in einer umfassenden, theoriegeleiteten empirischen Untersuchung der Zusammenarbeit von Zentralcontrolling und Bereichscontrolling. Hierbei galt es auch, die vielfach zitierte Relevanz der Kooperation nachzuweisen sowie ihre Einflussfaktoren zu beleuchten.

Zum Gelingen dieser Arbeit haben viele Akteure beigetragen. Ohne ihre Unterstützung wäre die Erstellung der Dissertation in der vorliegenden Form nicht möglich gewesen.

An erster Stelle gebührt meinem akademischen Lehrer und verehrten Doktorvater, Herrn Prof. Dr. Dr. h. c. Jürgen Weber, großer Dank. Er hat mein Forschungsvorhaben nicht nur von Beginn an aktiv gefördert und engagiert betreut, sondern an seinem Lehrstuhl auch die nötigen Rahmenbedingungen geschaffen, die für ein Erfolg versprechendes wissenschaftliches Arbeiten maßgeblich sind. Seine warmherzige Art und sein vorbildlicher menschlicher Umgangs- und Führungsstil haben einen nicht unerheblichen Anteil daran, dass die Promotion für mich eine sehr schöne Zeit war.

Bedanken möchte ich mich auch bei Herrn StB Prof. Dr. Rolf Uwe Fülbier für die Übernahme des Korreferates, seine pragmatische Auseinandersetzung mit dem Themengebiet sowie für hilfreiche Anregungen und Ideen.

Mein Dank richtet sich ebenfalls an meine Kollegen und Freunde am Lehrstuhl. Das Arbeiten und Forschen in einem Umfeld, das durch interessante Menschen mit unterschiedlichem Hintergrund gekennzeichnet ist, war für mich eine enorme Bereicherung.

In besonderem Maße möchte ich in diesem Zusammenhang den Mitgliedern meiner Forschungsgruppe „Controller im Wettbewerb", Dr. Holger Birl, Hendrik Grieshop und Dr. Ramon Knollmann, für die vielen fruchtbaren Diskussionen, wertvollen Hinweise und die freundschaftliche Zusammenarbeit danken. Herrn Prof. Dr. Bernhard Hirsch bin ich für die Leitung der Forschungsgruppe sowie konstruktive fachliche Anmerkungen sehr verbunden.

Dank schulde ich zudem Hendrik Schlüter nicht nur für die hervorragende Zusammenarbeit am Center for Controlling & Management, sondern auch für die Durchsicht meines Manuskriptes.

Dass mir meine Promotionszeit in unvergesslicher, schöner Erinnerung bleiben wird, habe ich darüber hinaus insbesondere Martina Bender, Christian Busse, Dr. Bernd-Oliver Heine, Dr. Alexandra Matthes, René Rambusch, Frauke Sill, Almuth Spatz sowie Manuel Weller zu verdanken.

Ein großes Dankeschön geht schließlich an Beata Kobylarz-Winn, Fotini Noutsia und Sonja Schmitt, die mir bei der Bewältigung des Forscheralltages in organisatorischer und administrativer Hinsicht zur Seite gestanden haben.

Nicht nur im universitären, sondern auch im privaten Bereich habe ich die notwendige Unterstützung und den erforderlichen Ausgleich zum wissenschaftlichen Arbeiten gefunden. Hier möchte ich zunächst besonders meiner Schwester Antje Sieber für ihre rege Anteilnahme und ihr zu jeder Zeit „offenes Ohr“ sowie Oliver Hülsdonk für die einzigartige Freundschaft und die vielen offenen und ehrlichen Gespräche danken.

Mein ganz persönlicher Dank gilt meinen Eltern Rolf und Ingeborg Sieber sowie meiner Frau Kirsten Sieber. Meine Eltern haben mich auf meinem gesamten Lebens- und Berufsweg stets vorbehaltlos gefördert und in jeder erdenklichen Weise unterstützt. Sie haben mir meine akademische Ausbildung erst ermöglicht und damit letztendlich das Fundament für die vorliegende Arbeit gelegt. Meiner Frau Kirsten bin ich für ihre Geduld und Rücksichtnahme in einer vor allem für sie entbehrungsreichen Zeit, aber auch für ihre Aufmunterungen und ihren Rückhalt unendlich und auf ewig dankbar. Ihre Liebe, ihr Lachen und ihr ansteckender Optimismus waren für mich eine unversiegbare Quelle der Kraft und ein Lichtstreif am Horizont, der den vor mir liegenden Weg erhellt hat. Meinen Eltern und meiner Frau ist diese Arbeit in Liebe und Dankbarkeit gewidmet.

Carsten Sieber

Inhaltsübersicht

Inhaltsverzeichnis

Abbildungsverzeichnis

Tabellenverzeichnis

Abkürzungsverzeichnis

AGFI	Adjusted Goodness of Fit Index
ANOVA	Analysis of Variance
bspw.	beispielsweise
bzw.	beziehungsweise
ca.	circa
CFI	Comparative Fit Index
DEV	durchschnittlich erfasste Varianz
d. h.	das heißt
Dr.	Doktor
E	explorative Fragestellung
EM	Expectation Maximization
et al.	et alii
etc.	et cetera
e. V.	eingetragener Verein
evtl.	eventuell
f.	folgende
F&E	Forschung und Entwicklung
ff.	fortfolgende
GFI	Goodness of Fit Index
H	Hypothese
h. c.	honoris causa
Hrsg.	Herausgeber
i. d. R.	in der Regel
i. e.	id est

i. e. S.	im engeren Sinne
insb.	insbesondere
i. W.	im Wesentlichen
Jg.	Jahrgang
KI	Konditionsindex
MAR	Missing At Random
MCAR	Missing Completely At Random
MIMIC	Multiple Indicators and Multiple Causes
MNAR	Missing Not At Random
m. w. N.	mit weiteren Nachweisen
Nr.	Nummer
n. s.	nicht signifikant
o. g.	oben genannte(n)
PLS	Partial Least Squares
Prof.	Professor
rc	reverse coded
resp.	respektive
RMSEA	Root Mean Square Error of Approximation
S.	Seite
s.	siehe
s. a.	siehe auch
sog.	sogenannte(n/r/s)
Sp.	Spalte
TLI	Tucker/Lewis Index

u. a.	unter anderem
ULS	Unweighted Least Squares
US	United States
u. U.	unter Umständen
vgl.	vergleiche
VIF	Variance Inflation Factor
vs.	versus
WHU	Wissenschaftliche Hochschule für Unternehmensführung
z. B.	zum Beispiel
ZfB	Zeitschrift für Betriebswirtschaft
ZFP	Zeitschrift für Forschung und Praxis
z. T.	zum Teil

1 Einleitung

1.1 Ausgangspunkt der Untersuchung

Sowohl in der betriebswirtschaftlichen Literatur als auch Praxis ist allgemein anerkannt, dass das Controlling eine wichtige Rolle bei der Erreichung der Unternehmensziele und für den Gesamterfolg des Unternehmens spielt.[1] Bereits SATHE (1982) konnte in seiner Studie einen positiven Zusammenhang zwischen dem finanziellen Erfolg von Unternehmen und dem Ausmaß, wie stark Controller in Entscheidungsprozesse eingebunden sind, nachweisen.[2] Insbesondere in großzahligen empirischen Untersuchungen, in denen Controlling als Rationalitätssicherung der Führung[3] verstanden wird, konnten positive Auswirkungen der Inanspruchnahme und Qualität der Leistungen des Controllerbereiches auf den Unternehmenserfolg festgestellt werden.[4] Controller tragen zur Sicherstellung der Führungsrationalität bei und erhöhen auf diese Weise die Effektivität und Effizienz des Führungshandelns.[5]

Die Bedeutung, die dem Controlling beigemessen wird, spiegelt sich nicht zuletzt darin wider, dass in vielen Unternehmen als Träger des Controllings neben einem zentralen Controllerbereich bzw. Zentralcontrolling[6] zusätzlich auch dezentrale Controllerstellen existieren.[7] Als Ausgangspunkt für die Einrichtung dezentraler Controllerbereiche bzw. eines Bereichscontrollings[8] in den einzelnen Geschäftsbereichen von Unternehmen kann die Dezentralisierung von Unternehmensstrukturen als Reaktion auf eine gestiegene Dynamik und Komplexität der Unternehmensumwelt angesehen werden.[9] Die Vorteile, die dem Bereichscontrolling in diesem Zusammenhang bescheinigt werden, beziehen sich vor allem auf eine höhere Problemnähe sowie eine stärkere Einbindung in das operative Geschäft verbunden mit

---

1 Vgl. z. B. Liessmann (1990), S. 513; Amshoff (1993), S. 169; Niedermayr (1996), S. 127.

2 Vgl. Sathe (1982), S. 22.

3 Zur Konzeption des Controllings als Rationalitätssicherung der Führung und damit zum Controlling-Verständnis dieser Arbeit vgl. Kapitel 2.1.

4 Vgl. Bauer (2002), S. 250 ff., sowie Spillecke (2006), S. 184 ff.

5 Vgl. Schäffer (2001c), S. 120.

6 Für den Begriff „zentraler Controllerbereich“ soll im Folgenden synonym auch die Bezeichnung „Zentralcontrolling“ verwandt werden. Anzumerken ist allerdings, dass zwischen den Ausdrücken „Controlling“ und „Controllerbereich“ zu differenzieren ist. So bezieht sich der Begriff „Controlling“ auf die Funktion des Controllings, während der Ausdruck „Controllerbereich“ den primären Träger der Controlling-Funktion bezeichnet (vgl. hierzu Kapitel 2.1). Insofern ergibt sich bei der synonymen Verwendung beider Begriffe streng genommen eine Ungenauigkeit. Diese Unschärfe soll aber aufgrund der in der Literatur üblichen Verwendung der Bezeichnung „Zentralcontrolling“ für einen institutionalisierten zentralen Controllerbereich bewusst in Kauf genommen werden. Analog gelten diese Ausführungen auch für die Begriffe „dezentraler Controllerbereich“ und „Bereichscontrolling“. Vgl. auch Abschnitt 2.2.1.2.

7 Zur Existenz dezentraler Controllerstellen in Unternehmen vgl. u. a. Sathe (1983), S. 31; Mellewigt (1995), S. 111 sowie S. 201 ff.

8 Bei der Betrachtung des dezentralen Controllerbereiches soll der Fokus auf dem dezentralen Bereichscontrolling liegen, das in den jeweiligen Geschäftsbereichen, Divisionen oder Sparten eines Unternehmens angesiedelt ist und das dortige Management unterstützt. Vgl. hierzu auch Kapitel 2.2.1.2. Wenn im Folgenden die Rede von „einem“ bzw. „dem“ Bereichscontrolling ist, so sind damit stellvertretend jeweils auch die übrigen Bereichscontrollerabteilungen eines Unternehmens gemeint.

9 Vgl. Weber/Schäffer (2006), S. 456. Zur Dezentralisierung von Unternehmensstrukturen vgl. u. a. auch Maier (1997), S. 96.

einem höheren lokalen Know-how.[10] Gleichzeitig mit der Einrichtung von Bereichscontrollerabteilungen kam es indes zu einer Aufgabenverlagerung und Arbeitsteilung zwischen Zentral- und Bereichscontrolling, mit der eine Entlastung des Zentralcontrollings von eher operativ geprägten Aufgaben verbunden ist.[11] Dadurch kann sich das Zentralcontrolling verstärkt konzeptionellen und beratenden Aufgaben widmen.[12]

Insofern kommen der Beziehung und der Schnittstelle zwischen Zentral- und Bereichscontrolling eine hohe Bedeutung zu. So merkt SERFLING (1992) an, dass „den Beziehungen zwischen Zentralcontroller und dezentralen Controllern ... besondere Aufmerksamkeit zu widmen"[13] ist. In der Literatur finden sich vor allem Ausführungen, die die Relevanz einer guten Kooperation von Zentral- und Bereichscontrolling hervorheben[14] und dementsprechend eine „enge, zielgerichtete Zusammenarbeit des zentralen Controllings mit dem Bereichs-/ Sparten- und Funktionscontrolling"[15] als notwendig erachten.

Die Bedeutung einer guten Zusammenarbeit von Zentral- und Bereichscontrolling leitet sich aus zwei Blickwinkeln heraus ab.[16] Zum einen erfordern die Interdependenzen zwischen beiden Controllerbereichen, die sich aus der Arbeits- und Aufgabenteilung ergeben, eine gute Kooperation beider Abteilungen.[17] Zum anderen kommt der Zusammenarbeit in Anbetracht eines zunehmenden unternehmensinternen Wettbewerbes um Controllerleistungen eine wichtige Bedeutung zu.[18] Durch die Kooperation und damit den Austausch und die Nutzung der jeweiligen Kenntnisse, Kompetenzen und Ressourcen lassen sich sowohl für das Zentralcontrolling als auch für das Bereichscontrolling Vorteile gegenüber unternehmensinternen Konkurrenten generieren.[19]

Allerdings stellt eine gut funktionierende Kooperation von Zentral- und Bereichscontrolling keine Selbstverständlichkeit dar. Als Ursache hierfür lassen sich vor allem Konflikte und Friktionen in der Beziehung zwischen beiden Controllerbereichen sowie ein potenzielles Wettbewerbsverhältnis anführen, die eine erfolgreiche Kooperation untergraben.[20]

Diese Ausführungen spiegeln einerseits die Relevanz, die der Zusammenarbeit beider Controllerbereiche zukommt, sowie andererseits die Problematik, die sich hinsichtlich einer gut funktionierenden Kooperation ergibt, wider. Dennoch ist die Kooperation von Zentral-

---

10 Vgl. exemplarisch Schiff/Lewin (1970), S. 264; Weber (1993), Sp. 310.
11 Vgl. bspw. Schüller (1984), S. 184.
12 Vgl. u. a. Portatius (1991), S. 286; Weber/David/Prenzler (2001), S. 65.
13 Serfling (1992), S. 86.
14 Vgl. exemplarisch Liessmann (1990), S. 518; Weber (1993), Sp. 310; Weber et al. (2001), S. 37 f.; Küpper (2005), S. 433 f.
15 Portatius (1991), S. 275.
16 Vgl. zu den beiden Blickwinkeln auch Abschnitt 2.3.3.2.
17 Vgl. z. B. Schmidt (1993a), S. 148 f.; Pinto/Pinto (1990), S. 204; Kieser/Walgenbach (2003), S. 100 f.
18 Zum unternehmensinternen Wettbewerb, dem sich Controllerbereiche verstärkt ausgesetzt sehen, vgl. bspw. auch Biel (1998), S. 198, sowie Steinle/Thiem/Rohden (2000), S. 281 ff.
19 Vgl. hierzu insb. David (2005), S. 61, S. 143 sowie S. 180.
20 Vgl. bspw. Hahn/Hungenberg (1994), S. 128; Steinle/Thiem/Dunse (1998), S. 148; David (2005), S. 129.

und Bereichscontrolling in der Forschung bisher nur ansatz- oder ausschnittsweise sowie lediglich rein deskriptiv betrachtet worden.[21]

1.2 Zielsetzung der Untersuchung

Vor dem Hintergrund des erwähnten Forschungsdefizits besteht das zentrale Ziel der Arbeit darin, eine umfassende Untersuchung der Kooperation von Zentral- und Bereichscontrolling vorzunehmen und damit einen Beitrag zur Schließung dieser Forschungslücke zu leisten. Dazu soll grundlegend zunächst eine detaillierte Analyse der Schnittstelle von Zentral- und Bereichscontrolling durchgeführt und auf dieser Basis die Relevanz der Zusammenarbeit verdeutlicht werden. Aufbauend darauf ist der Begriff der Kooperation beider Controllerbereiche zu definieren und ein entsprechendes Verständnis hierzu zu schaffen. Nachfolgend sollen schließlich die Einflussfaktoren und Auswirkungen der Kooperation von Zentral- und Bereichscontrolling analysiert werden. Da „die Erforschung des Controlling als eine in der Praxis entstandene und fortentwickelte Konzeption .. maßgeblich empirisch ausgerichtet sein“[22] muss und insbesondere „empirische Ergebnisse ... einen wesentlichen Beitrag für die Controllingforschung“ [23] leisten, soll die beschriebene Zielsetzung im Rahmen einer großzahligen empirischen Untersuchung verfolgt werden. Die Arbeit zielt damit zum einen auf einen Erkenntnisfortschritt für die empirische Controlling-Forschung ab, die WEBER (2003) „pointiert noch als eher rudimentär, weit überwiegend deskriptiv und wenig systematisch“ [24] bezeichnet. Zum anderen soll die Arbeit durch die Untersuchung der Kooperation an der Schnittstelle zwischen Zentral- und Bereichscontrolling auch einen Erkenntnisbeitrag für die Kooperations- und Schnittstellenforschung leisten.

Aus der Zielsetzung der Untersuchung können konkrete Forschungsfragen abgeleitet werden, die im Folgenden erläutert werden sollen.

Wenngleich die Kooperation von Zentral- und Bereichscontrolling in der Controlling-Forschung als sehr wichtig erachtet wird, ist dennoch festzustellen, dass sie bisher oft nur in Ansätzen oder Ausschnitten für Teilbereiche, nicht aber systematisch über alle Berührungspunkte zwischen beiden Controllerbereichen hinweg beleuchtet worden ist. [25] Zugleich sind – trotz der hohen Bedeutung der Kooperation – in Teilen auch kompetitive und konfliktäre Beziehungen zwischen beiden Abteilungen zu erkennen, die die Zusammenarbeit beeinträchtigen können. Insofern soll als Grundlage der weiteren Untersuchung zunächst eine detaillierte und strukturierte Analyse der Schnittstelle von Zentral- und Bereichscontrolling

[21] Vgl. hierzu Kapitel 2.4.1.
[22] Harbert (1982), S. 168.
[23] Niedermayr (1996), S. 127.
[24] Weber (2003), S. V.
[25] Vgl. hierzu Abschnitt 2.4.1.

vorgenommen und die Bedeutung der Kooperation dargelegt werden. Hierzu wird folgende forschungsleitende Frage formuliert:

Forschungsleitende Frage: Welche Beziehungen bestehen an der Schnittstelle von Zentral- und Bereichscontrolling und welche Bedeutung nimmt die Kooperation hierbei ein?

Obwohl einerseits die Zusammenarbeit beider Controllerbereiche in vielen Beiträgen der Controlling-Forschung thematisiert wird und sich andererseits im Bereich der Schnittstellenforschung viele Arbeiten mit der Kooperation von funktionalen Abteilungen befassen, muss dennoch konstatiert werden, dass kein einheitliches inhaltliches Verständnis hinsichtlich der Kooperation besteht.[26] So merkt bspw. RÖDER (2001) an, dass für den Begriff der Kooperation „keine einheitlich verwendete Definition“[27] existiert.

Ziel der Arbeit ist es daher, ein Begriffsverständnis der Kooperation von Zentral- und Bereichscontrolling sowie eine entsprechende Definition zu erarbeiten. Auf dieser Basis soll ein Messmodell entwickelt werden, mit dem die Kooperation beider Controllerbereiche im Rahmen der empirischen Untersuchung gemessen werden kann. Dazu ist im ersten Schritt eine Konzeptualisierung der Kooperation von Zentral- und Bereichscontrolling vorzunehmen, um die semantische Struktur und die Dimensionen des Messmodells zu spezifizieren. Aufbauend darauf sind im Rahmen der Operationalisierung geeignete Messindikatoren für das Messinstrument zu entwickeln.[28] Die erste Forschungsfrage lässt sich daher wie folgt formulieren:

Forschungsfrage 1: Wie lässt sich die Kooperation von Zentral- und Bereichscontrolling definieren und wie kann sie konzeptualisiert und operationalisiert werden?

Ebenso wenig wie die Kooperation beider Controllerbereiche selbst wurden bisher ihre Auswirkungen auf empirischer Basis untersucht.[29] In der Literatur finden sich lediglich Ausführungen, die die Vermutung nahelegen, dass eine gute Kooperation mit positiven Auswirkungen verbunden ist. Dabei ist insbesondere von Interesse, welchen Einfluss die Kooperation beider Controllerbereiche auf die Qualität der vom Zentralcontrolling angebotenen Leistungen ausübt. So ist eine hohe *Leistungsqualität* für den Controllerbereich allgemein zunächst bedeutsam, um sich gegenüber unternehmensinternen Konkurrenten differenzieren und seinen Fortbestand sichern zu können.[30] Bezogen auf die Untersuchung der

---

26 Vgl. hierzu die Abschnitte 2.4.1 sowie 2.4.2.
27 Röder (2001), S. 64.
28 Vgl. hierzu auch die Ausführungen zur verwandten empirischen Analysemethodik in Kapitel 3.3.
29 Vgl. Kapitel 2.4.1.
30 Vgl. hierzu die Abschnitte 2.3.3.2 sowie 5.1.

Kooperationswirkung auf die Leistungsqualität des *Zentralcontrollings* lässt sich darüber hinaus argumentieren, dass dessen Leistungen sowie ihre Güte für das Gesamtunternehmen von höherer Relevanz sind als die des Bereichscontrollings.[31] Anders als das Bereichscontrolling, dessen Aufgabenwahrnehmung sich vorwiegend auf den betreffenden dezentralen Bereich bezieht, ist das Zentralcontrolling für die Rationalitätssicherung der obersten Management-Ebene zuständig. Die zweite Forschungsfrage lautet somit:

Forschungsfrage 2: Welche Auswirkungen hat die Kooperation von Zentral- und Bereichscontrolling auf die Qualität der vom Zentralcontrolling angebotenen Leistungen?

Angesichts der eingangs skizzierten Relevanz der Kooperation beider Controllerbereiche stellt sich die Frage, wie diese gefördert und verbessert werden kann. Dazu bedarf es einer systematischen Analyse der Einflussfaktoren der Kooperationsbeziehung zwischen Zentral- und Bereichscontrolling. Auch hier liefert die Controlling-Forschung nur erste Anhaltspunkte,[32] so dass eine empirische Überprüfung potenzieller Determinanten hinsichtlich ihrer Relevanz und Wirkungsrichtung notwendig ist. Hieraus ergibt sich die dritte Forschungsfrage der Arbeit:

Forschungsfrage 3: Welche Determinanten beeinflussen die Kooperation von Zentral- und Bereichscontrolling?

1.3 Aufbau der Untersuchung

Im Folgenden soll der Aufbau der Untersuchung vorgestellt werden. Zur Beantwortung der forschungsleitenden Frage sowie der Forschungsfragen ist die Arbeit in sieben Kapitel untergliedert.

Im nachfolgenden *zweiten Kapitel* sollen die konzeptionellen und theoretischen Grundlagen für die empirische Untersuchung gelegt werden. Dazu ist zunächst das Controlling-Verständnis, das dieser Arbeit zugrunde liegt, zu erläutern. Anschließend widmet sich das Kapitel der Organisation von Controllerbereichen und skizziert die Aufgaben- und Kompetenzverteilung zwischen Zentral- und Bereichscontrolling. Aufbauend darauf wird eine umfassende Untersuchung der Schnittstelle beider Controllerbereiche vorgenommen und die Relevanz der Kooperation herausgearbeitet. Im Anschluss daran wird der Stand der Forschung, die einen Erklärungsbeitrag für die weitere Untersuchung leistet, vorgestellt. Dabei werden sowohl Arbeiten der Controlling-Forschung als auch Studien aus dem Bereich

31 Vgl. hierzu und im Folgenden Abschnitt 2.3.3.3.
32 Vgl. Kapitel 2.4.1.

der Schnittstellen- und Kooperationsforschung einbezogen. Das zweite Kapitel schließt mit den theoretischen Bezugspunkten der Untersuchung.

Das *dritte Kapitel* erläutert die methodischen Grundlagen der Untersuchung. Dabei wird im ersten Schritt das grundlegende Forschungsdesign der Untersuchung dargelegt. Im zweiten Schritt erfolgt eine Charakterisierung der Datenbasis, die der empirischen Untersuchung zugrunde liegt. Im letzten Teil des dritten Kapitels wird die angewandte Analysemethodik vorgestellt.

Im *vierten Kapitel* werden die Konzeptualisierung, Operationalisierung und aufbauend darauf eine Messung der Kooperation von Zentral- und Bereichscontrolling vorgenommen. Dazu werden zunächst die inhaltlichen Dimensionen der Kooperation beider Controllerbereiche präzisiert, operationalisiert und anschließend zu einem gesamthaften Messmodell zusammengeführt. Auf dieser Basis wird nachfolgend eine deskriptive Bestandsaufnahme der Güte der Kooperation von Zentral- und Bereichscontrolling in der zugrunde liegenden Datenbasis durchgeführt.

Das *fünfte Kapitel* untersucht die Auswirkungen der Kooperation beider Controllerbereiche auf die Qualität der vom Zentralcontrolling angebotenen Leistungen. Nach der Entwicklung der Messmodelle zur Beurteilung der Leistungsqualität werden Hypothesen zu den Kooperationswirkungen abgeleitet und auf Basis der Kausalanalyse überprüft. Daran schließt sich eine explorative moderierende Analyse der Auswirkungen der Kooperation an.

Im *sechsten Kapitel* wird eine Untersuchung der Determinanten der Kooperation von Zentral- und Bereichscontrolling vorgenommen. Dazu wird zunächst die Auswahl der in das Forschungsmodell einbezogenen Einflussfaktoren begründet. Anschließend werden – der Vorgehensweise des fünften Kapitels folgend – Messmodelle für die einzelnen Determinanten entwickelt sowie Hypothesen hierzu formuliert und kausalanalytisch überprüft. Darüber hinaus werden die Wirkungsbeziehungen wiederum einer explorativen moderierenden Analyse unterzogen.

Das *siebte Kapitel* beschließt die Untersuchung, indem die Kernergebnisse der Arbeit zusammengefasst und bewertet sowie Implikationen abgeleitet werden.

2 Konzeptionelle und theoretische Grundlagen der Untersuchung

Ziel dieses Kapitels ist es, die konzeptionellen und theoretischen Grundlagen darzulegen, auf denen die empirische Untersuchung der Kooperation von Zentral- und Bereichscontrolling basiert.

2.1 Controlling-Verständnis der Arbeit

In diesem Abschnitt wird das Controlling-Verständnis, das der Arbeit zugrunde liegt, erläutert. Dazu wird zunächst der Ansatz der Rationalitätssicherung der Führung als Funktion des Controllings vorgestellt (funktionale Perspektive). Anschließend wird der Controllerbereich als primärer Träger der Controlling-Funktion betrachtet (institutionelle Perspektive).

2.1.1 Die Rationalitätssicherung der Führung als Funktion des Controllings

Der Begriff „Controlling“ ist in der betriebswirtschaftlichen Literatur mit unterschiedlichen Inhalten und Definitionen belegt. [33] WEBER/SCHÄFFER (2006) sprechen in diesem Zusammenhang gar von einem „Konzeptions- und Definitionswirrwar [!]“[34] und stellen fest, dass „Controlling ... nicht gerade zu den am klarsten definierten betriebswirtschaftlichen Begriffen“[35] gehört. In dieser Untersuchung wird Controlling aus *funktionaler Perspektive* heraus in Anlehnung an WEBER/SCHÄFFER (1999) als Rationalitätssicherung der Führung verstanden. Die in Literatur und Praxis existierenden unterschiedlichen Definitionen zum Controlling lassen sich dabei auf den Ansatz der Rationalitätssicherung der Führung zurückführen und unter diesen subsumieren, wie am Ende dieses Abschnittes gezeigt wird.[36]

Die Notwendigkeit einer Rationalitätssicherung ergibt sich aus der Tatsache, dass Akteure zum einen begrenzten Fähigkeiten (kognitiven Restriktionen bzw. Könnensdefiziten) unterliegen sowie zum anderen individuelle Zielsetzungen und Präferenzen besitzen, die nicht zwangsläufig mit übergeordneten Zielen übereinstimmen müssen (motivatorische Restriktionen bzw. Wollensdefizite).[37] Handelt ein Akteur auf Basis seiner Fähigkeiten und Ziele, können entsprechende Könnens- und Wollensdefizite dazu führen, dass Rationalitätsverluste auftreten. [38] Das Vorliegen eines Rationalitätsdefizits kann verstanden werden als ein Abweichen von einem Ergebnis oder einem Zustand, der zu erreichen ist, wenn der Akteur

---

[33] Vgl. Niedermayr (1994), S. 8; Adam (2000), S. 15; Weber/Schäffer (2006), S. 17.
[34] Weber/Schäffer (2006), S. 18.
[35] Weber/Schäffer (2006), S. 1.
[36] Vgl. Weber/Schäffer (1999), S. 731.
[37] Vgl. Weber/Schäffer (1998), S. 9; Bach et al. (2001), S. 96 f.; Langenbach (2001), S. 41 f.; Weber/Grothe/Schäffer (2001), S. 107; Anthony/Govindarajan (2003), S. 93.
[38] Vgl. Weber (2001a), S. 234. Vgl. auch Mosiek (2002), S. 56.

gemäß seinen Soll-Fähigkeiten sowie den Soll-Vorstellungen seines Kontextes und damit rational handelt. Die Soll-Fähigkeiten des Akteurs sowie die Soll-Vorstellungen werden dabei durch die relevante Umwelt des Akteurs geprägt, wie z. B. das Umfeld seines wirtschaftlichen Handelns, die Wissenschaft und Gruppen einschlägiger Experten.[39]

Der hier zugrunde liegende Begriff der Rationalität lässt sich vor diesem Hintergrund und auf Basis des in den Wirtschaftswissenschaften vorherrschenden Ansatzes der Zweck-Mittel-Rationalität[40] definieren als Zweckrationalität[41], die über einen Diskurs von einer Mehrheit der relevanten handelnden Akteure begründet und als „herrschende Meinung" getragen wird. [42] Da die Soll-Fähigkeiten und Soll-Vorstellungen, die rationales Handeln und Rationalität begründen, einer ständigen Überprüfung sowie Weiterentwicklung durch neue Erkenntnisse unterliegen, ist Rationalität stets kontextabhängig und relativ. Eine absolute Rationalität existiert somit nicht.[43]

Da Rationalitätsdefizite im Rahmen ökonomischen Handelns stets mit Ergebniseinbußen verbunden sind,[44] kommt insbesondere der Rationalität der Führung sowie ihrer Sicherstellung eine wichtige Bedeutung zu.[45] Der Prozess, nach dem sich Führungshandlungen vollziehen (im Folgenden auch Führungszyklus genannt), lässt sich in Anlehnung an WEBER/SCHÄFFER (1999) in vier Phasen untergliedern: Willensbildung, Willensdurchsetzung, Ausführung und Kontrolle.[46]

In der ersten Phase des Führungszyklus, der *Willensbildung*, werden die betriebliche Produktionsfunktion sowie die hierdurch abgebildeten Zweck-Mittel-Relationen festgelegt.[47] Dies kann i. W. durch zwei Vorgehensweisen erfolgen:[48] Im Rahmen der Reflexion wird hierzu auf explizites Wissen zurückgegriffen, das sich aus bisherigen Erfahrungen sowie

---

39 Vgl. zu diesen Ausführungen Weber (2001b), S. 154 f. Vgl. auch Pritsch/Weber (2001), S. 176.

40 Vgl. u. a. Kappler (1993), Sp. 3649 ff. sowie insb. Sp. 3655; Berg/Cassel (1995), S. 174. Gutenberg (1929) stellt darüber hinaus fest, dass der Ansatz der Zweck-Mittel-Relation „nicht nur im wirtschaftlichen Leben, sondern im menschlichen Leben überhaupt" das vorherrschende Prinzip ist; Gutenberg (1929), S. 30.

41 Eine Handlung kann auf Basis dieser Zweck-Mittel-Rationalität dann als rational bezeichnet werden, wenn sie zur Erzielung eines gegebenen Zweckes durch eine effiziente Mittelverwendung gekennzeichnet ist. Vgl. Weber/Schäffer (1999), S. 734; Weber/Schäffer/Langenbach (2001), S. 58.

42 Vgl. Weber/Schäffer (1999), S. 734; Schäffer/Weber (2001), S. 2; Weber/Schäffer (2006), S. 42 f. Für eine grundlegende Diskussion des Rationalitätsbegriffes vgl. Kirsch (1970), S. 62 ff.

43 Vgl. Schäffer/Weber (2001), S. 2; Bauer (2002), S. 34. Vgl. auch Schäffer (2001b), S. 41; Weber/Schäffer/Langenbach (2001), S. 55 ff.; Weber/Schäffer/Prenzler (2001), S. 132. In Abhängigkeit vom Grad der vorherrschenden kognitiven Restriktionen lassen sich mit Ergebnis-, Prozess- und Inputrationalität drei Dimensionen der Rationalität unterscheiden, die sich auf unterschiedliche Zeitpunkte einer Handlung beziehen. Vgl. hierzu ausführlich Weber/Schäffer/Langenbach (2001), S. 50 ff.

44 Vgl. Weber (2001b), S. 155.

45 Vgl. Weber/Schäffer (1999), S. 734.

46 Vgl. Weber/Schäffer (1999), S. 734 ff. Anzumerken ist, dass sich ähnlich wie für den Begriff „Controlling" in der Literatur kein einheitliches Verständnis darüber herausgebildet hat, wie Führung und damit der Führungszyklus konkret zu definieren und zu untergliedern ist; vgl. Weber/Schäffer (2006), S. 51; Langenbach (2001), S. 26 f. Hahn/Hungenberg (2001) bspw. rechnen die Kontrolle bereits der Phase der Willensdurchsetzung zu; vgl. Hahn/Hungenberg (2001), S. 34.

47 Vgl. Weber/Schäffer (1999), S. 734.

48 Vgl. Weber/Schäffer (2001b), S. 79; grundlegend auch Weber/Brettel/Schäffer (1996), S. 44 ff.

speziell generierten Informationen ergibt. Steht kein explizites Wissen zur Verfügung oder ist dieses nur begrenzt vorhanden, erfolgt die Willensbildung auf Basis von Intuition.[49]

Mit Abschluss der Willensbildungsphase ist die Umsetzung des definierten Willens geistig antizipiert.[50] Damit der formulierte Wille jedoch auch realisiert und ausgeführt werden kann, ist in der zweiten Phase die *Willensdurchsetzung* erforderlich. Hierbei wird der gebildete Wille denjenigen Instanzen bzw. Akteuren übermittelt, die seine Ausführung vornehmen sollen. I. d. R. sind mehrere aufeinander aufbauende Willenskonkretisierungs- und Willensdurchsetzungshandlungen in mehreren Stufen erforderlich, damit das Ergebnis der Willensbildungsphase letztlich vom ausführenden Akteur bzw. von der ausführenden Stelle umgesetzt werden kann.[51]

Die Umsetzung des so übermittelten Willens geschieht in der Phase der *Ausführung*.[52] Hier sollten für die ausführende Instanz idealerweise keine Freiheitsgrade mehr bestehen; „es wird genau das ausgeführt, was vorher festgelegt wurde."[53]

Die letzte Phase des Führungszyklus bildet die *Kontrolle*. Hier wird der ursprünglich im Rahmen der Willensbildungsphase formulierte Wille mit dem Resultat des Führungsprozesses verglichen.[54] Ziel dieses Vergleiches von Antizipation und Realisation ist es, Abweichungen zu identifizieren und so die Basis für ein Lernen der beteiligten Akteure zu legen.[55] Dazu werden die im Rahmen der Kontrolle gewonnenen Informationen in die Phasen der Willensbildung und Willensdurchsetzung zurückgespielt.[56]

In jeder der beschriebenen Phasen des Führungszyklus können Rationalitätsdefizite auftreten.[57] Die Funktion des Controllings besteht daher darin, diese einzuschränken und so die Rationalität der Führungshandlungen sicherzustellen. Dabei sind die kognitiven Fähigkeiten des Managements zu ergänzen, motivatorische Restriktionen zu begrenzen und die Führungstätigkeiten des Managements kritisch zu hinterfragen.[58] Darüber hinaus erstreckt sich Controlling als Rationalitätssicherung der Führung auch auf die Vernetzung der Aufgaben der Informationsversorgung, Planung und Kontrolle im Sinne eines Regelkreises

---

49 Vgl. auch Bauer (2002), S. 36. Zum Spannungsverhältnis von Reflexion und Intuition vgl. ausführlich auch Weber/Schäffer (2001b).

50 Vgl. auch Weber/Schäffer (1998), S. 16.

51 Vgl. hierzu Weber/Schäffer (1999), S. 735 f.; Langenbach (2001), S. 28.

52 Die Phase der Ausführung zählt streng genommen nicht zu den Führungshandlungen. Vgl. Langenbach (2001), S. 28.

53 Weber/Schäffer (1999), S. 736. Vgl. auch Schäffer (2001a), S. 124.

54 Vgl. Langenbach (2001), S. 28.

55 Vgl. Schäffer (2001c), S. 117. Vgl. auch Schäffer (2001b), S. 17 sowie S. 33 ff.; Laux (2002), Sp. 1367.

56 Vgl. Weber/Schäffer (2001b), S. 81.

57 Vgl. auch Pritsch/Weber (2001), S. 171. Für eine ausführliche Darstellung und Analyse der in den einzelnen Phasen des Führungszyklus auftretenden Rationalitätsdefizite vgl. insb. Weber/Schäffer (1999), S. 736 ff., sowie Langenbach (2001), S. 63 ff.

58 Vgl. Weber (2001b), S. 156.

sowie auf die Verbindung dieser Bereiche mit den Führungshandlungen der Organisation und Personalführung.[59]

Wie zu Beginn dieses Abschnittes angemerkt wurde, lassen sich die unterschiedlichen Controlling-Sichtweisen in Theorie und Praxis auf den Ansatz des Controllings als Rationalitätssicherung der Führung zurückführen und unter diesen subsumieren.[60]

Da die Wahrnehmung und Ausübung des Controllings als Rationalitätssicherung der Führung durch den Führungskontext sowie den konkret vorliegenden Rationalitätsengpass determiniert werden, ergeben sich in Abhängigkeit der vorherrschenden Rationalitätsdefizite unterschiedliche Aufgabenschwerpunkte und Ausprägungen des Controllings.[61] Auf dieser Basis haben sich in der Vergangenheit unterschiedliche Definitionen und Ansätze des Controllings herausgebildet.[62] So sind in Anbetracht unterschiedlicher Rationalitätsengpässe die Sichtweisen des Controllings als Informationsversorgungsfunktion, des Controllings als spezielle Form der Führung sowie des Controllings als Koordinationsfunktion entstanden.[63] Während der dominante Rationalitätsengpass, der zur Definition des Controllings als Informationsversorgung geführt hat, dabei primär in der Beschaffung und Bereitstellung führungsrelevanter Informationen bestand, werden zentrale Rationalitätsdefizite des Ansatzes, der Controlling als spezielle Form der Führung auffasst, in der konsequenten Ausrichtung des Unternehmens auf seine Ziele und der Verbindung der verschiedenen Phasen des Führungszyklus gesehen.[64] Der koordinationsorientierte Controlling-Ansatz dagegen zielt auf die Verknüpfung der Bereiche Informationsversorgung, Planung und Kontrolle als primären Engpass rationaler Führung ab. Die drei hier genannten Sichtweisen des Controllings lassen sich somit als Spezialfall des Controllings als Rationalitätssicherung der Führung begreifen.

2.1.2 Der Controllerbereich als Träger der Rationalitätssicherungsfunktion

Während im vorangegangenen Abschnitt die funktionale Sichtweise des Controllings, also die Konzeption und Funktion des Controllings, im Vordergrund stand, widmet sich dieser Abschnitt der *institutionellen Perspektive* des Controllings, also der Institution und damit dem Träger der Controlling-Funktion. Beide Sichtweisen sind voneinander zu trennen.[65]

Wenngleich die Funktion des Controllings in Unternehmen potenziell von verschiedenen Handlungsträgern wahrgenommen werden kann, spielen Controller dabei eine besondere

59 Vgl. Weber/Schäffer (1999), S. 738; Bauer (2002), S. 39 f.
60 Vgl. auch Weber (2001b), S. 157.
61 Vgl. Weber (2001b), S. 157. Vgl. auch Weber/Schäffer/Prenzler (2001), S. 133.
62 Vgl. Weber/Schäffer (2001a), S. 18.
63 Vgl. hierzu und im Folgenden Weber/Schäffer (1999), S. 740.
64 Vgl. auch Bauer (2002), S. 43.
65 Ähnlich auch Lanter (1996), S. 48 f.; Küpper (2005), S. 513.

Rolle.[66] So wird die Sicherstellung der Rationalität der Führung als originäre Aufgabe und letztlich als Pflicht der Controller angesehen.[67] In Unternehmen sind Controller zumeist in separaten Abteilungen organisiert, die im Folgenden als „Controllerbereich" bezeichnet werden sollen.[68] In Anlehnung an DAVID (2005) wird unter Controllerbereich „diejenige organisatorische Einheit innerhalb eines Unternehmens verstanden, die die Mitarbeiter mit der Bezeichnung ‚Controller' umfasst, d.h. alle diejenigen Mitarbeiter, die in einer Abteilung ‚Controlling' organisiert sind." [69] Die Aufgaben, die dem Controllerbereich als Rationalitätssicherungsinstanz übertragen werden, werden „Controllership" genannt und lassen sich ebenfalls der institutionellen Sichtweise zuordnen.[70] In Abhängigkeit der *Art des Rationalitätsdefizits* der Führung können die vom Controllerbereich wahrgenommenen Aufgaben in Entlastungs-, Ergänzungs- und Begrenzungsaufgaben unterteilt werden.[71]

Mit *Entlastungsaufgaben* verfolgt der Controllerbereich vor allem das Ziel, *quantitative Könnensbegrenzungen* des Managements auszugleichen.[72] Das Management delegiert dabei einen Teil seiner Aufgaben, die es selbst ausführen könnte, an den Controllerbereich.[73] Durch diese Entlastung kann sich der Manager stärker auf andere Führungsaufgaben konzentrieren und so seine begrenzten Ressourcen in Verwendungsrichtungen lenken, in denen der Grenznutzen für das Gesamtunternehmen höher ist.[74] Ein weiterer Grund für die Delegation von Aufgaben liegt in der Spezialisierung des Controllerbereiches begründet. So können die an den Controllerbereich delegierten Aufgaben durch diesen effizienter, d. h. schneller oder qualitativ hochwertiger, ausgeführt werden. Darüber hinaus ist das Entlohnungsniveau für Controller niedriger als für Manager, so dass die Delegation von Manager-Aufgaben auch einen monetären Vorteil mit sich bringt.[75]

Mit Entlastungsaufgaben übernehmen Controllerbereiche für das Management in erster Linie die Funktion eines „Zulieferers" und unterstützen damit die Unternehmensführung.[76] Die Sicherung der Qualität der Führungshandlungen des Managements im Sinne einer Sicherstellung der Rationalität der Führungstätigkeit ist dagegen nicht der unmittelbare Fokus von Entlastungsaufgaben. Aus diesem Grund werden Entlastungsaufgaben zu den Führungsunterstützungsaufgaben und nicht zu den Rationalitätssicherungsaufgaben i. e. S., die die im Folgenden zu erläuternden Ergänzungs- und Begrenzungsaufgaben umfassen, gezählt. Anzumerken ist jedoch, dass die Entlastung des Managements erst die Voraussetzungen dafür

66 Vgl. Burg (1995), S. 42 ff.; Herzog (1999), S. 36 f.; Weber/Schäffer (1999), S. 743.
67 Vgl. Weber/Schäffer (1998), S. 29; Weber/Schäffer (2006), S. 40. Vgl. auch Amshoff (1993), S. 183.
68 Vgl. Amshoff (1993), S. 328; Niedermayr (1996), S. 139. Vgl. auch Stoffel (1995), S. 13 f. sowie S. 19.
69 David (2005), S. 12.
70 Vgl. Weber/Schäffer (2006), S. 1.
71 Vgl. David (2005), S. 53.
72 Vgl. David (2005), S. 53.
73 Vgl. Weber/Schäffer (2006), S. 37.
74 Vgl. Mosiek (2002), S. 55.
75 Vgl. Weber/Schäffer/Prenzler (2001), S. 135 f.
76 Vgl. hierzu und im Folgenden Weber/Schäffer (2006), S. 37 ff. Vgl. u. a. auch Küpper/Weber/Zünd (1990), S. 282 f.; Serfling (1992), S. 16 f.; Horváth (2003), S. 151.

schafft, dass der Controllerbereich Rationalitätssicherungsaufgaben i. e. S. gegenüber dem Management übernehmen und ausüben kann.[77] So kann die durch die Entlastung freiwerdende Kapazität und Aufmerksamkeit des Managements zielgerichteter auf eine rationale Unternehmensführung gelenkt und stärker im Rahmen der Ergänzungs- und Begrenzungsaufgaben des Controllerbereiches beansprucht werden.[78] Darüber hinaus kann sich der Controllerbereich im Rahmen der Entlastung nicht nur das für eine Rationalitätssicherung i. e. S. erforderliche Wissen aneignen, sondern durch eine zuverlässige Erledigung von Aufgaben für das Management die nötige Vertrauensbasis für die Wahrnehmung von Rationalitätssicherungsaufgaben i. e. S. schaffen.[79] Aus diesem Grund sollen die Entlastungstätigkeiten zu den Rationalitätssicherungsaufgaben *im weiteren Sinne* gerechnet werden.

Während Entlastungstätigkeiten primär auf die Führungseffizienz ausgerichtet sind, zielen die *Ergänzungsaufgaben* des Controllerbereiches auf die Effektivität des Führungshandelns und die Kompensierung von *qualitativen Könnensbegrenzungen* des Managers ab.[80] Im Gegensatz zu Entlastungsaufgaben kann der Manager somit die vom Controllerbereich zu erbringende Aufgabe nicht mehr in all ihren Einzelheiten beurteilen.[81] Stattdessen ergänzt der Controller die kognitiven Fähigkeiten des Managers mit seinem eigenen Sachverstand und seinem speziellen Wissen. Der Controller ist dabei „actively involved in the business decision-making process *by recommending* courses of action and *by challenging* the plans and actions of operating executives [Hervorhebungen nicht im Original].“[82] Hieraus ergeben sich zugleich die beiden Rollen, die der Controllerbereich im Rahmen seiner Ergänzungsleistungen einnehmen kann: zum einen die des Beraters, zum anderen die eines „kritischen Counterparts“.

Als interner *Berater* des Managements arbeitet der Controllerbereich an der Vorbereitung von Entscheidungen mit, erarbeitet Vorschläge zu betriebswirtschaftlichen Problem- und Fragestellungen und unterstützt deren Umsetzung.[83] Dazu kann der Controllerbereich das im Rahmen der Entlastungstätigkeiten erworbene Fachwissen sowie seine Methodenkompetenz in Empfehlungen einfließen lassen und so den Wissensstand und damit die Entscheidungsgrundlage des Managements erweitern.[84] Als *„kritischer Counterpart“* dagegen übernimmt der Controllerbereich „die Rolle eines ‚advocatus diaboli', eines bewußt [!] kritischen, bewußt [!] risikoscheuen Gesprächspartners“.[85] In diesem Zusammenhang besteht seine Aufgabe darin, Pläne und Vorhaben des Managements kritisch zu hinterfragen, um so Schwachstellen

77 Ähnlich Harbert (1982), S. 288; Serfling (1992), S. 59. Vgl. auch Schmidt (1993b), S. 15 ff.

78 Vgl. Weber/Schäffer/Prenzler (2001), S. 145 f.

79 Vgl. auch Sathe (1982), S. 38; Weber/Schäffer/Prenzler (2001), S. 137. Ansatzweise auch David (2005), S. 54.

80 Vgl. Weber/Schäffer/Prenzler (2001), S. 150; David (2005), S. 54.

81 Vgl. Weber/Schäffer (2006), S. 37.

82 Sathe (1983), S. 32.

83 Vgl. Trilse (2001), S. 108; Weber/Schäffer/Prenzler (2001), S. 138. Vgl. auch Szyperski/Klaile (1982), S. 59 ff.; Bartling (1985), S. 12; Vellmann (1990), S. 545; Hoffmann (1991), S. 40.

84 Vgl. z. B. Herzog (1999), S. 284.

85 Weber/Schäffer (1999), S. 733 f. Vgl. hierzu auch Frensdorff (1993), S. 130.

wie z. B. falsche Prämissen oder eine falsche Berechnungsmethodik aufzudecken.[86] Der Controllerbereich fungiert dabei als Sparringspartner des Managements.[87]

Im Gegensatz zu Entlastungs- und Ergänzungsaufgaben setzen *Begrenzungsaufgaben* des Controllerbereiches nicht an Könnensdefiziten, sondern an Wollensdefiziten des Managements an.[88] Ziel dieser Aufgaben ist es somit, Rationalitätsdefizite aufgrund motivatorischer Restriktionen zu begrenzen und ein opportunistisches Verhalten des Managers einzuschränken.[89] Da die Tätigkeiten des Controllerbereiches im Rahmen von Begrenzungsleistungen denen bei der Erbringung von Ergänzungsleistungen sehr ähneln und der Unterschied zwischen beiden Aufgabenarten zumeist lediglich in der Art des beim Manager vorliegenden Rationalitätsdefizits begründet liegt, lassen sich Begrenzungsaufgaben auch als Spezialfall einer Ergänzung des Managements auffassen.[90] Wenngleich es denkbar ist, dass sich das Management mit Hilfe des Controllerbereiches selbst eine Begrenzung auferlegt, besteht der Regelfall darin, dass Begrenzungsleistungen durch eine übergeordnete Instanz veranlasst werden.[91]

Da die Unterscheidung zwischen den zuvor dargestellten drei Aufgabenarten in Abhängigkeit der beim Manager festzustellenden kognitiven und motivatorischen Restriktionen zu erfolgen hat, sind die Übergänge fließend. Inwieweit eine vom Controllerbereich erbrachte Leistung Entlastungs-, Ergänzungs- oder Begrenzungscharakter hat, lässt sich im Einzelfall somit nur unter Zugrundelegung der Fähigkeiten des Managers sowie des konkreten Kontextes bestimmen.[92]

Neben der Art des Rationalitätsdefizits wird typischerweise auch der *Inhalt* der vom Controllerbereich wahrgenommenen Aufgaben als Gliederungsmerkmal verwandt. Dabei lassen sich grob die Aufgabenbereiche der Informationsversorgung, Planung, Kontrolle sowie die sonstigen Aufgaben unterscheiden.[93] Da diese Unterteilung für die vorliegende Untersuchung ebenfalls von Bedeutung ist, werden die genannten Aufgabenfelder im Folgenden kurz erläutert.

Nach HORVÁTH (2003) ist „die *Informationsversorgung* der Führung ... von Anfang an die Kernaufgabe des Controllers gewesen [Hervorhebung nicht im Original].“[94] Der Controllerbereich ist hier für die Ermittlung des Informationsbedarfes des Managements sowie für die

---

86 Vgl. Pritsch/Weber (2001), S. 176.

87 Vgl. auch Niedermayr (1994), S. 59 sowie S. 67. Zu den Anforderungen, die die Ergänzungsfunktion an Controller sowie den Controllerbereich stellt, s. a. Sathe (1978a), S. 35; Janell/Kinnunen (1980), S. 16 f.; Synek (1996), S. 100.

88 Vgl. David (2005), S. 56.

89 Vgl. auch Weber (2001b), S. 156.

90 Vgl. Weber/Schäffer (2006), S. 38.

91 Vgl. auch David (2005), S. 56 ff.

92 Vgl. Weber/Schäffer (2006), S. 38.

93 Vgl. bspw. Welge (1988), S. 96 ff.; Burg (1995), S. 20; Hahn/Hungenberg (2001) S. 929 f.; Horváth (2003), S. 12 ff. sowie S. 79; Küpper (2005), S. 81 ff.; Weber/Schäffer (2006), S. 9 ff. sowie S. 71 ff.

94 Horváth (2003), S. 345.

Beschaffung, Aufbereitung und Bereitstellung führungsrelevanter Informationen verantwortlich.[95] Da die Qualität der vom Management getroffenen Entscheidungen letztlich auch stark von der Qualität der zugrunde liegenden Informationsbasis abhängt, ist es die Aufgabe des Controllerbereiches, mit seinen Informationsversorgungsleistungen auch zu einer Verbreiterung und Verbesserung der Entscheidungsbasis des Managements beizutragen.[96] Darüber hinaus obliegt dem Controllerbereich im Rahmen der Informationsversorgung die Entwicklung und Pflege des Informationsversorgungssystems.[97]

Planung kann als „ein bewusster geistiger Prozess, durch den zukünftiges Geschehen gestaltet werden soll",[98] aufgefasst werden.[99] Während damit über grundlegende Charakteristika der Planung in der Literatur Konsens besteht, finden sich im Detail unterschiedliche Ausprägungen und Definitionen des Planungsbegriffes.[100] Unstrittig dagegen ist, dass Planungsaufgaben eine hohe Bedeutung innerhalb des Aufgabenkataloges von Controllern einnehmen.[101] Die Aufgaben des Controllerbereiches im Rahmen der Planung lassen sich in Anlehnung an WEBER/SCHÄFFER (2006) unterteilen in die Bereiche der Planungsunterstützung, der Planentstehungskontrolle sowie des Planungsmanagements.[102] Im Rahmen der unter Planungsunterstützung subsumierten Aktivitäten übernimmt der Controllerbereich im Sinne einer Entlastung des Managements die Beschaffung und Aufbereitung planungsrelevanter Informationen, die Vorbereitung von Entscheidungsalternativen sowie die Bewertung und Vorabstimmung potenzieller Lösungen.[103] Die Planentstehungskontrolle umfasst Tätigkeiten des Controllerbereiches, mit denen die Folgen begrenzter Rationalität des Managements, also Könnens- und Wollensdefizite, eingeschränkt werden sollen. Dazu werden bspw. Planansätze kritisch hinterfragt, indem Sensitivitätsrechnungen vorgenommen und Prämissen überprüft werden. Im Planungsmanagement[104] ist der Controllerbereich für die Gestaltung des Planungssystems verantwortlich.[105] Darüber hinaus kommt ihm eine unterstützende Funktion zu, indem er prozessuale Teilaufgaben im Planungsablauf übernimmt und die planenden Einheiten in instrumenteller und methodischer Hinsicht unterstützt.

---

95 Vgl. Niedermayr (1994), S. 90 f. Vgl. ausführlich auch Schmidt (1993b), S. 110 ff.
96 Vgl. auch Amshoff (1993), S. 201; Bauer (2002), S. 250.
97 Vgl. u. a. Welge (1989), S. 141.
98 Küpper (2005), S. 81.
99 Vgl. auch Gutenberg (1952), S. 671 f. sowie 675 f.
100 Vgl. z. B. Wild (1982), S. 12 f.; Grinyer/Al-Bazzaz/Yasai-Ardekani (1986), S. 3 sowie S. 5; ausführlich auch Hamprecht (1996), S. 286 ff.
101 Vgl. Horváth (2003), S. 167; Weber et al. (2006a), S. 32 ff.
102 Vgl. hierzu und im Folgenden insb. Weber/Schäffer (2006), S. 247 ff. Vgl. auch Szyperski/Müller-Böling (1984), die eine Unterteilung der Planungsaufgaben in die Aktivitäten der Planerfunktion, der Planungsmanagement-Funktion sowie der Planungstechnikerfunktion vornehmen; Szyperski/Müller-Böling (1984), S. 125 ff.
103 Für den Fall der Investitionsplanung vgl. auch Weber et al. (2006b), S. 17 sowie S. 31 f.
104 Hamprecht (1996) versteht unter Planungsmanagement die Steuerung des Planungsprozesses. Vgl. Hamprecht (1996), S. 103.
105 Vgl. auch Goeldel (1997), der die Gestaltung der Planung als zentrale Controlling-Aufgabe herausarbeitet und in Strukturgestaltung und Ablaufgestaltung der Planung unterteilt. Inhaltliche Aspekte zählt er dagegen nicht zu den Controlling-Aufgaben. Vgl. Goeldel (1997), S. 38 ff.

Mit der Planung eng verknüpft ist die *Kontrolle*, die in der Controlling-Literatur als Gegenstück zur Planung gesehen wird.[106] So analysiert MELLEROWICZ (1979), dass „eine Planung *ohne* anschließende Kontrolle .. so gut wie wertlos [ist].“[107] Als Kern der Kontrolle wird gemeinhin die Gegenüberstellung von Soll- und Ist-Werten verstanden.[108] Entsprechend umfassen die Leistungen des Controllerbereiches im Rahmen der Kontrolle die Durchführung von Soll-Ist-Vergleichen. Darauf aufbauend nimmt der Controllerbereich Abweichungsanalysen vor, um die Ursachen etwaiger Soll-Ist-Abweichungen zu identifizieren.[109]

Zu den *sonstigen Aufgaben* des Controllerbereiches schließlich werden insbesondere Aufgaben der internen Beratung, wie z. B. die Mitwirkung an der Entwicklung von Strategien, die Erarbeitung von Maßnahmen zur Steigerung der Wirtschaftlichkeit des Unternehmens[110] oder die (Weiter-) Entwicklung sowie die Begleitung der Einführung spezifischer Tools und Methoden[111], gezählt. Darüber hinaus übernimmt der Controllerbereich Aufgaben im Bereich des Risikomanagements.[112] Schließlich sollen auch koordinierende Tätigkeiten des Controllerbereiches zu den sonstigen Aufgaben gerechnet werden.

Zur Wahrnehmung der dargestellten Aufgaben existieren in vielen Unternehmen, insbesondere in Großunternehmen, neben einem zentralen Controllerbereich auch dezentrale Controllerabteilungen in den einzelnen Geschäftsbereichen und Divisionen.[113] Die Beziehung zwischen diesen beiden Arten von Controllerbereichen wird in den folgenden Abschnitten näher betrachtet.

2.2 Organisation von Controllerbereichen

Nach SYNEK (1996) gehört „die organisatorische Gestaltung des Controlling .. zu den bedeutendsten Fragen des Controlling.“[114] Vor diesem Hintergrund sowie als Grundlage für die weitere Untersuchung besteht das Ziel dieses Kapitels darin, das Verhältnis zwischen

---

106 Vgl. Horváth (2003), S. 167. Vgl. auch Burg (1995), S. 28.

107 Mellerowicz (1979), S. 27. Horváth (2003) hält sogar eine Trennung von Planung und Kontrolle für nicht sinnvoll; vgl. Horváth (2003), S. 173.

108 Vgl. hierzu die Ausführungen bei Schäffer (2001b), S. 11 ff.

109 Vgl. Küpper (2005), S. 187; Weber/Schäffer/Prenzler (2001), S. 136. Für eine Gegenüberstellung der einzelnen Aktivitäten im Rahmen von Soll-Ist-Vergleichen und Abweichungsanalysen vgl. auch Wild (1982), S. 151 f.

110 Entsprechend wird in der vorliegenden Untersuchung auch die Erarbeitung von Anpassungsmaßnahmen auf Basis von Abweichungsanalysen den Beratungsaufgaben zugerechnet. Vgl. auch Weber/Schäffer/Prenzler (2001), S. 138; Spillecke (2006), S. 15.

111 Die einzelnen vom Controllerbereich entwickelten Instrumente und Methoden lassen sich auch den zuvor genannten Bereichen der Informationsversorgung, Planung und Kontrolle zuordnen. Da hier jedoch der Schwerpunkt auf der (Weiter-) Entwicklung und der Einführung dieser Methoden (bspw. begleitet von Schulungsmaßnahmen) als anlassbezogene, spezifisch erbrachte Beratungsleistung gegenüber unternehmensinternen Kunden liegt, ist dieser Leistungspunkt bei den Beratungsaufgaben aufgeführt.

112 Vgl. Hahn/Hungenberg (2001), S. 929 f.; Horváth (2003), S. 777 ff. Vgl. zu den sonstigen Aufgaben des Controllerbereiches auch Spillecke (2006), S. 15.

113 Vgl. z. B. Sathe (1983), S. 31.

114 Synek (1996), S. 95.

zentralem und dezentralem Controllerbereich aus einer organisatorischen Perspektive heraus zu beleuchten.

2.2.1 Dezentralisierung von Controllerbereichen

2.2.1.1 Dezentralisierung von Unternehmensstrukturen als Ausgangspunkt

Als Ursprung einer Dezentralisierung von Organisationsstrukturen kann ein Wandel der Unternehmensumwelt angesehen werden. So änderte sich das Marktumfeld vieler Unternehmen seit den 1970er Jahren nachhaltig. Auf der einen Seite kam es zu einer Veränderung des Käuferverhaltens, das sich in steigenden Kundenanforderungen manifestierte. Dies brachte für Unternehmen die Notwendigkeit mit sich, ein breiteres Leistungsangebot bereitzustellen und zusätzliche Produktdimensionen wie Qualitäts- und Service-Aspekte zu berücksichtigen. Auf der anderen Seite erhöhte sich für viele Unternehmen der Konkurrenzdruck durch eine gestiegene Anzahl an Wettbewerbern. Dies wurde durch politische Veränderungen, wie etwa die Europäische Integration, und eine zunehmende Globalisierung der Weltwirtschaft begünstigt. Gleichzeitig führte die gestiegene Wettbewerbsintensität, aber auch die Geschwindigkeit technologischer Änderungen zu einer Verkürzung der Produktlebenszyklen. Das Ergebnis dieser Entwicklung war eine gestiegene Komplexität und Dynamik des relevanten Umfeldes von Unternehmen.[115]

Um unter den veränderten Rahmenbedingungen weiterhin erfolgreich agieren zu können, waren eine Begrenzung der unternehmensinternen Komplexität, die durch die Umweltkomplexität bedingt wurde, und eine flexiblere Ausrichtung der Unternehmen erforderlich.[116] Dazu wurde in vielen Fällen eine Dezentralisierung der Unternehmensstrukturen vorgenommen. Kernelement der Dezentralisierungsbestrebungen war die Delegation von Aufgaben und Entscheidungskompetenzen an nachgeordnete Einheiten, wie Geschäftsbereiche und Sparten, um „zur Entflechtung komplexer Strukturen sowie zur Entlastung des Top-Managements ... beizutragen.“ [117] Die Vorteile, die einer Dezentralisierung von

[115] Vgl. zu diesen Ausführungen u. a. Schüller (1984), S. 165; Child et al. (1991), S. 73 ff.; Obermeier (1991), S. 310; Bleicher/Kraehe (1992), S. 59; Bühner (1992), S. 19 ff.; Schulte (1992), S. 17; Bühner (1993), S. 285; Behme/Roth (1997), S. 18; Adam (1998), S. 27 f.; Steinle/Thiem/Dunse (1998), S. 140; Mosiek (2002), S. 19; Backhaus (2003), S. 11 ff.; Steinle/Bruch (2003), S. 1123. Komplexität der Unternehmensumwelt lässt sich in Anlehnung an Niedermayr (1994), S. 51, beschreiben als „Anzahl und Verschiedenartigkeit der relevanten Umfeldtatbestände“, Dynamik des Unternehmensumfeldes wird „durch die zunehmende Häufigkeit und Geschwindigkeit von Veränderungsprozessen einzelner ... Umfeldsegmente, durch die Stärke der Veränderungen, die Regelmäßigkeit und Vorhersehbarkeit der Änderungen charakterisiert.“ Vgl. hierzu auch Gebert (1978), S. 21 ff.; Serfling (1992), S. 12 f.; Horváth (2003), S. 3. Vgl. darüber hinaus auch Child (1972), S. 3 ff.; Duncan (1972), S. 314 ff.; Marr (1989), S. 74 f.; Schulz (1994), S. 130 f.

[116] Vgl. hierzu und im Folgenden Behme/Roth (1997), S. 18 ff.; Maier (1997), S. 96; Mosiek (2002), S. 20. Vgl. hierzu auch die Ausführungen von Hamprecht (1996), S. 63 f.

[117] Theopold (1993), S. 230. Vgl. auch Welge (1975), S. 9; Küpper/Weber (1995), S. 85; Picot/Böhme (1999), S. 16; Röder (2001), S. 9; Laux (2002), Sp. 1367. Dezentralisierung lässt sich in Anlehnung an Simon et al.

Unternehmensstrukturen zugerechnet werden, umfassen neben einer geringeren Komplexität der Unternehmensorganisation und einer schnelleren Reaktion auf Umfeldveränderungen vor allem eine höhere Markt- und Kundennähe sowie eine höhere Motivation und Innovationskraft in den einzelnen Teilbereichen des Unternehmens. Über eine Entlastung der Führung sowie die Nutzung lokalen Wissens und „dezentraler Intelligenzen“[118] kann darüber hinaus eine höhere Qualität wichtiger Entscheidungen erzielt werden.[119]

Ausgehend von einer Dezentralisierung sind zwei Formen von Unternehmensstrukturen denkbar: Zum einen kann die Unternehmensorganisation funktional (verrichtungsorientiert), zum anderen divisional (objektorientiert) gegliedert werden.[120] Während bei der *funktionalen* Gliederung die dezentralen Einheiten nach Funktionen wie z. B. Beschaffung, Produktion, Absatz gebildet werden, sind die dezentralen Bereiche bei einer *divisionalen* Struktur nach Objekten wie z. B. Produktgruppen, Märkten oder Regionen voneinander abgegrenzt.[121] Die beschriebenen Vorteile der Dezentralisierung, insbesondere Marktnähe und Flexibilität, lassen sich vorwiegend durch eine divisionale Unternehmensstruktur realisieren.[122] Insofern kam es oftmals auch zu einem Übergang von funktionalen zu divisionalen Strukturen, so dass sich die divisionale Organisationsstruktur als dominierende Form herausgebildet hat.[123]

In Abhängigkeit vom Ausmaß der Dezentralisierung sowie der Delegation von Entscheidungskompetenzen an nachgeordnete Geschäftseinheiten lassen sich verschiedene Konzern- bzw. Holding-Formen[124] unterscheiden, die unterschiedliche Führungsphilosophien widerspiegeln.[125] Als Konzern bzw. Holding soll ein Unternehmensgebilde verstanden werden, das

(1954) entsprechend definieren als „the extent that discretion and authority to make important decisions are delegated by top management to lower levels of executive authority [Kursivdruck im Original].“ Simon et al. (1954), S. 1. Vgl. auch Gupta/Govindarajan (1991), S. 785 ; Beuermann (1992), Sp. 2616; Ezzamel (1994), S. 6 f. Bea/Göbel (2006) sprechen von Dezentralisation, „wenn (Entscheidungs-)-Kompetenz systematisch nach unten verlagert wird.“ Bea/Göbel (2006), S. 303.

118 Niedermayr (1994), S. 60.

119 Zu den Vorteilen der Dezentralisierung vgl. bspw. Adam (1969), S. 618; Schulte (1992), S. 55 ff.; Frensdorff (1993), S. 117; Niedermayr (1994), S. 60; Hungenberg (1995), S. 103 ff.; Behme/Roth (1997), S. 24; Maier (1997), S. 98 f.; Bassen (1998), S. 47 ff.; Bruhn (2001), S. 185; Bea/Göbel (2006), S. 306 f. Anzumerken ist, dass mittlerweile auch Tendenzen zur Re-Zentralisierung von Unternehmensorganisationen zu erkennen sind. Vgl. Truxius (1999), S. 186.

120 Vgl. z. B. Schulte (1992), S. 25; Picot/Böhme (1999), S. 51; Laux (2002), Sp. 1370. Um die verschiedenen Funktionsbereiche in einer funktional gegliederten Organisation koordinieren zu können, sind die Entscheidungsbefugnisse i. d. R. stärker zentralisiert als in einer divisionalen Organisation. Vgl. Bea/Göbel (2006), S. 379 sowie S. 381 ff.

121 Vgl. u. a. Vellmann (1990), S. 551; Ezzamel (1994), S. 6 ff.; Küpper/Weber (1995), S. 91; Anthony/Govindarajan (2003), S. 100 ff.

122 Vgl. Liessmann (1990), S. 523; Winter (1995), S. 1; Bea/Göbel (2006), S. 387 f.

123 Vgl. Schulte (1992), S. 26 f.; Serfling (1992), S. 13; Krüger/Werder (1993), S. 282; Schmidt (1993b), S. 175.

124 Anzumerken ist, dass die Begrifflichkeiten „Konzern“ und „Holding“ oftmals in Verbindung mit Großunternehmen benutzt werden (vgl. bspw. Weber et al. (2001), S. 7). Allerdings lassen sich die verschiedenen Konzern- bzw. Holding-Arten – wie in der vorliegenden Arbeit – auf Basis ihrer jeweiligen Charakteristika auch als allgemeiner Strukturierungsrahmen im Hinblick auf Unternehmen mit dezentralen Einheiten und ihre Führungslogik verwenden. Vgl. hierzu auch Hungenberg (1992b), S. 349; Hamprecht (1996), S. 54 ff. sowie S. 70 f.; Bassen (1998), S. 29 ff.; Borchers (2000), S. 27.

125 Vgl. Behme/Roth (1997), S. 22; Bassen (1998), S. 35; Borchers (2000), S. 27. Zu empirischen Befunden hierzu vgl. auch Mellewigt (1995), S. 197 ff.

operativ tätige Tochtergesellschaften bzw. dezentrale Geschäfts- und Unternehmensbereiche [126] „zu einem wirtschaftlichen Zweck unter einheitlicher Leitung zusammen[fasst]".[127] Konzern- bzw. Holding-Form und die damit korrespondierende Organisationsstruktur des Unternehmens stellen dabei „den Rahmen dar, innerhalb dessen das Controlling seine Aufgaben erfüllen muß [!]."[128] Darüber hinaus hat der sich in der Holding-Form gegenüber den Basiseinheiten manifestierende Führungsanspruch der Konzernspitze einen Einfluss auf das Führungssystem der Informationsversorgung, Planung und Kontrolle und damit auf die Aufgabenfelder des Controllerbereiches.[129] Aus diesem Grunde sollen im Folgenden kurz die idealtypisch zu unterscheidenden Formen der Operativen Holding, der Management-Holding und der Finanzholding vorgestellt werden.[130]

Die *Operative Holding*, auch als Stammhauskonzern bezeichnet, sticht durch die höchste Eingriffstiefe der Spitzeneinheit in den Handlungsspielraum der Basiseinheiten hervor und ist dementsprechend durch den geringsten Grad der Entscheidungsdelegation an nachgelagerte Bereiche gekennzeichnet.[131] Die Spitzeneinheit übernimmt sowohl die strategische als auch die operative Führung der einzelnen Geschäftsfelder bzw. Tochtergesellschaften.[132] In der alternativen Bezeichnung „Stammhauskonzern" für die Operative Holding spiegelt sich das Charakteristikum wider, dass die Aktivitäten der Basiseinheiten auf das Stammgeschäft der Spitzeneinheit beschränkt sind.[133] Zudem tritt die Spitzeneinheit als separate Einheit eigenunternehmerisch am Markt auf und übernimmt somit nicht nur koordinierende bzw. Führungsaufgaben.[134]

Verglichen mit der Operativen Holding ist das Ausmaß der Dezentralisierung und der Delegation von Entscheidungsverantwortung in der *Management-Holding*, auch geschäftsführende oder Strategische Holding genannt,[135] wesentlich höher.[136] Die Basiseinheiten

---

[126] Die einer Holding bzw. einem Konzern zugehörigen Geschäfts- und Unternehmensbereiche können rechtlich selbstständig oder rechtlich unselbstständig sein. Für den Fall der rechtlichen Selbstständigkeit stellt der entsprechende Geschäftsbereich aus Holding-Sicht gleichzeitig ein Tochterunternehmen dar. Im Folgenden kommt allgemeiner auch der Begriff „Basiseinheit" für einen dezentralen Geschäftsbereich oder ein Tochterunternehmen in einer Holding zur Anwendung. Darüber hinaus kann die eine Holding bzw. einen Konzern führende Unternehmensspitze in einer separaten rechtlichen Einheit angesiedelt sein, die in der Literatur auch als „Obergesellschaft" bezeichnet wird. Als Synonym für die Begriffe „Unternehmensspitze", „Konzernspitze" bzw. „Obergesellschaft" wird in Analogie allgemein auch die Bezeichnung „Spitzeneinheit" verwandt. Vgl. auch Bleicher (1979), S. 244 ff.; Hamprecht (1996), S. 54 ff. Da für das Verhältnis zwischen zentralem und dezentralem Controllerbereich weniger entscheidend ist, ob die Spitzeneinheit sowie die Basiseinheiten eines Konzernes rechtlich selbstständig oder rechtlich unselbstständig sind, wird in der vorliegenden Untersuchung in diesem Zusammenhang ausschließlich auf die Holding-Form sowie die damit verbundene Führungslogik als maßgebliche Rahmenkomponente und nicht etwa die rechtlichen Verflechtungen abgestellt. Vgl. auch Weber (1997), S. 89.

[127] Weber et al. (2001), S. 7. Vgl. auch Vellmann (1990), S. 537; Hamprecht (1996), S. 54 ff.

[128] Schüller (1984), S. 57. Vgl. auch Eichenseher (1997), S. 199; Littkemann (2001), S. 1288.

[129] Vgl. Bassen (1998), S. 45. S. a. Krüger/Werder (1993), S. 281.

[130] Vgl. Hungenberg (1992b), S. 349 ff.

[131] Vgl. Rupps (1990), S. 1095.

[132] Vgl. Großeibl (1996), S. 637; Behme/Roth (1997), S. 22.

[133] Vgl. Schmidt (1993a), S. 148; Weber (1997), S. 70.

[134] Vgl. Hoffmann (1987), S. 232; Bea/Göbel (2006), S. 389.

[135] Vgl. Borchers (2000), S. 28 f. Vgl. auch Weber et al. (2001), S. 10.

besitzen eine weitgehende Autonomie bei der Ausübung ihrer operativen Geschäftstätigkeit.[137] Dies geschieht auch vor dem Hintergrund der unterschiedlichen Geschäftsfelder, in denen die Basiseinheiten aktiv sind.[138] Dagegen übernimmt die Spitzeneinheit, wie bei der Operativen Holding, die strategische Führung der Basiseinheiten.[139] Damit wird vor allem das Ziel verfolgt, Synergien zwischen den Basiseinheiten, zu realisieren.[140] Im Gegensatz zur Operativen Holding agiert die Management-Holding nicht eigenunternehmerisch am Markt.[141]

Hinsichtlich des Entscheidungskriteriums Dezentralisierung und Delegation von Entscheidungsbefugnissen nimmt die *Finanzholding* den Gegenpol zur Operativen Holding ein.[142] Aufgrund der auch im Vergleich zur Management-Holding sehr großen Heterogenität des Geschäftes der Basiseinheiten verzichtet die Spitzeneinheit auf eine strategische und operative Führung.[143] Stattdessen konzentriert sich die Konzernspitze auf eine finanzielle Steuerung der Unternehmensbereiche bzw. Tochtergesellschaften durch entsprechende Zielgrößen sowie Kapitalallokation.[144] Dabei werden die Basiseinheiten wie Anlageobjekte betrachtet und nach Rendite-Risiko-Gesichtspunkten beurteilt.[145]

Damit sind die Grundzüge einer Dezentralisierung von Unternehmensstrukturen beschrieben, die den Ausgangspunkt für eine Dezentralisierung von Controllerbereichen bildet.

2.2.1.2 Institutionalisierung dezentraler Controllerbereiche

Mit der Dezentralisierung von Unternehmensstrukturen und der damit verbundenen Delegation von Entscheidungsbefugnissen vollziehen sich auch auf dezentraler Ebene Führungshandlungen und -prozesse, die einer Rationalitätssicherung bedürfen. So benötigt nicht nur die Leitung des Gesamtunternehmens, sondern auch das in den dezentralen Einheiten angesiedelte Management eine Stelle, die einerseits Entlastungsaufgaben übernimmt sowie andererseits qualitative Könnensdefizite des dezentralen Managements ausgleicht und entsprechend eine Ergänzungsfunktion wahrnimmt.[146] Darüber hinaus ermöglicht eine Dezentralisierung nicht nur die Nutzung dezentralen, führungsrelevanten

---

136 Vgl. Portatius (1991), S. 276; Weber (1997), S. 70.
137 Vgl. Steinle/Thiem/Dunse (1998), S. 146.
138 Vgl. Großeibl (1996), S. 638; Perlet/Müller (2002), Sp. 1021; Weber/Schäffer (2006), S. 455.
139 Vgl. auch Bassen (1998), S. 40.
140 Vgl. Rupps (1990), S. 1093; Bassen (1998), S. 42. Vgl. auch Weber et al. (2001), S. 10 f.
141 Vgl. Scheffler (1992), S. 246; Bühner (1993), S. 285. Großeibl (1996), S. 637, fasst die Führungsphilosophie der Management-Holding mit den Worten „think global, act local" zusammen. Zu den Charakteristika der Management-Holding vgl. ausführlich auch Bühner (1992), S. 33 ff.
142 Vgl. Perlet/Müller (2002), Sp. 1021.
143 Vgl. Großeibl (1996), S. 637 f.; Hamprecht (1996), S. 73.
144 Vgl. Schulte (1992), S. 32; Werdich (1993), S. 339; Hamprecht (1996), S. 71; Picot/Böhme (1999), S. 46.
145 Vgl. Bassen (1998), S. 38; Borchers (2000), S. 28. Zu Praxisbeispielen der vorgestellten Holding-Formen s. a. Picot/Böhme (1999), S. 79 ff.
146 Vgl. auch Vellmann (1990), S. 551; Langenbach (2001), S. 98.

Wissens, sondern birgt auch die Gefahr eines bereichsopportunistischen Verhaltens.[147] Insofern ist auch eine Begrenzung der Wollensdefizite dezentraler Manager erforderlich und so gleichzeitig eine Ausrichtung dezentraler Einheiten an gesamtunternehmensbezogenen Zielsetzungen sicherzustellen.[148] Da die Rationalitätssicherung primär an dem Ort ansetzen muss, an dem die Entscheidungskompetenz ausgeübt wird,[149] haben „viele Unternehmungen .. in der Vergangenheit richtigerweise versucht, Controllingaufgaben … in die dezentralen Einheiten der Unternehmung zu verlagern.“[150] Im Zuge der Dezentralisierung von Organisationsstrukturen in Unternehmen kam es somit auch zu einer Dezentralisierung von Controllerbereichen, so dass in vielen Unternehmen neben einem zentralen Controllerbereich auch dezentrale Controllerbereiche zu finden sind.[151] Aufgrund der organisatorischen Trennung zum zentralen Controllerbereich können dezentrale Controllerbereiche dabei als eigenständige Einheiten aufgefasst werden.[152]

Der Einrichtung dezentraler Controllerbereiche werden in der Literatur zahlreiche Vorteile zugeschrieben. So hat ein dezentraler Controllerbereich einen detaillierten Einblick in das operative Geschäft des entsprechenden Bereiches und verfügt folglich über ein tieferes Geschäftsverständnis sowie höheres lokales Wissen. Dies sorgt einerseits für eine höhere Akzeptanz beim dezentralen Manager und eröffnet andererseits „fundiertere[] ursachenbezogene[] Analysemöglichkeiten“[153]. Durch die Einbindung des dezentralen Controllerbereiches in den betreffenden Unternehmensbereich als „‚frontnahe[r]' Anwendungsberater“[154] wird zudem eine höhere Problemnähe erzielt sowie die Möglichkeit zur Bewältigung von Sprach- und Mentalitätsbarrieren geschaffen.[155] Gleichzeitig wird mit der Institutionalisierung dezentraler Controllerbereiche der Kritik an einem zentralisierten Controlling begegnet.[156]

Die Form der Institutionalisierung dezentraler Controllerbereiche im Unternehmensgefüge orientiert sich an der im vorangegangenen Abschnitt erläuterten Organisationsstruktur des Unternehmens (vgl. Abbildung 1).[157]

147 Vgl. Weber/Schäffer (2006), S. 440. Vgl. auch Picot/Böhme (1999), S. 5 f.
148 Vgl. Adam (1969), S. 619; Niedermayr (1994), S. 60; Burg (1995), S. 97; Mosiek (2002), S. 3.
149 Vgl. Sathe (1982), S. 129; Langenbach (2001), S. 118 ff.
150 Hahn/Hungenberg (1994), S. 128.
151 Vgl. Schüller (1984), S. 71; Niedermayr (1994), S. 125; Steinle/Thiem/Dunse (1998), S. 142; Truxius (1999), S. 176; Horváth (2003), S. 845. Für eine empirische Analyse vgl. auch Rosenzweig (1981), insb. S. 350.
152 Vgl. David (2005), S. 13.
153 Mosiek (2002), S. 162.
154 Deyhle (1986), 71.
155 Zu den Vorteilen einer Institutionalisierung dezentraler Controllerbereiche vgl. Weber (1993), Sp. 310; Eichenseher (1997), S. 134 f.; Maier (1997), S. 99; Weber (1997), S. 89; Herzog (1999), S. 151 f.; Spitzenpfeil/Lingscheid/Renner (1999), S. 30; Laux (2002), Sp. 1371.
156 Zu den Kritikpunkten an einem zentralisierten Controlling vgl. ausführlich Eichenseher (1997), S. 25 f.
157 Vgl. auch Hahn (1990), S. 179.

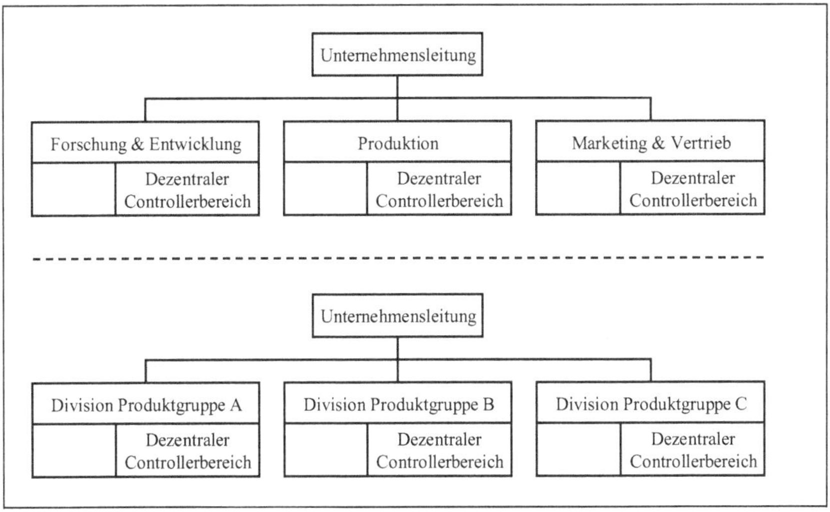

Abbildung 1: Ausprägungen der Institutionalisierung dezentraler Controllerbereiche[158]

Dabei führt eine funktional gegliederte Organisationsstruktur zur Einrichtung dezentraler Controllerbereiche in den einzelnen Unternehmensfunktionen wie Produktion oder Marketing und Vertrieb. Dagegen sind in einem divisional strukturierten Unternehmen dezentrale Controllerbereiche in den einzelnen Divisionen angesiedelt und dem dortigen Management zugeordnet.[159] Die Organisation von Controllerbereichen folgt damit der Unternehmensorganisation.[160]

Da sich im Rahmen der Dezentralisierung die divisionale Unternehmensstruktur als dominierende Form herausgebildet hat und diese darüber hinaus in der Management- und Finanzholding vorwiegend sowie oftmals auch im Stammhauskonzern anzutreffen ist,[161] steht in dieser Arbeit der *divisionale dezentrale Controllerbereich*, der in einer Sparte bzw. einem Geschäftsbereich im Unternehmen angesiedelt ist, im Vordergrund.[162] In Anlehnung an die typische Begriffsverwendung in der Literatur wird im Folgenden der Begriff *„Bereichscontrolling“* für einen solchen dezentralen Controllerbereich benutzt. Analog wird der

---

158 Abbildung in Anlehnung an Weber/Schäffer (2006), S. 456.

159 Vgl. Amshoff (1993), S. 290; Burg (1995), S. 44.

160 Vgl. Niedermayr (1996), S. 165; Synek (1996), S. 97; Eichenseher (1997), S. 199; Littkemann (2001), S. 1288 sowie S. 1295; Küting/Heiden (2002), Sp. 293.

161 Vgl. hierzu Schulte (1992), S. 32; Weber/Schäffer (2006), S. 456. Vgl. auch Abschnitt 2.2.1.1.

162 Für eine umfassende Betrachtung eines funktionalen dezentralen Controllings, das durch dezentrale Controllerbereiche in funktional gegliederten Unternehmen wahrgenommen wird, vgl. bspw. Serfling (1992), S. 288 ff. Serfling (1992) schränkt indes ein, dass die Notwendigkeit der Einführung eines funktionalen Controllings mit entsprechenden dezentralen funktionalen Controllerbereichen „nach Meinung des Autors mehr eine Entdeckung der Unternehmenspraxis als auf entsprechende Forderungen der betriebswirtschaftlichen Forschung zurückzuführen“ ist. Serfling (1992), S. 30.

zentrale Controllerbereich im Unternehmen im Folgenden auch mit *„Zentralcontrolling“* bezeichnet.[163]

2.2.2 Aufgaben- und Kompetenzverteilung zwischen Zentralcontrolling und Bereichscontrolling

Mit der Einrichtung eines Bereichscontrollings stellt sich gleichzeitig die Frage nach einer Verteilung der Aufgaben und Kompetenzen zwischen Zentral- und Bereichscontrolling.[164] So führt die Institutionalisierung eines Bereichscontrollings oftmals zu einer Verschiebung von Aufgaben vom Zentral- an das Bereichscontrolling.[165] Einerseits wird dadurch das Zentralcontrolling von eher operativ geprägten Tätigkeiten entlastet und kann sich so vermehrt auf die Erbringung von Rationalitätssicherungsleistungen i. e. S. konzentrieren.[166] Andererseits besteht dabei aber die Gefahr, dass gewisse Controlling-Aufgaben doppelt, also zentral sowie dezentral, wahrgenommen werden. Durch diese Doppelarbeit zwischen Zentral- und Bereichscontrolling kann es zu Konflikten zwischen beiden Controllerbereichen kommen und ein wettbewerbsähnliches Verhältnis entstehen.[167] Um bei Vorliegen eines Zentral- *und* Bereichscontrollings in Unternehmen die Vorteile aus einer Arbeitsteilung zwischen beiden Abteilungen nutzen und gleichzeitig negative Konsequenzen einer Aufgabenverschiebung und potenziellen -überschneidung eindämmen zu können, ist eine klare Abgrenzung der Tätigkeitsgebiete von Zentral- und Bereichscontrolling erforderlich.[168] Bezogen auf das Verhältnis und die Aufgabenverteilung zwischen Zentral- und Bereichscontrolling liegt somit „die Grundproblematik .. in einer unreflektierten Koexistenz“[169] beider Bereiche.

Als generelle Empfehlung für die Verteilung von Aufgaben und Kompetenzen zwischen Zentral- und Bereichscontrolling formulieren REISS/HÖGE (1994) plakativ: „so dezentral wie möglich, so zentral wie nötig“.[170] Entsprechend übernimmt das Zentralcontrolling primär Aufgaben, die das Gesamtunternehmen betreffen, während sich das Bereichscontrolling auf geschäftsnahe Controlling-Aufgaben „vor Ort“ in den Bereichen konzentriert.[171]

---

163 Wie bereits ausgeführt, ist zwischen den Begrifflichkeiten „Controlling“ und „Controllerbereich“ zu differenzieren (vgl. auch Fußnote 6 in Abschnitt 1.1 sowie ausführlich Abschnitt 2.1). Mit der Verwendung der o. g. Bezeichnungen wird daher bewusst eine gewisse Unschärfe zugunsten einer höheren Konsistenz zu den in der Literatur üblicherweise verwandten Begrifflichkeiten in Kauf genommen.

164 Vgl. Serfling (1992), S. 30 sowie S. 51 ff.; Herzog (1999), S. 24 f. Vgl. auch Küpper (2005), S. 529 f.

165 Vgl. Schüller (1984), S. 184; Vellmann (1990), S. 545 sowie S. 552; Mosiek (2002), S. 51 f. sowie S. 59.

166 Vgl. auch Portatius (1991), S. 286; Hamprecht (1996), S. 213; Weber/David/Prenzler (2001), S. 65.

167 Vgl. Hungenberg (1992a), S. 286; Steinle/Thiem/Dunse (1998), S. 148; Weber et al. (2001), S. 13 f. Vgl. auch die Ausführungen in Abschnitt 2.3.2.4.

168 Vgl. auch Schulte (1992), S. 40; Truxius (1999), S. 176; Mosiek (2002), S. 111.

169 Steinle/Thiem/Rohden (2000), S. 286.

170 Reiß/Höge (1994), S. 219.

171 Vgl. Vellmann (1990), S. 553; Krüger/Werder (1995), S. 10; Lube (1997), S. 48; Horváth (2003), S. 850.

Im Detail werden dem *Zentralcontrolling* in der Literatur idealtypisch folgende Aufgaben und Tätigkeiten zuerkannt:[172]

Im Bereich der *Informationsversorgung* ist das Zentralcontrolling vor allem für die Bereitstellung relevanter Informationen gegenüber der Gesamtunternehmensleitung verantwortlich.[173] Dazu müssen die Informationen aus den einzelnen Bereichen des Unternehmens beschafft und für das Top-Management aggregiert und verdichtet werden.[174] Darüber hinaus ist das Zentralcontrolling mit dem Aufbau und Betrieb des Informationsversorgungssystems für das Gesamtunternehmen betraut.[175]

Des Weiteren unterstützt das Zentralcontrolling das Top-Management im Rahmen der unternehmensweiten *Planung* und ist für deren Koordination verantwortlich.[176] Zum einen wird hierzu vom Zentralcontrolling ein Planungssystem entwickelt und bereitgestellt.[177] Zum anderen gibt das Zentralcontrolling für das Gesamtunternehmen einheitliche Planungsprämissen sowie eine einheitliche Planungslogik vor.[178] Darüber hinaus muss das Zentralcontrolling sicherstellen, dass strategische Vorhaben operationalisiert werden, und überführt die von der Unternehmensleitung vorgegebenen Ergebnisziele in Zielbudgets für die einzelnen Geschäftsbereiche.[179] Die in den einzelnen Einheiten auf Basis der vorgegebenen Zielbudgets erarbeiteten Pläne werden dann durch das Zentralcontrolling wiederum geprüft, konsolidiert und in die Gesamtplanung integriert.[180]

Aufbauend darauf überwacht das Zentralcontrolling im Rahmen der *Kontrolle* die Umsetzung und Erreichung der erarbeiteten Pläne.[181] Die Kontrolltätigkeiten des Zentralcontrollings können sich dabei sowohl auf das Gesamtunternehmen als auch auf einzelne Geschäftsbereiche beziehen.[182]

Als *sonstige Aufgaben* des Zentralcontrollings lassen sich vorwiegend Beratungsaufgaben identifizieren. So ist das Zentralcontrolling an der strategischen Konzernentwicklung sowie der Erarbeitung von Gesamtunternehmensstrategien beteiligt.[183] Ähnlich kann das Zentralcontrolling auch in die Bearbeitung strategischer Fragestellungen eingebunden sein,

---

[172] Abweichungen bzw. Variationen der idealtypischen Tätigkeitsfelder des Zentralcontrollings können sich in Abhängigkeit der vorliegenden Holding-Form ergeben. Vgl. hierzu die Ausführungen am Ende dieses Gliederungspunktes.

[173] Vgl. bspw. Schmidt (1993a), S. 148; Truxius (1999), S. 177; Perlet/Müller (2002), Sp. 1024. Vgl. auch Rupps (1990), S. 1099.

[174] Vgl. u. a. Küting/Heiden (2002), Sp. 292. Für ein Beispiel aus der Praxis vgl. auch Hirsch/Meyer (2004), S. 77.

[175] Vgl. Vellmann (1990), S. 542; Portatius (1991), S. 271; Steinle/Thiem/Dunse (1998), S. 141 sowie S. 143.

[176] Vgl. Krüger/Werder (1993), S. 238; Schmidt (1993a), S. 148; Weber et al. (2001), S. 37.

[177] Vgl. Falkenhausen (1990), S. 90; Vellmann (1990), S. 541.

[178] Vgl. Liessmann (1990), S. 517; Hamprecht (1996), S. 205 sowie S. 211.

[179] Vgl. Liessmann (1990), S. 517; Vellmann (1990), S. 541; Hamprecht (1996), S. 186. Ähnlich Perlet/Müller (2002), Sp. 1024.

[180] Vgl. u. a. Naumann (1993), S. 291; Hahn/Hungenberg (1994), S. 127; Niedermayr (1994), S. 86; Widmer Gysel (1995), S. 306; Küpper (2005), S. 516.

[181] Vgl. Liessmann (1990), S. 524.

[182] Vgl. auch Weber et al. (2001), S. 21.

[183] Vgl. bspw. Obermeier (1991), S. 316; Schmidt (1993a), S. 146 f.; Perlet/Müller (2002), Sp. 1024.

die die einzelnen Geschäftsbereiche betreffen.[184] Die Beratungstätigkeiten des Zentralcontrollings können somit nicht nur auf das Top-Management, sondern auch auf das Management der Geschäftsbereiche ausgerichtet sein.[185] Darüber hinaus führt das Zentralcontrolling bereichsübergreifende, aber auch bereichsspezifische Sonderanalysen durch, bspw. um Verbesserungsmaßnahmen vorzubereiten oder um Synergiepotenziale zwischen den einzelnen Geschäftsbereichen realisieren zu können.[186] Des Weiteren nimmt das Zentralcontrolling die (Weiter-) Entwicklung von Tools und Methoden vor und begleitet deren Einführung im Unternehmen.[187]

Schließlich fallen koordinierende Tätigkeiten in den Aufgabenbereich des Zentralcontrollings. Hierzu zählen u. a. die Ausrichtung der einzelnen Geschäftsbereiche auf das Gesamtunternehmen sowie dessen Zielsetzung und Strategie, Abstimmungen und Schlichtungen zwischen den Geschäftsbereichen, die Sicherstellung einer einheitlichen Anwendung von vorgegebenen Methoden sowie die Koordination der Controllerorganisation im Unternehmen.[188]

Während das Zentralcontrolling vor allem für die Gesamtunternehmensleitung, also das zentrale Management, tätig ist, unterstützt das *Bereichscontrolling* schwerpunktmäßig die Geschäftsbereichsleitung bzw. das dezentrale Management.[189] Idealtypisch lassen sich die Aufgaben des Bereichscontrollings wie folgt umreißen:[190]

Entsprechend seiner primären Ausrichtung auf das dezentrale Management ist das Bereichscontrolling für die *Informationsversorgung* der Geschäftsbereichsleitung verantwortlich. Dies umfasst einerseits Informationen unmittelbar aus dem Geschäftsbereich, andererseits aber auch bereichsübergreifende Informationen, die für die Basiseinheit relevant sind.[191]

Darüber hinaus nimmt das Bereichscontrolling die *Planung* für den Geschäftsbereich vor.[192] Dies geschieht auf Basis der vom Zentralcontrolling vorgegebenen Planungseckpunkte sowie

---

184 Vgl. u. a. Steinle/Thiem/Dunse (1998), S. 144.

185 Vgl. hierzu auch David (2005), S. 216 sowie S. 263.

186 Vgl. auch Obermeier (1991), S. 313 f.; Hahn/Hungenberg (2001), S. 928; Perlet/Müller (2002), Sp. 1024; Weber/Schäffer (2006), S. 457.

187 Vgl. u. a. Frensdorff (1993), S. 122 ff.; Großeibl (1996), S. 643; Steinle/Thiem/Dunse (1998), S. 148; Weber et al. (2001), S. 37.

188 Vgl. hierzu ausführlich Schüller (1984), S. 182 ff.; Liessmann (1990), S. 517 f. sowie S. 524 ff.; Serfling (1992), S. 87; Frensdorff (1993), S. 121 sowie S. 126; Niedermayr (1994), S. 126; Burg (1995), S. 97; Stoffel (1995), S. 104; Steinle/Thiem/Dunse (1998), S. 148; Herzog (1999), S. 152; Spitzenpfeil/Lingscheid/Renner (1999), S. 30; Truxius (1999), S. 177; Küpper (2005), S. 530; Mosiek (2002), S. 107.

189 Vgl. auch Janell/Kinnunen (1980), S. 19; Serfling (1992), S. 30; Küpper/Weber (1995), S. 91; Weber/David/Prenzler (2001), S. 20; David (2005), S. 122.

190 Genau wie für das Zentralcontrolling können sich in Abhängigkeit der vorliegenden Holding-Form Abweichungen bzw. Variationen der idealtypischen Tätigkeitsfelder des Bereichscontrollings ergeben. Vgl. hierzu die Ausführungen am Ende dieses Gliederungspunktes.

191 Vgl. Frensdorff (1993), S. 125; Weber (1993), Sp. 309; Küpper/Weber (1995), S. 87; Herzog (1999), S. 151 f.; David (2005), S. 207 sowie S. 219.

192 Vgl. Prenger (1972), S. 29 f.; Hamprecht (1996), S. 186 f.

der generellen Zielplanung des Unternehmens.[193] Zudem kann das Bereichscontrolling in die Ableitung von Ergebniszielen für den Unternehmensbereich eingebunden sein.[194]

Im Rahmen der *Kontrolle* obliegt dem Bereichscontrolling die Überwachung der Geschäftsbereichs-Performance sowie der Zielerreichung gegenüber der erarbeiteten Bereichsplanung. Bei Unterschreiten der Planvorgaben führt das Bereichscontrolling detaillierte Abweichungsanalysen im Bereich durch, um die Ursachen einer Planunterschreitung identifizieren zu können.[195]

Die *sonstigen Aufgaben* des Bereichscontrollings beinhalten – ähnlich wie beim Zentralcontrolling – vor allem Beratungsaufgaben. So nimmt das Bereichscontrolling als Berater der Geschäftsbereichsleitung detaillierte Geschäftsanalysen vor und wirkt – ebenfalls analog zum Zentralcontrolling – an strategischen Themenstellungen mit, die den Geschäftsbereich betreffen.[196] Des Weiteren ist das Bereichscontrolling im Rahmen der Entwicklung von Tools und Methoden für den Geschäftsbereich tätig.[197] Hinsichtlich allgemeiner bereichsbezogener Tätigkeiten schließlich fallen der Betrieb und die Pflege der im Geschäftsbereich implementierten Informations- und Planungssysteme in den Zuständigkeitsbereich des Bereichscontrollings.[198]

Während die generellen Aufgabenfelder, in denen Zentral- und Bereichscontrolling tätig sind, somit identisch sind, erfolgt eine Schwerpunktsetzung zwischen beiden Controllerbereichen nicht nur – wie erläutert – hinsichtlich der Kunden (Unternehmensleitung vs. Bereichsleitung) und der Unternehmensebene (Gesamtunternehmen vs. Geschäftsbereich). Vielmehr lässt sich auch ein Unterschied bezüglich der zeitlichen Intensität der einzelnen Aktivitäten feststellen. So ist das Bereichscontrolling zeitlich stärker in Aufgaben im Bereich der Informationsversorgung und Planung eingebunden als das Zentralcontrolling. Beim Zentralcontrolling dagegen nehmen Kontroll- und Beratungsaufgaben eine höhere Bedeutung ein.[199]

Variationen der skizzierten idealtypischen Aufgabenverteilung zwischen beiden Controllerbereichen ergeben sich durch die vorherrschende Konzern- bzw. Holding-Form, in der sich der Führungsanspruch der Spitzeneinheit gegenüber den Basiseinheiten widerspiegelt.[200] Je höher der Delegations- und folglich der Autonomiegrad der Basiseinheiten sind, desto höher sind auch die Unabhängigkeit und der Kompetenzspielraum des Bereichscontrollings. Das Zentralcontrolling beschränkt sich dann umso stärker auf Rahmen gebende Kompetenzen und

---

[193] Vgl. Hahn/Hungenberg (1994), S. 127.
[194] Vgl. auch Vellmann (1990), S. 541 ff.
[195] Vgl. Prenger (1972), S. 29 ff.; Frensdorff (1993), S. 125; Krüger/Werder (1993), S. 244; Küpper/Weber (1995), S. 91.
[196] Vgl. Liessmann (1990), S. 518; Vellmann (1990), S. 553; Obermeier (1991), S. 316; Weber (1993), Sp. 309; Steinle/Thiem/Dunse (1998), S. 144; David (2005), S. 216 sowie S. 263.
[197] Vgl. Frensdorff (1993), S. 125; Weber et al. (2001), S. 37.
[198] Vgl. Truxius (1999), S. 177; Weber/David/Prenzler (2001), S. 27.
[199] Vgl. hierzu Weber/David/Prenzler (2001), S. 26 f.
[200] Vgl. Krüger (1996), S. 75; Perlet/Müller (2002), Sp. 1021. Zu den folgenden Ausführungen vgl. insb. Weber et al. (2001), S. 14 f. und S. 23 ff., sowie Weber/Schäffer (2006), S. 457 f.

Vorgaben. Im Falle eines niedrigen Delegationsgrades dagegen besitzt auch das Bereichscontrolling eine geringere Autonomie in seiner Aufgabenerfüllung und ist primär als Informationslieferant und planungsunterstützende Instanz für das Zentralcontrolling tätig.[201] Das Zentralcontrolling hingegen übernimmt dann vermehrt auch operativ geprägte Controlling-Aufgaben.[202]

Dementsprechend ist das Zentralcontrolling in der *Operativen Holding* nicht nur an der strategischen Planung beteiligt, sondern nimmt auch die Gestaltung und das Management der operativen Planung vor und wirkt an ihrer Durchführung mit. Darüber hinaus führt das Zentralcontrolling bereichsübergreifende, aber auch bereichsspezifische operative Kontrollen und Abweichungsanalysen durch.[203] Die Entwicklung und Gestaltung eines konzerneinheitlichen Informations-, Planungs- und Kontrollsystems fällt ebenfalls in den Kompetenzbereich des Zentralcontrollings.[204] Das Bereichscontrolling ist im Stammhauskonzern primär als operativ unterstützende und ausführende Einheit des Zentralcontrollings tätig.[205]

In der *Management-Holding* ist das Zentralcontrolling – wie in der Operativen Holding – mit der strategischen Planung betraut.[206] Anders als im Stammhauskonzern jedoch liegt die Federführung der operativen Planung beim Bereichscontrolling.[207] Auch bereichsbezogene Soll-Ist-Vergleiche und detaillierte Abweichungsanalysen werden durch das Bereichscontrolling durchgeführt. Das Zentralcontrolling ist in diesem Zusammenhang lediglich für die Identifizierung von Bereichen zuständig, die aus Perspektive des Gesamtunternehmens gravierende Planunterschreitungen aufweisen.[208] Darüber hinaus formuliert das Zentralcontrolling in der Management-Holding Vorgaben für anzuwendende Instrumente, Methoden und Systeme.[209]

Das Zentralcontrolling der *Finanzholding* schließlich beschränkt sich auf die Kontrolle der Performance der Basiseinheiten über finanzielle Kennziffern und die damit verbundene Bewertung der strategischen Geschäftsfelder. Dazu werden Rahmenvorgaben hinsichtlich der in den Basiseinheiten anzuwendenden Berechnungsmethoden und der zu berichtenden Kennzahlen festgelegt.[210] Das Bereichscontrolling hingegen ist hier eigenverantwortlich für die Ausgestaltung und Wahrnehmung der Controlling-Aufgaben in den jeweiligen Basiseinheiten zuständig.[211]

---

201 Vgl. auch Sathe (1978a), S. 10 ff.
202 Vgl. auch Picot/Böhme (1999), S. 79.
203 Vgl. Großeibl (1996), S. 640.
204 Vgl. hierzu auch Theopold (1993), S. 214.
205 Vgl. auch Weber et al. (2001), S. 37.
206 Vgl. auch Großeibl (1996), S. 641.
207 Vgl. Naumann (1993), S. 292; Weber (1997), S. 84.
208 Vgl. hierzu Naumann (1993), S. 292 f.
209 Vgl. auch Truxius (1999), S. 177. Zu den Aufgaben des Zentralcontrollings in einer Management-Holding vgl. auch Perlet/Müller (2002), Sp. 1024.
210 Vgl. auch Weber et al. (2001), S. 38.
211 Vgl. hierzu ausführlich auch Werdich (1993), S. 338 f.

2.2.3 Organisatorische Unterstellung des Bereichscontrollings

Neben der Verteilung der Aufgaben und Kompetenzen ist im Rahmen der Organisation von Controllerbereichen auch die Ausgestaltung der organisatorischen Unterstellung des Bereichscontrollings zu regeln. [212] Die Literatur unterscheidet diesbezüglich allgemein drei Varianten: [213] die Unterstellung des Bereichscontrollings unter das Zentralcontrolling, die Unterstellung des Bereichscontrollings unter die Bereichsleitung sowie das sog. „Dotted-Line"-Prinzip.

In der ersten Ausprägung wird das Bereichscontrolling *vollständig dem Zentralcontrolling unterstellt*, das hierzu sowohl die *fachliche* als auch die *disziplinarische* Weisungsbefugnis gegenüber dem Bereichscontrolling erhält.[214] Dadurch kann eine engere Abstimmung und ein besserer Austausch zwischen beiden Controllerbereichen erzielt werden.[215] Des Weiteren ist das Bereichscontrolling bei dieser Unterstellungsform relativ unabhängig von der Bereichsleitung und von dieser bei seiner Aufgabenerfüllung nur wenig beeinflussbar.[216] Dies stärkt die Position des Bereichscontrollings insbesondere im Hinblick auf die Erbringung von Begrenzungsleistungen. Die Gefahr bei dieser Variante ist allerdings, dass das Bereichscontrolling von der Spartenleitung als Fremdkörper bzw. „‚Spion' der Zentrale"[217] empfunden wird. [218] Infolgedessen wird die Vertrauensbasis zwischen der Bereichsleitung und dem Bereichscontrolling beeinträchtigt und so die Erbringung von Entlastungs- und Ergänzungsleistungen erschwert. [219] WEBER/SCHÄFFER (2006) merken an, dass diese Form der Unterstellung „einer dezentralen Struktur, wie sie in Großunternehmen grundsätzlich angelegt ist",[220] widerspricht.

In der zweiten Variante wird das Bereichscontrolling *fachlich* und *disziplinarisch der Bereichsleitung zugeordnet*.[221] Die Vorteile dieser Unterstellungsform bestehen vor allem in einer höheren Akzeptanz und Einbindung des Bereichscontrollings im Geschäftsbereich. Dadurch ist das Bereichscontrolling stärker an den Entscheidungsprozessen der Bereichsleitung beteiligt und kann diese im Rahmen der Entscheidungsfindung besser unterstützen.[222] Dem steht allerdings der Nachteil gegenüber, dass Bereichsegoismen und Partikularinteressen

---

212 Vgl. z. B. Schüller (1984), S. 207; Serfling (1992), S. 86; Amshoff (1993), S. 294.

213 Vgl. exemplarisch Sathe (1978b), S. 100 f.; Hahn (1979), S. 10 f.; Synek (1996), S. 105 f.; Henselmann (2002), Sp. 1363.

214 Vgl. Hahn (1979), S. 10. *Fachliche* Weisungsrechte beziehen sich auf die wahrzunehmenden Aufgaben, während *disziplinarische* Weisungskompetenzen arbeitsrechtliche Regelungen (z. B. Entlohnung, Arbeitszeiten, Beförderung) betreffen. Vgl. Anthony/Govindarajan (2003), S. 106; Horváth (2003), S. 849. Vgl. auch Abschnitt 6.2.1.1.6.

215 Vgl. Sathe (1978b), S. 101 f.; Stoffel (1995), S. 106.

216 Vgl. Sathe (1978a), S. 21; Fischer (1990), S. 571; Schmidt (1993a), S. 153.

217 Zünd (1973), S. 184.

218 Vgl. Zünd (1973), S. 184; Küpper/Weber (1995), S. 88.

219 Vgl. auch Liessmann (1990), S. 519; Hahn/Hungenberg (2001), S. 946.

220 Weber/Schäffer (2006), S. 460.

221 Vgl. Hahn (1979), S. 10.

222 Vgl. bspw. Schüller (1984), S. 210; Stoffel (1995), S. 106. Vgl. auch Küpper (2005), S. 531.

begünstigt werden und so eine konzerneinheitliche Ausrichtung und Steuerung dezentraler Bereiche nur schwierig zu realisieren sind.[223] Zudem kann sich diese Unterstellungsvariante nachteilig auf die Abstimmung und den Informationsaustausch zwischen Zentral- und Bereichscontrolling auswirken.[224]

Um die Nachteile der beiden erläuterten Unterstellungsformen vermeiden und gleichzeitig ihre jeweiligen Vorteile vereinen zu können,[225] wird in der Literatur oftmals das sog. *„Dotted-Line"-Prinzip* vorgeschlagen, das auch in der Praxis vorherrschend ist.[226] Dabei wird eine Trennung der Weisungsbefugnisse vorgenommen. Während das Bereichscontrolling *fachlich* dem Zentralcontrolling unterstellt wird,[227] erhält die Bereichsleitung bei diesem Konzept die *disziplinarische* Weisungskompetenz gegenüber dem Bereichscontrolling.[228] Allerdings kann die mit diesem Prinzip verbundene Doppelunterstellung des Bereichscontrollings zu Dauerkonflikten führen.[229]

Als Alternative zu den beschriebenen Unterstellungsformen bietet sich darüber hinaus die Möglichkeit an, fachliche und disziplinarische Weisungsbefugnisse nicht generell einer Instanz zuzuordnen, sondern punktuell und aufgabenspezifisch zu verteilen. Die praktische Ausgestaltung dieser Variante kann jedoch sehr komplex werden.[230]

Ähnlich wie die Aufgabenverteilung zwischen Zentral- und Bereichscontrolling wird schließlich auch die Ausgestaltung der Unterstellungsform vom Führungsverständnis der Spitzeneinheit im Konzern geprägt.[231] So empfiehlt sich bspw. in der *Operativen Holding*, in der dem Bereichscontrolling primär die Rolle einer ausführenden und unterstützenden Einheit des Zentralcontrollings zukommt, eine enge Anbindung des Bereichscontrollings an das Zentralcontrolling über umfassende fachliche Weisungsrechte. In Sondersituationen (z. B. Sanierung des dezentralen Bereiches, Aufbau und Einführung eines neuen Controlling-Systems), in denen die Spitzeneinheit häufig in das Geschäft der Basiseinheit eingreifen muss, kann neben einer fachlichen Unterstellung auch die disziplinarische Unterordnung des

223 Vgl. Schmidt (1993a), S. 153; Hahn/Hungenberg (2001), S. 948; Henselmann (2002), Sp. 1363.

224 Vgl. Zünd (1973), S. 184; Liessmann (1990), S. 519; Anthony/Govindarajan (2003), S. 107.

225 Vgl. Synek (1996), S. 105 f.; Horváth (2003), S. 849.

226 Vgl. Küpper/Weber/Zünd (1990), S. 287 f.; Küpper/Weber (1995), S. 88; Stoffel (1995), S. 151 ff.; Lube (1997), S. 48 f.; Steinle/Thiem/Dunse (1998), S. 146; Weber et al. (2001), S. 33; Horváth (2003), S. 849.

227 Das Zentralcontrolling kann dabei teilweise auch fachliche Weisungsrechte gegenüber dem dezentralen Management (z. B. zu anzuwendenden Methoden) innehaben. Vgl. hierzu Lube (1997), S. 49.

228 Vgl. Synek (1996), S. 105; Mosiek (2002), S. 110; Steinle (2003); S. 44. Denkbar ist auch der Fall, dass das Bereichscontrolling fachlich der Bereichsleitung, disziplinarisch aber dem Zentralcontrolling unterstellt wird. Diese Variante besitzt aber lediglich eine theoretische Relevanz. Vgl. hierzu auch Weber et al. (2001), S. 32. Die Bezeichnung „Dotted-Line" resultiert aus der in Organigrammen typischerweise verwendeten Darstellung der fachlichen Unterstellung als gestrichelte Linie. Vgl. Sathe (1982), S. 51; Amshoff (1993), S. 295; Henselmann (2002), Sp. 1363.

229 Vgl. u. a. Simon et al. (1954), S. 82; Zünd (1973), S. 184; Hahn/Hungenberg (2001), S. 948. Für eine ausführliche Darstellung der Vor- und Nachteile der einzelnen Unterstellungsvarianten vgl. insb. Schüller (1984), S. 210.

230 Vgl. hierzu Weber/Schäffer (2006), S. 461 f. Ähnlich Sathe (1978a), S. 15; Schmidt (1993a), S. 153.

231 Vgl. im Folgenden allgemein Weber et al. (2001), S. 19 f., sowie Weber/Schäffer (2006), S. 462.

Bereichscontrollings unter das Zentralcontrolling sinnvoll sein.[232] In der *Management-Holding* dagegen, in der das Bereichscontrolling einen vergleichsweise höheren Kompetenzspielraum besitzt, benötigt das Zentralcontrolling lediglich ein punktuelles fachliches Weisungsrecht hinsichtlich spezieller Aspekte, um eine einheitliche strategische Ausrichtung des Unternehmens und seiner Bereiche sicherstellen zu können. Eine vollständige Unterstellung des Bereichscontrollings unter das dezentrale Management hingegen ist in der *Finanzholding* denkbar.[233]

Wie im Rahmen der Ausführungen in diesem Kapitel zur Organisation von Controllerbereichen deutlich geworden ist, wird das Verhältnis von Zentral- und Bereichscontrolling zueinander stark von der Holding-Form des Unternehmens geprägt. Im Rahmen der empirischen Analyse in dieser Untersuchung soll daher ein besonderes Augenmerk auf diesen Parameter gerichtet werden.

Nach der Erläuterung der wesentlichen organisatorischen Aspekte von Controllerbereichen[234] soll im Folgenden eine detaillierte Untersuchung der Schnittstelle von Zentral- und Bereichscontrolling vorgenommen und damit die in Abschnitt 1.2 aufgestellte forschungsleitende Frage beantwortet werden.

2.3 Analyse der Schnittstelle von Zentralcontrolling und Bereichscontrolling

2.3.1 Das Wertenetz des Coopetition-Ansatzes als Strukturierungsrahmen der Analyse

Als Strukturierungsrahmen der Schnittstellenanalyse von Zentral- und Bereichscontrolling wird auf das Wertenetz des Coopetition-Ansatzes von NALEBUFF/BRANDENBURGER (1996) zurückgegriffen. Ausgangspunkt der Entwicklung dieses Konzeptes war die Erkenntnis, dass wirtschaftliche Beziehungen zwischen Unternehmen gleichzeitig durch wettbewerbsbezogene und kooperative Elemente gekennzeichnet sein können.[235] So können Unternehmen, die sich in bestimmten Bereichen als Konkurrenten gegenüberstehen, in

---

232 Vgl. auch Sathe (1978b), S. 102; Hahn (1979), S. 10; Schüller (1984), S. 211; Hahn/Hungenberg (2001), S. 946.

233 Vgl. auch Liessmann (1990), S. 519; Schmidt (1993a), S. 153.

234 Zu weiteren Aspekten der Organisation von Controllerbereichen wie z. B. der hierarchischen Einordnung oder der Institutionalisierung des Controllerbereiches als Stabstelle oder Linieninstanz, die für die vorliegende Untersuchung nicht relevant sind und daher nicht weiter behandelt werden sollen, vgl. bspw. Schüller (1984), S. 185 ff.; Ihring (1986), S. 96 f.; Welge (1989), S. 141 f.; Vellmann (1990), S. 559 f.; Serfling (1992), S. 84 ff.; Niedermayr (1996), S. 139 f.; Synek (1996), S. 97 sowie S. 104; Steinle/Thiem/Dunse (1998), S. 142 sowie S. 146; Henselmann (2002), Sp. 1361 ff.; Laux (2002), Sp. 1370 f.; Horváth (2003), S. 845 ff.; Küpper (2005), S. 526 ff.

235 Vgl. Nalebuff/Brandenburger (1996), S. 16.

anderen Feldern miteinander kooperieren.[236] Die Zusammenarbeit kann dabei auf beiden Seiten Vorteile mit sich bringen.[237]

In Anbetracht der möglichen simultanen kooperativen und wettbewerbsbezogenen Ausprägung von Beziehungen schlagen NALEBUFF/BRANDENBURGER (1996) den Begriff „Coopetition" vor und führen Kooperation und Wettbewerb im sog. Coopetition-Ansatz zusammen.[238] Dabei rekurrieren die Autoren auf die Spieltheorie, wenden diese jedoch in ihrem Modell nicht unmittelbar an.[239] Der Coopetition-Ansatz stellt zugleich eine Weiterentwicklung des auf PORTER zurückgehenden Konzeptes der fünf Wettbewerbskräfte dar.[240] Im Gegensatz zu PORTER jedoch, der in seinem Modell lediglich strukturelle Merkmale sowie einseitig nur Wettbewerb, nicht aber eine mögliche Kooperation zwischen Unternehmen berücksichtigt, stellen NALEBUFF/BRANDENBURGER (1996) stärker die Interaktion sowie mögliche kooperative Beziehungen zwischen den Marktteilnehmern in den Mittelpunkt der Analyse.[241] Dazu betrachten die Autoren vier Rollen, die Marktteilnehmer im wirtschaftlichen Umfeld eines Unternehmens einnehmen können: Kunden, Lieferanten, Wettbewerber und Komplementoren.[242]

Als *Kunden* werden Marktteilnehmer bezeichnet, die von dem Unternehmen Produkte und Dienstleistungen erwerben, während *Lieferanten* dem Unternehmen seinerseits benötigte Ressourcen zur Verfügung stellen.[243] Als *Wettbewerber* treten Marktteilnehmer in Erscheinung, wenn sie Substitute zu den vom betrachteten Unternehmen hergestellten Leistungen anbieten.[244] Potenzielle Abnehmer bewerten Produkte des Unternehmens dann entsprechend niedriger, wenn von Wettbewerbern angebotene Substitutionsprodukte verfügbar sind. Die Rolle des *Komplementors* wird von NALEBUFF/BRANDENBURGER (1996) neu eingeführt und betont die kooperative Dimension in den Beziehungen zwischen dem Unternehmen und anderen Marktteilnehmern.[245] Als Komplementor wird ein anderer Marktteilnehmer dann angesehen, wenn er in Bezug auf die vom Unternehmen erbrachten Produkte und Dienstleistungen ergänzende Leistungen anbietet.[246] Mögliche Kunden stufen

---

[236] Vgl. bspw. Mintzberg et al. (1996), S. 67; Luo (2005), S. 72 ff. Vgl. auch Ockenfels (2005).

[237] Vgl. Al-Bazzaz/Grinyer (1980), S. 37; Jansen (2000), S. 35.

[238] Vgl. Nalebuff/Brandenburger (1996), S. 16. Der Begriff „Coopetition", der sich aus den englischen Wörtern „Cooperation" (Kooperation) und „Competition" (Wettbewerb) zusammensetzt, geht ursprünglich auf Ray Noorda, Gründer des Netzwerksoftwareherstellers Novell, zurück. Vgl. Nalebuff/Brandenburger (1996), S. 16. Luo (2005) definiert Coopetition als „mindset, process, or phenomenon of combining cooperation and competition." Luo (2005), S. 72. Ähnlich Tsai (2002), S. 180. Wenn zwischen Akteuren gleichzeitig Kooperations- und Konkurrenzbeziehungen in mehreren Leistungsbereichen vorliegen, wird auch von „Mehrfach-Coopetition" gesprochen. Vgl. Sjurts (1999), S. 710.

[239] Vgl. Nalebuff/Brandenburger (1996), S. 17; Jansen (2000), S. 44.

[240] Vgl. Müller-Stewens/Lechner (2003), S. 196 f. Zum Konzept der fünf Wettbewerbskräfte vgl. Porter (1998a), S. 4 ff., und Porter (1998b), S. 3 ff., sowie ursprünglich Porter (1980), S. 3 ff., und Porter (1985), S. 4 ff.

[241] Vgl. Hungenberg (2000), S. 89 f.

[242] Vgl. hierzu und im Folgenden Nalebuff/Brandenburger (1996), S. 28 ff.

[243] Vgl. auch Brandenburger/Nalebuff (1995), S. 59.

[244] Vgl. hierzu und im Folgenden auch Hungenberg (2000), S. 92.

[245] Vgl. Collis/Ghemawat (2001), S. 180; Müller-Stewens/Lechner (2003), S. 197 f.

[246] Vgl. auch Hungenberg (2000), S. 92.

die Produkte des Unternehmens dann entsprechend höher ein, wenn ergänzende Leistungen, sog. Komplemente, erhältlich sind.[247] Komplementoren spielen damit eine wichtige Rolle, wenn es um die Generierung von Mehrwerten geht.[248] Allerdings können Komplementoren auch zu Wettbewerbern des Unternehmens werden, wenn die durch die Kooperation und die komplementäre Beziehung geschaffenen Mehrwerte aufzuteilen sind. Marktteilnehmer können somit aus Sicht des betrachteten Unternehmens gleichzeitig mehrere Rollen innehaben.[249]

Um die Beziehungen zwischen dem betrachteten Unternehmen und den als Kunden, Lieferanten, Wettbewerbern und Komplementoren auftretenden Marktteilnehmern abbilden und analysieren zu können, entwerfen NALEBUFF/BRANDENBURGER (1996) das sog. Wertenetz.[250] Es verdeutlicht graphisch die Abhängigkeiten, die zwischen den einzelnen Akteuren bestehen, und kann als Instrument genutzt werden, um das relevante Marktumfeld von Unternehmen systematisch und strukturiert zu erfassen. Dadurch können kooperative und wettbewerbsbezogene Beziehungen zwischen Marktteilnehmern aufgezeigt und voneinander abgegrenzt werden.[251]

Nicht nur unternehmensübergreifend, sondern auch im unternehmensinternen Kontext können zwischen Geschäftsbereichen, Abteilungen oder Projektteams gleichzeitig Kunden-, Lieferanten-, wettbewerbsbezogene sowie kooperative Beziehungen in unterschiedlichen Aktivitätsfeldern auftreten, so dass hier ebenfalls eine Anwendung des Coopetition-Ansatzes und des Wertenetzes zweckmäßig ist.[252] Auch die Beziehung zwischen Zentral- und Bereichscontrolling kann – wie bereits angedeutet – mehrere Ausprägungen annehmen und sich sehr vielschichtig gestalten. So weist DAVID (2005) darauf hin, dass „die Verflechtungen zwischen diesen beiden Bereichen ... als vergleichsweise komplex zu bezeichnen [sind] und .. aus gegenseitigen Austausch- und Konkurrenzbeziehungen“ [253] bestehen. Vor diesem Hintergrund soll eine Analyse der Beziehungen zwischen beiden Controllerbereichen anhand des Wertenetzes vorgenommen werden. Die Anwendbarkeit des Wertenetzes wird durch Forschungsbeiträge untermauert, die dem Controllerbereich eine gewisse Handlungsautonomie im Rahmen seiner Aktivitäten sowie bei der Gestaltung von Interaktions-

---

247 Komplementäre Produkte sind bspw. Hard- und Software. So sind Computeranwender bereit, mehr Geld für einen Computer auszugeben, wenn es hierfür ein umfangreiches Programmangebot gibt. Vgl. ähnlich Brandenburger/Nalebuff (1995), S. 60.

248 Vgl. hierzu und im Folgenden Nalebuff/Brandenburger (1996), S. 48.

249 Vgl. Brandenburger/Nalebuff (1995), S. 60; Dowling/Lechner (1998), S. 86; Hungenberg (2000), S. 92 f.

250 Für eine Darstellung des Wertenetzes sei an dieser Stelle auf Abbildung 2 in diesem Abschnitt verwiesen, die das Wertenetz für das Verhältnis von Zentral- und Bereichscontrolling wiedergibt.

251 Vgl. Brandenburger/Nalebuff (1995), S. 59 f.; Nalebuff/Brandenburger (1996), S. 21 sowie S. 29; Hungenberg (2000), S. 92.

252 Vgl. bspw. Jansen (2000), S. 45; Tsai (2002), S. 179 f. sowie S. 187; Luo/Slotegraaf/Pan (2006), S. 68.

253 David (2005), S. 217.

beziehungen zuschreiben.[254] Abbildung 2 stellt das Wertenetz für die Schnittstelle von Zentral- und Bereichscontrolling dar.

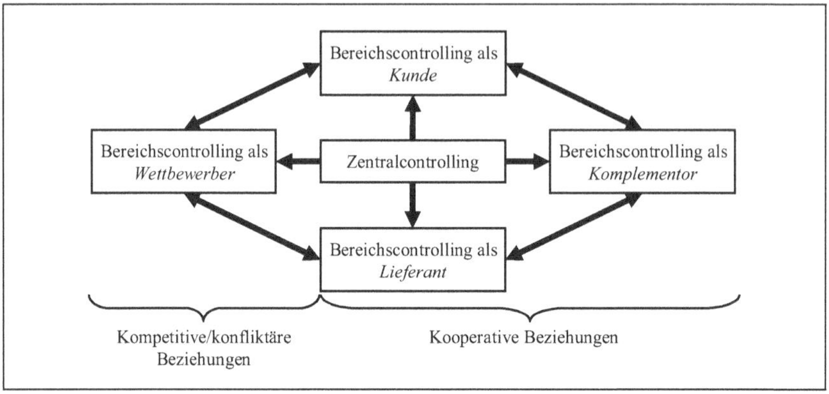

Abbildung 2: Das Wertenetz für die Schnittstelle von Zentral- und Bereichscontrolling[255]

Die möglichen Beziehungsausprägungen zwischen Zentral- und Bereichscontrolling spiegeln sich in den Rollen des Bereichscontrollings als Lieferant, Kunde, Wettbewerber sowie Komplementor des Zentralcontrollings wider.[256] In Erweiterung zu NALEBUFF/ BRANDENBURGER (1996) sollen der Rolle des Bereichscontrollings als Wettbewerber auch Fälle zugeordnet werden, in denen es zu Konflikten und Friktionen im Verhältnis zwischen beiden Controllerbereichen kommt, da hierdurch ebenfalls kooperative Interaktionen beeinträchtigt werden können.[257] Hinsichtlich der Komplementorenrolle soll darüber hinaus nicht allein auf die komplementäre Beziehung von Produkten und Dienstleistungen im Rahmen des Absatzprozesses abgestellt werden, nach der Kunden ein Produkt höher bewerten, wenn sie gleichzeitig ein komplementäres Produkt erhalten. Vielmehr soll auch die ergänzende Rolle des Bereichscontrollings im Erstellungsprozess von Leistungen des Zentralcontrollings berücksichtigt werden. Dementsprechend werden im Folgenden der Komplementorenrolle des Bereichscontrollings auch Sachverhalte zugerechnet, bei denen das Bereichscontrolling im Rahmen eines Zusammenwirkens mit dem

---

254 Vgl. hierzu detailliert die Ausführungen in Abschnitt 2.3.3.1 zur Handlungsautonomie des Controllerbereiches als Voraussetzung einer Kooperation von Zentral- und Bereichscontrolling. Vgl. an dieser Stelle insb. Kronast (1989), S. 172 f. sowie S. 208.

255 In Anlehnung an Nalebuff/Brandenburger (1996), S. 30.

256 Denkbar wäre auch, das Bereichscontrolling in das Zentrum der Betrachtung zu rücken und die Kunden-, Lieferanten-, Komplementoren- sowie Konkurrentenrolle dem Zentralcontrolling zuzuordnen. Da in dieser Arbeit jedoch die Kooperation beider Controllerbereiche aus der Perspektive des Zentralcontrollings untersucht wird (vgl. auch Abschnitt 2.3.3.3), soll das Zentralcontrolling bei der Anwendung des Wertenetzes im Mittelpunkt stehen.

257 Vgl. hierzu bspw. auch Gupta/Raj/Wilemon (1985b), S. 19; Jaworski/Kohli (1993), S. 63; de Ruyter/Wetzels (2000a), S. 266 f.; de Ruyter/Wetzels (2000b), S. 213.

Zentralcontrolling ergänzendes Know-how und zusätzliches „kognitive[s] Potenzial"[258] in die Leistungserstellung einbringt.[259] Auf diese Weise wird – genau wie nach der Definition der Komplementorenrolle bei NALEBUFF/BRANDENBURGER (1996) – ebenfalls ein Mehrwert generiert, auf dessen Basis Kunden die Leistungen des Zentralcontrollings höher bewerten dürften.

Wie in Abbildung 2 widergespiegelt, können die Beziehungen zwischen dem Zentral- und dem Bereichscontrolling in der Rolle eines Wettbewerbers als kompetitiv bzw. konfliktär, die Interaktionen zwischen dem Zentral- und dem Bereichscontrolling in seiner komplementären Funktion als kooperativ eingestuft werden.[260] Der kooperativen Dimension lassen sich auch die Kunden-Lieferanten-Beziehungen zwischen beiden Controllerbereichen zuordnen. So ermöglichen die Transaktionen zwischen Zentral- und Bereichscontrolling an der Kunden-Lieferanten-Schnittstelle den Bezug jeweils benötigter Vorleistungen für die eigene Leistungserstellung und bilden somit die Voraussetzung für die Schaffung von Werten.[261] In Anbetracht dessen empfiehlt sich hier zudem ein kooperatives Verhalten beider Controllerbereiche.[262]

Im Folgenden werden die Rollen des Bereichscontrollings als Lieferant, Kunde, Komplementor sowie Wettbewerber des Zentralcontrollings entlang der in Abschnitt 2.1.2 herausgearbeiteten Aufgabenbereiche der Informationsversorgung, Planung, Kontrolle sowie der sonstigen Aufgaben detailliert beleuchtet.

2.3.2 Die Untersuchung der Beziehungen zwischen Zentralcontrolling und Bereichscontrolling

2.3.2.1 Das Bereichscontrolling als Lieferant des Zentralcontrollings

Als Lieferant benötigter Vorleistungen für das Zentralcontrolling kommt dem Bereichscontrolling eine wichtige Bedeutung zu.[263] DAVID (2005) merkt hierzu an, dass sich das Zentralcontrolling „bei einer guten Zulieferleistung ... mit .. [seinen] Leistungen von Wettbewerbern gegenüber der Unternehmensleitung differenzieren"[264] kann.

258 Bauer (2002), S. 98.
259 Damit wird gleichzeitig der ursprünglichen Bedeutung des Wortes „Komplementor", das auf die lateinischen Wörter „complere" (ergänzen) bzw. „complementum" (Ergänzung) zurückgeht, umfassend Rechnung getragen.
260 Vgl. Collis/Ghemawat (2001), S. 180; Müller-Stewens/Lechner (2003), S. 197 f.
261 Vgl. Nalebuff/Brandenburger (1996), S. 47.
262 Vgl. zu dieser Zuordnung darüber hinaus die Ausführungen in Abschnitt 4.1 zur Definition und Konzeptualisierung der Kooperation von Zentral- und Bereichscontrolling.
263 Vgl. David (2005), S. 134 sowie S. 136.
264 David (2005), S. 136.

Zur zielorientierten Führung des Unternehmens benötigt die Unternehmensleitung relevante Informationen, die vom Zentralcontrolling beschafft und aufbereitet werden müssen.[265] Um dem Management dabei auch relevantes „dezentrale[s] Führungswissen"[266] zur Verfügung stellen zu können, ist das Zentralcontrolling im Rahmen der *Informationsversorgung* auf das Bereichscontrolling als Lieferant angewiesen.[267] So übermittelt das Bereichscontrolling dem Zentralcontrolling wichtige geschäftsspezifische Daten aus den Unternehmensbereichen, bspw. Monatsberichte zur wirtschaftlichen Entwicklung, die vom Zentralcontrolling für seine Informationsversorgungsleistungen aggregiert und zusammengefasst werden. Das Bereichscontrolling bildet damit eine Brücke zwischen dezentralen Bereichen und Zentralcontrolling.[268]

Eine ähnlich wichtige Zulieferfunktion übernimmt das Bereichscontrolling im Bereich der *Planung*. Um eine konsolidierte Planung für das Gesamtunternehmen aufstellen zu können, ist das Zentralcontrolling auf die Plandaten der dezentralen Einheiten angewiesen.[269] Diese werden – wie in Abschnitt 2.2.2 erläutert – durch das Bereichscontrolling auf Basis des Gesamtplanungsrahmens generiert und im Rahmen des Planungsprozesses an das Zentralcontrolling gespielt.[270]

Im Rahmen der *Kontrolle* benachrichtigt das Bereichscontrolling das Zentralcontrolling bei gravierenden Planabweichungen in einzelnen Geschäftsbereichen, die aus Sicht des Gesamtunternehmens von Relevanz sind.[271] Zusätzlich übermittelt das Bereichscontrolling dem Zentralcontrolling Abweichungsanalysen, aus denen die Ursachen einer Soll-Ist-Abweichung ersichtlich sind. Diese können vom Zentralcontrolling wiederum als Basis für bereichsspezifische, aber auch bereichsübergreifende (Nach-) Kontrollen genutzt werden.

Bei den *sonstigen Aufgaben* tritt das Bereichscontrolling vor allem als Lieferant für die Beratungstätigkeiten des Zentralcontrollings in Erscheinung. So stellt es dem Zentralcontrolling neben relevanten strategischen Informationen auch eigene bereichsbezogene strategische und operative Analysen, etwa zur strategischen Positionierung, zu marktbezogenen Stärken und Schwächen des Geschäftsbereiches oder zu Prozessoptimierungen, zur Verfügung, auf die das Zentralcontrolling im Rahmen der Beratung der Unternehmensleitung zurückgreifen kann. Auf Basis der vom Bereichscontrolling erhaltenen Abweichungs-

[265] Vgl. Amshoff (1993), S. 267; Behme/Roth (1997), S. 29. Vgl. auch Portatius (1991), S. 271.
[266] Weber/Schäffer (2006), S. 440.
[267] Vgl. hierzu auch Weber (2006), S. 213.
[268] Vgl. z. B. Obermeier (1991), S. 318; Frensdorff (1993), S. 120 f.; Weber/David/Prenzler (2001), S. 27; Littkemann (2004), S. 41.
[269] Vgl. auch Schmidt (1993a), S. 148 f.
[270] Vgl. z. B. Prenger (1972), S. 29 f.; Hamprecht (1996), S. 186 f.; Weber/David/Prenzler (2001), S. 27.
[271] Vgl. hierzu und im Folgenden auch Liessmann (1990), S. 524 ff.

analysen kann das Zentralcontrolling darüber hinaus entsprechende Gegensteuerungsmaßnahmen entwickeln.[272]

Schließlich erhält das Zentralcontrolling vom Bereichscontrolling spezielle Informationen aus den Basiseinheiten, die es benötigt, um seine bereichsübergreifende, koordinierende Rolle für das Gesamtunternehmen wahrnehmen zu können.[273]

2.3.2.2 Das Bereichscontrolling als Kunde des Zentralcontrollings

Über die Lieferantenrolle hinaus kann das Bereichscontrolling über die Menge der bezogenen Leistungen gleichzeitig einen wichtigen Kunden des Zentralcontrollings darstellen, so dass sich zwischen beiden Controllerbereichen eine wechselseitige Kunden-Lieferanten-Beziehung ergibt.[274]

Im Leistungsfeld der *Informationsversorgung* beliefert das Zentralcontrolling das Bereichscontrolling seinerseits mit relevanten Informationen. Hierbei kann es sich einerseits um bereichsübergreifende Informationen aus dem Gesamtunternehmen (z. B. konsolidierte Berichte über die Geschäftsentwicklung), andererseits um Daten aus anderen Unternehmensbereichen handeln, die die Bereichsleitung für die Führung sowie die Ausrichtung des Geschäftsbereiches auf gesamtunternehmensbezogene Zielsetzungen benötigt.[275]

Im Bereich der *Planung* stellt das Zentralcontrolling dem Bereichscontrolling die generelle Zielplanung sowie die strategische Planung des Unternehmens zur Verfügung, die als Basis für die Bereichsplanung dient und durch das Bereichscontrolling weiter operationalisiert und „ausgefüllt“ wird. Darüber hinaus erhält das Bereichscontrolling vom Zentralcontrolling die anzuwendenden Planungsprämissen (bspw. einheitliche Wechselkurse, Inflationsraten etc.), die auf eine konsistente Gesamtplanung abzielen.[276]

Für die Durchführung von *Kontrollen* in den jeweiligen Sparten kann das Zentralcontrolling dem Bereichscontrolling spezielle Hintergrundinformationen und -berichte zukommen lassen. Diese beziehen sich vor allem auf bereichsübergreifende Sachverhalte, wie z. B. die Geschäftsentwicklung anderer Bereiche oder des Gesamtunternehmens, unternehmensbezogene strategische Trends oder makroökonomische Entwicklungen. Dem Bereichscon-

---

272 Vgl. als Grundlage dieser Ausführungen zur Lieferantenrolle des Bereichscontrollings im Rahmen der Beratung auch Obermeier (1991), S. 318; Weber (1993), Sp. 309; Steinle/Thiem/Dunse (1998), S. 141; Horváth (2003), S. 420.

273 Vgl. Krüger/Werder (1993), S. 240.

274 Vgl. Weber/David/Prenzler (2001), S. 27; David (2005), S. 122.

275 Vgl. Weber (1993), Sp. 309; Küpper (2005), S. 530.

276 Vgl. Liessmann (1990), S. 517; Naumann (1993), S. 291; Hahn/Hungenberg (1994), S. 127; Hamprecht (1996), S. 185 ff.

trolling können dadurch die Identifizierung der Abweichungsursachen sowie die Einschätzung der Relevanz und der Nachhaltigkeit der Abweichung erleichtert werden.[277]

Eine wichtige Kundenbeziehung zum Bereichscontrolling besteht auch bei den *sonstigen Aufgaben*. Hier stellt das Zentralcontrolling dem Bereichscontrolling spezifische Methoden und Instrumente zur Aufgabenerfüllung zur Verfügung. Zudem fungiert es hinsichtlich der Anwendung und Einführung dieser Tools auch als Coach für das Bereichscontrolling.[278] Ferner können die Hintergrundberichte, die vom Zentralcontrolling für Abweichungsanalysen bereitgestellt werden, dem Bereichscontrolling auch als Basis für die Erarbeitung von Gegensteuerungsmaßnahmen als Beratungsleistung dienen.

Im Sinne allgemeiner, übergreifender Tätigkeiten kann das Zentralcontrolling die fachliche sowie personelle Koordination der Bereichscontroller übernehmen und für deren Aus- und Weiterbildung verantwortlich sein.[279]

2.3.2.3 Das Bereichscontrolling als Komplementor des Zentralcontrollings

Mit der Arbeitsteilung zwischen beiden Controllerbereichen und der Fokussierung auf bestimmte Tätigkeiten ist auch der Aufbau spezieller Expertise auf beiden Seiten verbunden.[280] Dies impliziert, dass sich beide Controllerbereiche im Rahmen ihrer Aufgaben gegenseitig ergänzen können und so eine komplementäre Beziehung besteht, durch die Mehrwerte geschaffen werden können.

Im Bereich der *Informationsversorgung* nimmt das Bereichscontrolling eine komplementäre Rolle wahr, die über die eines Lieferanten hinausgeht, wenn es dem Zentralcontrolling dezentrale Informationen nicht nur zur Verfügung stellt, sondern die übermittelten Daten dem Zentralcontrolling auch detailliert erläutert oder gemeinsam mit ihm diskutiert und hierbei ergänzendes Hintergrundwissen einfließen lässt. Auf Basis dieser Abstimmungen kann das Zentralcontrolling seinen Kenntnisstand erweitern und so seine Auskunftsfähigkeit hinsichtlich der an das Management berichteten Informationen erhöhen.[281] Darüber hinaus kann das Zentralcontrolling gemeinsam mit dem Bereichscontrolling das Informationsversorgungs-

---

277 Vgl. Krüger/Werder (1993), S. 245; Niedermayr (1994), S. 88. Vgl. auch Obermeier (1991), S. 313 f. So kann sich eine Umsatzabweichung eines Bereiches bspw. auf den Absatzrückgang eines komplementären Produktes, das durch einen anderen Bereich vertrieben wird, oder aber technologische Veränderungen, die das Gesamtunternehmen betreffen, zurückführen lassen. Auf Basis entsprechender Berichte und Analysen des Zentralcontrollings kann das Bereichscontrolling die Ursachen dieser Abweichung leichter identifizieren und besser einschätzen, inwieweit sich die Gewinnsituation nachhaltig verschlechtert hat oder es sich lediglich um Einmaleffekte handelt.

278 Vgl. hierzu auch Frensdorff (1993), S. 122; Steinle/Thiem/Dunse (1998), S. 148; Perlet/Müller (2002), Sp. 1024.

279 Vgl. Schmidt (1993a), S. 152; Küpper (2005), S. 530.

280 Vgl. David (2005), S. 146. Zu den speziellen Fähigkeiten und Spezialisierungsvorteilen des Bereichscontrollings vgl. auch Abschnitt 2.2.1.2.

281 Vgl. in diesem Zusammenhang auch die Ausführungen von Weber (2006), S. 213.

system auf Grundlage der Anwendungserfahrungen des Bereichscontrollings verbessern und kundenorientierter gestalten.

Im Rahmen der *Planung* kann die Ableitung von Ergebniszielen für die dezentralen Bereiche gemeinsam von Zentral- und Bereichscontrolling im Dialog vorgenommen werden. Das Bereichscontrolling bringt in die Abstimmungsrunden detaillierte Produkt- und Marktkenntnisse ein, die für eine realitätsnahe Zielableitung erforderlich sind, wohingegen das Zentralcontrolling sicherstellt, dass die Vorgaben der Spitzeneinheit ausreichend berücksichtigt werden. Darüber hinaus führt das Zentralcontrolling eine kritische Konsistenz- und Plausibilitätsprüfung durch. In Summe sollten sich tragfähige und hinreichend ambitionierte Planansätze ergeben. Ähnlich können im Rahmen erforderlicher Plankorrekturen entsprechende Änderungen in gemeinsamen Planungsteams erarbeitet werden. Des Weiteren kann das Bereichscontrolling dem Zentralcontrolling Anregungen zur Gestaltung und Optimierung des Planungsprozesses aus einer dezentralen Perspektive heraus geben.[282]

Eine komplementäre Beziehung zwischen beiden Controllerbereichen ist auch auf dem Aufgabengebiet der *Kontrolle* zu erkennen. So können Zentral- und Bereichscontrolling gemeinsam die Überwachung ausgewählter Geschäftsbereiche[283] vornehmen und zusammen entsprechende Abweichungsanalysen durchführen. Das Zentralcontrolling bringt hierbei bereichsübergreifendes Hintergrundwissen sowie Methodenkompetenz ein, die das Bereichscontrolling um aktuelles, geschäftsspezifisches Wissen aus dem betreffenden Geschäftsbereich ergänzt.[284] Durch die Einbindung des Zentralcontrollings wird ferner „eine bereichsneutrale Objektivität und kritische Distanz“[285] sichergestellt.[286] Auf diese Weise kann die Unternehmensleitung einerseits aktuell und unverzerrt über potenziell auftretende Verschlechterungen der wirtschaftlichen Lage der Basiseinheit benachrichtigt werden. Andererseits können die Ursachen auftretender Abweichungen durch die von beiden Controllerbereichen beigesteuerte komplementäre Expertise fundiert analysiert werden. Dadurch erhält das Management eine verbesserte Grundlage für potenziell zu treffende Entscheidungen.

Im Rahmen der Interaktion und Zusammenarbeit mit dem Bereichscontrolling bei der Wahrnehmung von Kontrolltätigkeiten kann das Zentralcontrolling zudem bereichsbezogenes, spezifisches Wissen aufbauen. Dadurch kann das Zentralcontrolling bei Kontrollen in den dezentralen Bereichen eine höhere Akzeptanz seitens der kontrollierten Akteure erzielen.[287]

---

282 Vgl. als Grundlage dieser Ausführungen Liessmann (1990), S. 518; Vellmann (1990), S. 541 ff. und S. 545; Hamprecht (1996), S. 185 ff. und S. 196; Weber (2006), S. 214.

283 Dabei kann es sich bspw. um Geschäftsbereiche handeln, die von hoher strategischer Relevanz für das Gesamtunternehmen sind oder sich gegenwärtig in einer Krisensituation befinden.

284 Vgl. auch David (2005), S. 146. Ähnlich auch Kreikebaum (1992), Sp. 2608; Schäffer (2001b), S. 88.

285 Krüger/Werder (1993), S. 244.

286 Vgl. zu diesen Ausführungen Krüger/Werder (1993), S. 244 f.

287 Vgl. allgemein auch Schäffer (1996a), S. 108 ff. sowie insb. S. 111; Langenbach (2001), S. 97 f. Zur Akzeptanz von Kontrollen vgl. auch Küpper (2005), S. 279 f.

Auch bei den *sonstigen Aufgaben* ergänzen sich Zentral- und Bereichscontrolling Nutzen bringend auf Basis ihrer jeweiligen Fähigkeiten und Kenntnisse.

Entsprechend arbeiten Zentral- und Bereichscontrolling in Beratungsprojekten gemeinsam an strategischen Fragestellungen, die vor allem die dezentralen Bereiche betreffen.[288] So wird bspw. im Rahmen einer Zusammenarbeit strategischer Handlungsbedarf in den einzelnen Geschäftsbereichen identifiziert.[289] Aufbauend darauf werden auch strategische Maßnahmen sowie teilweise Geschäftsbereichsstrategien gemeinsam von beiden Controllerbereichen entwickelt, die es mit der Gesamtstrategie des Unternehmens abzustimmen gilt.[290] Dazu werden zum einen geschäftsspezifische Kenntnisse aus den Bereichen benötigt, über die das Bereichscontrolling durch seine „Nähe vor Ort" verfügt.[291] Zum anderen sind spezielles Methodenwissen und Kenntnisse über die Unternehmensstrategie sowie die strategische Ausrichtung anderer Bereiche erforderlich, die das Zentralcontrolling in die Analyse einbringt.[292] Auf Basis der komplementären Rolle beider Controllerbereiche können so bereichsbezogene strategische Lösungskonzepte erarbeitet werden, die gleichzeitig einen hohen „Fit" zur Unternehmensstrategie aufweisen und den Besonderheiten des Geschäftes der einzelnen Bereiche gerecht werden.

In ähnlicher Weise ergeben sich komplementäre Verflechtungen zwischen beiden Controllerbereichen bei der bereichsübergreifenden Realisierung von Synergien sowie einem Transfer von Best-Practice-Lösungen zwischen den einzelnen dezentralen Einheiten.[293]

Um die Spezialisierungsvorteile beider Controllerbereiche nutzen zu können, können im Rahmen von Beratungstätigkeiten schließlich auch Gegensteuerungsmaßnahmen nach identifizierten Abweichungen gemeinsam erarbeitet werden. Die komplementäre Beziehung zwischen Zentral- und Bereichscontrolling ergibt sich hier analog zur ergänzenden Rolle bei der gemeinsamen Durchführung von Abweichungsanalysen im Rahmen der Kontrolle sowie bei der gemeinsamen strategischen Beratung. Durch die Beteiligung des Bereichscontrollings an der Entwicklung von Korrekturmaßnahmen kann, wie bei der Bearbeitung strategischer Themen auch, zudem mit einer höheren Akzeptanz durch den dezentralen Bereich gerechnet werden, als wenn das Zentralcontrolling diese Aufgaben eigenständig wahrnähme.[294]

Von der komplementären Beziehung zum Bereichscontrolling profitiert das Zentralcontrolling auch bei der (Weiter-) Entwicklung von Methoden und Instrumenten. Hier kann das Bereichscontrolling im Rahmen einer Zusammenarbeit Anregungen und Erfahrungen aus der

[288] Vgl. hierzu Portatius (1991), S. 274 f.
[289] Vgl. Steinle/Thiem/Dunse (1998), S. 144.
[290] Vgl. Liessmann (1990), S. 518 sowie S. 524; Weber (1993), Sp. 307. Vgl. auch Hahn (1990), S. 179; Langguth (1994), S. 182.
[291] Vgl. z. B. Schiff/Lewin (1970), S. 264; Vellmann (1990), S. 553; Spitzenpfeil/Lingscheid/Renner (1999), S. 30.
[292] Vgl. allgemein auch Liessmann (1990), S. 526; Krüger/Werder (1993), S. 245; Küpper/Weber (1995), S. 91; David (2005), S. 146.
[293] Vgl. auch Rupps (1990), S. 1099; Obermeier (1991), S. 313 f.
[294] Vgl. Krüger/Werder (1993), S. 244; Naumann (1993), S. 292 ff.

konkreten Anwendung in den dezentralen Bereichen einfließen lassen, die die generelle Methodenkompetenz des Zentralcontrollings um wichtige Bestandteile ergänzt.[295] Auf diese Weise lässt sich eine bessere Problemorientierung der Instrumente für die operative Anwendung herstellen. Gleichzeitig kann so eine höhere Bereitschaft zur Nutzung dieser Tools in den Basiseinheiten erzielt werden.

Darüber hinaus arbeiten beide Controllerbereiche bei der unternehmensweiten Einführung neuer Systeme und Instrumente ergänzend zusammen.[296] Dabei erarbeitet das Zentralcontrolling das Konzept zur Einführung[297] und steht dem Bereichscontrolling im Rahmen des Roll-outs als Ansprechpartner zur Verfügung, während das Bereichscontrolling als „verlängerter Arm" des Zentralcontrollings die Einführung in den Geschäftsbereichen durchführt. Dies erlaubt eine zügige, flächendeckende und einheitliche Bereitstellung neuer Systeme und Instrumente.

Insgesamt erhält das Zentralcontrolling durch die Interaktion und Zusammenarbeit mit dem Bereichscontrolling als Komplementor auch die Möglichkeit, „aus einer gewissen ‚Elfenbeinturm'-Situation herauszufinden",[298] die sich aufgrund der größeren Entfernung zum Geschäft in den dezentralen Bereichen ergeben kann.[299] Durch die zusätzliche Expertise, die das Bereichscontrolling im Rahmen einer gemeinsamen Aufgabenerfüllung einfließen lässt, werden nicht nur unmittelbar bei der Leistungserstellung Mehrwerte geschaffen,[300] sondern auch generell der Einblick und das Verständnis des Zentralcontrollings für die Gegebenheiten in den Basiseinheiten geschärft.[301] Davon kann das Zentralcontrolling auch bei Tätigkeiten profitieren, bei denen das Bereichscontrolling nicht direkt involviert ist und sich keine unmittelbare komplementäre Beziehung ergibt.

2.3.2.4 Das Bereichscontrolling als Wettbewerber des Zentralcontrollings

Die komplementäre Rolle sowie die wechselseitigen Kunden-Lieferanten-Beziehungen zwischen beiden Controllerbereichen können von einem Wettbewerbsverhältnis sowie Konflikten und Friktionen unterwandert werden. So stellt RÖDER (2001) fest, dass „die zwischen lateralen Kooperations-Partnern bestehende Beziehung [nicht selten] kompetitive Züge an[nimmt]"[302] sowie dass „Schnittstellen .. sich scheinbar naturgemäß als spannungs-

[295] Vgl. z. B. Frensdorff (1993), S. 125; Truxius (1999), S. 177.
[296] Vgl. hierzu auch die Ausführungen bei Vellmann (1990), S. 541 ff., zu den Aufgaben des Controllerbereiches im Rahmen des „System-Services" sowie David (2005), S. 217.
[297] Dies umfasst bspw. den Zeitplan des Roll-outs sowie Schulungsveranstaltungen.
[298] Frensdorff (1993), S. 126.
[299] Vgl. Frensdorff (1993), S. 126.
[300] Speziell bezogen auf Rationalitätssicherungsleistungen vgl. auch Langenbach (2001), S. 112; Bauer (2002), S. 98.
[301] Vgl. auch Schüller (1984), S. 180.
[302] Röder (2001), S. 15. Vgl. weiterführend auch die dort angegebene Literatur.

und konfliktgeladen“[303] erweisen. Die Ursache für wettbewerbsähnliche Beziehungen sowie Konflikte liegt insbesondere in der Aufgabenverlagerung zwischen beiden Controllerbereichen begründet, die sich mit der Institutionalisierung eines Bereichscontrollings ergibt.[304] Unklare Zuständigkeiten können dabei Konflikte fördern und statt einer effizienten Arbeitsteilung „eine kontraproduktive Doppelarbeit [nach sich ziehen], die zu einer Art ‚Gegeneinander der Controllingbereiche‘ [Fettdruck im Original] führt.“[305] Zudem sind mit einer Aufgabenverschiebung auch Auswirkungen auf die Größe der Controllerbereiche verbunden.[306] Hieraus kann zusätzliches Konfliktpotenzial sowie ein Wettbewerb um Unternehmensressourcen, wie etwa bei der Allokation abteilungsbezogener Budgets, erwachsen.[307]

In der *Informationsversorgung* kann das Bereichscontrolling als Wettbewerber des Zentralcontrollings auftreten, wenn die Unternehmensleitung direkt auf das Bereichscontrolling zugeht, um relevante Informationen aus den Basiseinheiten zu erhalten.[308] Für die Unternehmensleitung besteht dabei der Vorteil, frühzeitiger und detaillierter über wichtige Sachverhalte und Entwicklungen informiert zu sein.[309]

Zudem können sich in diesem Leistungsbereich Konflikte und Friktionen hinsichtlich der Lieferantenrolle des Bereichscontrollings ergeben. So kann das Bereichscontrolling bestrebt sein, eine gewisse Eigenständigkeit aufrechtzuerhalten und sich nicht zu sehr „in die Karten schauen zu lassen“.[310] Dies führt dazu, dass nicht sämtliche bedeutsame Informationen an das Zentralcontrolling gespielt werden. Diese Gefahr existiert insbesondere dann, wenn das Zentralcontrolling sehr stark auf eine Kontrolle des Bereichscontrollings ausgerichtet ist. In diesem Fall leidet das Vertrauensverhältnis zwischen beiden Controllerbereichen und die Bereitschaft des Bereichscontrollings, Informationen an das Zentralcontrolling weiterzugeben.[311] Um sich einer wirksamen Kontrolle entziehen zu können, besteht stattdessen die Tendenz, dem Zentralcontrolling geschönte Daten zur Verfügung zu stellen. Damit wird die Qualität der vom Zentralcontrolling erbrachten Leistungen erheblich beeinträchtigt.[312]

Auch hinsichtlich der Erbringung von *Planungsleistungen* stellt das Bereichscontrolling einen potenziellen Substitutor des Zentralcontrollings dar. So kann das Bereichscontrolling das Ziel verfolgen, vermehrt Aufgaben der strategischen und operativen Planung zu übernehmen, für

---

303 Röder (2001), S. 14.
304 Vgl. hierzu auch Schüller (1984), S. 184; Vellmann (1990), S. 545 sowie S. 552; Mosiek (2002), S. 51 f. sowie S. 59; David (2005), S. 217 f.
305 Hahn/Hungenberg (1994), S. 128. Vgl. auch Wunderer (1985), S. 511; Gupta/Wilemon (1988), S. 27; Vellmann (1990), S. 552 f.; David (2005), S. 216; Weinkauf et al. (2005), S. 89 und S. 95 m. w. N.
306 Vgl. Hahn/Hungenberg (1994), S. 128.
307 Vgl. auch David (2005), S. 93.
308 Vgl. auch Zünd (1973), S. 182.
309 Vgl. hierzu David (2005), S. 127, S. 139 sowie S. 236 f.
310 Allgemeiner Behme/Roth (1997), S. 34.
311 Vgl. Theopold (1993), S. 216 f. Ähnlich auch Reckenfelderbäumer (2001), S. 270.
312 Vgl. zu diesen Ausführungen Hungenberg (1992a), S. 287; Schmidt (1993a), S. 150; Steinle/Thiem/Dunse (1998), S. 148.

die das Zentralcontrolling insbesondere in der Operativen sowie der Management-Holding zuständig ist.[313]

Darüber hinaus können auch bei der Wahrnehmung von Planungsaufgaben Friktionen zwischen beiden Controllerbereichen auftreten, die denen im Rahmen der Informationsversorgung ähneln. Diese Problematik tritt wiederum verstärkt bei einem Zentralcontrolling auf, das einen Schwerpunkt seiner Tätigkeit in der Kontrolle des Bereichscontrollings sieht. WEBER ET AL. (2001) bemerken, dass Bereichscontroller dann „dazu verleitet [werden], Puffer in operative Planansätze einzubauen.“ [314] Dadurch büßt die Gesamtplanung des Unternehmens stark an Validität ein. [315] Schließlich kann es zu Konflikten und Konfrontationen zwischen beiden Controllerbereichen kommen, wenn unterschiedliche Auffassungen über die Zielvorgaben für den Geschäftsbereich bestehen.[316]

Im Rahmen der *Kontrolle* entsteht ein Wettbewerbsverhältnis dadurch, dass Kontrolltätigkeiten für die Basiseinheiten tendenziell sowohl zentral als auch dezentral vorgenommen werden können.[317] Werden diese Kontrollaufgaben vorwiegend durch das Zentralcontrolling ohne Beteiligung des Bereichscontrollings wahrgenommen, können die damit verbundenen Akzeptanzprobleme und Motivationsverluste seitens des Bereichscontrollings und der dezentralen Bereiche ebenfalls zu Konflikten führen.[318]

Darüber hinaus können sich in diesem Leistungsfeld Friktionen dadurch ergeben, dass das Bereichscontrolling dem Zentralcontrolling Gründe für etwaige Abweichungen in den Basiseinheiten nur sehr allgemein und rudimentär nennt. Während sich das Bereichscontrolling damit durch das Zurückhalten von Bereichsinterna beim dezentralen Management zu profilieren versucht, kann das Zentralcontrolling dem Top-Management nur ansatzweise die Ursachen einer Planunterschreitung erläutern. Stattdessen muss das Management der Spitzeneinheit beim Bereichsmanagement nachfragen, um eine zufriedenstellende Erklärung zu erhalten. Dies schwächt die Position des Zentralcontrollings.[319]

Bei den *sonstigen Aufgaben* bieten sowohl Zentral- als auch Bereichscontrolling Beratungsleistungen für das dezentrale Management an. Als Gebiete, bei denen es hier zu einer Wettbewerbsbeziehung kommt, sind vor allem die Entwicklung von Geschäftsfeldstrategien und sowie die Erarbeitung von Korrektur- und Gegensteuerungsmaßnahmen nach identifizierten Abweichungen zu nennen.[320]

---

[313] Vgl. David (2005), S. 129 sowie zusätzlich S. 138.
[314] Weber et al. (2001), S. 13.
[315] Vgl. hierzu ebenfalls Hungenberg (1992a), S. 287; Schmidt (1993a), S. 150; Steinle/Thiem/Dunse (1998), S. 148.
[316] Vgl. Weber (2006), S. 214.
[317] Vgl. Naumann (1993), S. 292; Weber et al. (2001), S. 21.
[318] Vgl. Naumann (1993), S. 294.
[319] Vgl. hierzu Weber (2006), S. 213 f.
[320] Vgl. Weber/David/Prenzler (2001), S. 27 sowie S. 82; David (2005), S. 129, S. 216 sowie S. 263.

Schließlich können Konflikte und Friktionen in der Beziehung zwischen beiden Controllerbereichen von der Unterstellungsform des Bereichscontrollings ausgehen. Liegt eine Doppel-Unterstellung im Sinne des „Dotted-Line"-Prinzips vor, kann sich das Bereichscontrolling mit unterschiedlichen, teilweise divergierenden Anforderungen von Bereichsleitung einerseits und Zentralcontrolling andererseits konfrontiert sehen.[321] Darüber hinaus nimmt das Bereichscontrolling im Falle des „Dotted-Line"-Prinzips bzw. einer disziplinarischen Unterstellung unter das dezentrale Management dieses stärker als Kunden wahr als das Zentralcontrolling.[322] Dies kann sich nachteilig auf die Beziehung zum Zentralcontrolling auswirken.

2.3.2.5 Fazit

Aus der Analyse in den vorhergehenden Abschnitten geht hervor, dass die Beziehungen zwischen beiden Controllerbereichen verschiedene Formen annehmen können. So bestehen Kunden-Lieferanten-, komplementäre, aber auch wettbewerbsbezogene Beziehungen zwischen beiden Bereichen. Des Weiteren wurde deutlich, dass die Schnittstelle zwischen beiden Controllerbereichen von kooperativen Verflechtungen, also wechselseitigen Kunden-Lieferanten-Beziehungen sowie insbesondere komplementären Interaktionen, dominiert wird. Insgesamt lässt die Analyse auf Basis des Wertenetzes somit auf einen hohen Stellenwert einer Kooperation beider Controllerbereiche schließen. Aus diesem Grund soll die Zusammenarbeit von Zentral- und Bereichscontrolling nachfolgend vertiefend beleuchtet werden.

2.3.3 Die Kooperation von Zentralcontrolling und Bereichscontrolling

2.3.3.1 Voraussetzungen der Kooperation

Die Frage der Kooperation stellt sich immer dann, wenn es zu einer Bildung von Schnittstellen kommt.[323] Kooperation kann dann als eine von mehreren Formen aufgefasst werden, die an der Schnittstelle zusammentreffenden Teileinheiten zu koordinieren und aufeinander abzustimmen.[324]

Zu einer Herausbildung von *Schnittstellen*, die Voraussetzung für das Zustandekommen einer Kooperation, kommt es in Anlehnung an KÖHLER/GÖRGEN (1991) in „Organisationsgebilde[n], in denen komplexe Aufgaben mehreren spezialisierten Untereinheiten (wie

---

321 Vgl. bspw. Amshoff (1993), S. 329; Henselmann (2002), Sp. 1363; Küpper (2005), S. 533.

322 Vgl. auch Simon et al. (1954), S. 18 f. sowie S. 82; Sathe (1978b), S. 100; Williams (2000), S. 25.

323 Vgl. Bleicher (1991a), S. 144. Vgl. auch die Ausführungen bei Röder (2001), S. 1 sowie S. 12 ff., sowie ergänzend Brockhoff/Hauschildt (1993), S. 399.

324 Vgl. Schäffer (1996b), S. 1098 f.; Röder (2001), S. 13.

Abteilungen) arbeitsteilig zugeordnet werden.“ [325] BROCKHOFF/HAUSCHILDT (1993) ergänzen, dass „unabhängig von jeglicher hierarchischen Differenzierung .. Schnittstellen auf[treten], wenn eine *Aufgabe so umfangreich* ist, daß [!] die Kapazität des jeweiligen Stelleninhabers oder der organisatorischen Einheit überschritten wird. Dann muß [!] eine Aufteilung der Aufgabenerfüllung erfolgen. ... Die Schnittstelle resultiert hier aus den natürlichen Kapazitätsbeschränkungen des einzelnen. Wirtschaftliche Gründe, wie diseconomics [!] of scale, können vergleichbare Effekte haben.“[326] Schnittstellen entstehen somit dann, wenn eine Arbeitsteilung von Aufgaben vorgenommen wird, die mit der Bildung spezialisierter Einheiten einhergeht.[327] Die Arbeitsteilung kann dabei zum einen kapazitätsgetrieben sein, zum anderen wirtschaftlichen Motiven folgen.

Übertragen auf den Controlling-Kontext lässt sich feststellen, dass auch hier die Controlling-Aufgabe aufgeteilt und den spezialisierten Einheiten Zentral- und Bereichscontrolling arbeitsteilig zugeordnet wird. [328] Die Arbeitsteilung zwischen beiden Controllerbereichen erfolgt sowohl aus kapazitätsbezogenen als auch aus wirtschaftlichen Erwägungen heraus. So wird das Zentralcontrolling durch das Bereichscontrolling zum einen entlastet. Zum anderen werden mit der Einrichtung eines Bereichscontrollings Spezialisierungsvorteile realisiert.[329] Die Merkmale einer Schnittstelle lassen sich somit auch im Kontext zwischen Zentral- und Bereichscontrolling wiederfinden. Damit ist eine Grundvoraussetzung der Kooperation, das Vorliegen einer Schnittstelle, erfüllt.

Zur Überwindung und Überbrückung von Schnittstellen kann – wie eingangs angedeutet – eine *Kooperation* zwischen den betreffenden Organisationseinheiten erfolgen.[330] Dabei sind zwei Formen der Kooperation möglich: zum einen die horizontale bzw. laterale Kooperation und zum anderen die vertikale Kooperation.[331] WUNDERER/WALSER (1986) definieren *laterale* Kooperation als „zielorientierte Zusammenarbeit zwischen Mitgliedern verschiedener Organisationseinheiten (Funktionsbereichen), bei der die gemeinsamen Arbeitsbeziehungen nicht durch direkte Weisungsbefugnisse gesteuert, sondern im Hinblick auf übergeordnete Ziele prinzipiell abstimmungsobligatorisch und konsensorientiert gestaltet werden.“ [332] Dagegen können die Interaktionsbeziehungen bei einer *vertikalen* Kooperation durch disziplinarische Weisungsrechte beeinflusst und ergänzt werden.[333]

325 Köhler/Görgen (1991), S. 527.
326 Brockhoff/Hauschildt (1993), S. 402.
327 Vgl. ergänzend auch Hirsch/Sorg (2006), S. 428.
328 Vgl. hierzu und im Folgenden auch Abschnitt 2.2.2.
329 Zu den Spezialisierungsvorteilen des Bereichscontrollings bspw. vgl. Abschnitt 2.2.1.2.
330 Vgl. auch Bleicher (1991a), S. 147.
331 Vgl. Bleicher (1991a), S. 148; Smith/Carroll/Ashford (1995), S. 10. Vgl. auch Kreikebaum (1992), Sp. 2608.
332 Wunderer/Walser (1986), S. 233. Vgl. hierzu auch Wunderer (1985), S. 514.
333 Vgl. Wunderer (1991), S. 206.

Auch zwischen Zentral- und Bereichscontrolling existieren i. d. R. Weisungsbeziehungen.[334] Hierbei ist in der Praxis vor allem das „Dotted-Line"-Prinzip anzutreffen.[335] Da das Bereichscontrolling bei dieser Unterstellungsform dem Zentalcontrolling lediglich in fachlicher Hinsicht zugeordnet wird, ist dem Zentralcontrolling eine Gestaltung der Interaktionsbeziehungen zum Bereichscontrolling über disziplinarische Weisungsrechte nicht möglich.[336] Stattdessen ist eine abstimmungsobligatorische und konsensorientierte Interaktion erforderlich. In dieser Hinsicht sind folglich die Voraussetzungen einer lateralen Kooperation zwischen beiden Controllerbereichen gegeben.

Liegen sowohl fachliches als auch disziplinarisches Weisungsrecht gegenüber dem Bereichscontrolling beim Management der Basiseinheit, ergibt sich nach HAMPRECHT (1996) eine hierarchische Gleichstellung.[337] Auch bei dieser Unterstellungsvariante kann demzufolge eine laterale Kooperation stattfinden.

Lediglich für den Ausnahmefall einer disziplinarischen Unterstellung des Bereichscontrollings unter das Zentralcontrolling kommt es zu einer vertikalen Kooperationsbeziehung. Zu berücksichtigen ist indes, dass disziplinarische Weisungsrechte bei dieser Form der Kooperation allein keine kooperative Interaktion zwischen beiden Controllerbereichen garantieren. Vielmehr ist auch hier die konsensorientierte Gestaltung der Interaktionsbeziehungen ein wichtiges Element.[338] So können sich die in Abschnitt 2.3.2.4 erläuterten Friktionen, Konflikte und Wettbewerbsbeziehungen zwischen beiden Controllerbereichen auch trotz einer disziplinarischen Unterstellung des Bereichscontrollings unter das Zentralcontrolling ergeben. In der Literatur werden daher die Wichtigkeit und Notwendigkeit gut funktionierender informaler Beziehungen, die auf einem Konsens beruhen, zwischen beiden Bereichen betont.[339]

Kooperative Beziehungen an der Schnittstelle zwischen beiden Controllerbereichen können somit in der Form lateraler sowie vertikaler Kooperation auftreten. Legt man die verschiedenen Unterstellungsvarianten des Bereichscontrollings sowie ihre Relevanz für die Unternehmenspraxis zugrunde, dürfte es zwischen beiden Controllerbereichen vor allem zu lateralen Kooperationsbeziehungen kommen.[340]

---

334 Vgl. Abschnitt 2.2.3.

335 Vgl. hierzu die Ausführungen und angegebenen Quellen in Abschnitt 2.2.3.

336 Vgl. allgemein auch Wunderer (1985), S. 513.

337 Vgl. Hamprecht (1996), S. 233.

338 Vgl. Wunderer (1985), S. 514. Weber (2006) gibt darüber hinaus zu bedenken, dass auch „Hierarchien … wesentlich auf Kooperation angewiesen" sind. Weber (2006), S. 212.

339 Vgl. bspw. Sathe (1978b), S. 103; Schmidt (1993a), S. 154 f. Vgl. allgemein auch Güldenberg (2003), S. 363.

340 Die höhere Bedeutung lateraler gegenüber vertikalen Kooperationsbeziehungen an der Schnittstelle zwischen beiden Controllerbereichen lässt sich auch feststellen, wenn man das Verhältnis zwischen Zentral- und Bereichscontrolling in Bezug auf weitere Merkmale lateraler und vertikaler Kooperation analysiert. Zu weiteren Charakteristika beider Kooperationsformen vgl. auch Klimecki (1985), S. 77 ff.; Wunderer (1985), S. 514 f.; Wunderer/Walser (1986), S. 233 f.

Für eine konsensorientierte Ausgestaltung der Interaktionsbeziehungen im Rahmen einer Kooperation ist zudem eine gewisse Handlungsautonomie erforderlich. Diese lässt sich durch Beiträge belegen, die dem Controllerbereich im Rahmen seines Handelns eine entsprechende Gestaltungsfreiheit einräumen. So implizieren Arbeiten, die sich mit der Kundenorientierung des Controllerbereiches befassen, Gestaltungsspielräume hinsichtlich der Ausrichtung auf die Bedürfnisse interner Kunden.[341] Ein bestimmter Autonomiegrad wird auch von Studien identifiziert, die angesichts eines unternehmensinternen Wettbewerbes um Controllerleistungen das Konzept eines strategischen Managements auf den Controllerbereich übertragen.[342] Schließlich lässt sich auch die Arbeit von KRONAST (1989) anführen, die dem Controllerbereich eine gewisse Eigenständigkeit bei der Gestaltung seiner eigenen Rolle sowie von Interaktionsbeziehungen bescheinigt.[343]

Nachdem somit gezeigt wurde, dass die Voraussetzungen einer Kooperation beider Controllerbereiche erfüllt sind, wird im folgenden Abschnitt die Relevanz der Kooperation an dieser Schnittstelle dargelegt.

2.3.3.2 Relevanz der Kooperation

Während im Rahmen der Analyse der Beziehungen zwischen Zentral- und Bereichscontrolling anhand des Wertenetzes deutlich wurde, *dass* zwischen beiden Controllerbereichen vor allem kooperative Verflechtungen auftreten und einen hohen Stellenwert einnehmen, soll in diesem Abschnitt detailliert werden, *warum* eine gute Kooperation von Relevanz ist und beide Controllerbereiche daran ein hohes Interesse haben sollten. Die Bedeutung der Kooperation von Zentral- und Bereichscontrolling ergibt sich dabei aus zwei Perspektiven heraus: zum einen aus einer organisationsbezogenen Perspektive und zum anderen aus der Perspektive eines strategischen Managements für Controllerbereiche.

Aus der *organisationsbezogenen Perspektive* heraus betrachtet, leitet sich die Relevanz der Kooperation aus der Aufgaben- und Arbeitsteilung zwischen beiden Controllerbereichen ab. Durch eine Spezialisierung und Fokussierung auf bestimmte Arbeitsgebiete kommt es zu Abhängigkeiten zwischen beiden Abteilungen.[344] Sowohl Zentral- als auch Bereichscontrolling sind daher bei der Erfüllung ihrer Aufgaben auf den jeweils anderen Bereich sowie dessen Know-how und Leistungen angewiesen.[345] Entsprechend ist für beide Abteilungen eine Kooperation mit dem jeweils anderen Bereich sehr wichtig.[346] DAVID

341 Vgl. Homburg et al. (2000), S. 241 ff.; Steinle/Thiem/Rohden (2000), S. 281 ff.; Trilse (2001), S. 106 ff.; Mosiek (2002), S. 22 ff.; Spillecke (2006), S. 1 f. sowie S. 95 ff.

342 Vgl. Weber/David/Prenzler (2001), S. 12 ff.; David (2005), S. 62 ff.

343 Vgl. Kronast (1989), S. 172 f. sowie S. 208.

344 Vgl. allgemein auch Cook (1977), S. 64; Van de Ven/Ferry (1980), S. 104; Weber/Schäffer (2006), S. 387.

345 Vgl. ähnlich Ruekert/Walker (1987b), S. 2 f. Vgl. auch die Ausführungen in den Abschnitten 2.3.2.1 und 2.3.2.2.

346 Vgl. hierzu auch die Ausführungen von Thiele (1997), S. 93.

(2005) merkt in diesem Zusammenhang an, dass „ohne eine funktionierende Verbindung in den dezentralen Geschäftsbereich .. zentrale Controller ihre Leistungen gegenüber der Unternehmensleitung nicht erfüllen [können].“[347]

Aufgrund der Abhängigkeiten ist eine Zusammenarbeit zudem erforderlich, damit übergeordnete Unternehmensziele erreicht werden können.[348] Hierbei ist insbesondere zu bedenken, dass beiden Controllerbereichen im Zusammenspiel eine Querschnittsfunktion im Unternehmen zukommt und von beiden Abteilungen gemeinsam eine Ausrichtung dezentraler Bereiche an den Zielsetzungen des Gesamtunternehmens zu gewährleisten ist.[349] Für den operativen und strategischen Zusammenhalt im Unternehmen ist es daher wichtig, zwischen Zentral- und Bereichscontrolling „eine vorbildliche interne Abstimmung zu erreichen, d.h. zu gewährleisten, daß [!] alle Controller untereinander eine einheitliche Sprache sprechen und ‚an einem Strang ziehen'.“[350] Weiterhin führt WEBER (1993) aus: „Grundsätzlich gilt: wenn es der Controller-Organisation nicht gelingt, zwischen den Controllingbereichen eine vorbildliche Koordination zu erreichen, verliert der Koordinationsanspruch des Controlling gegenüber anderen Unternehmensbereichen (fundamental) an Glaubwürdigkeit.“[351]

Die Bedeutung einer Kooperation beider Abteilungen wird des Weiteren durch die *Perspektive eines strategischen Managements* betont. Während das Leistungsfeld des Controllerbereiches bis vor einiger Zeit noch monopolisiert und vor Wettbewerb geschützt war, sehen sich Controllerabteilungen mittlerweile zunehmend internen Konkurrenten, wie bspw. der internen Revision, dem Finanz- und Rechnungswesen oder der Strategieabteilung, gegenüber,[352] die selbst verstärkt Leistungen des Controllerbereiches anbieten und mit diesem um die Aufmerksamkeit des Managements konkurrieren.[353] Ziel des Konzeptes eines strategischen Managements ist es vor diesem Hintergrund, den Controllerbereich im unternehmensinternen Wettbewerb um die Erbringung von Controllerleistungen erfolgreich zu positionieren und so seine Überlebensfähigkeit nachhaltig zu sichern.[354] Das Bereichscontrolling lässt sich dabei als relevanter Kooperationspartner des Zentralcontrollings – und umgekehrt – identifizieren. Beide Abteilungen profitieren hier von einer Zusammenarbeit, indem wichtige Kompetenzen und Ressourcen ausgetauscht und einander zugänglich gemacht werden, die eine höherwertige Leistungserstellung ermöglichen.[355] Gegenüber Konkurrenten lässt sich so ein ressourcenbasierter Wettbewerbsvorteil

---

347 David (2005), S. 134.
348 Vgl. Pinto/Pinto (1990), S. 204; Schäffer (1996b), S. 1098; Weinkauf et al. (2005), S. 87.
349 Vgl. Synek (1996), S. 104.
350 Weber (1997), S. 89.
351 Weber (1993), Sp. 310.
352 Vgl. bspw. Picot/Böhme (1999), S. 5; Langenbach (2001), S. 106; Weber (2001b), S. 164.
353 Vgl. exemplarisch Biel (1998), S. 198; Steinle/Thiem/Rohden (2000), S. 283; Trilse (2001), S. 106; Weber/Schäffer (2006), S. 388.
354 Vgl. ausführlich David (2005), S. 27 f.
355 Vgl. allgemein Tjosvold (1988), S. 274; Thiele (1997), S. 93; Luo/Slotegraaf/Pan (2006), S. 76. Vgl. auch Abschnitt 2.5.3.2.2.

generieren.[356] Insbesondere im Hinblick auf eine aktive Gestaltung der eigenen Rolle und des eigenen Leistungsangebotes („Role Making“[357]), die zur Stärkung der Wettbewerbsposition erforderlich ist, sind der Aufbau von Kooperationsbeziehungen sowie der damit verbundene Austausch von Expertise von Bedeutung. Durch den Zugang zu bislang nicht verfügbaren Ressourcen können beide Controllerbereiche dem jeweiligen Management zusätzliche Leistungen anbieten, die zuvor nicht erstellt werden konnten, mit denen aber eine Differenzierung gegenüber Wettbewerbern möglich ist.[358]

Aus Sicht des Zentralcontrollings bringt das Bereichscontrolling gegenüber anderen Funktionsbereichen als Kooperationspartner den zusätzlichen Vorteil mit sich, dass dem Zentralcontrolling hierdurch ein unternehmensweites Netzwerk bis in die dezentralen Bereiche zur Verfügung steht.[359] „Die Controllerbereiche bilden somit einen parallelen Informationsfluss vertikal durch das Unternehmen. Dies sichert insbesondere dem zentralen Controllerbereich einen zusätzlichen wichtigen Informationsvorteil, den er anderen Bereichen voraus hat.“[360]

Insgesamt lässt sich auf Basis der vorhergehenden Ausführungen zum Verhältnis zwischen Zentral- und Bereichscontrolling in Anlehnung an WEBER (2006) zusammenfassen: „Generell lässt sich eine ausgeprägte Kooperationsnotwendigkeit feststellen, soll das Gesamtcontrolling effizient und effektiv arbeiten.“[361]

2.3.3.3 Untersuchung der Kooperation aus der Perspektive des Zentralcontrollings

Da – wie in den vorhergehenden Abschnitten aufgezeigt wurde – einem kooperativen Verhalten von Zentral- und Bereichscontrolling eine hohe Bedeutung zukommt und auch die Voraussetzungen für das Zustandekommen einer Zusammenarbeit erfüllt sind, liegt der Untersuchungsfokus dieser Arbeit auf der Kooperation beider Controllerbereiche.[362] Diese wird aus dem Blickwinkel des Zentralcontrollings heraus untersucht. Hierfür sprechen i. W. zwei Gründe.

Erstens ist das Zentralcontrolling im Gegensatz zum Bereichscontrolling in Führungsprozesse auf der obersten Ebene des Unternehmens eingebunden und hier für die Rationalitätssicherung verantwortlich. Insofern kommt den vom Zentralcontrolling erbrachten Leistungen,

---

356 Ähnlich Dowling/Lechner (1998), S. 89. Bezogen auf relevante Informationen als wichtige Ressource vgl. auch David (2005), S. 61 sowie S. 143.
357 Zum „Role Making“ vgl. auch die Ausführungen in Abschnitt 6.2.3.1.
358 Vgl. auch Abschnitt 6.2.3.2.1.1.
359 Vgl. David (2005), S. 61.
360 David (2005), S. 143.
361 Weber (2006), S. 214.
362 Die im Rahmen der Schnittstellenanalyse identifizierten potenziellen wettbewerbs- und konfliktbezogenen Beziehungsausprägungen zwischen beiden Controllerbereichen sollen im Untersuchungsdesign Berücksichtigung finden. Vgl. hierzu auch Abschnitt 2.4.1.2.

für deren Erstellung die Kooperation mit dem Bereichscontrolling eine wichtige Rolle spielt, aus Gesamtunternehmensperspektive eine höhere Bedeutung zu als der Aufgabenerfüllung des Bereichscontrollings, die vornehmlich auf das Management der jeweiligen Basiseinheit gerichtet ist.

Zweitens sind in Anbetracht der empirischen Ausrichtung der Arbeit erfassungstechnische Aspekte anzuführen. So ließen sich für eine großzahlig angelegte schriftliche Befragung nur Leiter des Zentralcontrollings in den jeweiligen Unternehmen, nicht aber Leiter von dezentralen Controllerbereichen mit vertretbarem Aufwand identifizieren.[363]

2.3.4 Zusammenfassung der Schnittstellenanalyse

In diesem Kapitel wurde zur Beantwortung der forschungsleitenden Frage eine systematische Untersuchung der Schnittstelle von Zentral- und Bereichscontrolling vorgenommen. Dabei zeigte sich zunächst, dass zwischen Zentral- und Bereichscontrolling umfangreiche Beziehungen in unterschiedlicher Ausprägung existieren, wobei kooperative Verflechtungen vorherrschend sind. Ausgehend von dieser Erkenntnis wurde in einem zweiten Schritt dargelegt, dass die Voraussetzungen einer Kooperation beider Abteilungen erfüllt sind sowie dass kooperative Beziehungen die Schnittstelle zwischen beiden Controllerbereichen nicht nur dominieren, sondern dass eine gute Kooperation überdies auch von hoher Relevanz ist. Aufbauend darauf wurde schließlich die Perspektive des Zentralcontrollings als Betrachtungswinkel der Kooperation in der vorliegenden Untersuchung ausgewählt.

2.4 Stand der relevanten Forschung

In diesem Kapitel wird ein Überblick über die für diese Arbeit relevanten Forschungsbeiträge gegeben. Dazu werden zunächst Beiträge der Controlling-Forschung vorgestellt, die sich mit dem Verhältnis zwischen zentralem und dezentralem Controllerbereich befassen. Ziel hierbei ist es, die vorliegende Arbeit in den Kontext bisheriger Studien im Bereich Controlling einzuordnen und entsprechend die Forschungsdefizite als Basis der Untersuchung sowie der in Kapitel 1.2 erläuterten Forschungsfragen herauszustellen. Darüber hinaus sollen Erkenntnisse aufgegriffen werden, die für die Untersuchung hinsichtlich einzubeziehender Aspekte von Bedeutung sein können.

Im zweiten Schritt werden Erkenntnisbeiträge der Kooperations- und Schnittstellenforschung diskutiert. Dadurch sollen unmittelbar Ansatzpunkte und Erkenntnisse zur Beantwortung der Forschungsfragen gewonnen werden. Hierzu werden die Beiträge insbesondere im Hinblick

363 Zur Datenerhebung vgl. auch Abschnitt 3.1.2.

auf eine Definition der abteilungsübergreifenden Kooperation sowie ihre Konzeptualisierung und Operationalisierung ausgewertet.

Aufgrund der in der vorliegenden Arbeit verfolgten empirischen Forschungsmethodik liegt der Schwerpunkt der nachfolgenden Diskussion auf empirischen Beiträgen.

2.4.1 Erkenntnisbeiträge der Controlling-Forschung

In der Controlling-Forschung befassen sich Beiträge bereits seit Mitte der 1950er Jahre mit dem Verhältnis zwischen zentralem und dezentralem Controllerbereich. Viele dieser Untersuchungen beschäftigen sich mit der Beziehung zwischen beiden Controllerbereichen aus einer *organisatorischen Perspektive* heraus und thematisieren die Ausgestaltung der *Weisungsrechte* gegenüber dem Bereichscontrolling bzw. die korrespondierenden *Unterstellungsformen.* Darüber hinaus werden die *Aufgabenverteilung*, eine *Zusammenarbeit*, aber auch *Friktionen, Konflikte* sowie ein mögliches *Wettbewerbsverhältnis* behandelt. Im Folgenden werden die Erkenntnisbeiträge der Controlling-Forschung entlang dieser Aspekte diskutiert.

2.4.1.1 Befunde zum Verhältnis zwischen zentralem und dezentralem Controllerbereich

Eine der ersten Studien mit Bezug zum Untersuchungsgegenstand ist die Arbeit von SIMON ET AL. (1954), die das Verhältnis aus einem *organisatorischen Blickwinkel* betrachtet. Im Rahmen der Behandlung der Fragestellung, wie Controllerbereiche zu organisieren sind und in welchem Ausmaß eine Dezentralisierung von Controllerbereichen unter Effektivitätsgesichtspunkten vorgenommen werden sollte,[364] finden sich auch erste Hinweise zur Beziehung zwischen beiden Controllerbereichen.[365] So wird herausgestellt, dass die Ausgestaltung der *Weisungsrechte* gegenüber dem Bereichscontrolling einen Einfluss darauf hat, ob sich das Bereichscontrolling primär dem Management seiner Basiseinheit oder dem Zentralcontrolling gegenüber verpflichtet sieht. Eine Aufteilung der Weisungsbefugnisse, gemäß dem „Dotted-Line"-Prinzip etwa, kann demgegenüber zu konfliktären Anforderungen gegenüber dem dezentralen Controller führen. Darüber hinaus kommen SIMON ET AL. (1954) zu dem Schluss, dass der Kommunikationsfluss zwischen beiden Abteilungen am besten funktioniert, wenn beide Bereiche die gleiche interne Struktur aufweisen und ein Controller für die Koordination des Kommunikationsflusses verantwortlich ist.[366]

Wenngleich die Untersuchung von SIMON ET AL. (1954) erste wichtige Erkenntnisse zum Verhältnis zwischen Zentral- und Bereichscontrolling liefert, ist anzumerken, dass eine

[364] Vgl. Simon et al. (1954), S. 1.
[365] Vgl. hierzu und im Folgenden Simon et al. (1954), S. 18 sowie S. 81 ff.
[366] Vgl. Simon et al. (1954), S. 85 ff.

detaillierte Untersuchung der Beziehung und insbesondere der Kooperation zwischen beiden Controllerbereichen ausbleibt. Zwar finden sich mit den Ausführungen zur Ausgestaltung der Weisungsrechte gegenüber dem dezentralen Controllerbereich erste Hinweise zu potenziellen Einflussfaktoren einer Zusammenarbeit, jedoch erfolgen weder eine Definition noch eine systematische Untersuchung von Determinanten und Erfolgswirkungen einer Kooperation. Zudem ist die Studie stark deskriptiv geprägt. Zu kritisieren ist auch die empirische Basis. So beziehen die Autoren insgesamt lediglich sieben, nicht zufällig ausgewählte Unternehmen in ihre Analyse ein.[367] Eine Repräsentativität der Ergebnisse ist somit nicht gegeben.

Auch SATHE (1978b) widmet sich der Beziehung zwischen beiden Controllerbereichen aus einer *organisatorischen Perspektive* heraus und beschäftigt sich mit den verschiedenen Varianten zur Implementierung von *Weisungsrechten* gegenüber dem dezentralen Controllerbereich. So geht der Autor der Fragestellung nach, ob das Bereichscontrolling dem Zentralcontrolling oder der jeweiligen Geschäftsbereichsleitung unterstellt werden sollte und wie bedeutsam die Unterstellungsform aus Sicht des Gesamtunternehmens ist.[368] SATHE (1978b) stellt dabei zum einen fest, dass die adäquate Unterstellungsvariante vom Unternehmenskontext abhängt. Zum anderen determiniert die Ausgestaltung der Weisungskompetenzen in gewissem Maße, ob das Bereichscontrolling primär die Anforderungen des Zentralcontrollings oder der Geschäftsbereichsleitung bearbeitet und diesen gegenüber vornehmlich eine Unterstützungsfunktion wahrnimmt. Hieraus lässt sich – ähnlich wie aus der Untersuchung von SIMON ET AL. (1954) – schließen, dass die Unterstellungsform tendenziell die Güte der Kooperation zwischen beiden Controllerbereichen beeinflusst.

Allerdings kommt der Autor im Rahmen einer anderen Untersuchung zu dem Ergebnis, dass die Servicefunktion des Bereichscontrollings gegenüber der Geschäftsbereichsleitung nicht signifikant vernachlässigt wird, wenn das Zentralcontrolling umfangreichere Weisungsbefugnisse gegenüber dem Bereichscontrolling erhält als die Bereichsleitung.[369] Insofern stellen Weisungsbeziehungen und die korrespondierende Unterstellungsform lediglich einen potenziellen Einflussfaktor der Kooperation beider Controllerbereiche dar, den es zu überprüfen gilt. Die Zusammenarbeit an sich zwischen Zentral- und Bereichscontrolling hingegen wird in der Untersuchung von SATHE (1978b) nicht betrachtet. Auch bei dieser Studie ist schließlich der deskriptive Charakter zu kritisieren.

Darüber hinaus betrachten auch AMSHOFF (1993) und STOFFEL (1995) im Rahmen ihrer Untersuchung die *Unterstellungsform* des Bereichscontrollings und erheben, welche Variante institutionalisiert ist.[370] In Anbetracht der obigen Ausführungen und der rein deskriptiven Darstellung der Ergebnisse hierzu sollen diese Arbeiten nicht näher erläutert werden. Erwähnenswert ist in diesem Zusammenhang jedoch, dass das „Dotted-Line"-Prinzip in der

---

[367] Vgl. Simon et al. (1954), S. vii.
[368] Vgl. hierzu und im Folgenden Sathe (1978b), S. 99 ff. Vgl. darüber hinaus auch Sathe (1978a), S. 14 ff.
[369] Vgl. Sathe (1982), S. 105 ff.
[370] Vgl. Amshoff (1993), S. 329; Stoffel (1995), S. 147 ff.

Studie von STOFFEL (1995) als die vorherrschende Variante hinsichtlich der Regelung der Weisungsbeziehungen identifiziert wird.[371] Diese Form der Unterstellung wird von AMSHOFF (1993) sowohl für das Bereichscontrolling als auch für die die Weisungsrechte innehabenden Instanzen als sehr konfliktintensiv angesehen.[372]

Auch SCHÜLLER (1984) diskutiert im Rahmen seiner sach-analytischen Arbeit, die sich mit der sachgerechten Gestaltung und Organisation von Controlling-Systemen in Kreditinstituten befasst,[373] detailliert die verschiedenen *Varianten zur Unterstellung* des Bereichscontrollings unter das Zentralcontrolling unter Berücksichtigung verschiedener Kontextfaktoren.[374] Im Gegensatz zu den vorher genannten Studien jedoch beleuchtet er in seiner Untersuchung weitere Aspekte des Verhältnisses zwischen beiden Controllerbereichen. So betrachtet SCHÜLLER (1984) die *Aufgabenverteilung* und nimmt eine Analyse vor, welche Controlling-Aufgaben in Kreditinstituten zentral und welche Aufgaben dezentral wahrgenommen werden sollten.[375] Die Einrichtung eines dezentralen Controllerbereiches führt dabei zu einer Aufgabenverschiebung zwischen beiden Controllerbereichen. Operative Aufgaben werden dann primär durch das Bereichscontrolling, konzeptionelle sowie koordinierende Aufgaben dagegen vorwiegend durch das Zentralcontrolling ausgeübt.[376] Auf diese Weise kommt es zu einer Arbeitsteilung zwischen beiden Abteilungen, die das Erfordernis einer Zusammenarbeit nach sich zieht. Dementsprechend deutet SCHÜLLER (1984) an, dass gute Kommunikationsbeziehungen zwischen Zentral- und Bereichscontrolling wichtig sind, um spezifische Informationen aus den dezentralen Bereichen zugänglich zu machen.[377]

Wenngleich die Studie weitere Aspekte der Beziehung zwischen beiden Controllerbereichen aufzeigt, die für die Zusammenarbeit von Bedeutung sind, wird auch hier die Kooperation selbst nicht betrachtet. Folglich werden Verständnis, Einflussfaktoren und Ergebniswirkungen einer Kooperation nicht adressiert.

Ähnlich wie SCHÜLLER (1984) untersuchen auch KRÜGER/WERDER (1993) die *Aufgabenverteilung* zwischen zentralem und dezentralem Controllerbereich.[378] Im Gegensatz zu SCHÜLLER (1984) jedoch wählen die Autoren eine empirische Vorgehensweise auf Basis von Fallstudien.[379] Über die betrachteten Unternehmen hinweg identifizieren KRÜGER/ WERDER (1993) eine ähnliche Aufgabenverteilung zwischen Zentral- und Bereichscon-

371 Vgl. Stoffel (1995), S. 148 sowie S. 152 ff.
372 Vgl. Amshoff (1993), S. 329.
373 Vgl. Schüller (1984), S. 9 f.
374 Vgl. Schüller (1984), S. 207 ff.
375 Vgl. Schüller (1984), S. 114 ff.
376 Vgl. Schüller (1984), S. 184 sowie S. 212 f.
377 Vgl. Schüller (1984), S. 180, S. 183, S. 206 sowie S. 211 f.
378 Auf die in der Studie für die betrachteten Unternehmen erhobenen Unterstellungsformen des Bereichscontrollings unter das Zentralcontrolling soll an dieser Stelle nicht näher eingegangen werden, da die Ergebnisse hierzu rein deskriptiv dargestellt werden und sich hieraus kein weiterer Erkenntnisgewinn für die vorliegende Untersuchung ergibt.
379 Vgl. hierzu und im Folgenden Krüger/Werder (1993), S. 237 ff.

trolling. So nimmt das Zentralcontrolling die Aufgaben einer bereichsübergreifenden und unternehmensweiten Planung und Kontrolle wahr, während das Bereichscontrolling für die Unterstützung der Geschäftsbereiche bei der Steuerung ihrer jeweiligen Aktivitäten verantwortlich ist. Für die ausgewählten Controlling-Aufgaben Entwicklung/Pflege der Controlling-Infrastruktur, Moderation des Controlling-Prozesses sowie Analyse von Abweichungen stellen KRÜGER/WERDER (1993) eine Dominanz zentraler Lösungen fest.[380]

Während die in der Untersuchung identifizierte Aufgaben- und Arbeitsteilung zwischen Zentral- und Bereichscontrolling einerseits den Ausgangspunkt für eine dadurch erforderliche Kooperation beider Controllerbereiche bildet, wird diese andererseits in der Studie nicht thematisiert. Zudem ist kritisch anzumerken, dass aufgrund der verwendeten Fallstudienmethodik eine Repräsentativität der Untersuchungsergebnisse nicht gegeben ist. So wollen auch KRÜGER/WERDER (1993) selbst ihre Untersuchung als „eine primär qualitative Betrachtung"[381] verstanden wissen.

Die *Aufgabenverteilung* zwischen Zentral- und Bereichscontrolling wird auch in der Studie von WEBER ET AL. (2001) beleuchtet, die die Beziehung zwischen der Ausgestaltung der Controllerorganisation und den in Konzernen vorherrschenden Führungskonzepten untersucht.[382] Die Autoren stellen auf Basis von Interviews mit Zentralcontrollern in Konzernen fest, dass die Aufgabenverteilung und Arbeitsteilung zwischen beiden Controllerbereichen maßgeblich von dem sich in der Konzernform widerspiegelnden Führungskonzept geprägt wird. So ist das Zentralcontrolling im Stammhauskonzern etwa aufgrund des hier vorherrschenden geringeren Delegationsgrades wesentlich stärker mit eher operativ geprägten Aufgaben betraut als in der Finanzholding, in der das Bereichscontrolling einen Großteil der anfallenden Controlling-Aufgaben eigenverantwortlich wahrnimmt.[383] Entsprechend variiert auch die Abhängigkeit des Zentralcontrollings vom sowie das Ausmaß der Entlastung durch das Bereichscontrolling mit dem Konzerntypus.[384] Anders als KRÜGER/WERDER (1993) thematisieren WEBER ET AL. (2001) vor dem Hintergrund der in Abhängigkeit der Konzernform untersuchten Aufgabenverteilung zwischen beiden Controllerbereichen auch die *Zusammenarbeit* beider Abteilungen. Hierbei lässt sich ebenfalls ein Einfluss des Führungskonzeptes identifizieren. So führen WEBER ET AL. (2001) im Rahmen von Fallstudien aus, dass die Zusammenarbeit zwischen Zentral- und Bereichscontrolling in der Operativen Holding enger als in der Management-Holding und deutlich enger als in der Finanzholding ausfällt.[385]

WEBER ET AL. (2001) weisen in ihrer Studie damit auf einen weiteren potenziellen Einflussfaktor hin, der die Kooperation beider Controllerbereiche mitprägt: das Führungs-

380 Vgl. auch Krüger/Werder (1993), S. 270 ff.
381 Krüger/Werder (1993), S. 237.
382 Vgl. Weber et al. (2001), S. 9.
383 Vgl. Weber et al. (2001), S. 23 ff., S. 27, S. 30 f., S. 33 ff. sowie S. 37.
384 Vgl. Weber et al. (2001), S. 34 ff.
385 Vgl. Weber et al. (2001), S. 37 f.

konzept bzw. die Konzernform. Allerdings wird die Kooperation beider Abteilungen nicht weiter vertieft, so dass sich keine Aussage dazu wiederfindet, was unter Kooperation zwischen beiden Controllerbereichen zu verstehen ist. Ebenso wenig werden weitere Einflussfaktoren sowie Ergebniswirkungen der Zusammenarbeit aufgegriffen.

Wie WEBER ET AL. (2001) identifizieren auch STEINLE/THIEM/DUNSE (1998) in ihrer Studie, die das Ziel verfolgt, auf Basis von Interviews Ausgestaltungstendenzen für das Beteiligungscontrolling abzuleiten,[386] eine *Kooperation* des zentralen Controllerbereiches der Spitzeneinheit mit den dezentralen Controllerbereichen in den Basiseinheiten. So können die Bearbeitung strategischer Geschäftsfeldfragen sowie die Entwicklung von Gegensteuerungsmaßnahmen nach festgestellten Abweichungen in Zusammenarbeit erfolgen.[387] Weiterhin zeigen die Autoren auf, dass es in der Beziehung zwischen beiden Controllerbereichen zu *Konflikten* und *Friktionen* kommen kann. So kommen STEINLE/THIEM/DUNSE (1998) zu dem Ergebnis, dass eine zu starke Kontrolle der Arbeitsergebnisse des Bereichscontrollings durch das Zentralcontrolling das Vertrauensverhältnis zwischen beiden Controllerbereichen belastet und so die Zusammenarbeit untergräbt. Demgegenüber kann die Kooperation zwischen beiden Abteilungen durch ein gutes Vertrauensverhältnis gefördert werden.[388]

Der Untersuchung von STEINLE/THIEM/DUNSE (1998) lassen sich somit die Kontrolle durch das Zentralcontrolling sowie ein Vertrauensverhältnis als weitere potenzielle Einflussfaktoren einer Zusammenarbeit entnehmen. Allerdings lassen auch STEINLE/ THIEM/DUNSE (1998) eine Klärung dessen vermissen, wie Kooperation zwischen beiden Controllerbereichen zu definieren ist. Auch werden Ergebniswirkungen und weitere Determinanten der Zusammenarbeit nicht berücksichtigt. Schließlich lässt die empirische Basis mit der Einbeziehung von lediglich acht Unternehmenseinheiten keine repräsentativen Schlussfolgerungen zu.

Konflikte und *Friktionen* in der Beziehung zwischen Zentral- und Bereichscontrolling identifiziert auch HOFFMANN (1993) in seinem Forschungsprojekt, in dem die Controlling-Konzepte von 75 Konzernen in unterschiedlichen Holding-Strukturen analysiert werden.[389] So stellt HOFFMANN (1993) im Rahmen der Untersuchung der Aufgaben des Zentralcontrollings[390] fest, dass ein Schwerpunkt des Zentralcontrollings, insbesondere für die Konzernform der Finanzholding, auf dem Kontrollaspekt liegt. Durch „eine rigide Überwachung und mechanistisch-sanktionierende Kontrolle“[391] wird die Autonomie der dezentralen Einheiten kompensiert und eine Misstrauenskultur geschaffen, die die Akzeptanz des Zentralcontrollings schwächt und so die Kooperationsbereitschaft des Bereichs-

386 Vgl. Steinle/Thiem/Dunse (1998), S. 140.
387 Vgl. Steinle/Thiem/Dunse (1998), S. 144 f.
388 Vgl. Steinle/Thiem/Dunse (1998), S. 148 f.
389 Vgl. Hoffmann (1993), S. 73.
390 Vgl. Hoffmann (1993), S. 146 ff.
391 Hoffmann (1993), S. 150.

controllings vermindert.[392] Während sich damit wie in der Studie von STEINLE/THIEM/ DUNSE (1998) die Kontrollaktivitäten des Zentralcontrollings als möglicher Einflussfaktor der Kooperation ergeben, wird die Zusammenarbeit selbst zwischen beiden Controllerbereichen lediglich in Ansätzen und rein deskriptiv angedeutet.[393] Entsprechend finden sich weder Hinweise zu einem Verständnis noch zu Ergebniswirkungen und weiteren Determinanten der Kooperation.

Auch LITTKEMANN (2001) identifiziert im Rahmen seiner Untersuchung, die sich mit Ineffizienzen in der Organisation des Beteiligungscontrollings auseinandersetzt,[394] *Friktionen* in der Beziehung zwischen zentralem und dezentralem Controllerbereich. So führt er als Ursache für bestehende Ineffizienzen im Beteiligungscontrolling u. a. Schnittstellenprobleme zwischen dem Zentralcontrolling in der Spitzeneinheit und dem Bereichscontrolling in der Basiseinheit an. Dabei behindert mangelnde Kommunikation zwischen beiden Abteilungen die notwendige Zusammenarbeit.[395] LITTKEMANN (2001) nennt damit Reibungsverluste in der Beziehung zwischen beiden Bereichen als Ursache für eine unzureichende Zusammenarbeit und liefert einen möglichen Einflussfaktor der Kooperation. Allerdings wird dieser nicht weiter spezifiziert und detailliert. Ebenso wenig findet eine vertiefende Analyse der Zusammenarbeit selbst zwischen Zentral- und Bereichscontrolling statt.

Hinweise auf ein potenzielles *Wettbewerbsverhältnis* zwischen Zentral- und Bereichscontrolling finden sich in der sach-analytischen Arbeit von MOSIEK (2002), die sich ausgehend von einer zunehmenden Konkurrenzsituation für Controllerbereiche mit der internen Kundenorientierung des Controllings befasst.[396] Da alternative Träger von Controlling-Aufgaben, insbesondere wenn sie gleichartige Leistungen anbieten, potenziell interne Wettbewerber darstellen, fordert MOSIEK (2002) auch eine klare Abgrenzung der Zuständigkeiten und Aufgaben zwischen Zentral- und Bereichscontrolling.[397] Bezogen auf ein potenzielles Wettbewerbsverhältnis betont MOSIEK (2002) überdies, dass dieses nicht zwangsläufig mit Konfrontation und Konflikten einhergehen muss. Da eine Konfrontation zu erheblichen Nachteilen für das Gesamtunternehmen sowie zu einem Reputationsverlust für den Controllerbereich führen kann, ist vielmehr eine kooperative Strategie zu verfolgen, insbesondere wenn dadurch relevante Ressourcen erworben und ergänzt werden können.[398]

MOSIEK (2002) deutet damit in seiner Arbeit an, dass zwischen beiden Controllerbereichen aufgrund eines ähnlichen Leistungsangebotes potenziell auch kompetitive Beziehungen auftreten können, durch die eine Zusammenarbeit unterminiert werden kann. Insofern lässt sich ein weiterer möglicher Einflussfaktor der Kooperation ableiten. Die konkrete Zusammen-

[392] Vgl. Hoffmann (1993), S. 149 ff. sowie S. 216.
[393] Vgl. Hoffmann (1993), S. 152, S. 154 f. sowie S. 339.
[394] Vgl. Littkemann (2001), S. 1283.
[395] Vgl. Littkemann (2001), S. 1292.
[396] Vgl. Mosiek (2002), S. 1 ff.
[397] Vgl. Mosiek (2002), S. 111 sowie S. 161 ff.
[398] Vgl. Mosiek (2002), S. 221 ff.

arbeit beider Controllerbereiche, die sich aus der allgemeinen Forderung nach einer Kooperation als Alternative zu konfrontativen Strategien herleitet, wird jedoch in der Arbeit von MOSIEK (2002) nicht behandelt.

Eine Konkretisierung des von MOSIEK (2002) angedeuteten potenziellen *Wettbewerbsverhältnisses* zwischen Zentral- und Bereichscontrolling wird von DAVID (2005) vorgenommen, der sich mit einem strategischen Management von Controllerbereichen befasst.[399] So stellt DAVID (2005) im Rahmen einer zunächst theoretischen Analyse des markt- und ressourcenbasierten Umfeldes von Controllerbereichen fest, dass Zentral- und Bereichscontrolling ähnliche Leistungen in den Bereichen der Informationsversorgung, Planung, Kontrolle und Beratung anbieten und sich so eine Konkurrenzbeziehung zwischen beiden Abteilungen ergibt.[400] Darüber hinaus werden im Rahmen dieser Analyse umfangreiche wechselseitige Kunden-Lieferanten-Beziehungen identifiziert und kooperative Verflechtungen zwischen Zentral- und Bereichscontrolling angedeutet,[401] die durch ein Konkurrenzverhältnis beeinträchtigt werden dürften. Die konzeptionell hergeleiteten Berührungspunkte und Beziehungen zwischen beiden Controllerbereichen werden schließlich im Rahmen der durchgeführten Fallstudienuntersuchung bestätigt.[402]

DAVID (2005) zeigt mit seiner Arbeit die verschiedenen Facetten des Verhältnisses zwischen Zentral- und Bereichscontrolling auf und untermauert seine Ausführungen empirisch durch die Fallstudienuntersuchung. Dabei wird – wie bei MOSIEK (2002) – eine mögliche Konkurrenzbeziehung zwischen beiden Bereichen als potenzieller Einflussfaktor der Kooperation sichtbar. Kritisch anzumerken ist indes, dass die Beziehung zwischen beiden Controllerbereichen rein deskriptiv betrachtet und eine Zusammenarbeit lediglich angedeutet wird. Insofern finden sich keinerlei Hinweise hinsichtlich eines möglichen Begriffsverständnisses der Kooperation. Zudem lässt die verwendete Fallstudienmethodik keine repräsentativen Schlussfolgerungen zu.

2.4.1.2 Fazit

Insgesamt ist im Rahmen der Diskussion der Erkenntnisbeiträge der Controlling-Forschung, über die Tabelle 1 einen Überblick gibt, deutlich geworden, dass die *Kooperation* zwischen Zentral- und Bereichscontrolling, wenngleich ihr eine hohe Bedeutung beigemessen wird, oftmals nur ansatz- oder ausschnittsweise thematisiert und rein deskriptiv behandelt wird. Insbesondere sind bisher keine großzahligen empirischen Untersuchungen durchgeführt worden, die ein Konstrukt der Kooperation zwischen beiden Controllerbereichen theoretisch

399 Vgl. David (2005), S. 7 f.
400 Vgl. David (2005), S. 126 f., S. 129 sowie S. 131.
401 Vgl. David (2005), S. 120 ff., S. 134 sowie S. 136.
402 Zu den entsprechenden Ergebnissen der Fallstudienuntersuchung vgl. David (2005), S. 213 f., S. 216 ff., S. 235 ff., S. 249 ff. sowie S. 261 ff.

herleiten, konzeptualisieren, operationalisieren und empirisch überprüfen. Insofern fehlt auch ein Begriffsverständnis dessen, was konkret unter Kooperation von Zentral- und Bereichscontrolling zu verstehen ist und wie sich Kooperation definieren lässt.

Ebenso wenig wurden bisher die *Auswirkungen der Kooperation* analysiert und damit die Relevanz einer Zusammenarbeit beider Controllerbereiche empirisch bestätigt. In der Literatur finden sich lediglich Ausführungen, anhand derer sich hypothetisieren lässt, dass die Kooperation positiv auf die Qualität der Leistungen des Zentralcontrollings wirkt. Eine empirische Validierung dieses Zusammenhanges steht somit noch aus.

Schließlich hat die Diskussion der relevanten Beiträge der Controlling-Forschung ergeben, dass eine systematische Analyse der *Determinanten der Kooperation* beider Controllerbereiche fehlt. Erste Anhaltspunkte zu Einflussfaktoren, die die Kooperationsbeziehung zwischen Zentral- und Bereichscontrolling mitprägen können, liefern die Studien von SIMON ET AL. (1954) und SATHE (1978b), die sich mit den Weisungsbeziehungen zwischen beiden Abteilungen auseinandersetzen. Weiterhin lässt sich auf Basis der Untersuchung von WEBER ET AL. (2001) vermuten, dass die Konzernform die Zusammenarbeit beeinflusst. Die Ausführungen von STEINLE/THIEM/DUNSE (1998) und HOFFMANN (1993) verweisen darüber hinaus auf ein Vertrauensverhältnis sowie auf die Kontrollaktivitäten des Zentralcontrollings gegenüber dem Bereichscontrolling als mögliche Determinanten der Kooperation. Schließlich ist nicht nur im Rahmen der Schnittstellenanalyse auf Basis des Wertenetzes, sondern auch bei der Literaturdiskussion anhand der Arbeiten von MOSIEK (2002) und DAVID (2005) deutlich geworden, dass kompetitive Beziehungen zwischen beiden Controllerbereichen auftreten können, die die Kooperation beeinträchtigen. Insofern können aus den Beiträgen der Controlling-Forschung erste Erkenntnisse hinsichtlich potenziell relevanter und in das Forschungsmodell einzubeziehender Einflussfaktoren gewonnen werden. Nichtsdestotrotz bedarf es hier einer Identifizierung und Einbeziehung weiterer Determinanten sowie einer systematischen, empirischen Überprüfung dieser möglichen Einflussfaktoren in Bezug auf ihre Relevanz und Wirkungsrichtung.

Autor	Untersuchungsgegenstand	Forschungsmethodik/Datengrundlage	Kernergebnisse (bezogen auf Forschungsziel der Arbeit)
Simon et al. (1954)	Organisation von Controllerbereichen	400 Interviews mit Führungskräften aus verschiedenen Funktionsbereichen in sieben Unternehmen	– Ausgestaltung der Weisungsrechte gegenüber dem Bereichscontrolling hat Einfluss darauf, wen das Bereichscontrolling primär als Kunden ansieht; Doppelunterstellung kann zu Konflikten führen. – Kommunikationsfluss zwischen beiden Controllerbereichen funktioniert am besten bei gleicher Struktur und Koordination durch einen Verantwortlichen.
Sathe (1978b)	Unterstellungsformen des Bereichscontrollings	Schriftliche Befragung in 129 Unternehmen sowie Interviews mit 180 Führungskräften aus verschiedenen Funktionsbereichen in zwölf Unternehmen	– Ausgestaltung der Weisungsrechte gegenüber dem Bereichscontrolling hat Einfluss darauf, wen das Bereichscontrolling primär als Kunden ansieht.
Amshoff (1993)	Controlling-Typologien	Schriftliche Befragung von 612 Controlling-Verantwortlichen und Leistungsabnehmern des Controllings, 211 Antworten zur Organisation des Controllings	– Dauerkonflikte durch geteilte Weisungsbefugnisse gegenüber Bereichscontrolling
Stoffel (1995)	Controllership-Praxis im internationalen Vergleich	Schriftliche Befragung von 161 Controllerbereichsleitern in Deutschland, Frankreich und den USA	– „Dotted-Line"-Prinzip als dominierende Unterstellungsform
Schüller (1984)	Gestaltung und Organisation von Controlling-Systemen	Sach-analytisches Vorgehen	– Aufgabenverlagerung und Arbeitsteilung zwischen beiden Controllerbereichen bei Einrichtung eines Bereichscontrollings – Gute Kommunikationsbeziehungen zum Bereichscontrolling sind für Aufgabenerfüllung des Zentralcontrollings sehr wichtig.
Krüger/Werder (1993)	Organisation von Controllerbereichen	Fallstudien in zwölf Unternehmen	– Ähnliche Aufgabenverteilung zwischen Zentral- und Bereichscontrolling bei den betrachteten Unternehmen – Arbeitsteilung zwischen beiden Controllerbereichen bei bestimmten Aufgaben
Weber et al. (2001)	Controllerorganisation in unterschiedlichen Konzernformen	23 Interviews mit Leitern bzw. Mitarbeitern aus dem Zentralcontrolling, drei Fallstudien	– Aufgabenverteilung und Arbeitsteilung zwischen Zentral- und Bereichscontrolling ist von der Konzernform abhängig. – Intensität der Zusammenarbeit zwischen beiden Controllerbereichen wird ebenfalls vom Konzerntypus determiniert.

Autor	Untersuchungsgegenstand	Forschungsmethodik/Datengrundlage	Kernergebnisse (bezogen auf Forschungsziel der Arbeit)
Steinle/Thiem/Dunse (1998)	Ausgestaltung des Beteiligungscontrollings	Interviews in sechs Konzernholdings sowie zwei Beteiligungsunternehmen bzw. Teilkonzernen	– Zusammenarbeit zwischen Zentral- und Bereichscontrolling bei strategischen Geschäftsfeldfragen sowie bei der Erarbeitung von Gegensteuerungsmaßnahmen – Beeinträchtigung der Kooperation sowie des Vertrauensverhältnisses zwischen beiden Controllerbereichen bei zu starker Kontrolle des Bereichscontrollings durch das Zentralcontrolling
Hoffmann (1993)	Controlling-Konzepte in unterschiedlichen Holding-Strukturen	Schriftliche Befragung von 75 Konzernen	– Betonung des Kontrollaspektes durch das Zentralcontrolling schafft Misstrauenskultur und mindert Kooperationsbereitschaft des Bereichscontrollings.
Littkemann (2001)	Ineffizienzen in der Organisation des Beteiligungscontrollings	Schriftliche Befragung von zentralen und dezentralen Controllern in 110 Unternehmen	– Schnittstellenprobleme und mangelnde Kommunikation behindern Zusammenarbeit zwischen Zentral- und Bereichscontrolling.
Mosiek (2002)	Interne Kundenorientierung von Controllerbereichen	Sach-analytisches Vorgehen	– Ein ähnliches Leistungsangebot bedingt ein potenzielles Wettbewerbsverhältnis; daher ist auch eine klare Abgrenzung der Aufgaben zwischen Zentral- und Bereichscontrolling erforderlich. – Bei Vorliegen eines internen Wettbewerbsverhältnisses sind kooperative Strategien einer Konfrontation vorzuziehen.
David (2005)	Strategisches Management von Controllerbereichen	Fallstudien in drei Unternehmen	– Auftreten eines Wettbewerbsverhältnisses zwischen Zentral- und Bereichscontrolling im Rahmen der Informationsversorgung, Planung, Kontrolle und Beratung – Umfangreiche wechselseitige Kunden-Lieferanten-Beziehungen sowie Andeutung kooperativer Verflechtungen zwischen beiden Controllerbereichen

Tabelle 1: Übersicht über relevante Beiträge der Controlling-Forschung

2.4.2 Erkenntnisbeiträge der Schnittstellenforschung

2.4.2.1 Systematisierung der Beiträge der Schnittstellenforschung

2.4.2.1.1 Forschungsströmungen zur Zusammenarbeit organisatorischer Gruppen

Hinsichtlich der Zusammenarbeit organisatorischer Gruppen lassen sich in Anlehnung an WEINKAUF ET AL. (2005) drei wesentliche Forschungsströmungen identifizieren:[403] der Intergroup-Relations-Ansatz, das Schnittstellenmanagement sowie das Boundary Spanning/ Boundary Management.[404]

Der *Intergroup-Relations-Ansatz* – auch Intergruppenforschung genannt – geht auf sozialwissenschaftliche Konzepte aus dem Zeitraum zwischen 1890 und 1930 zurück und stellt somit den ältesten Forschungszweig zur Zusammenarbeit von Gruppen dar.[405] Ziel dieser Forschungsrichtung ist es, die Beziehungen zwischen Gruppen aus einem sozialpsychologischen Blickwinkel heraus zu untersuchen und demgemäß sozialpsychologische Erklärungsansätze für gruppenübergreifende Interaktionen zu liefern. Dabei beschränkt sich der Ansatz nicht auf Gruppen in Organisationen, sondern bezieht explizit auch Gruppen ohne organisatorischen Kontext – etwa ethnische Gruppen oder Nationen – in die Betrachtung mit ein.[406] Hinsichtlich der Beziehung zwischen organisatorischen Gruppen liegt dem Intergroup-Relations-Ansatz die Grundannahme zugrunde, dass Gruppen die Grundelemente von Organisationen sind, deren Beziehungen geregelt werden müssen.[407] Eine Interaktion zwischen Gruppen kann in Anlehnung an BRETT/ROGNES (1986) als „coordinated link or bridge between two distinct organizational groups"[408] aufgefasst werden. Neben kooperativen Beziehungen können dabei auch Konflikte und wettbewerbsbezogene Verhaltensweisen auftreten.

Als theoretisches Fundament greift die Intergruppenforschung auf die Theorie der sozialen Identität nach TAJFEL/TURNER (1986) sowie die Selbstkategorisierungstheorie von TURNER (1987) zurück. Durch den Anspruch, auch Erklärungsansätze zu Beziehungen zwischen Individuen und organisatorischen Gruppen liefern zu können, stellt der Ansatz

---

403 Vgl. Weinkauf et al. (2005), S. 86. Weinkauf et al. (2005) definieren eine organisatorische Gruppe in Anlehnung an Alderfer (1987) als „eine Sammlung von Individuen …, die stark interdependent sind, in einen organisatorischen Kontext eingebettet sind, sich als Gruppe wahrnehmen und sich von Nichtmitgliedern abtrennen, die als Gruppenmitglieder (alleine oder gemeinsam handelnd) *starke interdependente Beziehungen mit anderen Gruppen* haben, und deren Rollen in der Gruppe eine Funktion von Erwartungen der eigenen Person, der anderen Gruppenmitglieder und der Nichtgruppenmitglieder sind." Weinkauf et al. (2005), S. 87. Vgl. hierzu auch Alderfer (1987), S. 202 f., sowie Alderfer (1977), S. 230; ähnlich Brett/Rognes (1986), S. 204. Folglich stellen auch das Zentral- sowie das Bereichscontrolling jeweils eigenständige organisatorische Gruppen dar.

404 Zu den folgenden Ausführungen vgl. ausführlich Weinkauf et al. (2005), S. 88 ff.

405 Vgl. auch Alderfer (1987), S. 190.

406 Vgl. Alderfer (1987), S. 190 f.

407 Vgl. Brett/Rognes (1986), S. 202. Vgl. auch Guzzo/Shea (1992), S. 270.

408 Brett/Rognes (1986), S. 205.

gleichzeitig eine theoretische Basis für die im Folgenden zu erläuternden Forschungsströmungen des Schnittstellenmanagements sowie des Boundary Spanning bereit. Zu den wichtigsten Vertretern bzw. Arbeiten des Intergroup-Relations-Ansatzes können SHERIF (1966b), BRETT/ROGNES (1986), ALDERFER (1987), THOMAS (1990a) sowie GUZZO/ SHEA (1992) gerechnet werden.

Bezogen auf das Forschungsziel der Arbeit sowie die großzahlige empirische Untersuchung ist zu diesem Forschungszweig kritisch anzumerken, dass eine empirische Validierung der postulierten Zusammenhänge bisher vorwiegend auf Basis von Experimenten und hier primär mit Ad-hoc-Gruppen bzw. Einzelpersonen vorgenommen worden ist.[409] Insofern dürften sich in Beiträgen der Intergruppenforschung kaum Hinweise zur Konzeptualisierung und Operationalisierung eines Messmodells der Kooperation für eine großzahlig angelegte Befragung wiederfinden.

Aufbauend auf der Studie von LAWRENCE/LORSCH (1967) entwickelte sich Ende der 1970er Jahre der Forschungszweig des *Schnittstellenmanagements*. Nach der von LAWRENCE/LORSCH (1967) geprägten und in ihrer Untersuchung bestätigten Theorie der „Differentiation and Integration" sind Organisationen dann besonders erfolgreich, wenn es ihnen gelingt, gemäß den Anforderungen ihres Umfeldes spezialisierte funktionale Abteilungen einzurichten und eine Integration dieser Abteilungen sicherzustellen.[410] Ausgehend von dieser Theorie befasst sich das Schnittstellenmanagement unmittelbar mit Funktionsbereichen als Untersuchungsobjekt und analysiert hier vorwiegend deren Zusammenarbeit. Dabei sind vor allem Untersuchungen der Schnittstellen zwischen F&E- und Marketing-Abteilung sowie zwischen F&E- und Produktionsbereich vorgenommen worden.[411] Hinsichtlich der Abbildung des Phänomens der Kooperation lassen sich in den Beiträgen des Schnittstellenmanagements unterschiedliche Vorgehensweisen feststellen. Während einige Autoren bei der Untersuchung der Zusammenarbeit bspw. den Informationsfluss zwischen den betrachteten Abteilungen beleuchten,[412] stellen andere Vertreter des Schnittstellenmanagements in ihren Studien auf kooperatives Handeln[413], entsprechende Empfindungen und Einstellungen[414] oder Konflikte[415] ab.

409 Vgl. Beck/Diehl (1997), S. 149 ff. sowie insb. S. 152.

410 Vgl. Lawrence/Lorsch (1967), S. 11, S. 24 ff. sowie S. 44 ff. Differenzierung bzw. Spezialisierung wird dabei verstanden als „state of segmentation of the organizational system into subsystems, each of which tends to develop particular attributes in relation to the requirements posed by its relevant external environment", während Integration den „process of achieving unity of effort among the various subsystems in the accomplishment of the organization's task" darstellt. Lawrence/Lorsch (1967), S. 3 f.

411 Vgl. zur Schnittstelle zwischen F&E- und Marketing-Abteilung auch den Literaturüberblick bei Griffin/Hauser (1996). Zur Schnittstelle zwischen F&E-Bereich und Produktion vgl. exemplarisch die Arbeiten von Nihtilä (1999) sowie Gerpott (1991).

412 Vgl. bspw. die Untersuchungen von Moenaert et al. (1994) und Fisher/Maltz/Jaworski (1997).

413 Vgl. etwa Hise et al. (1990); Parry/Song (1993); Hausman/Montgomery/Roth (2002).

414 Vgl. z. B. Souder (1981); Tjosvold (1988); de Ruyter/Wetzels (2000a); de Ruyter/Wetzels (2000b).

415 Vgl. exemplarisch Barclay (1991); Menon/Bharadwaj/Howell (1996); Maltz/Kohli (2000).

Die theoretischen Grundlagen des Schnittstellenmanagements sind im Bereich der Organisationstheorien zu finden. Darüber hinaus liefert die Intergruppenforschung mit den Theorien der sozialen Identität und Selbstkategorisierung durch ihren Anspruch der Übertragbarkeit auf funktionale Abteilungen einen theoretischen Bezugsrahmen. Insofern greift das Schnittstellenmanagement auch auf sozialpsychologische Theorien zurück.[416] Als wichtige Forscher dieses Forschungszweiges lassen sich u. a. MCCANN/GALBRAITH (1981), SOUDER (1981), GUPTA/RAJ/WILEMON (1986), RUEKERT/WALKER (1987a, b), MOENAERT/SOUDER (1990b), BROCKHOFF/HAUSCHILDT (1993), GRIFFIN/HAUSER (1996), KAHN (1996), MENON/JAWORSKI/KOHLI (1997) sowie OLSON ET AL. (2001) anführen.

Im Hinblick auf die Zielsetzung der vorliegenden Arbeit ist zu dieser Forschungsrichtung hervorzuheben, dass im Bereich des Schnittstellenmanagements bereits eine Vielzahl großzahliger empirischer Untersuchungen durchgeführt worden ist, so dass sich hier Erkenntnisse zur Definition, Konzeptualisierung und Operationalisierung der Kooperation ableiten lassen dürften. Durch die hohe empirische Durchdringung bietet das Schnittstellenmanagement zudem konkrete Handlungsempfehlungen und Instrumente zur Förderung der Zusammenarbeit von Abteilungen in der Unternehmenspraxis. Schließlich liegt der Fokus dieser Forschungsrichtung – wie in der vorliegenden Untersuchung – auf funktionalen Abteilungen und nicht allgemein auf Gruppen, die nicht zwingend einen organisatorischen Bezug aufweisen müssen.

Die Forschungsströmung des *Boundary Spanning* entwickelte sich ausgehend von der Grundannahme, dass Gruppen als offene Systeme zu verstehen sind, die nicht losgelöst von ihrer externen Umwelt und anderen Gruppen agieren können, sondern von diesen hinsichtlich wichtiger Ressourcen und einer gemeinsamen Leistungserstellung abhängen. Während ältere Forschungsbeiträge hier überwiegend die Interaktion von Individuen mit unternehmensexternen Gruppen (organisationsübergreifendes Boundary Spanning) untersuchen,[417] liegt der Fokus jüngerer Untersuchungen auf dem Boundary Spanning von Projektteams im unternehmensinternen wie auch -externen Kontext. Der jüngere Forschungsstrang des Boundary Spanning geht dabei auf GLADSTEIN (1984) zurück, die hier die Bezeichnung des *Boundary Management* prägte. Boundary Management kann danach als „handling of relationships with other groups or individuals who provide inputs or absorb outputs from the group"[418] definiert werden. Das Management von Beziehungen mit der relevanten Umwelt

---

[416] Vgl. z. B. die Arbeiten von Ruekert/Walker (1987b); Barclay (1991); Norburn et al. (1995); Maltz/Kohli (1996); Fisher/Maltz/Jaworski (1997); Högl/Weinkauf/Gemünden (2004).

[417] Vgl. hierzu auch die Untersuchungen von Tushman (1977); Tushman/Katz (1980); Katz/Tushman (1981); Domsch/Gerpott/Gerpott (1989).

[418] Gladstein (1984), S. 500.

wird nicht nur als Aufgabe der Projektteams, sondern auch als ein zentraler Erfolgsfaktor von Teams angesehen.[419]

Theoretische Bezugspunkte des Boundary Management ergeben sich aus der verhaltensorientierten Organisationslehre. Die wichtigsten Vertreter bzw. Studien dieser Forschungsströmung sind GLADSTEIN (1984), GLADSTEIN ANCONA/CALDWELL (1988), GLADSTEIN ANCONA (1990), ANCONA/CALDWELL (1992), DENISON/HART/KAHN (1996) sowie SCOTT (1997).

Zu dem jüngsten hier vorgestellten Forschungszweig lässt sich festhalten, dass der Schwerpunkt auf kleinen Arbeitsgruppen resp. Projektteams liegt. Funktionale Abteilungen – wie sie in der vorliegenden Untersuchung betrachtet werden – werden indes ausgeklammert. Darüber hinaus ist das Boundary Management bisher empirisch nur wenig durchdrungen worden, so dass der Aussagewert dieses Forschungszweiges in Bezug auf die Entwicklung eines Messmodells zur Kooperation stark begrenzt ist.

Insgesamt ist bei der Vorstellung der Forschungsströmungen zur Zusammenarbeit zwischen organisatorischen Gruppen deutlich geworden, dass der Forschungszweig des Schnittstellenmanagements die größten Ansatzpunkte für die Generierung von Erkenntnissen im Hinblick auf den Untersuchungsgegenstand der Arbeit bieten dürfte. Im nachfolgenden Abschnitt werden daher kurz die grundlegenden Perspektiven der Zusammenarbeit innerhalb des Schnittstellenmanagements dargestellt. Auf dieser Basis werden dann die relevanten Erkenntnisbeiträge der Schnittstellenforschung diskutiert.

2.4.2.1.2 Perspektiven der Kooperation innerhalb des Schnittstellenmanagements

Wie im vorherigen Abschnitt ausgeführt, existieren innerhalb des Schnittstellenmanagements verschiedene Begriffsverständnisse zur Zusammenarbeit von Abteilungen. Trotz dieser unterschiedlichen Ansätze lassen sich in Anlehnung an KAHN (1996) drei grundlegende Sichtweisen der Kooperation identifizieren:[420] die informationsbezogene, die verhaltensbezogene sowie eine integrierte Perspektive.

Die *informationsbezogene Perspektive* betrachtet den Austausch relevanter Informationen zwischen Abteilungen als wesentliches Element kooperativer Beziehungen. Im Fokus dieser Sichtweise stehen dabei die Kommunikationsbeziehungen zwischen Funktionsbereichen, im Rahmen derer Informationen ausgetauscht und die als zentraler Erfolgsfaktor einer

[419] Vgl. hierzu auch Gladstein Ancona (1990), S. 359; Ancona/Caldwell (1992), S. 656 ff.; Scott (1997), S. 115 sowie S. 121.

[420] Vgl. Kahn (1996), S. 138 ff. Vgl. im Folgenden auch Kahn/Mentzer (1996), S. 6 ff., sowie Kahn/Mentzer (1998), S. 53 ff.

reibungslosen und effektiven Schnittstelle zwischen Abteilungen angesehen werden.[421] KAHN (1996) merkt hierzu an: „Communication should be considered a key component of interdepartmental relationships".[422]

Im Gegensatz dazu stellt die *verhaltensbezogene Perspektive* affektive, gefühlsbezogene sowie auf Gegenseitigkeit und Gemeinsamkeit beruhende Aspekte als Kern der Kooperation in den Vordergrund. Nach SOUDER ET AL. (1977) lässt sich Kooperation hier bspw. als „state of high degrees of shared values, mutual goal commitments, and collaborative behaviors"[423] auffassen.[424] Charakteristika einer guten Zusammenarbeit sind dementsprechend gemeinsame Werte und Normen, gemeinsame Ziele, gegenseitige Unterstützung bei der Aufgabenerfüllung sowie ein gutes gegenseitiges Verständnis. Damit zielt die verhaltensbezogene Sichtweise stärker auf qualitative Elemente sowie eine längerfristig angelegte und tiefergehende Beziehung zwischen kooperierenden Abteilungen ab, als dies bei der informationsorientierten Perspektive der Fall ist.

Nach der *integrierten Perspektive* setzen sich kooperative Beziehungen aus Wesensmerkmalen sowohl der informationsorientierten als auch der verhaltensbezogenen Sichtweise zusammen. Entsprechend verbindet die integrierte Perspektive die beiden zuvor beschriebenen Sichtweisen miteinander und berücksichtigt Aspekte beider Blickwinkel. KAHN (1996) bemerkt hierzu: „Each philosophy [informations- und verhaltensbezogene Perspektive] has advantages and disadvantages. The two philosophies, instead, may complement each other with regard to interdepartmental relationships ... This supports a composite philosophy for interdepartmental integration".[425]

Im Rahmen der nachfolgenden Literaturauswertung werden Beiträge aller drei hier vorgestellen Kooperationssichtweisen betrachtet, da sich hieraus Ansatzpunkte für die Konzeptualisierung der Zusammenarbeit von Zentral- und Bereichscontrolling ergeben.

2.4.2.2 Darstellung der Beiträge der Schnittstellenforschung

2.4.2.2.1 Vorgehensweise und Systematik der Darstellung

Der Fokus der Bestandsaufnahme der Beiträge der Schnittstellenforschung liegt – wie in Abschnitt 2.4.2.1.1 begründet – auf Arbeiten des Schnittstellenmanagements, denen ein großzahlig empirisches Forschungsdesign zugrunde liegt. Darüber hinaus werden Arbeiten

[421] Vgl. z. B. Carlsson (1991); Griffin/Hauser (1992). Rogers/Agarwala-Rogers (1976) bemerken: „Communication is the lifeblood of an organization; if we could somehow remove communication flows from an organization, we would not have an organization." Rogers/Agarwala-Rogers (1976), S. 7.

[422] Kahn (1996), S. 138.

[423] Souder et al. (1977), S. i.

[424] Vgl. auch Smith/Carroll/Ashford (1995), S. 10.

[425] Kahn (1996), S. 140.

einbezogen, die ebenfalls wichtige Hinweise im Hinblick auf den Untersuchungsgegenstand liefern.

Um Erkenntnisse in Bezug auf die Forschungsfragen ableiten zu können, sollen die Beiträge anhand folgender erkenntnisleitender Fragen diskutiert werden:

- Welche Schnittstelle wird untersucht?
- Auf welche Datengrundlage stützt sich die Untersuchung?
- Auf welchem Begriffsverständnis der Kooperation basiert der Beitrag?
- Wie wird die Kooperation konzeptualisiert?
- Auf welche Autoren bzw. Studien wird hinsichtlich der Konzeptualisierung zurückgegriffen?
- Welche theoretischen Bezugspunkte liegen der Untersuchung zugrunde?

Bei der nachfolgenden Diskussion wird der Schwerpunkt auf die wichtigsten Erkenntnisse jeder Studie zu diesen Leitfragen gelegt. Nicht im Rahmen der folgenden Ausführungen adressierte Aspekte können der zusammenfassenden Übersicht am Ende dieses Kapitels entnommen werden.[426] Anzumerken ist, dass nicht alle Beiträge eine vollständige Beantwortung aller formulierten Leitfragen zulassen.

2.4.2.2.2 Informationsbezogene Perspektive

Erkenntnisbeiträge mit einem informationsbezogenen Kooperationsverständnis betrachten vor allem die *Häufigkeit* bzw. das *Ausmaß eines Informationsaustausches* sowie die *Kanäle*, über die die relevanten Informationen anderen Abteilungen zur Verfügung gestellt werden. Dabei wird teilweise auch eine Unterscheidung in einen formellen sowie informellen Informationsaustausch vorgenommen und somit die *Art des Informationsaustausches* untersucht. Darüber hinaus beziehen einige Arbeiten auch die *Güte der Informationsbeziehungen* bzw. *der ausgetauschten Informationen* selbst in die Untersuchung mit ein.

Eine der grundlegenden Arbeiten der informationsbezogenen Perspektive ist die Studie von RUEKERT/WALKER (1987b), die die Interaktion zwischen den Bereichen Marketing einerseits sowie Produktion, F&E und Rechnungswesen andererseits untersucht.[427] Dazu werden 95 Mitarbeiter aus dem Bereich Marketing und 56 Respondenten aus den drei anderen genannten Abteilungen befragt.[428] Die Auswertung erfolgt dann separat für die Antworten jedes Bereiches. Die Interaktion zwischen Marketing und den anderen betrachteten Abteilungen konzeptualisieren RUEKERT/WALKER (1987b) auf Basis von drei Dimensionen:

---

[426] Vgl. Tabelle 2 auf S. 95.
[427] Vgl. Ruekert/Walker (1987b), S. 2.
[428] Vgl. Ruekert/Walker (1987b), S. 8 f.

- Transaktionen zwischen den beteiligten Bereichen (z. B. Austausch von Ressourcen),
- Kommunikationsbeziehungen an der Schnittstelle sowie
- Koordinationsmechanismen zur Regelung der beiden erstgenannten Interaktionsformen.[429]

Innerhalb der Interaktion nimmt die Kommunikationsdimension eine wesentliche Rolle ein.[430] „Communication between personnel in different functional areas can be described in terms of both its amount and the degree of difficulty the parties have in communicating with one another."[431] Hieraus ergeben sich hinsichtlich der Konzeptualisierung der Kommunikationsbeziehungen zunächst die beiden Dimensionen *Kommunikationshäufigkeit* sowie Schwierigkeiten bezüglich des Informationsaustausches. Letztere kann als ein Ausdruck für die *Güte der Informationsbeziehung* verstanden werden.[432] Die Kommunikationshäufigkeit wird von RUEKERT/WALKER (1987b) für jeden *Kommunikationskanal* (z. B. per Brief, Telefongespräch oder im Rahmen persönlicher Gespräche) über je ein Item getrennt erhoben, so dass auf dieser Basis auch die *Art der Kommunikation* (formell vs. informell) erfasst und in die Analyse einbezogen wird.[433] Die Operationalisierung der Konstrukte erfolgt in Anlehnung an VAN DE VEN/FERRY (1980).[434] Zur theoretischen Fundierung verweisen die Autoren auf die Theorie sozialer Systeme sowie die Ressourcenabhängigkeitsperspektive.[435] Zu kritisieren ist an dieser Studie, dass nicht von einer Repräsentativität der Ergebnisse ausgegangen werden kann, da sämtliche Respondenten demselben Unternehmen angehören.[436]

Auf den Überlegungen und Messmodellen von RUEKERT/WALKER (1987b) resp. VAN DE VEN/FERRY (1980) setzen MALTZ/KOHLI (1996) mit ihrer Untersuchung auf.[437] MALTZ/KOHLI (1996) betrachten den Informationsaustausch zwischen Marketing und anderen Abteilungen und befragen dafür 788 Führungskräfte aus den Bereichen Produktion, F&E und Finanzen.[438] Der Informationsaustausch wird von den Autoren als „intelligence dissemination process" mit den Dimensionen „dissemination frequency" (*Kommunikationshäufigkeit*) und „dissemination formality" (*Art des Informationsaustausches*) konzeptualisiert.[439] In Erweiterung zu RUEKERT/WALKER (1987b) fächern MALTZ/KOHLI (1996) die Skala zur Erhebung der Kommunikationshäufigkeit weiter auf und beziehen weitere *Kommunikationskanäle* in die Erhebung ein. Zur Klassifizierung, ob eine Kommunikationsbeziehung und der dafür genutzte Kanal formeller oder informeller Natur ist,

429 Vgl. Ruekert/Walker (1987b), S. 3 f.
430 Vgl. Ruekert/Walker (1987b), S. 7.
431 Ruekert/Walker (1987b), S. 7.
432 Vgl. hierzu auch Ruekert/Walker (1987b), S. 17.
433 Vgl. Ruekert/Walker (1987b), S. 12 sowie S. 17.
434 Vgl. Ruekert/Walker (1987b), S. 9.
435 Vgl. Ruekert/Walker (1987b), S. 1 ff.
436 Vgl. Ruekert/Walker (1987b), S. 8.
437 Vgl. Maltz/Kohli (1996), S. 48.
438 Vgl. Maltz/Kohli (1996), S. 48 sowie S. 53.
439 Vgl. Maltz/Kohli (1996), S. 48.

arbeiten MALTZ/KOHLI (1996) aufbauend auf STOHL/REDDING (1987) die Kriterien „Verifizierbarkeit" und „Spontaneität" heraus. Danach kann ein Informationsaustausch als informell charakterisiert werden, wenn durch eine dritte Person nicht verifiziert werden kann, ob bestimmte Informationen übermittelt worden sind, und wenn der Informationsaustausch im Vorfeld nicht geplant war. [440] Häufigkeit und Formalisierungsgrad des Informationsaustausches werden aufbauend darauf hinsichtlich ihres Einflusses auf die wahrgenommene *Güte der ausgetauschten Informationen* analysiert.[441] Die Güte der Informationsbeziehung selbst wird jedoch aufgrund der mechanistischen Abfrage der Kommunikationshäufigkeit über die Anzahl der Kontakte nicht beleuchtet.[442] Als theoretische Basis wird auf die soziale Austauschtheorie rekurriert.[443]

Auch MALTZ (2000) greift im Rahmen der Konzeptualisierung und Operationalisierung des Informationsaustausches an den Schnittstellen zwischen Marketing und F&E resp. Produktion auf die in den beiden zuvor diskutierten Arbeiten verwandten Messmodelle zurück, die auf VAN DE VEN/FERRY (1980) zurückgehen. Dabei lehnt sich MALTZ (2000) stark an die ausführlichere Skala von MALTZ/KOHLI (1996) an.[444] Ähnlich wie bei MALTZ/KOHLI (1996) werden aufbauend darauf die Auswirkungen der *Kommunikationshäufigkeit* nach *Kommunikationskanal* auf die empfundene *Güte der übermittelten Informationen* untersucht.[445] Die Qualität der Kommunikationsbeziehung an sich wird nicht untersucht. Darüber hinaus lässt die Studie eine theoretische Fundierung vermissen.

Eine Erweiterung des Messmodells zum Informationsaustausch nehmen FISHER/MALTZ/JAWORSKI (1997) vor, die die Kommunikation zwischen Marketing und Entwicklungsabteilung untersuchen.[446] FISHER/MALTZ/JAWORSKI (1997) modellieren die Kommunikationsbeziehung zwischen beiden Bereichen über folgende drei Dimensionen:

- „Communication frequency",
- „Bidirectionality" sowie
- „Coerciveness of influence attempts".[447]

Die Operationalisierung der *Kommunikationshäufigkeit* als erste Dimension basiert auf den Arbeiten von MALTZ/KOHLI (1996) und VAN DE VEN/FERRY (1980).[448] Ausgehend von der Überlegung, dass die Kommunikationshäufigkeit allein die Kommunikationsbeziehung nicht hinreichend abbildet, beziehen die Autoren die beiden weiteren genannten Dimensionen

440 Vgl. Maltz/Kohli (1996), S. 48.
441 Vgl. Maltz/Kohli (1996), S. 49.
442 Vgl. Maltz/Kohli (1996), S. 59.
443 Vgl. Maltz/Kohli (1996), S. 51.
444 Vgl. Maltz (2000), S. 118 sowie S. 126.
445 Vgl. Maltz (2000), S. 115 ff.
446 Vgl. Fisher/Maltz/Jaworski (1997), S. 54 f.
447 Vgl. Fisher/Maltz/Jaworski (1997), S. 55.
448 Vgl. Fisher/Maltz/Jaworski (1997), S. 68.

in die Konzeptualisierung des Informationsaustausches mit ein.[449] „*Bidirectionality* is defined as the degree to which communication between marketing and engineering is a two-way process“.[450] Die dritte Dimension beschreibt, inwieweit im Rahmen des Informationsaustausches versucht wird, den Interaktionspartner unter Androhung negativer Konsequenzen zu beeinflussen. Auf Basis dieser beiden letztgenannten Dimensionen erfassen FISHER/MALTZ/JAWORSKI (1997) in ihrem Messmodell somit explizit auch die *Güte des Informationsaustausches*. Zur Überprüfung der postulierten Beziehungen werden 89 bzw. 72 Marketing-Manager in zwei getrennten Stichproben befragt.[451] Kritisch anzumerken ist jedoch, dass sich beide Stichproben jeweils nur auf ein Unternehmen beziehen, so dass die Repräsentativität der Ergebnisse infrage gestellt werden muss.[452] Die theoretische Fundierung der Studie wird mithilfe von Theorien der Sozialpsychologie, insbesondere der Theorie der sozialen Identität sowie der Selbstkategorisierungstheorie, vorgenommen.[453]

Die *Güte des Informationsaustausches* wird auch in der Studie von MOENAERT ET AL. (1994) untersucht. Die Informationsbeziehung zwischen Marketing und F&E wird dabei als „cross-functional communication“ definiert.[454] Die Messung der „cross-functional communication“ erfolgt über das eindimensionale Konstrukt „information received“, das erfasst, wie gut sich die Marketing-Abteilung vom F&E-Bereich und umgekehrt informiert fühlt.[455] Anders als die bisher vorgestellten Arbeiten befragen MOENAERT ET AL. (1994) dazu jedoch beide Interaktionspartner, so dass der Untersuchung insgesamt 147 Antworten von Mitarbeitern aus der Marketing- und F&E-Abteilung zugrunde liegen.[456] Eine theoretische Fundierung der Studie erfolgt lediglich ansatzweise durch Organisationstheorien.

Im Fokus der Arbeit von MOENAERT ET AL. (2000) steht schließlich ebenfalls die *Güte der Kommunikationsbeziehungen*. Im Rahmen einer Fallstudienuntersuchung analysieren die Autoren die Kommunikationsanforderungen („communication requirements“), die eine effektive und effiziente Kommunikation im Kontext funktionsübergreifender, internationaler Produktinnovationen stellt. Aufbauend darauf werden explorativ Mechanismen und Instrumente abgeleitet, die die Kommunikationsanforderungen adressieren und erfüllen („communication capabilities“).[457] Somit zeigt die Untersuchung weitere Aspekte auf, die die Qualität von Kommunikationsbeziehungen bestimmen. Allerdings unterbleibt eine Spezifizierung der Dimensionen der Kommunikation bzw. des Informationsaustausches, so

449 Vgl. Fisher/Maltz/Jaworski (1997), S. 55.
450 Fisher/Maltz/Jaworski (1997), S. 55, in Anlehnung an Mohr/Nevin (1990) sowie Mohr/Fisher/Nevin (1996).
451 Vgl. Fisher/Maltz/Jaworski (1997), S. 57 f. sowie S. 62. Mit der zweiten Stichprobe sollen die Ergebnisse der ersten Stichprobe repliziert werden. Hierbei werden zusätzliche Kontrollvariablen sowie ergänzende organisatorische, umweltbezogene und beziehungsrelevante Aspekte aufgenommen. Vgl. Fisher/Maltz/Jaworski (1997), S. 55 sowie S. 60 f.
452 Vgl. Fisher/Maltz/Jaworski (1997), S. 55.
453 Vgl. Fisher/Maltz/Jaworski (1997), S. 55 f.
454 Vgl. Moenaert et al. (1994), S. 31.
455 Vgl. Moenaert et al. (1994), S. 44 f.
456 Vgl. Moenaert et al. (1994), S. 34 f.
457 Vgl. Moenaert et al. (2000), S. 363 ff.

dass keine weitergehenden Erkenntnisse hinsichtlich der Konzeptualisierung abgeleitet werden können.

2.4.2.2.3 Verhaltensbezogene Perspektive

Anhand der Beiträge der verhaltensbezogenen Perspektive lassen sich i. W. zwei Dimensionen ableiten, über die die Zusammenarbeit von Abteilungen konzeptualisiert wird: *kooperatives Handeln* der beteiligten Parteien einerseits sowie *kooperative Empfindungen und Einstellungen* gegenüber dem Interaktionspartner andererseits.[458] *Kooperatives Handeln* kann sich dabei in *gemeinschaftlichem Handeln auf einen Zweck* oder ein Ziel hin, in der Beteiligung und Einbindung in die Aktionen und Tätigkeiten der anderen Abteilung (*Integration*) sowie in der Abstimmung und Ausrichtung der Tätigkeiten aufeinander (*Koordination*) manifestieren.

Darüber hinaus modellieren einige Studien dieser Perspektive die Beziehung zwischen den betrachteten Funktionsbereichen als *Konflikt*. Dieser kann analog ebenfalls durch *konfliktäres Handeln* sowie *konfliktäre Empfindungen und Einstellungen* ausgedrückt werden.

Die folgende Auswertung beleuchtet zunächst Studien, die die Kooperation von Abteilungen lediglich anhand eines der identifizierten Aspekte der Zusammenarbeit abbilden. Danach werden Arbeiten vorgestellt, die beide Merkmale verwenden. Den Abschluss dieses Abschnittes schließlich bilden Beiträge, die Konflikte zwischen den Parteien untersuchen.

Eine Modellierung der Zusammenarbeit ausschließlich auf Basis *kooperativen Handelns* erfolgt in der Studie von HISE ET AL. (1990), die die Schnittstelle zwischen Marketing- und F&E-Abteilung untersuchen und dazu 252 Marketing-Führungskräfte befragen. Die Autoren beschäftigen sich dabei mit der *Integration* des Marketing-Bereiches in den Entwicklungsprozess von Neuprodukten.[459] Diese wird über reflektive Messindikatoren, die die Einbindung entlang der einzelnen Phasen des Entwicklungsprozesses (Input-, Design- und Bewertungsphase) widerspiegeln, erhoben.[460] Darüber hinaus wird hier auch in Ansätzen gemessen, inwieweit Marketing und F&E-Bereich *gemeinschaftlich handeln* („level of joint effort“[461]). Kritisch anzumerken ist jedoch, dass die einzelnen Indikatoren, die teils über dichotome, teils über Likert-Skalen operationalisiert werden, nicht zu einem Konstrukt verdichtet werden. Auch erlaubt die von HISE ET AL. (1990) verwendete Chi-Quadrat-Analyse keine Überprüfung von Kausalbeziehungen.[462] Eine theoretische Fundierung der Untersuchung wird nicht vorgenommen.

[458] Ähnlich auch Olson et al. (2001), S. 260.
[459] Vgl. Hise et al. (1990), S. 143.
[460] Vgl. Hise et al. (1990), S. 144 sowie S. 146.
[461] Hise et al. (1990), S. 144.
[462] Vgl. auch Backhaus et al. (2006), S. 243 f. sowie S. 256.

HAUSMAN/MONTGOMERY/ROTH (2002) verstehen die Zusammenarbeit zwischen Marketing und Produktion als *gemeinschaftliches Handeln.* Zwar wählen die Autoren die für die Konzeptualisierung des Messmodells irreführende Bezeichnung „M/M [manufacturing/marketing] interface harmony“, was eine Modellierung der Zusammenarbeit auf Basis von kooperativen Empfindungen und Einstellungen suggeriert, definieren dieses Konstrukt aber als „ability of manufacturing and marketing to work together“.[463] Zu kritisieren ist, dass HAUSMAN/MONTGOMERY/ROTH (2002) die Zusammenarbeit lediglich auf Basis eines Items operationalisieren,[464] so dass die Validität der Messung angezweifelt werden muss.[465] Zur theoretischen Fundierung nehmen HAUSMAN/MONTGOMERY/ROTH (2002) eine ressourcenbasierte Perspektive ein.[466]

Anders als die vorhergehenden Studien, die die Zusammenarbeit durch kooperatives Handeln ausdrücken, modellieren DE RUYTER/WETZELS (2000a, b) Kooperation in ihren Untersuchungen ausschließlich auf Basis *kooperativer Empfindungen und Einstellungen.* In den beiden Studien, die die Schnittstelle zwischen Marketing und Produktion (DE RUYTER/WETZELS (2000a)) resp. Marketing und Finanzabteilung (DE RUYTER/WETZELS (2000b)) beleuchten, fassen die Autoren Zusammenarbeit als „relational exchange orientation“ (DE RUYTER/WETZELS (2000a)) bzw. „relational attitude“ (DE RUYTER/WETZELS (2000b)) auf.[467] Die Konzeptualisierung der Kooperationskonstrukte in beiden Arbeiten ist identisch. „Relational attitude“ definieren DE RUYTER/WETZELS (2000b) als „orientation that motivates functional units in a relationship to derive complex, personal, noneconomic satisfactions and engage in social exchange based on implicit and explicit assumptions of trust, bonding, reciprocity, and empathy.“[468] „Trust“ als erste Dimension erfasst das Vertrauen zwischen den Interaktionspartnern.[469] „Bonding“ als zweite Dimension „represents an affective orientation toward and value congruence with the business partner“[470] und basiert auf „a general positive feeling towards the exchange partner“.[471] Die dritte Dimension, „reciprocity“, bildet ab, inwieweit die Beziehung auf einer Einstellung beruht, die durch Gegenseitigkeit und wechselseitige Verpflichtung charakterisiert werden kann („mutual commitment“[472]).[473] „Empathy“, die vierte Dimension, „reflects the ability of partners in relational exchange to take each other's perspective.“[474] Zur Messung der erläuterten Faktoren befragen DE RUYTER/WETZELS (2000a, b) jeweils Vertreter beider Abteilungen, eine

463 Hausman/Montgomery/Roth (2002), S. 242.
464 Die Zusammenarbeit wird über den Indikator „How well marketing and manufacturing work together“ gemessen. Vgl. Hausman/Montgomery/Roth (2002), S. 247.
465 Vgl. Hausman/Montgomery/Roth (2002), S. 247 sowie S. 253.
466 Vgl. Hausman/Montgomery/Roth (2002), S. 242.
467 Vgl. de Ruyter/Wetzels (2000a), S. 257 sowie S. 260; de Ruyter/Wetzels (2000b), S. 209.
468 de Ruyter/Wetzels (2000b), S. 210.
469 Vgl. de Ruyter/Wetzels (2000a), S. 260, in Anlehnung an Callaghan/McPhail/Yau (1995), S. 60.
470 de Ruyter/Wetzels (2000b), S. 211.
471 de Ruyter/Wetzels (2000b), S. 211, in Anlehnung an Konovsky/Cropanzano (1991).
472 de Ruyter/Wetzels (2000b), S. 211.
473 Vgl. de Ruyter/Wetzels (2000a), S. 260 f. sowie S. 272; de Ruyter/Wetzels (2000b), S. 211.
474 de Ruyter/Wetzels (2000b), S. 211.

dyadische Auswertung erfolgt jedoch nicht.[475] Den theoretischen Bezugsrahmen beider Studien stellt die soziale Austauschtheorie dar.[476]

Als wichtigste Arbeiten, die die Zusammenarbeit sowohl auf Basis *kooperativen Handelns* als auch *kooperativer Empfindungen und Einstellungen* untersuchen, sollen im Folgenden die Studien von SOUDER (1981), TJOSVOLD (1988), STANK/DAUGHERTY/ELLINGER (1999) sowie HÖGL/WEINKAUF/GEMÜNDEN (2004) näher betrachtet werden.

Eine der ersten Untersuchungen, die beide identifizierten Merkmale einer verhaltensbezogenen Zusammenarbeit verwendet, ist die Studie von SOUDER (1981). SOUDER (1981) analysiert die Schnittstelle zwischen F&E- und Marketing-Abteilung und führt hierzu 296 Tiefeninterviews in 20 Unternehmen durch.[477] Die Zusammenarbeit zwischen beiden Bereichen definiert SOUDER (1981) als „degree of R&D/marketing harmony" und drückt diese durch drei Dimensionen aus:

- „Cooperation demonstrated by the two parties" (*kooperatives Handeln*)[478],
- „feelings of warmth expressed by each party toward the other" (*kooperative Empfindungen und Einstellungen*) sowie
- „sense of mutual commitment" (*kooperative Empfindungen und Einstellungen*).[479]

Angesichts der verwandten Interview-Methodik sowie der explorativen Ausrichtung der Arbeit nimmt SOUDER (1981) keine Operationalisierung dieser drei Dimensionen vor. Auch lässt er eine theoretische Fundierung vermissen.

TJOSVOLD (1988) verwendet für die Zusammenarbeit verschiedener Abteilungen synonym die Begriffe „collaboration" und „interaction".[480] Die Operationalisierung der „collaboration" bzw. „interaction" erfolgt auf Basis der Erkenntnisse von DEUTSCH (1973) sowie TJOSVOLD (1984) als eindimensionales Konstrukt, das erfasst, wie gut die beteiligten Parteien zusammenarbeiten und gemeinsam Entscheidungen fällen, inwieweit sie versuchen, ein gegenseitiges Verständnis zu entwickeln, und wie sehr sie sich vom Interaktionspartner akzeptiert fühlen.[481] Somit integriert TJOSVOLD (1988) Elemente *kooperativen Handelns*, insbesondere *gemeinschaftlichen Handelns*, und *kooperativer Empfindungen und Einstellungen* in dem von ihm verwendeten Messmodell. Zu kritisieren ist, dass sich die Datengrundlage lediglich auf zwei Unternehmen bezieht, in denen Interviews mit Mit-

475 Vgl. de Ruyter/Wetzels (2000a), S. 266 f.; de Ruyter/Wetzels (2000b), S. 213.
476 Vgl. de Ruyter/Wetzels (2000a), S. 262; de Ruyter/Wetzels (2000b), S. 211.
477 Vgl. Souder (1981), S. 67.
478 Diese Dimension umfasst z. B. gemeinsame Meetings, bei denen Entscheidungen zusammen getroffen werden (*gemeinschaftliches Handeln*), oder die gegenseitige Einbindung in wichtige Aktivitäten (*Integration*). Vgl. Souder (1981), S. 68 sowie S. 70.
479 Vgl. Souder (1981), S. 67, in Anlehnung an Souder et al. (1977).
480 Vgl. Tjosvold (1988), S. 274, S. 277, S. 279 sowie S. 283 f.
481 Vgl. Tjosvold (1988), S. 279.

arbeitern verschiedener Bereiche geführt wurden.[482] Zur theoretischen Untermauerung der Arbeit greift TJOSVOLD (1988) auf die Theorie von DEUTSCH (1949) zurück.[483]

STANK/DAUGHERTY/ELLINGER (1999) untersuchen in ihrer Studie die Schnittstelle zwischen Marketing und Logistik.[484] Dazu befragen sie 309 Führungskräfte aus dem Bereich Logistik.[485] Hinsichtlich der Zusammenarbeit zwischen beiden Bereichen sprechen die Autoren von „collaborative integration", die als „predominantly informal processes that occur between departments, based on trust and mutual respect, reflecting joint ownership of decisions, and collective responsibility for outcomes"[486] definiert wird. Damit umfasst das Kooperationsverständnis von STANK/DAUGHERTY/ELLINGER (1999) ebenfalls sowohl *kooperative Empfindungen und Einstellungen* („trust and mutual respect") als auch *kooperatives Handeln* („joint ownership of decisions"). Beide Merkmale finden sich entsprechend auch in der Operationalisierung des Messmodells zur „collaborative integration" wieder. Hierbei greifen die Autoren auf KAHN (1996) zurück.[487] Zu kritisieren ist der fehlende theoretische Bezugsrahmen der Untersuchung.

Auch HÖGL/WEINKAUF/GEMÜNDEN (2004) legen bei der Konzeptualisierung der Zusammenarbeit von Projektteams die Aspekte *kooperatives Handeln* sowie *kooperative Empfindungen und Einstellungen* zugrunde. Anders als die zuvor betrachteten Arbeiten bilden HÖGL/WEINKAUF/GEMÜNDEN (2004) *kooperatives Handeln* jedoch über die *Koordination* der Aufgaben zwischen Projektteams („coordination") ab, während hinsichtlich *kooperativer Empfindungen und Einstellungen* die Identifizierung mit dem *Gesamtprojekt* („commitment") erhoben wird.[488] Die beiden Dimensionen werden in Anlehnung an MOTT (1972) und PINTO/PINTO/PRESCOTT (1993) operationalisiert.[489] Theoretisch untermauert wird die Untersuchung durch die Theorie der sozialen Identität.[490] Erwähnenswert ist zudem, dass HÖGL/WEINKAUF/GEMÜNDEN (2004) die Zusammenarbeit sowie deren Erfolgswirkungen im Rahmen einer Längsschnittstudie zu drei verschiedenen Zeitpunkten messen.[491]

Konflikte zwischen Abteilungen werden in den Arbeiten von BARCLAY (1991), MALTZ/KOHLI (2000), MENON/BHARADWAJ/HOWELL (1996) und NORBURN ET AL. (1995) thematisiert. Hieraus können sich ebenfalls Erkenntnisse zur Konzeptualisierung und Operationalisierung einer verhaltensbezogenen Zusammenarbeit ableiten lassen.

---

482 Vgl. Tjosvold (1988), S. 277 f.
483 Vgl. Tjosvold (1988), S. 275.
484 Vgl. Stank/Daugherty/Ellinger (1999), S. 12 f.
485 Vgl. Stank/Daugherty/Ellinger (1999), S. 15 f.
486 Stank/Daugherty/Ellinger (1999), S. 14, in Anlehnung an Gray (1989), Kahn (1996) und Liedtka (1996).
487 Vgl. Stank/Daugherty/Ellinger (1999), S. 14. Zur Studie von Kahn (1996) vgl. Abschnitt 2.4.2.2.4.
488 Vgl. Högl/Weinkauf/Gemünden (2004), S. 39.
489 Vgl. Högl/Weinkauf/Gemünden (2004), S. 44. Zur Untersuchung von Pinto/Pinto/Prescott (1993) vgl. auch Abschnitt 2.4.2.2.4.
490 Vgl. Högl/Weinkauf/Gemünden (2004), S. 43.
491 Vgl. Högl/Weinkauf/Gemünden (2004), S. 44.

BARCLAY (1991) untersucht in seiner Studie die organisatorischen Charakteristika, die ein konfliktäres Verhalten zwischen Einkauf und technischer Abteilung bedingen.[492] Die Arbeit stützt sich dazu auf 627 Antworten aus dem Bereich Einkauf und 486 Respondenten der technischen Abteilung. Hierunter befinden sich 328 Dyaden.[493] Konfliktbehaftete Beziehungen zwischen den betrachteten Abteilungen werden als „manifest conflict" bezeichnet. Darunter versteht BARCLAY (1991) „interaction such that the actions of one group tend to prevent or compel some outcome against the resistance of another group".[494] Das Konstrukt zum „manifest conflict" spiegelt sowohl Elemente *konfliktären Handelns* als auch *konfliktärer Empfindungen und Einstellungen* wider.[495] Die theoretische Fundierung der Untersuchung erfolgt ansatzweise durch die Theorie der sozialen Identität, die Selbstkategorisierungstheorie sowie durch Organisationstheorien.[496]

MALTZ/KOHLI (2000) benutzen in ihrer Studie, die die Schnittstelle zwischen Marketing einerseits und Produktion, F&E und Finanzen andererseits untersucht, den Begriff „manifest interfunctional conflict".[497] Hinsichtlich der Definition von „manifest interfunctional conflict" lehnen sich MALTZ/KOHLI (2000) u. a. an BARCLAY (1991) an: „It is defined as the degree to which managers in one functional group behave in a way that frustrates another functional group".[498] Das korrespondierende Messmodell erfasst vor allem *konfliktäres Handeln* der beteiligten Parteien, beinhaltet aber auch Elemente *konfliktärer Empfindungen und Einstellungen*.[499] Zu kritisieren ist der fehlende theoretische Bezugsrahmen der Arbeit.

Im Gegensatz zu BARCLAY (1991) und MALTZ/KOHLI (2000) unterscheiden MENON/BHARADWAJ/HOWELL (1996) in ihrer Analyse zwischen Konflikten, die das Verhältnis zwischen den Interaktionspartnern beeinträchtigen (dysfunktionale Konflikte[500]), sowie Konflikten mit positiven Auswirkungen (funktionale Konflikte[501]) und möchten damit die Untersuchung von BARCLAY (1991) erweitern.[502] Zur Konzeptualisierung und Operationalisierung funktionaler Konflikte lehnen sich MENON/BHARADWAJ/HOWELL (1996) an BARCLAY (1991) an und greifen auf eine Literaturanalyse sowie Expertengespräche zurück.[503] Die Messindikatoren enthalten Aspekte *kooperativen Handelns* sowie *kooperativer*

492 Vgl. Barclay (1991), S. 145 f.
493 Vgl. Barclay (1991), S. 152.
494 Barclay (1991), S. 146.
495 Vgl. Barclay (1991), S. 157.
496 Vgl. Barclay (1991), S. 146.
497 Vgl. Maltz/Kohli (2000), S. 479 f.
498 Maltz/Kohli (2000), S. 480, in Anlehnung an Pondy (1967) sowie Barclay (1991).
499 Vgl. Maltz/Kohli (2000), S. 489.
500 „Dysfunctional conflict refers to unhealthy behaviors within an organization such as distortion and withholding of information to hurt other decision makers, hostility and distrust during interaction ..., and creating obstacles to impede the decision-making process". Menon/Bharadwaj/Howell (1996), S. 303, in Anlehnung an Ruekert/Walker (1987a), Zillmann (1988) sowie Thomas (1990b).
501 „Functional conflict refers to the healthy and vigorous challenge of ideas, beliefs, and assumptions". Menon/Bharadwaj/Howell (1996), S. 303, in Anlehnung an Cosier (1978), Tjosvold (1985) sowie Baron (1991).
502 Vgl. Menon/Bharadwaj/Howell (1996), S. 299 sowie S. 301.
503 Vgl. Menon/Bharadwaj/Howell (1996), S. 305.

Empfindungen und Einstellungen, so dass sich hieraus Ansatzpunkte zur Konzeptualisierung der verhaltensbezogenen Zusammenarbeit ergeben. Die Entwicklung des Messmodells zu dysfunktionalen Konflikten erfolgt dagegen ausschließlich auf Basis einer Literaturauswertung.[504] Eine theoretische Untermauerung der Untersuchung erfolgt nicht.

Eine Analyse der Beziehung zwischen Marketing und Produktion sowohl auf Basis verhaltensbezogener *Zusammenarbeit* als auch auf Basis von *Konflikten* nehmen NORBURN ET AL. (1995) vor.[505] Die Zusammenarbeit zwischen beiden Abteilungen wird als „inter-functional exchange relationships" in Anlehnung an GRAEN/NOVAK/SOMMERKAMP (1982) und SCANDURA/GRAEN (1984) operationalisiert, Konflikte über das Konstrukt „inter-functional conflict" modelliert.[506] Beide Messmodelle erheben sowohl das *Handeln* als auch die *Empfindungen und Einstellungen* der Interaktionspartner.[507] So bewertet das Konstrukt „inter-functional exchange relationships" die Aspekte „understanding, recognition, support and assistance between the marketing and production unit."[508] Die Skala zu „inter-functional conflict" misst „the level of disagreement which existed on the goal priorities of the units, the terms of the relationship, the specific way work is done, and the extent that the production unit had hindered the operations of the marketing unit."[509] Den theoretischen Bezugsrahmen der Untersuchung bilden die soziale Austauschtheorie sowie die Constituency-basierte Theorie.[510]

2.4.2.2.4 Integrierte Perspektive

In der Kooperations- und Schnittstellenforschung hat sich zunehmend die integrierte Perspektive durchgesetzt, die die informations- und verhaltensbezogene Sichtweise miteinander verbindet. Kooperation wird hier sowohl auf Basis von *Informationsbeziehungen* als auch auf Basis *kooperativen Verhaltens* modelliert. Insofern finden sich hier auch die bei den beiden zuvor vorgestellten Perspektiven identifizierten Merkmale *Häufigkeit/Ausmaß, Kanäle, Art* sowie *Güte des Informationsaustausches* bzw. der *ausgetauschten Informationen* einerseits und *kooperatives Handeln* sowie *kooperative Empfindungen und Einstellungen* andererseits wieder. Als wichtigste Beiträge der integrierten Perspektive werden im Folgenden zum einen die Arbeiten um GUPTA/RAJ/WILEMON sowie KAHN vorgestellt, der diese Sichtweise maßgeblich mitgeprägt hat. Zum anderen werden ausgewählte Studien besprochen, deren Ursprünge im Bereich der Markt- und Kundenorientierung liegen und die ebenfalls einen Erkenntniswert für die vorliegende Untersuchung aufweisen. Den Abschluss

[504] Vgl. Menon/Bharadwaj/Howell (1996), S. 305.
[505] Vgl. Norburn et al. (1995), S. 218.
[506] Vgl. Norburn et al. (1995), S. 220.
[507] Vgl. auch Norburn et al. (1995), S. 231 f.
[508] Norburn et al. (1995), S. 220.
[509] Norburn et al. (1995), S. 220 f.
[510] Vgl. Norburn et al. (1995), S. 217 f.

dieses Abschnittes bilden dann weitere wesentliche Arbeiten der integrierten Perspektive, die sich keiner der genannten drei Gruppen zuordnen lassen, gleichwohl aber wichtige Ansatzpunkte im Hinblick auf die zu beantwortenden Forschungsfragen liefern.

Als erste Beiträge, die die Zusammenarbeit zwischen Abteilungen sowohl durch eine informations- als auch eine verhaltensbezogene Komponente ausdrücken, lassen sich die Arbeiten um GUPTA/RAJ/WILEMON identifizieren.

GUPTA/RAJ/WILEMON (1985a, b) untersuchen die Schnittstelle zwischen Markting- und F&E-Abteilung in 167 High-Tech-Firmen.[511] Für die Zusammenarbeit zwischen beiden Bereichen wählen die Autoren die Bezeichnung „integration", die über die beiden Dimensionen „involvement" und „information sharing" entlang der Aktivitäten des Entwicklungsprozesses von Neuprodukten operationalisiert wird.[512] „Involvement" spiegelt den Grad der Einbindung beider Abteilungen in die einzelnen Phasen des Entwicklungsprozesses wider (*kooperatives Handeln, Integration*), während „information sharing" das *Ausmaß des Informationsaustausches* erfasst. Beide Dimensionen werden hinsichtlich des erzielten sowie des für erforderlich gehaltenen Ausmaßes gemessen. Allerdings lassen GUPTA/RAJ/WILEMON (1985a, b) die einzelnen Indikatoren der beiden Dimensionen nicht auf entsprechende Faktoren laden. Ebenso wenig wird ein übergeordnetes Konstrukt der „integration" gebildet. Darüber hinaus mangelt es beiden Untersuchungen an einer theoretischen Basis.

Die von GUPTA/RAJ/WILEMON (1985a, b) gewählte Modellierung der Zusammenarbeit als „integration" mit den Dimensionen „involvement" und „information sharing" liegt auch den Ausführungen von GUPTA/RAJ/WILEMON (1986) zugrunde, die ein Forschungsmodell zu den Einflussfaktoren und Erfolgswirkungen der Zusammenarbeit entwickeln.[513] Aufgrund des rein konzeptionellen Charakters dieses Beitrages und der fehlenden empirischen Überprüfung der postulierten Zusammenhänge soll auf die Arbeit an dieser Stelle nicht weiter eingegangen werden.

Auch GUPTA/WILEMON (1988) und PARRY/SONG (1993) greifen auf die von GUPTA/ RAJ/WILEMON (1985b) entwickelte Skala zur Zusammenarbeit zwischen Marketing- und F&E-Abteilung zurück.[514] Während GUPTA/WILEMON (1988) lediglich den realisierten Grad der Zusammenarbeit messen, unterscheiden PARRY/SONG (1993) zwischen dem für erforderlich gehaltenen sowie tatsächlich erzielten Ausmaß der Zusammenarbeit.[515] Zudem verdichten PARRY/SONG (1993) die einzelnen Messindikatoren auf jeweils fünf Faktoren für die als notwendig erachtete resp. erreichte Zusammenarbeit. Die fünf Faktoren beziehen

511 Vgl. Gupta/Raj/Wilemon (1985a), S. 289 sowie S. 293; Gupta/Raj/Wilemon (1985b), S. 12 sowie S. 14.
512 Vgl. hierzu und im Folgenden Gupta/Raj/Wilemon (1985a), S. 293 sowie S. 300; Gupta/Raj/Wilemon (1985b), S. 20 ff.
513 Vgl. Gupta/Raj/Wilemon (1986), S. 7 ff.
514 Vgl. Gupta/Wilemon (1988), S. 25; Parry/Song (1993), S. 11 f. Parry/Song (1993) verweisen dabei zudem auf Gupta (1984), vgl. Parry/Song (1993), S. 9.
515 Vgl. Gupta/Wilemon (1988), S. 25; Parry/Song (1993), S. 11 f.

sich dabei auf die fünf Phasen des Entwicklungsprozesses von Neuprodukten (Budgetierungs-, Planungs-, Konzept-, Entwicklungs- und Post-Kommerzialisierungsphase).[516] Die beiden Dimensionen „involvement“ und „information sharing“ werden dagegen nicht in separaten Konstrukten abgebildet. Darüber hinaus bilden auch PARRY/SONG (1993) kein übergeordnetes Messmodell zur Zusammenarbeit.

AYERS/DAHLSTROM/SKINNER (1997) schließlich bauen auf der Messskala von GUPTA/RAJ/WILEMON (1985a) auf und untersuchen ebenfalls die Zusammenarbeit von Marketing- und F&E-Bereich.[517] In Erweiterung zu den vorher diskutierten Arbeiten jedoch unterscheiden AYERS/DAHLSTROM/SKINNER (1997) auch in der empirischen Auswertung zwischen den Dimensionen „involvement“ und „information sharing“, indem die Messindikatoren auf drei entsprechende Faktoren geladen werden (Integration des Marketings sowie Integration der F&E-Abteilung in die verschiedenen Aktivitäten des Neuproduktentwicklungsprozesses, Informationsaustausch zwischen beiden Bereichen). Darüber hinaus fassen die Autoren diese drei Faktoren zu einem Konstrukt zweiter Ordnung zusammen, für das eine Gütebeurteilung erfolgt.[518]

Die zweite Forschungslinie der integrierten Perspektive geht auf KAHN (1996) zurück, der als zentraler Vertreter dieser Sichtweise angesehen werden kann. Ausgangspunkt der Untersuchung von KAHN (1996), der seine Studie ein Jahr vor AYERS/DAHLSTROM/ SKINNER (1997) veröffentlichte, ist die Feststellung, dass einige Arbeiten bei der Untersuchung der Kooperation zwar sowohl informations- als auch verhaltensbezogene Aspekte verarbeiten, empirisch aber zwischen diesen beiden unterschiedlichen Facetten der Zusammenarbeit nicht klar unterscheiden.[519] Vor diesem Hintergrund entwickelt KAHN (1996) die zweidimensionale Sichtweise der Kooperation weiter, indem er die informations- und verhaltensbezogene Sichtweise voneinander abgrenzt und die Zusammenarbeit explizit durch beide Dimensionen separat konzeptualisiert und operationalisiert.[520] Abteilungsübergreifende Kooperation definiert er dabei als „multidimensional process that subsumes interaction and collaboration.“[521] „Interaction“ als erste Dimension erfasst den Informationsaustausch zwischen den Bereichen und misst die *Kommunikationshäufigkeit* nach verschiedenen *Kanälen.* Wie einige Arbeiten der informationsbezogenen Sichtweise greift KAHN (1996) zur Operationalisierung dieser Dimension auf VAN DE VEN/FERRY (1980) zurück.[522] „Collaboration is defined as an affective, volitional, mutual/shared process where two or more departments work together, have mutual understanding, have a common vision,

[516] Vgl. Parry/Song (1993), S. 9 ff. Gupta/Wilemon (1988) errechnen dagegen lediglich den Durchschnitt der Antworten über alle Items. Vgl. Gupta/Wilemon (1988), S. 25.
[517] Vgl. Ayers/Dahlstrom/Skinner (1997), S. 111.
[518] Vgl. Ayers/Dahlstrom/Skinner (1997), S. 114 f.
[519] Hierbei verweist Kahn (1996) u. a. auf die Arbeiten von Gupta/Raj/Wilemon (1985a), Gupta/Raj/Wilemon (1985b) sowie Gupta/Raj/Wilemon (1986). Vgl. Kahn (1996), S. 139.
[520] Vgl. Kahn (1996), S. 139 ff.
[521] Kahn (1996), S. 139.
[522] Vgl. Kahn (1996), S. 143 sowie S. 151.

share resources, and achieve collective goals“.[523] Im Gegensatz zu AYERS/DAHLSTROM/SKINNER (1997) bildet KAHN (1996) über die verhaltensbezogene Facette der Zusammenarbeit somit nicht nur *kooperatives Handeln* (hier: *gemeinschaftliches Handeln*), sondern auch *kooperative Empfindungen und Einstellungen* ab. Die empirische Überprüfung der „collaboration“ erfolgt auf Basis einer neu entwickelten Messskala.[524] Während KAHN (1996) in seiner Arbeit beide Dimensionen der integrierten Kooperationssichtweise explizit abbildet und über entsprechende Konstrukte modelliert, verzichtet er jedoch auf eine Zusammenführung der beiden Messmodelle zu einem übergeordneten Konstrukt. Überdies ist die mechanistische Operationalisierung und Erhebung des Informationsaustausches nach VAN DE VEN/FERRY (1980) zu kritisieren. Eine theoretische Fundierung der Untersuchung erfolgt ansatzweise durch die Transaktionskostentheorie sowie die Philosophie des Beziehungsmarketings.[525]

Auf dem Beitrag von KAHN (1996) basieren die Arbeiten von KAHN/MCDONOUGH (1997b), KAHN/MENTZER (1998), KAHN (2001) sowie ERNST (2001).

Während KAHN/MENTZER (1998) für ihre Untersuchung auf die gleiche Datenbasis wie KAHN (1996) zurückgreifen, dabei jedoch weitere Ergebniswirkungen der abteilungsübergreifenden Zusammenarbeit überprüfen,[526] übertragen KAHN/MCDONOUGH (1997b) die zweidimensionale Sichtweise der Kooperation auf den internationalen Kontext und überprüfen dieses Konzept in unterschiedlichen Kulturkreisen.[527] Beide Arbeiten verwenden exakt die von KAHN (1996) eingesetzten Messmodelle, lassen aber ebenso die Bildung eines Konstruktes höherer Ordnung vermissen, das die beiden Dimensionen „interaction“ und „collaboration“ vereint.[528] KAHN/MCDONOUGH (1997b) merken hierzu an: „The two constructs are distinguished and kept separate to determine whether there are differences in interaction and collaboration“.[529] Weiterführende Erkenntnisse zur theoretischen Fundierung der vorliegenden Arbeit ergeben sich aus diesen beiden Studien nicht.

In einer nachfolgenden Untersuchung setzt KAHN (2001) ebenfalls auf dem in den bereits diskutierten Beiträgen dieser Forschungslinie verwendeten Messmodell zur Zusammenarbeit mit den Dimensionen „interaction“ und „collaboration“ auf.[530] Anders als in den bisher besprochenen Studien verdichtet KAHN (2001) diese beiden Dimensionen aber zu einem

[523] Kahn (1996), S. 139, in Anlehnung an Appley/Winder (1977), S. 281, und Schrage (1990).
[524] Vgl. Kahn (1996), S. 143.
[525] Vgl. Kahn (1996), S. 140.
[526] Vgl. Kahn/Mentzer (1998), S. 54 sowie S. 56.
[527] Vgl. Kahn/McDonough (1997b), S. 52.
[528] Vgl. Kahn/McDonough (1997b), S. 60 f. sowie S. 75 f.; Kahn/Mentzer (1998), S. 56 f. sowie S. 61 f.
[529] Kahn/McDonough (1997b), S. 57.
[530] Vgl. Kahn (2001), S. 317 sowie S. 320. Auf das in der Studie verwandte Konstrukt „interfunctional coordination“ wird nicht weiter eingegangen, da es sich hierbei nicht um ein Messmodell zur Zusammenarbeit handelt: „Interfunctional coordination represents the strategic orientation (company culture)“; Kahn (2001), S. 316.

Konstrukt durch „summation of the interaction and collaboration scales".[531] Allerdings erfolgt keine eigenständige Gütebeurteilung dieser aggregierten Skala.

Im Zusammenhang mit dem Forschungszweig um KAHN (1996) ist schließlich die Arbeit von ERNST (2001) zu erwähnen, der die Erfolgsfaktoren von Programmen zur Neuprodukt-entwicklung untersucht und hier auf die Entwicklung valider Messmethoden abzielt.[532] Aus methodischen Erwägungen heraus betrachtet ERNST (2001) dabei auch die Kommunikations-beziehungen innerhalb von Unternehmen sowie die verhaltensbezogene Zusammenarbeit zwischen den Bereichen Marketing, Produktion und F&E.[533] Zur Operationalisierung der letztgenannten Dimension greift ERNST (2001) auf KAHN (1996) zurück, indem er das Konstrukt „collaboration" ins Deutsche übersetzt.[534] Abweichend von KAHN (1996) werden die Kommunikationsbeziehungen jedoch nicht über das als mechanistisch zu kritisierende Messmodell von VAN DE VEN/FERRY (1980), sondern in Anlehnung an JAWORSKI/ KOHLI (1993) operationalisiert. Dadurch legt ERNST (2001) den Fokus auf den direkten Kontakt zwischen den Interaktionspartnern und zielt damit primär auf die *Güte des Informationsaustausches* ab.[535] Beide Konstrukte weisen sehr gute Gütekriterien sowohl der ersten als auch der zweiten Generation auf.[536] Aufgrund des Forschungszieles fasst ERNST (2001) die beiden Dimensionen allerdings nicht zu einem übergeordneten Kooperations-konstrukt zusammen.

Neben den Forschungslinien um GUPTA/RAJ/WILEMON und KAHN greifen auch Beiträge zur Markt- und Kundenorientierung die Zusammenarbeit von Abteilungen auf. Die Kooperation wird hier oftmals als eine Dimension bei der Modellierung der Markt-orientierung berücksichtigt. Da die meisten dieser Studien die Zusammenarbeit dabei jedoch lediglich auf Basis eines eindimensionalen, einfaktoriellen Konstruktes erheben, das empirisch nicht zwischen den beiden Kooperationssichtweisen unterscheidet, liefern diese Arbeiten keinen weiterführenden Erkenntnisbeitrag für die vorliegende Untersuchung und sollen daher an dieser Stelle nicht näher betrachtet werden.[537] Eine Ausnahme in diesem Forschungszweig bildet jedoch die Arbeit von JAWORSKI/KOHLI (1993), auf der wiederum die Studien von MENON/JAWORSKI/KOHLI (1997) und MORGAN/PIERCY (1998) basieren.

---

531 Kahn (2001), S. 318.

532 Vgl. Ernst (2001), S. 6.

533 Ernst (2001) leitet die Kommunikationsbeziehungen zwischen unterschiedlichen Hierarchieebenen eines Unternehmens sowie die Zusammenarbeit der genannten Funktionsbereiche als mögliche Einflussfaktoren des Ausmaßes eines potenziell auftretenden „Informant Bias" ab. Vgl. Ernst (2001), S. 160 sowie S. 163 f.

534 Vgl. Ernst (2001), S. 185.

535 Vgl. Ernst (2001), S. 186 f. Vgl. zusätzlich auch die Ausführungen bei Ernst (2001) auf S. 160 zur Ableitung der Hypothesen, die über die genannten Konstrukte zu prüfen sind. Hierdurch ergeben sich ebenfalls Hinweise zur Spezifizierung der verwandten Messmodelle.

536 Vgl. Ernst (2001), S. 285 sowie S. 288 ff. Zu den Gütekriterien der ersten und zweiten Generation vgl. auch Abschnitt 3.3.1.2.1.

537 Vgl. hierzu die Studien von Narver/Slater (1990), Deng/Dart (1994), Siguaw/Diamantopoulos (1995) sowie Langerak (2003).

Ausgehend von konzeptionellen Überlegungen bei KOHLI/JAWORSKI (1990) beziehen JAWORSKI/KOHLI (1993) die Kooperation von Abteilungen als Determinante der Marktorientierung in ihre Untersuchung ein. Dazu verwenden die Autoren das Konstrukt „interdepartmental dynamics“ mit den Dimensionen „interdepartmental conflict“ und „interdepartmental connectedness“. [538] „Interdepartmental conflict“ rekurriert auf die verhaltensbezogene Perspektive der Kooperation und erfasst das Ausmaß *konfliktärer Empfindungen und Einstellungen.* Die informationsbezogene Sichtweise spiegelt sich in der Skala zur „interdepartmental connectedness“ wider, die die *Güte des Informationsaustausches* misst.[539] Beide Dimensionen werden von JAWORSKI/KOHLI (1993) neu operationalisiert, jedoch nicht auf ein Messmodell höherer Ordnung verdichtet. Eine theoretische Fundierung der Untersuchung erfolgt nicht.[540]

MENON/JAWORSKI/KOHLI (1997) verwenden in ihrer Studie das von JAWORSKI/ KOHLI (1993) entwickelte Konstrukt der „interdepartmental dynamics“ zur Messung der Zusammenarbeit sowie zur Untersuchung ihrer Einflussfaktoren und Erfolgswirkungen, bezeichnen es dabei jedoch als „interdepartmental interactions“.[541] Wenngleich MENON/ JAWORSKI/KOHLI (1997) im Gegensatz zu JAWORSKI/KOHLI (1993) die Kooperation in den Mittelpunkt der Untersuchung stellen, werden allerdings auch hier die beiden Dimensionen der „interdepartmental interactions“ („interdepartmental conflict“, „interdepartmental connectedness“) nicht zu einem übergeordneten Konstrukt zusammengeführt. Eine theoretische Untermauerung der Studie wird lediglich ansatzweise durch einen allgemeinen Verweis auf Literatur aus den Bereichen Marketing, Industrieökonomik und Organisationsmanagement vorgenommen.[542]

Auch MORGAN/PIERCY (1998) bauen bei der Untersuchung der Zusammenarbeit von Marketing und Qualitätsmanagement-Abteilung primär auf JAWORSKI/KOHLI (1993) auf und bilden diese durch das Messmodell „interdepartmental dynamics“ ab. [543] Zur Operationalisierung der zugehörigen Dimensionen „interdepartmental connectedness“ und „interdepartmental conflict“ greifen MORGAN/PIERCY (1998) jedoch zusätzlich auf VAN DE VEN/FERRY (1980), BARCLAY (1991) sowie explorative Interviews zurück. [544] Darüber hinaus beziehen die Autoren in Erweiterung zu den beiden zuvor diskutierten Beiträgen eine weitere Dimension in die Modellierung der Zusammenarbeit ein: „interdepartmental communication frequency“.[545] Hierdurch wird die *Häufigkeit des Informations-*

538 Vgl. Jaworski/Kohli (1993), S. 55 f.
539 Vgl. Jaworski/Kohli (1993), S. 67.
540 Stattdessen verweisen Jaworski/Kohli (1993) auf die konzeptionellen Ausführungen von Kohli/Jaworski (1990).
541 Vgl. Menon/Jaworski/Kohli (1997), S. 188 sowie S. 192.
542 Vgl. Menon/Jaworski/Kohli (1997), S. 188.
543 Vgl. Morgan/Piercy (1998), S. 192 f.
544 Vgl. Morgan/Piercy (1998), S. 192 sowie S. 205.
545 Vgl. Morgan/Piercy (1998), S. 193.

austausches über bestimmte *Kommunikationskanäle* gemessen.[546] Die Operationalisierung erfolgt in Anlehnung an VAN DE VEN/FERRY (1980) sowie MOENAERT/SOUDER (1990a) und ist insofern – wie schon bei einigen anderen Arbeiten – als mechanistisch zu kritisieren.[547] Auch bei dieser Studie ist nur ansatzweise eine theoretische Basis durch Verweis auf Literatur bzw. Theorien zum strategischen sowie Qualitätsmanagement festzustellen.[548]

Abschließend sollen als weitere relevante Arbeiten der integrierten Perspektive die Untersuchungen von PINTO/PINTO (1990), PINTO/PINTO/PRESCOTT (1993), KAHN/ REIZENSTEIN/RENTZ (2004) sowie OTTUM/MOORE (1997) vorgestellt werden.

PINTO/PINTO (1990) sowie PINTO/PINTO/PRESCOTT (1993) konzeptualisieren Zusammenarbeit, die im Kontext funktionsübergreifender Projektteams im Gesundheitswesen untersucht wird, in Anlehnung an DEUTSCH (1949) sowie TJOSVOLD (1984) über die drei Dimensionen „communication, interpersonal relations and task orientation of a group of individuals."[549] In der von den Autoren neu entwickelten Messskala werden im Gegensatz zu den Arbeiten um JAWORSKI/KOHLI (1993) im Hinblick auf die verhaltensbezogene Perspektive nicht nur Aspekte *kooperativer Empfindungen und Einstellungen*, sondern auch *kooperativen Handelns* erfasst.[550] Damit ist eine Parallele zu der Forschungslinie um KAHN (1996) zu erkennen. Anders als die auf KAHN (1996) basierenden Arbeiten erheben PINTO/PINTO (1990) und PINTO/PINTO/PRESCOTT (1993) bei der informationsbezogenen Sichtweise jedoch nicht mechanistisch die Häufigkeit des Informationsaustausches,[551] sondern stellen auf die *Güte der Kommunikationsbeziehungen* ab.[552] Wenngleich bei der Operationalisierung der Kooperation somit mehrere relevante Elemente einer Zusammenarbeit abgedeckt werden und vor allem die Güte der Kooperation gemessen wird, ist dennoch zu kritisieren, dass die Autoren empirisch nicht zwischen den beiden Kooperationssichtweisen unterscheiden und lediglich auf eine Messskala zurückgreifen.[553]

Auch KAHN/REIZENSTEIN/RENTZ (2004) erfassen in ihrer Untersuchung zur Schnittstelle zwischen Vertrieb und Distribution die von PINTO/PINTO (1990) sowie PINTO/PINTO/ PRESCOTT (1993) einbezogenen Elemente der Zusammenarbeit, die über das Konstrukt „interfunctional climate … comprised of the two dimensions of interfunctional communication ease and interfunctional cooperation"[554] operationalisiert wird. Allerdings unterscheiden KAHN/REIZENSTEIN/RENTZ (2004) auch empirisch zwischen den beiden

546 Vgl. Morgan/Piercy (1998), S. 197.
547 Vgl. Morgan/Piercy (1998), S. 205.
548 Vgl. Morgan/Piercy (1998), S. 194 sowie S. 196.
549 Pinto/Pinto (1990), S. 206; Pinto/Pinto/Prescott (1993), S. 1290.
550 Vgl. Pinto/Pinto (1990), S. 206 sowie S. 212; Pinto/Pinto/Prescott (1993), S. 1290.
551 Eine Ausnahme in Bezug auf die auf Kahn (1996) zurückgehenden Arbeiten stellt die Untersuchung von Ernst (2001) dar.
552 Vgl. Pinto/Pinto (1990), S. 212; Pinto/Pinto/Prescott (1993), S. 1290.
553 Vgl. Pinto/Pinto (1990), S. 212.
554 Kahn/Reizenstein/Rentz (2004), S. 1087.

genannten Dimensionen. „Interfunctional communication ease" wird in Anlehnung an RUEKERT/WALKER (1987b) modelliert und erfasst die *Güte der Kommunikationsbeziehungen.* Die verhaltensbezogene Komponente, „interfunctional cooperation", deckt Elemente *kooperativen Handelns (gemeinschaftlichen Handelns)* sowie *kooperativer Empfindungen und Einstellungen* ab. Die Operationalisierung erfolgt hier unter Rückgriff auf JONES/JAMES (1979).[555] Allerdings lassen auch KAHN/REIZENSTEIN/RENTZ (2004) die Bildung eines übergeordneten Messmodells sowie eine theoretische Fundierung der Untersuchung vermissen.

OTTUM/MOORE (1997) schließlich modellieren die als „integration" bezeichnete Kooperation zwischen den Bereichen Marketing, F&E und Produktion in ihrer Untersuchung ebenfalls über die Elemente *kooperatives, gemeinschaftliches Handeln* („level of cooperation"), *kooperative Empfindungen und Einstellungen* („level of group cohesion") sowie *Güte der Kommunikationsbeziehungen* („quality of communication").[556] Darüber hinaus erfassen OTTUM/MOORE (1997) auch die *Häufigkeit des Informationsaustausches* über bestimmte *Kanäle* („frequency and mode of interfunctional communication"). Für jede dieser vier Dimensionen verwenden die Autoren ein separates Messmodell. Damit wird eine umfassende Konzeptualisierung und Operationalisierung der Kooperation vorgenommen. Zudem bilden OTTUM/MOORE (1997) auf Basis von drei der vier Dimensionen ein zusammenfassendes Konstrukt der Kooperation „by summing cooperation, cohesiveness, and communications quality."[557] Allerdings erfolgt keine Güteprüfung dieser aggregierten Messskala.

2.4.2.2.5 Fazit

Aus der Diskussion der Erkenntnisbeiträge der Schnittstellenforschung, die in Tabelle 2 zusammengefasst ist, lassen sich vor allem die folgenden Erkenntnisse ableiten.

Die für die vorliegende Untersuchung relevanten Arbeiten der Kooperations- und Schnittstellenforschung lassen sich anhand der *drei* vorgestellten *Perspektiven der Kooperation* strukturieren. Dadurch wird die Dreiteilung bezüglich der grundlegenden Sichtweisen der Kooperation untermauert.

Studien der *informationsbezogenen Perspektive* bilden die Zusammenarbeit von Abteilungen i. W. durch die *Häufigkeit des Informationsaustausches* sowie dessen *Güte* ab.

In der *verhaltensbezogenen Sichtweise* wird die Kooperation demgegenüber vor allem durch *kooperatives, gemeinschaftliches Handeln auf einen Zweck hin* sowie *kooperative Empfindungen und Einstellungen* ausgedrückt.

---

[555] Vgl. Kahn/Reizenstein/Rentz (2004), S. 1088.
[556] Vgl. hierzu und im Folgenden Ottum/Moore (1997), S. 264.
[557] Ottum/Moore (1997), S. 266.

Als am häufigsten verwandte Perspektive der Kooperation kommt in Beiträgen die *integrierte Sichtweise* zur Anwendung, welche sich in der Kooperations- und Schnittstellenforschung als Standard etabliert hat. Arbeiten dieser Perspektive modellieren die abteilungsübergreifende Zusammenarbeit hinsichtlich der informationsbezogenen Dimension primär durch die *Güte* sowie die *Häufigkeit des Informationsaustausches*. Im Hinblick auf die verhaltensbezogene Dimension finden sich vor allem die Aspekte *kooperatives, gemeinschaftliches Handeln* sowie *kooperative Empfindungen und Einstellungen* wieder. Die integrierte Perspektive weist somit hinsichtlich der zur Abbildung der Kooperation verwandten Elemente eine hohe Analogie zu den beiden zuvor genannten Sichtweisen auf. Als zentraler Vertreter der integrierten Perspektive konnte KAHN identifiziert werden, der maßgeblich zu ihrer Weiterentwicklung beigetragen hat.[558] Hervorzuheben ist in diesem Zusammenhang zudem, dass das in den Untersuchungen von KAHN verwendete Messmodell der „collaboration", das die verhaltensbezogene Dimension über kooperatives, gemeinschaftliches Handeln sowie kooperative Empfindungen und Einstellungen abdeckt, in einer späteren Untersuchung sehr gute Gütekriterien sowohl der ersten als auch der zweiten Generation aufweist.

Neben den drei grundsätzlichen Sichtweisen der Kooperation lassen sich somit zudem bestimmte *Elemente* erkennen, die bei der *Modellierung der Zusammenarbeit* vorwiegend zur Anwendung kommen (Güte sowie Häufigkeit des Informationsaustausches, gemeinschaftliches Handeln, kooperative Empfindungen und Einstellungen). Auf dieser Basis liefern die vorgestellten Arbeiten erste Anhaltspunkte zur Konzeptualisierung und Operationalisierung der Kooperation in der vorliegenden Untersuchung. Allerdings lässt sich ebenso feststellen, dass den vorgestellten Studien trotz der Konzeptualisierung der Zusammenarbeit über ein gemeinsames „Standard-Set" an inhaltlichen Elementen *kein einheitliches Begriffsverständnis der Kooperation* zugrunde liegt.

Hinsichtlich der empirischen Vorgehensweise fällt auf, dass die vorgestellten Studien die verschiedenen Dimensionen der Kooperation – sofern diese über separate Konstrukte operationalisiert werden – *nicht* zu einem *übergeordneten Messmodell höherer Ordnung* zusammenführen, für das eine *separate Güteprüfung* vorgenommen wird.[559] Zudem stellen Untersuchungen mit einem *streng dyadischen Forschungsdesign* die *Ausnahme* dar.

Schließlich lässt eine Vielzahl der Untersuchungen der Kooperations- und Schnittstellenforschung eine *theoretische Fundierung vermissen.* [560] Betrachtet man demgegenüber diejenigen Beiträge, die einen theoretischen Bezugsrahmen aufweisen, lassen sich generell zwei Theoriestränge erkennen: zum einen Theorien aus dem Bereich der Sozialpsychologie, zum anderen Organisationstheorien. Bei den sozialpsychologischen Theorien wird vor allem auf die soziale Austauschtheorie sowie die Theorie der sozialen

[558] Vgl. hierzu insb. Kahn (1996).
[559] Eine Ausnahme bildet hierbei lediglich die Arbeit von Ayers/Dahlstrom/Skinner (1997). Vgl. den vorhergehenden Abschnitt.
[560] Vgl. hierzu und den folgenden Ausführungen insb. Tabelle 2 auf S. 95.

Identität zurückgegriffen, während hinsichtlich organisationstheoretischer Ansätze häufig die Ressourcenabhängigkeitsperspektive sowie mit Abstrichen der situative Ansatz zur Anwendung kommen.

Autor	Begriffsverständnis/ Konstrukt	Definition	Konzeptualisierung/ Operationalisierung	Kernaussage	Theoretische Fundierung	Empirische Analyse	
						Datenbasis	Methodik
Informationsbezogene Perspektive							
Ruekert/ Walker (1987b)	Communication flows	„Communication between personnel in different functional areas can be described in terms of both its amount and the degree of difficulty the parties have in communicating with one another.“[561]	Kommunikationsbeziehung: – Amount of communication – Mode of communication – Communication difficulty	Höhere Ressourcenabhängigkeit und Formalisierung der Interaktion sind mit einem höheren Ausmaß an Kommunikation verbunden.	Verweis auf Theorie sozialer Systeme und Ressourcenabhängigkeitsperspektive	Schriftliche Befragung von 95 Marketing-Mitarbeitern sowie 56 Mitarbeitern aus den Bereichen Produktion, F&E und Rechnungswesen aus drei Divisionen eines US-amerikanischen Industrieunternehmens	– Korrelationsanalyse – Reliabilitätsanalysen
Maltz/Kohli (1996)	Intelligence dissemination process	„We examine two aspects of the intelligence dissemination process – dissemination frequency and formality.“[562]	Zwei Dimensionen: – Dissemination frequency – Dissemination formality	Mischung aus formeller und informeller Kommunikation ist wichtig für wahrgenommene Qualität der Informationen.	Soziale Austauschtheorie	Schriftliche Befragung von 788 Führungskräften aus den Bereichen Produktion, F&E und Finanzen	– Faktorenanalyse – Dreistufige Regressionsanalyse – Reliabilitäts- und Validitätsanalysen
Maltz (2000)	Communication	-	Zwei Dimensionen: – Frequency of communication – Mode of communication	Zu geringe wie zu hohe Kommunikationshäufigkeit kann negativ auf wahrgenommene Qualität der Informationen wirken.	-	Schriftliche Befragung von 504 Managern aus den Bereichen F&E und Produktion in der High-Tech-Industrie	– Faktorenanalyse – Regressionsanalyse – Reliabilitäts- und Validitätsanalysen

[561] Ruekert/Walker (1987b), S. 7.
[562] Maltz/Kohli (1996), S. 48.

Autor	Begriffs-verständnis/ Konstrukt	Definition	Konzeptualisierung/ Operationalisierung	Kernaussage	Theore-tische Fundierung	Empirische Analyse	
						Datenbasis	Methodik
Fisher/Maltz/ Jaworski (1997)	Interfunctional communication	-	Drei Dimensionen: – Communication frequency – Bidirectionality – Coerciveness of influence attempts	Höhere Häufigkeit sowie stärker ausgeprägte Zweiseitigkeit der Kommunikation führen zu einer höheren wahrgenommenen Beziehungsqualität.	Theorien der Sozialpsychologie, insb. Theorie der sozialen Identität sowie Selbstkategorisierungstheorie	Schriftliche Befragung von 89 Marketing-Managern in einer High-Tech-Firma sowie von 72 Marketing-Managern einer internationalen Dienstleistungsfirma	– Faktorenanalyse – Moderierende Regressionsanalyse – Reliabilitäts- und Validitätsanalysen
Moenaert et al. (1994)	Cross-functional communication	-	Eindimensionales Konstrukt: – Information received	Güte des Informationsflusses von Marketing zu F&E korreliert positiv mit Projekterfolg.	Ansatzweise theoretische Fundierung durch Organisationstheorien	147 Antworten von Marketing- und F&E-Mitarbeitern aus 78 Innovationsprojekten in 40 belgischen Unternehmen	– Bivariate Korrelationsanalyse – Multivariate Regressionsanalyse – Reliabilitäts- und Validitätsanalysen
Moenaert et al. (2000)	Communication	„A process in which a source transmits information to a receiver through one or more channels"[563]	-	Ableitung der Hypothese, dass die Schaffung angemessener Ressourcen zur Kommunikation positiv auf den Erfolg von Neuproduktentwicklungsprojekten wirkt	Allgemeiner Verweis auf normative Theorien	Vier Fallstudien in europäischen multinationalen Unternehmen über einen Zeitraum von zwei Jahren	– Fallstudienmethodik

563 Moenaert et al. (2000), S. 363 f., in Anlehnung an Berlo (1960) sowie Rogers/Agarwala-Rogers (1976).

Autor	Begriffs-verständnis/ Konstrukt	Definition	Konzeptualisierung/ Operationalisierung	Kernaussage	Theore-tische Fundierung	Empirische Analyse	
						Datenbasis	Methodik
Verhaltensbezogene Perspektive							
Hise et al. (1990)	Involvement	-	Einbindung des Marketing-Bereiches in die Phasen des Entwicklungsprozesses von Neuprodukten: – Einbindung in die Input-Phase – Einbindung in die Design-Phase – Einbindung in die Bewertungsphase	Hohe Einbindung des Marketing-Bereiches in Entwicklungsprozess von Neuprodukten; genereller Zusammenhang zwischen hoher Einbindung des Marketings und Produkterfolg konnte nicht nachgewiesen werden.	-	Schriftliche Befragung von 252 Führungskräften aus dem Bereich Marketing	– Chi-Quadrat-Analyse
Hausman/ Montgomery/ Roth (2002)	Manufacturing/ marketing interface harmony	„*M/M* [manufacturing/marketing] *interface harmony*, which represents the ability of manufacturing and marketing to work together“[564]	Konstrukt auf Basis eines Indikators	Gute Zusammenarbeit von Marketing und Produktion wirkt positiv auf die Gewinnsituation und Wettbewerbsposition des Unternehmens.	Ressourcenbasierte Perspektive	Schriftliche Befragung von 215 resp. 175 Teilnehmern aus vier Management-Weiterbildungsprogrammen der Universität Stanford in zwei Samples im Abstand von einem Jahr	– Kausalanalyse – Reliabilitäts- und Validitätsanalysen

[564] Hausman/Montgomery/Roth (2002), S. 242.

Autor	Begriffs-verständnis/ Konstrukt	Definition	Konzeptualisierung/ Operationalisierung	Kernaussage	Theoretische Fundierung	Empirische Analyse	
						Datenbasis	Methodik
de Ruyter/ Wetzels (2000a)	Relational exchange orientation	„Relational exchange orientation consisting of four dimensions: trust, bonding, reciprocity and empathy"[565]	Vier Dimensionen: – Trust – Bonding – Reciprocity – Empathy	Rivalität zwischen den Funktionsbereichen wirkt negativ, Ressourcenabhängigkeit positiv auf einzelne Dimensionen der „relational exchange orientation".	Soziale Austauschtheorie	Schriftliche Befragung von 148 Managern aus dem Bereich Marketing und 123 Managern aus dem Bereich Produktion Acht Tiefeninterviews	– Faktorenanalyse – Kausalanalyse – Multi-Sample-Analyse – Reliabilitäts- und Validitätsanalysen
de Ruyter/ Wetzels (2000b)	Relational attitude	„We define relational attitude as the orientation that motivates functional units in a relationship to derive complex, personal, noneconomic satisfactions and engage in social exchange based on implicit and explicit assumptions of trust, bonding, reciprocity, and empathy".[566]	Vier Dimensionen: – Trust – Bonding – Reciprocity – Empathy	Rivalität zwischen den Funktionsbereichen Marketing und Finanzen wirkt negativ, Ressourcenabhängigkeit positiv auf „relational attitude".	Soziale Austauschtheorie	Schriftliche Befragung von 96 Marketing-Führungskräften und 66 Führungskräften aus dem Bereich Finanzen Acht Tiefeninterviews	– Faktorenanalyse – Hierarchische Regressionsanalyse – Reliabilitäts- und Validitätsanalysen
Souder (1981)	Degree of R&D/marketing harmony	-	Drei Dimensionen: – Cooperation – Feelings of warmth – Sense of mutual commitment	Höherer Projekterfolg bei guter Zusammenarbeit zwischen Marketing und F&E	-	296 Tiefeninterviews zu 116 Marketing-F&E-Projekten in 20 US-amerikanischen Firmen	– Interview-Technik

[565] de Ruyter/Wetzels (2000a), S. 260, in Anlehnung an Callaghan/McPhail/Yau (1995).
[566] de Ruyter/Wetzels (2000b), S. 209 f.

Autor	Begriffs-verständnis/ Konstrukt	Definition	Konzeptualisierung/ Operationalisierung	Kernaussage	Theoretische Fundierung	Empirische Analyse	
						Datenbasis	Methodik
Tjosvold (1988)	Collaboration/ interaction	-	Eindimensionales Konstrukt	Funktionsübergreifende Zusammenarbeit wirkt positiv auf Produktivität des Unternehmens.	Theorie nach Deutsch (1949)	Persönliche Interviews mit 27 Führungskräften resp. 43 Mitarbeitern in zwei Unternehmen	– Faktorenanalyse – Korrelationsanalyse – Reliabilitäts- und Validitätsanalysen
Stank/ Daugherty/ Ellinger (1999)	Collaborative integration	„Collaborative integration behaviors are the predominantly informal processes that occur between departments, based on trust and mutual respect, reflecting joint ownership of decisions, and collective responsibility for outcomes.“[567]	Eindimensionales Konstrukt	Zusammenarbeit von Marketing und Logistik hat einen positiven Einfluss auf die Performance des Logistik-Bereiches.	-	309 Antworten von Logistik-Managern	– Faktorenanalyse – Multiple Regressionsanalyse – Reliabilitäts- und Validitätsanalysen
Högl/ Weinkauf/ Gemünden (2004)	Cooperation	„We conceptualize a team's cooperation with other teams by its coordination with other teams … and its commitment to the project“.[568]	Zwei Dimensionen: – Interteam coordination – Project commitment	Positive Erfolgswirkungen von Interteam Coordination und Project Commitment auf Gesamt-Team-Performance zu Beginn des Projektes	Theorie der sozialen Identität	Antworten von 222 Teammitgliedern und 39 Projektmanagern zu drei Zeitpunkten eines 36-monatigen Produktentwicklungsprojektes	– Faktorenanalyse – Multivariate Regressionsanalyse – Reliabilitäts- und Validitätsanalysen

[567] Stank/Daugherty/Ellinger (1999), S. 14, in Anlehnung an Gray (1989), Kahn (1996) und Liedtka (1996).
[568] Högl/Weinkauf/Gemünden (2004), S. 44.

Autor	Begriffsverständnis/ Konstrukt	Definition	Konzeptualisierung/ Operationalisierung	Kernaussage	Theoretische Fundierung	Empirische Analyse	
						Datenbasis	Methodik
Barclay (1991)	Manifest conflict	„Manifest conflict is interaction such that the actions of one group tend to prevent or compel some outcome against the resistance of another group“.[569]	Eindimensionales Konstrukt	Ursachen für Konflikte ergeben sich vor allem aus dem organisatorischen Kontext heraus.	Ansatzweise Fundierung durch Theorie der sozialen Identität, Selbstkategorisierungstheorie sowie Organisationstheorien	Schriftliche Befragung von 627 Respondenten aus dem Bereich Einkauf und 486 Respondenten der technischen Abteilung, 328 Dyaden	– Faktorenanalyse – PLS-Verfahren – Reliabilitäts- und Validitätsanalysen
Maltz/Kohli (2000)	Manifest interfunctional conflict	„*Manifest interfunctional conflict* … is defined as the degree to which managers in one functional group behave in a way that frustrates another functional group“.[570]	Eindimensionales Konstrukt	Interfunktionale Teams tragen zur Verminderung von Konflikten zwischen Marketing- sowie Produktions-, F&E- und Finanzabteilung bei.	-	Schriftliche Befragung von 774 Führungskräften aus den Bereichen Produktion, F&E und Finanzen in 261 High-Tech-Unternehmen	– Regressionsanalyse – Reliabilitätsanalysen

[569] Barclay (1991), S. 146.
[570] Maltz/Kohli (2000), S. 480, in Anlehnung an Pondy (1967) sowie Barclay (1991).

Autor	Begriffsverständnis/ Konstrukt	Definition	Konzeptualisierung/ Operationalisierung	Kernaussage	Theoretische Fundierung	Empirische Analyse	
						Datenbasis	Methodik
Menon/ Bharadwaj/ Howell (1996)	Dysfunctional conflict Functional conflict	„Dysfunctional conflict refers to unhealthy behaviors … such as distortion and withholding of information to hurt other decision makers, hostility and distrust during interaction …, and creating obstacles to impede the decision-making process“.[571] „Functional conflict refers to the healthy and vigorous challenge of ideas, beliefs, and assumptions“.[572]	Jeweils ein eindimensionales Konstrukt für funktionalen und dysfunktionalen Konflikt	Negativer/positiver Einfluss von dysfunktionalem/funktionalem Konflikt auf Qualität der Marketing-Strategie und Markterfolg	-	Schriftliche Befragung von 236 Managern aus dem Marketing	– Faktorenanalyse – Kausalanalyse – Reliabilitäts- und Validitätsanalysen
Norburn et al. (1995)	Inter-functional exchange relationships Inter-functional conflict	-	Jeweils ein eindimensionales Konstrukt für beide Dimensionen	Umsetzung des Marketing-Konzeptes in Unternehmen korreliert mit guten Beziehungen zwischen Produktion und Marketing.	Constituency-basierte Theorie Soziale Austauschtheorie	Schriftliche Befragung von 131 Führungskräften aus dem Bereich Marketing in texanischen Industrieunternehmen	– Faktorenanalyse – Korrelationsanalyse – Clusteranalyse – Reliabilitäts- und Validitätsanalysen

571 Menon/Bharadwaj/Howell (1996), S. 303, in Anlehnung an Ruekert/Walker (1987a), Zillmann (1988) sowie Thomas (1990b).
572 Menon/Bharadwaj/Howell (1996), S. 303, in Anlehnung an Cosier (1978), Tjosvold (1985) sowie Baron (1991).

Autor	Begriffs-verständnis/ Konstrukt	Definition	Konzeptualisierung/ Operationalisierung	Kernaussage	Theore-tische Fundierung	Empirische Analyse	
						Datenbasis	Methodik
Integrierte Perspektive							
Gupta/Raj/ Wilemon (1985a)	Integration	-	Zwei Dimensionen: – Information sharing – Involvement	Geringeres Ausmaß an Zusammenarbeit zwischen F&E- und Marketing-Abteilung in weniger erfolgreichen Unternehmen	-	Schriftliche Befragung von 109 Marketing- und 107 F&E-Managern aus 167 High-Tech-Unternehmen	– Mittelwertvergleiche (t-Tests) – Korrelationsanalyse
Gupta/Raj/ Wilemon (1985b)	Integration	„We have operationalized the concept of integration in terms of degree of R&D-marketing involvement and information sharing".[573]	Zwei Dimensionen: – Information sharing – Involvement	Unterschiedliche Einschätzung von F&E- und Marketing-Bereich zu erforderlichem Ausmaß der Zusammenarbeit	-	Schriftliche Befragung von 109 Marketing- und 107 F&E-Managern aus 167 High-Tech-Unternehmen	– Mittelwertvergleiche (t-Tests)
Gupta/Raj/ Wilemon (1986)	Integration	„Conceptualizing integration in terms of the degree of R&D-marketing involvement and information sharing"[574]	Zwei Dimensionen: – Information sharing – Involvement	Ableitung von Hypothesen zu Einflussfaktoren und Erfolgswirkungen des Konstruktes „integration"	Ansatzweise Fundierung durch situativen Ansatz sowie Verweis auf Marketing-, Organisations-, Strategie- und Innovationsliteratur	-	-

[573] Gupta/Raj/Wilemon (1985b), S. 20.
[574] Gupta/Raj/Wilemon (1986), S. 14.

Autor	Begriffs-verständnis/ Konstrukt	Definition	Konzeptualisierung/ Operationalisierung	Kernaussage	Theoretische Fundierung	Empirische Analyse	
						Datenbasis	Methodik
Gupta/ Wilemon (1988)	Cooperation/ integration	-	Zwei Dimensionen: – Information sharing – Involvement	In Unternehmen mit einem höheren Formalisierungsgrad wird ein höherer Grad der Zusammenarbeit von Marketing und F&E festgestellt.	-	Schriftliche Befragung von F&E-Managern aus 80 High-Tech-Unternehmen	– Faktorenanalyse – Mittelwertvergleiche (t-Test) – Korrelationsanalyse – Reliabilitäts- und Validitätsanalysen
Parry/Song (1993)	Integration	-	Zwei Dimensionen: – Information sharing – Involvement	Unternehmensstrategie und Umweltunsicherheit werden als wichtige Determinanten für den als erforderlich angesehenen Grad der Zusammenarbeit identifiziert.	Ansatzweise theoretische Fundierung durch Organisationstheorien	Schriftliche Befragung von 274 F&E-Führungskräften in japanischen High-Tech-Unternehmen	– Faktorenanalyse – Regressionsanalyse – Reliabilitäts- und Validitätsanalysen
Ayers/ Dahlstrom/ Skinner (1997)	Integration	„Integration is defined as the extent of information sharing and involvement across functional areas (R&D and marketing).“[575]	Zwei Dimensionen: – Information sharing – Involvement	Zusammenarbeit von Marketing und F&E wirkt positiv auf den Neuprodukterfolg.	Steuerungstheorie	Schriftliche Befragung von 32 Marketing- und 83 F&E-Mitarbeitern aus 19 Neuproduktentwicklungsprojekten bei einem US-amerikanischen Computerhersteller	– Faktorenanalyse – Kausalanalyse – Reliabilitäts- und Validitätsanalysen

575 Ayers/Dahlstrom/Skinner (1997), S. 111.

Autor	Begriffsverständnis/ Konstrukt	Definition	Konzeptualisierung/ Operationalisierung	Kernaussage	Theoretische Fundierung	Empirische Analyse	
						Datenbasis	Methodik
Kahn (1996)	Interdepartmental integration	„Interdepartmental integration [can] be defined as a multidimensional process that subsumes interaction and collaboration."[576]	Zwei Dimensionen: – Interaction – Collaboration	Positive Wirkung der Dimension „collaboration" auf Produktentwicklungs- und Produktmanagement-Erfolg	Ansatzweise Fundierung durch Transaktionskostentheorie und Beziehungsmarketing	Schriftliche Befragung von 177 Marketing-, 157 Produktions- und 180 F&E-Managern in der Elektronikindustrie	– Faktorenanalyse – Multiple Regressionsanalyse – Reliabilitäts- und Validitätsanalysen
Kahn/ McDonough (1997b)	Interdepartmental integration	„Interdepartmental integration is formally defined as a process of interdepartmental interaction and interdepartmental collaboration that brings departments together into a cohesive organization."[577]	Zwei Dimensionen: – Interaction – Collaboration	Positive Wirkung beider Dimensionen der Zusammenarbeit auf untersuchte Erfolgsmaße im internationalen Kontext	Ansatzweise Fundierung durch Transaktionskostentheorie und Beziehungsmarketing	Schriftliche Befragung von 171 Marketing-, 152 Produktions- und 177 F&E-Managern in US-amerikanischen, europäischen und asiatischen Unternehmen der Elektronikindustrie	– Faktorenanalyse – Korrelationsanalyse – Reliabilitäts- und Validitätsanalysen
Kahn/Mentzer (1998)	Interdepartmental integration	„The composite view defines interdepartmental integration … as a multidimensional process where interaction and collaboration have unique, significant contributions."[578]	Zwei Dimensionen: – Interaction – Collaboration	„Collaboration" hat einen positiven Einfluss auf die meisten gemessenen Erfolgsdimensionen.	-	Schriftliche Befragung von 177 Marketing-, 157 Produktions- und 180 F&E-Managern in der Elektronikindustrie	– Faktorenanalyse – Multiple Regressionsanalyse – Reliabilitäts- und Validitätsanalysen

576 Kahn (1996), S. 139.
577 Kahn/McDonough (1997b), S. 56.
578 Kahn/Mentzer (1998), S. 56.

Autor	Begriffsverständnis/ Konstrukt	Definition	Konzeptualisierung/ Operationalisierung	Kernaussage	Theoretische Fundierung	Empirische Analyse	
						Datenbasis	Methodik
Kahn (2001)	Interdepartmental integration	-	Zwei Dimensionen: – Interaction – Collaboration	Abteilungsübergreifende Zusammenarbeit trägt zur Steigerung des Produktentwicklungserfolges bei.	-	Schriftliche Befragung von 45 Marketing-, 63 Produktions- und 48 F&E-Managern in der Textil- und Bekleidungsindustrie	– Faktorenanalyse – Multivariate Regressionsanalyse – Reliabilitäts- und Validitätsanalysen
Ernst (2001)	Zusammenarbeit Kommunikationsbeziehungen	„Die Zusammenarbeit spiegelt die Harmonie der Schnittstelle zwischen den Funktionsbereichen wider".[579]	Zwei Konstrukte: – Zusammenarbeit – Kommunikationsbeziehungen	Klare Definition von Ablauf und Inhalt des Neuproduktentwicklungsprozesses geht einher mit der Profitabilität neuer Produkte.	Informationsökonomie Transaktionskostentheorie Ressourcenabhängigkeitsperspektive Beziehungsmarketing	Schriftliche Befragung von jeweils 86 Mitarbeitern aus den Bereichen F&E, Marketing und Produktion	– Faktorenanalyse – Korrelations- und Regressionsanalysen – Kausalanalyse – Reliabilitäts- und Validitätsanalysen
Jaworski/Kohli (1993)	Interdepartmental dynamics	„Interdepartmental dynamics are the formal and informal interactions and relationships among an organization's departments."[580]	Zwei Dimensionen: – Interdepartmental conflict – Interdepartmental connectedness	„Interdepartmental conflict"/„interdepartmental connectedness" wirkt negativ/positiv auf Marktorientierung.	-	Schriftliche Befragung von 164 Marketing-Managern und 131 Führungskräften aus anderen Bereichen über das Marketing Science Institut sowie von 230 Mitgliedern der American Marketing Association in zwei getrennten Samples	– Multiple Regressionsanalyse – Reliabilitätsanalysen

579 Ernst (2001), S. 288.
580 Kohli/Jaworski (1990), S. 9.

Autor	Begriffsverständnis/ Konstrukt	Definition	Konzeptualisierung/ Operationalisierung	Kernaussage	Theoretische Fundierung	Empirische Analyse	
						Datenbasis	Methodik
Menon/ Jaworski/ Kohli (1997)	Interdepartmental interaction	-	Zwei Dimensionen: – Interdepartmental conflict – Interdepartmental connectedness	„Interdepartmental conflict"/„interdepartmental connectedness" wirkt negativ/positiv auf Produktqualität.	Ansatzweise Fundierung durch Verweis auf Literatur aus den Bereichen Marketing, Industrieökonomik und Organisationsmanagement	Schriftliche Befragung von 295 Führungskräften, davon 164 Führungskräften aus dem Bereich Marketing	– Korrelationsanalyse – Multiple Regressionsanalyse – Reliabilitätsanalysen
Morgan/Piercy (1998)	Interdepartmental dynamics	-	Drei Dimensionen: – Interdepartmental connectedness – Interdepartmental communication frequency – Interdepartmental conflict	Zusammenarbeit von Marketing und Qualitätsmanagement wirkt positiv auf verschiedene Erfolgsdimensionen.	Ansatzweise Fundierung durch Verweis auf Literatur bzw. Theorien zum strategischen und Qualitätsmanagement	Schriftliche Befragung von 298 Geschäftsführern sowie 351 resp. 398 Führungskräften aus den Bereichen Marketing bzw. Qualitätsmanagement	– Faktorenanalyse – Multiple Regressionsanalyse – Reliabilitäts- und Validitätsanalysen
Pinto/Pinto (1990)	Cross-functional cooperation	„Cross-functional cooperation is defined as the quality of task and interpersonal relations when different functional areas work together to accomplish organizational tasks."[581]	Drei Dimensionen: – Communication – Interpersonal relations – Task orientation	Gute Kooperation innerhalb von Projektteams beeinflusst den Projekterfolg positiv.	Theorie nach Deutsch (1949)	Schriftliche Befragung von 262 Teammitgliedern aus 72 Projektteams in 131 US-amerikanischen Krankenhäusern	– Mittelwertvergleiche (t-Tests) – Regressionsanalyse – Reliabilitäts- und Validitätsanalysen

[581] Pinto/Pinto (1990), S. 203.

Autor	Begriffs-verständnis/ Konstrukt	Definition	Konzeptualisierung/ Operationalisierung	Kernaussage	Theore-tische Fundierung	Empirische Analyse	
						Datenbasis	Methodik
Pinto/Pinto/ Prescott (1993)	Cross-functional cooperation	„Cross-functional cooperation is conceptualized as the degree, extent and nature of interpersonal relationships among project team members from multiple functional areas."[582]	Drei Dimensionen: – Communication – Interpersonal relations – Task orientation	Gute Kooperation innerhalb von Projektteams beeinflusst den Projekterfolg positiv.	Organisationstheorie Theorie nach Deutsch (1949)	Schriftliche Befragung von 273 Teammitgliedern aus 62 Projektteams in 131 US-amerikanischen Krankenhäusern	– Kausalanalyse – Reliabilitäts- und Validitätsanalysen
Kahn/ Reizenstein/ Rentz (2004)	Interfunctional climate	„Interfunctional climate is defined as the positive degree of interest, trust, awareness, and support between functions".[583]	Zwei Dimensionen: – Interfunctional communication ease – Interfunctional cooperation	Insbesondere „interfunctional cooperation" fördert die wahrgenommene Beziehungseffektivität zwischen Vertrieb und Distribution.	-	Schriftliche Befragung von 486 bzw. 379 Mitarbeitern aus den Bereichen Vertrieb resp. Distribution Tiefeninterviews mit 105 Führungskräften	– Faktorenanalyse – Multiple Regressionsanalyse – Reliabilitäts- und Validitätsanalysen
Ottum/Moore (1997)	Integration	„Integration refers to collaboration, cooperation, and overall communication".[584]	Vier Dimensionen: – Level of cooperation – Level of group cohesion – Frequency and mode of interfunctional communication – Quality of communication	Bessere Kooperation von Marketing, F&E und Produktion führt zu einer höheren Erfolgsrate bei Neuprodukten.	-	Schriftliche Befragung jeweils eines Respondenten der Bereiche Marketing, F&E und Produktion in 58 Neuproduktentwicklungsteams	– Faktorenanalyse – Multiple Regressionsanalyse – Reliabilitäts- und Validitätsanalysen

Tabelle 2: Übersicht über relevante Beiträge der Schnittstellenforschung

582 Pinto/Pinto/Prescott (1993), S. 1286.
583 Kahn/Reizenstein/Rentz (2004), S. 1086.
584 Ottum/Moore (1997), S. 261.

2.5 Theoretische Bezugspunkte der Untersuchung

2.5.1 Grundlegende Strukturierung der theoretischen Bezugspunkte

Die theoretischen Bezugspunkte der vorliegenden Untersuchung lassen sich generell in zwei Bezugsdimensionen strukturieren: eine Rahmen gebende theoretische Bezugsdimension sowie eine inhaltlich fundierende theoretische Bezugsdimension.

Die *Rahmen gebende theoretische Bezugsdimension*, die durch den situativen Ansatz gebildet wird, stellt ein übergeordnetes theoretisches Raster dar, das die inhaltlich fundierende theoretische Bezugsdimension einfasst und als konzeptionelle Leitidee für die zweite und dritte Forschungsfrage fungiert.[585] Anhand dieser Rahmen gebenden Dimension lässt sich die Relevanz ableiten, nicht nur die Kooperation beider Controllerbereiche selbst, sondern auch ihre Einflussfaktoren und Auswirkungen zu untersuchen.

Inhaltlich ausgefüllt wird die Rahmen gebende theoretische Bezugsdimension durch die *inhaltlich fundierende theoretische Bezugsdimension*. Hierzu wird auf Theorien rekurriert, durch die sich die Kooperation sowie ihre Ergebnisdimensionen und Determinanten resp. die Beziehungen zwischen diesen Elementen inhaltlich erklären und begründen lassen.

Nachfolgend wird zunächst der situative Ansatz als Rahmen gebende Bezugsdimension der Untersuchung erläutert. Danach wird die Auswahl der Theorien der inhaltlich fundierenden Bezugsdimension begründet. Nach der Vorstellung dieser Theoriebeiträge wird die Vereinbarkeit der Theorien untereinander belegt. Abschließend erfolgt eine Zusammenfassung der theoretischen Bezugspunkte.

2.5.2 Situativer Ansatz als Rahmen gebende theoretische Bezugsdimension

2.5.2.1 Darstellung des Ansatzes

Seinen Ursprung hat der situative Ansatz, der Ende der 1950er Jahre entstand, in der Kritik an mehreren zu dieser Zeit vorherrschenden Organisationstheorien.[586] So wurde etwa die von WEBER postulierte Bürokratietheorie[587] durch damalige Forschungsergebnisse dahingehend widerlegt, dass entgegen der Annahme in Unternehmen keine idealtypische Organisationsstruktur nach dem Bürokratiekonzept identifiziert werden konnte. Stattdessen wurde

---

[585] Vgl. auch Krohmer (1999), S. 46; Karlshaus (2000), S. 63; Dehler (2001), S. 58; Wolf (2005), S. 169. Ähnlich Homburg (2000), S. 70, der den situativen Ansatz ebenfalls als übergeordnete Perspektive ansieht, die inhaltlich durch weitere Theorien zu ergänzen ist.

[586] Vgl. Ebers (1992), Sp. 1817; Wolf (2005), S. 149. Eine Vorstellung des situativen Ansatzes findet sich u. a. auch bei Kieser (2001), S. 169 ff.; Kieser/Walgenbach (2003), S. 43 ff.; Bea/Göbel (2006), S. 104 ff.

[587] Vgl. hierzu Weber (1972), insb. S. 124 ff. Dieses Werk von Weber, der von 1864 bis 1920 lebte, wurde erst posthum publiziert. Vgl. Schreyögg (2003), S. 32.

festgestellt, dass Organisationsformen entlang der verschiedenen Bürokratiedimensionen unterschiedlich ausgestaltet sind.[588] Auf dieser Basis vollzog sich zunehmend eine Abkehr von allgemeingültigen und universellen Empfehlungen hinsichtlich der Gestaltung von Organisationen, wie sie von etablierten Theorien damals aufgestellt wurden.[589] Ausgehend davon entwickelte sich der situative Ansatz mit dem Ziel, bei der Analyse von Organisationsstrukturen „situative" Gegebenheiten sowie den Kontext von Unternehmen als mögliche Einflussfaktoren unterschiedlicher Ausprägungen von Organisationen zu berücksichtigen.[590]

Die generelle Aussage des situativen Ansatzes ist, dass es „nicht eine generell gültige optimale Handlungsalternative [gibt], sondern mehrere situationsbezogen angemessene."[591] Entsprechend lässt sich der Forschungsansatz dieser Theorie durch folgende zwei Grundthesen charakterisieren:[592]

- Unterschiede im Kontext von Organisationen führen zu einer unterschiedlichen Gestaltung struktureller Organisationsmerkmale sowie zu einem unterschiedlichen Verhalten ihrer Mitglieder.
- Die Effizienz bestimmter Organisationsstrukturen sowie des Verhaltens der Organisationsmitglieder bemisst sich nach den vorherrschenden situativen Parametern.

Die Kontextfaktoren können sich sowohl auf unternehmensexterne (bspw. die Branche, die Konkurrenzsituation, den Unternehmensstandort) als auch unternehmensinterne (z. B. eingesetzte Produktionsverfahren, Eigentumsverhältnisse) Determinanten beziehen.[593] Zur Überprüfung der postulierten Beziehungen wird vorwiegend eine empirische Forschungsmethodik verfolgt.[594]

Der situative Ansatz war in den 1960er und 1970er Jahren das vorherrschende organisationstheoretische Konzept. Wenngleich er seine dominierende Position in der Organisationsforschung verloren hat, kommt ihm auch heute noch eine hohe Bedeutung zu, die sich auch auf andere Bereiche der Betriebswirtschaftslehre erstreckt.[595] „The situational approach is not unique [Kursivdruck im Original] to any area of management theory. It is

588 Vgl. bspw. die Ergebnisse von Stinchcombe (1959) sowie Udy (1959).

589 Vgl. Kieser (2001), S. 169 f.

590 Vgl. Staehle (1976), S. 41; Wolf (2005), S. 153; Bea/Göbel (2006), S. 105.

591 Staehle (1976), S. 36. Vgl. auch Macharzina (1980), Sp. 747.

592 Vgl. Ebers (1992), Sp. 1818.

593 Vgl. Krohmer (1999), S. 42; Kieser/Walgenbach (2003), S. 44; Wolf (2005), S. 156. Diese Situationsvariablen werden auch als Kontingenzfaktoren bezeichnet, da untersucht wird, ob sich diese situativen Ausprägungen und bestimmte Organisationsmerkmale kontingent zueinander verhalten, also grundsätzlich gemeinsam auftreten. Demzufolge wird der situative Ansatz auch als Kontingenztheorie bezeichnet. Vgl. Bea/Göbel (2006), S. 105.

594 Vgl. Ebers (1992), Sp. 1818; Kieser/Walgenbach (2003), S. 43. Für einen umfassenden Überblick über empirische Arbeiten zum situativen Ansatz sei an dieser Stelle auf Kieser (2001), S. 176 ff., verwiesen. Eine knappe Zusammenfassung findet sich bei Engelbrecht (2004), S. 63 f.

595 Vgl. Ebers (1992), Sp. 1818; Karlshaus (2000), S. 60; Dehler (2001), S. 57; Wolf (2005), S. 148 sowie S. 151 f.

simply a basic, logical process which has been adapted to all areas of management theory".[596] Auch für die Controlling-Forschung kann „der situative Ansatz eine fruchtbare Perspektive [Kursivdruck im Original] … bieten".[597]

Trotz seiner weiten Verbreitung gab es bereits frühzeitig Kritik am situativen Ansatz, die sich auf inhaltlich theoretische sowie methodische Aspekte bezieht.[598] Besonders häufig thematisierte Kritikpunkte mit Relevanz für die vorliegende Arbeit umfassen aus inhaltlicher Perspektive den Erklärungsgehalt des situativen Ansatzes, den Vorwurf der Theorielosigkeit und die grundlegenden Prämissen sowie in methodischer Hinsicht die empirische Ausgestaltung von Untersuchungen zu dieser Theorie.[599] Im Folgenden soll auf diese Kritik sowie die Konsequenzen, die sich hieraus für die vorliegende Untersuchung ergeben, kurz eingegangen werden.

Bezogen auf den *Erklärungsgehalt* wird dem situativen Ansatz oftmals vorgehalten, dass Untersuchungen hierzu lediglich wenig neue Erkenntnisse, stattdessen aber oft „intellektuell unerhebliche Befunde"[600] geliefert haben bzw. Banalitäten nachgewiesen worden sind.[601] In dieser Hinsicht wird weitergehend bemängelt, dass der „intellektuelle[] Gehalt"[602] des situativen Ansatzes gering sei, da keine inhaltlichen Aussagen zu den Beziehungen zwischen Kontextfaktoren und der Ausgestaltung von Organisationsstrukturen sowie den einzubeziehenden situativen Parametern getroffen werden.[603] Vor diesem Hintergrund wird dem situativen Ansatz eine *Theorielosigkeit* vorgeworfen.[604]

WOLF (2005) bemerkt hierzu, dass der situative Ansatz „in der Tat keine materiell-inhaltliche Theorie, sondern lediglich ein übergeordnetes Formalraster für (empirische) Untersuchungen dar[stellt]."[605] Dieser Kritik kann nach WOLF (2005) aber dadurch begegnet werden, dass der situative Ansatz durch andere Theorien inhaltlich ergänzt wird.[606] Auch in der vorliegenden Untersuchung kommt dem situativen Ansatz lediglich die Rolle einer Rahmen gebenden Bezugsdimension zu, die durch andere Theorien inhaltlich ausgefüllt wird.[607]

Darüber hinaus sind die *grundlegenden Prämissen* des situativen Ansatzes Auslöser für inhaltliche Kritik. So geht der Ansatz z. B. davon aus, dass eine Organisation ihr situatives Umfeld nicht gestalten kann und dass es für bestimmte Situationen nur eine adäquate

596 Mockler (1971), S. 150.
597 Welge (1988), S. 57. Vgl. in diesem Zusammenhang auch die Arbeiten von Aust (1999), Karlshaus (2000), Hunold (2003) sowie Spillecke (2006), die den situativen Ansatz im Controlling-Kontext verwenden.
598 Vgl. Ebers (1992), Sp. 1818; Wolf (2005), S. 168. Kieser (2001), S. 183, spricht in diesem Zusammenhang von endogener und exogener Kritik am situativen Ansatz.
599 Vgl. hierzu auch Krohmer (1999), S. 45; Karlshaus (2000), S. 62; Dehler (2001), S. 57 f.; Spillecke (2006), S. 66 f.
600 Wolf (2005), S. 174.
601 Vgl. Kieser (2001), S. 184; Wolf (2005), S. 174.
602 Wolf (2005), S. 169.
603 Vgl. Aldrich (1972), S. 27; Macharzina (1980), Sp. 748; Wolf (2005), S. 169.
604 Vgl. Hage (1974), S. 19; Kieser (2001), S. 188; Wolf (2005), S. 169.
605 Wolf (2005), S. 169.
606 Vgl. Wolf (2005), S. 169.
607 Vgl. Abschnitt 2.5.1. Ein vergleichbares Vorgehen findet sich bei Homburg (2000), S. 70.

Organisationsform gibt, die die Überlebensfähigkeit der Organisation nachhaltig sichert.[608] Allerdings konnte CHILD (1972) etwa darlegen, dass Unternehmen ihr Umfeld zumindest in einem bestimmten Rahmen beeinflussen können.[609] Zudem wurde bspw. von WOOD (1979) gezeigt, dass in vergleichbaren Kontexten mehrere verschiedene und nicht nur eine spezifische Organisationsform Bestand haben können.[610]

Als Konsequenz für die vorliegende Arbeit ergibt sich hieraus, dass den Ergebnissen dieser Untersuchung kein Absolutheitsanspruch zugewiesen werden soll. So ist anzunehmen, dass die Kooperation von Zentral- und Bereichscontrolling nicht ausschließlich durch situative Faktoren determiniert wird.[611] Zudem ist davon auszugehen, dass die Einflussfaktoren der Kooperation beider Controllerbereiche vom Unternehmen in gewissen Grenzen beeinflussbar und gestaltbar sind.

Die methodische Kritik schließlich, die an der *Ausgestaltung empirischer Arbeiten* zum situativen Ansatz geäußert wird, betrifft vor allem die verwendeten statistischen Verfahren, die Konzeptualisierung und Operationalisierung der einbezogenen Variablen, die Reliabilität und Validität der Messungen sowie die Stichprobengröße und -repräsentativität.[612]

WOLF (2005) weist treffenderweise darauf hin, dass Kritik dieser Art, auch wenn sie berechtigt ist, nicht den situativen Ansatz selbst infrage stellt, sondern auf die Durchführung entsprechender Untersuchungen gerichtet ist, für deren Design der jeweilige Wissenschaftler selbst verantwortlich ist.[613] In der vorliegenden Untersuchung wird zur Analyse des Strukturmodells mit der Kausalanalyse auf ein anerkanntes statistisches Verfahren zurückgegriffen. Die Konzeptualisierung und Operationalisierung der Messmodelle lehnt sich – soweit möglich – an bisherige empirische Arbeiten an, so dass größtenteils bereits validierte Skalen verwendet werden. Darüber hinaus wird eine umfassende Reliabilitäts- und Validitätsbeurteilung anhand von Gütekriterien sowohl der ersten als auch zweiten Generation vorgenommen.[614] Bei der empirischen Erhebung wurde zudem ein Hauptaugenmerk auf die Rücklaufquote gerichtet.[615]

Trotz der aufgezeigten Kritik bzw. auf Basis ihrer Relativierung lässt sich insgesamt zum situativen Ansatz zusammenfassen, dass es sich hier „um ein fundamentales Paradigma der Betriebswirtschaftslehre (wenn nicht sogar der gesamten Sozialwissenschaften) [Kursivdruck

---

608 Vgl. Schreyögg (1978), S. 229.

609 Vgl. Child (1972), S. 8 ff.

610 Vgl. Wood (1979), S. 353 f. Wolf (2005) weist die Kritik an den grundsätzlichen Annahmen des situativen Ansatzes insofern zurück, als er darauf hinweist, dass Vertreter der Kontingenztheorie diesen Annahmen gar nicht strikt folgen, sondern dass ihnen diese lediglich von Kritikern des Ansatzes unterstellt werden. Vgl. ausführlich Wolf (2005), S. 172.

611 Vgl. auch die Ausführungen von Krohmer (1999), S. 45; Dehler (2001), S. 58; Spillecke (2006), S. 67.

612 Vgl. ausführlich Ebers (1992), Sp. 1829 sowie Sp. 1831 f.; Kieser (2001), S. 183 f.; Kieser/Walgenbach (2003), S. 44; Wolf (2005), S. 176 f.

613 Vgl. Wolf (2005), S. 177.

614 Vgl. auch Karlshaus (2000), S. 62; Dehler (2001), S. 58; Spillecke (2006), S. 67.

615 Zur empirischen Konzeption der Arbeit sowie der zugrunde liegenden Datenbasis vgl. Kapitel 3.

im Original] handelt", [616] das „zur Analyse vielfältiger betriebswirtschaftlich relevanter Fragestellungen genutzt worden"[617] ist.

2.5.2.2 Erklärungsgehalt für die Untersuchung

Wie bereits erwähnt, kommt dem situativen Ansatz die Funktion einer Rahmen gebenden theoretischen Bezugsdimension für die vorliegende Untersuchung zu. Anhand dieses Ansatzes lässt sich die Notwendigkeit belegen, auch die Einflussfaktoren und Auswirkungen der Kooperation von Zentral- und Bereichscontrolling zu untersuchen.[618]

Eine Kernannahme des situativen Ansatzes besteht darin, dass situative Parameter bei der Gestaltung von Organisationen eine wichtige Rolle spielen. Übertragen auf den Kontext der vorliegenden Untersuchung lässt sich hieraus als Erklärungsgehalt ableiten, dass auch die Kooperation von Zentral- und Bereichscontrolling von situativen Faktoren beeinflusst werden kann. Diese gilt es somit, als Determinanten der Kooperation in die Untersuchung einzubeziehen.

Darüber hinaus geht der situative Ansatz der Forschungsfrage nach, wie sich unterschiedliche Strukturmerkmale von Organisationen in Abhängigkeit des Kontextes auf den Erfolg von Organisationen auswirken. Demzufolge sollen im Rahmen der vorliegenden Untersuchung auch die Auswirkungen der Kooperation beider Controllerbereiche betrachtet werden.

Die den situativen Ansatz als Rahmen gebendes Element inhaltlich ausfüllenden Theorien werden in den folgenden Abschnitten erläutert.

2.5.3 Theorien der inhaltlich fundierenden theoretischen Bezugsdimension

2.5.3.1 Auswahl der Theorien der inhaltlich fundierenden theoretischen Bezugsdimension

Im Rahmen der Vorstellung der relevanten Beiträge der Kooperations- und Schnittstellenforschung ist deutlich geworden, dass zur theoretischen Fundierung kooperativer Beziehungen verschiedene sowie teilweise mehrere Theorien gleichzeitig angewandt werden.[619] Dies lässt sich dadurch erklären, dass „eine allgemein anerkannte ‚Kooperationstheorie' mit geschlossenem Denkgebäude zur Erklärung der vielschichtigen Wirkungsmechanismen [nicht] existiert".[620] Hieraus sowie aus dem Ziel der Arbeit, die Kooperation

---

[616] Wolf (2005), S. 154.
[617] Wolf (2005), S. 154.
[618] Ähnlich Krohmer (1999), S. 46; Homburg (2000), S. 70; Dehler (2001), S. 58; Spillecke (2006), S. 67 f.
[619] Vgl. Abschnitt 2.4.2.2.5. Vgl. auch Smith/Carroll/Ashford (1995), S. 9.
[620] Balling (1998), S. 7 f. Ähnlich Röder (2001), S. 55: „Eine in sich geschlossene und allgemein anerkannte Theorie der Kooperation ist bislang nicht existent." Vgl. auch Cook (1977), S. 77.

zwischen Zentral- und Bereichscontrolling umfassend zu analysieren, ergibt sich auch für die vorliegende Untersuchung die Notwendigkeit, auf mehrere Ansätze zur inhaltlichen theoretischen Fundierung der Kooperation zu rekurrieren. Nur so kann der Komplexität und Vielschichtigkeit abteilungsübergreifender Kooperation in ihren einzelnen Facetten Rechnung getragen werden.[621] Um einen Theorie-Eklektizismus zu vermeiden, wird im Folgenden die Auswahl der Theorien der inhaltlich fundierenden Bezugsdimension begründet.

Grundsätzlich lassen sich zwei Theoriestränge unterscheiden, die für die Untersuchung von Kooperation von Bedeutung sind: organisationstheoretische Ansätze einerseits und Ansätze aus dem Bereich der Sozialpsychologie andererseits.[622] Die Relevanz dieser beiden Theoriezweige ergibt sich aus den theoretischen Bezugspunkten des Schnittstellenmanagements, das – wie in Abschnitt 2.4.2.1.1 ausgeführt – die relevante Forschungsströmung zur Zusammenarbeit von Funktionsbereichen darstellt. So weist das Schnittstellenmanagement zum einen unmittelbar organisationstheoretische Ursprünge auf. Zum anderen wird das Schnittstellenmanagement durch den Intergroup-Relations-Ansatz mit seiner sozialpsychologischen Theoriebasis theoretisch fundiert.[623] In Anbetracht dessen greift auch die vorliegende Arbeit auf diese beiden Theoriestränge zurück. Aus dem Bereich der Organisationstheorien konnten in Abschnitt 2.4.2.2.5 die Ressourcenabhängigkeitsperspektive, hinsichtlich sozialpsychologischer Beiträge die soziale Austauschtheorie sowie die Theorie der sozialen Identität als relevante Ansätze identifiziert werden.[624] Darüber hinaus kommt die Theorie des realistischen Konfliktes zur Anwendung.[625]

Auf Basis der *Ressourcenabhängigkeitsperspektive* lässt sich eine grundlegende theoretische Fundierung der Kooperation von Zentral- und Bereichscontrolling vornehmen. Die Ressourcenabhängigkeitsperspektive erklärt kooperatives Verhalten als Strategie, um Abhängigkeiten zu begegnen und überlebenswichtige Ressourcen zu beschaffen.[626] Wie in

---

621 Vgl. hierzu auch Herbst (2002), S. 14.

622 Vgl. hierzu auch Abschnitt 2.4.2.2.5.

623 Vgl. hierzu Weinkauf et al. (2005), S. 93 sowie S. 104 f., sowie Abschnitt 2.4.2.1.1.

624 Vgl. in diesem Zusammenhang auch Weinkauf et al. (2005), S. 88.

625 Dagegen soll auf die Transaktionskostentheorie, die ebenfalls in einigen Untersuchungen zum Schnittstellenmanagement herangezogen wird (vgl. etwa Herbst (2002), S. 15 f.), zur theoretischen Fundierung der Arbeit nicht rekurriert werden. Als Begründung lassen sich „die typischen Schwachstellen der Transaktionskostentheorie [anführen], die gerade bei Betrachtung interner Kooperationsprozesse besonders schwer wiegen" (Schuster (1998), S. 35): So werden nur einseitig die mit einer Beziehung verbundenen Kosten, nicht aber deren Nutzen betrachtet. Hinsichtlich der Kosten wird zudem die unzureichende Operationalisierbarkeit kritisiert. Des Weiteren sind die mangelnde Einbindung von Machtaspekten, zu eng gefasste Verhaltensannahmen bzw. die extreme Annahme eines generellen Opportunismus sowie die Vernachlässigung von Interdependenzen zwischen verschiedenen Austauschbeziehungen als Schwachstellen zu nennen; vgl. ausführlich Sydow (1992), S. 145 ff., sowie Schuster (1998), S. 35; vgl. darüber hinaus Klee (2000), S. 54 f.; Herbst (2002), S. 38 sowie S. 42 f.; Wallenburg (2004), S. 79. Überdies wurde die Basisannahme der begrenzten Effektivität von relationalen Governance-Mechanismen bei Interaktionen durch mehrere Untersuchungen widerlegt (vgl. Lambe/Wittmann/Spekman (2001), S. 2 f.). Schließlich ist hervorzuheben, dass der potenziell von der Transaktionskostentheorie geleistete Erklärungsbeitrag für die vorliegende Untersuchung auch durch die Ressourcenabhängigkeitsperspektive sowie die soziale Austauschtheorie erbracht werden kann.

626 Vgl. Kapitel 2.5.3.2.

den Abschnitten 2.3.2.1 und 2.3.2.2 dargelegt, sind auch Zentral- und Bereichscontrolling im Rahmen ihrer Aufgabenerfüllung voneinander abhängig. Der Austausch von Ressourcen zwischen beiden Bereichen ist zudem aus der Perspektive eines strategischen Managements für beide Controllerbereiche von hoher Relevanz, um einen ressourcenbasierten Wettbewerbsvorteil gegenüber unternehmensinternen Konkurrenten zu erzielen und so langfristig die Überlebensfähigkeit zu sichern.[627]

Wenngleich die Ressourcenabhängigkeitsperspektive eine verhaltenswissenschaftliche Prägung aufweist,[628] werden hier soziale Aspekte nicht berücksichtigt, die in kooperativen Beziehungen gleichwohl eine wichtige Rolle spielen. So sind gemäß der verhaltensbezogenen und integrierten Sichtweise der Kooperation etwa gemeinsame Wertvorstellungen, gegenseitiger Respekt sowie entsprechende emotionale Empfindungen und Einstellungen wichtige Elemente von Interaktionsbeziehungen.[629] Um auch diese verhaltensbezogenen, sozialen Komponenten kooperativer Verhältnisse in der vorliegenden Untersuchung berücksichtigen und theoretisch fundieren zu können, wird neben der Ressourcenabhängigkeitsperspektive zunächst auf die soziale Austauschtheorie als sozialpsychologischer Erklärungsansatz abgestellt.

Ähnlich wie die Ressourcenabhängigkeitsperspektive betrachtet die *soziale Austauschtheorie* die Existenz und den Fortbestand von Austauschbeziehungen. Dabei nehmen ebenfalls Abhängigkeitsverhältnisse zu anderen Parteien eine wichtige Bedeutung ein. Im Gegensatz zur Ressourcenabhängigkeitsperspektive werden Austauschbeziehungen jedoch als soziales Verhalten angesehen.[630] Dementsprechend werden Entscheidungen über die Aufnahme und Fortführung von Interaktionsbeziehungen nicht nur auf Basis ökonomischer, sondern auch sozialer Kosten- und Nutzen-Erwartungen gefällt. Auf diese Weise ergänzt die soziale Austauschtheorie die Ressourcenabhängigkeitsperspektive bei der Erklärung der Kooperation von Zentral- und Bereichscontrolling um soziale Aspekte. Hierdurch lassen sich weitere relevante Elemente und Einflussfaktoren der Kooperation ableiten.[631]

Allerdings kann das Verhalten zwischen verschiedenen Gruppen und damit auch die Kooperation von Zentral- und Bereichscontrolling nicht auf Basis eines einzelnen sozialpsychologischen Ansatzes vollständig erfasst werden. „Eine brauchbare sozialpsychologische Erklärung des Intergruppenverhaltens [muss sich] daher auf mehr als eine ... Theorie stützen."[632] So ergänzt die soziale Austauschtheorie die Ressourcenabhängigkeitsperspektive zwar um wichtige Elemente, jedoch ist sie bspw. nicht in der Lage, die möglichen Konflikte und Konkurrenzbeziehungen zwischen beiden Controllerbereichen, die bei der Analyse der Schnittstelle auf Basis des Wertenetzes sowie bei der Vorstellung der

[627] Vgl. hierzu die Ausführungen in Abschnitt 2.3.3.2.
[628] Vgl. Homburg (2000), S. 56.
[629] Vgl. hierzu die Abschnitte 2.4.2.1.2, 2.4.2.2.3 und 2.4.2.2.4.
[630] Vgl. auch Wallenburg (2004), S. 77.
[631] Zur sozialen Austauschtheorie vgl. Kapitel 2.5.3.3.1.
[632] Brown (2002), S. 575.

relevanten Beiträge der Controlling-Forschung identifiziert wurden,[633] theoretisch zu fundieren. Hierzu sollen die Theorie des realistischen Konfliktes sowie die Theorie der sozialen Identität in die inhaltlich fundierende theoretische Bezugsdimension eingebunden werden. Beide Ansätze zählen zu den „wichtigsten Theorien zur Erklärung von Intergruppen-Beziehungen“.[634]

Die *Theorie des realistischen Konfliktes* bezieht die Ziele und Interessen der beteiligten Parteien in die Analyse von Intergruppen-Beziehungen ein. Über das Verhältnis dieser Zielvorstellungen zueinander sowie die hieraus resultierenden Einstellungen und Empfindungen der Mitglieder einer Gruppe gegenüber Angehörigen anderer Gruppen lässt sich nicht nur kooperatives Verhalten, sondern lassen sich auch Konflikte und Konkurrenzbeziehungen erklären.[635]

Die *Theorie der sozialen Identität* baut auf der Theorie des realistischen Konfliktes auf und ergänzt diese in der Erklärung der Ursachen von konflikt- und konkurrenzbezogenem Verhalten zwischen Zentral- und Bereichscontrolling. Darüber hinaus kann sie zur Ableitung kooperationsfördernder Maßnahmen herangezogen werden.[636]

Im Folgenden werden die ausgewählten theoretischen Ansätze zur inhaltlichen theoretischen Fundierung der Kooperation näher erläutert und ihr Erklärungsgehalt für die vorliegende Untersuchung herausgestellt.

2.5.3.2 Ressourcenabhängigkeitsperspektive als organisationstheoretischer Ansatz

2.5.3.2.1 Darstellung des Ansatzes

Die Ressourcenabhängigkeitsperspektive stellt einen organisationstheoretischen Ansatz dar, der auf systemtheoretischen Überlegungen aufbaut.[637] Wesentlich geprägt wurde diese Theorie von PFEFFER/SALANCIK (1978). Darüber hinaus sind in diesem Zusammenhang die Arbeiten von ALDRICH (1976), ALDRICH/PFEFFER (1976), ANDERSON (1982) sowie MENDELOW (1983) zu nennen.[638]

Ziel der Ressourcenabhängigkeitsperspektive ist die Beantwortung der Fragestellung, wie Organisationen ihren Fortbestand sichern können.[639] Dabei geht der Ansatz von der zentralen Annahme aus, dass Organisationen als offene Systeme zu verstehen sind, die von ihrer

[633] Vgl. hierzu die Abschnitte 2.3.2.4 und 2.4.1.
[634] Röder (2001), S. 30.
[635] Zur Theorie des realistischen Konfliktes vgl. Kapitel 2.5.3.3.2.
[636] Zur Theorie der sozialen Identität vgl. Kapitel 2.5.3.3.3.
[637] Vgl. Homburg (2000), S. 51.
[638] Vgl. Utzig (1997), S. 74; Homburg (2000), S. 51; Ernst (2001), S. 175; Spillecke (2006), S. 57. Vgl. die in dieser Fußnote genannten Quellen auch für eine kurze Darstellung der Ressourcenabhängigkeitsperspektive.
[639] Vgl. Homburg (2000), S. 52; Ernst (2001), S. 175.

Umwelt abhängig sind.[640] Da überlebenswichtige Ressourcen nicht vollständig intern vorhanden sind bzw. erstellt werden können, müssen Organisationen Austauschbeziehungen mit ihrer relevanten Umwelt eingehen.[641] Das Überleben der Organisation hängt letztlich davon ab, wie gut es gelingt, die relevanten Ressourcen zu beschaffen.[642]

Um kritische Ressourcen zu erhalten, muss die Organisation den Ansprüchen derjenigen Interessen- und Anspruchsgruppen gerecht werden, die die benötigten Ressourcen kontrollieren:[643] „For continuing to provide what the organization needs, the external groups or organizations may demand certain actions from the organization in return."[644] Hierbei sind ebenso Gruppen zu berücksichtigen, die ihrerseits Ressourcen und Leistungen von der Organisation beziehen und ihr dafür im Austausch erforderliche Ressourcen als Gegenleistung zur Verfügung stellen.[645] Die Notwendigkeit, die Forderungen bestimmter Gruppen zu erfüllen, besteht für die Organisation damit sowohl auf der Input- als auch auf der Output-Seite.[646]

Die Bereitschaft der Organisation, auf die Ansprüche und Forderungen bestimmter Gruppen einzugehen, wird dadurch bestimmt, wie stark die Abhängigkeit von diesen Gruppen ausgeprägt ist.[647] Hierfür sind nach PFEFFER/SALANCIK (1978) drei Faktoren relevant:[648]

- die Wichtigkeit einer Ressource für die Existenz der Organisation,
- der Einflussgrad, den eine Interessengruppe über die Allokation und Verwendung einer Ressource hat, sowie
- das Ausmaß, inwieweit Alternativen verfügbar sind.

Je höher die Abhängigkeit von wichtigen Ressourcen bzw. den entsprechenden Anspruchsgruppen ist, desto höher ist auch die Macht dieser Gruppen über die Organisation.[649] Dies determiniert das Handeln der Organisation.[650]

---

[640] Vgl. Pfeffer/Salancik (1978), S. 43.

[641] Aldrich/Pfeffer (1976), S. 83, führen aus: „Organizations are not able to internally generate either all the resources or functions required to maintain themselves, and therefore organizations must enter into transactions and relations with elements in the environment that can supply the required resources and services." Vgl. auch Aldrich (1976), S. 421.

[642] Vgl. Anderson (1982), S. 19. Vgl. auch Casciaro/Piskorski (2005), S. 167. Unter Ressourcen werden alle Faktoren verstanden, die für das Überleben der Organisation von Bedeutung sind. Dieses Verständnis umfasst nicht nur physische Ressourcen, sondern auch immaterielle Faktoren wie bspw. Informationen oder soziale Rechte und Positionen. Vgl. Pfeffer/Salancik (1978), S. 43. Für eine Klassifizierung und Unterscheidung von Ressourcen vgl. auch Bamberger/Wrona (1996), S. 132 ff.

[643] Vgl. Aldrich/Pfeffer (1976), S. 83; Anderson (1982), S. 19.

[644] Pfeffer/Salancik (1978), S. 43.

[645] Vgl. Pfeffer/Salancik (1978), S. 46 sowie S. 51. Vgl. auch Steinmann/Schreyögg (2005), S. 70.

[646] Vgl. auch Utzig (1997), S. 77; Dowling/Lechner (1998), S. 94.

[647] Vgl. Pfeffer/Salancik (1978), S. 45. Dabei können verschiedene Interessengruppen divergierende, zueinander in einem Zielkonflikt stehende Ansprüche erheben, so dass die Organisation eine Priorisierung vornehmen muss, auf welche Forderungen primär eingegangen werden soll. Vgl. Mendelow (1983), S. 70 f.

[648] Vgl. Pfeffer/Salancik (1978), S. 45 f. Vgl. hierzu auch Mendelow (1983), S. 72 f.

[649] Vgl. Cook (1977), S. 65 ff.; Pfeffer/Salancik (1978), S. 27. Vgl. auch Homburg (2000), S. 52.

[650] Vgl. auch Utzig (1997), S. 78 sowie S. 116.

Eine wesentliche Rolle innerhalb der Ressourcenabhängigkeitsperspektive spielt die Unsicherheit der relevanten Umwelt von Organisationen.[651] Hierdurch wird die Abhängigkeit von Interessen- und Anspruchsgruppen sowie deren Einfluss verschärft und das Verhalten der Organisation beeinflusst.[652] Unsicherheit entsteht dabei nicht nur allein aufgrund des Abhängigkeitsverhältnisses der Organisation,[653] sondern resultiert vor allem aus der Dynamik und Komplexität der Umwelt.[654] So können unvorhersehbare Entwicklungen der Umwelt bspw. die Verfügbarkeit wichtiger Ressourcen unerwartet einschränken, deren Beschaffung vorher im Rahmen der Abhängigkeitsbeziehung problemlos möglich war.[655] Auf diese Weise kann die Umwelt einen sanktionierenden Einfluss auf die Organisation ausüben.[656]

Um die Abhängigkeit und Unsicherheit zu bewältigen, stellt HOMBURG (2000) auf Basis der Ausführungen von PFEFFER/SALANCIK (1978) sechs Strategien zusammen, die Organisationen i. W. zur Verfügung stehen:[657]

- Eingehen auf die Forderungen und Ansprüche von Interessengruppen,
- Vermeidung einer Einflussnahme durch Interessengruppen,
- Gestaltung und Steuerung der Bedingungen einer Einflussnahme,
- Beeinflussung und aktive Gestaltung des Abhängigkeitsverhältnisses durch organisches Wachstum, Fusion oder Diversifikation,
- Aufbau von Mustern organisationsübergreifender Aktivitäten und Verhaltensweisen sowie
- Beeinflussung von Gesetzgebung und Politik.

Die dargestellten Handlungsoptionen verdeutlichen zudem, dass die Ressourcenabhängigkeitsperspektive Organisationen die Möglichkeit zugesteht, die Umwelt, von der sie abhängig sind, zu beeinflussen. „The resource dependence model also posits an active role of the organization affecting its environment".[658]

2.5.3.2.2 Erklärungsgehalt für die Untersuchung

Auf Basis der Ressourcenabhängigkeitsperspektive, die auch auf den organisationsinternen Kontext und somit auf das Verhältnis von Abteilungen übertragbar ist,[659] kann die Kooperation von Zentral- und Bereichscontrolling zunächst allgemein erklärt und theoretisch

[651] Vgl. Pfeffer/Salancik (1978), S. 258.
[652] Vgl. Aldrich (1976), S. 421; Pfeffer/Salancik (1978), S. 3.
[653] Zur Unsicherheit als Ergebnis der Abhängigkeit vgl. Pfeffer/Salancik (1978), S. 68.
[654] Vgl. Aldrich (1976), S. 421.
[655] Vgl. Pfeffer/Salancik (1978), S. 3.
[656] Vgl. Utzig (1997), S. 80.
[657] Vgl. Homburg (2000), S. 54. Vgl. auch Pfeffer/Salancik (1978), S. 95 ff.
[658] Aldrich/Pfeffer (1976), S. 84.
[659] Vgl. Utzig (1997), S. 75 sowie S. 116.

fundiert werden. Darüber hinaus lassen sich auf Basis dieses Ansatzes die Auswirkungen sowie wichtige Determinanten der Kooperation ableiten.[660]

Zur Bewältigung von Abhängigkeiten kommt der Ressourcenabhängigkeitsperspektive zufolge der *Kooperation* als Ausprägung der fünften der im vorherigen Abschnitt erläuterten sechs Strategien (Aufbau von Mustern organisationsübergreifender Aktivitäten und Verhaltensweisen[661]) eine besondere Bedeutung zu.[662] Wie in den Abschnitten 2.3.2.1 und 2.3.2.2 bei der Analyse der Schnittstelle zwischen beiden Controllerbereichen deutlich geworden ist, sind auch Zentral- und Bereichscontrolling im Rahmen ihrer Aufgabenerfüllung auf die Leistungen und Ressourcen der jeweils anderen Abteilung angewiesen. Entsprechend lässt sich die *Kooperation* beider Abteilungen als Verhalten erklären, um der gegenseitigen Abhängigkeit zu begegnen und benötigte Ressourcen zu erhalten.[663]

Darüber hinaus lassen sich anhand der Ressourcenabhängigkeitsperspektive die *Auswirkungen der Kooperation* beider Controllerbereiche fundieren. Im Rahmen der Kooperation erhält das Zentralcontrolling Zugang zu Ressourcen des Bereichscontrollings, über die es selbst nicht verfügt, die aber für die Erstellung seiner Leistungen essenziell sind.[664] Der Erhalt dieser wichtigen Ressourcen sollte es dem Zentralcontrolling ermöglichen, seine Leistungen mit einer höheren Qualität anzubieten.

Schließlich können auf Basis der Ressourcenabhängigkeitsperspektive relevante *Determinanten der Kooperation* von Zentral- und Bereichscontrolling identifiziert werden. So stellt die *Abhängigkeit* beider Controllerbereiche voneinander den Ausgangspunkt und damit einen wesentlichen Bestimmungsfaktor der Kooperationsbeziehung dar. Darüber hinaus wird Kooperation in der Ressourcenabhängigkeitsperspektive auch als eine Maßnahme zur Handhabung von *Umweltunsicherheit* angesehen. Insofern sollte die Kooperation in ihrer Ausprägung durch diesen Faktor beeinflusst werden.

---

660 Vgl. in diesem Zusammenhang auch die Ausführungen bei Homburg (2000), S. 55 f., sowie aufbauend darauf Spillecke (2006), S. 59 f.

661 Pfeffer/Salancik (1978), S. 144 f., betonen hierbei u. a. einen guten Informationsaustausch sowie soziale Normen und Wertvorstellungen als wesentliche Elemente dieser Verhaltensweisen und Beziehungen. Diese Aspekte korrespondieren sehr stark mit der integrierten Perspektive der Kooperation (vgl. Abschnitt 2.4.2.1.2).

662 Vgl. Homburg (2000), S. 54. Vgl. auch Pfeffer/Salancik (1978), S. 43; Casciaro/Piskorski (2005), S. 167 f.

663 Vgl. hierzu auch die Ausführungen in Abschnitt 2.3.3.2 zur Relevanz der Kooperation von Zentral- und Bereichscontrolling.

664 Die Kooperation beider Controllerbereiche wird – wie in Abschnitt 2.3.3.3 dargelegt – in der vorliegenden Untersuchung aus der Perspektive des Zentralcontrollings betrachtet.

2.5.3.3 Theorien der Sozialpsychologie

2.5.3.3.1 Soziale Austauschtheorie

2.5.3.3.1.1 Darstellung der Theorie

Die soziale Austauschtheorie ist eine der ältesten Theorien, die sich mit sozialem Verhalten befasst.[665] Hierunter sind mehrere Ansätze zusammengefasst, die Austauschbeziehungen zwischen Individuen und ihr Verhalten in den Mittelpunkt der Untersuchung rücken.[666] Wesentlich geprägt wurde die Theorie durch die Werke von HOMANS (1958), HOMANS (1961), THIBAUT/KELLEY (1959), EMERSON (1962) sowie BLAU (1964).[667]

Ziel der sozialen Austauschtheorie ist die Erklärung des Zustandekommens und des Fortbestandes von menschlichen Austauschbeziehungen mit einem mittel- bis langfristigen Zeithorizont.[668] Dabei nehmen Aspekte wie gegenseitige Abhängigkeit und Macht auf Basis der Abhängigkeit eine wichtige Stellung ein.[669] Wie ökonomische Theorien geht sie bei ihren Erklärungen vom Konzept der Nutzenmaximierung von Individuen aus.[670]

Zentrale Aussage der sozialen Austauschtheorie ist, dass Akteure Austauschbeziehungen eingehen und solange aufrechterhalten, wie sie ein befriedigendes Ergebnis aus dieser Beziehung erwarten können.[671] Die Grundkonzeption dieser Theorie fassen LAMBE/ WITTMANN/SPEKMAN (2001) in vier Punkten zusammen:[672]

- Austauschbeziehungen sind mit einem ökonomischen und sozialen Ergebnis verbunden.
- Das Ergebnis aus dieser Beziehung wird von den beteiligten Akteuren über die Zeit mit dem potenziellen Ergebnis aus alternativen Beziehungen verglichen. Hieran lässt sich die Abhängigkeit des betreffenden Akteurs von der aktuellen Beziehung bemessen.
- Ein positives Ergebnis erhöht mit zunehmender Beziehungsdauer das Vertrauen der beteiligten Austauschpartner ineinander sowie die Verpflichtung und Bereitschaft, die Beziehung fortzuführen.

---

665 Vgl. Homans (1958), S. 597; Lambe/Wittmann/Spekman (2001), S. 6. Eine ausführliche Darstellung der sozialen Austauschtheorie findet sich auch bei Lambe/Wittmann/Spekman (2001), S. 4 ff., sowie Wallenburg (2004), S. 77 ff.

666 Vgl. Lambe/Wittmann/Spekman (2001), S. 3; Wallenburg (2004), S. 77.

667 Vgl. hierzu Bierhoff (1994), S. 136; Klee (2000), S. 35; Bruhn (2001), S. 32; Lambe/Wittmann/Spekman (2001), S. 4.

668 Vgl. Klee (2000), S. 35; Bruhn (2001), S. 32; Wallenburg (2004), S. 77.

669 Vgl. Emerson (1962), S. 32.

670 Vgl. Bierhoff (1994), S. 136.

671 Vgl. Homans (1958) sowie Blau (1968). Vgl. auch Thibaut/Kelley (1959), S. 64. Ressourcen, die im Rahmen der Beziehung ausgetauscht werden, können materieller (z. B. Güter oder Geld), aber auch immaterieller Natur (bspw. gesellschaftliche Vorteile, Freundschaften) sein. Vgl. Lambe/Wittmann/ Spekman (2001), S. 4.

672 Vgl. Lambe/Wittmann/Spekman (2001), S. 5 f.

- Aus positiven Erfahrungen im Rahmen der Austauschbeziehungen erwachsen über die Zeit Normen des Austausches, die die Beziehung regeln.

Für die Entscheidung über die Weiterführung einer Austauschbeziehung auf Basis des Ergebnisses der Beziehung sind sowohl der ökonomische sowie soziale Ertrag bzw. Nutzen[673] als auch die Kosten der Beziehung maßgeblich.[674] „Parties must expend valuable and economic and social resources to be involved in social exchange. The expenditure of these resources reduces the overall benefit of the exchange relationship."[675]

Der Entscheidungsprozess über die Aufrechterhaltung von Beziehungen auf Basis des Ergebniskalküls und damit von Kosten-Nutzen-Erwägungen ist von THIBAUT/KELLEY (1959) über das Konzept der Comparison Levels modelliert worden.[676] Danach vergleichen Akteure das soziale und ökonomische Ergebnis aus einer Beziehung mit einem Vergleichsmaßstab „CL"[677], dessen Höhe für jeden Akteur individuell verschieden ist.[678] Liegen die tatsächlichen Ergebnisse aus der Beziehung über diesem Vergleichsmaßstab, wird die Austauschbeziehung vom Individuum als zufriedenstellend und attraktiv eingeschätzt. Bewegt sich das Ergebnis dagegen unterhalb von „CL", wird die Beziehung als unbefriedigend eingestuft. Für die Entscheidung über die Weiterführung einer Beziehung ist allerdings ein zweiter Vergleichsmaßstab, der „comparison level for alternatives" „CL_{alt}", ausschlaggebend. „CL_{alt} can be defined informally as the lowest level of outcomes a member will accept in the light of available alternative opportunities."[679] Fällt das Ergebnis einer Austauschbeziehung unter „CL_{alt}" ab, wird die bisherige Beziehung vom Akteur beendet und eine verfügbare alternative Option realisiert.[680] Das impliziert gleichzeitig, dass eine bestehende Beziehung beibehalten wird, wenn ihr Ergebnis zwar unterhalb des Vergleichsmaßstabes „CL" liegt, der Vergleichsmaßstab für Alternativen „CL_{alt}" jedoch noch niedriger ausfällt.[681] In diesem Fall besteht eine Abhängigkeit des Akteurs von der gegenwärtigen Beziehung, die umso höher ausfällt, je stärker das Ergebnis der aktuellen Beziehung „CL_{alt}" übersteigt.[682]

Wie bereits bei der Skizzierung der Grundkonzeption der sozialen Austauschtheorie erwähnt, steigert ein positives Ergebnis aus einer Beziehung nicht nur die Bereitschaft, diese

673 Lambe/Wittmann/Spekman (2001), S. 6, merken hierzu an, dass soziale Erträge, wie bspw. emotionale Befriedigung oder die Erfüllung bestimmter Werte und Ideale, oft höher bewertet werden als ökonomische Erträge. Vgl. auch Blau (1968), S. 455.

674 Vgl. auch Bierhoff (1994), S. 136. Bierhoff (1994) nennt als Beispiele für Kosten von Austauschbeziehungen Zeitaufwand, Ärger sowie Anstrengungen (vgl. Bierhoff (1994), S. 136). Nach Emerson (1962), S. 34, entstehen die Kosten des Austausches durch „meeting the demands made by the other."

675 Lambe/Wittmann/Spekman (2001), S. 8.

676 Vgl. hierzu Thibaut/Kelley (1959), S. 21 ff.

677 „CL" steht als Abkürzung für „comparison level" (s. Thibaut/Kelley (1959), S. 21).

678 Thibaut/Kelley (1959), S. 21, definieren den Vergleichsmaßstab „CL" als „standard by which the person evaluates the rewards and costs of a given relationship in terms of what he feels he 'deserves.'"

679 Thibaut/Kelley (1959), S. 21. Damit werden im Rahmen der Kosten-Nutzen-Überlegungen über die Weiterführung von Beziehungen auch Opportunitätskosten einbezogen. Ähnlich Wallenburg (2004), S. 78.

680 Eine alternative Option kann auch darin bestehen, die Beziehung zu beenden und keine neue Beziehung einzugehen. Vgl. Thibaut/Kelley (1959), S. 22.

681 Dies ist auch dann der Fall, wenn keinerlei Alternativen bestehen.

682 Vgl. auch Bierhoff (1994), S. 137.

weiterzuführen, sondern auch das Vertrauen der Interaktionspartner.[683] Vertrauen wird in der sozialen Austauschtheorie als ein wichtiges Element sozialer Interaktion angesehen. So stabilisiert Vertrauen die Austauschbeziehung, indem sich die Interaktionspartner darauf verlassen können, dass die Erträge aus der Beziehung gerecht verteilt und getätigte Vorleistungen durch Gegenleistungen im Laufe der Beziehung kompensiert werden.[684] Auf dieser Basis führt Vertrauen nicht nur zu einer Verpflichtung gegenüber der Beziehung, sondern auch zu Normen des Austausches, die eine wichtige Rolle spielen, indem sie die Austauschbeziehung über eine Reduktion der Unsicherheit regeln:[685] „Norms increase the efficiency of relationships because by agreeing to the manner in which interactions take place, the degree of uncertainty may be reduced.“[686]

2.5.3.3.1.2 Erklärungsgehalt für die Untersuchung

Die soziale Austauschtheorie, die nicht auf einen speziellen Kontext oder bestimmte Beziehungen beschränkt ist,[687] betrachtet bei der Analyse von Austauschbeziehungen nicht nur ökonomische, sondern vor allem auch soziale Aspekte. Wie in Abschnitt 2.5.3.1 erläutert, kommt sozialen Elementen auch bei kooperativen Beziehungen wie zwischen Zentral- und Bereichscontrolling eine wichtige Bedeutung zu.[688] Insofern wird die soziale Austauschtheorie häufig zur theoretischen Fundierung von Arbeiten verwandt, die Kooperation untersuchen.[689]

Auf Basis dieser Theorie und insbesondere des Konzeptes der Comparison Levels von THIBAUT/KELLEY (1959) lassen sich die *Existenz und der Fortbestand der Kooperation von Zentral- und Bereichscontrolling* erklären. Wie im vorigen Abschnitt dargestellt, spielt hierbei die Abhängigkeit beider Controllerbereiche voneinander als *Einflussfaktor* eine wichtige Rolle.

Darüber hinaus kann anhand der sozialen Austauschtheorie Vertrauen als wichtige Determinante und wichtiger Förderer kooperativer Beziehungen identifiziert werden. Die sich auf Basis von Vertrauen über die Zeit herausbildenden Normen des Austausches spiegeln sich

683 Vgl. auch Wallenburg (2004), S. 78.
684 Vgl. Lambe/Wittmann/Spekman (2001), S. 9 ff. Vgl. auch Homans (1968), S. 62 ff.; Bruhn (2001), S. 32.
685 Vgl. Blau (1964); Homans (1958); Morgan/Hunt (1994), S. 24; Lambe/Wittmann/Spekman (2001), S. 10.
686 Lambe/Wittmann/Spekman (2001), S. 12.
687 Vgl. Emerson (1962), S. 33; Wallenburg (2004), S. 77.
688 Vgl. hierzu auch die Ausführungen zur Beziehung zwischen Zentral- und Bereichscontrolling in Abschnitt 2.3.2.4. Vgl. auch Cook (1977), S. 63.
689 Vgl. die Diskussion der relevanten Beiträge der Schnittstellenforschung in Abschnitt 2.4.2.2 (vgl. hier insb. Abschnitt 2.4.2.2.5). Lambe/Wittmann/Spekman (2001), S. 16 f. sowie S. 19, führen darüber hinaus als Untersuchungen, die Kooperation betrachten und dabei auf die soziale Austauschtheorie zurückgreifen, die Beiträge von Frazier (1983), Anderson/Narus (1984), Schurr/Ozanne (1985), Anderson/Narus (1990), Anderson/Håkansson/Johanson (1994), Morgan/Hunt (1994) sowie Wilson (1995) an.

zudem in der *Konzeptualisierung und Operationalisierung der Kooperation* auf Basis der verhaltensbezogenen bzw. integrierten Perspektive wider.[690]

Schließlich lassen sich durch die soziale Austauschtheorie Hypothesen zu weiteren *Einflussfaktoren der Kooperation* begründen, die die Kosten und den Nutzen von Austauschbeziehungen determinieren und sich damit auf die Kooperation von Zentral- und Bereichscontrolling auswirken.

2.5.3.3.2 Theorie des realistischen Konfliktes

2.5.3.3.2.1 Darstellung der Theorie

Die Theorie des realistischen Konfliktes kann als der dominierende Ansatz für die Untersuchung und Erklärung von Intergruppen-Beziehungen bis Anfang der 1970er Jahre angesehen werden.[691] Der zentrale Vertreter dieser Theorie ist SHERIF (1966a), der damit einen „bis heute wichtige[n] Meilenstein in der sozialpsychologischen Forschung und Theoriebildung zum intergruppalen Verhalten ... gesetzt“[692] hat.[693]

Wesentliche Annahme der Theorie des realistischen Konfliktes ist, dass die Beziehungen zwischen verschiedenen Gruppen von den Zielen und Interessen der jeweiligen Gruppen abhängen.[694] Das Verhältnis einer Gruppe zu anderen Gruppen wiederum prägt das Verhalten und die Einstellungen ihrer Mitglieder.[695] Diese werden als Individuen betrachtet, die aus Eigennutz heraus handeln und das Ziel der Nutzenmaximierung verfolgen.[696]

Nach der Theorie des realistischen Konfliktes kommt es zu Konflikten zwischen zwei Gruppen, wenn die Interessen beider Gruppen in einem Zielkonflikt zueinander stehen.[697] In diesem Fall entsteht ein wettbewerbsbezogenes Verhältnis zwischen beiden Gruppen, das mit negativen Meinungen, abwertenden Einschätzungen, Vorurteilen, Diskriminierungen sowie in Extremfällen mit feindseligem Verhalten gegenüber der anderen Gruppe einhergehen kann. Sind die Ziele und Interessen beider Gruppen hingegen miteinander vereinbar, ist eine kooperative Beziehung zu beobachten. Diese ist durch positive Empfindungen und

---

690 Vgl. hierzu auch die Ausführungen zur verhaltensbezogenen und integrierten Sichtweise der Kooperation in Abschnitt 2.4.2.1.2 sowie die Abschnitte 2.4.2.2.3 und 2.4.2.2.4.

691 Vgl. Röder (2001), S. 33. Eine Vorstellung der Theorie des realistischen Konfliktes findet sich auch bei Guzzo/Shea (1992), S. 297 f.; Röder (2001), S. 33 ff.; Mummendey/Otten (2002), S. 96 ff.

692 Mummendey/Otten (2002), S. 96.

693 Vgl. auch Brown (2002), S. 547.

694 Vgl. auch Doise (1971), S. 62.

695 Vgl. Mummendey/Otten (2002), S. 97.

696 Vgl. Guzzo/Shea (1992), S. 297; Röder (2001), S. 35.

697 Vgl. Guzzo/Shea (1992), S. 297; Röder (2001), S. 35. Vgl. auch Sherif (1966a), S. 85.

Einstellungen, gegenseitige Unterstützung sowie eine freundliche Atmosphäre zwischen den beiden Gruppen gekennzeichnet.[698]

Gleichzeitig beeinflusst die Ausprägung der Beziehungen zu anderen Gruppen das Verhalten der Mitglieder innerhalb der Gruppe.[699] Liegt ein konfliktbehaftetes Verhältnis zu einer anderen Gruppe vor, erhöhen sich dadurch der Zusammenhalt sowie die Moral innerhalb der Gruppe.[700] Zudem werden die Leistungen und Eigenschaften von Gruppenmitgliedern als deutlich höher bzw. besser eingeschätzt als die Leistungen und Eigenschaften von Angehörigen der Fremdgruppe. Insofern ist eine Wahrnehmungsverzerrung dergestalt zu verzeichnen, dass die Eigengruppe systematisch über-, die Fremdgruppe dagegen entsprechend unterbewertet wird.[701]

Ein zentrales Mittel, um Konflikte zwischen Gruppen zu reduzieren, sieht die Theorie des realistischen Konfliktes in der Schaffung übergeordneter Ziele, die nur von beiden Gruppen gemeinsam erreicht werden können.[702]

Die von der Theorie des realistischen Konfliktes postulierten Beziehungen und Verhaltensweisen wurden in mehreren Untersuchungen sowie unterschiedlichen Kontexten empirisch bestätigt.[703]

2.5.3.3.2.2 Erklärungsgehalt für die Untersuchung

Wie die soziale Austauschtheorie kann auch die Theorie des realistischen Konfliktes auf das Verhältnis von Abteilungen übertragen werden.[704] Bezogen auf die Schnittstelle von Zentral- und Bereichscontrolling lassen sich durch die Theorie des realistischen Konfliktes die verschiedenen Beziehungsausprägungen zwischen diesen beiden Bereichen fundieren. So lässt sich kooperatives Verhalten von Zentral- und Bereichscontrolling dieser Theorie zufolge auf bereichsbezogene Ziele zurückführen, die miteinander im Einklang stehen und aus denen sich positive Empfindungen und Einstellungen dem Kooperationspartner gegenüber ergeben. Die möglichen konfliktären und kompetitiven Beziehungen zwischen beiden Controller-

698 Vgl. Röder (2001), S. 36; Brown (2002), S. 547; Mummendey/Otten (2002), S. 97.

699 Vgl. Röder (2001), S. 36.

700 „However, another effect of intergroup conflict was to increase solidarity, cooperativeness, and morale *within* each group." Sherif (1966a), S. 82.

701 Vgl. Doise (1971), S. 63; Mummendey (1985), S. 189; Stephan (1985), S. 613 ff.; Brewer/Brown (1998), S. 558 f.

702 Vgl. Sherif (1966a), S. 93; Doise (1971), S. 63; Guzzo/Shea (1992), S. 297; Brown (2002), S. 549 f.

703 Vgl. hierzu exemplarisch die Untersuchungen von Blake/Mouton (1961), Blake/Mouton (1962), Blake/Shepard/Mouton (1964), Blake/Mouton/Sloma (1965), Kahn/Ryen (1972) sowie Brewer/Campbell (1976). Vgl. auch Röder (2001), S. 36 f.; Mummendey/Otten (2002), S. 97.

704 Vgl. Guzzo/Shea (1992), S. 297.

bereichen[705] resultieren gemäß der Theorie des realistischen Konfliktes dagegen aus divergierenden Zielsetzungen und Interessen beider Bereiche.[706]

2.5.3.3.3 Theorie der sozialen Identität

2.5.3.3.3.1 Darstellung der Theorie

Den Ausgangspunkt der Theorie der sozialen Identität bildeten Experimente zum sog. Minimalgruppen-Paradigma.[707] Hierbei wurde festgestellt, dass für konfliktäre Beziehungen zwischen Gruppen nicht zwingend gegensätzliche Ziele und Interessen gegeben sein müssen. Vielmehr treten eine Bevorzugung der eigenen Gruppe und Diskriminierung von Fremdgruppen schon bei unterschiedlichen Gruppenzugehörigkeiten auf. Zudem wurde in den Experimenten nachgewiesen, dass der relative Gewinn einer Gruppe (als Unterschied zum Gewinn der anderen Gruppe) wichtiger war als der absolute Gewinn.[708] Auf Basis dieser Ergebnisse entwickelten TAJFEL/TURNER[709] die Theorie der sozialen Identität, die auf der Theorie des realistischen Konfliktes aufbaut.[710]

Die Grundannahme der Theorie der sozialen Identität besagt, dass Gruppen soziale Vergleiche mit anderen Gruppen durchführen, um sich hierdurch von diesen abzugrenzen und eine positive Selbstbewertung zu erfahren.[711] Zur Konkretisierung dieses Zusammenhanges baut die Theorie auf vier miteinander verbundenen Kernelementen auf, die nachfolgend näher erläutert werden sollen: soziale Kategorisierung, soziale Identität, sozialer Vergleich sowie soziale Distinktheit.[712]

Im Rahmen *sozialer Kategorisierungen* unterteilen Individuen ihre soziale Umwelt auf Basis bestimmter Merkmalsausprägungen und Wertvorstellungen in soziale Kategorien. „Social categorizations are conceived here as cognitive tools that segment, classify, and order the social environment".[713] Die Kategorisierung dient Individuen zum einen als Orientierung und Referenzpunkt in Bezug auf ihre eigene Position in der Gesellschaft.[714] Auf dieser Basis wird eine Unterscheidung in eine Eigengruppe, der das Individuum angehört, und in Fremdgruppen

[705] Vgl. hierzu die Abschnitte 2.3.2.4 sowie 2.4.1.
[706] Vgl. auch die Abschnitte 6.2.2.1.3 sowie 6.2.2.2.1.1.
[707] Für eine Darstellung der Ursprünge und wesentlichen Aspekte der Theorie der sozialen Identität vgl. auch Röder (2001), S. 39 ff., sowie Mummendey/Otten (2002), S. 98 ff.
[708] Vgl. auch Turner (1981), S. 75 f.; Tajfel/Turner (1986), S. 9 sowie S. 13 f.
[709] Vgl. Tajfel/Turner (1979) sowie Tajfel/Turner (1986).
[710] Vgl. Röder (2001), S. 30 sowie S. 39; Mummendey/Otten (2002), S. 100. Als wichtige Beiträge zur Theorie der sozialen Identität sind zudem die Arbeiten von Tajfel et al. (1971), Tajfel (1978b) sowie Tajfel (1982) zu nennen.
[711] Vgl. Mummendey/Otten (2002), S. 100.
[712] Vgl. hierzu und im Folgenden auch Tajfel (1978b), S. 61 ff. Vgl. auch Mummendey/Otten (2002), S. 100 f.
[713] Tajfel/Turner (1986), S. 15.
[714] Vgl. Tajfel/Turner (1986), S. 16. Vgl. hierzu auch Tajfel et al. (1971), S. 160 sowie S. 162 f.

vorgenommen.[715] Zum anderen zielt die Kategorisierung auf eine Komplexitätsreduktion ab. Dabei kommt es zu Wahrnehmungsverzerrungen, die sich in einer Hervorhebung von Unterschieden zu Fremdgruppen sowie Abmilderung verschiedener Ausprägungen innerhalb der Eigengruppe manifestieren.[716] Da Kategorisierungen langfristig gelten, haben auch die sich hieraus ergebenden Vorurteile und Stereotypen über einen längeren Zeitraum Bestand.[717]

Auf Basis der sozialen Kategorisierung und der damit verbundenen Bestimmung der Zugehörigkeit zu einer Gruppe ergibt sich die *soziale Identität* eines Individuums.[718] „Social identity will be understood as that part [Kursivdruck im Original] of an individual's self-concept which derives from his knowledge of his membership of a social group (or groups) together with the value and emotional significance attached to that membership."[719] Die soziale Identität beeinflusst das Verhalten eines Individuums dadurch, dass es grundsätzlich nach einer positiven Bewertung der eigenen Gruppe und damit nach einer positiven sozialen Identität strebt.[720]

Eine positive soziale Identität können Individuen vor allem über *soziale Vergleiche* mit anderen Gruppen erzielen:[721] „Positive social identity can be achieved, in a vast majority of cases, only through appropriate intergroup [Kursivdruck im Original] social comparisons."[722] Ziel ist es, im Rahmen des Vergleiches einen möglichst großen Abstand zur Vergleichsgruppe zu realisieren.[723] Je höher die Distanz zur Fremdgruppe ausfällt, desto höher ist die positive soziale Identität, die sich aus diesem Vergleich ziehen lässt.[724] Hieraus resultiert schließlich die *soziale Distinktheit*, die psychologische Besonderheit einer Gruppe.[725] Je stärker die soziale Distinktheit einer Gruppe ausgeprägt ist, desto höher ist wiederum die soziale Identität, die für ein Individuum mit der Mitgliedschaft in dieser Gruppe verbunden ist.[726]

Da soziale Vergleiche zur Erlangung einer positiven sozialen Identität und Distinktheit stets mit einer Diskriminierung von Vergleichsgruppen verbunden sind, die ihrerseits nach positiver sozialer Identität streben, „ist die Beziehung zwischen sozialen Gruppen auf dieser

715 Vgl. auch Röder (2001), S. 44.
716 Vgl. Brown (2002), S. 556 sowie S. 559.
717 Vgl. Röder (2001), S. 44. Vgl. weiterführend auch Mummendey (1985), S. 197 f.
718 Vgl. Röder (2001), S. 44; Brown (2002), S. 560.
719 Tajfel (1978b), S. 63. Das Selbst-Konzept eines Individuums besteht neben der sozialen Identität aus seiner persönlichen Identität, die sich aus den „eher idiosynkratischen Aspekte[n] einer Person, wie persönlicher Geschmack, intellektuelle Fähigkeiten" ergibt; Mummendey (1985), S. 199.
720 Vgl. Tajfel/Turner (1986), S. 16.
721 Vgl. auch Tajfel/Turner (1986), S. 16; Brown (2002), S. 566.
722 Tajfel (1982), S. 24.
723 Vgl. Röder (2001), S. 47.
724 Vgl. Röder (2001), S. 48.
725 Vgl. Tajfel (1978a), S. 83. Vgl. auch Röder (2001), S. 48 sowie S. 50.
726 Vgl. Röder (2001), S. 50. Sofern die soziale Identität und Distinktheit als nicht zufriedenstellend angesehen werden, bieten sich als Reaktion hierauf verschiedene Strategien an. Diese umfassen das Verlassen der gegenwärtigen Gruppe durch das Individuum, die Einführung neuer sowie die Umbewertung bestehender Vergleichsdimensionen, die Auswahl einer anderen Vergleichsgruppe sowie den direkten sozialen Wettbewerb mit der gegenwärtigen Vergleichsgruppe. Vgl. hierzu ausführlich Tajfel (1978b), S. 64; Tajfel/Turner (1986), S. 19 f.; Brown (2002), S. 566 ff.; Mummendey/Otten (2002), S. 101 f.

Ebene quasi naturgemäß kompetitiv."[727] Zur Verbesserung von Intergruppen-Beziehungen lassen sich anhand der Theorie der sozialen Identität primär drei Maßnahmen identifizieren, die an den Kernelementen soziale Kategorisierung und Streben nach positiver sozialer Identität als Hauptdeterminanten intergruppalen Verhaltens ansetzen: Dekategorisierung, Rekategorisierung sowie wechselseitige Differenzierung.[728]

Dekategorisierung verfolgt das Ziel, die Salienz, d. h. die Auffälligkeit und Stärke der Kategorisierung, abzuschwächen. Dies kann zum einen durch „Kreuzkategorisierung" erfolgen, indem die Kategorisierung anhand mehrerer, sich überschneidender Merkmale vorgenommen wird. Auf diese Weise lassen sich nur Gruppen bilden, die anhand eines Kriteriums zwar klar abgegrenzt, hinsichtlich der anderen Kriterien aber gemischt sind.[729] Zum anderen kann eine Dekategorisierung durch Personalisierung geschehen.[730] Dabei wird nicht mehr nur zwischen Gruppen unterschieden, sondern es wird das Individuum mit seinen persönlichen Eigenschaften hervorgehoben. Durch den persönlichen Kontakt zwischen Individuen können Vorurteile und Stereotypen abgebaut werden, die auf unterschiedlichen Gruppenmitgliedschaften basieren. Dadurch sollen langfristig auch die Einstellungen gegenüber der anderen Gruppe verbessert werden.

Bei der *Rekategorisierung* wird ebenfalls darauf abgezielt, die Salienz der ursprünglichen Kategorisierung abzumildern. Hierbei erfolgt eine erneute Kategorisierung auf einer höheren Ebene. Ergebnis ist die Bildung einer neuen übergeordneten Gruppe, mit der sich sowohl die Mitglieder der bisherigen Eigen- als auch Fremdgruppe identifizieren. Auf Basis der neuen gemeinsamen Gruppenmitgliedschaft verbessert sich das Verhältnis zwischen den Individuen, die zuvor unterschiedlichen, sich gegenseitig diskriminierenden Gruppen angehört haben.[731]

Die *wechselseitige Differenzierung* als dritte Maßnahme setzt bei der zweiten Hauptdeterminante intergruppalen Verhaltens, dem Streben nach positiver sozialer Identität, an.[732] Ziel ist die Erweiterung der Möglichkeiten, über die positive soziale Identität erlangt werden kann, und somit die Vermeidung diskriminierenden Verhaltens gegenüber der Vergleichsgruppe bei der Realisierung positiver sozialer Identität. Dies kann bspw. durch die Einführung zusätzlicher Vergleichsdimensionen zwischen zwei Gruppen geschehen. Eine positive Differenzierung von der anderen Gruppe erfolgt dann nicht in sämtlichen Dimensionen, sondern lediglich in den für die betreffende Gruppe besonders relevanten Kriterien.[733] Ebenso können etwa die komplementären, speziellen Rollen und Fähigkeiten jeder Gruppe

[727] Röder (2001), S. 47.
[728] Vgl. hierzu und im Folgenden Mummendey/Otten (2002), S. 108 ff.
[729] Vgl. auch Tajfel (1982), S. 29 f.; Brown (2002), S. 571.
[730] Vgl. hierzu auch Brewer/Miller (1984), S. 287.
[731] Vgl. auch Gaertner/Dovidio (2000); Brown (2002), S. 571.
[732] Vgl. zur wechselseitigen Differenzierung auch die Arbeit von Hewstone/Brown (1986).
[733] Vgl. hierzu auch die Untersuchung von Mummendey/Schreiber (1983).

akzentuiert werden. So kann jede Gruppe eine soziale Distinktheit auf dem Feld ihrer spezifischen Kernkompetenzen erzielen.[734]

Die Theorie der sozialen Identität konnte auf breiter Basis empirisch gestützt werden.[735] Sie ist „die bisher weitreichendste und empirisch am besten geprüfte Basis zur Untersuchung von Beziehungen zwischen Gruppen".[736]

2.5.3.3.3.2 Erklärungsgehalt für die Untersuchung

Da „der Erklärungsrahmen der Theorie .. sehr weit gefaßt [!]"[737] ist und „sie einen breiten Bereich von Phänomenen in natürlichen Kontexten sinnvoll erklären kann",[738] kann die Theorie der sozialen Identität auch zur Fundierung der vorliegenden Arbeit herangezogen werden.

Anhand dieses Ansatzes und seiner vorgestellten Kernelemente sowie der darauf aufbauenden Maßnahmen zur Verbesserung von Intergruppen-Beziehungen lassen sich bedeutsame *Einflussfaktoren der Kooperation* von Zentral- und Bereichscontrolling erklären. So kann auf Basis sozialer Kategorisierung, des Strebens nach positiver sozialer Identität sowie sozialer Vergleiche, die mit einem diskriminierenden Verhalten gegenüber Fremdgruppen verbunden sind, zunächst das mögliche konkurrenz- und konfliktbezogene Verhältnis zwischen beiden Controllerbereichen fundiert werden.[739] Darüber hinaus lassen sich über die Maßnahmen der Dekategorisierung, Rekategorisierung und wechselseitigen Differenzierung Einflussfaktoren und Instrumente in ihrer Wirkungsweise erklären, die potenziell einen Beitrag zur Verbesserung von Kooperationsbeziehungen zu leisten vermögen.

2.5.4 Vereinbarkeit der ausgewählten Theorien

Nach der Vorstellung der in der vorliegenden Untersuchung zur Anwendung kommenden Theorien sollen im Folgenden ihre Kompatibilität und Vereinbarkeit untereinander belegt werden, um im weiteren Untersuchungsverlauf auf einem konsistenten theoretischen Fundament aufsetzen zu können. In einem ersten Schritt wird die Vereinbarkeit der Theorien der inhaltlich fundierenden theoretischen Bezugsdimension thematisiert, bevor im zweiten

---

[734] So betonen interne Unternehmensberatungen gegenüber externen Beratungsunternehmen bspw. ihren tieferen Einblick in das Geschäft des zu beratenden Unternehmens, während externe Unternehmensberatungen die spezifische Methodenkompetenz hervorheben, die auf Basis verschiedener Projekte bei unterschiedlichen Klienten gewonnen wurde. Vgl. hierzu auch Niedereichholz (2000), S. 16 f.

[735] Vgl. hierzu Röder (2001), S. 50 f.

[736] Röder (2001), S. 52.

[737] Röder (2001), S. 51.

[738] Brown (2002), S. 562.

[739] Zu den konfliktären und kompetitiven Beziehungen zwischen beiden Controllerbereichen vgl. auch die Ausführungen in den Abschnitten 2.3.2.4 sowie 2.4.1.

Schritt auf den situativen Ansatz als Rahmen gebende theoretische Bezugsdimension eingegangen wird.

Die Vereinbarkeit der Theorien der inhaltlich fundierenden Bezugsdimension ergibt sich zunächst aus dem ihnen zugrunde liegenden zeitlichen Betrachtungshorizont sowie ihren grundlegenden Annahmen. So sind alle verwendeten Theorien durch die Untersuchung von Beziehungen aus einer langfristigen Perspektive heraus gekennzeichnet. Darüber hinaus gehen sie von der Prämisse aus, dass Akteure aus Eigennutz heraus handeln und versuchen, ihren persönlichen Nutzen zu maximieren.

Die *langfristige Perspektive*, die allen Theorien innewohnt, zeigt sich bei der Ressourcenabhängigkeitsperspektive daran, dass sie der Fragestellung nachgeht, wie Organisationen langfristig und nachhaltig ihren Fortbestand sichern können.[740] Kooperation als bedeutsame Maßnahme, um benötigte Ressourcen zur Sicherung des Überlebens zu beschaffen, ist dabei ebenfalls langfristig ausgerichtet.[741] Der Fokus der sozialen Austauschtheorie liegt unmittelbar auf langfristigen Austauschbeziehungen. Dies wird auch an der zentralen Stellung von Vertrauen und Normen innerhalb dieses Ansatzes deutlich, die sich mit zunehmender Beziehungsdauer herausbilden.[742] Die Ziele und Interessen von Gruppen sowie die hierauf basierenden Empfindungen und Einstellungen von Gruppenmitgliedern, die im Fokus der Theorie des realistischen Konfliktes stehen, weisen ebenfalls einen langfristigen Charakter auf und sind kurzfristig nur wenig variabel.[743] Schließlich nimmt auch die Theorie der sozialen Identität eine langfristige Perspektive ein. So erweisen sich soziale Kategorisierungen und die sich hieraus ergebenden Stereotypen und Vorurteile über die Zeit hinweg als sehr stabil. Vor diesem Hintergrund sind auch die aus der Theorie der sozialen Identität abgeleiteten Maßnahmen zur Verbesserung von Intergruppen-Verhalten, wie etwa Dekategorisierung oder Rekategorisierung, langfristig angelegt.[744]

Das *Handeln aus Eigennutz* bzw. die *Nutzenmaximierung von Akteuren* als gemeinsame Grundannahme der in dieser Untersuchung verwendeten Theorien spiegelt sich bei der Ressourcenabhängigkeitsperspektive in der Aufnahme von Austauschbeziehungen durch Organisationen wider. Diese stellt ein eigennütziges Handeln zur Beschaffung benötigter Ressourcen und zur Sicherung der Überlebensfähigkeit dar.[745] Auch die soziale Austauschtheorie und die Theorie des realistischen Konfliktes modellieren Individuen explizit als Nutzen maximierende Akteure. Entsprechend werden Entscheidungen über die Weiterführung von Austauschbeziehungen gemäß der sozialen Austauschtheorie auf Basis von Kosten-Nutzen-Kalkülen getroffen.[746] Nach der Theorie des realistischen Konfliktes bildet die

[740] Vgl. die Ausführungen in Abschnitt 2.5.3.2.1.
[741] Vgl. auch Abschnitt 2.5.3.2.2.
[742] Vgl. Abschnitt 2.5.3.3.1.1.
[743] Vgl. Abschnitt 2.5.3.3.2.1.
[744] Vgl. Abschnitt 2.5.3.3.3.1.
[745] Vgl. Abschnitt 2.5.3.2.1.
[746] Vgl. Abschnitt 2.5.3.3.1.1.

Verfolgung eigener Ziele und Interessen die Ausgangsbasis für die Erklärung von Beziehungen zwischen Gruppen.[747] In der Theorie der sozialen Identität schließlich manifestiert sich die Nutzenmaximierung von Individuen im Streben nach positiver sozialer Identität.[748]

Über den zeitlichen Betrachtungshorizont und die grundlegenden Annahmen hinaus ergeben sich zwischen den verwendeten Theorien weitere Gemeinsamkeiten und Ansatzpunkte, die ihre Kompatibilität unterstreichen.

So knüpft die verhaltenswissenschaftlich geprägte Ressourcenabhängigkeitsperspektive an frühere Beiträge aus dem Bereich der Soziologie an. Insbesondere bei der Betrachtung der Elemente Macht und Abhängigkeit lehnt sie sich an die Arbeit von EMERSON (1962) an, die als eines der maßgeblichen Werke der sozialen Austauschtheorie gilt.[749] Neben den Aspekten Macht, Abhängigkeit und Unsicherheit, die sowohl in der Ressourcenabhängigkeitsperspektive als auch der sozialen Austauschtheorie behandelt werden,[750] ergeben sich zwischen diesen beiden Theorien Berührungspunkte auch dadurch, dass die soziale Austauschtheorie ihrerseits stark durch ökonomische Grundzüge gekennzeichnet ist.[751] Diese kommen etwa in dem Konzept der Comparison Levels von THIBAUT/KELLEY (1959) zum Ausdruck.[752]

Die Vereinbarkeit der verwendeten sozialpsychologischen Ansätze untereinander wird allgemein dadurch untermauert, dass sie demselben Theoriestrang angehören und alle auf die Erklärung des sozialen Verhaltens von Individuen sowie sozialer Beziehungen zwischen Gruppen abzielen. Darüber hinaus besitzt die soziale Austauschtheorie „eine hohe Kompatibilität und ein hohes Integrationspotential [teilweise Fettdruck im Original]“[753] für andere verhaltenswissenschaftliche Ansätze, zu denen auch die Theorien des realistischen Konfliktes sowie der sozialen Identität gehören. Die Vereinbarkeit dieser beiden Ansätze zueinander ergibt sich schließlich daraus, dass die Theorie der sozialen Identität auf der des realistischen Konfliktes als Grundlage aufbaut.[754]

Abschließend wird die Beziehung des situativen Ansatzes zu den Theorien der inhaltlich fundierenden Bezugsdimension betrachtet. Das Problem einer mangelnden Vereinbarkeit stellt sich hier im Grundsatz insofern nicht, als der situative Ansatz in der vorliegenden Arbeit lediglich als Rahmen gebende Bezugsdimension, nicht aber zur inhaltlichen Erklärung der Kooperation, ihrer Einflussfaktoren und Auswirkungen verwandt wird. Auf diese Weise werden Inkonsistenzen bei der theoretischen Fundierung der Kooperation sowie der Ableitung

747 Vgl. Abschnitt 2.5.3.3.2.1.
748 Vgl. Abschnitt 2.5.3.3.3.1.
749 Vgl. Homburg (2000), S. 52 f. sowie S. 56.
750 Vgl. auch die Abschnitte 2.5.3.2.1 sowie 2.5.3.3.1.1.
751 Vgl. auch Homans (1968), S. 58 f.
752 Vgl. auch Bruhn (2001), S. 35.
753 Klee (2000), S. 40, vgl. dort auch S. 36.
754 Vgl. Abschnitt 2.5.3.3.3.1.

der Hypothesen aufgrund etwaiger sich widersprechender Annahmen vermieden.[755] Aufgrund dessen können die Theorien der inhaltlich fundierenden Bezugsdimension in den situativen Ansatz als Rahmen gebendes Element „vergleichsweise leicht integriert werden ..; und zwar auch dann, wenn jene anderen theoretischen Perspektiven bei einer genaueren Hinsicht grundlegend divergierende Annahmegefüge aufweisen.“[756]

Insgesamt lässt sich auf Basis der Ausführungen in diesem Abschnitt feststellen, dass die in dieser Untersuchung verwendeten Theorien miteinander kompatibel und vereinbar sind. Im weiteren Verlauf der Untersuchung kann somit auf eine in sich schlüssige theoretische Basis zurückgegriffen werden.

2.5.5 Zusammenfassung der theoretischen Bezugspunkte

In den vorherigen Abschnitten wurden die theoretischen Bezugspunkte der vorliegenden Arbeit vorgestellt. Dazu wurde zunächst eine Untergliederung der Bezugspunkte in zwei Dimensionen vorgenommen: in eine Rahmen gebende sowie eine inhaltlich fundierende theoretische Bezugsdimension. Während die *Rahmen gebende theoretische Bezugsdimension* als übergeordnete Perspektive und konzeptionelle Leitidee für die zweite und dritte Forschungsfrage dient, leistet die *inhaltlich fundierende theoretische Bezugsdimension* einen Erklärungsbeitrag in Bezug auf die Kooperation von Zentral- und Bereichscontrolling, ihre Einflussfaktoren sowie Auswirkungen.

Die Rahmen gebende Bezugsdimension wird durch den *situativen Ansatz* ausgefüllt. Auf Basis dieses Beitrages lässt sich die Relevanz ableiten, nicht nur die Kooperation beider Controllerbereiche selbst, sondern auch ihre Einflussfaktoren und Ergebniswirkungen zu untersuchen.

Bezogen auf die inhaltlich fundierende Bezugsdimension wird auf die Ressourcenabhängigkeitsperspektive, die soziale Austauschtheorie sowie die Theorien des realistischen Konfliktes und der sozialen Identität zurückgegriffen.

Die *Ressourcenabhängigkeitsperspektive* erklärt die Existenz der Kooperation von Zentral- und Bereichscontrolling grundlegend auf Basis des Abhängigkeitsverhältnisses zwischen beiden Controllerbereichen. Darüber hinaus leistet sie eine theoretische Fundierung der

[755] So ist etwa auf kontradiktorische Annahmen zwischen situativem Ansatz und Ressourcenabhängigkeitsperspektive hinzuweisen. Während der situative Ansatz die Umwelt als gegeben und nicht veränderbar ansieht, können Organisationen nach der Ressourcenabhängigkeitsperspektive ihr Umfeld beeinflussen und aktiv gestalten (vgl. die Abschnitte 2.5.2.1 sowie 2.5.3.2.1). Da jedoch bei der theoretischen Fundierung der Kooperation von Zentral- und Bereichscontrolling sowie der Hypothesenformulierung nicht auf den situativen Ansatz rekurriert wird, kann dieser Widerspruch akzeptiert werden, ohne dass hierdurch die theoretische Erklärung der Kooperation sowie ihrer Wirkungsbeziehungen infrage gestellt werden muss.

[756] Kieser/Walgenbach (2003), S. 45 f.

Auswirkungen der Kooperation sowie der Einflussfaktoren Abhängigkeit und Umweltunsicherheit.

Die *soziale Austauschtheorie* ergänzt die Ressourcenabhängigkeitsperspektive durch die Einbeziehung sozialer Komponenten und erklärt auf dieser Basis die Existenz sowie den Fortbestand der Kooperation von Zentral- und Bereichscontrolling. Darüber hinaus lässt sich anhand dieses Ansatzes die Bedeutung von Vertrauen und Normen des Austausches als wichtiges Element kooperativer Beziehungen ableiten. Zudem dient die soziale Austauschtheorie der Generierung von Hypothesen zu Determinanten, die das Kosten-Nutzen-Verhältnis der Zusammenarbeit beider Controllerbereiche beeinflussen.

Die *Theorie des realistischen Konfliktes* betont die Wichtigkeit gemeinsamer übergeordneter Ziele sowie die sich daraus ableitenden positiven Empfindungen und Einstellungen der Interaktionspartner für eine gut funktionierende Kooperation. Darüber hinaus leistet sie nicht nur einen Beitrag zur Erklärung kooperativer, sondern auf Basis divergierender Ziele auch konfliktärer und kompetitiver Beziehungen zwischen Zentral- und Bereichscontrolling.

Die *Theorie der sozialen Identität* erbringt über ihre Kernelemente soziale Kategorisierung, soziale Identität, sozialer Vergleich sowie soziale Distinktheit ebenfalls einen Erklärungsbeitrag in Bezug auf das mögliche wettbewerbsbezogene und konfliktbehaftete Verhältnis von Zentral- und Bereichscontrolling. Darüber hinaus trägt sie über die Maßnahmen der Dekategorisierung, Rekategorisierung und wechselseitigen Differenzierung zur theoretischen Fundierung von Einflussfaktoren bei, mit denen sich die Kooperationsbeziehung zwischen beiden Controllerbereichen verbessern lässt.

Abschließend konnte die Vereinbarkeit und Kompatibilität der verwendeten Theorien untereinander belegt werden.

3 Methodische Grundlagen und Datenbasis der Untersuchung

Die Beantwortung der Forschungsfragen dieser Arbeit erfolgt – wie in Abschnitt 1.2 ausgeführt – im Rahmen einer großzahlig empirischen Untersuchung. In diesem Kapitel werden die hierzu benötigten methodischen Grundlagen vorgestellt. Darüber hinaus wird die Datenbasis der Untersuchung beschrieben.

3.1 Grundlegendes Forschungsdesign

3.1.1 Untersuchungsbereich und Untersuchungsmethode

Das grundlegende Ziel der vorliegenden Arbeit besteht – wie in den vorhergehenden Abschnitten begründet[757] – in der Analyse der Kooperation von Zentral- und Bereichscontrolling. Das *Untersuchungsobjekt* dieser Arbeit bilden dementsprechend Unternehmen, die sowohl ein Zentral- als auch ein Bereichscontrolling besitzen. Da generalisierbare und repräsentative Erkenntnisse und Handlungsempfehlungen abgeleitet werden sollen, wurde auf eine Eingrenzung der Unternehmen hinsichtlich ihrer Branchenzugehörigkeit oder anderer Kriterien verzichtet.[758]

Das Ziel der Arbeit sowie die korrespondierenden Forschungsfragen bestimmen zudem die Wahl der anzuwendenden *Analysemethodik*, die bestimmten, im Folgenden kurz zu erläuternden Anforderungen gerecht werden muss.

So wurde bei der Vorstellung der relevanten Beiträge der Schnittstellenforschung sowie der Begründung der Auswahl der Theorien der inhaltlich fundierenden theoretischen Bezugsdimension deutlich, dass kooperative Beziehungen unterschiedliche Facetten beinhalten und eine entsprechende Vielschichtigkeit aufweisen. In Anbetracht dessen ist eine direkte Messung der Kooperation beider Controllerbereiche nicht möglich. Vielmehr ist zur Erfassung der Kooperation ein *theoretisches Konstrukt* zu bilden, das durch Indikatoren bzw. manifeste Variablen gemessen wird.[759] Hierbei können *Messfehler* auftreten.[760] Insofern muss das in der Arbeit zur Anwendung kommende Analyseverfahren theoretische Konstrukte sowie die bei deren Messung auftretenden Fehler erfassen können.

Darüber hinaus sollen gemäß den Forschungsfragen 2 und 3 auch die Auswirkungen sowie Einflussfaktoren der Kooperation beider Controllerbereiche untersucht werden. Die gewählte

---

757 Vgl. etwa die Abschnitte 1.2, 2.3.2 und 2.3.3.

758 Lediglich bezüglich der Unternehmensgröße, gemessen an der Mitarbeiterzahl, wurde eine Einschränkung vorgenommen, um die Wahrscheinlichkeit zu erhöhen, dass in den im Rahmen der Befragung kontaktierten Unternehmen auch ein dezentrales Bereichscontrolling existiert. Vgl. den nachfolgenden Gliederungspunkt.

759 Zur Messung von Sachverhalten mit Konstrukten vgl. ausführlich Abschnitt 3.3.1.1.

760 Vgl. auch Jöreskog/Sörbom (1989), S. 10; Homburg/Klarmann (2003), S. 76.

Analysemethodik muss somit in der Lage sein, *Wirkungszusammenhänge zwischen Konstrukten abzubilden* und die hierzu aufgestellten *Hypothesen zu prüfen*.

Diese vier genannten Kriterien werden vor allem durch kausalanalytische Verfahren erfüllt,[761] auf die im Rahmen dieser Untersuchung daher als Analysemethodik zurückgegriffen wird.

Die Wahl kausalanalytischer Verfahren als Instrument zur Prüfung der Beziehungen zwischen den verwendeten Konstrukten sowie zur Berücksichtigung von Messfehlern über eine umfassende Gütebeurteilung der Konstrukte erfordert einen hinreichend großen Stichprobenumfang.[762] Dieser ist auch angesichts der angestrebten Repräsentativität der Untersuchung notwendig. Als *Erhebungsmethodik* eignet sich vor diesem Hintergrund sowie unter Berücksichtigung von Kosten- und Zeiterwägungen insbesondere eine standardisierte schriftliche Erhebung per Fragebogen.[763]

Da die Kooperation von Zentral- und Bereichscontrolling in der vorliegenden Untersuchung aus der Perspektive des Zentralcontrollings untersucht werden soll,[764] im Rahmen einer schriftlichen Befragung jedoch nicht alle Mitarbeiter des Zentralcontrollings befragt werden können, wurde als *Schlüsselinformant*[765] auf den Leiter des Zentralcontrollings abgestellt.[766] Dieser kann – im Gegensatz zu seinen Mitarbeitern, die jeweils nur für einen bestimmten Tätigkeitsbereich verantwortlich sind – die Beziehung zum Bereichscontrolling in all ihren Facetten und über alle Berührungspunkte hinweg beurteilen. Durch die Befragung von Zentralcontrolling-Leitern wird gleichzeitig ein potenziell auftretender „Common Method Bias"[767] sowie „Informant Bias"[768] abgemildert. So wird in der Literatur die Auswahl kompetenter Führungskräfte als Respondenten betont, um entsprechenden Messfehlern und Verzerrungen vorzubeugen.[769] Als Kriterium für die Kompetenz dienen oft die hierarchische Position sowie die Dauer der Unternehmenszugehörigkeit der befragten Personen.[770] Während

---

761 Zu den genannten Kriterien sowie zur Erfüllung dieser Kriterien durch Verfahren der Kausalanalyse vgl. Wallenburg (2004), S. 124 f. Vgl. auch Homburg (1992), S. 500; Homburg/Dobratz (1998), S. 450; Götz/Liehr-Gobbers (2004a), S. 722 ff. sowie S. 727 ff. Zu den in dieser Untersuchung verwendeten kausalanalytischen Verfahren vgl. auch die Abschnitte 3.3.1.2.1.2 sowie 3.3.2.

762 Vgl. u. a. Homburg/Baumgartner (1995b), S. 1093; Baumgartner/Homburg (1996), S. 146.

763 Vgl. Kinnear/Taylor (1996), S. 333 sowie S. 353 ff.; Scheffler (2000), S. 69; Koch (2004), S. 71. Zu den Vorteilen einer standardisierten schriftlichen Befragung vgl. auch Bortz (1984), S. 184 ff.; Schnell/Hill/Esser (2005), S. 358 f.

764 Vgl. Abschnitt 2.3.3.3.

765 Vgl. hierzu auch John/Reve (1982), S. 519; Bagozzi/Yi/Phillips (1991), S. 423.

766 Vgl. zu diesem Vorgehen auch Wallenburg (2004), S. 127 f.

767 Ein „Common Method Bias" manifestiert sich in einer systematischen Verzerrung der erhobenen Angaben aufgrund der Messung mit dem gleichen Messinstrument. Vgl. hierzu ausführlich Homburg/Klarmann (2003), S. 79 f.

768 Unter „Informant Bias" werden Messfehler verstanden, die sich durch ein systematisch verzerrtes Antwortverhalten der Informanten ergeben. Vgl. hierzu ausführlich Ernst (2001), S. 87 ff.

769 Vgl. Heide/Miner (1992), S. 273; Mitchell (1994); Ernst (2001), S. 316 f.; Hausman/Montgomery/Roth (2002), S. 253.

770 Vgl. Phillips (1981), S. 396 sowie S. 398; Kumar/Stern/Anderson (1993), S. 1636.

die erste Anforderung bei Leitern des Zentralcontrollings unmittelbar erfüllt ist, wurde der zweite Aspekt im Rahmen der Erhebung abgedeckt.[771]

Die Beurteilung der Beziehung zum Bereichscontrolling durch die Zentralcontrolling-Leiter war für *ein*, nämlich das aus Sicht des Zentralcontrollings wichtigste Bereichscontrolling vorzunehmen.[772] Dieses Vorgehen lässt sich damit begründen, dass eine umfängliche separate Einschätzung der Beziehungen zu allen bzw. mehreren in einem Unternehmen existierenden Bereichscontrollerabteilungen aufgrund des begrenzten Umfanges des Fragebogens nicht möglich gewesen wäre. Gleichzeitig ergäben sich verzerrte Ergebnisse, wenn sich die Antworten des Zentralcontrolling-Leiters eines Unternehmens auf teilweise verschiedene oder gleichzeitig mehrere dezentrale Controllerbereiche bezögen.

3.1.2 Ablauf der empirischen Erhebung

Der Ablauf der empirischen Erhebung lässt sich grob in die Schritte der Entwicklung des Fragebogens, des Pre-Tests sowie der eigentlichen Durchführung der Erhebung untergliedern.

Die *Entwicklung des Fragebogens* basierte auf dem Forschungsmodell zur Kooperation von Zentral- und Bereichscontrolling, das die in Abschnitt 1.2 formulierten Forschungsfragen abbildet. Hierzu wurden zunächst eine umfassende Literaturanalyse sowie explorative Interviews mit Controllern durchgeführt. Im Rahmen der Literaturanalyse wurden zum einen Arbeiten aus dem Bereich Controlling im Hinblick auf das Verhältnis von Zentral- und Bereichscontrolling ausgewertet. Zum anderen wurden Beiträge der Kooperations- und Schnittstellenforschung in die Analyse einbezogen, um Erkenntnisse zur Modellierung der Kooperation zu gewinnen.[773] Ziel der explorativen Interviews war es, das aus der Literaturanalyse gewonnene Verständnis weiter zu vertiefen sowie sicherzustellen, dass die relevanten Aspekte des Untersuchungsgegenstandes in der Befragung abgedeckt wurden.[774] Darüber hinaus wurden im weiteren Verlauf Expertengespräche mit Lehrstuhlinhabern an der WHU – Otto Beisheim School of Management zum genannten Forschungsfeld sowie zum empirischen Vorgehen geführt. Aufbauend hierauf sowie im Austausch und in der Diskussion innerhalb der Forschungsgruppe „Controller im Wettbewerb“ am Lehrstuhl für Controlling

---

[771] Darüber hinaus wurden die Leiter des Zentralcontrollings um Angabe gebeten, seit wie vielen Jahren sie in dieser Funktion bereits tätig sind. Die Kompetenz der Informanten, die gestellten Fragen adäquat beantworten zu können, wurde überdies mit der Frage „Bezogen auf den Fragebogen, wie zufrieden sind Sie mit der Verständlichkeit und Eindeutigkeit der Fragen?“ geprüft. Vgl. auch Abschnitt 3.1.2. Zu den Ergebnissen hierzu vgl. Abschnitt 3.2.3.

[772] Analog Engelbrecht (2004), S. 79, sowie Wallenburg (2004), S. 127.

[773] Zu den im Rahmen der Literaturanalyse betrachteten Arbeiten vgl. auch die Abschnitte 2.4.1 sowie 2.4.2.

[774] Der Kontakt zu den im Rahmen der explorativen Interviews befragten Controllern ergab sich über die Mitarbeit an einem Forschungsprojekt des Lehrstuhles für Controlling und Telekommunikation von Prof. Dr. Dr. h. c. Weber an der WHU – Otto Beisheim School of Management. Unter den befragten Personen befanden sich auch mehrere Zentralcontrolling-Leiter sowie ein stellvertretender Leiter.

und Telekommunikation von Prof. Dr. Dr. h. c. Weber wurde der Fragebogen für die empirische Erhebung konzipiert.

Der Fragebogen bestand aus zwei Teilen: einem allgemeinen Teil, der Angaben zur Person, zum Unternehmen sowie zum Controllerbereich des Respondenten erhob, und einem speziellen Teil, der die Fragen zur Schnittstelle zwischen Zentral- und Bereichscontrolling beinhaltete.[775] Zu Beginn des speziellen Teiles wurde der Zentralcontrolling-Leiter darauf hingewiesen, dass alle nachfolgenden Fragen auf dasselbe dezentrale Bereichscontrolling zu beziehen waren, und zwar auf dasjenige Bereichscontrolling, das aus Sicht des Zentralcontrollings am wichtigsten ist (z. B. zu dem sich die meisten Berührungspunkte ergeben).[776] Die Auswahl des betrachteten Bereichscontrollings selbst wurde dem Respondenten überlassen.

Bei der Formulierung der Fragen wurde auf die Vermeidung eines „Response Bias" geachtet,[777] der vor allem auf die Ursachen Akquieszenz[778] und soziale Erwünschtheit[779] zurückgeführt werden kann.[780] Hierzu wurden Negativformulierungen ebenso wie Ausdrücke, die mit einer emotionalen Wertung verbunden sind oder die sich in soziologischen Studien als unpräzise herausgestellt haben, vermieden.[781] Einer möglichen Akquieszenz der Respondenten wurde darüber hinaus durch die Verwendung von „Reverse Coded Items"[782] Rechnung getragen. Des Weiteren wurden die Respondenten dazu befragt, wie verständlich und eindeutig sie die gestellten Fragen empfanden.[783] Die Antworten hierzu ermöglichen neben einem Rückschluss auf einen potenziell auftretenden „Response Bias" auch eine Einschätzung der Informationsbasis und Kompetenz des Informanten. Wird die Verständlichkeit und Eindeutigkeit der gestellten Fragen verneint, besitzt der Antwortende tendenziell eine geringere Kompetenz bzw. weniger Informationen, um den Fragebogen adäquat ausfüllen zu können.[784] Die Gefahr, dass ein „Informant Bias" sowie „Common Method Bias" auftreten, ist dann stärker gegeben.[785] Um die Kompetenz der

---

775 Der Fragebogen ist im Anhang abgedruckt.

776 Vgl. hierzu auch die Ausführungen in Abschnitt 3.1.1.

777 Vgl. auch das Vorgehen bei Matthes (2006), S. 85 f.

778 Akquieszenz beschreibt das Phänomen, dass Informanten einer Aussage auch dann zustimmen, wenn sie anderer Meinung sind (vgl. Ray (1983), S. 81), bzw. „the tendency to consistently rate in a positive direction"; Shulman (1973), S. 407.

779 Soziale Erwünschtheit „refers to a need for social approval and acceptance and the belief that this can be attained by means of culturally acceptable and appropriate behaviors"; Marlowe/Crowne (1961), S. 109.

780 Vgl. ausführlich Esser (1977), S. 254 ff.

781 Vgl. Busz et al. (1972), S. 288 ff.; Peterson/Peterson (1976), S. 163 f.; Kinnear/Taylor (1996), S. 366 f.

782 Bei „Reverse Coded Items" werden die Indikatorfragen entgegen der Messrichtung des Konstruktes formuliert.

783 Ähnlich Matthes (2006), S. 84 f.

784 In diesem Zusammenhang ist darauf hinzuweisen, dass die Teilnehmer des Pre-Tests dem Fragebogen insgesamt eine hohe Verständlichkeit bescheinigten (vgl. auch die folgenden Ausführungen), so dass eine generelle mangelnde Verständlichkeit und Eindeutigkeit des Fragebogens als Ursache für eine Verneinung dieser Frage ausscheidet. Darüber hinaus erhielten die im Fragebogen gestellten Fragen von den Respondenten im Rahmen der Untersuchung allgemein eine hohe Bewertung in Punkto Verständlichkeit und Eindeutigkeit; vgl. Abschnitt 3.2.3.

785 Vgl. auch Abschnitt 3.1.1.

Schlüsselinformanten besser beurteilen und so ebenfalls das Ausmaß der beiden letztgenannten Ausprägungen eines „Bias" eingrenzen zu können, wurden den Zentralcontrolling-Leitern überdies zwei Fragen zur Dauer der Unternehmenszugehörigkeit und Tätigkeit in ihrer Funktion gestellt.[786]

Die Fragen wurden in Aussageform formuliert und über eine Likert-Skala gemessen.[787] Der Zeitbedarf zum Ausfüllen des Fragebogens wurde mit ca. 20 Minuten angegeben.

Im zweiten Schritt wurde der entwickelte Fragebogen einem intensiven *Pre-Test* unterzogen. Ziel eines Pre-Tests ist es, die formulierten Fragen einerseits hinsichtlich ihrer Verständlichkeit und Eindeutigkeit sowie andererseits in Bezug auf ihre inhaltliche Relevanz für das entsprechende Konstrukt zu validieren.[788] Die Durchführung des Pre-Tests erfolgte im Rahmen des Workshops „Controller im Wettbewerb" auf einer Veranstaltung des Lehrstuhles von Prof. Dr. Dr. h. c. Weber. Hierbei wurde der Fragebogen zunächst von den 22 teilnehmenden Controllern beantwortet. Im Anschluss daran wurden die Probanden zu Verständlichkeit, inhaltlicher Konsistenz, praktischer Relevanz, der verwendeten Likert-Skalierung[789] sowie Aufbau und Länge des Fragebogens befragt. Darüber hinaus wurde der Fragebogen von sechs Wissenschaftlern beurteilt. Insgesamt führte der Pre-Test zu geringfügigen Anpassungen: eine Indikatorfrage wurde gestrichen, kleinere Umformulierungen und Umformatierungen wurden vorgenommen sowie die Hinweise zum Ausfüllen des Fragebogens präzisiert.

Die *Durchführung der Erhebung* geschah – auch um Synergien nutzen und die mit der Erhebung verbundenen Kosten möglichst gering halten zu können[790] – im Rahmen des Forschungsprojektes „Die Zusammenarbeit des Controllings mit anderen Funktionsbereichen" der Forschungsgruppe „Controller im Wettbewerb". Hierbei wurde auch die Beziehung des Zentralcontrollings zur Strategieabteilung[791], zur Innenrevision[792] sowie zum externen Rechnungswesen[793] untersucht.

Als Datengrundlage wurde auf die Hoppenstedt-Firmendatenbank zurückgegriffen. Diese enthielt einen Datenbestand, bei dem der Name des Zentralcontrolling-Leiters des jeweiligen Unternehmens bekannt war, sowie einen Datenbestand, bei dem diese Angabe fehlte. Um die

---

786 Vgl. nochmals Abschnitt 3.1.1. Die Ergebnisse hierzu werden in Abschnitt 3.2.3 behandelt.

787 Zur Likert-Skalierung vgl. ausführlich auch Stier (1999), S. 79 ff.

788 Vgl. Homburg/Giering (1996), S. 11 f.

789 Hierzu wurden Fragebögen sowohl mit einer 5-stufigen als auch mit einer 7-stufigen Skalierung ausgegeben. Die 5er-Skalen wurden als deutlich praktikabler empfunden, so dass im Rahmen der Erhebung auf diese Skalierung zurückgegriffen wurde. Anzumerken ist in diesem Zusammenhang, dass bei einer Abstufung von fünf Ausprägungen bei Likert-Skalen die Anforderungen einer metrischen Skalierung erfüllt sind; vgl. Byrne (2001), S. 70 ff.

790 In diesem Zusammenhang lassen sich etwa die Kosten für die Adressenbeschaffung und Incentivierung der Informanten, die Vermeidung einer gegenseitigen Kannibalisierung der Rücklaufquote sowie die Betreuung der Respondenten während der Feldphase nennen.

791 Vgl. Knollmann (2007).

792 Vgl. Birl (2007).

793 Vgl. Grieshop/Weber (2007).

Wahrscheinlichkeit zu erhöhen, dass die im Rahmen der Erhebung kontaktierten Unternehmen neben dem Zentralcontrolling auch ein separates dezentrales Bereichscontrolling sowie die genannten anderen drei Funktionsbereiche besitzen, wurde für das erste Datensample ein Größenminimum von 100 Mitarbeitern, für das zweite Datensample von 200 Mitarbeitern je Unternehmen gesetzt. Zur Identifizierung der Schlüsselinformanten in den Unternehmen des zweiten Samples wurde eine E-Mail an die in der Datenbank angegebene allgemeine E-Mail-Adresse des Unternehmens versandt. Der Empfänger der E-Mail wurde gebeten, diese an den Leiter des Zentralcontrollings des Unternehmens weiterzuleiten, der hierüber zur Teilnahme am Forschungsprojekt eingeladen wurde. Interessierte Zentralcontrolling-Leiter konnten sich über eine eigens eingerichtete und nur mit einem Code zugängliche Internet-Seite registrieren.

Als Form der Durchführung wurde die Online-Befragung gewählt, die mit einigen Vorteilen gegenüber schriftlichen Befragungen auf postalischem Wege verbunden ist.[794] In diesem Zusammenhang ist aus Sicht des genannten Forschungsprojektes insbesondere die Möglichkeit eines sog. „Levelling“ von Bedeutung. Dazu wurde der Respondent zunächst gebeten, die im Rahmen des Forschungsprojektes betrachteten Abteilungen auszuwählen, die neben dem Zentralcontrolling in seinem Unternehmen existieren. Aufbauend auf dieser Angabe wurde sodann als erstes der Fragebogen zu derjenigen vorhandenen Schnittstelle angezeigt, die bis dahin den geringsten Rücklauf zu verzeichnen hatte. Nach der Befragung zu zwei Interaktionspartnern besaß der Respondent die Option, die Fragen zu einer potenziell existierenden dritten und vierten Schnittstelle zu beantworten.

Als Einladung zur Beantwortung des Fragebogens erhielten die Zentralcontrolling-Leiter aus dem ersten Datensample[795] sowie die sich auf Basis des zweiten Datensamples registrierten Personen Mitte Januar 2006 eine personalisierte E-Mail mit einem individuellen Link und Zugangscode zum Online-Fragebogen. Durch den Zugangscode wurde sichergestellt, dass nur der autorisierte Personenkreis auf den Fragebogen zugreifen sowie dass ein Informant nicht mehrfach an der Befragung teilnehmen konnte. Darüber hinaus enthielt die E-Mail einen kurzen Hinweis auf das Forschungsprojekt sowie die Zusicherung, dass alle im Rahmen der Befragung getätigten Angaben streng vertraulich behandelt würden. Um eine möglichst hohe Rücklaufquote zu erzielen, wurden in der E-Mail zudem folgende Gegenleistungen für die Beantwortung des Fragebogens angeboten:[796]

- ein individuell und exklusiv erstellter Benchmarking-Bericht auf Basis der Ergebnisse des Forschungsprojektes,

---

794 Vgl. hierzu ausführlich Zerr (2003), S. 12 f.

795 Die E-Mail-Adressen wurden hier aus Vor- und Nachname des angegebenen Zentralcontrolling-Leiters sowie der allgemeinen E-Mail-Adresse des Unternehmens generiert.

796 Zur Bedeutung einer Incentivierung der potenziellen Respondenten vgl. ausführlich die Übersicht über entsprechende Studien auf S. 512 sowie die Analyseergebnisse auf S. 518 und S. 524 f. bei Diamantopoulos/ Schlegelmilch (1996). Vgl. auch die Untersuchung von Church (1993), S. 68 ff. sowie S. 72.

- ein Gratisexemplar des Controlling-Standardwerkes „Einführung in das Controlling“ von Prof. Dr. Dr. h. c. Weber[797] sowie
- eine Einladung für eine eintägige Fortbildung an der WHU – Otto Beisheim School of Management.

Sofern der Respondent die Fragen zu mehr als zwei Schnittstellen beantwortet hatte, erhielt er pro zusätzlich ausgefülltem Fragebogen jeweils ein Gratisexemplar der Schriftenreihe „Advanced Controlling“.

Insgesamt wurden 4.304 Zentralcontrolling-Leiter per E-Mail kontaktiert. Anfang Februar 2006 erfolgte der Versand einer Erinnerungs-E-Mail an diejenigen Personen, die den Fragebogen bis dahin noch nicht beantwortet hatten. Der Online-Fragebogen war bis Anfang März 2006 freigeschaltet.

3.2 Datenbasis der Untersuchung

3.2.1 Umfang der Datenbasis

Von den 4.304 kontaktierten Zentralcontrolling-Leitern nahmen insgesamt 1.717 Personen an dem Forschungsprojekt „Die Zusammenarbeit des Controllings mit anderen Funktionsbereichen“ teil. Die Rücklaufquote beläuft sich damit auf 39,9 %. Sowohl absoluter Rücklauf als auch Rücklaufquote sind im Vergleich zu anderen empirischen Arbeiten der Controlling-Forschung als außerordentlich hoch und damit äußerst positiv zu bewerten. Großzahlig empirische Untersuchungen im Controlling-Kontext, die auf einer schriftlichen Befragung basieren und einen ähnlich hohen absoluten wie relativen Rücklauf erzielen konnten, sind nicht bekannt.[798]

Bei 318 der insgesamt 1.717 antwortenden Unternehmen existierte neben dem Zentralcontrolling keine der im Rahmen des Forschungsprojektes untersuchten Schnittstellen. Ein dezentrales Bereichscontrolling war in 477 Fällen zu verzeichnen. Dieser Anteil von 27,8 % in Bezug auf alle teilnehmenden Unternehmen resultiert auch aus der Tatsache heraus, dass sich dezentrale Controllerbereiche aufgrund von Dezentralisierungsentscheidungen primär in Großunternehmen und Konzernen wiederfinden,[799] während sich vor allem kleinere und mittlere Unternehmen am Forschungsprojekt beteiligten.[800]

Auf Basis der 477 Unternehmen mit einem Zentral- sowie Bereichscontrolling ergaben sich durch das „Levelling“ 418 Antworten zur Schnittstelle zwischen beiden Controllerbereichen.

[797] Vgl. Weber (2004).
[798] Vgl. exemplarisch die Übersicht bei Niedermayr (1996), S. 128 f., sowie Bauer (2002), S. 55 ff.
[799] Vgl. auch Küpper/Weber/Zünd (1990), S. 287; Horváth (2003), S. 845. Vgl. auch Abschnitt 2.2.1.
[800] So beträgt der Anteil der Unternehmen mit bis zu 500 Mitarbeitern in der Gesamtstichprobe des Forschungsprojektes über 50 %.

Fragebögen, die nur rudimentär ausgefüllt wurden oder bei denen aufgrund fehlender Angaben eine valide Auswertung der entsprechenden Faktoren nicht möglich war, wurden aus der Stichprobe eliminiert. Bei einzelnen fehlenden Werten dagegen wurde auf einen kompletten Ausschluss des Falles verzichtet, um die Validität und Repräsentativität der Stichprobe durch den mit der Eliminierung verbundenen Daten- und Informationsverlust nicht unnötig einzuschränken.[801] Stattdessen wurde mit dem Expectation-Maximization (EM)-Algorithmus[802] auf ein anerkanntes und in der empirischen Forschung weit verbreitetes statistisches Verfahren zurückgegriffen,[803] um diese vereinzelt fehlenden Werte zu schätzen. Der EM-Algorithmus zeichnet sich dabei durch die Eigenschaft aus, nicht nur für die meisten unterschiedlichen Muster fehlender Werte[804], sondern auch für den bei empirischen Untersuchungen besonders häufig vorkommenden Fall, dass verschiedene Ausfallmechanismen gleichzeitig auftreten,[805] Schätzwerte zu liefern, die denen anderer Verfahren in Bezug auf zentrale Kriterien überlegen sind.[806]

Insgesamt konnten auf diese Weise 386 Antworten zur Schnittstelle zwischen Zentral- und Bereichscontrolling in die folgenden Auswertungen einbezogen werden, was, bezogen auf sämtliche angeschriebenen Unternehmen, einer effektiven Rücklaufquote von 9 % entspricht.

3.2.2 Charakteristika der Datenbasis

Die in der Datenbasis enthaltenen Unternehmen lassen sich zunächst hinsichtlich ihrer Branchenzugehörigkeit und Größe charakterisieren (vgl. Abbildung 3).

801 Vgl. auch Kim/Curry (1977), S. 216 f.

802 „The EM algorithm is a two-step iterative procedure whereby missing values are imputed, and a covariance matrix and mean vector are subsequently estimated." Enders (2003), S. 326. Zum EM-Algorithmus vgl. ausführlich auch McLachlan/Krishnan (1997), S. 21 ff.; Little/Rubin (2002), S. 166 ff.; Watanabe/Yamaguchi (2004), S. 16 f.; Yamaguchi/Watanabe (2004), S. 21 ff.

803 Vgl. auch Schnell (1991), S. 107; Bankhofer/Praxmarer (1998), S. 116.

804 In Anlehnung an Rubin (1976), S. 584 f., lassen sich nach dem Kriterium, inwieweit Werte systematisch oder unsystematisch fehlen, die Muster bzw. Ausfallmechanismen „Missing Completely At Random" (MCAR), „Missing At Random" (MAR) sowie „Missing Not At Random" (MNAR) unterscheiden. Vgl. hierzu auch Schnell (1991), S. 105 f.; Enders (2003), S. 323.

805 Vgl. Enders (2003), S. 333.

806 Vgl. Enders (2003), S. 328 ff.; Enders (2004), S. 426 ff.; Lemieux/McAlister (2005), S. 49 ff.

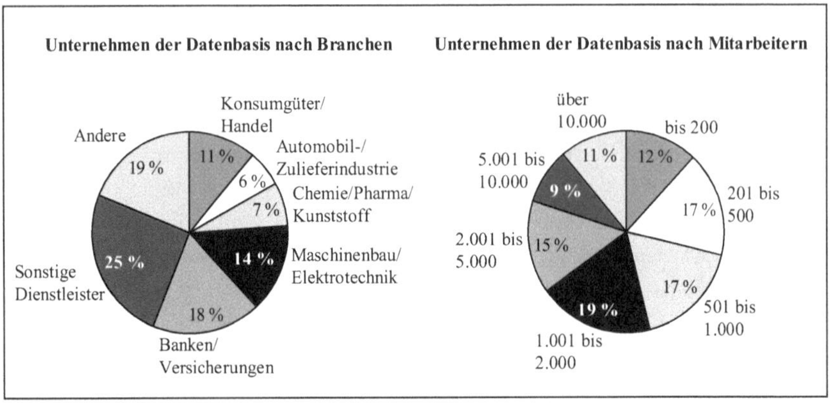

Abbildung 3: Verteilung der Unternehmen der Datenbasis nach Branche und Größe

Die Aufteilung der Unternehmen nach *Branchenzugehörigkeit* zeigt, dass alle bedeutsamen Branchen in der Stichprobe abgedeckt sind. Der höchste Anteil kommt den Sonstigen Dienstleistern zu, gefolgt von Unternehmen anderer Branchen[807] sowie Banken und Versicherungen. Unterdurchschnittlich vertreten sind dagegen insbesondere Unternehmen aus der Automobil-/ Zulieferindustrie sowie den Bereichen Chemie/Pharma/Kunststoff. Insgesamt ist bei der Branchenverteilung eine hohe Streuung zu verzeichnen.

Hinsichtlich der *Unternehmensgröße* wurde auf die Zahl der Beschäftigten abgestellt. Gegenüber dem Umsatz als Größenkriterium weist die Mitarbeiterzahl den Vorteil auf, dass sich hierdurch auch Banken und Versicherungen sinnvoll in Bezug auf ihre Größe erfassen lassen. Aus Abbildung 3 geht hervor, dass sich die in der Stichprobe vertretenen Unternehmen relativ homogen über die dargestellten Größenklassen verteilen. Die meisten Unternehmen fallen in die Kategorie mit über 1.000 bis 2.000 Beschäftigten. Darüber hinaus sind in der Stichprobe vor allem Großunternehmen mit mehr als 500 Mitarbeitern zu finden. Ihr Anteil an allen Unternehmen der Datenbasis beträgt über 70 %. Diese Verteilung entspricht den Erwartungen und ist mit der Aussage konsistent, dass dezentrale Bereichscontrollerabteilungen primär in größeren Unternehmen institutionalisiert werden.[808]

Neben Branche und Größe wurde die *Organisationsform*[809] der Unternehmen erhoben. Diese kann – wie erläutert – die Beziehung zwischen Zentral- und Bereichscontrolling wesentlich mitprägen.[810] Abbildung 4 verdeutlicht, dass die Organisationsformen der Operativen Holding

[807] Der hohe Anteil dieser Unternehmen lässt sich dadurch erklären, dass in der Datenbasis der vorliegenden Untersuchung vor allem größere Unternehmen enthalten sind, die tendenziell in mehreren Branchen gleichzeitig tätig sind. Dies gilt insb. für die Organisationsformen der Management- und Finanzholding (vgl. auch Abschnitt 2.2.1.1). Im Fragebogen konnte dagegen nur eine Branche ausgewählt werden.

[808] Vgl. auch den vorhergehenden Abschnitt.

[809] Mit dem Begriff „Organisationsform" ist die Konzern- bzw. Holding-Form des Unternehmens gemeint. Im Folgenden werden diese drei Begriffe synonym verwandt.

[810] Vgl. hierzu auch die Abschnitte 2.2.1.1, 2.2.2, 2.2.3 sowie 2.4.1.1.

und Management-Holding bei den in der Datenbasis enthaltenen Unternehmen eindeutig dominieren und in etwa gleich häufig vorkommen. Dagegen entfallen auf den Typus der Finanzholding nur knapp 4 % der Fälle, was 14 Unternehmen entspricht.[811]

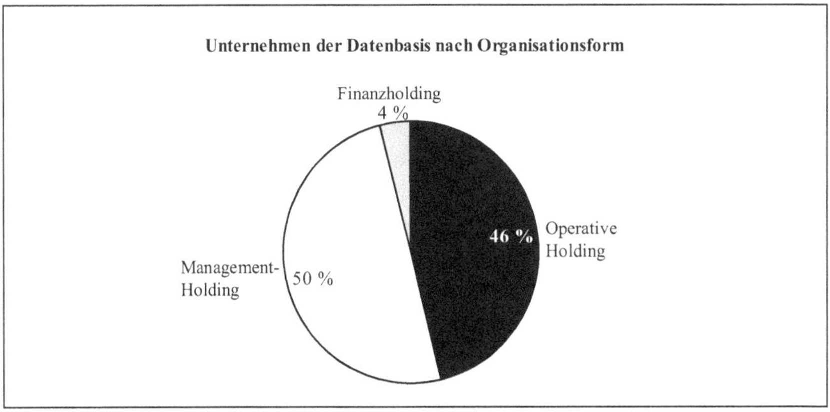

Abbildung 4: Verteilung der Unternehmen der Datenbasis nach Organisationsform

3.2.3 Güte und Repräsentativität der Datenbasis

Damit im Rahmen der empirischen Untersuchung generalisierbare und unverzerrte Aussagen abgeleitet werden können, ist es von Bedeutung, dass die zugrunde liegende Datenbasis eine hohe Güte und Repräsentativität aufweist.

Vor diesem Hintergrund wurde zunächst untersucht, inwieweit die Gefahr besteht, dass die Antworten der Respondenten einem möglichen „Bias“ unterliegen. Im Durchschnitt bezifferten die Zentralcontrolling-Leiter die Dauer der Zugehörigkeit zum jetzigen Unternehmen mit knapp neun Jahren; seit knapp sechs Jahren waren die Informanten in ihrer Funktion als Leiter des Zentralcontrollings tätig. Dies deutet auf eine hinreichende Kompetenz der Respondenten hin, so dass nicht davon ausgegangen werden muss, dass die Antworten stark durch einen „Common Method Bias“ sowie „Informant Bias“ beeinträchtigt sind.[812] Gestützt wird diese Einschätzung durch die Antworten zu der Frage, wie zufrieden die Informanten mit der Verständlichkeit und Eindeutigkeit der gestellten Fragen waren. Die hierbei zum Ausdruck kommende hohe Zufriedenheit der Respondenten zeugt ebenfalls von einer ausreichenden Kompetenz und Informationsbasis für eine unverzerrte Beantwortung der

811 Trotz der untergeordneten Bedeutung der Form der Finanzholding in der vorliegenden Stichprobe wird auf eine Eliminierung dieser Fälle bewusst verzichtet, da das Ziel der Untersuchung die Ableitung allgemeingültiger Aussagen – auch über verschiedene Konzernformen hinweg – ist. Vgl. auch Abschnitt 3.1.1.

812 Vgl. Abschnitt 3.1.1.

Fragen. Darüber hinaus wird durch dieses Ergebnis die Wahrscheinlichkeit eingeschränkt, dass ein „Response Bias" vorliegt.[813]

Für die Repräsentativität der Datenbasis ist es von Bedeutung, ob sich signifikante Unterschiede zwischen Antworten von Unternehmen ergeben, die in der Datenbasis enthalten sind, und den potenziellen Antworten von Unternehmen, die durch die Stichprobe nicht abgedeckt sind.[814] Bestehen zwischen beiden Gruppen systematische Unterschiede im Antwortverhalten, so ist die Repräsentativität der Datenbasis anzuzweifeln und von einem sog. „Non-Response Bias" auszugehen. Das Vorliegen eines derartigen „Bias" kann mit einem entsprechenden Test in Anlehnung an ARMSTRONG/OVERTON (1977) analysiert werden. Grundannahme dieses „Non-Response Bias"-Tests ist, dass „persons responding later are assumed to be more similar to nonrespondents."[815] Demgemäß wurde die Datenbasis zur Durchführung dieses Tests in zwei Teilstichproben aufgeteilt. Die erste Teilstichprobe enthielt die Unternehmen, die den Fragebogen vor Versand der Erinnerungs-E-Mail ausgefüllt hatten; die zweite Teilstichprobe umfasste die Antworten, die erst auf Basis der Erinnerungs-E-Mail gegeben worden waren.[816] Die Analyse, ob sich das Antwortverhalten in beiden Teilstichproben systematisch unterscheidet, erfolgte auf Basis eines Mittelwertvergleiches per t-Test.[817] Dabei wurden bei insgesamt 87 metrisch skalierten Variablen auf einem Signifikanzniveau von 5 % nur 2 signifikante Unterschiede festgestellt, so dass von einer in dieser Hinsicht repräsentativen Datenbasis auszugehen ist.

Die Repräsentativität der Datenbasis hinsichtlich ihrer Branchenverteilung kann nicht abschließend beurteilt werden, da die Aufteilung der Unternehmen nach Branchen in der Grundgesamtheit und auch in der verwendeten Hoppenstedt-Firmendatenbank nicht bekannt ist. Aufgrund des außerordentlich hohen Rücklaufes kann jedoch die Branchenverteilung in der Gesamtstichprobe des Forschungsprojektes als Schätzwert hierfür angesetzt werden, um eine Indikation für die Branchenrepräsentativität der Datenbasis der vorliegenden Untersuchung zu erhalten. Auf Basis eines Chi-Quadrat-Tests konnte die Null-Hypothese, dass die Branchenverteilungen in beiden Samples identisch sind, nicht abgelehnt werden.[818]

Vor dem Hintergrund, dass der Anteil kleinerer und mittlerer Unternehmen mit bis zu 500 Beschäftigten in der Datenbasis knapp 30 % beträgt, wurde schließlich untersucht, ob zwischen Unternehmen verschiedener Größe signifikante Abweichungen bei der Beantwortung des Fragebogens auftreten. Hierzu wurden die Antworten von Unternehmen einer Größenklasse mit den korrespondierenden Antworten der Unternehmen in jeweils allen anderen Größenklassen auf Mittelwertunterschiede getestet. Da die Durchführung entspre-

813 Vgl. Abschnitt 3.1.2.
814 Vgl. auch Van der Stede/Young/Chen (2005), S. 669 f. sowie S. 673.
815 Armstrong/Overton (1977), S. 397.
816 Diese Aufteilung entspricht dem gängigen Vorgehen bei der Durchführung eines „Non-Response Bias"-Tests; vgl. Armstrong/Overton (1977), S. 397.
817 Zum t-Test vgl. ausführlich bspw. Brosius (2004), S. 475 ff.
818 Zum Chi-Quadrat-Test vgl. u. a. Kinnear/Taylor (1996), S. 601 ff.

chender paarweiser t-Tests bei der vorliegenden Anzahl von Mitarbeiterkategorien und zu analysierenden Variablen nicht nur sehr aufwendig ist, sondern darüber hinaus zu fehlerhaften Ergebnissen und Schlussfolgerungen führt, wurden stattdessen multiple Vergleichstests im Rahmen einer einfaktoriellen Varianzanalyse (ANOVA) angewandt.[819] Auf einem Signifikanzniveau von 5 % kam es nur in etwa 1 % der Fälle zu signifikanten Mittelwertdifferenzen.[820] Insofern kann von einem einheitlichen Antwortverhalten über alle Unternehmensgrößen ausgegangen werden.

Insgesamt lässt sich auf Basis dieser Auswertungen auf eine hohe Repräsentativität und Güte der Datenbasis für die weiteren Analysen schließen.

3.3 Empirische Analysemethodik

Da die in dieser Untersuchung verwendete empirische Analysemethodik mittlerweile als Standardinstrumentarium in der empirischen Controlling-Forschung angesehen werden kann,[821] sollen die folgenden Ausführungen entsprechend knapp gehalten werden.[822] Analog dem von ANDERSON/GERBING (1988) vorgeschlagenen zweistufigen Vorgehen bei der Durchführung der empirischen Analyse wird in den folgenden Abschnitten zunächst die Analyse von Messmodellen thematisiert, bevor in einem zweiten Schritt die Analyse von Strukturmodellen behandelt wird.[823]

3.3.1 Analyse von Messmodellen

3.3.1.1 Grundlagen der Analyse von Messmodellen

Kernelement und Ausgangspunkt von Messmodellen sind sog. theoretische Konstrukte, die nach BAGOZZI/FORNELL (1982) „as an abstract entity which represents the 'true,' nonobservational state or nature of a phenomenon"[824] verstanden werden können.[825] Da

[819] Vgl. Brosius (2004), S. 508. Als Verfahren wurde hierbei der Test nach Scheffé ausgewählt, der das Risiko fehlerbehafteter Ergebnisse durch konservative Schätzungen minimiert; vgl. Brosius (2004), S. 513 f.

[820] Die Mittelwertunterschiede sind vor allem auf die Antworten zum Messmodell „Räumliche Nähe von Zentral- und Bereichscontrolling" (vgl. hierzu Abschnitt 6.2.1.1.5) zurückzuführen. Dass beide Controllerbereiche in größeren Unternehmen aufgrund der größeren räumlichen Ausdehnung der Aktivitäten oftmals in höherer Entfernung zueinander angesiedelt sind als in kleineren Unternehmen, ist unmittelbar nachvollziehbar.

[821] Vgl. z. B. die Arbeiten von Bauer (2002), Hunold (2003), Sandt (2004), Spillecke (2006) sowie Sorg (2007).

[822] Für eine ausführliche Darstellung der in dieser Untersuchung zur Anwendung kommenden Analysemethodik vgl. neben den genannten Arbeiten aus dem Bereich Controlling auch Dehler (2001), S. 74 ff., sowie Wallenburg (2004), S. 134 ff. Zur Darstellung der historischen Entwicklung der verwendeten Methodik vgl. Homburg (1989), S. 13 ff.

[823] Vgl. Anderson/Gerbing (1988), S. 417 ff. Vgl. auch Corsten (2003), S. 52.

[824] Bagozzi/Fornell (1982), S. 24.

[825] Vgl. auch Bagozzi/Phillips (1982), S. 465.

Konstrukte nicht direkt beobachtbar sind und somit auch nicht unmittelbar gemessen werden können, wird hierfür oft auch die Bezeichnung „latente Variable“ verwendet.[826] Für empirische Untersuchungen, in denen Sachverhalte über Konstrukte erfasst und in denen Wirkungsbeziehungen zwischen mehreren Konstrukten analysiert werden sollen, ist eine Konstruktmessung jedoch erforderlich.[827] Hierzu sind im Rahmen einer Konzeptualisierung zunächst die wesentlichen inhaltlichen Dimensionen des Konstruktes zu erarbeiten. Aufbauend darauf werden bei der Operationalisierung Messindikatoren (auch „manifeste Variablen“ oder „Indikatorvariablen“[828] genannt) zur Messung der latenten Variablen entwickelt, die das Konstrukt abbilden und über die die latente Variable „ihren empirischen Bezug“[829] erhält.[830] Die Beziehungen zwischen der latenten Variable und den Messindikatoren stellen das sog. Messmodell dar.[831]

Nach der Messrichtung der Indikatorvariablen lassen sich formative und reflektive Messmodelle unterscheiden.[832] Bei *formativen Messmodellen* wirken die Indikatorvariablen auf die latente Variable und stellen deren Verursachungsquelle dar.[833] Diese Kausalität ist bei *reflektiven Messmodellen* entgegengesetzt. Hier stellt die latente Variable die Ursache für die Ausprägung der Indikatoren dar; die Indikatoren spiegeln die latente Variable wider bzw. „reflektieren“ diese.[834] Da es „der Natur vieler Konstrukte und dem aktuellen Forschungsstand der Messtheorie [widerspricht]“,[835] latente Variablen grundsätzlich auf Basis reflektiver Operationalisierungen zu messen, werden in dieser Arbeit – um Fehlspezifikationen von Konstrukten vorzubeugen – sowohl reflektive als auch formative Messmodelle benutzt.[836]

826 Vgl. Hildebrandt (1984), S. 41; Homburg/Baumgartner (1995a), S. 163; Homburg/Giering (1996), S. 6; Herrmann/Huber/Kressmann (2006), S. 35.

827 Vgl. auch Wallenburg (2004), S. 135.

828 Vgl. Homburg (1992), S. 500; Homburg/Baumgartner (1995a), S. 163.

829 Herrmann/Huber/Kressmann (2006), S. 35.

830 Vgl. Homburg/Giering (1996), S. 5. Vgl. auch Homburg (1992), S. 500 f.; Stier (1999), S. 30 f.; Schnell/Hill/Esser (2005), S. 127.

831 Vgl. Homburg/Baumgartner (1995b), S. 1093. Vgl. auch Bollen (1989), S. 13 f.

832 Vgl. Blalock (1964), S. 163; Bollen/Lennox (1991), S. 305; MacCallum/Browne (1993), S. 533. Zur Operationalisierung formativer und reflektiver Konstrukte vgl. auch Herrmann/Huber/Kressmann (2006), S. 46 ff.

833 Vgl. MacCallum/Browne (1993), S. 533; Fassott (2006), S. 83. Indikatoren formativer Messmodelle werden daher in der Englisch sprachigen Literatur auch als „cause indicators“ bezeichnet; vgl. Bollen/Lennox (1991), S. 305 f.

834 Vgl. Eberl/Zinnbauer (2005), S. 591; Diamantopoulos/Siguaw (2006), S. 263. Im Englischen spricht man bei reflektiven Indikatorvariablen auch von „effect indicators“; vgl. Bollen/Lennox (1991), S. 305 f. Zur Unterscheidung von formativen und reflektiven Messmodellen vgl. auch Jarvis/MacKenzie/Podsakoff (2003), S. 202 f.

835 Fassott (2006), S. 85.

836 Vgl. Fassott (2006), S. 85. Weitere Unterscheidungen von Messmodellen können nach der Anzahl der Indikatoren, der Anzahl der beinhalteten inhaltlichen Faktoren sowie der Anzahl der zugrunde liegenden theoretischen Dimensionen getroffen werden. Je nach dem, ob nur ein oder mehrere Indikatoren zur Operationalisierung des Konstruktes verwendet werden, liegt ein Single-Item- vs. Multi-Item-Ansatz vor; vgl. Churchill (1979), S. 66; Jacoby (1978), S. 93. Laden alle Messindikatoren auf einen einzigen Faktor, wird von einem einfaktoriellen Messmodell gesprochen, während mehrfaktorielle Messmodelle durch mehrere Faktoren aus verschiedenen inhaltlichen Bereichen abgebildet werden. Basieren die einzelnen

Jeder Indikator stellt eine potenziell fehlerbehaftete Messung der latenten Variablen dar.[837] Um im Rahmen empirischer Analysen dennoch zu aussagekräftigen Ergebnissen zu gelangen, ist eine hohe Reliabilität und Validität der verwendeten Messmodelle von entscheidender Bedeutung.[838] *Reliabilität* bezieht sich dabei auf die Zuverlässigkeit einer Messung und „die formale Genauigkeit der Erfassung der Merkmalsausprägungen."[839] Sie fordert, dass die Messmodelle den zugrunde liegenden Sachverhalt ohne Zufallsfehler erfassen und konsistente, reproduzierbare Ergebnisse liefern.[840] *Validität* geht über Reliabilität hinaus und zielt auf die Gültigkeit und konzeptionelle Richtigkeit der Messung ab.[841] Einem Messmodell kann eine hohe Validität bescheinigt werden, „if it measures what it is supposed to measure."[842] Im Gegensatz zur Reliabilität sind für eine valide Messung somit nicht nur Zufallsfehler, sondern auch systematische Fehler auszuschließen.[843]

Als wichtigste Ausprägungen der Validität sind die Inhalts- und die Konstruktvalidität zu nennen, wobei letztere die Formen der Konvergenz-, Diskriminanz- und nomologischen Validität umfasst.[844] *Inhaltsvalidität* bezieht sich auf das Ausmaß, zu dem die Messindikatoren eines Messmodells die latente Variable in inhaltlich-semantischer Hinsicht abdecken und alle ihre Facetten widerspiegeln.[845] *Konvergenzvalidität* als erste Dimension der *Konstruktvalidität* verlangt, dass die Indikatoren eines Faktors sowie die Faktoren einer Dimension bzw. eines übergeordneten Messmodells in einer starken Beziehung zueinander stehen.[846] *Diskriminanzvalidität* ist gegeben, wenn zwischen den Indikatorvariablen verschiedener Konstrukte schwächere Assoziationen bestehen als zwischen den Indikatoren

Faktoren des Messmodells zudem auf unterschiedlichen theoretischen Dimensionen, handelt es sich um ein mehrdimensionales Messmodell. Dagegen beziehen sich die verschiedenen Faktoren bei einem eindimensionalen Messmodell auf dieselbe theoretische Dimension. Vgl. hierzu ausführlich Anderson/Gerbing/Hunter (1987), S. 435; Homburg/Giering (1996), S. 6. Während aufgrund der damit verbundenen höheren Messqualität in dieser Arbeit ausschließlich auf den Multi-Item-Ansatz zurückgegriffen wird (vgl. auch Homburg/Baumgartner (1995b), S. 1103), kommen hinsichtlich der anderen beiden Merkmale jeweils beide Ausprägungen von Messmodellen zur Anwendung.

837 Vgl. Jöreskog/Sörbom (1989), S. 10.

838 Vgl. auch Berekoven/Eckert/Ellenrieder (2006), S. 87 ff.

839 Herrmann/Homburg (2000), S. 23. Vgl. Homburg/Giering (1996), S. 6.

840 Vgl. Peter (1979), S. 6; Herrmann/Homburg (2000), S. 23; Nieschlag/Dichtl/Hörschgen (2002), S. 428. Mit der Test-Retest-, Parallel-Test- und Interne-Konsistenz-Reliabilität lassen sich generell drei Arten der Reliabilität unterscheiden; vgl. Friedrichs (1990), S. 102; Stier (1999), S. 53. In empirischen Untersuchungen gilt die Interne-Konsistenz-Reliabilität, die auf die Korrelation zwischen zwei Hälften der Messindikatoren eines Messmodells abstellt, als wichtigste Form der Reliabilität. Vgl. Carmines/Zeller (1979), S. 37 ff.; Hildebrandt (1984), S. 42.

841 Vgl. Homburg/Giering (1996), S. 6 f.

842 Heeler/Ray (1972), S. 361. Vgl. Herrmann/Homburg (2000), S. 24.

843 Vgl. Churchill (1979), S. 65. Reliabilität stellt daher auch eine notwendige, nicht aber hinreichende Bedingung für Validität dar; vgl. Churchill (1979), S. 65; Peter (1979), S. 6; Hildebrandt (1984), S. 42.

844 Vgl. hierzu und im Folgenden auch Hildebrandt (1984), S. 42 ff.; Homburg/Giering (1996), S. 7 f. m. w. N.

845 Vgl. Bohrnstedt (1970), S. 92; Stier (1999), S. 57 f.

846 Vgl. Homburg/Giering (1996), S. 7. Vgl. auch Heeler/Ray (1972), S. 362; Peter (1981), S. 136; Bagozzi/Phillips (1982), S. 468.

desselben Konstruktes.[847] *Nomologische Validität* schließlich „represents the degree to which predictions based on a concept are confirmed within the context of a larger theory".[848]

Die Kriterien, mit denen sich die Reliabilität und Validität der Messungen überprüfen lassen, werden in den folgenden Abschnitten erläutert.

3.3.1.2 Kriterien zur Gütebeurteilung von Messmodellen

3.3.1.2.1 Kriterien zur Gütebeurteilung reflektiver Messmodelle

Die Gütekriterien, die zur Beurteilung reflektiver Messmodelle herangezogen werden können, lassen sich nach dem Zeitpunkt ihrer Entstehung grundsätzlich in Kriterien der ersten sowie der zweiten Generation einteilen.[849]

3.3.1.2.1.1 Gütekriterien der ersten Generation

Die Ursprünge der Gütekriterien der ersten Generation sind im Bereich der Psychologie und Psychometrie zu finden, wo sie bereits in den 1950er Jahren in hohem Maße verwendet wurden. In der Betriebswirtschaft und hier insbesondere in der Marketing-Forschung erlangten sie ihre Verbreitung vor allem durch die Arbeit von CHURCHILL (1979). Als zentrale Kriterien der ersten Generation kommen in dieser Untersuchung das Cronbach'sche Alpha, die Item-to-Total-Korrelation sowie die explorative Faktorenanalyse zur Anwendung.[850]

Auf Basis des *Cronbach'schen Alphas* lässt sich die Interne-Konsistenz-Reliabilität der Indikatoren eines reflektiven Messmodells beurteilen.[851] Es ergibt sich als arithmetisches Mittel aller Korrelationen, wenn die Indikatoren eines Messmodells nach allen möglichen Kombinationen in zwei Hälften geteilt und die Summen beider Hälften jeweils miteinander korreliert werden.[852] Bei einem Wertebereich zwischen null und eins kann von einer hinreichenden internen Konsistenz ab einem Wert von 0,7, für neu entwickelte Messmodelle ab einem Alpha von 0,6 ausgegangen werden.[853] Kritisch anzumerken ist, dass die Höhe des Cronbach'schen Alphas positiv von der Anzahl der Indikatoren beeinflusst wird.[854]

---

[847] Vgl. Bagozzi/Phillips (1982), S. 469; Bagozzi/Yi/Phillips (1991), S. 425.
[848] Bagozzi (1979), S. 23, in Anlehnung an Campbell (1960).
[849] Vgl. Homburg/Giering (1996), S. 8; Homburg (2000), S. 75.
[850] Vgl. hierzu auch Churchill (1979), S. 66 sowie S. 68 f.; Gerbing/Anderson (1988), S. 187 ff.; Homburg/Giering (1996), S. 8 f.; Homburg (2000), S. 75.
[851] Vgl. Peterson (1994), S. 382; Homburg/Giering (1996), S. 8.
[852] Vgl. Carmines/Zeller (1979), S. 44 f.; Malhotra (2006), S. 285. Vgl. auch Cronbach (1947), S. 8; Cronbach (1951), S. 302 ff.
[853] Vgl. hierzu Nunnally/Bernstein (1994), S. 264 f.; DeVellis (2003), S. 95 f.; Malhotra (2006), S. 285.
[854] Vgl. Cortina (1993), S. 101 ff.; Peterson (1994), S. 384; Homburg/Giering (1996), S. 8.

Die *Item-to-Total-Korrelation*[855] stellt ein Kriterium zur Verbesserung des Cronbach'schen Alphas über die Eliminierung von Indikatoren aus dem Messmodell dar. Sie errechnet sich als Korrelation eines Indikators mit der Summe der restlichen Indikatoren des Messmodells.[856] Um das Cronbach'sche Alpha zu verbessern, sollte der Indikator mit der niedrigsten Item-to-Total-Korrelation eliminiert werden.[857]

Ziel der *explorativen Faktorenanalyse* ist es, die Indikatoren eines Messmodells hinsichtlich der Faktorenstruktur, die dem Messmodell zugrunde liegt, zu analysieren und auf möglichst wenige zentrale Faktoren zu verdichten, die die Indikatoren hinreichend genau abbilden.[858] Dabei werden ex ante keine Hypothesen über die Zuordnung der Indikatoren zu bestimmten Faktoren gebildet.[859] Ausgangspunkt der Faktorenanalyse ist eine Korrelationsmatrix der Indikatoren des betrachteten Messmodells, die hinsichtlich ihrer Eignung für die Faktorenanalyse zu prüfen ist.[860] Darauf aufbauend erfolgt die Extraktion und Interpretation der Faktoren.[861]

Anhand der Faktorenanalyse lassen sich die Konvergenz- und Diskriminanzvalidität reflektiver Messmodelle beurteilen.[862] Beide Formen der Validität gelten als hinreichend erfüllt, wenn alle Messindikatoren genau einem Faktor zugeordnet werden können und in Bezug auf diesen Faktor eine Faktorladung[863] von mindestens 0,4 aufweisen, während dieser Wert bezogen auf andere Faktoren deutlich niedriger ausfällt. Darüber hinaus wird gefordert, dass durch den Faktor mindestens 50 % der Varianz der durch ihn abgebildeten Indikatoren erklärt werden.[864]

---

855 Mit Item-to-Total-Korrelation ist im Folgenden streng genommen die korrigierte Item-to-Total-Korrelation gemeint. Der Einfachheit halber und in Anlehnung an die in der Literatur verwendete Terminologie wird auf das Wort „korrigiert" in den nachfolgenden Ausführungen und bei der Darstellung der Gütemaße für die reflektiven Messmodelle verzichtet. Vgl. hierzu auch Wallenburg (2004), S. 146.

856 Vgl. Homburg/Giering (1996), S. 8 sowie S. 22.

857 Vgl. Churchill (1979), S. 68 f.

858 Vgl. Hüttner/Schwarting (2000), S. 383.

859 Vgl. auch Hartung/Elpelt (1992), S. 505; Gerbing/Anderson (1988), S. 189.

860 Die Eignung der Korrelationsmatrix für die Faktorenanalyse kann anhand des Signifikanzniveaus der Korrelationen, der Inversen der Korrelationsmatrix, des Bartlett-Tests, der Anti-Image-Kovarianz-Matrix sowie des Kaiser-Meyer-Olkin-Kriteriums überprüft werden. In der vorliegenden Untersuchung wurde auf die Anti-Image-Kovarianz-Matrix zurückgegriffen. Vgl. zu den einzelnen Kriterien ausführlich Backhaus et al. (2006), S. 272 ff.

861 Die Extraktion der Faktoren wurde auf Basis der Hauptachsenanalyse vorgenommen. Zur Ermittlung der Anzahl der zu extrahierenden Faktoren wurde das Kaiser-Kriterium angewandt, nach dem alle Faktoren mit einem Eigenwert von mehr als eins extrahiert werden. Für die Interpretation der Faktoren wurde zudem eine OBLIMIN-Rotation des Koordinatenkreuzes, das die Faktoren abbildet, durchgeführt. Vgl. hierzu und zum Ablauf einer explorativen Faktorenanalyse ausführlich Backhaus et al. (2006), S. 259 ff.

862 Vgl. Homburg/Giering (1996), S. 8.

863 Die Faktorladung ergibt sich als Korrelationskoeffizient zwischen Indikator und zugrunde liegendem Faktor. Vgl. Backhaus et al. (2006), S. 266 sowie S. 278.

864 Vgl. Homburg/Giering (1996), S. 12.

Die in der Untersuchung verwendeten Gütekriterien der ersten Generation und ihr zugehöriges Anspruchsniveau sind in Tabelle 3 zusammengefasst.[865]

Gütekriterien der ersten Generation	Anspruchsniveau
Cronbach'sches Alpha	≥ 0,7 (≥ 0,6)
Item-to-Total-Korrelation	Kriterium zur Eliminierung von Indikatoren
Faktorladung	≥ 0,4
Erklärte Faktorvarianz	≥ 0,5

Tabelle 3: Gütekriterien der ersten Generation zur Beurteilung reflektiver Messmodelle

Da die Gütekriterien der ersten Generation mit einigen Nachteilen und Schwachpunkten verbunden sind, werden die reflektiven Messmodelle zusätzlich auf Basis der im folgenden Abschnitt dargestellten Kriterien der zweiten Generation beurteilt.[866]

3.3.1.2.1.2 Gütekriterien der zweiten Generation

Basis der Gütekriterien der zweiten Generation ist die konfirmatorische Faktorenanalyse, die einen Spezialfall des kausalanalytischen Verfahrens der Kovarianzstrukturanalyse[867] darstellt und auf JÖRESKOG[868] zurückgeht.[869] Hinsichtlich der Gütebeurteilung kann hier generell zwischen globalen und lokalen Maßen unterschieden werden. Während *globale* Anpassungsmaße die Güte des gesamten Messmodells beurteilen, analysieren *lokale* Gütekriterien jeweils nur Ausschnitte des Modells.[870]

---

865 Die Berechnung der Gütekriterien der ersten Generation wurde für die vorliegende Untersuchung mit SPSS 12.0 vorgenommen. Die Faktorladungen der reflektiven Messindikatoren werden im Folgenden nicht gesondert ausgewiesen, erreichen aber in allen Fällen das Anspruchsniveau.

866 So erfolgen bspw. Validitätsbeurteilungen bei den Kriterien der ersten Generation nicht auf Basis inferenzstatistischer Verfahren, sondern anhand heuristischer Regeln; vgl. Gerbing/Anderson (1988), S. 189 f. Bezogen auf die Kritikpunkte vgl. detaillierter auch Bagozzi/Phillips (1982); Hildebrandt (1984), S. 44; Gerbing/Anderson (1988); Bagozzi/Yi/Phillips (1991).

867 Die Ermittlung der Gütekriterien der zweiten Generation zur Beurteilung reflektiver Messmodelle wird auch dann auf Basis der *kovarianzbasierten* konfirmatorischen Faktorenanalyse empfohlen, wenn – wie im vorliegenden Fall – die Analyse der Strukturmodelle mit anderen kausalanalytischen Methoden erfolgt. Vgl. hierzu Herrmann/Huber/Kressmann (2006), S. 49 f. sowie S. 63. Zum kausalanalytischen Verfahren, mit dem die Strukturmodelle in dieser Untersuchung berechnet und analysiert werden, vgl. Abschnitt 3.3.2.

868 Vgl. Jöreskog (1966); Jöreskog (1967); Jöreskog (1969).

869 Vgl. Homburg/Giering (1996), S. 9; Sandt (2004), S. 98. Im Gegensatz zur explorativen Faktorenanalyse werden bei der konfirmatorischen Faktorenanalyse ex ante Hypothesen über die Faktorenstruktur der Indikatoren abgeleitet; vgl. Homburg/Giering (1996), S. 9. Zu beachten ist, dass eine konfirmatorische Faktorenanalyse nur durchgeführt werden kann, wenn der Faktor durch mindestens drei Indikatoren abgebildet wird; vgl. Sandt (2004), S. 99; Spillecke (2006), S. 88.

870 Vgl. hierzu und zu weiteren Untergliederungen Homburg/Baumgartner (1995a), S. 165 ff. Vgl. auch Bagozzi/Yi (1988), S. 80; Homburg (1992), S. 504; Sharma (1996), S. 157 ff.

Auf Basis des *Chi-Quadrat-Tests* als *globales Anpassungsmaß* lässt sich eine inferenzstatistische[871] Beurteilung der Modellgüte dahingehend vornehmen, wie gut die empirische Kovarianzmatrix durch das Messmodell reproduziert wird.[872] Allerdings ist der Chi-Quadrat-Test mit einigen Nachteilen verbunden,[873] so dass den Empfehlungen der Literatur entsprechend stattdessen die deskriptive Ausprägung dieses Gütemaßes zur Anwendung kommt, indem der Quotient aus Chi-Quadrat-Wert und Freiheitsgraden gebildet wird (χ^2/df).[874] Dieser sollte einen Grenzwert von drei nicht überschreiten.[875]

Der *Root Mean Square Error of Approximation (RMSEA)* als weiteres inferenzstatistisches Anpassungsmaß untersucht, wie gut die Realität durch das Modell approximiert wird.[876] Ausprägungen bis 0,05 bzw. 0,06 spiegeln eine sehr gute resp. gute Modellanpassung wider, während eine akzeptable Approximation mit Werten bis zu 0,08 erzielt wird.[877]

Zu den verwendeten deskriptiven Anpassungsmaßen zählen der *Goodness of Fit Index (GFI)* sowie der *Adjusted Goodness of Fit Index (AGFI)*. Beide Kriterien messen den Anteil der Varianzen und Kovarianzen der empirischen Kovarianzmatrix, der von der vom Messmodell reproduzierten Kovarianzmatrix erklärt wird. Bei einer vollständigen Erklärung ergibt sich dabei ein Wert von eins. Im Gegensatz zum GFI berücksichtigt der AGFI bei der Berechnung die Anzahl der Freiheitsgrade des Modells und gleicht damit eine Überparametrisierung von Messmodellen aus.[878] Für beide Maße wird ein Mindestwert von 0,9 gefordert.[879]

Comparative Fit Index (CFI) und *Tucker/Lewis Index (TLI)* stellen inkrementelle globale Gütemaße dar, die die Modellgüte im Vergleich zu einem Basismodell evaluieren. Während der CFI auf dem Chi-Quadrat-Test basiert und infolgedessen wie der χ^2-Wert in seiner Ausprägung vom Stichprobenumfang beeinflusst wird, ist der TLI nicht mit diesem Nachteil behaftet.[880] Für beide Gütekriterien wird als Mindestwert 0,9 angesetzt.[881]

---

[871] Inferenzstatistische Maße greifen zur Beurteilung der Modellgüte auf statistische Verfahren zurück. Deskriptive Gütekriterien als Pendant stützen sich hierzu demgegenüber auf durch Faustformeln operationalisierte Mindestvorgaben; vgl. Homburg/Baumgartner (1995a), S. 166.

[872] Vgl. Homburg/Baumgartner (1995a), S. 166; Spieker (2004), S. 213; Wallenburg (2004), S. 148.

[873] Vgl. hierzu ausführlich Bentler/Bonett (1980), S. 591; Bagozzi/Yi (1988), S. 77; Homburg (1989), S. 46 ff. sowie S. 188 f.

[874] Vgl. u. a. Bentler/Bonett (1982), S. 353; Jöreskog/Sörbom (1989), S. 43; Bagozzi/Baumgartner (1994), S. 398.

[875] Vgl. Homburg/Giering (1996), S. 13; Homburg (2000), S. 93.

[876] Vgl. Homburg/Baumgartner (1995a), S. 166; Backhaus et al. (2006), S. 381.

[877] Vgl. Browne/Cudeck (1993), S. 144; Hu/Bentler (1999), S. 26 f.

[878] Beim GFI bewirkt dagegen die Aufnahme weiterer Modellparameter automatisch eine Modellverbesserung, weswegen der AGFI mit einer höheren Aussagekraft belegt ist. Vgl. hierzu sowie allgemein zu diesen beiden Maßen Jöreskog/Sörbom (1982), S. 408; Homburg/Baumgartner (1995a), S. 166 ff.; Homburg/Giering (1996), S. 10.

[879] Vgl. auch Bagozzi/Yi (1988), S. 82. Teilweise wird auch ein Mindestwert von 0,8 als akzeptabel angesehen; vgl. Sharma (1996), S. 159.

[880] Vgl. Bollen (1990), S. 256 ff.; Hu/Bentler (1995); Marsh/Balla/McDonald (1988), S. 392 ff.; Matthes (2006), S. 100.

[881] Vgl. zum CFI und TLI ausführlich Homburg/Baumgartner (1995a), S. 168, S. 170 sowie S. 172; Hu/Bentler (1995), S. 85 sowie S. 91; Baumgartner/Homburg (1996), S. 153; Bauer (2002), S. 167 f.

Die Beurteilung der Modellgüte durch globale Gütekriterien wird durch *lokale Anpassungsmaße* ergänzt.[882] Als *indikatorbezogene* Kriterien wird hier auf die Indikatorreliabilität und den t-Wert der Faktorladung zurückgegriffen.

Die *Indikatorreliabilität* errechnet sich u. a. aus der quadrierten Faktorladung eines Indikators und ist ein Maß für den Anteil der Varianz, die ein Faktor in Bezug auf die Gesamtvarianz eines Indikators erklärt.[883] Das Anspruchsniveau beträgt hier 0,4.[884]

Anhand des *t-Wertes der Faktorladung* als Maß für die Konvergenzvalidität lässt sich ablesen, inwieweit sich die Faktorladung eines Indikators signifikant von null unterscheidet. Für ein Signifikanzniveau von 5 % muss der t-Wert mindestens 1,645 betragen (einseitiger t-Test).[885]

Faktorreliabilität und *durchschnittlich erfasste Varianz (DEV)* als *faktorbezogene* lokale Gütekriterien beurteilen, wie gut ein Faktor durch die Messindikatoren, denen er zugrunde liegt, abgebildet wird, und stellen damit auch ein Maß für die Konvergenzvalidität dar.[886] Werte von mindestens 0,6 für die Faktorreliabilität und 0,5 für die DEV weisen hier auf eine zufriedenstellende Messgüte hin.[887]

Schließlich lässt sich auf Basis der konfirmatorischen Faktorenanalyse auch die Diskriminanzvalidität von Faktoren beurteilen.[888] Hierzu wird in der vorliegenden Untersuchung nicht auf den Chi-Quadrat-Differenztest, sondern das strengere *Fornell/Larcker-Kriterium* zurückgegriffen.[889] Von einer hinreichenden Diskriminanzvalidität kann hierbei ausgegangen werden, wenn die DEV der betreffenden Faktoren jeweils größer als ihre quadrierten paarweisen Korrelationen ist. In diesem Fall erklärt der betreffende Faktor einen höheren Anteil der Varianz der ihm zugeordneten Indikatoren als den anderer Faktoren.[890]

Tabelle 4 gibt einen Überblick über die bei den Gütekriterien der zweiten Generation geforderten Schwellenwerte.[891]

---

882 Vgl. Homburg (1992), S. 505.

883 Vgl. Bagozzi (1982), S. 156; Homburg/Baumgartner (1995a), S. 170.

884 Vgl. Homburg/Giering (1996), S. 13.

885 Vgl. Homburg/Giering (1996), S. 11. Vgl. auch Dehler (2001), S. 88; Backhaus et al. (2006), S. 383 ff.

886 Vgl. Bagozzi/Yi (1988), S. 80; Fritz (1992), S. 134; Bagozzi/Baumgartner (1994), S. 402 f.; Homburg/Giering (1996), S. 10.

887 Vgl. Bagozzi/Yi (1988), S. 82; Homburg/Baumgartner (1995a), S. 172.

888 Vgl. Dehler (2001), S. 88 f.

889 Vgl. Eberl/Zinnbauer (2005), S. 592 f.

890 Vgl. ausführlich Fornell/Larcker (1981), S. 40 ff.

891 Die Gütekriterien der zweiten Generation wurden in der vorliegenden Untersuchung auf Basis von AMOS 5 ermittelt.

Gütekriterien der zweiten Generation	Anspruchsniveau
χ^2/df	≤ 3
RMSEA	≤ 0,05 (≤ 0,06; ≤ 0,08)
GFI	≥ 0,9
AGFI	≥ 0,9
CFI	≥ 0,9
TLI	≥ 0,9
Indikatorreliabilität	≥ 0,4
t-Wert der Faktorladung	≥ 1,645
Faktorreliabilität	≥ 0,6
Durchschnittlich erfasste Varianz	≥ 0,5
Fornell/Larcker-Kriterium	DEV (ξ_i) > quadrierte Korrelation (ξ_i; ξ_j) für alle $i \neq j$

Tabelle 4: Gütekriterien der zweiten Generation zur Beurteilung reflektiver Messmodelle[892]

Abschließend ist darauf hinzuweisen, dass ein Messmodell nicht automatisch zu verwerfen ist, wenn einzelne Kriterien nicht erfüllt sind. Vielmehr ist eine Gesamtbeurteilung der Konstruktmessung auf Basis der vorgestellten Gütekriterien zugrunde zu legen.[893]

3.3.1.2.2 Kriterien zur Gütebeurteilung formativer Messmodelle

Da – wie in Abschnitt 3.3.1.1 beschrieben – bei formativen Messmodellen die Messrichtung der Indikatorvariablen in Relation zu reflektiven Messmodellen entgegengesetzt ist, muss hier zur Beurteilung der Reliabilität und Validität auf andere Kriterien als bei reflektiv operationalisierten Konstrukten zurückgegriffen werden.[894]

So ist eine Überprüfung der Indikatorreliabilität aufgrund fehlender Annahmen über die Korrelation der formativen Messindikatoren nicht zweckmäßig.[895] Stattdessen bietet sich als Alternative die Beurteilung der Indikatorrelevanz über die Höhe und den t-Wert der Gewichte der einzelnen Indikatoren an.[896] Anhand der *Höhe der Indikatorgewichte* kann abgelesen werden, in welchem Maß die einzelnen manifesten Variablen zur Erklärung und Bildung der latenten Variablen beitragen. Dabei ist darauf hinzuweisen, dass sich für die Indikatorgewichte formativer Messmodelle oft niedrigere Werte ergeben als für die Ladungen reflektiver Indikatoren. Insofern sind geringe Gewichte kein Ausdruck einer niedrigen

---

892 Vgl. auch Homburg/Giering (1996), S. 13.
893 Vgl. Homburg/Baumgartner (1995a), S. 172; Homburg (2000), S. 93; Homburg/Pflesser (2000), S. 655.
894 Vgl. Diamantopoulos/Winklhofer (2001), S. 271, sowie hierzu und im Folgenden auch Götz/Liehr-Gobbers (2004a), S. 728 ff.
895 Vgl. Chin (1998), S. 306.
896 Vgl. Götz/Liehr-Gobbers (2004a), S. 728 f.; Ringle (2004), S. 22; Herrmann/Huber/Kressmann (2006), S. 57.

Messgüte.[897] Der *t-Wert der Indikatorgewichte*, der über Resampling-Prozeduren wie das Bootstrapping oder das Jackknifing ermittelt wird,[898] gibt Auskunft über Signifikanz und Reliabilität der Gewichte.[899] Einem Signifikanzniveau von 5 % entsprechend wird hier ein Wert von 1,645 angestrebt (einseitiger t-Test). Allerdings wird im Falle geringer t-Werte und Gewichte von einer Indikatorbereinigung abgesehen, sofern diese nicht inhaltlich begründet werden kann, da mit einer Eliminierung von Indikatoren die konzeptionelle und inhaltliche Ausrichtung formativer Messmodelle grundlegend verändert wird und dabei wichtige Aspekte verloren gehen können.[900]

Dagegen kann eine Eliminierung von Indikatoren erforderlich sein, wenn zwischen den Messindikatoren eine hohe Multikollinearität vorherrscht.[901] Eine Prüfung auf Multikollinearität lässt sich anhand des *Variance Inflation Factors (VIF)* sowie des *Konditionsindexes (KI)* vornehmen.[902] Von einem akzeptablen Grad an Multikollinearität kann bei Werten von bis zu 10 für den VIF und bis zu 30 für den KI ausgegangen werden.[903]

Wie auf Indikatorebene kann bei formativen Messmodellen auch auf Konstruktebene keine Reliabilitätsbeurteilung hinsichtlich der internen Konsistenz vorgenommen werden, da die Messindikatoren nicht zwangsläufig stark miteinander korrelieren müssen.[904] Daher wird in der Literatur vorgeschlagen, stattdessen auf die externe sowie die nomologische Validität im Rahmen der Gütebeurteilung abzustellen.[905] Die *externe Validität* kann durch ein sog. Multiple-Indicators-and-Multiple-Causes (MIMIC)-Modell evaluiert werden. Hierzu wird das formative Konstrukt zusätzlich durch reflektive Indikatoren operationalisiert.[906] Die Prüfung der *nomologischen Validität* erfolgt, indem die Beziehung des formativen Messmodells zu anderen latenten Variablen untersucht wird. Wird der zuvor theoretisch abgeleitete Wirkungszusammenhang hierbei empirisch bestätigt, deutet dies auf eine hinreichende nomologische Validität hin.[907]

---

897 Vgl. Chin (1998), S. 307; Spillecke (2006), S. 95.

898 Zu diesen Verfahren vgl. ausführlich Bollen/Stine (1993) sowie Efron/Tibshirani (1993). Vgl. auch Eberl/Zinnbauer (2005), S. 593; Ringle et al. (2006), S. 86. In der vorliegenden Untersuchung kommt das Bootstrapping, das dem Jackknifing überlegen ist, zur Anwendung; vgl. Efron/Gong (1983), S. 39 f.; Efron/Tibshirani (1993), S. 145 f.

899 Vgl. Hansmann/Ringle (2005), S. 230; Herrmann/Huber/Kressmann (2006), S. 57.

900 Vgl. Bollen/Lennox (1991), S. 308; Diamantopoulos/Winklhofer (2001), S. 272 f.; Albers/Hildebrandt (2006), S. 7; Fassott (2006), S. 70. Ebenso sind formative Messindikatoren mit negativen Gewichten nicht zwangsläufig zu eliminieren. Vgl. Fritz/Möllenberg/Dees (2005), S. 267 f.; Helm (2005), S. 249 ff.

901 Vgl. Diamantopoulos/Winklhofer (2001), S. 272; Krafft/Götz/Liehr-Gobbers (2005), S. 78. Perfekte Multikollinearität liegt vor, wenn sich ein Indikator als Linearkombination der übrigen Indikatoren ausdrücken lässt; vgl. Backhaus et al. (2006), S. 89.

902 Vgl. Belsley/Kuh/Welsch (1980), S. 117 f.; Backhaus et al. (2006), S. 91 f.; Herrmann/Huber/Kressmann (2006), S. 57.

903 Vgl. Gujarati (2003), S. 362; Götz/Liehr-Gobbers (2004a), S. 734.

904 Vgl. Bollen/Lennox (1991), S. 307; Nunnally/Bernstein (1994), S. 484 und S. 489; Hulland (1999), S. 201.

905 Vgl. Diamantopoulos/Winklhofer (2001), S. 272 f.; Reinartz/Krafft/Hoyer (2004), S. 298 f.

906 Vgl. hierzu Hauser/Goldberger (1971), S. 81 f.; Diamantopoulos/Winklhofer (2001), S. 272 f.

907 Vgl. Diamantopoulos/Winklhofer (2001), S. 273; Götz/Liehr-Gobbers (2004a), S. 730. Die Diskriminanzvalidität ist dagegen aufgrund der nicht zwingend vorliegenden Korrelation der formativen Messindikatoren nicht sinnvoll überprüfbar; vgl. Krafft/Götz/Liehr-Gobbers (2005), S. 76. Ebenso wenig kann die Inhalts-

Die Kriterien zur Gütebeurteilung formativer Messmodelle nebst jeweiligem Anspruchsniveau sind zusammenfassend in Tabelle 5 aufgeführt.[908]

Gütekriterium	**Anspruchsniveau**
Höhe des Indikatorgewichtes	Qualitative Interpretation
t-Wert des Indikatorgewichtes	$\geq 1{,}645$
Variance Inflation Factor (VIF)	≤ 10
Konditionsindex (KI)	≤ 30

Tabelle 5: Gütekriterien zur Beurteilung formativer Messmodelle

3.3.2 Analyse von Strukturmodellen

3.3.2.1 Auswahl des PLS-Verfahrens als kausalanalytisches Analyseinstrument

Zur Analyse von Strukturmodellen, die die theoretisch abgeleiteten Wirkungsbeziehungen zwischen latenten Variablen widerspiegeln,[909] eignen sich generell vor allem zwei Methoden: die Kovarianzstrukturanalyse sowie die Partial-Least-Squares (PLS)-Analyse.[910] Beide Ansätze sind den Verfahren der Kausalanalyse[911] zuzurechnen und zeichnen sich dadurch aus, dass sie latente Variablen und deren Messfehler berücksichtigen sowie darüber hinaus die Abhängigkeitsbeziehungen zwischen den latenten Variablen berechnen können.[912] Während die Kovarianzstrukturanalyse, die der Berechnung der Gütekriterien der zweiten Generation für reflektive Messmodelle zugrunde liegt,[913] dabei auf die Reproduktion der empirischen Kovarianzmatrix der Indikatoren abzielt, analysiert das auf WOLD[914] zurückgehende varianzbasierte PLS-Verfahren die Rohdatenmatrix und versucht, die tatsächliche Datenstruktur nachzubilden.[915]

validität zur Beurteilung formativer Messmodelle herangezogen werden. Diese ist bereits *vor* der Gütebeurteilung im Rahmen der Konzeptualisierung zu gewährleisten; vgl. Götz/Liehr-Gobbers (2004a), S. 728. Hierzu wurde in der vorliegenden Untersuchung auf eine umfassende theoretische Fundierung geachtet. Ähnlich Spillecke (2006), S. 94.

908 Die Berechnung dieser Gütemaße erfolgte mit SPSS 12.0 sowie SmartPLS 2.0.

909 Vgl. Homburg/Baumgartner (1995a), S. 163; Götz/Liehr-Gobbers (2004a), S. 716.

910 Vgl. Bliemel et al. (2005), S. 10; Henseler (2005), S. 70.

911 In der Deutsch sprachigen Literatur werden die Begriffe „Kovarianzstrukturanalyse" und „Kausalanalyse" häufig synonym verwandt; vgl. Henseler (2005), S. 70. Dieser Ungenauigkeit wird hier nicht gefolgt, da die Kausalanalyse sowohl kovarianzbasierte Methoden als auch das varianzbasierte PLS-Verfahren umfasst; vgl. Ringle et al. (2006), S. 81.

912 Vgl. Fornell (1987), S. 411; Homburg (1992), S. 500; Homburg/Dobratz (1998), S. 450; Götz/Liehr-Gobbers (2004a), S. 722 ff. sowie S. 727 ff. Vgl. auch Abschnitt 3.1.1.

913 Vgl. Abschnitt 3.3.1.2.1.2.

914 Vgl. bspw. Wold (1966a); Wold (1966b); Wold (1989). Wold ist der akademische Lehrer von Jöreskog, der die Kovarianzstrukturanalyse maßgeblich mitgeprägt hat; vgl. Fornell/Cha (1994), S. 52.

915 Vgl. Henseler (2005), S. 70; Herrmann/Huber/Kressmann (2006), S. 35 sowie S. 37. Für eine ausführliche Erläuterung des PLS-Schätzalgorithmus vgl. Götz/Liehr-Gobbers (2004a), S. 722 ff.; Henseler (2005), S. 71 ff.; Herrmann/Huber/Kressmann (2006), S. 36 ff.; Ringle et al. (2006), S. 83 ff.

Wenngleich die Kovarianzstrukturanalyse bisher eine weitere Verbreitung und Anwendung als das PLS-Verfahren erfahren hat,[916] weist Letzteres einige Vorteile auf.[917] So löst sich die PLS-Methode von den strengen Verteilungsannahmen der Kovarianzstrukturanalyse, die i. d. R. eine Multinormalverteilung der Indikatoren fordert.[918] Des Weiteren ist die Anwendung des PLS-Verfahrens auch bei relativ kleinen Stichproben möglich.[919] Zudem können in Strukturmodelle, die mit PLS analysiert werden, nicht nur reflektive, sondern auch formative Messmodelle problemlos aufgenommen werden.[920] Schließlich liegt das Ziel des PLS-Verfahrens in der Maximierung der Erklärungskraft des Strukturmodells, so dass der Ansatz gut für die Erklärung und Prognose einer zentralen Zielvariablen durch ihre Einflussfaktoren herangezogen werden kann.[921] Da die PLS-Methode dabei die Beziehungen tendenziell unterschätzt, ist sie besonders für konservative Forscher zu empfehlen.[922]

Nachteilig wirkt sich beim PLS-Verfahren dagegen die „consistency at large"-Eigenschaft aus, nach der die Zuverlässigkeit der Schätzergebnisse nicht allein durch eine Erhöhung des Stichprobenumfanges verbessert werden kann. Stattdessen muss hierfür ebenso die Anzahl der Messindikatoren gesteigert werden.[923] Als weiterer Nachteil ist zu verzeichnen, dass eine Ermittlung gesamthafter Gütekriterien zur Modellanpassung mit dem PLS-Ansatz nicht möglich ist.[924]

In Anbetracht der beschriebenen Vorteile, die die genannten Nachteile überwiegen, wird zur Analyse des Strukturmodells in der vorliegenden Arbeit auf das PLS-Verfahren als kausalanalytische Methode zurückgegriffen.[925] In diesem Zusammenhang ist insbesondere auf die hohe Anzahl der formativen Messmodelle im verwendeten Strukturmodell sowie das Untersuchungsziel, die Kooperation als zentrales Konstrukt hinsichtlich ihrer Einflussfaktoren und Auswirkungen zu analysieren, hinzuweisen.

---

916 Vgl. Henseler (2005), S. 70. Die Untersuchung von Hulland (1999) zeigt jedoch, dass zunehmend auch die PLS-Analyse angewandt wird.

917 Vgl. hierzu auch Spillecke (2006), S. 98.

918 Vgl. Chin (1998), S. 316; Herrmann/Huber/Kressmann (2006), S. 39; Albers/Hildebrandt (2006), S. 15. Die Ursache hierfür ist, dass das PLS-Verfahren zur Modellmessung auf Kleinste-Quadrate-Schätzungen über einfache und multiple Regressionen zurückgreift; vgl. Henseler (2005), S. 70; Ringle et al. (2006), S. 81. Kleinere Stichproben, die nicht der Normalverteilungsannahme genügen, können mit kovarianzbasierten Verfahren lediglich auf Basis des Unweighted-Least-Squares (ULS)-Algorithmus ausgewertet werden. Allerdings ist das ULS-Verfahren mit zusätzlichen Einschränkungen und Nachteilen behaftet. Vgl. hierzu ausführlich Backhaus et al. (2006), S. 368 ff.; Herrmann/Huber/Kressmann (2006), S. 39.

919 Vgl. Götz/Liehr-Gobbers (2004a), S. 721; Herrmann/Huber/Kressmann (2006), S. 39.

920 Vgl. Chin/Newsted (1999), S. 310; Götz/Liehr-Gobbers (2004a), S. 715 sowie S. 721. Dagegen muss jedes formative Konstrukt bei der Kovarianzstrukturanalyse im Strukturmodell mindestens zwei Beziehungen zu reflektiven Messmodellen aufweisen; vgl. MacCallum/Browne (1993), S. 537 ff.; Williams/Edwards/Vandenberg (2003), S. 908 f.

921 Vgl. Götz/Liehr-Gobbers (2004a), S. 721; Herrmann/Huber/Kressmann (2006), S. 45, S. 60 sowie S. 63.

922 Vgl. Albers/Hildebrandt (2006), S. 16.

923 Vgl. Fornell/Cha (1994), S. 67; Chin/Newsted (1999), S. 328 f.; Herrmann/Huber/Kressmann (2006), S. 41 f. Da dem Modell dieser Arbeit eine hohe Anzahl an Messindikatoren zugrunde liegt, ergeben sich aus der „consistency at large"-Eigenschaft im vorliegenden Fall keine gravierenden Probleme; vgl. auch Spillecke (2006), S. 99.

924 Vgl. Sarkar et al. (2001), S. 366; Herrmann/Huber/Kressmann (2006), S. 42 f.

925 Hierzu wird das Programm SmartPLS 2.0 verwendet.

3.3.2.2 Kriterien zur Gütebeurteilung von Strukturmodellen auf Basis des PLS-Verfahrens

Da das Ziel des PLS-Verfahrens – wie im vorigen Abschnitt erläutert – in einer möglichst guten Erklärung einer Zielvariablen besteht, stellt das *Bestimmtheitsmaß* R^2 den Ausgangspunkt der Gütebeurteilung von PLS-Strukturmodellen dar.[926] Es misst den Anteil der erklärten Varianz an der Gesamtvarianz eines abhängigen Konstruktes.[927] Bei einem Wertebereich von null bis eins fällt das R^2 umso höher aus, je besser die Varianzerklärung der abhängigen Zielvariablen ist.[928] BACKHAUS ET AL. (2006) weisen darauf hin, dass sich für das Bestimmtheitsmaß kein allgemeingültiges Anspruchsniveau festlegen lässt, da dieses vom konkreten Untersuchungsgegenstand abhängig ist.[929]

Auf Basis der Veränderung des Bestimmtheitsmaßes R^2, die sich bei Aufnahme vs. Eliminierung einer unabhängigen latenten Variablen aus dem Strukturmodell ergibt, lässt sich die *Effektstärke* f^2 ermitteln. Diese gibt an, wie hoch der Einfluss ist, den das unabhängige Konstrukt auf die abhängige latente Variable ausübt.[930] f^2-Werte von 0,02, 0,15 resp. 0,35 signalisieren einen schwachen, moderaten bzw. starken Einfluss der unabhängigen Variablen.[931] Um einen Effekt feststellen zu können, muss der Wert für f^2 über null liegen.[932]

Schließlich sind die mit dem PLS-Verfahren ermittelten Pfadkoeffizienten Gegenstand der Gütebeurteilung.[933] Dabei wird zunächst die *Höhe der Pfadkoeffizienten* betrachtet.[934] In Anlehnung an LOHMÖLLER (1989) wird hier ein betragsmäßiger Mindestwert von 0,1 angestrebt.[935] Die Signifikanz und damit die Reliabilität der Pfadbeziehungen wird anhand des *t-Wertes der Pfadkoeffizienten* beurteilt, der im vorliegenden Fall wie der t-Wert der Gewichte formativer Indikatoren über die Resampling-Technik des Bootstrapping berechnet wird.[936] Zur Bestätigung von Hypothesen wird ein Signifikanzniveau der Pfadkoeffizienten von mindestens 5 % mit einem korrespondierenden t-Wert von 1,645 gefordert (einseitiger t-Test).[937] Für explorative Fragestellungen, denen keine Hypothese zugrunde liegt, ergibt sich

926 Vgl. Venaik/Midgley/Devinney (2001), S. 20; Henseler (2005), S. 74; Herrmann/Huber/Kressmann (2006), S. 58.
927 Vgl. Ringle (2004), S. 15.
928 Vgl. Götz/Liehr-Gobbers (2004a), S. 730; Backhaus et al. (2006), S. 66; Hansmann/Ringle (2005), S. 230.
929 Vgl. Backhaus et al. (2006), S. 97.
930 Vgl. Chin (1998), S. 316 f.; Götz/Liehr-Gobbers (2004a), S. 730 f.
931 Vgl. Cohen (1988), S. 410 ff.; Henseler (2005), S. 74.
932 Vgl. Götz/Liehr-Gobbers (2004b), S. 24 f.; Spillecke (2006), S. 102.
933 Die Pfadkoeffizienten lassen sich als standardisierte Regressionskoeffizienten auffassen. Vgl. Götz/Liehr-Gobbers (2004a), S. 730; Henseler (2005), S. 74.
934 Vgl. auch Venaik/Midgley/Devinney (2001), S. 20; Ringle (2004), S. 15.
935 Vgl. Lohmöller (1989), S. 60. Ebenso Spillecke (2006), S. 102.
936 Vgl. Keil et al. (2000), S. 312; Ringle (2004), S. 18; Henseler (2005), S. 74; Ringle et al. (2006), S. 86. Vgl. auch Abschnitt 3.3.1.2.2.
937 Vgl. Götz/Liehr-Gobbers (2004a), S. 730; Herrmann/Huber/Kressmann (2006), S. 59.

auf Basis des strengeren zweiseitigen t-Tests bei einem 5 %igen Signifikanzniveau ein t-Wert von 1,960 als Untergrenze.[938]

Tabelle 6 fasst die für die Beurteilung der Strukturmodelle verwendeten Gütemaße zusammen.[939]

Gütekriterium	**Anspruchsniveau**
Bestimmtheitsmaß R^2	Qualitative Interpretation
Effektgröße f^2	> 0
Höhe des Pfadkoeffizienten	$\geq 0,1$
t-Wert des Pfadkoeffizienten	$\geq 1,645$ (konfirmatorisch); $\geq 1,960$ (explorativ)

Tabelle 6: Gütekriterien zur Beurteilung von Strukturmodellen auf Basis des PLS-Verfahrens

3.3.2.3 Analyse moderierender Effekte mittels des PLS-Verfahrens

Eine hohe Relevanz bei der Analyse von Strukturmodellen kommt der Untersuchung moderierender Effekte zu.[940] Der Grund hierfür besteht darin, dass die Wirkungsbeziehungen zwischen latenten Variablen oft von Kontextfaktoren beeinflusst werden.[941] Ein moderierender Effekt tritt dementsprechend dann auf, wenn die Beziehung zwischen einem unabhängigen und einem abhängigen Konstrukt in ihrer Stärke und/oder Richtung von einer dritten Variablen bestimmt wird.[942]

Die Analyse moderierender Effekte mittels PLS kann grundsätzlich über zwei Methoden erfolgen: einerseits über die Bildung und Einbeziehung eines sog. Interaktionsterms, der sich aus der Multiplikation der unabhängigen mit der moderierenden Variablen bzw. deren jeweiligen Indikatoren ergibt,[943] sowie andererseits über eine Mehrgruppenanalyse[944]. Da die Moderatorvariable im vorliegenden Fall nominal skaliert ist,[945] die Modellierung von

938 Vgl. hierzu sowie zur Verwendung des einseitigen vs. zweiseitigen t-Tests im Rahmen der Hypothesenprüfung Gujarati (2003), S. 126 ff.; Reinartz/Krafft/Hoyer (2004), S. 299; Bortz (2005), S. 116 ff.

939 Auf die Evaluierung der Strukturmodelle anhand des Stone-Geisser-Kriteriums Q^2 wurde verzichtet, da das verwendete Software-Programm SmartPLS 2.0 dieses Gütemaß nicht angibt. Vgl. hierzu bspw. Ringle (2004), S. 16 f.; Ringle et al. (2006), S. 86 f.

940 Vgl. Homburg/Klarmann (2003), S. 81.

941 Vgl. Chin/Marcolin/Newsted (2003), S. 193, sowie Eggert/Fassott/Helm (2005), S. 104.

942 Vgl. Sharma/Durand/Gur-Arie (1981), S. 291; Homburg/Klarmann (2003), S. 81; Götz/Liehr-Gobbers (2004a), S. 724. Vgl. ausführlich auch Giering (2000), S. 94. Davon abzugrenzen sind sog. mediierende Effekte. Hierbei wird „die Wirkung der exogenen Variablen auf die endogenen Variablen .. durch eine oder mehrere Variablen vermittelt", die der unabhängigen und abhängigen Variablen zwischengeschaltet sind; Eggert/Fassott/Helm (2005), S. 102.

943 Vgl. zu dieser Vorgehensweise ausführlich Chin/Marcolin/Newsted (2003), S. 196 ff.; Götz/Liehr-Gobbers (2004a), S. 724 ff.; Eggert/Fassott/Helm (2005), S. 107 ff.

944 Dieses Verfahren wird bspw. von Igbaria/Parasuraman/Badawy (1994); Armstrong/Sambamurthy (1999); Venkatesh/Morris (2000) angewandt. Vgl. allgemein auch Chin (2000).

945 In dieser Untersuchung stellt die Organisationsform die Moderatorvariable dar. Vgl. auch Abschnitt 4.2.2.2.

moderierenden Effekten über Interaktionsterme aber eine metrische Skalierung voraussetzt,[946] wird in dieser Untersuchung die *Mehrgruppenanalyse* angewandt.

Ausgangspunkt der Mehrgruppenanalyse ist die Unterteilung der Gesamtstichprobe in Teilstichproben bzw. mehrere Gruppen in Abhängigkeit der Ausprägung der moderierenden Variablen.[947] Aufbauend darauf wird für jede Teilstichprobe dasselbe Strukturmodell auf Basis des PLS-Verfahrens berechnet.[948] Ein moderierender Effekt auf die Beziehung zwischen zwei Konstrukten liegt dann vor, wenn die korrespondierenden Pfadkoeffizienten in den jeweiligen Teilstichproben signifikant voneinander verschieden sind. Die Signifikanz der Unterschiede zwischen zwei Pfadkoeffizienten lässt sich auf Basis des entsprechenden *t-Wertes* beurteilen, der sich nach folgender Formel errechnet:[949]

$$t = \frac{\text{Pfadkoeffizient}_1 - \text{Pfadkoeffizient}_2}{\left(\sqrt{\frac{(m-1)^2}{(m+n-2)} \cdot s_1^2 + \frac{(n-1)^2}{(m+n-2)} \cdot s_2^2}\right) \cdot \left(\sqrt{\frac{1}{m} + \frac{1}{n}}\right)}$$

Die Parameter *m* und *n* stellen dabei die Anzahl der Fälle in den beiden Teilstichproben dar, während *s* die über das Bootstrapping-Verfahren ermittelte Standardabweichung des zugehörigen Pfadkoeffizienten repräsentiert. Für einen signifikanten Unterschied der verglichenen Pfadkoeffizienten auf 5-%-Niveau muss der t-Wert im Falle hypothesengetriebener Untersuchungen mindestens 1,645 betragen (einseitiger t-Test). Für explorative Analysen wird auf Basis der zweiseitigen Studentverteilung ein Mindestwert von 1,960 gefordert.[950]

---

946 Zu den verschiedenen Skalierungsniveaus von Daten und Variablen vgl. ausführlich Backhaus et al. (2006), S. 4 ff.

947 Vgl. bspw. Sharma/Durand/Gur-Arie (1981), S. 294. Ähnlich Giering (2000), S. 97. Für die vorliegende Arbeit ergibt sich die Aufteilung der Gesamtstichprobe in mehrere Gruppen unmittelbar aus der durch die nominal skalierte Moderatorvariable vorgenommenen Klassifizierung. Bei metrisch skalierten Moderatorvariablen wird die Stichprobenteilung i. d. R. auf Basis des Medians der moderierenden Variablen vorgenommen; vgl. etwa Avolio/Howell/Sosik (1999), S. 222; Homburg/Giering (2001), S. 52; Kleijnen/Wetzels/de Ruyter (2004), S. 212 f. Der Umfang der beiden Teilstichproben sollte nicht um mehr als das 1,5-Fache auseinanderliegen. Vgl. Stevens (1996), S. 249.

948 Vgl. z. B. auch Igbaria/Parasuraman/Badawy (1994), S. 184; Thompson/Higgins/Howell (1994), S. 179 f.

949 Vgl. zu dieser Vorgehensweise Chin (2000); Carte/Russell (2003), S. 493. Diese Methode wird auch von Keil et al. (2000), S. 312 ff., sowie Sánchez-Franco/Roldán (2005), S. 38 f., in Anlehnung an Chin (2000) verwandt. Allerdings ist die in diesen beiden Untersuchungen angegebene Formel zur Errechnung des t-Wertes fehlerhaft und weicht von der Formel bei Chin (2000) ab. Vgl. hierzu auch die Diskussion im Forum von SmartPLS unter http://www.smartpls.de/forum/viewtopic.php?t=152 (Zugriff am 26. April 2006).

950 Vgl. hierzu auch Abschnitt 3.3.2.2.

4 Konzeptualisierung und Operationalisierung sowie Messung der Kooperation von Zentralcontrolling und Bereichscontrolling

Gegenstand dieses Kapitels ist die Entwicklung eines kontextunabhängigen und allgemeingültigen Messmodells zur Kooperation von Zentral- und Bereichscontrolling. Dazu sollen in den folgenden Abschnitten zunächst die einzelnen Dimensionen und Faktoren dieses Messmodells ausgewählt, spezifiziert und operationalisiert werden. Auf dieser Basis wird dann ein Gesamtmodell zur Kooperation beider Controllerbereiche gebildet, das die Grundlage für die Messung und Bestandsaufnahme der Kooperation darstellt.

4.1 Konzeptualisierung und Operationalisierung der Kooperation

4.1.1 Grundlagen der Konzeptualisierung der Kooperation

Mit der informationsbezogenen, verhaltensbezogenen und integrierten Perspektive wurden in Abschnitt 2.4.2.1.2 drei grundlegende Sichtweisen der Kooperation vorgestellt. Für die Konzeptualisierung der Kooperation von Zentral- und Bereichscontrolling soll auf die integrierte Kooperationsperspektive zurückgegriffen werden. Dieses Vorgehen lässt sich sowohl aus der Schnittstellenforschung als auch aus dem Verhältnis zwischen beiden Controllerbereichen heraus begründen. So wird in Beiträgen der *Schnittstellenforschung* einerseits betont, dass der Austausch von Informationen sowie entsprechende Kommunikationsbeziehungen eine integrale Rolle im Rahmen kooperativer Beziehungen spielen.[951] PINTO/PINTO (1990) etwa merken an: „Communication has long been documented as important for building and maintaining a productive interface between functional units".[952] Andererseits stellen Kommunikation und Informationsaustausch zwar eine notwendige, nicht aber hinreichende Bedingung von Kooperation dar.[953] So kann bspw. zwischen Abteilungen trotz eines regen Informationsflusses ein Konflikt- und Konkurrenzverhältnis bestehen.[954] Dies lässt über die informationsbezogene Dimension hinaus auch eine Rekursion auf die verhaltensbezogene Perspektive notwendig erscheinen, um weitere wesentliche Aspekte der Kooperation wie etwa kooperative Empfindungen und Einstellungen einbeziehen zu können.[955] Vor diesem Hintergrund bietet die integrierte Perspektive der Kooperation, die – wie in Abschnitt 2.4.2.1.2 beschrieben – die beiden zuvor genannten Sichtweisen zusammenführt, die größten Anknüpfungsmöglichkeiten und den höchsten Erklärungsgehalt

---

951 Vgl. allgemein die Abschnitte 2.4.2.1.2 und 2.4.2.2.2 sowie speziell auch Gupta/Raj/Wilemon (1985b), S. 18; Brockhoff (1994), S. 5; Mintzberg et al. (1996), S. 62; Fisher/Maltz/Jaworski (1997), S. 66; Röder (2001), S. 67.

952 Pinto/Pinto (1990), S. 201 m. w. N.

953 Vgl. Kahn/Reizenstein/Rentz (2004), S. 1090. Ähnlich Kahn (1996), S. 144; Kahn/Mentzer (1998), S. 59.

954 Vgl. Kahn/Mentzer (1998), S. 54 sowie S. 56.

955 Vgl. hierzu auch die Ausführungen in den Abschnitten 2.4.2.2.3 sowie 2.4.2.2.5.

für eine umfassende und valide Konzeptualisierung der Kooperation von Zentral- und Bereichscontrolling. Zudem konnte diese Perspektive im Rahmen der Diskussion der Arbeiten der Schnittstellenforschung als Standard für die Untersuchung von Kooperation identifiziert werden.[956]

Darüber hinaus lässt sich die Wahl der integrierten Sichtweise als Grundlage der Konzeptualisierung der Kooperation anhand des *Verhältnisses von Zentral- und Bereichscontrolling* begründen. So hat die Analyse der Beziehungen zwischen beiden Bereichen in Abschnitt 2.3.2 auf der einen Seite gezeigt, dass hier vor allem die Informationsbeziehungen verbunden mit dem Austausch relevanter, vom jeweils anderen Controllerbereich benötigter Informationen stark ausgeprägt sind. Auf der anderen Seite spielen ebenso verhaltensbezogene Elemente in der Beziehung zwischen beiden Abteilungen eine wichtige Rolle.[957] Diese können sich zum einen in kooperativem, gemeinschaftlichem Handeln auf einen Zweck hin[958], z. B. bei der Einführung neuer Systeme, widerspiegeln.[959] Zum anderen sind kooperative Empfindungen und Einstellungen[960] gegenüber dem jeweils anderen Controllerbereich von Bedeutung, damit sich Zentral- und Bereichscontrolling bei ihrer Aufgabenerfüllung gegenseitig unterstützen und demgegenüber bspw. das Bereichscontrolling nicht Informationen zurückhält oder Puffer in Planansätze einbaut.[961]

Zentraler Vertreter der hier für die Konzeptualisierung der Kooperation beider Controllerbereiche zugrunde gelegten integrierten Sichtweise ist KAHN, der in Erweiterung zu anderen Kooperationsforschern in seiner 1996 veröffentlichten Untersuchung erstmals auch empirisch zwischen den beiden Kooperationsdimensionen der integrierten Sichtweise unterscheidet[962] und dessen Studien eine Schlüsselstellung innerhalb dieser Kooperationsperspektive einnehmen.[963] Aus diesem Grund sollen die Arbeiten der Forschungslinie um KAHN, insbesondere KAHN (1996), als Fundament für die Konzeptualisierung der Kooperation in dieser Untersuchung dienen.

In Anlehnung an KAHN (1996) lässt sich die Kooperation zwischen Abteilungen definieren als „multidimensional process that subsumes interaction and collaboration."[964] Analog wird die Kooperation auch in der vorliegenden Arbeit durch den *Informationsaustausch*[965] als

[956] Vgl. Abschnitt 2.4.2.2.5.
[957] Vgl. hierzu ebenfalls Abschnitt 2.3.2.
[958] Zu kooperativem Handeln als bedeutsames Element verhaltensbezogener Kooperation vgl. Abschnitt 2.4.2.2.3. Vgl. auch Abschnitt 2.4.2.2.5.
[959] Vgl. Abschnitt 2.3.2.3.
[960] Zu kooperativen Empfindungen und Einstellungen als wichtiger Bestandteil verhaltensbezogener kooperativer Beziehungen vgl. Abschnitt 2.4.2.2.3. Vgl. auch Abschnitt 2.4.2.2.5.
[961] Vgl. hierzu Abschnitt 2.3.2.4.
[962] Vgl. Kahn (1996), S. 139.
[963] Vgl. hierzu auch die Abschnitte 2.4.2.2.4 und 2.4.2.2.5.
[964] Kahn (1996), S. 139.
[965] „Interdepartmental interaction ... is characterized as the communication and *information exchange* [Hervorhebung nicht im Original] activities between departments." Kahn/McDonough (1997b), S. 56.

informationsbezogene Komponente sowie die *Collaboration* [966] als verhaltensbezogene, relationale Komponente abgebildet. Im Gegensatz zu dem von KAHN in seinen Studien[967] gewählten Vorgehen soll beim Informationsaustausch jedoch nicht auf dessen Häufigkeit bzw. Ausmaß, sondern dessen Güte abgestellt werden. So dürfte es im Rahmen der Kooperation von Zentral- und Bereichscontrolling sowie für deren Relevanz aus organisationsbezogener Perspektive und insbesondere aus der Perspektive eines strategischen Managements[968] heraus nicht per se von Bedeutung sein, wie häufig bzw. wie viele Informationen ausgetauscht werden, sondern vielmehr, dass zielgerichtet die relevanten und benötigten Informationen übermittelt werden.[969] Zudem wird durch die Konzeptualisierung des Informationsaustausches über dessen Güte dem Charakter der verhaltensbezogenen, relationalen Komponente, der Collaboration, Rechnung getragen. Diese zielt stark auf qualitative Aspekte kooperativer Beziehungen, wie etwa ein gutes gegenseitiges Verständnis, ab und misst somit immanent ebenfalls Aspekte der Güte der Kooperation. [970] Durch die Erfassung des Informationsaustausches hinsichtlich seiner Güte wird somit eine entsprechende Einheitlichkeit der Messung der Kooperation durch beide Dimensionen gewährleistet. Auf Basis der Güte des Informationsaustausches sowie der Güte der Collaboration erfolgt schließlich auch die Messung der *Kooperation* hinsichtlich ihrer *Güte*. Dies ist auch mit Blick auf die zweite Forschungsfrage, nach der die Auswirkungen der Kooperation auf die *Qualität* der Leistungen des Zentralcontrollings untersucht werden sollen, konsistent.[971]

Die Güte des Informationsaustausches sowie die Güte der Collaboration als identifizierte relevante Dimensionen der Güte der Kooperation[972] gilt es in den folgenden Abschnitten zu konzeptualisieren und operationalisieren.

---

966 Auf eine Übersetzung des Begriffes „Collaboration" ins Deutsche wird im Folgenden verzichtet, da diese aufgrund der deutschen Vergangenheit mit negativen Konnotationen belegt ist.

967 Vgl. hierzu die in Abschnitt 2.4.2.2.4 diskutierten Arbeiten von Kahn.

968 Zur Relevanz der Kooperation auf Basis dieser beiden Perspektiven vgl. Abschnitt 2.3.3.2.

969 Demgegenüber kann ein zu häufiger Informationsaustausch zu einer Überfrachtung mit (teilweise unwichtigen) Informationen führen und sich negativ auf die Zufriedenheit hinsichtlich der Zusammenarbeit mit der anderen Abteilung auswirken; vgl. hierzu Kahn (1996), S. 140; Kahn/Mentzer (1998), S. 54 sowie S. 58 f. Vgl. auch Scholl (1992), Sp. 901. Ebenso kann die wahrgenommene Qualität der ausgetauschten Informationen durch eine zu hohe Frequenz des Informationsaustausches beeinträchtigt werden; vgl. Maltz/Kohli (1996), S. 55; Maltz (2000), S. 122.

970 Vgl. hierzu die Abschnitte 2.4.2.1.2 sowie 2.4.2.2.4. Im Folgenden wird dennoch der Ausdruck „Güte der Collaboration" anstelle des Begriffes „Collaboration" verwandt, um hervorzuheben, dass hierdurch die Qualität bzw. Güte der Kooperation abgebildet wird.

971 Vgl. Abschnitt 1.2 zu den Forschungsfragen dieser Arbeit.

972 Sofern nicht gesondert vermerkt, wird im Folgenden auch mit dem Begriff „Kooperation" stets auf die *Güte* der Kooperation abgezielt.

4.1.2 Konzeptualisierung und Operationalisierung der Dimensionen der Kooperation

4.1.2.1 Güte des Informationsaustausches

4.1.2.1.1 Konzeptualisierung

Wie erläutert, stellt die informationsbezogene Dimension der Kooperation, die in dieser Untersuchung über die Güte des Informationsaustausches abgebildet wird, ein wichtiges Element der Zusammenarbeit von Abteilungen und insbesondere von Zentral- und Bereichscontrolling dar. Dabei dient ein guter Informationsaustausch nicht nur der Übermittlung von Informationen und spezifischem Wissen sowie der Koordination von Tätigkeiten, sondern trägt auch zur Entwicklung eines besseren gegenseitigen Verständnisses, gegenseitigen Respektes und Vertrauens bei.[973] Insofern besitzt ein guter Informationsaustausch auch für die verhaltensbezogene Dimension der Zusammenarbeit eine wichtige Funktion.

In Anlehnung an ANDERSON/NARUS (1990) kann die Güte des Informationsaustausches zwischen Zentral- und Bereichscontrolling definiert werden „as the formal as well as informal sharing of meaningful and timely information“.[974] Hieran lassen sich drei wesentliche Aspekte der Güte des Informationsaustausches erkennen: Für einen guten Informationsaustausch ist es erforderlich, dass die ausgetauschten Informationen[975] bedeutsam sowie aktuell sind und damit einen Nutzen für den Interaktionspartner aufweisen.[976] Da sich der Nutzen von Informationen danach bemisst, inwieweit der Informationsempfänger diese für bestimmte Zwecke[977] benötigt,[978] ist in einem *ersten* Schritt dessen konkreter Informationsbedarf zu ermitteln.[979] Im *zweiten* Schritt müssen die benötigten Informationen dem Interaktionspartner bereitgestellt bzw. übermittelt werden. *Drittens* kann sich der Informationsaustausch auf formellem sowie informellem Wege vollziehen.

Für die *Ermittlung des Informationsbedarfes* als Ausgangspunkt eines guten Informationsaustausches ist zunächst eine Spezifizierung des *Informationsbedarfes* hinsichtlich seiner Art und Ausprägung erforderlich. Generell umfasst der Informationsbedarf alle Informationen, „die

---

973 Vgl. hierzu u. a. Gupta/Raj/Wilemon (1985a), S. 294; Moenaert/Souder (1990b), S. 97 ff.; Winterstein (1998), S. 145; Ernst (2001), S. 186; Kahn/Reizenstein/Rentz (2004), S. 1087, in Anlehnung an Kohli/ Jaworski (1990), Narver/Slater (1990) sowie Jaworski/Kohli (1993).

974 Anderson/Narus (1990), S. 44; vgl. auch Anderson/Narus (1984). Anderson/Narus (1990), S. 44, betonen explizit, dass sich die aufgestellte Definition nicht auf das Ausmaß bzw. die Häufigkeit des Informationsaustausches bezieht, sondern auf dessen Qualität.

975 In Anlehnung an Berthel (1992), Sp. 872, lassen sich Informationen als „zweckorientiertes Wissen“ definieren.

976 Vgl. auch Heide/John (1992), S. 35; Wilensky (1967), S. 41.

977 Hinsichtlich des Verwendungszweckes von Informationen lassen sich mit der instrumentellen, konzeptionellen und symbolischen Informationsnutzung drei verschiedene Arten unterscheiden. Vgl. hierzu ausführlich Weber/Schäffer (2006), S. 77 ff.

978 Vgl. Moenaert/Souder (1990a), S. 222.

979 Vgl. auch Küpper (2005), S. 156.

zur Erfüllung eines informationellen Interesses ... erforderlich sind."[980] Dabei lässt sich eine Unterscheidung in einen objektiven, subjektiven sowie geäußerten Informationsbedarf vornehmen.[981] Der *objektive Informationsbedarf* umfasst diejenigen Informationen, die in einer sachlichen Beziehung zu einem zu lösenden Problem stehen. Der *subjektive Informationsbedarf* dagegen hängt vom Empfinden des Informationsnutzers ab und beinhaltet die für seine Ziele subjektiv benötigten Informationen. Er stellt die Basis für den *geäußerten Informationsbedarf* dar.[982] WEBER/SCHÄFFER (2006) weisen darauf hin, dass die drei verschiedenen Ausprägungen des Informationsbedarfes in der Praxis nicht deckungsgleich sein müssen und i. d. R. auseinanderfallen.[983]

Für einen guten Informationsaustausch und eine gute Kooperation von Zentral- und Bereichscontrolling ist indes die gegenseitige Erfüllung des *subjektiven Informationsbedarfes* von Bedeutung. So wird das Zentralcontrolling den Informationsaustausch mit dem Bereichscontrolling als gut bewerten, wenn ihm die aus seiner Sicht relevanten Informationen, etwa für die Lösung einer spezifischen Aufgabe oder das Treffen bestimmter Entscheidungen, bereitgestellt werden.[984] Demgegenüber beinhaltete die Befriedigung des objektiven Informationsbedarfes die Bereitstellung von Informationen, die aus subjektiver Sicht des Zentral- oder Bereichscontrollings irrelevant wären,[985] während eine Orientierung am geäußerten Informationsbedarf nicht artikulierte oder explizierte[986] Bedürfnisse außer Acht ließe.[987]

Zur *Ermittlung* des Informationsbedarfes stehen mit deduktiven und induktiven Methoden generell zwei Verfahren zur Verfügung. Da *deduktive Methoden* vor allem auf die Ermittlung des objektiven Informationsbedarfes abzielen,[988] liegt der Fokus im Folgenden auf den *induktiven Vorgehensweisen*. Hierbei kann zunächst auf Dokumenten-, Organisations- sowie datentechnische Analysen zurückgegriffen werden, die Dokumente zur Aufgabenerfüllung, die bestehende Organisationsstruktur oder Prozess- und Bereichsdaten als Informationsquelle verwenden.[989] Allerdings stellen diese Analysen nur auf den Ist-Zustand und das bestehende Informationsangebot ab,[990] wohingegen die Bedarfsermittlung auch eine Analyse der den

980 Berthel (1992), Sp. 873.

981 Vgl. hierzu und im Folgenden auch Horváth (2003), S. 362 ff.; Küpper (2005), S. 156 ff.; Spillecke (2006), S. 110 ff.

982 Vgl. Berthel (1992), Sp. 873.

983 Vgl. Weber/Schäffer (2006), S. 82.

984 Vgl. hierzu auch Küpper (2005), S. 159 f.

985 Bei der Erfüllung des objektiven Informationsbedarfes besteht somit die Gefahr einer Überfrachtung mit (subjektiv) nicht benötigten Informationen sowie einer Überbetonung des Ausmaßes des Informationsaustausches. Dies kann sich – wie in Fußnote 969 erläutert – negativ auf die Zufriedenheit mit der Zusammenarbeit auswirken.

986 Nicht explizierte Informationsbedürfnisse umfassen Informationen, die das Zentralcontrolling subjektiv zwar benötigt, bei denen es sich aber noch nicht explizit bewusst darüber ist, dass es diese Informationen braucht. Vgl. hierzu auch Küpper (2005), S. 159; Weber/Schäffer (2006), S. 82.

987 Zu den Ursachen einer mangelnden Informationsnachfrage vgl. Scholl (1992), Sp. 904.

988 Vgl. Küpper (2005), S. 165.

989 Vgl. Horváth (2003), S. 365 f.

990 Vgl. Küpper (2005), S. 163 f.

Bedarf beeinflussenden Faktoren sowie seine zukünftigen Ausprägungen umfassen sollte.[991] Insofern ist für die Erhebung des subjektiven Informationsbedarfes insbesondere die *Befragung* geeignet. Diese kann grundsätzlich – nach der Art des verwandten Kommunikationskanals – *schriftlich* über Fragebögen oder auszufüllende Berichte sowie *mündlich* im Rahmen von Interviews und Diskussionsrunden erfolgen.[992] Der direkten, persönlichen Interaktion kommt dabei eine besondere Bedeutung zu.[993] Hierbei können die den Informationsbedarf determinierenden situativen Faktoren sowie Persönlichkeitselemente des Informationsempfängers besser berücksichtigt und somit der Informationsbedarf tiefgehender analysiert werden.[994]

Im zweiten Schritt erfolgt die *Übermittlung* der auf Basis der Informationsbedarfsanalyse beschafften *Informationen.* Die Informationsübermittlung kann angesehen werden „as a process in which a source transmits information to a receiver through one ore more channels."[995] Wie für die Ermittlung des Informationsbedarfes stehen somit auch für die Informationsübermittlung mehrere Kommunikationskanäle zur Verfügung. Dabei lässt sich generell wiederum zwischen einem Transfer von Informationen auf schriftlichem sowie auf mündlichem Wege unterscheiden.[996] *Schriftliche* Übertragungstechniken umfassen Briefe, Berichte oder Präsentationsunterlagen.[997] Zudem lässt sich die elektronische Übermittlung von Informationen, wie z. B. per Fax und E-Mail, den schriftlichen Medien zuordnen. Als *mündliche* Übertragungswege sind persönliche Gespräche, Diskussionsrunden, Telefongespräche sowie Telefonkonferenzen anzuführen.[998] Beide Kommunikationsformen sind mit spezifischen Vor- und Nachteilen verbunden.[999] So ist eine Informationsübermittlung auf mündlichem Wege i. d. R. schneller möglich als bei der Verwendung schriftlicher Medien. Zudem lassen sich Unklarheiten unmittelbar beseitigen und der Bereitsteller der Informationen kann ein unmittelbares Feedback vom Informationsempfänger hinsichtlich der Brauchbarkeit der übermittelten Informationen erhalten. Demgegenüber können Informationen dem Empfänger über schriftliche Kommunikationskanäle tendenziell umfassender, detaillierter und strukturierter zur Verfügung gestellt werden. Insofern ergänzen schriftliche und mündliche Übermittlungswege einander. Die Wahl des Kommunikationskanals dürfte

[991] Vgl. Kohli/Jaworski (1990), S. 4.
[992] Vgl. Kohli/Jaworski (1990), S. 4; Küpper (2005), S. 164 f.
[993] Vgl. auch Weber/Schäffer (2000), S. 230.
[994] Vgl. Lings/Greenley (2005), S. 292; Weber/Schäffer (2006), S. 73 sowie S. 83. Gebert (1992), Sp. 1111 f., betont im Falle direkter, mündlicher Interaktion auch die Bedeutung nonverbaler Elemente, wie etwa Gestik, Mimik und Körperhaltung, aus denen sich zusätzliche Rückschlüsse hinsichtlich des Informationsbedarfes ziehen lassen. Zu den Bestimmungsgrößen des subjektiven Informationsbedarfes vgl. auch Berthel (1992), Sp. 882 f.
[995] Moenaert et al. (2000), S. 363 f.
[996] Vgl. Pinto/Pinto (1990), S. 202.
[997] Vgl. hierzu und im Folgenden u. a. Van de Ven/Ferry (1980), S. 413; Kahn (1996), S. 143; Maltz/Kohli (1996), S. 59; Maltz (2000), S. 113 f. Vgl. auch Spillecke (2006), S. 116.
[998] Eine detaillierte Charakterisierung der einzelnen Kommunikationskanäle hinsichtlich der Möglichkeit zu direktem Feedback, der Spontaneität sowie der Geschwindigkeit der Informationsübermittlung findet sich bei Maltz (2000), S. 112 ff.
[999] Vgl. im Folgenden Moenaert/Souder (1990a), S. 220.

dabei von den Präferenzen des Informationsempfängers abhängen. Darüber hinaus kann die Informationsübermittlung standardmäßig und regelmäßig zu vorher vereinbarten Zeitpunkten (z. B. zu festgelegten Terminen bei der Planerstellung) oder ad hoc bzw. auf Anforderung (z. B. beim Auftreten von gravierenden Planunterschreitungen eines Geschäftsbereiches) erfolgen.[1000]

Wie eingangs herausgearbeitet, kann sich der Informationsaustausch auf *formeller* wie auf *informeller* Ebene abspielen.[1001] Diese Unterscheidung wird ansatzweise auch durch die verschiedenen Kanäle bei der Ermittlung des Informationsbedarfes sowie der Übermittlung der Informationen impliziert.[1002] Allerdings ist eine mündliche Informationsbedarfsermittlung und Informationsübermittlung nicht automatisch mit informellem Informationsaustausch gleichzusetzen, ebenso wenig wie die Wahl schriftlicher Kommunikationskanäle zwingend einem formellen Austausch vorbehalten ist.[1003] So können bspw. Telefonkonferenzen oder Meetings einen offiziellen Charakter haben, während etwa vertraulich adressierten und erhaltenen E-Mails ein informelles Element innewohnt. Kriterien für eine Differenzierung von formellem und informellem Informationsaustausch wurden von MALTZ/KOHLI (1996) aufbauend auf STOHL/REDDING (1987) abgeleitet.[1004] Danach kann der Austausch von Informationen zwischen zwei Akteuren als *informell* aufgefasst werden, wenn er von einer dritten, außenstehenden Person nicht verifiziert bzw. nachgewiesen werden kann (Kriterium der Nicht-Verifizierbarkeit) und wenn er spontan und ungeplant zustande kommt (Kriterium der Spontaneität). Anderenfalls handelt es sich um einen *formellen* Austausch.

Für einen guten Informationsaustausch ist sowohl die formelle als auch die informelle Komponente relevant.[1005] Durch die Verifizierbarkeit und Nachprüfbarkeit des formellen Austausches kann den hierbei übermittelten Informationen seitens des Informationsempfängers eine höhere Glaubwürdigkeit geschenkt werden. Aus diesem Grund kann auch der Übermittler der Informationen besonders bestrebt sein, qualitativ hochwertige Informationen bereitzustellen. Dagegen werden im Rahmen eines informellen Austausches aufgrund dessen mangelnder Verifizierbarkeit eher auch hochvertrauliche Informationen ausgetauscht. Die Relevanz beider Formen des Informationsaustausches sowie ihrer Differenzierung ist auch empirisch nachgewiesen worden.[1006] Vor diesem Hintergrund wird auch bei der nachfolgenden Operationalisierung zwischen der Güte des formellen sowie der Güte des

---

[1000] Vgl. Maltz (2000), S. 113; Weber/Schäffer (2006), S. 74.

[1001] Vgl. auch Kohli/Jaworski (1990), S. 4 f.; Moenaert/Souder (1990b), S. 97; Pinto/Pinto (1990), S. 202; Diamantopoulos/Hart (1993), S. 96 f.

[1002] Vgl. Pinto/Pinto (1990), S. 202.

[1003] Vgl. Maltz/Kohli (1996), S. 59; Lings/Greenley (2005), S. 292.

[1004] Vgl. im Folgenden Maltz/Kohli (1996), S. 48.

[1005] Vgl. hierzu und im Folgenden insb. Maltz/Kohli (1996), S. 50 sowie S. 57 f. Vgl. auch Kohli/Jaworski (1990), S. 5.

[1006] Vgl. Kahn (1996), S. 143 sowie S. 147 (vgl. hierzu auch Weinkauf et al. (2005), S. 94); Maltz/Kohli (1996), S. 57; Lings/Greenley (2005), S. 292 f. sowie S. 298; Spillecke (2006), S. 113 ff. sowie S. 122 ff.

informellen Informationsaustausches als separate Faktoren der Dimension Güte des Informationsaustausches unterschieden.

Zusammenfassend lässt sich die *Güte des Informationsaustausches* zwischen Zentral- und Bereichscontrolling charakterisieren als die gegenseitige *Ermittlung des subjektiven Informationsbedarfes* sowie die *Übermittlung* der vom jeweiligen Controllerbereich benötigten *Informationen* durch den anderen Controllerbereich auf *formellem* sowie *informellem* Wege.

4.1.2.1.2 Operationalisierung

4.1.2.1.2.1 Güte des formellen Informationsaustausches

Basis für die Operationalisierung der Güte des formellen Informationsaustausches ist das von SPILLECKE (2006) verwandte Konstrukt zur formellen Informationsgenerierung im Rahmen der Kundenorientierung des Controllerbereiches. SPILLECKE (2006) stützt sich dabei wiederum auf die Messmodelle von JAWORSKI/KOHLI (1993) sowie LINGS/GREENLEY (2001) und LINGS/GREENLEY (2005).[1007] Für die vorliegende Untersuchung wurden die von SPILLECKE (2006) nicht aus dem Messmodell eliminierten Indikatoren übernommen und in Bezug auf die Güte des formellen Informationsaustausches von Zentral- und Bereichscontrolling angepasst. Anstelle der von SPILLECKE (2006) aus seiner Skala entfernten beiden Items wurden zudem zwei neu formulierte Indikatorfragen aufgenommen. Das Messmodell ist reflektiv operationalisiert und erhebt, wie gut beide Controllerbereiche den Informationsbedarf der jeweils anderen Controllerabteilung erfassen und wie gut darauf aufbauend die Kommunikation und der Austausch von Informationen zwischen beiden Controllerbereichen auf formellem Wege ablaufen. Die verwendeten Messindikatoren sowie die sich aus der empirischen Validierung der Skala ergebenden Gütemaße sind in Tabelle 7 zusammengestellt.

[1007] Vgl. Spillecke (2006), S. 113 f.

Informationen zu den einzelnen Indikatoren des Faktors **„Güte des formellen Informationsaustausches zwischen Zentral- und Bereichscontrolling"**			
Bezeichnung des Indikators	Item-to-Total-Korrelation	Indikator-reliabilität	t-Wert der Faktor-ladung
Die Mitarbeiter dieses Bereichscontrollings erkennen Änderungen im Informationsbedarf des Zentralcontrollings sehr schnell.	eliminiert		
Die Mitarbeiter dieses Bereichscontrollings versuchen aktiv, die Informationsbedürfnisse des Zentralcontrollings zu verstehen.	0,68	0,58	-
Die Mitarbeiter dieses Bereichscontrollings tauschen sich häufig mit den Mitarbeitern des Zentralcontrollings aus, um zu verstehen, wie sie sich gegenseitig unterstützen können.	0,78	0,78	16,29
Die Mitarbeiter dieses Bereichscontrollings treffen sich regelmäßig mit den Mitarbeitern des Zentralcontrollings, um herauszufinden, welche Informationen und Leistungen der jeweils andere Bereich in Zukunft benötigt.	0,67	0,55	14,20
Die Kommunikation zwischen Zentralcontrolling und diesem Bereichscontrolling ist häufig mit Problemen behaftet. (rc)	eliminiert		
Der formelle Informationsaustausch zwischen Zentralcontrolling und diesem Bereichscontrolling ist sehr konstruktiv.	0,65	0,49	13,34

Informationen zum Faktor **„Güte des formellen Informationsaustausches zwischen Zentral- und Bereichscontrolling"**			
Cronbach'sches Alpha	0,85	AGFI	0,98
Erklärte Faktorvarianz	0,60	CFI	1,00
χ^2/df	1,87	TLI	0,99
RMSEA	0,05	Faktorreliabilität	0,85
GFI	1,00	Durchschnittlich erfasste Varianz	0,69

Tabelle 7: Informationen zum Messmodell „Güte des formellen Informationsaustausches"

Aufgrund der hohen Kovarianz der Messfehlervariablen des ersten und zweiten Indikators sowie des fünften und sechsten Indikators wurden nach Beurteilung der Item-to-Total-Korrelationen sowie der Indikatorreliabilitäten der erste und der revers kodierte fünfte Indikator aus dem Messmodell eliminiert. Da der erste und zweite sowie der fünfte und sechste Indikator jeweils eine hohe inhaltliche Nähe zueinander aufweisen, wird der inhaltliche Umfang der Messung durch die Indikatorbereinigung nicht eingeschränkt.[1008] Auf Basis der im Messmodell verbliebenen Indikatoren werden sehr gute Ergebnisse bei den globalen wie lokalen Gütemaßen erzielt, was auf eine reliable und valide Messung der Güte des formellen Informationsaustausches hinweist.

4.1.2.1.2.2 Güte des informellen Informationsaustausches

Für die Operationalisierung der Güte des informellen Informationsaustausches wurde ebenfalls auf SPILLECKE (2006) zurückgegriffen, der sich wiederum an die Operationali-

[1008] Vgl. hierzu auch Wallenburg (2004), S. 155 f. und S. 185, sowie Backhaus et al. (2006), S. 412 f.

sierungen von JAWORSKI/KOHLI (1993) sowie LINGS/GREENLEY (2001) und LINGS/GREENLEY (2005) anlehnt.[1009] Die Skala wurde auf den Untersuchungsgegenstand zugeschnitten und um ein selbst entwickeltes revers kodiertes Item erweitert. Das auf dieser Grundlage reflektiv operationalisierte und in Tabelle 8 dargestellte Messmodell zur Güte des informellen Informationsaustausches bezieht sich auf die Informationsbedarfsermittlung und die Informationsübertragung zwischen Mitarbeitern von Zentral- und Bereichscontrolling auf informeller Ebene. Dies umfasst z. B. spontane Gespräche auf dem Flur, während des Mittagessens oder nach Dienstschluss.

Informationen zu den einzelnen Indikatoren des Faktors **„Güte des informellen Informationsaustausches zwischen Zentral- und Bereichscontrolling“**			
Bezeichnung des Indikators	Item-to-Total-Korrelation	Indikator-reliabilität	t-Wert der Faktor-ladung
Die Mitarbeiter des Zentralcontrollings und dieses Bereichs-controllings haben persönlich sehr engen Kontakt.	0,65	0,53	-
Die Mitarbeiter des Zentralcontrollings und dieses Bereichs-controllings diskutieren oftmals auch außerhalb der offiziellen Treffen (z. B. abends bei einem Bier/auf dem Flur) über aktuelle Themen.	0,68	0,57	13,25
Die Mitarbeiter des Zentralcontrollings und dieses Bereichs-controllings nutzen auch informelle Treffen, um die Fragestel-lungen des jeweils anderen Bereiches zu verstehen (z. B. während des Mittagessens).	eliminiert		
Die Mitarbeiter des Zentralcontrollings und dieses Bereichs-controllings tauschen sich sehr häufig in Flurgesprächen zu aktuellen Problemen des Unternehmens aus.	eliminiert		
Die Mitarbeiter des Zentralcontrollings und dieses Bereichs-controllings sind auch persönlich untereinander sehr gut ver-netzt.	0,67	0,56	13,14
Die Mitarbeiter des Zentralcontrollings und dieses Bereichs-controllings sprechen auch informell regelmäßig miteinander.	eliminiert		
Ein informeller Informationsaustausch zwischen beiden Berei-chen findet selten statt. (rc)	0,70	0,62	13,67

Informationen zum Faktor **„Güte des informellen Informationsaustausches zwischen Zentral- und Bereichscontrolling“**			
Cronbach'sches Alpha	0,84	AGFI	0,99
Erklärte Faktorvarianz	0,57	CFI	1,00
χ^2/df	0,46	TLI	1,01
RMSEA	0,00	Faktorreliabilität	0,84
GFI	1,00	Durchschnittlich erfasste Varianz	0,68

Tabelle 8: Informationen zum Messmodell „Güte des informellen Informationsaustausches“

Wegen der hohen Kovarianz der Messfehlervariablen der Indikatoren drei, vier und sechs mit den Messfehlervariablen anderer Items wurde eine Skalenbereinigung um die genannten

[1009] Vgl. Spillecke (2006), S. 115 sowie S. 118.

manifesten Variablen vorgenommen. Das bereinigte Messmodell wird der Konzeptualisierung der Güte des informellen Informationsaustausches inhaltlich weiterhin gerecht und weist sehr gute faktor- und indikatorbezogene Gütekriterien auf, so dass von einer hohen Messqualität ausgegangen werden kann.

4.1.2.2 Güte der Collaboration

4.1.2.2.1 Konzeptualisierung

Wie in Abschnitt 4.1.1 erläutert, spiegelt der Informationsaustausch nur einen Teilaspekt kooperativer Beziehungen wider. Daher sind über die informationsbezogene Komponente hinaus auch verhaltensbezogene, relationale Elemente, denen in Beiträgen der Schnittstellenforschung eine hohe Bedeutung für den Erfolg, die Effektivität und die Qualität von Arbeitsbeziehungen zwischen Abteilungen beigemessen wird,[1010] in die Modellierung der Güte der Kooperation einzubeziehen. Dies erfolgt über das im Folgenden zu spezifizierende Konstrukt der Güte der Collaboration.

Als wesentliche Ausprägungen der Kooperation in verhaltensbezogener, relationaler Hinsicht konnten im Rahmen der Literaturauswertung kooperatives, gemeinschaftliches Handeln auf einen Zweck hin sowie kooperative Empfindungen und Einstellungen identifiziert werden.[1011] Diese Elemente liegen auch der von KAHN (1996) verwandten Definition der Güte der Collaboration zugrunde und stellen daher den Ausgangspunkt der Konzeptualisierung dar.[1012] KAHN (1996) versteht unter der Güte der Collaboration „an affective, volitional, mutual/shared process where two or more departments work together, have mutual understanding, have a common vision, share resources, and achieve collective goals“.[1013] *Kooperatives, gemeinschaftliches Handeln auf einen Zweck* bzw. Ziel hin wird dabei durch die Aspekte „work together“ sowie „achieve collective goals“[1014] ausgedrückt und kann mit einem Austausch von Ressourcen einhergehen („share resources“). Unter *kooperative Empfindungen und Einstellungen* dagegen lassen sich eine *gemeinsame Vision* sowie ein *gutes gegenseitiges Verständnis* subsumieren.

1010 Vgl. z. B. Tjosvold (1988), S. 274 sowie S. 280; Norburn et al. (1995), S. 220 sowie S. 223; Xie/Song/Stringfellow (1998), S. S196 sowie S. S202; Stank/Daugherty/Ellinger (1999), S. 12 sowie S. 17; Hausman/Montgomery/Roth (2002), S. 252; Kahn/Reizenstein/Rentz (2004), S. 1089.

1011 Vgl. Abschnitt 2.4.2.2.5.

1012 Vgl. hierzu auch Olson et al. (2001), S. 260.

1013 Kahn (1996), S. 139, in Anlehnung an Appley/Winder (1977), S. 281, und Schrage (1990).

1014 Hierbei steht die *Erreichung* gemeinsamer Ziele durch entsprechende Aktivitäten im Vordergrund. Insofern ist dieser Aspekt einem kooperativen, gemeinschaftlichen Handeln zuzuordnen. Davon abzugrenzen ist die *Existenz* gemeinsamer Ziele, die sich unter das Vorhandensein einer gemeinsamen Vision subsumieren lässt. Vgl. auch die nachfolgenden Ausführungen.

Gemeinschaftliches Handeln auf einen Zweck hin findet sich als Kernbestandteil verschiedener verhaltensbezogener Kooperationskonzepte wieder.[1015] Als Zweck bzw. Ziel steht hier die Erfüllung bestimmter Aufgaben oder die Lösung spezifischer Probleme im Vordergrund (z. B. die Identifizierung von Abweichungsursachen für einen Geschäftsbereich durch Zentral- und Bereichscontrolling).[1016] Das auf den entsprechenden Zweck ausgerichtete gemeinschaftliche Handeln sollte durch ein hohes Ausmaß an „unity of effort"[1017] geprägt sein und bezieht sich auch auf die Vorbereitung und das Treffen von Entscheidungen (bspw. hinsichtlich der zu verfolgenden Gegenmaßnahmen nach identifizierten Abweichungen).[1018] Die konkrete Ausgestaltung des gemeinschaftlichen Handelns kann unterschiedlichen Ausprägungen folgen.[1019] So ist etwa denkbar, dass die Gesamtaufgabe in Teilaufgaben untergliedert wird und diese dann von den jeweiligen Kooperationspartnern eigenständig im Hinblick auf den übergeordneten Zweck hin bearbeitet werden.[1020] Dabei ist eine gute gegenseitige Unterstützung von Bedeutung, um die Erfüllung der Teilaufgaben und damit der gesamthaften Aufgabe sicherzustellen.[1021] Dies schließt den Austausch und die Bereitstellung wichtiger Ressourcen, die für die Aufgabenerledigung benötigt werden, ein (z. B. die Weitergabe spezieller Tools zur Ermittlung von Abweichungsursachen durch das Zentral- an das Bereichscontrolling).[1022]

Ergänzt und verstärkt wird das auf einen gemeinsamen Zweck abzielende Handeln durch *kooperative Empfindungen und Einstellungen.*[1023]

So ist eine *gemeinsame Vision* erforderlich, um den Rahmen bzw. die übergeordnete Richtung des gemeinschaftlichen Handelns vorzugeben und dieses zu motivieren sowie voranzutreiben:[1024] „A shared vision … may force a united work force".[1025] Divergierende Visionen der kooperierenden Akteure dagegen lassen sich als Ursache von Konflikten identifizieren.[1026] Basis einer übergeordneten Vision ist das Vorhandensein gemeinsamer *Ziele*, die von den Kooperationspartnern geteilt werden, bzw. von Teilzielen, die im Einklang miteinander stehen.[1027] Die Existenz gemeinsamer bzw. positiv miteinander verbundener (Teil-) Ziele der Parteien wird dabei auch von der Theorie des realistischen Konfliktes als Voraussetzung guter kooperativer Beziehungen betont und ist dadurch gekennzeichnet, dass „one's movement

---

1015 Vgl. Pinto/Pinto (1990), S. 203; Pinto/Pinto/Prescott (1993), S. 1286. Vgl. auch Kahn (1996), S. 138.
1016 Vgl. Marr (1992), Sp. 1154; Nielson (1998), S. 448.
1017 Lawrence/Lorsch (1967), S. 4.
1018 Vgl. Gray (1989), S. 11; Nielson (1998), S. 448; Giering (2000), S. 108. Vgl. auch Heide (1994), S. 76 ff.
1019 Vgl. Nielson (1998), S. 448; Giering (2000), S. 108.
1020 Vgl. Deutsch (1976), S. 29; Deutsch (1981), S. 29 f.; Tjosvold (1984), S. 746. Vgl. grundlegend Deutsch (1949), S. 141 f.
1021 Vgl. Deutsch (1949), S. 139 f.; Tjosvold (1984), S. 745.
1022 Vgl. auch Nielson (1998), S. 442; Xie/Song/Stringfellow (1998), S. S196; Olson et al. (2001), S. 260.
1023 Vgl. auch Kahn/Reizenstein/Rentz (2004), S. 1087.
1024 Vgl. Gray (1989), S. 8.
1025 Tjosvold (1988), S. 275 m. w. N.
1026 Vgl. auch Deutsch (1976), S. 23 f.
1027 Zur Bedeutung und zum Zusammenhang von Visionen und Zielen vgl. auch Brockhoff/Hauschildt (1993), S. 400 f. Vgl. in diesem Zusammenhang auch Collis/Montgomery (2005), S. 11 f.; Rall/König (2005), S. 14.

toward one's goals facilitates the others' goals."[1028] Dies erhöht der sozialen Austauschtheorie zufolge den Nutzen einer Kooperationsbeziehung für die beteiligten Akteure, fördert damit ihren langfristigen Fortbestand und festigt auf diese Weise auch das gemeinschaftliche Handeln sowie den Austausch benötigter Ressourcen zur Erfüllung bestimmter Aufgaben.[1029]

Als zweites wichtiges Element kooperativer Empfindungen und Einstellungen wurde ein *gutes gegenseitiges Verständnis* identifiziert. Dies umfasst häufig eine „wahrgenommene Ähnlichkeit in Überzeugung und Einstellungen"[1030], eine emotionale, gedankliche Verbundenheit sowie in Teilen eine gegenseitige Identifikation der kooperierenden Akteure.[1031] Voraussetzung für ein gutes gegenseitiges Verständnis ist damit ein gewisser Grad an Empathie. „Empathy reflects the ability of partners in relational exchange to take each other's perspective"[1032] sowie „to understand .. [each other's] needs, problems and constraints".[1033] Ein gutes gegenseitiges Verständnis lässt Unterschiede und gegensätzliche Interessen zwischen den Kooperationspartnern weniger salient werden und trägt dazu bei, dass die kooperierenden Akteure ihre jeweiligen Verschieden- und Eigenheiten respektieren.[1034] Damit beugt es einer dysfunktionalen Kategorisierung vor und fördert eine wechselseitige Differenzierung gemäß der Theorie der sozialen Identität.[1035] Zudem erhöht ein gutes gegenseitiges Verständnis die Bereitschaft zu einer Unterstützung der anderen Abteilung.[1036]

Auf Basis dieser Ausführungen lässt sich die *Güte der Collaboration* definieren als ein *gemeinschaftliches Handeln auf einen bestimmten Zweck* hin, das durch eine *gemeinsame Vision/Ziele* und ein *gutes gegenseitiges Verständnis* untermauert wird. Die herausgearbeiteten Teilaspekte der Güte der Collaboration stehen dabei in einem positiven, sich verstärkenden Verhältnis zueinander.

4.1.2.2.2 Operationalisierung

Die Operationalisierung der Güte der Collaboration erfolgt im Kern in Anlehnung an die von KAHN (1996) entwickelte Skala bzw. die deutsche Fassung von ERNST (2001),[1037] die in

[1028] Tjosvold (1984), S. 744. Vgl. auch Deutsch (1949), S. 133 f.; Deutsch (1981), S. 28; Tjosvold (1985), S. 26. Zur Theorie des realistischen Konfliktes vgl. Abschnitt 2.5.3.3.2. Zur Relevanz der Existenz gemeinsamer bzw. in einem positiven Verhältnis zueinander stehender Ziele vgl. auch Marr (1992), Sp. 1155; Moenaert et al. (2000), S. 369.

[1029] Zur sozialen Austauschtheorie vgl. Abschnitt 2.5.3.3.1. Vgl. hierzu auch Tjosvold (1988), S. 280; de Ruyter/Wetzels (2000b), S. 211.

[1030] Deutsch (1981), S. 35.

[1031] Vgl. zu diesen Aspekten allgemein auch Deutsch (1976), S. 31; Deutsch (1981), S. 35; de Ruyter/Wetzels (2000a), S. 260.

[1032] de Ruyter/Wetzels (2000b), S. 211. Ähnlich Dymond (1949), S. 127.

[1033] de Ruyter/Wetzels (2000a), S. 260, in Anlehnung an Berry (1995).

[1034] Vgl. in diesem Zusammenhang auch Deutsch (1981), S. 35 f.; Bartunek/Foster-Fishman/Keys (1996), S. 706.

[1035] Zur Theorie der sozialen Identität vgl. Abschnitt 2.5.3.3.3.

[1036] Vgl. ähnlich auch Deutsch (1976), S. 33.

[1037] Vgl. Kahn (1996), S. 151; Ernst (2001), S. 185.

dessen Untersuchung eine sehr gute Gütebeurteilung erfährt.[1038] Für die vorliegende Arbeit wurden im Vergleich zu dem von ERNST (2001) verwendeten Messmodell zwei Messindikatoren zur Konkretisierung der getroffenen Aussage bzw. zur Sicherstellung der Diskriminanz zur Determinante „Nutzung abteilungsübergreifender Teams" leicht modifiziert. Ein Item, das in der Untersuchung von ERNST (2001) eliminiert wurde und auch bei KAHN (1996) eine unterdurchschnittliche Faktorladung aufweist,[1039] wurde nicht in das Konstrukt aufgenommen. Stattdessen wurde die Skala um zwei Messindikatoren des von KAHN/ REIZENSTEIN/RENTZ (2004) verwendeten Kooperationskonstruktes ergänzt.[1040] Diese wurden ins Deutsche übersetzt, in Teilen leicht erweitert und auf den Untersuchungsgegenstand angepasst. Die in Tabelle 9 dargestellten Indikatoren weisen eine reflektive Messrichtung auf und rekurrieren auf die im vorherigen Abschnitt identifizierten Elemente der Güte der Collaboration.

Informationen zu den einzelnen Indikatoren des Faktors **„Güte der Collaboration von Zentral- und Bereichscontrolling"**			
Bezeichnung des Indikators	Item-to-Total-Korrelation	Indikator-reliabilität	t-Wert der Faktor-ladung
Zentralcontrolling und dieses Bereichscontrolling versuchen, Ziele gemeinsam zu erreichen.	0,77	0,70	-
Zentralcontrolling und dieses Bereichscontrolling haben ein gutes gegenseitiges Verständnis.	0,79	0,75	19,86
Zentralcontrolling und dieses Bereichscontrolling arbeiten auch abseits von Regularien und Richtlinien zusammen.	eliminiert		
Zentralcontrolling und dieses Bereichscontrolling teilen Ideen, Informationen und/oder Ressourcen.	0,73	0,62	17,52
Zentralcontrolling und dieses Bereichscontrolling arbeiten eng zusammen.	eliminiert		
Zentralcontrolling und dieses Bereichscontrolling unterstützen sich gegenseitig bei der Erfüllung ihrer Aufgaben.	0,70	0,56	16,39
Bei der Zusammenarbeit von Zentralcontrolling und diesem Bereichscontrolling kommt es häufig zu Konflikten. (rc)	0,62	0,44	13,95

Informationen zum Faktor **„Güte der Collaboration von Zentral- und Bereichscontrolling"**			
Cronbach'sches Alpha	0,88	AGFI	0,99
Erklärte Faktorvarianz	0,61	CFI	1,00
χ^2/df	0,91	TLI	1,00
RMSEA	0,00	Faktorreliabilität	0,89
GFI	1,00	Durchschnittlich erfasste Varianz	0,69

Tabelle 9: Informationen zum Messmodell „Güte der Collaboration"

[1038] Vgl. Ernst (2001), S. 288 ff.
[1039] Vgl. Kahn (1996), S. 151; Ernst (2001), S. 288 ff.
[1040] Vgl. Kahn/Reizenstein/Rentz (2004), S. 1088. Kahn/Reizenstein/Rentz (2004) greifen ihrerseits auf das entsprechende Konstrukt von Jones/James (1979), S. 213, zurück.

Da das Ausgangsmodell mit allen Indikatoren nur eine mäßige Modellapproximation aufwies, war ein Ausschluss der inhaltlich ähnlichen Messindikatoren drei und fünf erforderlich. Das modifizierte Messmodell ist durch sehr gute lokale wie globale Gütekriterien gekennzeichnet und bildet auch nach der Indikatoreliminierung alle Kernbestandteile der Güte der Collaboration ab.

4.1.3 Beurteilung des Gesamtmodells der Kooperation

In Erweiterung der Vorgehensweise, die von der überwiegenden Zahl der Studien der Schnittstellenforschung gewählt wird, sollen die in den vorhergehenden Abschnitten modellierten Einzeldimensionen bzw. Faktoren zu einem Gesamtmodell zusammengefügt und in einen Index der Güte der Kooperation überführt werden. Die Validierung dieses übergeordneten Messinstrumentes ist Gegenstand der folgenden Ausführungen.

4.1.3.1 Beurteilung der Diskriminanzvalidität der einzelnen Faktoren

Vor der Bildung eines gesamthaften Messmodells auf Basis der drei Faktoren der Kooperation ist deren Diskriminanzvalidität zu überprüfen. So gilt es zum einen nachzuweisen, dass die informationsbezogene Dimension einerseits sowie die verhaltensbezogene, relationale Dimension andererseits auch in „der empirisch beobachtbaren Realität"[1041] voneinander abzugrenzen sind.[1042] Zum anderen soll gezeigt werden, dass die vorgenommene Untergliederung der Güte des Informationsaustausches in einen formellen sowie einen informellen Faktor valide ist und beide Konstrukte zu differenzierende Sachverhalte erfassen.

Zur Überprüfung der Diskriminanzvalidität wird das in Abschnitt 3.3.1.2.1.2 vorgestellte Fornell/Larcker-Kriterium angewandt. Danach sollen die quadrierten paarweisen Korrelationen der drei Faktoren niedriger ausfallen als die DEV der betreffenden Faktoren. Tabelle 10 zeigt, dass diese Anforderung erfüllt ist, so dass eine hinreichende Diskriminanz der einzelnen Faktoren der Güte der Kooperation gegeben ist.

[1041] Wallenburg (2004), S. 162.

[1042] So äußert Ernst (2001) etwa die Vermutung, dass die auch bei Kahn (1996) angenommene Unabhängigkeit von informations- sowie verhaltensbezogener Dimension nicht aufrechtzuerhalten ist. Vgl. Ernst (2001), S. 186.

Faktor		Güte formeller Informationsaustausch	Güte informeller Informationsaustausch	Güte Collaboration
	DEV	0,69	0,68	0,69
Güte formeller Informationsaustausch	0,69	-		
Güte informeller Informationsaustausch	0,68	0,36	-	
Güte Collaboration	0,69	0,62	0,31	-

Tabelle 10: Beurteilung der Diskriminanzvalidität der Faktoren der Güte der Kooperation auf Basis des Fornell/Larcker-Kriteriums

4.1.3.2 Validierung der Faktorenstruktur des Gesamtmodells

Im Anschluss an die Überprüfung der Diskriminanzvalidität werden die drei Faktoren der Güte der Kooperation zu einem Gesamtmodell zusammengeführt und in einem entsprechenden Index verdichtet.[1043] Dabei ist zu prüfen, ob dieses übergeordnete Konstrukt eine hinreichende Güte hinsichtlich der Anpassung an die Realität aufweist und inwieweit die einzelnen Faktoren signifikant zur gesamthaften Messung der Güte der Kooperation beitragen.

Das Gesamtkonstrukt der Kooperationsgüte stellt ein mehrdimensionales Messmodell höherer Ordnung dar.[1044] So sind die einzelnen Faktoren auf der ersten Ebene reflektiv operationalisiert worden und messen auf der zweiten Ebene die Güte der Kooperation formativ („Reflective First-Order, Formative Second-Order"[1045]).[1046] Die Validierung dieses formativen Konstruktes zweiter Ordnung, auf dessen Grundlage die Indexbildung vorgenommen wird, erfolgt auf Basis eines MIMIC-Modells.[1047] Hierzu wird das Kooperationskonstrukt zusätzlich durch zwei reflektive Indikatoren gemessen, die die Güte der Kooperation direkt abfragen (vgl. Tabelle 11).[1048] Die Gütemaße dieser direkten Messung der Kooperationsqualität können als sehr gut bezeichnet werden.

1043 Zu einem analogen Vorgehen für die Messung der internen Kundenorientierung des Controllerbereiches vgl. Spillecke (2006), S. 122 ff.

1044 Vgl. hierzu und im Folgenden Jarvis/MacKenzie/Podsakoff (2003), S. 204 f.

1045 Jarvis/MacKenzie/Podsakoff (2003), S. 205.

1046 Die formative Messrichtung des Konstruktes auf oberster Ebene ergibt sich grundlegend aus der Konzeptualisierung der Kooperation auf Basis der integrierten Sichtweise sowie der einzelnen Dimensionen bzw. Faktoren.

1047 Vgl. Herrmann/Huber/Kressmann (2006), S. 51. Vgl. hierzu auch Abschnitt 3.3.1.2.2.

1048 Vgl. Diamantopoulos/Winklhofer (2001), S. 272; Jarvis/MacKenzie/Podsakoff (2003), S. 213 f.; Schlegelmilch/Diamantopoulos/Kreuz (2003), S. 126 f. sowie S. 132; Götz/Liehr-Gobbers (2004a), S. 719 f.

Informationen zu den einzelnen Indikatoren des Faktors **„Direkte Messung der Güte der Kooperation von Zentral- und Bereichscontrolling"**			
Bezeichnung des Indikators	Item-to-Total-Korrelation	Indikator-reliabilität	t-Wert der Faktor-ladung
Das Zentralcontrolling und dieses Bereichscontrolling arbeiten insgesamt sehr gut zusammen.	0,93	-*	-*
Die Kooperation zwischen Zentralcontrolling und diesem Bereichscontrolling funktioniert insgesamt sehr gut.	0,93	-*	-*

Informationen zum Faktor **„Direkte Messung der Güte der Kooperation von Zentral- und Bereichscontrolling"**			
Cronbach'sches Alpha	0,96	AGFI	-*
Erklärte Faktorvarianz	0,93	CFI	-*
χ^2/df	-*	TLI	-*
RMSEA	-*	Faktorreliabilität	-*
GFI	-*	Durchschnittlich erfasste Varianz	-*

* Eine Berechnung dieser Werte ist nicht möglich, da eine konfirmatorische Faktorenanalyse erst ab drei Indikatoren durchgeführt werden kann.

Tabelle 11: Informationen zum Messmodell „Direkte Messung der Güte der Kooperation"

Weist das MIMIC-Modell, das in Abbildung 5 visualisiert ist, eine gute Modellanpassung und entsprechende Gütekriterien auf, so kann dies als Bestätigung dafür angesehen werden, dass sich die Güte der Kooperation von Zentral- und Bereichscontrolling formativ durch die Güte des formellen sowie informellen Informationsaustausches sowie die Güte der Collaboration darstellen lässt.[1049]

[1049] Vgl. Diamantopoulos/Winklhofer (2001), S. 272. Ähnlich auch Spillecke (2006), S. 123 f.

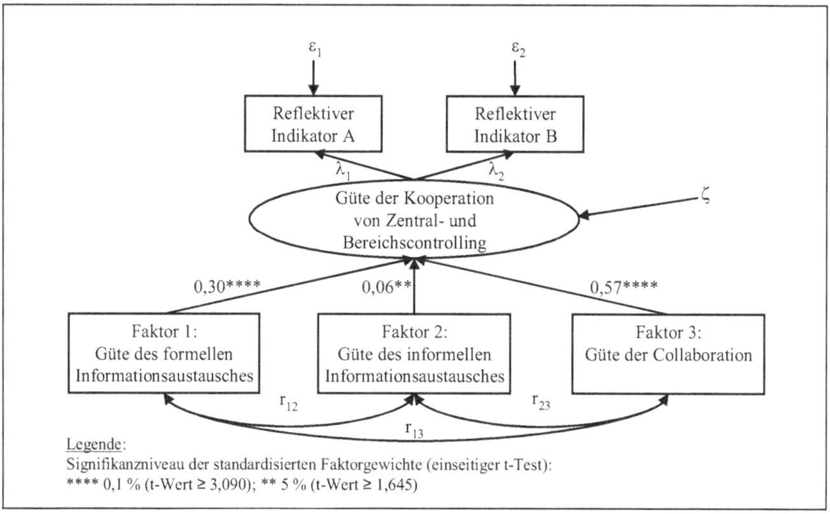

Abbildung 5: MIMIC-Modell zur Güte der Kooperation von Zentral- und Bereichscontrolling

Die Validierung der Anpassungsgüte des MIMIC-Modells erfolgt in Anlehnung an WINKLHOFER/DIAMANTOPOULOS (2002) auf Basis der Kovarianzstrukturanalyse.[1050] Hierbei ergeben sich sehr gute bis gute Gütemaße, die eine reliable und valide Messung implizieren (vgl. Tabelle 12).

[1050] Vgl. Winklhofer/Diamantopoulos (2002), S. 154. Zudem ist eine Schätzung von Messmodellen, die sowohl reflektive als auch formative Indikatoren enthalten, mittels des verwendeten PLS-Programms nicht möglich. Vgl. hierzu auch Götz/Liehr-Gobbers (2004a), S. 720.

Globale Anpassungsmaße des Gesamtmodells **„Güte der Kooperation von Zentral- und Bereichscontrolling"**						
Kriterium	χ^2/df	RMSEA	GFI	AGFI	CFI	TLI
Ausprägung	2,49	0,06	0,93	0,90	0,97	0,96
Informationen zu den einzelnen Faktoren des Gesamtmodells **„Güte der Kooperation von Zentral- und Bereichscontrolling"**						
Bezeichnung des Faktors	Ursprünglicher Schätzwert	Mittelwert der erzeugten Fälle	Standardabweichung	t-Wert	Effektgröße f^2	Variance Inflation Factor
Güte formeller Informationsaustausch	0,30	0,30	0,05	6,27	0,12	2,78
Güte informeller Informationsaustausch	0,06	0,06	0,03	1,86	0,01	1,58
Güte Collaboration	0,57	0,57	0,05	11,82	0,46	2,62
Konditionsindex: 20,46						

Tabelle 12: Informationen zum Gesamtmodell „Güte der Kooperation"

Darüber hinaus lässt sich an der Ausprägung der Faktorgewichte sowie den zugehörigen t-Werten erkennen, dass alle drei Faktoren einen signifikanten Beitrag zur Erklärung des formativen Konstruktes der Kooperationsgüte leisten (vgl. hierzu auch Abbildung 5).[1051] Den höchsten Einfluss weist dabei die Güte der Collaboration auf. Dagegen ist für die Güte des informellen Informationsaustausches nur ein geringes Faktorgewicht zu verzeichnen. Eine Erklärung hierfür könnte darin bestehen, dass der Großteil der Informationen zwischen beiden Controllerbereichen aufgrund der umfangreichen Arbeitsbeziehungen, die im Rahmen der Analyse der Berührungspunkte in Abschnitt 2.3.2 aufgezeigt wurden, auf formellem Wege ausgetauscht wird. Zudem können die Möglichkeiten für einen spontanen informellen Informationsaustausch stark eingeschränkt sein, wenn beide Controllerbereiche in größerer räumlicher Entfernung zueinander angesiedelt sind (bspw. das Zentralcontrolling im zentralen Verwaltungsgebäude, das Bereichscontrolling dagegen in der Basiseinheit).[1052]

Schließlich sind die formativen Faktoren auf Multikollinearität zu überprüfen.[1053] Aus Tabelle 12 geht hervor, dass der VIF sowie der KI unterhalb der geforderten Grenzwerte liegen.

Insgesamt lässt sich somit die abgeleitete Faktorenstruktur des Konstruktes der Güte der Kooperation aufrechterhalten.

[1051] Zu den Kriterien der Gütebeurteilung formativer Messmodelle vgl. Abschnitt 3.3.1.2.2.
[1052] Zur Bedeutung der räumlichen Nähe insb. für den informellen Informationsaustausch vgl. auch Abschnitt 6.2.1.2.1.2.
[1053] Vgl. Diamantopoulos/Winklhofer (2001), S. 272. Vgl. auch Abschnitt 3.3.1.2.2.

4.1.3.3 Beurteilung der Inhaltsvalidität des Gesamtmodells

Im Hinblick auf die Inhaltsvalidität ist zu untersuchen, wie gut die Güte der Kooperation durch das entwickelte Messinstrument abgebildet wird. [1054] Hierzu wird in einem Strukturmodell der Einfluss des Kooperationsindexes auf das reflektive Konstrukt „Direkte Messung der Güte der Kooperation"[1055] analysiert. Als Maß für die Inhaltsvalidität lässt sich der Anteil der durch den Index erklärten Varianz des Konstruktes der direkten Kooperationsmessung zugrunde legen.

Bei der Berechnung des Strukturmodells ergibt sich zwischen Kooperationsindex und der direkten Erfassung der Kooperationsgüte ein Pfadkoeffizient von 0,82, der mit einem t-Wert von 43,86 in hohem Maße signifikant ist. In Bezug auf die erklärte Varianz des endogenen Konstruktes wird ein Bestimmtheitsmaß R^2 von 68,1 % erzielt. Auf Basis dieses Ergebnisses kann davon ausgegangen werden, dass der Index der Kooperationsgüte alle wesentlichen Elemente der Güte der Kooperation von Zentral- und Bereichscontrolling abdeckt und somit das Kriterium der Inhaltsvalidität erfüllt ist. [1056] Da die Validierung zudem mit einer branchenübergreifenden Stichprobe vorgenommen wurde, kann die Kontextunabhängigkeit des Messmodells unterstellt werden.[1057]

Abschließend kann die *Güte der Kooperation von Zentral- und Bereichscontrolling* auf Basis der Konzeptualisierung und empirischen Validierung definiert werden als die *Güte des formellen sowie informellen Informationsaustausches* sowie die *Güte der Collaboration* zwischen beiden Bereichen.

4.2 Messung der Kooperation von Zentralcontrolling und Bereichscontrolling

Aufbauend auf dem entwickelten Messinstrument zur Güte der Kooperation soll eine explorative Bestandsaufnahme der Kooperationsqualität von Zentral- und Bereichscontrolling allgemein sowie in Abhängigkeit verschiedener unternehmensbezogener Kontextfaktoren vorgenommen werden. Aufgrund der Bedeutung der Organisationsform für das Verhältnis zwischen beiden Controllerbereichen erfolgt die Messung für diese Variable hypothesengetrieben.

[1054] Vgl. hierzu und im Folgenden auch Homburg (2000), S. 124 ff. Vgl. auch das Vorgehen von Spillecke (2006), S. 124 ff.

[1055] Vgl. hierzu Tabelle 11 im vorhergehenden Abschnitt.

[1056] Auch Homburg (2000), S. 126, zieht in seiner Untersuchung bei einer erklärten Varianz von ca. 70 % ein positives Fazit hinsichtlich der Inhaltsvalidität.

[1057] Ähnlich Homburg (2000), S. 126.

4.2.1 Explorative Messung der Kooperation

4.2.1.1 Gesamthafte Messung der Kooperation

Die Ergebnisse der gesamthaften Messung der Kooperationsgüte sowie ihrer einzelnen Faktoren sind in Abbildung 6 dargestellt.[1058] Der Indexwert für die Güte der Kooperation von Zentral- und Bereichscontrolling insgesamt beträgt 68,1 und befindet sich damit im oberen Drittel der Skala. Die höchste Ausprägung besitzt der Index der Güte der Collaboration mit einem Wert von 70,6. Ähnlich wie bei den Faktorgewichten weist die Güte des informellen Informationsaustausches den niedrigsten Wert auf. Dieser beläuft sich auf 57,9.

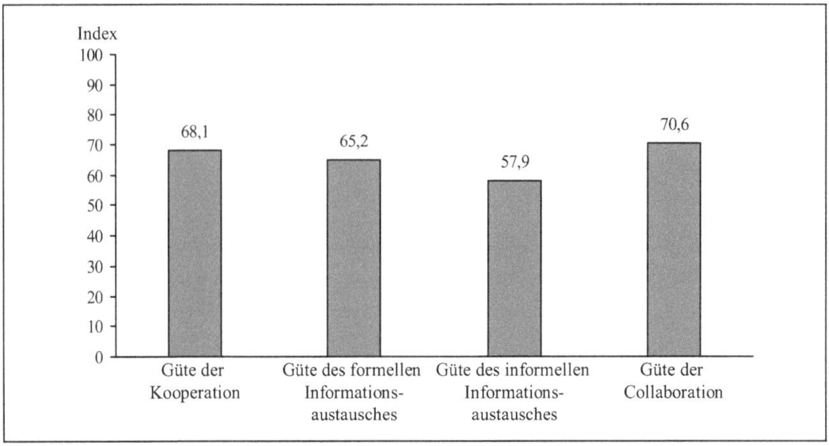

Abbildung 6: Ergebnisse der gesamthaften Messung der Güte der Kooperation

Bei den dargestellten Indexwerten ist zudem eine hohe Streuung zu verzeichnen, die sich in einem durchschnittlichen Variationskoeffizienten[1059] von 23,9 % widerspiegelt und auf eine hohe Varianz hinsichtlich der Einschätzung der Kooperationsgüte deutet. Aufgrund dessen wird in den folgenden Abschnitten eine differenziertere Indexmessung der Kooperationsqualität in Abhängigkeit situativer Unternehmenscharakteristika vorgenommen.

[1058] Die Messung der Güte der Kooperation basiert auf dem entwickelten Kooperationsindex. Für die Darstellung der Messergebnisse wurden die Indexwerte auf einen Wertebereich von null bis 100 skaliert. Der Wert 100 korrespondiert dabei mit einer Ausprägung von fünf auf der im Fragebogen verwendeten Likert-Skala, der Wert null entspricht einer Antwort von eins im Fragebogen. Vgl. auch Spillecke (2006), S. 127.

[1059] Der Variationskoeffizient ergibt sich aus der Division von Standardabweichung und Mittelwert. Vgl. Hartung/Elpelt/Klösener (2005), S. 47.

4.2.1.2 Messung der Kooperation in Abhängigkeit der Branche

Im Rahmen der weiterführenden Bestandsaufnahme wurde zunächst auf die Branchenzugehörigkeit der Unternehmen abgestellt. Die für die einzelnen Branchen gemessenen Indexwerte wurden dabei auf signifikante Unterschiede geprüft. Dies geschah auf Basis der einfaktoriellen Varianzanalyse (ANOVA), mit der multiple Vergleichstests [1060] sowie simultane branchenübergreifende Indexvergleiche durchgeführt wurden.[1061] Die Ergebnisse sind in Abbildung 7 zusammengestellt.

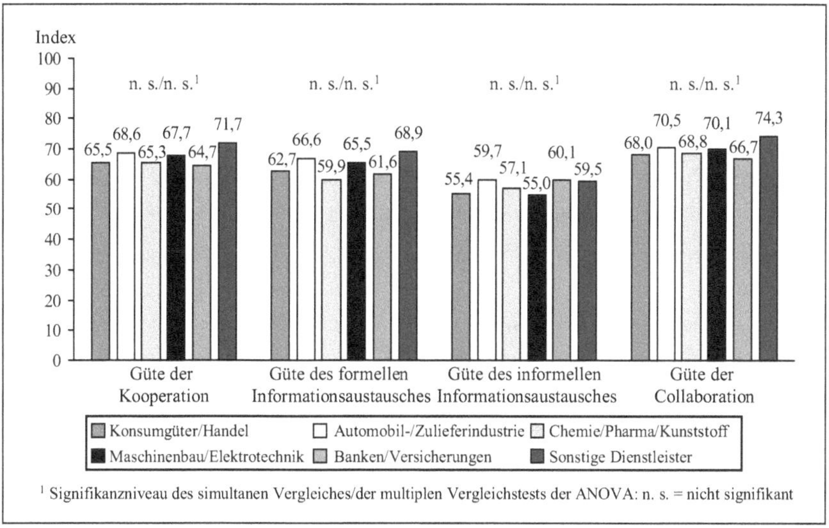

Abbildung 7: Ergebnisse der Messung der Güte der Kooperation in Abhängigkeit der Branche

Der Bereich *Konsumgüter/Handel* bewegt sich hinsichtlich der Kooperationsgüte von Zentral- und Bereichscontrolling in Relation zu den übrigen Branchen im Mittelfeld. Gleiches gilt für die Güte des formellen Informationsaustausches. Bei der Güte des informellen Informationsaustausches sowie der Güte der Collaboration sind die zweitniedrigsten Indexwerte aller Branchen zu verzeichnen. Der Variationskoeffizient des Gesamtindexes beläuft sich auf 19,1 %.

Der Kooperationsindex für Unternehmen aus der *Automobil-/Zulieferindustrie* ist durch den zweithöchsten Wert aller Branchen gekennzeichnet. Auch bei den einzelnen Faktoren der

[1060] Hierbei wird wiederum das Testverfahren nach Scheffé angewandt, das die Wahrscheinlichkeit fehlerhafter Ergebnisse auf Basis konservativer Schätzungen minimiert. Vgl. Brosius (2004), S. 513 f.

[1061] Die Auswahl der einfaktoriellen ANOVA für diese Analyse ergibt sich wiederum aus der Tatsache, dass eine Serie paarweiser t-Tests zwischen einer Branchenklasse und jeweils allen anderen Branchengruppen fehlerbehaftete Ergebnisse liefert. Vgl. Brosius (2004), S. 508, sowie auch Abschnitt 3.2.3.

Kooperation weist nur jeweils eine andere Branche höhere Indexwerte auf. Der Variationskoeffizient für den Kooperationsindex dieser Branche liegt mit 20,6 % über dem entsprechenden Wert für den Bereich Konsumgüter/Handel.

Die Branche *Chemie/Pharma/Kunststoff* weist im Vergleich zu den anderen Branchen einen relativ niedrigen Wert für den Gesamtindex auf. Während die Güte des formellen Informationsaustausches die geringste Indexausprägung aller Branchen erfährt, entspricht der Indexwert für den informellen Informationsaustausch nahezu dem Durchschnitt. Der Wert des Collaboration-Indexes liegt im Mittelfeld der übrigen Indexausprägungen dieses Faktors. Der durchschnittliche Variationskoeffizient beträgt 21,5 %.

Ein ähnlich hoher Variationskoeffizient von 21,2 % charakterisiert den Kooperationsindex für den Bereich *Maschinenbau/Elektrotechnik*. Dieser ist – wie auch der Index für die Güte der Collaboration – durch einen leicht überdurchschnittlichen Wert gekennzeichnet. Ebenfalls über dem Durchschnitt liegt der Indexwert für den formellen Informationsaustausch. Demgegenüber ist der Index der Güte des informellen Informationsaustausches nicht nur unterdurchschnittlich ausgeprägt, sondern weist den geringsten Wert aller Branchen auf.

Am schlechtesten funktioniert die Kooperation von Zentral- und Bereichscontrolling in *Banken und Versicherungen*. Dies spiegelt sich auch in dem geringsten Indexwert aller Branchen für die Güte der Collaboration und der zweitniedrigsten Ausprägung des Indexes der Güte des formellen Informationsaustausches wider. Im Gegensatz dazu weicht die Einschätzung der Güte des informellen Informationsaustausches deutlich von diesem Grundmuster ab. Der zugehörige Index zeichnet sich durch den höchsten Wert im Branchenvergleich aus und weist in seiner Ausprägung einen deutlich geringeren Abstand zum Indexwert der Güte des formellen Informationsaustausches als in anderen Branchen auf. Zudem nimmt der Variationskoeffizient des Kooperationsindexes mit 22,5 % den über alle Branchen höchsten Wert ein.

Am besten arbeiten Zentral- und Bereichscontrolling bei den *Sonstigen Dienstleistern* zusammen. Mit Ausnahme der Güte des informellen Informationsaustausches weisen auch die Indizes für die einzelnen Faktoren der Kooperation die höchste Ausprägung aller Branchen auf. Mit einem Wert von 16,6 % ist in dieser Branchengruppe der niedrigste Variationskoeffizient in Bezug auf den Kooperationsindex zu verzeichnen.

Trotz der aufgezeigten Unterschiede lässt sich ein einheitliches Muster über alle Branchen hinweg erkennen. So weist der Index der Güte der Collaboration stets die höchste Ausprägung auf, gefolgt vom Index der Güte des formellen sowie der Güte des informellen Informationsaustausches.

Anzumerken ist, dass sich die erläuterten Branchenunterschiede als nicht signifikant erweisen – weder auf Basis der simultanen Indexvergleiche noch der multiplen Vergleichstests im Rahmen der Varianzanalyse. Zudem deuten die Variationskoeffizienten auf ein recht heterogenes Antwortverhalten innerhalb der einzelnen Branchenklassen hin. Insofern ist nicht von einem Brancheneinfluss auf die Güte der Kooperation auszugehen.

4.2.1.3 Messung der Kooperation in Abhängigkeit der Unternehmensgröße

Des Weiteren erfolgte eine Messung der Kooperationsqualität in Abhängigkeit der Unternehmensgröße, die über die Mitarbeiterzahl erfasst wurde.[1062] Auch hier wurden die Unterschiede zwischen den einzelnen Größenklassen auf Basis der Verfahren der Varianzanalyse auf Signifikanz geprüft. Die gemessenen Indexwerte können Abbildung 8 entnommen werden.

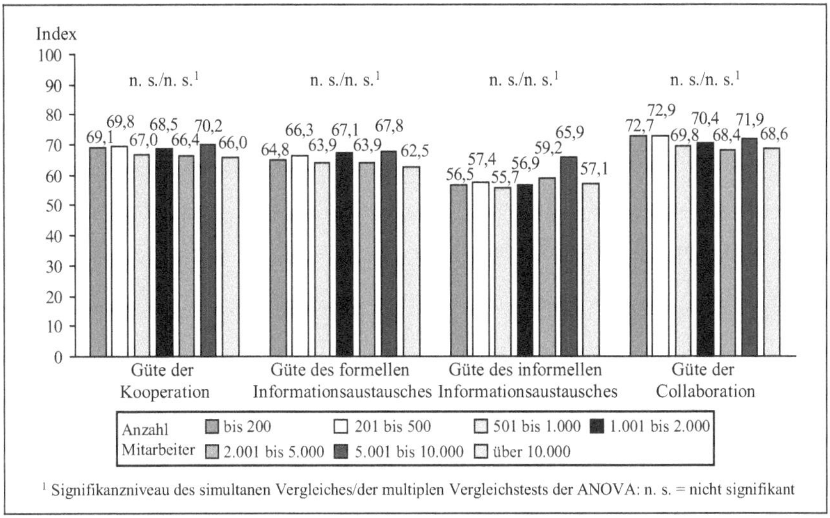

Abbildung 8: Ergebnisse der Messung der Güte der Kooperation in Abhängigkeit der Unternehmensgröße

Die Ergebnisse zeigen, dass auch von der Unternehmensgröße kein eindeutiger Einfluss auf die Kooperationsgüte von Zentral- und Bereichscontrolling ausgeht. So ist die höchste Ausprägung des Kooperationsindexes bei Unternehmen mit über 5.000 bis 10.000 Mitarbeitern zu verzeichnen, während in der Größenklasse direkt darüber der niedrigste Indexwert zu finden ist. Die zweithöchste Kooperationsqualität dagegen weisen Unternehmen in der zweiten Gruppe mit über 200 bis 500 Beschäftigen auf.

Ein ähnlich uneinheitliches Bild zeichnet sich für die Güte des formellen Informationsaustausches ab. Auch für die Ausprägung des Indexes der Güte der Collaboration in

[1062] Vgl. zur Auswahl der Beschäftigtenzahl als Größenkriterium auch Abschnitt 3.2.2.

Abhängigkeit der Unternehmensgröße lässt sich kein klares Fazit ziehen. Die Güte des informellen Informationsaustausches dagegen scheint sich in einem Bereich von über 500 bis 10.000 Mitarbeitern mit zunehmender Unternehmensgröße zu verbessern. Ein eindeutiger Größeneinfluss kann aber auch hier nicht abgeleitet werden, da der korrespondierende Indexwert bei über 10.000 Beschäftigten wieder deutlich abfällt und dabei unter der Ausprägung für kleinere Unternehmen mit über 200 bis 500 Mitarbeitern liegt.

Innerhalb der einzelnen Größenklassen findet sich die auch für die gesamthafte sowie branchenbezogene Messung identifizierte Abstufung zwischen den drei Einzelfaktoren der Kooperationsgüte wieder.

Ebenfalls in Analogie zur branchenbezogenen Kooperationsmessung sind die Unterschiede zwischen den einzelnen Klassen nicht signifikant, so dass auch hier kein Einfluss auf die Kooperationsqualität von Zentral- und Bereichscontrolling zu verzeichnen ist. Die Variationskoeffizienten des Kooperationsindexes, die zwischen 16,6 % (über 10.000 Beschäftigte) und 20,6 % (5.001 bis 10.000 Beschäftigte) liegen, deuten zudem auf eine hohe Varianz der Beurteilung der Kooperationsgüte innerhalb der einzelnen Größenklassen hin.

4.2.2 Hypothesengetriebene Messung der Kooperation in Abhängigkeit der Organisationsform des Unternehmens

4.2.2.1 Hypothesenformulierung

Wie im konzeptionellen Teil dieser Arbeit herausgearbeitet wurde, wird das Verhältnis von Zentral- und Bereichscontrolling maßgeblich von der Organisationsform des Unternehmens bestimmt. So stellt die Holding-Form, in der sich das Führungskonzept des Unternehmens widerspiegelt, nicht nur eine Rahmen gebende Komponente für die Aufgabenerfüllung der Controllerbereiche dar,[1063] sondern prägt auch die Aufgaben- und Rollenverteilung sowie die Ausgestaltung der Weisungsbeziehungen zwischen Zentral- und Bereichscontrolling.[1064] Die hohe Bedeutung der Organisationsform für die Beziehung zwischen beiden Controllerbereichen wird darüber hinaus durch die Studie von WEBER ET AL. (2001) belegt.[1065] Vor diesem Hintergrund ist zu vermuten, dass die Holding-Form auch eine Wirkung auf die Kooperation von Zentral- und Bereichscontrolling entfaltet. Diese soll hypothesengetrieben untersucht werden.[1066]

[1063] Vgl. Abschnitt 2.2.1.1.

[1064] Vgl. Kapitel 2.2.2 sowie 2.2.3.

[1065] Vgl. auch die Ausführungen zu den Erkenntnisbeiträgen der Controlling-Forschung in Abschnitt 2.4.1.1. Insofern geht die Rolle der Organisationsform in der vorliegenden Untersuchung über die einer reinen Kontrollvariablen, wie dies bei der Branchenzugehörigkeit und Unternehmensgröße der Fall ist, hinaus.

[1066] Für das Gesamtkonstrukt sowie die einzelnen Faktoren der Kooperation werden ähnliche Wirkungszusammenhänge erwartet. Insofern wird, um redundante Ausführungen zu vermeiden, die Ableitung und

Erklärungsansätze für den Einfluss der Organisationsform auf die Güte der Kooperation beider Controllerbereiche liefern die Ressourcenabhängigkeitsperspektive, die soziale Austauschtheorie sowie die Theorie der sozialen Identität.

Gemäß der *Ressourcenabhängigkeitsperspektive* stellt die Kooperation eine Maßnahme dar, um Abhängigkeiten zu beherrschen und so benötigte Ressourcen zu erlangen.[1067] Eine Kooperation ist dabei umso wichtiger, je stärker das Abhängigkeitsverhältnis ausgeprägt ist.[1068] Bezogen auf die Beziehung von Zentral- und Bereichscontrolling werden die bestehenden Abhängigkeiten maßgeblich von der vorliegenden Organisationsform bestimmt. Je höher der Führungsanspruch der Spitzeneinheit gegenüber den Basiseinheiten ausgeprägt ist, desto stärker sind auch beide Controllerbereiche im Rahmen ihrer Aufgabenerfüllung aufeinander angewiesen.[1069] So ist das Zentralcontrolling in einer Operativen Holding etwa aufgrund der engen Verzahnung von Spitzeneinheit und Basiseinheiten in deutlich höherem Maß vom Bereichscontrolling als unterstützende Instanz im Geschäftsbereich und Lieferant dezentraler Informationen abhängig, als dies in der Management-Holding resp. Finanzholding der Fall ist. Umgekehrt agiert das Bereichscontrolling bspw. in der Finanzholding angesichts der den Basiseinheiten gewährten Autonomie wesentlich unabhängiger vom Zentralcontrolling als in Management- resp. Operativer Holding. Insgesamt ist das Abhängigkeitsverhältnis zwischen beiden Controllerbereichen am stärksten in der Operativen Holding und am geringsten in der Finanzholding ausgeprägt, während sich die Management-Holding diesbezüglich dazwischen bewegt.[1070] In der Operativen Holding sollte das Interesse beider Controllerbereiche an einer guten Kooperation somit am höchsten ausgeprägt sein, gefolgt von Management- und Finanzholding.

Nach der *sozialen Austauschtheorie* erfolgt die Bewertung und Fortführung von Austauschbeziehungen auf Basis von Kosten-Nutzen-Erwägungen.[1071] Ein hoher Kooperationsnutzen dürfte für Zentral- und Bereichscontrolling vor dem Hintergrund der bestehenden Abhängigkeiten insbesondere in der Operativen Holding zu erwarten sein, während dieser in der Management-Holding und vor allem der Finanzholding niedriger ausfallen sollte. Insofern

---

Formulierung der Hypothesen in dieser Untersuchung jeweils nur für die Güte der Kooperation insgesamt vorgenommen. Die jeweiligen Begründungen lassen sich dabei auf die einzelnen Kooperationsfaktoren entsprechend übertragen. Im Rahmen der Hypothesenprüfung werden dann jeweils auch die Wirkungsbeziehungen für die einzelnen Faktoren aufgezeigt.

Die in dieser Untersuchung formulierten Hypothesen lassen sich als nomologische bzw. Zusammenhangshypothesen kategorisieren, die Aussagen über die vermutete Beziehung zwischen mindestens zwei Variablen treffen. Vgl. hierzu Schnell/Hill/Esser (2005), S. 53; Diekmann (2006), S. 107.

1067 Zur Ressourcenabhängigkeitsperspektive vgl. Kapitel 2.5.3.2.

1068 Zur Wirkungsbeziehung zwischen Abhängigkeit und Kooperationsgüte vgl. Abschnitt 6.2.2.2.1.

1069 Vgl. hierzu und im Folgenden auch die Ausführungen in Abschnitt 2.2.2. sowie speziell Weber et al. (2001), S. 34 ff. Zu den einzelnen Organisations- bzw. Holding-Formen vgl. Abschnitt 2.2.1.1.

1070 Diese Ausführungen werden auch durch die Datenbasis gestützt. So weist der Index der gegenseitigen Abhängigkeit von Zentral- und Bereichscontrolling in der Operativen Holding die höchste, in der Finanzholding dagegen die niedrigste Ausprägung auf. Zur Konzeptualisierung und Operationalisierung der Abhängigkeit vgl. Abschnitt 6.2.2.1.2.

1071 Zur sozialen Austauschtheorie vgl. Kapitel 2.5.3.3.1.

sollten beide Controllerbereiche an einer guten Kooperation am stärksten in der Operativen Holding, weniger stark in der Management-Holding und in noch geringerem Maße in der Finanzholding interessiert sein.

Schließlich kann der Einfluss der Organisationsform des Unternehmens auf die Kooperationsqualität von Zentral- und Bereichscontrolling anhand der *Theorie der sozialen Identität* begründet werden. Hiernach bildet das Kategorisierungsverhalten von Mitarbeitern des Zentral- und Bereichscontrollings den Ausgangspunkt für etwaige konkurrenz- und konfliktbehaftete Beziehungen.[1072] Die Organisationsform kann dabei eine Kategorisierung begünstigen oder tendenziell rekategorisierend wirken. So werden Zentral- und Bereichscontroller in der Finanzholding, in der die Geschäftsbereiche und das Bereichscontrolling eine relativ hohe Autonomie besitzen und losgelöst von Spitzengesellschaft bzw. Zentralcontrolling operieren, in höherem Maße eine Kategorisierung in die verschiedenen „sozialen Gruppen" Zentralcontrolling einerseits sowie Bereichscontrolling andererseits vornehmen als in der Management-Holding und in deutlich höherem Maße als in der Operativen Holding. Durch die engere Anbindung der Basis- an die Spitzeneinheiten und damit auch des Bereichscontrollings an das Zentralcontrolling wird hier – insbesondere in der Operativen Holding – die gemeinsame Zugehörigkeit zur übergeordneten Organisationseinheit „Controllerbereich" stärker hervorgehoben, so dass die Kategorisierung hier eine geringere Salienz aufweisen sollte. Aufgrund dessen dürfte die Kooperation von Zentral- und Bereichscontrolling in der Operativen Holding am besten und in der Management-Holding besser als in der Finanzholding funktionieren.

Darüber hinaus stellen auch WEBER ET AL. (2001) in ihrer Fallstudienuntersuchung fest, dass die Zusammenarbeit beider Controllerbereiche in der Operativen Holding enger als in der Management-Holding und deutlich enger als in der Finanzholding ist.[1073] Zusammenfassend lässt sich daher die folgende Hypothese aufstellen:

H1: Die Güte der Kooperation von Zentral- und Bereichscontrolling weist in der Operativen Holding eine höhere Ausprägung als in Management- und Finanzholding sowie in der Management-Holding eine höhere Ausprägung als in der Finanzholding auf.

4.2.2.2 Hypothesenprüfung

Zur Validierung der abgeleiteten Hypothese wurde eine Indexberechnung in Abhängigkeit der Organisationsform durchgeführt. Aufgrund der geringen Anzahl von Unternehmen in der Stichprobe, die in Form einer Finanzholding organisiert sind,[1074] konnten die korrespon-

---

[1072] Vgl. zur Theorie der sozialen Identität Kapitel 2.5.3.3.3.
[1073] Vgl. Weber et al. (2001), S. 37 f.
[1074] Lediglich 14 Unternehmen weisen die Organisationsform der Finanzholding auf. Vgl. Abschnitt 3.2.2.

dierenden Indexwerte nicht in die Signifikanzprüfung einbezogen werden. Da somit nur die Indexunterschiede zwischen den Kategorien Operative Holding und Management-Holding zu überprüfen waren, konnte auf einen t-Test zurückgegriffen werden. Abbildung 9 gibt einen Überblick über die entsprechenden Ergebnisse.

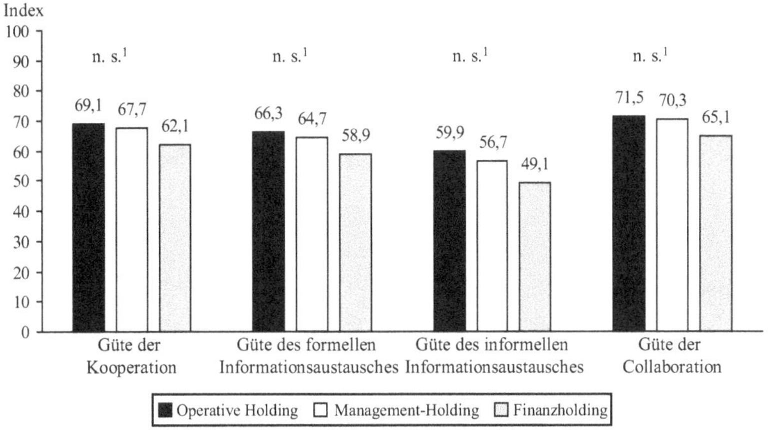

[1] Signifikanzniveau des t-Tests zwischen den Indexwerten für Operative Holding und Management-Holding: n. s. = nicht signifikant

Abbildung 9: Ergebnisse der Messung der Güte der Kooperation in Abhängigkeit der Organisationsform

Die Indexberechnung verdeutlicht, dass die Güte der Kooperation in der Operativen Holding am höchsten ausgeprägt ist, gefolgt von Management- und Finanzholding. Das gleiche Muster ergibt sich für die einzelnen Faktoren der Kooperationsgüte. Insofern entsprechen die Indexausprägungen den hypothetisierten Abstufungen. Allerdings fallen die Unterschiede zwischen den Indexwerten für die einzelnen Holding-Formen relativ gering aus und erweisen sich bezogen auf Operative und Management-Holding als nicht signifikant. Vor diesem Hintergrund kann die Hypothese H1 nicht gestützt werden.

Die recht geringen und nicht signifikanten Indexunterschiede lassen sich möglicherweise darauf zurückführen, dass sich die Organisationsform des Unternehmens weniger auf die *Qualität* der Kooperation von Zentral- und Bereichscontrolling als vielmehr auf deren *Ausmaß* und *Inhalt* auswirkt. So ist etwa denkbar, dass sich die Kooperation beider Controllerbereiche aufgrund der Abhängigkeiten in der Operativen Holding auf mehr und teilweise andere Aufgabenfelder erstreckt als in Management- oder Finanzholding. Ebenso könnten sich Art und Inhalt der im Rahmen der Kooperation ausgetauschten Informationen und Ressourcen zwischen den Holding-Formen stärker unterscheiden. In dieser Hinsicht besteht allerdings noch weiterer Forschungsbedarf.

Wenngleich zwischen der Organisationsform des Unternehmens und der Güte der Kooperation von Zentral- und Bereichscontrolling *kein unmittelbarer Zusammenhang* nachgewiesen werden konnte, besteht dennoch die Möglichkeit, dass die Organisationsform als bedeutender Kontextfaktor für die Aufgabenwahrnehmung beider Controllerbereiche sowie für das Verhältnis zwischen beiden Abteilungen [1075] einen *Einfluss auf die Wirkungsbeziehungen* zwischen der Kooperationsgüte und ihren Ergebnisdimensionen sowie Determinanten besitzt. Aufgrund dessen wird bei den folgenden Analysen zu den Auswirkungen und Determinanten der Kooperationsqualität von Zentral- und Bereichscontrolling zusätzlich jeweils der moderierende Einfluss der Organisationsform überprüft.[1076] Da das Ziel dieser ergänzenden Untersuchungen in der Aufdeckung entsprechender Zusammenhänge besteht und diese somit einen Strukturen entdeckenden Charakter[1077] haben, erfolgen sie explorativ.

4.3 Zusammenfassung

In diesem Kapitel wurde ein gesamthaftes, kontextunabhängiges Messmodell zur Güte der Kooperation von Zentral- und Bereichscontrolling entwickelt. Auf Basis der integrierten Sichtweise der Kooperation wurden die Güte des formellen und informellen Informationsaustausches sowie die Güte der Collaboration als einzelne Faktoren der Kooperation abgeleitet, konzeptualisiert und operationalisiert und zu einem übergeordneten Konstrukt zusammengefügt. Dieses erzielte im Rahmen der empirischen Validierung sehr gute bis gute Gütemaße, so dass sich die angenommene Faktorenstruktur bestätigen ließ. Dabei zeigte sich, dass die Güte der Collaboration das höchste Faktorgewicht aufweist und somit am stärksten zur Bildung des Gesamtkonstruktes beiträgt.

Anschließend wurde auf Basis des entwickelten Messinstrumentes eine explorative Bestandsaufnahme der Kooperationsgüte von Zentral- und Bereichscontrolling allgemein sowie in Abhängigkeit der Branchenzugehörigkeit und Größe des Unternehmens durchgeführt. Hierbei konnte kein signifikanter Branchen- sowie Größeneinfluss auf die Kooperationsqualität beider Controllerbereiche festgestellt werden. Darüber hinaus ließ sich im Rahmen einer hypothesengetriebenen Messung ebenfalls kein signifikanter Zusammenhang zwischen der Organisationsform des Unternehmens und der Güte der Kooperation von Zentral- und Bereichscontrolling nachweisen.

[1075] Vgl. die Ausführungen zu Beginn des vorangegangenen Abschnittes sowie die dort angegebenen Verweise.

[1076] Die Relevanz der Berücksichtigung der moderierenden Wirkung wichtiger Kontextfaktoren wird zudem in Beiträgen zur empirischen Forschung betont. Vgl. Homburg/Klarmann (2003), S. 81; Eggert/Fassott/Helm (2005), S. 102 ff.

[1077] Vgl. auch Backhaus et al. (2006), S. 7.

5 Auswirkungen der Kooperation von Zentralcontrolling und Bereichscontrolling

Dieses Kapitel widmet sich der Beantwortung der zweiten Forschungsfrage hinsichtlich der Auswirkungen der Güte der Kooperation auf die Qualität der vom Zentralcontrolling angebotenen Leistungen. In einem ersten Schritt wird die grundlegende Konzeption dieser Wirkungsanalyse erläutert, bevor im zweiten Schritt die Leistungsqualität des Zentralcontrollings in inhaltlich-semantischer Hinsicht spezifiziert und aufbauend darauf operationalisiert wird. Anschließend werden Hypothesen zu den Auswirkungen der Kooperationsgüte formuliert und empirisch überprüft. Den Abschluss dieses Kapitels bildet eine explorativ ausgerichtete moderierende Analyse der Wirkungsbeziehungen in Abhängigkeit der Organisationsform des Unternehmens.

5.1 Grundlegende Konzeption der Wirkungsanalyse der Kooperation

In Abschnitt 2.3.3.2 wurde die Relevanz einer guten Kooperation von Zentral- und Bereichscontrolling konzeptionell erläutert und begründet. Die Bedeutung der Kooperation gilt es nun auch empirisch nachzuweisen. So wäre eine Betrachtung der Kooperation beider Controllerbereiche ohne Wert, wenn von ihr keine positiven Wirkungen ausgingen. Mit dieser Zielsetzung, die sich – wie erläutert – auch über den situativen Ansatz begründen lässt,[1078] wird zudem der gängigen Vorgehensweise der Schnittstellenforschung Rechnung getragen. Auch hier wird oftmals eine Analyse der Auswirkungen kooperativer Beziehungen vorgenommen.[1079]

Die Relevanz der Kooperation von Zentral- und Bereichscontrolling ergibt sich – wie dargelegt – aus einer organisationsbezogenen Perspektive sowie der Perspektive eines strategischen Managements.[1080] Legt man die *organisationsbezogene Perspektive* zugrunde, so bildet die Kooperation mit dem Bereichscontrolling angesichts der bestehenden Abhängigkeiten die Grundlage dafür, dass das Zentralcontrolling seine Aufgaben überhaupt wahrnehmen und die hierfür benötigten *Leistungen* erst erstellen kann. Insofern hat eine Analyse der Auswirkungen der Kooperationsgüte zunächst an den *Leistungen* des Zentralcontrollings anzusetzen.[1081] Aus der *Perspektive eines strategischen Managements* heraus betrachtet, stellt die Kooperation für das Zentralcontrolling zudem eine Handlungsoption dar, um die

1078 Vgl. Abschnitt 2.5.2.2.

1079 An dieser Stelle sei exemplarisch auf die Arbeiten von Souder (1981); Hise et al. (1990); Moenaert et al. (1994); Ayers/Dahlstrom/Skinner (1997); Menon/Jaworski/Kohli (1997); Ottum/Moore (1997); Song/Montoya-Weiss/Schmidt (1997); Song/Parry (1997); Högl/Weinkauf/Gemünden (2004) verwiesen. Vgl. ausführlich hierzu auch die Literaturdiskussion in Kapitel 2.4.2.2 sowie in diesem Zusammenhang insb. die Spalte „Kernaussage“ in Tabelle 2.

1080 Vgl. hierzu und im Folgenden auch Abschnitt 2.3.3.2.

1081 Zur Untersuchung der Kooperation beider Controllerbereiche aus der Perspektive des Zentralcontrollings vgl. Abschnitt 2.3.3.3.

angebotenen Leistungen *qualitativ höherwertig* gestalten und sich so gegenüber unternehmensinternen Wettbewerbern differenzieren zu können. Über eine höhere Leistungsqualität kann die Nachfrage des Managements nach Zentralcontrolling-Leistungen gesteigert und so das für den Fortbestand erforderliche Budget als existenzielle Ressource gemäß der Ressourcenabhängigkeitsperspektive gesichert werden.[1082] Vor diesem Hintergrund werden im Rahmen der Analyse der Kooperationswirkungen die Leistungen des Zentralcontrollings hinsichtlich ihrer *Qualität* betrachtet.

Das Ausmaß der Nutzung der Zentralcontrolling-Leistungen durch das Management, das eng mit der Qualität der Leistungen zusammenhängen dürfte, wird dagegen nicht in die Untersuchung einbezogen. Der Grund hierfür liegt darin, dass eine valide Einschätzung der Nutzungsintensität durch das Management seitens der befragten Zentralcontrolling-Leiter nicht vorgenommen werden kann. So kann ein Controller bspw. letztlich nicht genau beurteilen, ob ein dem Management vorgelegter Monatsbericht intensiv studiert oder nur abgelegt wird. Die angedeutete (positive) Beziehung zwischen der Qualität und dem Ausmaß der Nutzung von Controllerleistungen ist zudem empirisch bereits bestätigt worden.[1083]

Ebenso wie die Nutzungsintensität der Leistungen des Zentralcontrollings wird die Wirkung der Kooperationsgüte auf den Unternehmenserfolg in der vorliegenden Untersuchung ausgeklammert. Dies geschieht vor dem Hintergrund, dass das Ziel der Arbeit in der Analyse der Kooperation und der Ableitung entsprechender Erkenntnisse aus Sicht des Zentralcontrollings besteht. In diesem Zusammenhang ist insbesondere von Interesse, inwieweit die Kooperation mit dem Bereichscontrolling dazu beitragen kann, die unternehmensinterne Wettbewerbsstellung des Zentralcontrollings zu stärken. Hierfür ist – wie oben ausgeführt – die Leistungsqualität maßgeblich.[1084] Sollte sich allerdings eine positive Wirkung der Kooperationsgüte auf die Qualität der Leistungen des Zentralcontrollings ergeben, kann davon ausgegangen werden, dass die Kooperation beider Controllerbereiche auch zum Unternehmenserfolg beiträgt. So ist in empirischen Untersuchungen mehrfach gezeigt worden, dass die Qualität der Controllerleistungen positiv mit dem Erfolg von Unternehmen korreliert.[1085] Die aufgestellte Annahme wird zudem durch eine Reihe von Studien der Schnittstellenforschung gestützt, die einen positiven

---

[1082] Vgl. hierzu auch Spillecke (2006), S. 60. Zur Ressourcenabhängigkeitsperspektive vgl. Abschnitt 2.5.3.2.

[1083] Vgl. Spillecke (2006), S. 184 ff., der eine positive Wirkung der Ergebnisqualität der Leistungen des Controllerbereiches auf die Nutzungsintensität über die Konstrukte Zufriedenheit und Vertrauen nachweist.

[1084] Darüber hinaus wäre bei einer Erhebung der Nutzungsintensität der Zentralcontrolling-Leistungen sowie des Unternehmenserfolges die Aufnahme weiterer Messindikatoren in den Fragebogen erforderlich gewesen, was sich negativ auf die Rücklaufquote sowie das Antwortverhalten der Respondenten ausgewirkt hätte. Vgl. Drolet/Morrison (2001), S. 199 f.

[1085] Vgl. bspw. Weber/Schäffer (2000), S. 221; Bauer (2002), S. 252. Ähnlich Weber et al. (2006a), S. 59 ff. Vgl. auch die Wirkungskette bei Spillecke (2006), S. 185.

Zusammenhang zwischen abteilungsübergreifender Kooperation und dem Erfolg von Unternehmen nachweisen können.[1086]

Die Beurteilung der Leistungsqualität durch die Zentralcontroller selbst in der vorliegenden Untersuchung ist unproblematisch, da ein „Bias“ aufgrund der Kompetenz sowie des Informationsstandes der Respondenten weitgehend eingeschränkt werden konnte.[1087] Darüber hinaus wurde durch das Fragebogendesign sichergestellt, dass die Qualität der Zentralcontrolling-Leistungen unvoreingenommen und unabhängig von den Antworten zur Kooperationsqualität beurteilt wurde (Vermeidung eines „Framings“). Schließlich ist darauf hinzuweisen, dass eine potenzielle systematische Verzerrung der Einschätzung der Leistungsqualität durch die Zentralcontroller, etwa eine systematische Überbewertung bzw. Besser-Einschätzung, durch den verwendeten PLS-Algorithmus ausgeglichen würde.[1088]

In den folgenden Abschnitten wird die Leistungsqualität des Zentralcontrollings als relevante endogene Dimension der Wirkungsanalyse der Kooperationsgüte konzeptualisiert und operationalisiert.

5.2 Konzeptualisierung und Operationalisierung der Qualität der Leistungen des Zentralcontrollings

5.2.1 Konzeptualisierung

Im Rahmen der Konzeptualisierung der Qualität der Leistungen des Zentralcontrollings sind zunächst die Zentralcontrolling-Leistungen hinsichtlich ihres Charakters zu spezifizieren und der Begriff der Qualität zu konkretisieren. Aufbauend darauf werden der für die Messung der Leistungsqualität geeignete Ansatz sowie die zu messenden Dimensionen abgeleitet. Abschließend wird auf die Leistungsfelder des Zentralcontrollings eingegangen, für die die Qualitätsmessung erfolgt.

Nach ihrem *Charakter* lassen sich *Leistungen* grundsätzlich in Sachleistungen sowie Dienstleistungen untergliedern.[1089] Die Leistungen des Controllerbereiches werden gemeinhin den

[1086] Vgl. etwa Gupta/Raj/Wilemon (1985a), S. 297; Kahn (1996), S. 144 ff.; Ottum/Moore (1997), S. 266 f.; Song/Montoya-Weiss/Schmidt (1997), S. 42 f.; Kahn/Mentzer (1998), S. 57 ff.; Morgan/Piercy (1998), S. 201; Hausman/Montgomery/Roth (2002), S. 252.

[1087] Vgl. hierzu die Ausführungen in den Abschnitten 3.1.1 und 3.1.2 sowie die Analysen in Abschnitt 3.2.3.

[1088] Zum PLS-Schätzalgorithmus vgl. Götz/Liehr-Gobbers (2004a), S. 722 ff.; Henseler (2005), S. 71 ff.; Herrmann/Huber/Kressmann (2006), S. 36 ff.; Ringle et al. (2006), S. 83 ff. Zudem stellen Weber/Schäffer/Bauer (2000) in ihrer Studie ein ähnliches Antwortverhalten von Controllern und Managern bei der Bewertung der Leistungsqualität der Controller fest. In Teilen wird die Qualität der Controllerleistungen durch die Manager sogar besser eingeschätzt als durch die Controller selbst. Vgl. Weber/Schäffer/Bauer (2000), S. 37 ff.

[1089] Vgl. etwa Engelhardt/Kleinaltenkamp/Reckenfelderbäumer (1993), S. 395; Gutenberg (1983), S. 1; Maleri (1998), S. 119.

Dienstleistungen zugeordnet.[1090] Da sich in der betriebswirtschaftlichen Literatur bisher keine einheitliche Definition von Dienstleistungen hat durchsetzen können,[1091] soll im Folgenden kurz der Begriff der Dienstleistung erläutert werden.

Zur Konkretisierung des Dienstleistungsbegriffes haben sich mit enumerativen Definitionen, Negativdefinitionen sowie expliziten Definitionen anhand konstitutiver Merkmale drei Gruppen von Ansätzen herausgebildet.[1092] Da „nur über die Herausarbeitung konstitutiver Merkmale eine präzise Abgrenzung des Dienstleistungsbegriffs möglich erscheint",[1093] ist dieser Definitionsgruppe zu folgen.[1094] Hier sind mit potenzial-, prozess- und ergebnisorientierten Definitionen wiederum drei relevante Ansätze zu erkennen, denen gleichzeitig ein phasenbezogener Charakter innewohnt und die für eine umfassende Definition von Dienstleistungen zu integrieren sind.[1095] So lässt sich „das Wesen einer ‚Dienstleistung' ... nur dann erfassen, wenn alle drei geschilderten Phasen in die Definition durch jeweils ein gesondertes Merkmal eingehen."[1096] Auf Basis des integrierten Phasenkonzeptes, das sich „als geeignet erwiesen [hat], zentrale Besonderheiten von Dienstleistungen herauszuarbeiten",[1097] sowie hierauf rekurrierender Ansätze lassen sich folgende typische Merkmale von Dienstleistungen identifizieren:[1098] Bereitstellung eines Leistungs*potenzials* (potenzialbezogene Dimension), Integration des externen Faktors in den Leistungserstellungs*prozess* (prozessbezogene Dimension) sowie die Individualität und Immaterialität der Leistung als *Ergebnis* des Erstellungsprozesses (Ergebnisdimension).[1099] Um eine Leistung als Dienstleistung klassifizieren zu können, müssen nicht alle Merkmale vollständig erfüllt sein,

---

1090 Vgl. Bauer (2002), S. 130 f.; Spillecke (2006), S. 141.

1091 Vgl. hierzu bspw. Hilke (1989), S. 10; Haller (1993), S. 20 f. m. w. N.; Meffert/Bruhn (2006), S. 34.

1092 Vgl. Corsten (1985), S. 172 f.; Corsten (1990), S. 17.

1093 Corsten (1985), S. 174.

1094 Vgl. auch Meffert/Bruhn (2006), S. 29. Eine Abgrenzung von Dienstleistungen anhand der ersten beiden Definitionsansätze blieb zudem erfolglos; vgl. Körfgen (1999), S. 55.

1095 Vgl. Corsten (1988), S. 81; Hilke (1989), S. 10. Meffert/Bruhn (2006), S. 29, nennen zudem noch einen tätigkeitsorientierten Ansatz, schränken dessen Bedeutung aber aufgrund der damit verbundenen Schwierigkeiten unmittelbar ein.

1096 Hilke (1989), S. 10.

1097 Meffert/Bruhn (2006), S. 33.

1098 Zu den einzelnen Phasen, dem integrierten Phasenkonzept sowie den sich hieraus ergebenden Merkmalen vgl. ausführlich Hilke (1984), S. 17 ff.; Meyer (1984), S. 198; Corsten (1988), S. 81 f.; Hilke (1989), S. 11 ff.; Corsten (1990), S. 18 f.; Deppisch (1997), S. 12 ff.; Meffert/Bruhn (2006), S. 29 ff. Als Ansätze, denen Elemente des integrierten Phasenkonzeptes zugrunde liegen und aus denen sich die im Folgenden genannten Merkmale von Dienstleistungen ableiten lassen, sind die Typologien bzw. Beiträge von Wohlgemuth (1989), Engelhardt/Kleinaltenkamp/Reckenfelderbäumer (1993), Meffert (1993) sowie Knoblich/Oppermann (1996) anzuführen. Körfgen (1999) indes kritisiert die einzelnen phasenbezogenen Definitionsansätze und spricht vor diesem Hintergrund auch dem integrierten Phasenkonzept die Eignung für eine Definition des Dienstleistungsbegriffes ab. Allerdings greift er ausgehend davon dennoch auf die Typologie von Engelhardt/Kleinaltenkamp/Reckenfelderbäumer (1993) bzw. Engelhardt/Kleinaltenkamp/Reckenfelderbäumer (1992) zurück, die auf dem phasenbezogenen Ansatz basiert, um Merkmale für Dienstleistungen zu identifizieren. Diese entsprechen dabei wiederum in weiten Teilen den auf Basis des integrierten Phasenkonzeptes identifizierten Charakteristika. Vgl. Körfgen (1999), S. 55 ff.

1099 Vgl. auch Corsten (1985), S. 167 f. sowie S. 184 ff.; Stauss/Hentschel (1990), S. 2; Kebbel (2000), S. 1. Ähnlich auch Parasuraman/Zeithaml/Berry (1985), S. 42, sowie Zeithaml/Parasuraman/Berry (1985), S. 33 ff., die Dienstleistungsmerkmale ebenfalls phasenübergreifend herausarbeiten. Vgl. hierzu auch Deppisch (1997), S. 14.

sondern auf einem Kontinuum lediglich eine höhere Ausprägung aufweisen als Sachleistungen.[1100]

Die genannten Charakteristika treffen auch auf die Leistungen des Zentralcontrollings zu.[1101] So stellt das Zentralcontrolling seine Ressourcen (z. B. spezifische Informationen, Know-how, das Controlling-System, Personal) als Potenzial zur Erbringung von Leistungen und Wahrnehmung von Aufgaben für das Management bereit. Die Leistungen können zudem nur erbracht werden, wenn das Management als externer Faktor in die Leistungserstellung eingebunden ist, da eine Rationalitätssicherung der Führung „nicht ohne Manager als Objekt der Rationalitätssicherung denkbar"[1102] ist. Darüber hinaus zeichnen sich die Leistungen des Zentralcontrollings durch eine individuelle Ausrichtung auf die Rationalitätsdefizite des Managements als Leistungsempfänger sowie durch Immaterialität[1103] aus.

Ebenso wie im Hinblick auf die Abgrenzung von Dienstleistungen wird in der Betriebswirtschaft eine kontroverse Diskussion hinsichtlich der Definition des Begriffes der *Qualität* geführt.[1104] In Anlehnung an die Deutsche Gesellschaft für Qualität e. V. lässt sich Qualität definieren als „die Gesamtheit von Eigenschaften und Merkmalen eines Produktes oder einer Tätigkeit, die sich auf deren Eignung zur Erfüllung gegebener Erfordernisse bezieht."[1105] DEPPISCH (1997) merkt hierzu an, dass aus dieser Definition nicht hervorgeht, „von wem und nach welchen Maßstäben"[1106] die „gegebenen Erfordernisse" festgelegt werden. Vor diesem Hintergrund lassen sich zwei grundsätzliche Sichtweisen des Qualitätsbegriffes unterscheiden:[1107] eine objektive, produktbezogene sowie eine subjektive, kundenbezogene Perspektive. Nach der *objektiven, produktbezogenen* Auffassung, die stark ingenieurwissenschaftlich geprägt ist, wird die Qualität durch objektive Produkteigenschaften, die anhand technischer Spezifikationen erfasst werden können, determiniert.[1108] Demgegenüber setzt die *subjektive, kundenbezogene* Qualitätsausprägung an der „subjektive[n], durch die individuellen Bedürfnisse beeinflußte[n] [!], [!] Wahrnehmung der Eigenschaften aus der Sicht des Konsumenten an." [1109] Aufgrund der spezifischen Merkmale von Dienstleistungen,

[1100] Vgl. Meffert/Bruhn (2006), S. 35 sowie S. 40; Spillecke (2006), S. 141.

[1101] Vgl. Bruhn (1999), S. 542. Vgl. hierzu und im Folgenden auch Aust (1999), S. 43; Bauer (2002), S. 130 f.; Spillecke (2006), S. 141.

[1102] Spillecke (2006), S. 141.

[1103] Die Immaterialität der Controllerleistungen selbst ist stets auch dann gegeben, wenn für deren Verbreitung ein materielles Trägermedium genutzt wird (z. B. Präsentationsunterlagen, die die Kernergebnisse eines Beratungsprojektes als Dienstleistung zusammenfassen). Vgl. hierzu Corsten (1990), S. 19.

[1104] Vgl. Stauss/Hentschel (1990), S. 2 f. Vgl. bspw. auch die Beiträge von Engelhardt (1974), Garvin (1984) sowie Crosby (1986).

[1105] Qualitätsdefinition der Deutschen Gesellschaft für Qualität e. V., zitiert auf Basis von Meffert/Bruhn (2006), S. 290.

[1106] Deppisch (1997), S. 25.

[1107] Vgl. hierzu und im Folgenden Aust (1999), S. 85 f. Vgl. darüber hinaus auch Deppisch (1997), S. 24 ff.; Spillecke (2006), S. 140. Garvin unterscheidet dagegen insgesamt fünf Definitionsgruppen des Qualitätsbegriffes; vgl. Garvin (1984), S. 25 ff., sowie Garvin (1988), S. 40 ff. Diese weisen jedoch Analogien zu den o. g. beiden Ansätzen auf. Vgl. auch Aust (1999), S. 86.

[1108] Vgl. auch Wirz (1915), S. 6; Benkenstein (1993), S. 1099.

[1109] Deppisch (1997), S. 25. Ähnlich auch Benkenstein (1993), S. 1100.

insbesondere der Integration des externen Faktors, kann Qualität hier letztlich nur aus Sicht des Kunden beurteilt werden.[1110] Daher wird den weiteren Ausführungen der kundenbezogene Qualitätsbegriff zugrunde gelegt.

Zur *Messung* der subjektiven, kundenbezogenen Qualität der als Dienstleistungen klassifizierten Leistungen des Zentralcontrollings existieren mit merkmals- sowie ereignisorientierten *Ansätzen* zwei relevante Verfahren.[1111] Bei *merkmalsorientierten* Verfahren erfolgt die Qualitätsmessung über die Bewertung von Einzelmerkmalen, die für die Dienstleistung charakteristisch sind und die auf die Gesamtqualität rekurrieren. Für ein Gesamturteil hinsichtlich der Qualität wird dann eine Verdichtung der Einzelbewertungen vorgenommen.[1112] Den Referenzpunkt für die Qualitätsmessung bei *ereignisorientierten* Ansätzen bilden Kundenerlebnisse bzw. -ereignisse mit dem Anbieter der Dienstleistung. Von Bedeutung sind dabei Schlüsselerlebnisse, die aus Kundensicht besonders positiv oder negativ eingeschätzt werden und aus deren Analyse Anhaltspunkte über die Qualitätswahrnehmung und das Folgeverhalten der Kunden gewonnen werden sollen.[1113] Für die vorliegende Untersuchung ist der ereignisorientierte Ansatz jedoch ungeeignet. So setzt die Identifizierung erfolgskritischer Ereignisse zwischen Management und Zentralcontrolling einen Interaktionsprozess voraus, der jedes Mal sowie über alle in die Untersuchung einbezogenen Unternehmen hinweg ähnlich abläuft.[1114] Eine derartige Standardisierung ist jedoch im Zusammenspiel von Zentralcontrollern und Managern nicht zu verzeichnen. Zudem wäre eine Identifizierung von Schlüsselerlebnissen im Rahmen einer standardisierten fragebogenbasierten Erhebung nicht möglich.[1115]

Für die Ableitung der über den merkmalsorientierten Ansatz zu messenden *Dimensionen* der (Dienst-) Leistungsqualität des Zentralcontrollings kann auf das Schema von DONABEDIAN (1980) zurückgegriffen werden,[1116] das auch im Controlling-Kontext bereits mehrfach verwendet wurde.[1117] DONABEDIAN (1980), der seinen Ansatz zunächst für die Qualitätserfassung im Gesundheitswesen konzipiert hatte,[1118] trennt drei Dimensionen der Dienstleistungsqualität, in denen sich die phasenbezogenen Definitionsansätze von Dienstleistungen widerspiegeln:[1119]

[1110] Vgl. Engelhardt (1974), Sp. 1802; Stauss/Hentschel (1990), S. 7; Haller (1993), S. 21; Bruhn (1999), S. 541.
[1111] Vgl. hierzu und im Folgenden Stauss/Hentschel (1990), S. 7 ff.; Bruhn (1999), S. 548 ff. Ähnlich Aust (1999), S. 88; Bauer (2002), S. 132; Hunold (2003), S. 73; Spillecke (2006), S. 140 f.
[1112] Vgl. auch Benkenstein/Güthoff (1998), S. 436.
[1113] Vgl. auch Stauss/Hentschel (1991), S. 239 ff.; Bruhn (2000), S. 39.
[1114] Vgl. hierzu und im Folgenden Bauer (2002), S. 132; Spillecke (2006), S. 141.
[1115] Vgl. Aust (1999), S. 89; Hunold (2003), S. 73.
[1116] Vgl. Donabedian (1980), S. 79 ff.
[1117] Vgl. hierzu sowie auch im Folgenden die Arbeiten von Aust (1999), S. 90 f.; Bauer (2002), S. 133 f.; Hunold (2003), S. 73 ff.; Spillecke (2006), S. 141 f. Vgl. auch Stauss/Hentschel (1990), S. 4.
[1118] Vgl. Donabedian (1980), S. 3 f. Vgl. auch Kebbel (2000), S. 10.
[1119] Vgl. Donabedian (1980), S. 79 ff.

- *Potenzialqualität* rekurriert auf die Qualität der zur Erstellung der Dienstleistung verfügbaren personellen, finanziellen und technischen Ressourcen.[1120]
- *Prozessqualität* umfasst „die Gesamtheit aller Aktivitäten während der Entstehung der Dienstleistung".[1121]
- *Ergebnisqualität* bezeichnet die Qualität der im Rahmen des Dienstleistungsprozesses erstellten Leistung.[1122]

Da die Potenzialqualität auf die Eigenschaften und Fähigkeiten des Dienstleistungs*anbieters* abzielt, die Kunden oftmals nur schwer einschätzen können, ist sie für eine *kunden*bezogene Erfassung der Dienstleistungsqualität ungeeignet.[1123] Zudem schränkt DONABEDIAN (1980) selbst die Bedeutung dieser Dimension für die Qualitätsmessung ein: „But as a means for assessing the quality ..., structure is a rather blunt instrument; it can only indicate general tendencies."[1124] Die Prozessqualität hingegen erstreckt sich definitionsgemäß im vorliegenden Fall auch auf die Kooperationsaktivitäten von Zentral- und Bereichscontrolling, die Teil des Leistungserstellungsprozesses sind und die – wie im vorherigen Abschnitt erläutert – primär durch diesen motiviert sind.[1125] Um Überschneidungen zu vermeiden,[1126] erfolgt die Messung der Leistungsqualität in der vorliegenden Untersuchung daher ausschließlich anhand der Ergebnisqualität, in der sich letztlich auch die beiden anderen, vorgelagerten Qualitätsdimensionen widerspiegeln.[1127] Die Relevanz der Ergebnisdimension für die Erfassung der Leistungsqualität wird schließlich auch durch WEBER/SCHÄFFER (2000) belegt: „Am Ende zählt wie immer, was als Ergebnis herauskommt."[1128]

Bezogen auf die *Leistungsfelder* des Zentralcontrollings, für die die Qualitätsmessung vorgenommen wird, lässt sich – wie in Abschnitt 2.1.2 erläutert – nach Art des vorliegenden Rationalitätsdefizits grundsätzlich zwischen Führungsunterstützungs- und Rationalitätssicherungsleistungen differenzieren.[1129] Den *Führungsunterstützungsleistungen* können dabei in inhaltlicher Hinsicht aufgrund ihres vorwiegend entlastenden Charakters die Leistungen der Informationsversorgung, Planung und Kontrolle zugeordnet werden.[1130] *Rationalitäts-*

[1120] Vgl. Meyer/Mattmüller (1987), S. 190; Bruhn (1999), S. 554. Vgl. auch Stauss/Hentschel (1990), S. 4. Donabedian (1980), S. 82, definiert diese Qualitätsdimension als „sufficiency of resources and proper system design".

[1121] Haller (1993), S. 23.

[1122] Vgl. Haller (1993), S. 23; Aust (1999), S. 91; Bruhn (2000), S. 26.

[1123] Vgl. in diesem Zusammenhang auch Bruhn (1999), S. 554.

[1124] Donabedian (1980), S. 82. Donabedian (1980) bezeichnet die Potenzialqualität in seinen Ausführungen mit „structure".

[1125] Ähnlich in Bezug auf die interne Kundenorientierung des Controllerbereiches Spillecke (2006), S. 142 f.

[1126] So fällt auch die Prüfung der Diskriminanzvalidität der drei Qualitätsdimensionen in der Untersuchung von Bauer (2002) negativ aus. Vgl. Bauer (2002), S. 218 f.

[1127] Vgl. auch Donabedian (1980), S. 83 ff.; Meyer/Mattmüller (1987), S. 190 f.; Haller (1993), S. 23; Hunold (2003), S. 75.

[1128] Weber/Schäffer (2000), S. 220.

[1129] Mit Rationalitätssicherungsleistungen sind im Folgenden die Rationalitätssicherungsleistungen *i. e. S.* gemeint. Vgl. hierzu auch Abschnitt 2.1.2.

[1130] Vgl. Weber/Schäffer/Prenzler (2001), S. 131 sowie S. 135 f. Vgl. auch Spillecke (2006), S. 154; Weber/Schäffer (2006), S. 38.

sicherungsleistungen umfassen dagegen die Leistungen als interner Berater sowie als „kritischer Counterpart".[1131] Die Messung der Ergebnisqualität erfolgt sowohl separat für die einzelnen Tätigkeiten der Führungsunterstützungs- und Rationalitätssicherungsleistungen als auch gesamthaft für beide Leistungsbereiche.

In den folgenden Abschnitten wird die *Ergebnisqualität* der als *Dienstleistungen* klassifizierten *Führungsunterstützungs-* und *Rationalitätssicherungsleistungen* des Zentralcontrollings für eine *merkmalsorientierte* Messung aus *subjektiver, kundenbezogener* Perspektive operationalisiert.

5.2.2 Operationalisierung

5.2.2.1 Grundlegende Vorgehensweise

Die Operationalisierung der Leistungsqualität orientiert sich an der Vorgehensweise von SPILLECKE (2006) zur Messung der Nutzungsintensität von Controllerleistungen.[1132] Dabei werden nachfolgend zunächst jeweils für die Einzelleistungen der Führungsunterstützung und Rationalitätssicherung Konstrukte zur Qualitätsmessung gebildet. Aufbauend darauf werden die Qualitäten der Einzelleistungen dem zugrunde liegenden merkmalsorientierten Messverfahren entsprechend jeweils zu einer Gesamtqualität von Führungsunterstützungs- und Rationalitätssicherungsleistungen verdichtet.[1133]

Für die Erfassung der Leistungsqualität aus subjektiver, kundenbezogener Sichtweise wurden die Zentralcontroller um eine Einschätzung gebeten, inwieweit die erbrachten Leistungen die Qualitätsansprüche des Managements als Kunde erfüllen.[1134]

5.2.2.2 Qualität der Führungsunterstützungsleistungen

Für die Messung der Qualität der Führungsunterstützungsleistungen sind die Informationsversorgungs-, Planungs- und Kontrollleistungen hinsichtlich ihrer Ergebnisqualität zu operationalisieren.

1131 Vgl. Abschnitt 2.1.2. Da sich Ergänzungs- und Begrenzungsleistungen inhaltlich sehr ähnlich sind und sich zumeist nur in Bezug auf das zugrunde liegende Rationalitätsdefizit unterscheiden, wird im Folgenden auf eine Unterscheidung dieser beiden Leistungsarten verzichtet. Vgl. ähnlich Spillecke (2006), S. 154. Vgl. auch Abschnitt 2.1.2.

1132 Vgl. Spillecke (2006), S. 154 ff.

1133 Die Qualitäten der Einzelleistungen lassen sich dabei als Teilqualitäten der Gesamtqualität von Führungsunterstützungs- resp. Rationalitätssicherungsleistungen auffassen. Vgl. auch Engelhardt (1974), Sp. 1800. Vgl. hierzu auch das Vorgehen bei Homburg (2000), S. 99, sowie Spillecke (2006), S. 157 f. und S. 160 f.

1134 Wurde geantwortet, dass eine Tätigkeit nicht zu den Aufgaben des Zentralcontrollings gehörte (vgl. hierzu auch den im Anhang abgedruckten Fragebogen), wurden diese Angaben wie fehlende Werte behandelt. Zum Vorgehen bei fehlenden Werten vgl. Abschnitt 3.2.1. Vgl. analog auch die Vorgehensweise von Homburg (2000), S. 99.

Wie in den Abschnitten 2.1.2 und 2.2.2 erläutert, bestehen die *Informationsversorgungsleistungen* des Zentralcontrollings zum einen in der Bereitstellung führungsrelevanter Informationen gegenüber dem zentralen Management sowie zum anderen in der Konzipierung, Anwendung und Wartung des Informationsversorgungssystems.[1135]

Bei der Operationalisierung der Leistungsqualität der Informationsversorgungsaufgaben wird ausschließlich auf die Informationsbereitstellung abgestellt.[1136] So stellt das Informationsversorgungssystem lediglich ein „Hilfsmittel" und eine Ressource dar, um die Bereitstellungsleistungen erfüllen zu können. Insofern ist die Qualität dieses Systems nicht der ergebnis-, sondern der potenzialbezogenen Qualitätsdimension der Informationsversorgungsleistungen gegenüber dem Management zuzurechnen, für die eine kundenbezogene Qualitätsbeurteilung problematisch ist.[1137] Entsprechend merkt SPILLECKE (2006) an, dass „der Betrieb und die Pflege des Informationssystems für den Manager zumeist nicht wahrnehmbar sind."[1138] Die Qualität des Informationsversorgungssystems dürfte dabei aufgrund des Zusammenhanges zwischen der potenzial-, prozess- und ergebnisbezogenen Qualitätsdimension jedoch auch in der Qualität der dem Management zur Verfügung gestellten Informationen zum Ausdruck kommen.

Die Informationen, mit denen das Top-Management vom Zentralcontrolling versorgt wird, können sowohl monetärer als auch nicht-monetärer Art sein.[1139] *Monetäre Informationen* beziehen sich zumeist auf Erfolgsgrößen mit einem Fokus auf Kosteninformationen. Daneben spielen *nicht-monetäre Informationen* eine zunehmend wichtige Rolle für die Führungsaufgaben des Managements. So werden vermehrt nicht-monetäre Steuerungsgrößen, die auf Mengen-, Zeit- und Qualitätsaspekten basieren, eingesetzt, um eine Ausrichtung des Unternehmens an seinen Erfolgsfaktoren zu gewährleisten.[1140] Darüber hinaus sind sie oftmals Grundlage von Zielvereinbarungen des Managements und erlangen so unmittelbare Handlungsrelevanz.[1141]

Die Qualität der Informationsversorgungsleistungen wird auf dieser Basis über zwei formative Indikatoren gemessen.[1142] Beide Indikatoren weisen signifikante Gewichte auf und leisten somit einen Erklärungsbeitrag für das Konstrukt (vgl. Tabelle 13). Als ursprüngliche Kernleistung und Hauptdomäne vieler Controllerbereiche nimmt die Bereitstellung monetärer

---

[1135] Vgl. hierzu ausführlich die genannten Abschnitte. Amshoff (1993) unterteilt die Informationsversorgungsaufgaben des Controllerbereiches demgemäß in prozess- und systemorientierte Teilaufgaben. Vgl. Amshoff (1993), S. 270 ff.

[1136] Vgl. analog das Vorgehen von Spillecke (2006), S. 155.

[1137] Vgl. Abschnitt 5.2.1.

[1138] Spillecke (2006), S. 155.

[1139] Vgl. hierzu und im Folgenden Weber/Schäffer (2006), S. 73 f.

[1140] Zu nicht-monetären Steuerungskonzepten vgl. u. a. auch Gleich (2001), S. 47 ff., sowie Gleich (2002), S. 448 ff.

[1141] Vgl. Weber/Schäffer (2006), S. 73 f.

[1142] Vgl. hierzu Spillecke (2006), S. 156.

Informationen dabei eine höhere Bedeutung ein. Die Werte für VIF und KI verdeutlichen, dass keine Multikollinearität zwischen den Indikatoren besteht.

Informationen zu den einzelnen Indikatoren des Faktors **„Qualität der Informationsversorgungsleistungen des Zentralcontrollings"**					
Bezeichnung des Indikators	Ursprünglicher Schätzwert	Mittelwert der erzeugten Fälle	Standardabweichung	t-Wert	Variance Inflation Factor
Bereitstellung von monetären Informationen	0,86	0,86	0,06	15,56	1,06
Bereitstellung von nicht-monetären Informationen	0,34	0,33	0,09	3,75	1,06
Konditionsindex: 15,97					

Tabelle 13: Informationen zum Messmodell „Qualität der Informationsversorgungsleistungen"

Die *Planungsleistungen* des Zentralcontrollings lassen sich – wie in Abschnitt 2.1.2 beschrieben – in die Leistungsbereiche der Planungsunterstützung, der Planentstehungskontrolle sowie des Planungsmanagements untergliedern.[1143] Der Fokus der Planentstehungskontrolle liegt auf der Beschränkung von Könnens- und Wollensdefiziten, so dass die korrespondierenden Tätigkeiten keinen entlastenden, sondern einen ergänzenden und begrenzenden Charakter besitzen.[1144] Aus diesem Grund findet dieser Teilbereich – auch um Abgrenzungsprobleme in Bezug auf die Leistungen als interner Berater sowie als „kritischer Counterpart" zu vermeiden – keine Berücksichtigung im Messmodell zur Qualität der führungsunterstützenden Planungsleistungen. Ebenso wird auf eine Abbildung der Planungsmanagement-Leistungen verzichtet, bei denen das Zentralcontrolling die Gestaltung des Planungssystems verantwortet sowie prozessuale und methodische Unterstützung des Planungsablaufes sowie der planenden Instanzen leistet. Eine Qualitätsmessung dieser Leistungen zielte auf eine Erfassung der Potenzial- sowie Prozessqualität und nicht auf die in dieser Untersuchung zu erhebende Ergebnisqualität der Planungsleistungen ab. Für das Messmodell zur Qualität der Planungsleistungen ist somit der Teilbereich der Planungsunterstützung relevant,[1145] bei der das Zentralcontrolling inhaltliche Planungsaufgaben übernimmt.[1146]

Planungsunterstützungsleistungen vollziehen sich auf drei verschiedenen Planungsebenen: der operativen, taktischen sowie strategischen Ebene.[1147] Da im Rahmen der strategischen Planung die grundsätzliche Richtung des Unternehmens mit dem Ziel der Identifizierung und

[1143] Vgl. in diesem Zusammenhang auch die Ausführungen in Abschnitt 2.2.2.
[1144] Vgl. auch Weber/Schäffer/Prenzler (2001), S. 137.
[1145] Ähnlich Spillecke (2006), S. 156.
[1146] Vgl. Abschnitt 2.1.2.
[1147] Vgl. hierzu auch Pfohl (1981), S. 123; Amshoff (1993), S. 252; Horváth (2003), S. 188 ff.; Küpper (2005), S. 86 f.

Generierung von Erfolgspotenzialen geplant wird,[1148] handelt es sich hierbei nicht um eine reine Entlastungsaufgabe, die vom Management aus Kapazitätsgründen an das Zentralcontrolling delegiert wird. Vielmehr zielen die Leistungen des Zentralcontrollings hier aufgrund der Tragweite strategischer Entscheidungen auf eine Qualitätssicherung der Führungshandlungen des Managements ab, so dass dieses Aufgabenfeld den Rationalitätssicherungsleistungen zuzuordnen ist.[1149] Die Operationalisierung der Qualität der Planungsleistungen basiert somit auf der Leistungsqualität der dem Zentralcontrolling übertragenen operativen Planung sowie Mittelfristplanung, die das Kernelement der taktischen Planungsebene bildet.[1150] Aus Tabelle 14 geht hervor, dass beide formativ operationalisierten Messindikatoren signifikant zur Messung der Qualität der Planungsleistungen beitragen. Zudem liegen sowohl VIF als auch KI unterhalb der geforderten Höchstwerte, so dass keine Multikollinearität vorliegt.

Informationen zu den einzelnen Indikatoren des Faktors **„Qualität der Planungsleistungen des Zentralcontrollings"**					
Bezeichnung des Indikators	Ursprünglicher Schätzwert	Mittelwert der erzeugten Fälle	Standardabweichung	t-Wert	Variance Inflation Factor
Durchführung der operativen Planung	0,54	0,55	0,12	4,37	1,62
Durchführung der Mittelfristplanung	0,57	0,56	0,12	4,78	1,62
Konditionsindex: 16,52					

Tabelle 14: Informationen zum Messmodell „Qualität der Planungsleistungen"

Im Rahmen der *Kontrollleistungen* nimmt das Zentralcontrolling Soll-Ist-Vergleiche vor, an die sich Abweichungsanalysen zur Ermittlung der Ursachen auftretender Abweichungen anschließen.[1151] Beide Aspekte der Kontrolltätigkeit werden in Anlehnung an SPILLECKE (2006) im Messmodell zur Qualität der Kontrollleistungen des Zentralcontrollings abgebildet.[1152] Auch hier weisen die Gütemaße des formativen Konstruktes zufriedenstellende Werte auf (vgl. Tabelle 15). Die Qualität der Durchführung von Soll-Ist-Vergleichen trägt dabei in deutlich höherem Maße zur Konstruktbildung bei als die Qualität von Abweichungsanalysen.

[1148] Vgl. Goeldel (1997), S. 17; Küpper (2005), S. 86 f.; Weber/Schäffer (2006), S. 343 f.
[1149] Vgl. das folgende Kapitel.
[1150] Zur taktischen Planung vgl. ausführlich Weber/Schäffer (2006), S. 302 ff. Anders Spillecke (2006), S. 156 f., der die Leistungen des Controllerbereiches im Rahmen der strategischen Planung den Führungsunterstützungsleistungen zuordnet.
[1151] Vgl. hierzu die Ausführungen in den Abschnitten 2.1.2 und 2.2.2. Da die Ausarbeitung von Anpassungsmaßnahmen bei identifizierten Abweichungen – wie in Abschnitt 2.1.2 erwähnt – nicht den Kontroll-, sondern den Beratungsleistungen zugerechnet wird, wird hier einer Definition der Kontrolle i. e. S. gefolgt. Vgl. Spillecke (2006), S. 155; Weber/Schäffer (2006), S. 257.
[1152] Vgl. Spillecke (2006), S. 157, der sich wiederum an Amshoff (1993), S. 259 ff., sowie Weber (2004), S. 352, orientiert.

Informationen zu den einzelnen Indikatoren des Faktors **„Qualität der Kontrollleistungen des Zentral-controllings“**					
Bezeichnung des Indikators	Ursprünglicher Schätzwert	Mittelwert der erzeugten Fälle	Standardabweichung	t-Wert	Variance Inflation Factor
Durchführung von Soll-Ist-Vergleichen	0,80	0,80	0,09	8,58	1,64
Ermittlung und Analyse von Abweichungsursachen	0,28	0,27	0,11	2,46	1,64
Konditionsindex: 19,36					

Tabelle 15: Informationen zum Messmodell „Qualität der Kontrollleistungen“

Wie im vorhergehenden Abschnitt erläutert, sollen die Ergebnisqualitäten der Informationsversorgungs-, Planungs- und Kontrollleistungen zu einer Gesamtqualität der *Führungsunterstützungsleistungen* zusammengefügt werden. Dazu wird ein Messmodell zweiter Ordnung gebildet, das auf beiden Ebenen formativ operationalisiert ist. Auf der ersten Ebene wird die Qualität der einzelnen Führungsunterstützungsleistungen – wie beschrieben – über formative Konstrukte gemessen. Auf der zweiten Ebene bilden diese Konstrukte wiederum formativ die Gesamtqualität der Führungsunterstützungsleistungen ab. Die Validierung dieses Messmodells erfolgt in Anlehnung an LOHMÖLLER (1989) auf Basis der Methode der wiederholten Indikatoren, indem die Messindikatoren sowohl für die Messung der Einzelkonstrukte als auch für die Messung des übergeordneten Konstruktes verwendet werden.[1153] Tabelle 16 verdeutlicht, dass auch hier alle Items signifikante Indikatorgewichte aufweisen. Den höchsten Erklärungsbeitrag für das Gesamtkonstrukt leisten die Qualität der Bereitstellung monetärer Informationen sowie die Qualität der Durchführung von Soll-Ist-Vergleichen. Der KI wird nur geringfügig überschritten, während die VIF deutlich unterhalb der geforderten Höchstwerte liegen. Insofern muss nicht von Multikollinearität der Indikatoren ausgegangen werden.

[1153] Vgl. Lohmöller (1989), S. 130 ff.

Informationen zu den einzelnen Indikatoren des Faktors **„Qualität der Führungsunterstützungsleistungen des Zentralcontrollings“**					
Bezeichnung des Indikators	Ursprünglicher Schätzwert	Mittelwert der erzeugten Fälle	Standardabweichung	t-Wert	Variance Inflation Factor
Bereitstellung von monetären Informationen	0,36	0,36	0,02	14,58	1,36
Bereitstellung von nicht-monetären Informationen	0,14	0,14	0,04	3,75	1,17
Durchführung der operativen Planung	0,23	0,23	0,05	4,34	1,72
Durchführung der Mittelfristplanung	0,24	0,24	0,05	4,74	1,73
Durchführung von Soll-Ist-Vergleichen	0,34	0,34	0,04	8,46	1,92
Ermittlung und Analyse von Abweichungsursachen	0,12	0,11	0,05	2,44	1,78
Konditionsindex: 30,04					

Tabelle 16: Informationen zum Messmodell „Qualität der Führungsunterstützungsleistungen“

5.2.2.3 Qualität der Rationalitätssicherungsleistungen

Die Rationalitätssicherungsleistungen umfassen – wie erläutert – die Beratungsleistungen sowie die Leistungen als „kritischer Counterpart“ des Top-Managements.[1154]

Als *Beratungsleistungen* des Zentralcontrollings werden gemäß den Ausführungen in Abschnitt 2.1.2 die Erarbeitung von Lösungsvorschlägen zu betriebswirtschaftlichen Problem- und Fragestellungen sowie die Unterstützung bei deren Implementierung aufgefasst. Dieses Beratungsverständnis spiegelt sich auch in der Definition von GREINER/METZGER (1983) wider, wonach Beratung eine Dienstleistung darstellt, bei der „specially trained and qualified persons .. assist … to identify management problems, analyze such problems, recommend solutions to these problems, and help, when requested, in the implementation of solutions.“ [1155] Die Kerntätigkeiten werden dabei in der Erarbeitung und Umsetzungsunterstützung der Lösungskonzepte gesehen[1156] und können sich sowohl auf operativer als auch auf strategischer Ebene abspielen. [1157] Auf dieser Basis wird die Qualität der Beratungsleistungen des Zentralcontrollings in Anlehnung an SPILLECKE (2006) über vier

1154 Vgl. Abschnitt 5.2.1.
1155 Greiner/Metzger (1983), S. 7.
1156 Vgl. auch Szyperski/Elfgen (1984), S. 12; Hoffmann (1991), S. 29 sowie S. 40. Vgl. hierzu auch Meffert/Bruhn (2006), S. 32.
1157 Vgl. Spillecke (2006), S. 159. Vgl. auch Vellmann (1990), S. 545; Trilse (2001), S. 108; Steinle/Bruch (2003), S. 1129.

formative Indikatoren operationalisiert, die die genannten Aspekte widerspiegeln.[1158] Die t-Werte der Indikatorgewichte liegen mit Ausnahme für den Indikator, der die Qualität der Implementierung von operativen Verbesserungsmaßnahmen erfasst, über der geforderten Grenze von 1,645 (vgl. Tabelle 17). Das Indikatorgewicht dieses Items ist mit dem ausgewiesenen t-Wert allerdings noch auf einem Niveau von 10 % signifikant. Insofern sowie aufgrund inhaltlicher Erwägungen wird von einer Eliminierung dieses Messindikators abgesehen.[1159] Eine Erklärung für die untergeordnete Bedeutung dieses Aspektes für die Qualitätsbeurteilung der Beratungsleistungen könnte darin bestehen, dass die Umsetzung operativer Maßnahmen oftmals durch die betroffenen Einheiten selbst vorgenommen wird, während etwa die Implementierung strategischer Maßnahmen stärker vom Zentralcontrolling begleitet wird und aufgrund ihrer größeren Tragweite eine entsprechend höhere Aufmerksamkeit in der Qualitätsbeurteilung erfährt.[1160] Die Multikollinearitätsprüfung der Messskala führt zu einer positiven Beurteilung.

Informationen zu den einzelnen Indikatoren des Faktors **„Qualität der Beratungsleistungen des Zentralcontrollings"**					
Bezeichnung des Indikators	Ursprünglicher Schätzwert	Mittelwert der erzeugten Fälle	Standardabweichung	t-Wert	Variance Inflation Factor
Erarbeitung von operativen Verbesserungsmaßnahmen	0,36	0,37	0,12	2,89	1,80
Unterstützung der Implementierung von operativen Verbesserungsmaßnahmen	0,20	0,18	0,13	1,53	2,38
Erarbeitung von (Geschäftsfeld-) Strategien	0,24	0,23	0,12	2,09	1,68
Unterstützung der Implementierung von (Unternehmens- bzw. Geschäftsfeld-) Strategien	0,45	0,46	0,13	3,38	2,41
Konditionsindex: 18,76					

Tabelle 17: Informationen zum Messmodell „Qualität der Beratungsleistungen"

In seiner Funktion als *„kritischer Counterpart"* tritt das Zentralcontrolling als Sparringspartner des Managements auf, hinterfragt geplante Entscheidungen und Maßnahmen und unterzieht die Pläne des Managements einer kritischen Prüfung.[1161] Ziel hierbei ist es, Fehler

[1158] Vgl. Spillecke (2006), S. 159 f., der allerdings nicht die Erarbeitung von Lösungsvorschlägen auf strategischer Ebene aus Gründen der Abgrenzung zu den Planungsaufgaben in die Messskala einbezieht. Vgl. auch Fußnote 1150.

[1159] Vgl. hierzu auch Abschnitt 3.3.1.2.2.

[1160] Ähnlich Knollmann (2007), S. 166.

[1161] Vgl. hierzu die Ausführungen in Abschnitt 2.1.2. Vgl. speziell auch Niedermayr (1994), S. 59 und S. 67; Weber/Schäffer (1998), S. 10; Trilse (2001), S. 108; Weber/Schäffer (2001b), S. 90; Weber/Schäffer/Prenzler (2001), S. 133 sowie S. 137.

und Inkonsistenzen aufzudecken und auf diese Weise die negativen Effekte begrenzter Rationalität einzuschränken.[1162] Zur Messung der Qualität der Leistungen des Zentralcontrollings als „kritischer Counterpart" wird wiederum auf die formative Skala von SPILLECKE (2006) zurückgegriffen, der sich an BAUER (2002) anlehnt.[1163] Wie aus Tabelle 18 zu erkennen ist, trägt die Qualität der Leistungen als Sparringspartner nur unwesentlich zur Bildung des Konstruktes bei. Da jedoch keine Multikollinearität zwischen den Indikatoren vorliegt und die konzeptionelle Ausrichtung des Konstruktes nicht verändert werden soll, wird auf eine Skalenbereinigung verzichtet.[1164]

Informationen zu den einzelnen Indikatoren des Faktors **„Qualität der Leistungen des Zentralcontrollings als ‚kritischer Counterpart'"**					
Bezeichnung des Indikators	Ursprünglicher Schätzwert	Mittelwert der erzeugten Fälle	Standardabweichung	t-Wert	Variance Inflation Factor
Herausfordern/kritisches Hinterfragen von Entscheidungen des Managements	0,61	0,61	0,11	5,39	1,66
Konstruktiver Sparringspartner des Managements bei wichtigen Entscheidungen	0,05	0,06	0,12	0,41	1,97
Kritische Prüfung der Aussagen zu Ergebniswirkungen von geplanten Maßnahmen	0,50	0,48	0,11	4,55	1,77
Konditionsindex: 16,80					

Tabelle 18: Informationen zum Messmodell „Qualität der Leistungen als ‚kritischer Counterpart'"

Wie bei den Führungsunterstützungsleistungen werden auch bei den *Rationalitätssicherungsleistungen* die einzelnen Konstrukte zu einem formativen Messmodell zweiter Ordnung zusammengeführt, das die Qualität der Rationalitätssicherungsleistungen insgesamt misst. Die Validierung dieses übergeordneten Konstruktes erfolgt wiederum auf Basis der Methode der wiederholten Indikatoren. Analog zur Qualitätsmessung der Einzelleistungen leisten die Indikatoren zur Implementierungsunterstützung von operativen Verbesserungsmaßnahmen sowie zu den Leistungen als Sparringspartner auch bei der gesamthaften Qualitätsbeurteilung der Rationalitätssicherungsleistungen nur einen geringen bzw. marginalen Erklärungsbeitrag für das Gesamtkonstrukt (vgl. Tabelle 19). Abgesehen davon tragen insbesondere die Indikatoren des Konstruktes zur Qualität der Leistungen als „kritischer Counterpart" zur Bildung des übergeordneten Messmodells bei. Die Werte der VIF sowie des KI liegen innerhalb der geforderten Grenzen.

[1162] Vgl. auch Weber/Schäffer (1998), S. 30; Herzog (1999), S. 231; Pritsch/Weber (2001), S. 176.
[1163] Vgl. Spillecke (2006), S. 160; Bauer (2002), S. 188 f.
[1164] Vgl. Abschnitt 3.3.1.2.2.

Informationen zu den einzelnen Indikatoren des Faktors **„Qualität der Rationalitätssicherungsleistungen des Zentralcontrollings“**					
Bezeichnung des Indikators	Ursprünglicher Schätzwert	Mittelwert der erzeugten Fälle	Standardabweichung	t-Wert	Variance Inflation Factor
Erarbeitung von operativen Verbesserungsmaßnahmen	0,21	0,21	0,07	2,89	1,85
Unterstützung der Implementierung von operativen Verbesserungsmaßnahmen	0,12	0,10	0,08	1,54	2,40
Erarbeitung von (Geschäftsfeld-) Strategien	0,14	0,13	0,07	2,10	1,72
Unterstützung der Implementierung von (Unternehmens- bzw. Geschäftsfeld-) Strategien	0,26	0,26	0,08	3,38	2,50
Herausfordern/kritisches Hinterfragen von Entscheidungen des Managements	0,35	0,35	0,06	5,41	1,83
Konstruktiver Sparringspartner des Managements bei wichtigen Entscheidungen	0,03	0,03	0,07	0,41	2,00
Kritische Prüfung der Aussagen zu Ergebniswirkungen von geplanten Maßnahmen	0,28	0,27	0,06	4,52	1,86
Konditionsindex: 24,22					

Tabelle 19: Informationen zum Messmodell „Qualität der Rationalitätssicherungsleistungen“

5.3 Analyse der Wirkungsbeziehungen

In diesem Kapitel wird eine Untersuchung der Auswirkungen der Kooperation von Zentral- und Bereichscontrolling vorgenommen. Diese besteht aus einem konfirmatorischen sowie einem explorativen Teil. Im Rahmen der konfirmatorischen Analyse werden Hypothesen zur Wirkung der Kooperationsgüte auf die in den vorhergehenden Abschnitten konzeptualisierte und operationalisierte Leistungsqualität des Zentralcontrollings abgeleitet und empirisch überprüft. Daran schließt sich eine explorative moderierende Analyse der Wirkungsbeziehungen in Abhängigkeit der Organisationsform des Unternehmens an.

5.3.1 Hypothesenformulierung und -prüfung

5.3.1.1 Hypothesenformulierung

Die Basishypothese zu den Auswirkungen der Kooperationsgüte von Zentral- und Bereichscontrolling lautet, dass sich die Leistungsqualität des Zentralcontrollings durch eine gut funktionierende Kooperation mit dem Bereichscontrolling steigern lässt. Dieser Wirkungszusammenhang lässt sich grundlegend anhand der Ressourcenabhängigkeitsperspektive ableiten. Danach kann die Kooperation als eine Strategie zur Beschaffung wichtiger Ressourcen angesehen werden, auf deren Basis eine bessere Aufgabenerfüllung möglich sein sollte.[1165] Gestützt wird die aufgestellte Basishypothese durch empirische Ergebnisse der Schnittstellenforschung.[1166]

Im Folgenden werden zunächst die Hypothesen zur Auswirkung der Kooperationsgüte auf die Qualität der *einzelnen* Leistungen der Führungsunterstützung und Rationalitätssicherung formuliert, bevor die Wirkungsbeziehungen in Bezug auf die Leistungsqualität beider Aufgabenbereiche *insgesamt* hergeleitet werden.[1167]

Hinsichtlich der Qualität der *Informationsversorgungsleistungen* als erstem Teilbereich der *Führungsunterstützung* ist es bedeutsam, dass das Zentralcontrolling dem Top-Management eine valide und hinreichende Informationsbasis für wichtige Entscheidungen zur Verfügung stellen kann.[1168] Dies umfasst vor allem auch Informationen aus dezentralen Bereichen, die Führungsrelevanz aufweisen.[1169] Durch die Kooperation mit dem Bereichscontrolling erhält das Zentralcontrolling Zugang zu diesem „dezentrale[n] Führungswissen“[1170].[1171] Das Zentralcontrolling dürfte dabei umso besser vom Bereichscontrolling über dezentrale Aspekte und Entwicklungen informiert werden, je höher die Kooperationsgüte ausgeprägt ist. So sollte die Bereitschaft des Bereichscontrollings auf Basis der relationalen Aspekte der Kooperation (ein besseres gegenseitiges Verständnis, eine höhere Zielkongruenz) entsprechend höher sein, dem Zentralcontrolling alle relevanten Informationen aus dem Geschäftsbereich zu liefern und Rückfragen zu beantworten.[1172] Darüber hinaus dürfte das Zentralcontrolling durch die engere Zusammenarbeit mit dem Bereichscontrolling einen tieferen Einblick in das Geschäft des dezentralen Bereiches und so ebenfalls einen besseren Zugang zu dezentralen Informationen erhalten. Durch einen besseren Informationsaustausch verbunden mit einer

1165 Vgl. hierzu Abschnitt 2.5.3.2.

1166 Vgl. exemplarisch die Untersuchungen von Menon/Bharadwaj/Howell (1996), S. 308; Menon/Jaworski/Kohli (1997), S. 193; Stank/Daugherty/Ellinger (1999), S. 17; Kahn (2001), S. 319 f.

1167 Die in diesem Abschnitt sowie in Kapitel 6 abgeleiteten Hypothesen zum Zusammenhang zwischen zwei Variablen lassen sich auch als „Je-desto-Hypothesen“ auffassen. Vgl. hierzu Diekmann (2006), S. 111 ff. Vgl. auch Schnell/Hill/Esser (2005), S. 53.

1168 Vgl. hierzu auch Amshoff (1993), S. 267 ff.

1169 Vgl. auch Behme/Roth (1997), S. 29.

1170 Weber/Schäffer (2006), S. 440.

1171 Vgl. auch die Abschnitte 2.3.2.1 sowie 2.3.2.3.

1172 Vgl. in diesem Zusammenhang auch Weber (2006), S. 213.

besseren Informationsbedarfsermittlung zwischen beiden Bereichen sollte zudem in höherem Maße gewährleistet sein, dass das Zentralcontrolling zielgerichtet die für die Informationsversorgung des Managements benötigten Informationen erhält.

Je besser die Bereitstellung von dezentralen Informationen durch das Bereichs- gegenüber dem Zentralcontrolling im Rahmen der Kooperation funktioniert, desto umfassender und detaillierter kann auch das Zentralcontrolling das Management mit relevanten Informationen aus den Geschäftsbereichen versorgen. Dies dürfte sich positiv in der Qualitätseinschätzung der Informationsversorgungsleistungen widerspiegeln. Somit lässt sich folgende Hypothese formulieren:

H2: Die Güte der Kooperation von Zentral- und Bereichscontrolling wirkt positiv auf die Qualität der Informationsversorgungsleistungen des Zentralcontrollings.

Auch die *Planungsleistungen* des Zentralcontrollings sollten sich durch eine gute Kooperation mit dem Bereichscontrolling qualitativ verbessern lassen. So spielt das Bereichscontrolling im Rahmen der Kooperationsbeziehung Plandaten für den dezentralen Geschäftsbereich an das Zentralcontrolling.[1173] Da die Erstellung der Gesamtplanung für das Unternehmen ohne diese Angaben nur sehr grob auf Basis von Schätzungen des Zentralcontrollings möglich wäre, sollte sich durch den Rückgriff auf die Plandaten des Bereichscontrollings die Qualität der Planung steigern lassen. Je besser das Kooperationsverhältnis und insbesondere die verhaltensbezogenen, relationalen Elemente der Kooperation ausgeprägt sind, desto weniger besteht dabei zudem die Gefahr, dass die dezentralen Plandaten vom Bereichscontrolling mit Puffern versehen worden sind, was die Validität der Gesamtplanung erheblich untergrübe.[1174] Des Weiteren kann das Bereichscontrolling im Rahmen einer Zusammenarbeit mit dem Zentralcontrolling spezielle und detaillierte Geschäftskenntnisse in Bezug auf den dezentralen Bereich in eine gemeinsame Ableitung von Ergebniszielen oder eine gemeinsame Erarbeitung von Plankorrekturen einfließen lassen.[1175] Auch dadurch dürften sich die Genauigkeit und Validität der Planung verbessern lassen. Insgesamt sollte eine gute Kooperation somit zu einer Qualitätsverbesserung der Planungsleistungen des Zentralcontrollings führen. Die entsprechende Hypothese lautet:

H3: Die Güte der Kooperation von Zentral- und Bereichscontrolling wirkt positiv auf die Qualität der Planungsleistungen des Zentralcontrollings.

Analog zur Informationsversorgung und Planung erhält das Zentralcontrolling im Rahmen einer guten Kooperation mit dem Bereichscontrolling auch die für die *Kontrollleistungen*

[1173] Vgl. auch Hamprecht (1996), S. 186 f.; Weber/David/Prenzler (2001), S. 27.
[1174] Vgl. hierzu auch Abschnitt 2.3.2.4.
[1175] Vgl. hierzu auch Abschnitt 2.3.2.3.

benötigten dezentralen Daten im entsprechenden Umfang, in der erforderlichen Granularität sowie der nötigen Qualität.[1176] Dadurch können Soll-Ist-Vergleiche und Abweichungsanalysen fundierter und detaillierter durchgeführt werden. Darüber hinaus kann das Zentralcontrolling bei Abweichungsanalysen, die gemeinsam mit dem Bereichscontrolling vorgenommen werden,[1177] auf dessen bereichspezifisches Know-how zurückgreifen. Auf dieser Basis lassen sich die Ursachen von Abweichungen genauer ermitteln und „die Bereichsbesonderheiten berücksichtigende Schlüsse .. ziehen."[1178] Insofern sollte eine gute Kooperation von Zentral- und Bereichscontrolling auch die Qualität der Kontrollleistungen des Zentralcontrollings verbessern. Somit lässt sich folgende Hypothese ableiten:

H4: Die Güte der Kooperation von Zentral- und Bereichscontrolling wirkt positiv auf die Qualität der Kontrollleistungen des Zentralcontrollings.

Bezogen auf den Leistungsbereich der *Rationalitätssicherung* kann das Zentralcontrolling auch bei seinen *Beratungsleistungen* von einer guten Zusammenarbeit mit dem Bereichscontrolling profitieren.[1179]

Dies gilt zunächst insbesondere für Beratungstätigkeiten, die sich auf den Geschäftsbereich beziehen, in dem das kooperierende Bereichscontrolling angesiedelt ist. So kann das Zentralcontrolling im Rahmen einer Zusammenarbeit bei der Strategieentwicklung für die dezentrale Einheit auf der geschäftsspezifischen Expertise des Bereichscontrollings aufbauen. Dadurch sollte sich die Qualität und damit die Erfolgswahrscheinlichkeit der entwickelten strategischen Maßnahmen erhöhen. Auch bei der gemeinsamen Erarbeitung von operativen Verbesserungsmaßnahmen kann das Bereichscontrolling bereichsspezifische Kenntnisse einbringen, die eine zielgerichtetere Problemlösung ermöglichen. Durch die Umsetzung von strategischen sowie operativen Lösungskonzepten unter Begleitung durch das Bereichscontrolling dürfte zudem mit einer höheren Akzeptanz dieser Maßnahmen in den Bereichen zu rechnen sein, was den Implementierungserfolg positiv beeinflussen sollte.[1180]

Darüber hinaus sollte sich durch eine gute Kooperation mit dem Bereichscontrolling auch die Qualität von bereichsübergreifenden bzw. das Gesamtunternehmen betreffenden Beratungsleistungen verbessern lassen. Durch die Zusammenarbeit kann das Zentralcontrolling bereichsbezogenes Spezialwissen des Bereichscontrollings bei der Entwicklung einer Gesamtstrategie nutzen. Auf diese Weise können Bereichscharakteristika, die für eine Erfolg

[1176] Vgl. hierzu die vorhergehenden Ausführungen zur Wirkung der Kooperationsgüte auf die Qualität der Informationsversorgungs- und Planungsleistungen des Zentralcontrollings.
[1177] Vgl. auch Abschnitt 2.3.2.3.
[1178] Krüger/Werder (1993), S. 244.
[1179] Vgl. als Grundlage der folgenden Ausführungen auch Abschnitt 2.3.2.3 zur komplementären Rolle von Zentral- und Bereichscontrolling bei den sonstigen Aufgaben.
[1180] Vgl. in diesem Zusammenhang auch Weber (2006), S. 214.

versprechende Unternehmensstrategie von Bedeutung sind, besser berücksichtigt werden.[1181] Bei der Erarbeitung bereichsübergreifender operativer Verbesserungsmaßnahmen kann das Zentralcontrolling auf Basis der Kooperation Anregungen und Ratschläge von Bereichscontrolling-Abteilungen aus Basiseinheiten erhalten, deren Lösungen sich als Best-Practice etabliert haben. Schließlich sollte auch die unternehmensweite Implementierung operativer Lösungskonzepte im Zusammenspiel mit dem Bereichscontrolling besser funktionieren, da durch die Unterstützung des Bereichscontrollings eine schnellere flächendeckende Einführung unter Berücksichtigung der jeweiligen Bereichsspezifika möglich ist.

Insgesamt dürfte sich somit die Qualität der Beratungsleistungen des Zentralcontrollings durch die Kooperation mit dem Bereichscontrolling verbessern lassen. Die entsprechende Hypothese lautet:

H5: Die Güte der Kooperation von Zentral- und Bereichscontrolling wirkt positiv auf die Qualität der Beratungsleistungen des Zentralcontrollings.

Des Weiteren kann davon ausgegangen werden, dass eine gute Zusammenarbeit auch einen positiven Beitrag für die Qualität der Leistungen des Zentralcontrollings als *„kritischer Counterpart"* leistet. Auf Basis eines guten kooperativen Verhältnisses zum Bereichscontrolling kann das Zentralcontrolling in diesem Leistungsfeld auf die zusätzliche Daten- und Wissensbasis des Bereichscontrollings zurückgreifen. Dies dürfte ein detaillierteres und fundierteres kritisches Hinterfragen von geplanten Maßnahmen und Entscheidungen des Managements erlauben, insbesondere wenn dezentrale Bereiche betroffen sind. Überdies können Entscheidungsvorlagen und Maßnahmenpläne des Managements zusätzlich auch durch das Bereichscontrolling kritisch geprüft werden. Auch hierdurch sollten sich Wollens- und Könnensdefizite des Managements besser aufdecken lassen. Die Zusammenarbeit von Zentral- und Bereichscontrolling dürfte insofern auch die Leistungsqualität des Zentralcontrollings in Bezug auf seine Rolle als „kritischer Counterpart" verbessern. Auf dieser Basis lässt sich die folgende Hypothese aufstellen:

H6: Die Güte der Kooperation von Zentral- und Bereichscontrolling wirkt positiv auf die Qualität der Leistungen des Zentralcontrollings als „kritischer Counterpart".

Vor dem Hintergrund des abgeleiteten positiven Zusammenhanges zwischen der Güte der Kooperation und der Qualität der *einzelnen* Leistungen der Führungsunterstützung sowie Rationalitätssicherung ist zu erwarten, dass eine gute Kooperation von Zentral- und

[1181] So kann etwa strategischen Stärken und Kernkompetenzen der Basiseinheiten im Rahmen der strategischen Ausrichtung des Unternehmens besser Rechnung getragen werden, wodurch sich auf bereits bestehenden Erfolgspotenzialen aufbauen lässt.

Bereichscontrolling auch eine qualitätssteigernde Wirkung auf die *Führungsunterstützungs- und Rationalitätssicherungsleistungen* des Zentralcontrollings *insgesamt* entfaltet. Daher lassen sich die beiden folgenden Hypothesen formulieren:

H7: Die Güte der Kooperation von Zentral- und Bereichscontrolling wirkt positiv auf die Qualität der Führungsunterstützungsleistungen des Zentralcontrollings.

H8: Die Güte der Kooperation von Zentral- und Bereichscontrolling wirkt positiv auf die Qualität der Rationalitätssicherungsleistungen des Zentralcontrollings.

Schließlich ist zu vermuten, dass die Qualität der Rationalitätssicherungsleistungen des Zentralcontrollings durch eine gute Zusammenarbeit mit dem Bereichscontrolling in höherem Maße gesteigert werden kann als die Qualität der Führungsunterstützungsleistungen. Während das Zentralcontrolling im Rahmen der Führungsunterstützung vorwiegend als Zulieferer des Managements auftritt und dieses von Aufgaben entlastet, die es auch selbst wahrnehmen könnte, stehen bei Rationalitätssicherungsleistungen die Ergänzung der kognitiven Fähigkeiten des Managers und die Vermeidung von Management-Fehlern im Vordergrund.[1182] Hier werden „wichtige Unternehmensentscheidungen wesentlich vorbereitet oder teilweise mitentschieden".[1183] Insofern weisen Rationalitätssicherungsleistungen eine höhere Komplexität und ein höheres Anspruchsniveau für den Leistungserbringer auf als die Aufgaben der Führungsunterstützung.[1184] Aus diesem Grund werden insbesondere hierbei das (dezentrale) Spezialwissen und die komplementären Fähigkeiten des Bereichscontrollings benötigt,[1185] die das Zentralcontrolling auf Basis der Kooperation erwerben bzw. das Bereichscontrolling im Rahmen einer gemeinsamen Aufgabenerfüllung unmittelbar einbringen kann. Insofern sollte eine gute Kooperation beider Controllerbereiche vor allem im Hinblick auf die Rationalitätssicherungsleistungen eine qualitätsfördernde Wirkung besitzen. Vor diesem Hintergrund lässt sich die folgende Hypothese ableiten:

H9: Die Wirkung der Güte der Kooperation von Zentral- und Bereichscontrolling auf die Qualität der Rationalitätssicherungsleistungen des Zentralcontrollings ist höher als ihre Wirkung auf die Qualität der Führungsunterstützungsleistungen des Zentralcontrollings.

1182 Vgl. hierzu Abschnitt 2.1.2 sowie Weber/Schäffer (2006), S. 38 f.

1183 Spillecke (2006), S. 180.

1184 Entsprechend können Rationalitätssicherungsleistungen im Gegensatz zu Führungsunterstützungsleistungen vom Manager auch „nicht in toto hinsichtlich Umfang, Inhalt und Ergebnis" beurteilt werden; Weber/Schäffer (2006), S. 37.

1185 Zur komplementären Rolle des Bereichscontrollings vgl. auch Abschnitt 2.3.2.3.

5.3.1.2 Hypothesenprüfung

Die Prüfung der Hypothesen erfolgt – wie in Abschnitt 3.3.2.1 dargelegt – auf Basis des PLS-Verfahrens. Dazu wurde zum einen ein Strukturmodell aufgestellt, das die Auswirkungen der Güte der Kooperation von Zentral- und Bereichscontrolling separat für die einzelnen Tätigkeiten des Zentralcontrollings misst, und zum anderen ein Strukturmodell, das die Wirkungsbeziehungen zwischen der Kooperationsgüte und der Leistungsqualität von Führungsunterstützungs- sowie Rationalitätssicherungsaufgaben gesamthaft untersucht.

Das Strukturmodell zur Analyse der *Einzelwirkungen* der Güte der Kooperation ist nebst Ergebnissen in Abbildung 10 dargestellt. Die detaillierten Ergebnisse der Modellberechnung können Tabelle 20 entnommen werden. Diese gibt zudem Aufschluss über den Wirkungszusammenhang zwischen den einzelnen Faktoren der Kooperationsgüte und der Leistungsqualität des Zentralcontrollings.

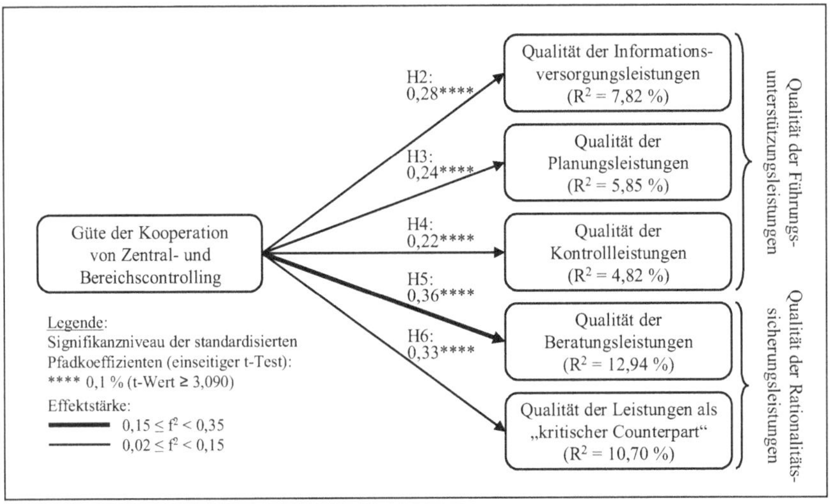

Abbildung 10: Strukturmodell zur Analyse der Auswirkungen der Güte der Kooperation (Einzelwirkungen)

Informationen zum Strukturmodell **„Auswirkungen der Güte der Kooperation von Zentral- und Bereichscontrolling auf die Leistungsqualität des Zentralcontrollings (Einzelwirkungen)"**						
Wirkungsbeziehung	Ursprünglicher Schätzwert	Mittelwert der erzeugten Fälle	Standardabweichung	t-Wert	Effektgröße f^2	Erklärte Varianz R^2
Güte der Kooperation ➔ Qualität der Informationsversorgungsleistungen	**0,28**	**0,28**	**0,05**	**5,76**	**0,08**	**7,82 %**
Güte des formellen Informationsaustausches ➔ Qualität der Informationsversorgungsleistungen	0,30	0,30	0,04	7,06	0,10	8,77 %
Güte des informellen Informationsaustausches ➔ Qualität der Informationsversorgungsleistungen	0,19	0,20	0,04	4,41	0,04	3,74 %
Güte der Collaboration ➔ Qualität der Informationsversorgungsleistungen	0,32	0,32	0,05	6,80	0,11	10,11 %
Güte der Kooperation ➔ Qualität der Planungsleistungen	**0,24**	**0,25**	**0,05**	**4,65**	**0,06**	**5,85 %**
Güte des formellen Informationsaustausches ➔ Qualität der Planungsleistungen	0,22	0,22	0,05	4,42	0,05	4,91 %
Güte des informellen Informationsaustausches ➔ Qualität der Planungsleistungen	0,22	0,23	0,05	4,18	0,05	4,78 %
Güte der Collaboration ➔ Qualität der Planungsleistungen	0,26	0,27	0,05	4,83	0,07	6,72 %
Güte der Kooperation ➔ Qualität der Kontrollleistungen	**0,22**	**0,22**	**0,05**	**4,37**	**0,05**	**4,82 %**
Güte des formellen Informationsaustausches ➔ Qualität der Kontrollleistungen	0,21	0,22	0,05	4,64	0,05	4,59 %
Güte des informellen Informationsaustausches ➔ Qualität der Kontrollleistungen	0,16	0,17	0,05	2,96	0,02	2,43 %
Güte der Collaboration ➔ Qualität der Kontrollleistungen	0,27	0,27	0,04	6,67	0,08	7,45 %

Güte der Kooperation ➔ Qualität der Beratungsleistungen	**0,36**	**0,37**	**0,04**	**8,02**	**0,15**	**12,94 %**
Güte des formellen Informationsaustausches ➔ Qualität der Beratungsleistungen	0,38	0,39	0,05	8,39	0,17	14,31 %
Güte des informellen Informationsaustausches ➔ Qualität der Beratungsleistungen	0,23	0,25	0,05	5,17	0,06	5,41 %
Güte der Collaboration ➔ Qualität der Beratungsleistungen	0,35	0,36	0,04	7,87	0,14	12,00 %
Güte der Kooperation ➔ Qualität der Leistungen als „kritischer Counterpart"	**0,33**	**0,34**	**0,04**	**7,84**	**0,12**	**10,70 %**
Güte des formellen Informationsaustausches ➔ Qualität der Leistungen als „kritischer Counterpart"	0,33	0,34	0,04	7,59	0,12	10,77 %
Güte des informellen Informationsaustausches ➔ Qualität der Leistungen als „kritischer Counterpart"	0,18	0,21	0,05	3,65	0,03	3,35 %
Güte der Collaboration ➔ Qualität der Leistungen als „kritischer Counterpart"	0,35	0,36	0,04	8,05	0,14	11,96 %

Tabelle 20: Informationen zum Strukturmodell „Auswirkungen der Güte der Kooperation (Einzelwirkungen)"

Im Hinblick auf die einzelnen Leistungen der *Führungsunterstützung* wurde mit den Hypothesen H2, H3 und H4 ein positiver Einfluss der Güte der Kooperation von Zentral- und Bereichscontrolling auf die Leistungsqualität des Zentralcontrollings in den Bereichen der Informationsversorgung, Planung und Kontrolle abgeleitet. Abbildung 10 und Tabelle 20 verdeutlichen, dass die entsprechenden Pfadkoeffizienten mit Werten von 0,28 (Informationsversorgung), 0,24 (Planung) sowie 0,22 (Kontrolle) auf 0,1-%-Niveau signifikant sind und somit die postulierte Wirkung stützen. Die Effektgrößen f^2 belaufen sich auf 0,08 (Informationsversorgung), 0,06 (Planung) sowie 0,05 (Kontrolle) und deuten damit auf einen moderaten Zusammenhang zwischen Kooperationsgüte und Leistungsqualität hin. In Anbetracht dessen lassen sich die Hypothesen H2, H3 und H4 bestätigen. Die einzelnen Faktoren der Güte der Kooperation wirken ebenfalls positiv auf die Qualität der Informationsversorgungs-, Planungs- und Kontrollleistungen. Wie bei der Bildung des Gesamtkonstruktes zur Kooperationsgüte geht der höchste Einfluss jeweils von der Güte der Collaboration aus, gefolgt von der Güte des formellen sowie informellen Informationsaustausches.[1186] Die

[1186] Bei den Wirkungsbeziehungen zur Leistungsqualität der Planung ist der Unterschied zwischen der Güte des formellen und informellen Informationsaustausches erst in der dritten Nachkommastelle der Werte für die Pfadkoeffizienten und Effektgrößen ablesbar.

geringere Wirkung der Güte des informellen Informationsaustausches lässt sich dabei möglicherweise dadurch erklären, dass sich der Informationsaustausch angesichts der vielfältigen Berührungspunkte zwischen beiden Controllerbereichen im Rahmen ihrer Aufgabenwahrnehmung größtenteils auf formeller Ebene abspielt und guten informellen Kommunikationsbeziehungen evtl. infolgedessen eine weniger wichtige Rolle für eine hohe Leistungsqualität zukommt.[1187]

Bezogen auf die einzelnen Leistungsfelder der *Rationalitätssicherung*, Beratung (H5) sowie die Rolle als „kritischer Counterpart" (H6), wurde ebenfalls eine positive Wirkung der Kooperationsgüte hergeleitet. Auch diese Hypothesen lassen sich bestätigen. So ergeben sich Pfadkoeffizienten von 0,36 (Beratung) bzw. 0,33 („kritischer Counterpart"), die wiederum ein Signifikanzniveau von 0,1 % aufweisen. Die Effektgrößen von 0,15 (Beratung) resp. 0,12 („kritischer Counterpart") signalisieren einen moderaten Einfluss. Die positiven Wirkungsbeziehungen zwischen der Güte der Kooperation und der Leistungsqualität der Beratung sowie der Rolle als „kritischer Counterpart" werden auch durch die einzelnen Komponenten der Kooperationsgüte widergespiegelt. Hinsichtlich der Qualität der Leistungen als „kritischer Counterpart" ergibt sich zwischen den einzelnen Faktoren die gleiche Abstufung in der Höhe der Wirkungen wie für die einzelnen Aufgaben der Führungsunterstützung. Dagegen fällt auf, dass ein guter formeller Informationsaustausch für eine hohe Beratungsqualität von leicht höherer Bedeutung zu sein scheint als eine gute Collaboration. Den geringsten Beitrag leistet hier wiederum die Güte des informellen Informationsaustausches.[1188]

Die Ergebnisse der Analyse der Einzelwirkungen der Kooperationsgüte belegen somit, dass das Zentralcontrolling durch eine gute Kooperation mit dem Bereichscontrolling eine signifikante Qualitätssteigerung in sämtlichen Leistungsgebieten der Führungsunterstützung und Rationalitätssicherung erzielen kann. Insbesondere die Beratungsleistungen des Zentralcontrollings lassen sich über eine gute Zusammenarbeit stark verbessern.

Die *Gesamtwirkungen* der Kooperationsgüte auf die Leistungsqualität von Führungsunterstützungs- und Rationalitätssicherungsaufgaben wurden auf Basis des in Abbildung 11 wiedergegebenen Strukturmodells untersucht. Tabelle 21 enthält hierzu wiederum weitere Informationen sowie die Ergebnisse zu den einzelnen Komponenten der Güte der Kooperation.

[1187] Vgl. in diesem Zusammenhang auch die Ausführungen in Abschnitt 4.1.3.2 zum Erklärungsbeitrag der Güte des informellen Informationsaustausches für das Kooperationskonstrukt.

[1188] Vgl. als mögliche Erklärung hierfür analog die zu Fußnote 1187 korrespondierenden Ausführungen.

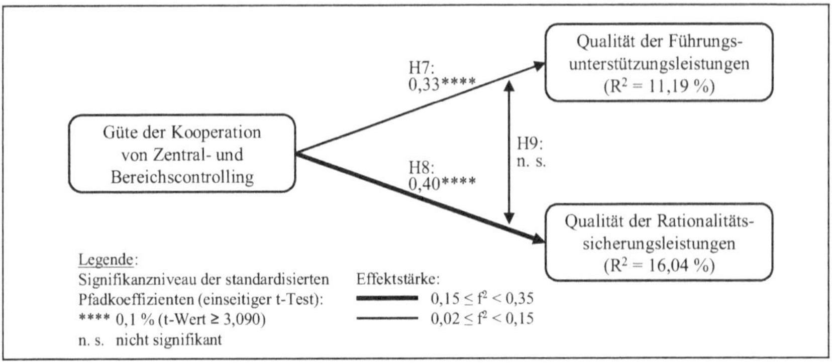

Abbildung 11: Strukturmodell zur Analyse der Auswirkungen der Güte der Kooperation (Gesamtwirkungen)

Informationen zum Strukturmodell **„Auswirkungen der Güte der Kooperation von Zentral- und Bereichscontrolling auf die Leistungsqualität des Zentralcontrollings (Gesamtwirkungen)"**						
Wirkungsbeziehung	Ursprünglicher Schätzwert	Mittelwert der erzeugten Fälle	Standardabweichung	t-Wert	Effektgröße f^2	Erklärte Varianz R^2
Güte der Kooperation ➔ Qualität der Führungsunterstützungsleistungen	**0,33**	**0,35**	**0,05**	**7,41**	**0,13**	**11,19 %**
Güte des formellen Informationsaustausches ➔ Qualität der Führungsunterstützungsleistungen	0,33	0,35	0,05	7,33	0,12	11,03 %
Güte des informellen Informationsaustausches ➔ Qualität der Führungsunterstützungsleistungen	0,29	0,30	0,05	6,18	0,09	8,22 %
Güte der Collaboration ➔ Qualität der Führungsunterstützungsleistungen	0,37	0,39	0,04	8,92	0,16	13,85 %

Güte der Kooperation → Qualität der Rationalitätssicherungsleistungen	**0,40**	**0,42**	**0,04**	**9,73**	**0,19**	**16,04 %**
Güte des formellen Informationsaustausches → Qualität der Rationalitätssicherungsleistungen	0,42	0,43	0,04	10,44	0,21	17,42 %
Güte des informellen Informationsaustausches → Qualität der Rationalitätssicherungsleistungen	0,25	0,28	0,05	5,11	0,06	6,06 %
Güte der Collaboration → Qualität der Rationalitätssicherungsleistungen	0,41	0,42	0,04	9,28	0,20	16,49 %

Tabelle 21: Informationen zum Strukturmodell „Auswirkungen der Güte der Kooperation (Gesamtwirkungen)"

Die Hypothesen H7 und H8 begründen eine positive Kooperationswirkung auf die Gesamtqualität der Führungsunterstützungs- und Rationalitätssicherungsleistungen des Zentralcontrollings. Aus Abbildung 11 sowie Tabelle 21 geht hervor, dass sich die korrespondierenden Pfadkoeffizienten bei einem Signifikanzniveau von 0,1 % auf 0,33 (Führungsunterstützung) bzw. 0,40 (Rationalitätssicherung) belaufen. Der positive Einfluss der Kooperationsgüte wird durch die Effektgrößen unterstrichen, die mit Werten von 0,13 (Führungsunterstützung) sowie 0,19 (Rationalitätssicherung) auf einen moderaten resp. moderaten bis starken Wirkungszusammenhang hinweisen. Die Hypothesen H7 und H8 können somit bestätigt werden; eine gute Kooperation von Zentral- und Bereichscontrolling trägt damit auch zu einer gesamthaften Leistungsverbesserung der Führungsunterstützung und Rationalitätssicherung des Zentralcontrollings bei. Bei der Betrachtung der einzelnen Faktoren der Kooperation zeigt sich – wie bei den zuvor vorgestellten Analysen – ein positiver Einfluss auf die Leistungsqualität des Zentralcontrollings. Während bei den Führungsunterstützungsleistungen die Güte der Collaboration die höchste qualitätsfördernde Wirkung aufweist, kommt diese Rolle im Hinblick auf die Rationalitätssicherungsleistungen – wenn auch nur mit sehr geringer Abstufung zur Güte der Collaboration – der Güte des formellen Informationsaustausches zu. Den geringsten Einfluss besitzt jeweils die Güte des informellen Informationsaustausches.[1189]

Zur Überprüfung der Hypothese H9, die unterstellt, dass die Güte der Kooperation von Zentral- und Bereichscontrolling eine höhere Wirkung auf die Leistungsqualität der Rationalitätssicherung als auf die der Führungsunterstützung entfaltet, sind die entsprechenden Pfadkoeffizienten und Effektgrößen miteinander zu vergleichen. Aus Abbildung 11 und Tabelle 21 ist ersichtlich, dass sowohl die Pfadkoeffizienten als auch die

[1189] Als potenzielle Erklärung hierfür sei auf die Ausführungen zum geringeren Einfluss dieses Kooperationsfaktors im Rahmen der Einzelwirkungen verwiesen.

Effektgrößen für den Wirkungszusammenhang zwischen Kooperationsgüte und Qualität der Rationalitätssicherungsleistungen eine höhere Ausprägung aufweisen als für die Beziehung zur Leistungsqualität der Führungsunterstützung. Der Unterschied zwischen den Pfadkoeffizienten ist darüber hinaus auf Signifikanz zu überprüfen. Dies erfolgt anhand der in Abschnitt 3.3.2.3 vorgestellten Formel. Der auf dieser Basis ermittelte t-Wert beträgt 1,08. Wenngleich somit ein Unterschied in der absoluten Höhe der Pfadkoeffizienten für die Leistungsqualität von Führungsunterstützung (0,33) und Rationalitätssicherung (0,40) zu verzeichnen ist, erweist sich diese Differenz als nicht signifikant. Hypothese H9 ist daher zu verwerfen. Bezogen auf die einzelnen Faktoren der Kooperation ist der Unterschied zwischen den Pfadkoeffizienten nur für die Güte des formellen Informationsaustausches signifikant. Mit einem t-Wert von 1,41 beträgt das Signifikanzniveau hier allerdings lediglich 10 %. Für die Güte der Collaboration ergibt sich ein t-Wert von 0,56, für die Güte des informellen Informationsaustausches ein betragsmäßiger Wert von 0,61. Bei Letzterem fallen Pfadkoeffizient und Effektgröße in Bezug auf die Qualität der Rationalitätssicherungsleistungen sogar niedriger aus als für das Leistungsfeld der Führungsunterstützung.

Insgesamt lässt sich als Ergebnis der Hypothesenprüfung zu den Auswirkungen der Güte der Kooperation von Zentral- und Bereichscontrolling ein positiver Einfluss auf die Qualität der vom Zentralcontrolling erstellten Leistungen festhalten.

5.3.2 Explorative Analyse der moderierenden Wirkung der Organisationsform

Zur explorativen Analyse des moderierenden Einflusses der Organisationsform auf die Wirkungszusammenhänge zwischen der Kooperationsgüte beider Controllerbereiche und der Leistungsqualität des Zentralcontrollings wird – wie in Abschnitt 3.3.2.3 erläutert – auf das Verfahren der Mehrgruppenanalyse zurückgegriffen.

Im Rahmen der Mehrgruppenanalyse ist die Gesamtstichprobe zunächst gemäß der Organisationsform in Teilstichproben zu untergliedern, für die dann eine Berechnung der beiden beschriebenen Strukturmodelle zu den Einzel- und Gesamtwirkungen der Kooperationsgüte vorzunehmen ist.[1190] Da in der Gruppe der Finanzholding lediglich 14 Fälle enthalten sind[1191] und eine Auswertung des Strukturmodells für diese Teilstichprobe mittels PLS-Methode somit nicht möglich ist, kann diese Organisationsform nicht in die moderierende Analyse einbezogen werden. Die Teilstichproben für die Operative Holding (178 Unternehmen) und die Management-Holding (194 Unternehmen) dagegen genügen den Größenanforderungen für die Durchführung des Gruppenvergleiches.[1192]

[1190] Vgl. zum Vorgehen im Folgenden auch Abschnitt 3.3.2.3.
[1191] Vgl. Abschnitt 3.2.2.
[1192] Vgl. auch Fußnote 947 in Abschnitt 3.3.2.3.

Die sich aus der Berechnung des entsprechenden Strukturmodells ergebenden *Einzelwirkungen* der Kooperation für die *Operative Holding* sind in Tabelle 22 zusammengefasst.[1193]

Informationen zum Strukturmodell **„Auswirkungen der Güte der Kooperation von Zentral- und Bereichscontrolling auf die Leistungsqualität des Zentralcontrollings in der *Operativen Holding* (Einzelwirkungen)"**						
Wirkungsbeziehung	Ursprünglicher Schätzwert	Mittelwert der erzeugten Fälle	Standardabweichung	t-Wert	Effektgröße f^2	Erklärte Varianz R^2
Güte der Kooperation → Qualität der Informationsversorgungsleistungen	0,27	0,29	0,07	3,88	0,08	7,50 %
Güte der Kooperation → Qualität der Planungsleistungen	0,14	0,16	0,08	1,93	0,02	2,10 %
Güte der Kooperation → Qualität der Kontrollleistungen	0,16	0,18	0,08	2,03	0,03	2,46 %
Güte der Kooperation → Qualität der Beratungsleistungen	0,40	0,42	0,06	6,44	0,19	15,71 %
Güte der Kooperation → Qualität der Leistungen als „kritischer Counterpart"	0,31	0,33	0,07	4,77	0,11	9,88 %

Tabelle 22: Informationen zum Strukturmodell „Auswirkungen der Güte der Kooperation in der Operativen Holding (Einzelwirkungen)"

Es ist zu erkennen, dass eine gute Kooperation von Zentral- und Bereichscontrolling auch die Qualität der einzelnen Führungsunterstützungs- und Rationalitätssicherungsaufgaben des Zentralcontrollings in der Operativen Holding verbessert. Die Pfadkoeffizienten sind mit Ausnahme für die Beziehungen zwischen Kooperationsgüte und Leistungsqualität der Planung sowie Kontrolle auf 0,1-%-Niveau signifikant. Hier wird lediglich ein Signifikanzniveau von 5 % erreicht. Dabei weist insbesondere der Pfadkoeffizient der Qualität der Planungsleistungen einen deutlich niedrigeren Wert als für die gesamte Datenbasis auf. Zudem fallen die Effektgrößen für Planung und Kontrolle mit 0,02 resp. 0,03 recht gering aus, so dass nur von einem schwachen Zusammenhang ausgegangen werden kann.

Für die *Management-Holding* sind die Auswirkungen der Güte der Kooperation auf die Qualität der einzelnen Leistungen des Zentralcontrollings in Tabelle 23 dargestellt.

[1193] Das der Berechnung zugrunde liegende Strukturmodell ist in Abbildung 10 im vorhergehenden Abschnitt dargestellt.

Informationen zum Strukturmodell **„Auswirkungen der Güte der Kooperation von Zentral- und Bereichscontrolling auf die Leistungsqualität des Zentralcontrollings in der *Management-Holding* (Einzelwirkungen)"**						
Wirkungsbeziehung	Ursprünglicher Schätzwert	Mittelwert der erzeugten Fälle	Standardabweichung	t-Wert	Effektgröße f^2	Erklärte Varianz R^2
Güte der Kooperation ➔ Qualität der Informationsversorgungsleistungen	0,33	0,34	0,07	5,03	0,12	10,82 %
Güte der Kooperation ➔ Qualität der Planungsleistungen	0,27	0,28	0,06	4,56	0,08	7,40 %
Güte der Kooperation ➔ Qualität der Kontrollleistungen	0,32	0,32	0,07	4,62	0,11	10,02 %
Güte der Kooperation ➔ Qualität der Beratungsleistungen	0,34	0,36	0,06	5,41	0,13	11,61 %
Güte der Kooperation ➔ Qualität der Leistungen als „kritischer Counterpart"	0,37	0,38	0,06	6,04	0,15	13,40 %

Tabelle 23: Informationen zum Strukturmodell „Auswirkungen der Güte der Kooperation in der Management-Holding (Einzelwirkungen)"

Sämtliche Pfadkoeffizienten erweisen sich auf einem Niveau von 0,1 % als signifikant und spiegeln ebenfalls eine positive Wirkung der Kooperationsgüte von Zentral- und Bereichscontrolling wider. Die Effektgrößen signalisieren einen moderaten Einfluss der Güte der Kooperation. Auffällig ist, dass für die Qualität der Kontrollleistungen im Vergleich zur gesamten Stichprobe deutlich höhere Ausprägungen für Pfadkoeffizient sowie Effektstärke zu verzeichnen sind.

Zur Ermittlung, inwieweit von der Organisationsform ein moderierender Einfluss auf die Wirkungsbeziehungen zwischen Kooperationsgüte und Leistungsqualität ausgeht, sind im nächsten Schritt die Unterschiede zwischen den Pfadkoeffizienten für beide Organisationsformen auf Signifikanz zu überprüfen. Dies geschieht auf Basis der in Abschnitt 3.3.2.3 erläuterten Formel. Die Ergebnisse dieses Signifikanztests können Tabelle 24 entnommen werden.

Informationen zum **Signifikanztest der Unterschiede zwischen den Pfadkoeffizienten der Auswirkungen der Güte der Kooperation** in Operativer Holding und Management-Holding (Einzelwirkungen)				
Wirkungsbeziehung	Pfadkoeffizient Operative Holding	Pfadkoeffizient Management-Holding	t-Wert des Unterschiedes	Signifikanzniveau des Unterschiedes
Güte der Kooperation ➔ Qualität der Informationsversorgungsleistungen	0,27	0,33	0,57	n. s.
Güte der Kooperation ➔ Qualität der Planungsleistungen	0,14	0,27	1,34	n. s.
Güte der Kooperation ➔ Qualität der Kontrollleistungen	0,16	0,32	1,55	n. s.
Güte der Kooperation ➔ Qualität der Beratungsleistungen	0,40	0,34	0,63	n. s.
Güte der Kooperation ➔ Qualität der Leistungen als „kritischer Counterpart"	0,31	0,37	0,58	n. s.

Tabelle 24: Informationen zum Signifikanztest der Unterschiede zwischen den Pfadkoeffizienten der Auswirkungen der Güte der Kooperation in Operativer Holding und Management-Holding (Einzelwirkungen)

Anhand der ermittelten t-Werte lässt sich ablesen, dass sich die Pfadkoeffizienten für die Teilstichproben der Operativen sowie Management-Holding nicht signifikant voneinander unterscheiden.[1194] Somit kann nicht von einer moderierenden Wirkung der Organisationsform auf den qualitätsverbessernden Einfluss der Güte der Kooperation ausgegangen werden. Allerdings fällt auf, dass sich vor allem die Pfadkoeffizienten in Bezug auf die Qualität der Planungs- sowie Kontrollleistungen jeweils deutlich voneinander unterscheiden. Die in Anbetracht der Höhe der Unterschiede zwischen den Pfadkoeffizienten verhältnismäßig geringen t-Werte der Signifikanzprüfung lassen sich auf die erhöhten Standardabweichungen der Pfadkoeffizienten zurückführen. Diese steigen im Rahmen des Bootstrapping mit einer Verringerung des Umfanges der Stichprobe, wie sie sich durch die Verwendung der Teilstichproben im vorliegenden Fall ergibt, an.[1195]

Zur Analyse des moderierenden Einflusses der Organisationsform auf die *Gesamtwirkungen* der Kooperation wurde das korrespondierende Strukturmodell ebenfalls für die Teilstich-

[1194] Wie in Abschnitt 3.3.2.3 erläutert, wird auf Basis der für explorative Fragestellungen zugrunde gelegten zweiseitigen Studentverteilung ein t-Wert von mindestens 1,96 gefordert, was einem Signifikanzniveau von 5 % entspricht.

[1195] Anzumerken ist, dass im Rahmen der Mehrgruppenanalyse lediglich die *Pfadkoeffizienten* in beiden Teilstichproben auf signifikante Unterschiede geprüft werden, nicht aber deren jeweiliges Signifikanzniveau oder die Effektstärke der einzelnen Wirkungsbeziehungen. Insofern können sich Unterschiede zwischen zwei Pfadkoeffizienten auch dann als nicht signifikant erweisen, wenn die Pfadkoeffizienten in den einzelnen Teilstichproben ein unterschiedliches Signifikanzniveau aufweisen oder die entsprechenden Wirkungszusammenhänge verschieden stark ausfallen. Vgl. hierzu auch die in Abschnitt 3.3.2.3 erläuterte Formel.

proben der Operativen und Management-Holding berechnet.[1196] Tabelle 25 gibt einen Überblick über die Ergebnisse für die *Operative Holding*.

Informationen zum Strukturmodell **„Auswirkungen der Güte der Kooperation von Zentral- und Bereichscontrolling auf die Leistungsqualität des Zentralcontrollings in der *Operativen Holding* (Gesamtwirkungen)"**						
Wirkungsbeziehung	Ursprünglicher Schätzwert	Mittelwert der erzeugten Fälle	Standardabweichung	t-Wert	Effektgröße f^2	Erklärte Varianz R^2
Güte der Kooperation ➔ Qualität der Führungsunterstützungsleistungen	0,30	0,35	0,06	4,85	0,10	8,77 %
Güte der Kooperation ➔ Qualität der Rationalitätssicherungsleistungen	0,43	0,46	0,06	6,76	0,22	18,16 %

Tabelle 25: Informationen zum Strukturmodell „Auswirkungen der Güte der Kooperation in der Operativen Holding (Gesamtwirkungen)"

Wie für die Gesamtstichprobe ergibt sich auch für die Teilstichprobe der Operativen Holding eine positive Wirkungsbeziehung zwischen der Güte der Kooperation von Zentral- und Bereichscontrolling und der Gesamtqualität der vom Zentralcontrolling erbrachten Führungsunterstützungs- und Rationalitätssicherungsleistungen. Die Pfadkoeffizienten weisen ein Signifikanzniveau von 0,1 % auf, die Effektgrößen deuten auf einen moderaten (Führungsunterstützung) bzw. moderaten bis starken (Rationalitätssicherung) Zusammenhang hin. Im Gegensatz zu den Ergebnissen für die gesamte Datenbasis ergibt sich zwischen den Pfadkoeffizienten für die Leistungsqualität der Führungsunterstützung sowie Rationalitätssicherung ein signifikanter Unterschied auf dem 10-%-Niveau mit einem zugehörigen t-Wert von 1,49.[1197]

Auch in der *Management-Holding* besitzt die Kooperation eine qualitätsverbessernde Wirkung auf die Führungsunterstützungs- und Rationalitätssicherungsleistungen des Zentralcontrollings (vgl. Tabelle 26). Die Pfadkoeffizienten sind ebenfalls auf einem Niveau von 0,1 % signifikant. Allerdings unterscheiden sie sich in deutlich geringerem Ausmaß voneinander als in der Gesamtstichprobe bzw. der Teilstichprobe für die Operative Holding, so dass diesbezüglich keine Signifikanz vorliegt.[1198] Auf Basis der Effektgrößen kann von einem moderaten bis starken Wirkungszusammenhang zwischen den Konstrukten ausgegangen werden.

[1196] Das Strukturmodell, das der Berechnung zugrunde liegt, ist in Abbildung 11 im vorhergehenden Abschnitt visualisiert.

[1197] Damit werden allerdings weiterhin die geforderten Grenzen verfehlt. Vgl. die Abschnitte 3.3.2.2 sowie 3.3.2.3.

[1198] Der t-Wert des Unterschiedes zwischen den Pfadkoeffizienten beträgt lediglich 0,15.

Informationen zum Strukturmodell **„Auswirkungen der Güte der Kooperation von Zentral- und Bereichscontrolling auf die Leistungsqualität des Zentralcontrollings in der *Management-Holding* (Gesamtwirkungen)"**						
Wirkungsbeziehung	Ursprünglicher Schätzwert	Mittelwert der erzeugten Fälle	Standardabweichung	t-Wert	Effektgröße f^2	Erklärte Varianz R^2
Güte der Kooperation ➔ Qualität der Führungsunterstützungsleistungen	0,40	0,42	0,06	6,69	0,19	16,22 %
Güte der Kooperation ➔ Qualität der Rationalitätssicherungsleistungen	0,42	0,44	0,06	6,96	0,21	17,23 %

Tabelle 26: Informationen zum Strukturmodell „Auswirkungen der Güte der Kooperation in der Management-Holding (Gesamtwirkungen)"

Tabelle 27 stellt die Pfadkoeffizienten beider Teilstichproben einander gegenüber und gibt Auskunft über die Ergebnisse des Signifikanztests zu den Unterschieden zwischen diesen Größen.

Informationen zum **Signifikanztest der Unterschiede zwischen den Pfadkoeffizienten der Auswirkungen der Güte der Kooperation** in Operativer Holding und Management-Holding (Gesamtwirkungen)				
Wirkungsbeziehung	Pfadkoeffizient Operative Holding	Pfadkoeffizient Management-Holding	t-Wert des Unterschiedes	Signifikanzniveau des Unterschiedes
Güte der Kooperation ➔ Qualität der Führungsunterstützungsleistungen	0,30	0,40	1,25	n. s.
Güte der Kooperation ➔ Qualität der Rationalitätssicherungsleistungen	0,43	0,42	0,13	n. s.

Tabelle 27: Informationen zum Signifikanztest der Unterschiede zwischen den Pfadkoeffizienten der Auswirkungen der Güte der Kooperation in Operativer Holding und Management-Holding (Gesamtwirkungen)

Wie im Fall der Einzelwirkungen übt die Organisationsform des Unternehmens auch auf die Gesamtwirkungen der Kooperationsgüte keinen moderierenden Einfluss aus. Die t-Werte liegen unter dem geforderten Grenzwert von 1,96, so dass zwischen den Pfadkoeffizienten kein signifikanter Unterschied besteht. Allerdings ist hinsichtlich der Pfadkoeffizienten der Führungsunterstützungsleistungen eine deutliche Abstufung zu erkennen, die derjenigen ähnelt, die sich für die Planungs- und Kontrollleistungen im Rahmen der Einzelwirkungen ergibt. Der vergleichsweise niedrige t-Wert des Unterschiedes von 1,25 lässt sich auch in diesem Falle durch die erhöhten Standardabweichungen der Pfadkoeffizienten erklären.

Zusammenfassend lässt sich auf Basis der explorativen Analysen in diesem Abschnitt feststellen, dass von der Organisationsform kein moderierender Einfluss auf die Wirkungsbeziehungen zwischen der Güte der Kooperation von Zentral- und Bereichscontrolling und der Leistungsqualität des Zentralcontrollings ausgeht. Die abgeleiteten Wirkungszusammenhänge zu den Auswirkungen der Kooperationsgüte erweisen sich grundsätzlich auch gegenüber dem sich durch die betrachtete Organisationsform des Unternehmens ergebenden Kontext als stabil. Nicht auszuschließen ist hingegen, dass die Organisationsform die Beziehungen zwischen dem *Ausmaß* oder dem *Inhalt* der Zusammenarbeit beider Controllerbereiche und der Qualität der vom Zentralcontrolling angebotenen Leistungen moderiert.[1199] Diesbezüglich sind jedoch weitere Forschungsbemühungen erforderlich.

5.4 Zusammenfassung

Ziel dieses Kapitels war es, die Auswirkungen der Güte der Kooperation von Zentral- und Bereichscontrolling zu analysieren. Dazu wurde zunächst die Leistungsqualität des Zentralcontrollings als relevante Ergebnisgröße der Wirkungsanalyse hergeleitet, konzeptualisiert sowie als Qualität der Führungsunterstützungs- und Rationalitätssicherungsleistungen operationalisiert. Hieran schloss sich eine Analyse der Wirkungsbeziehungen zwischen der Kooperationsgüte und der Qualität der vom Zentralcontrolling erbrachten Leistungen an, die sich in einen konfirmatorischen und einen explorativen Teil gliederte.

Die im Rahmen der *konfirmatorischen* Untersuchung aufgestellten Hypothesen postulierten einen positiven Einfluss der Güte der Kooperation von Zentral- und Bereichscontrolling auf die Qualität der einzelnen Leistungsfelder der Führungsunterstützung und Rationalitätssicherung sowie auf die Gesamtqualität beider Aufgabenbereiche. Zudem wurde die Hypothese aufgestellt, dass sich die Qualität der Rationalitätssicherungsleistungen durch eine gute Kooperation stärker verbessern lässt als die Qualität der Führungsunterstützungsleistungen. Mit Ausnahme der letztgenannten Hypothese konnten im Rahmen der empirischen Analyse sämtliche abgeleiteten Wirkungszusammenhänge gestützt werden. Dies lässt sich als Beleg dafür werten, dass die in Abschnitt 2.3.3.2 theoretisch und konzeptionell abgeleitete Relevanz der Kooperation auch in der Praxis gegeben ist. Eine zusammenfassende Darstellung der Ergebnisse der Hypothesenprüfung bietet Tabelle 28.

[1199] Vgl. in diesem Zusammenhang auch die Ausführungen in Abschnitt 4.2.2.2.

Ergebnisse der Hypothesenprüfung zu den Auswirkungen der Güte der Kooperation			
Hypothese		Bestätigt	Abgelehnt
H2	Güte der Kooperation (+) → Qualität der Informationsversorgungsleistungen (+)	X	
H3	Güte der Kooperation (+) → Qualität der Planungsleistungen (+)	X	
H4	Güte der Kooperation (+) → Qualität der Kontrollleistungen (+)	X	
H5	Güte der Kooperation (+) → Qualität der Beratungsleistungen (+)	X	
H6	Güte der Kooperation (+) → Qualität der Leistungen als „kritischer Counterpart" (+)	X	
H7	Güte der Kooperation (+) → Qualität der Führungsunterstützungsleistungen (+)	X	
H8	Güte der Kooperation (+) → Qualität der Rationalitätssicherungsleistungen (+)	X	
H9	[Güte der Kooperation (+) → Qualität der Rationalitätssicherungsleistungen (+)] > [Güte der Kooperation (+) → Qualität der Führungsunterstützungsleistungen (+)]		X

Tabelle 28: Ergebnisse der Hypothesenprüfung zu den Auswirkungen der Güte der Kooperation

Zudem wurde eine ergänzende *explorative* Analyse der Wirkungsbeziehungen in Abhängigkeit der Organisationsform durchgeführt. Hierbei konnte kein moderierender Einfluss identifiziert werden; die aufgestellten Modelle zu den Auswirkungen der Kooperationsgüte haben grundsätzlich auch unabhängig vom betrachteten Holding-Typus Bestand.[1200]

[1200] Für eine Bewertung der Ergebnisse zu den Auswirkungen der Kooperation sowie die sich hieraus ergebenden Implikationen vgl. Kapitel 7.2 sowie 7.3.

6 Determinanten der Kooperation von Zentralcontrolling und Bereichscontrolling

Nachdem im vorhergehenden Kapitel empirisch nachgewiesen werden konnte, dass eine gute Kooperation von Zentral- und Bereichscontrolling mit positiven Auswirkungen auf die Leistungsqualität des Zentralcontrollings verbunden ist und somit keinen Selbstzweck darstellt, wird in diesem Teil der Arbeit untersucht, wodurch die Güte der Kooperation beeinflusst wird. Dazu erfolgen zunächst eine Strukturierung sowie aufbauend darauf die Auswahl der in die Untersuchung einbezogenen Determinanten. Im Anschluss daran wird die Konzeptualisierung und Operationalisierung der Einflussfaktoren der einzelnen Kategorien vorgenommen. Auf dieser Basis werden dann schließlich die Wirkungszusammenhänge zwischen den Determinanten und der Kooperationsgüte theoriegeleitet untersucht. Ergänzend wird hierbei wiederum explorativ der moderierende Einfluss der Organisationsform des Unternehmens überprüft.

6.1 Strukturierung und Auswahl der Determinanten

Gemäß dem situativen Ansatz, der dieser Arbeit als Rahmen gebende theoretische Bezugsdimension zugrunde liegt, ist anzunehmen, dass die Güte der Kooperation von Zentral- und Bereichscontrolling nicht exogen gegeben ist, sondern von einer Vielzahl situativer Einflussfaktoren abhängt.[1201] Entsprechend stellen SMITH/CARROLL/ASHFORD (1995) mit Blick auf die Kooperationsforschung fest: „Research has identified many determinants of cooperation“.[1202] Im Folgenden gilt es daher, die für diese Untersuchung relevanten Determinanten zu identifizieren. Um hierbei ein strukturiertes Vorgehen zu gewährleisten, wird zunächst eine Klassifizierung der Einflussfaktoren kooperativen Verhaltens von Abteilungen erarbeitet. Auf deren Grundlage erfolgt dann die Auswahl der in dieser Arbeit betrachteten Determinanten.

Einflussfaktoren abteilungsübergreifender Kooperation lassen sich zunächst grundsätzlich in unternehmensinterne sowie unternehmensexterne Determinanten untergliedern.[1203] Während sich *unternehmensinterne* Faktoren auf kooperationsfördernde und -mindernde Gegebenheiten innerhalb des Unternehmens beziehen, erfassen *unternehmensexterne* Variablen den Einfluss der Unternehmensumwelt. Hinsichtlich der unternehmensinternen Determinanten wird in dieser Untersuchung weitergehend zwischen strukturellen und relationalen Einflussfaktoren unterschieden.[1204] *Strukturelle* Determinanten werden dabei aufgefasst als organisatorische

[1201] Vgl. Abschnitt 2.5.2.2.
[1202] Smith/Carroll/Ashford (1995), S. 10. Vgl. auch Brockhoff (1994), S. 33; Weinkauf et al. (2005), S. 97.
[1203] Vgl. u. a. Gupta/Raj/Wilemon (1986), S. 8 ff.; Ruekert/Walker (1987b), S. 3; Maltz/Kohli (1996), S. 49.
[1204] Vgl. hierzu auch ähnlich Kieser (1991), S. 166; Brockhoff (1994), S. 33 f.; Murnighan (1994), S. 96 ff.; Tuominen/Rajala/Möller (2000), S. 141; Chimhanzi (2004), S. 717 ff. Moenaert/Souder (1990b) unterschei-

Mechanismen, „die Beziehungen zwischen Abteilungen strukturell stützen und organisatorische Barrieren überwinden helfen.“ [1205] Demgegenüber umfassen *relationale* Determinanten kooperationsbeeinflussende Elemente und Charakteristika der Beziehung zwischen Abteilungen, die vorwiegend informeller bzw. soziokultureller Natur sind und sich einer unmittelbaren Gestaltung durch organisatorische Maßnahmen entziehen.[1206]

Die Auswahl der Determinanten geschieht im Folgenden entlang dieser Stukturierung. Sie stützt sich einerseits auf Erkenntnisse der Schnittstellenforschung und orientiert sich andererseits am Beziehungskontext von Zentral- und Bereichscontrolling sowie dem Stand der Controlling-Forschung. [1207] Rekurrierend auf die *Schnittstellenforschung* werden Einflussfaktoren in das Forschungsmodell aufgenommen, die in dieser Disziplin als bedeutende Parameter kooperativer Beziehungen erachtet werden, d. h. deren Einfluss auf die Kooperation empirisch bereits nachgewiesen werden konnte [1208] oder sich zumindest theoretisch eindeutig ableiten lässt, und die auf die Schnittstelle zwischen beiden Controllerbereichen übertragbar sind. In Bezug auf den *Beziehungskontext von Zentral- und Bereichscontrolling* sowie die *Controlling-Forschung* werden Determinanten aufgegriffen, die speziell für das Verhältnis zwischen beiden Abteilungen prägend sind oder sich aus dem Controlling-Kontext herleiten lassen.

Als maßgebliche *strukturelle Determinanten* lassen sich auf Basis der *Schnittstellenforschung* für die vorliegende Untersuchung folgende fünf Einflussfaktoren identifizieren: der Formalisierungsgrad der Interaktion, die Nutzung abteilungsübergreifender Teams, abteilungsübergreifender Fortbildungen und abteilungsübergreifenden Mitarbeiteraustausches[1209] sowie die räumliche Nähe zwischen beiden Controllerbereichen.[1210] In Beiträgen der Kooperationsforschung werden darüber hinaus oftmals der Spezialisierungsgrad innerhalb des Unternehmens[1211], der Grad der organisationsweiten Delegation von Entscheidungskompetenzen[1212], Entlohnungs- und Anreizsysteme[1213] sowie die Verwendung von Verrechnungs-

den mit „task specification“ noch eine dritte Gruppe unternehmensinterner Determinanten. Diese lässt sich aber den strukturellen Einflussfaktoren zuordnen. Vgl. Moenaert/Souder (1990b), S. 96.

1205 Weinkauf et al. (2005), S. 97. Vgl. in diesem Zusammenhang auch Klimecki (1985), S. 140.

1206 Vgl. hierzu auch Moenaert/Souder (1990b), S. 96; Smith/Carroll/Ashford (1995), S. 15; Weinkauf et al. (2005), S. 97.

1207 Vgl. hierzu Kapitel 2.

1208 So merken Smith/Carroll/Ashford (1995), S. 15, an: „Obviously, the levels of empirical support found for these predictors [of cooperation] differ considerably.“

1209 Diese Maßnahme wird darüber hinaus oftmals auch in Beiträgen zum Verhältnis von Zentral- und Bereichscontrolling angesprochen. Vgl. hierzu etwa Frensdorff (1993), S. 130; Weber et al. (2001), S. 37; Weber (2006), S. 216.

1210 Vgl. zu diesen Einflussfaktoren und ihrer Bedeutung für Kooperationsbeziehungen die Beiträge von Brockhoff/Hauschildt (1993), S. 400 ff.; Brockhoff (1994), S. 34 ff.; Griffin/Hauser (1996), S. 202 ff.; Weinkauf et al. (2005), S. 97 f., sowie die dort angegebene Literatur. Vgl. auch Klimecki (1985), S. 140 ff. Zur Relevanz dieser Determinanten vgl. auch die Ausführungen in Kapitel 6.2.1.

1211 Vgl. bspw. die Untersuchungen von Barclay (1991) sowie Menon/Jaworski/Kohli (1997).

1212 Vgl. exemplarisch die Studien von Barclay (1991), Parry/Song (1993), Moenaert et al. (1994), Menon/ Bharadwaj/Howell (1996), Ayers/Dahlstrom/Skinner (1997), Menon/Jaworski/Kohli (1997) sowie Morgan/ Piercy (1998).

preisen[1214] zwischen den interagierenden Abteilungen als strukturelle Maßnahmen untersucht bzw. diskutiert. Da diese Einflussfaktoren jedoch den genannten Kriterien nicht gerecht werden, werden sie in dieser Arbeit nicht hinsichtlich ihrer Wirkung auf die Kooperationsgüte von Zentral- und Bereichscontrolling überprüft.[1215]

Legt man den *Beziehungskontext von Zentral- und Bereichscontrolling* zugrunde, ist als weitere strukturelle Determinante, die für das Verhältnis zwischen beiden Controllerbereichen von Bedeutung sein dürfte, das Ausmaß der Unterstellung des Bereichscontrollings unter das Zentralcontrolling in das Forschungsmodell aufzunehmen.[1216]

Hinsichtlich der *relationalen Determinanten* der Zusammenarbeit von Abteilungen betont die *Schnittstellenforschung* vor allem die Relevanz von Vertrauen[1217] sowie des organisatorischen Klimas, in dem sich abteilungsübergreifende Interaktionen abspielen.[1218] Auch aus dem *Beziehungskontext von Zentral- und Bereichscontrolling* heraus ergibt sich unmittelbar die Bedeutung eines Vertrauensverhältnisses für das Funktionieren der Zusammenarbeit.[1219] Aufbauend hierauf sowie um mögliche Abgrenzungsprobleme zwischen den Konstrukten

1213 Vgl. u. a. die Beiträge von Barclay (1991), Crittenden (1992), Parry/Song (1993), Menon/Jaworski/Kohli (1997) und Maltz/Kohli (2000). Vgl. auch Brockhoff/Hauschildt (1993), S. 400; Brockhoff (1994), S. 33 ff.; Griffin/Hauser (1996), S. 202 f. sowie S. 208 f.; Chimhanzi (2004), S. 720; Weinkauf et al. (2005), S. 98.

1214 Vgl. Brockhoff/Hauschildt (1993), S. 400 f.; Brockhoff (1994), S. 33 f.

1215 So lässt sich für den *Spezialisierungsgrad* theoretisch kein eindeutiger Wirkungszusammenhang zur Kooperationsgüte ableiten. Barclay (1991), S. 146, und Menon/Jaworski/Kohli (1997), S. 191, etwa postulieren aufgrund der damit verbundenen Tendenz zu dysfunktionaler Kategorisierung einen negativen Einfluss des Spezialisierungsgrades auf die Zusammenarbeit von Abteilungen (vgl. hierzu auch Abschnitt 2.5.3.3.3). Demgegenüber können nach der Ressourcenabhängigkeitsperspektive angesichts der aus der Spezialisierung resultierenden Abhängigkeiten auch kooperationsfördernde Wirkungen dieses Einflussfaktors erwartet werden (vgl. auch die Abschnitte 2.3.3.2 sowie 2.5.3.2). Entsprechend lassen sich die Hypothesen in den genannten Untersuchungen nicht eindeutig bestätigen (vgl. Barclay (1991), S. 153 f.; Menon/Jaworski/Kohli (1997), S. 194). Auch für den *Grad der Entscheidungsdelegation* lässt sich theoretisch keine einheitliche Wirkungsrichtung begründen. So merkt Barclay (1991), S. 148, hierzu an: „It is difficult to predict the total effect of centralization [of authority]." Insofern ergeben sich auch in entsprechenden Studien keine gesamthaft signifikanten, oder aber signifikante Zusammenhänge entgegen der hypothetisierten Wirkungsrichtung (vgl. Parry/Song (1993), S. 15; Morgan/Piercy (1998), S. 200). Zudem ist anzumerken, dass sich das Ausmaß der Delegation von Entscheidungskompetenzen in Unternehmen im implementierten Führungskonzept bzw. der Organisationsform widerspiegelt (vgl. Abschnitt 2.2.1.1). Diese wird – wie erläutert – *explorativ* über moderierende Analysen untersucht. *Entlohnungs- und Anreizsysteme* sowie *Verrechnungspreise* als kooperationsfördernde Instrumente sind primär für Abteilungen einsetzbar, deren Leistungen monetär bewertet werden können bzw. deren Wertbeitrag zu übergeordneten Zielen unmittelbar messbar ist (vgl. hierzu auch die Ausführungen bei Griffin/Hauser (1996), S. 208 f.; Menon/Jaworski/Kohli (1997), S. 191; Maltz/Kohli (2000), S. 481 f.). Diese Voraussetzung ist bei Controllerbereichen jedoch nur bedingt gegeben (vgl. auch Weber/Schäffer (2000), S. 231; Mosiek (2002), S. 56; Spillecke (2006), S. 178 sowie S. 202). Aufgrund dessen stellen entsprechende Anreizsysteme sowie eine Verrechnung von Leistungen in der Controlling-Praxis eine Seltenheit dar, so dass diesen Einflussfaktoren für die vorliegende Untersuchung keine Relevanz beizumessen ist. Zudem weisen abteilungsübergreifende Entlohnungssysteme in der Untersuchung von Parry/Song (1993) nur eine begrenzte Wirkung auf (vgl. Parry/Song (1993), S. 17).

1216 Zur Relevanz des Unterstellungsgrades für die Beziehung zwischen Zentral- und Bereichscontrolling vgl. die Ausführungen in den Abschnitten 2.2.3 sowie 2.4.1.

1217 „Virtually all scholars have agreed that one especially immediate antecedent [of cooperation] is trust." Smith/Carroll/Ashford (1995), S. 10 f.

1218 Vgl. Brockhoff/Hauschildt (1993), S. 400 f.; Brockhoff (1994), S. 34 sowie S. 37; Weinkauf et al. (2005), S. 97 ff., sowie die hier aufgeführten Quellen. Moenaert/Souder (1990b), S. 96, bemerken: „Organizational climate … may be the most effective mechanism."

1219 Vgl. hierzu die Abschnitte 2.3.2.4 sowie 2.4.1.

Vertrauen und Güte der Collaboration zu vermeiden, wird in dieser Untersuchung auf das Organisationsvertrauen abgestellt. Ebenfalls sowohl auf Basis der *Schnittstellenforschung* als auch des *Beziehungskontextes von Zentral- und Bereichscontrolling* lassen sich weiterhin die Abhängigkeit sowie der Rivalitätsgrad beider Controllerbereiche als wichtige relationale Einflussfaktoren ableiten.[1220] Darüber hinaus wurde im Rahmen der Schnittstellenanalyse von Zentral- und Bereichscontrolling sowie der Diskussion der relevanten Beiträge der Controlling-Forschung deutlich, dass die Kontrollaktivitäten des Zentralcontrollings gegenüber dem Bereichscontrolling einen Einfluss auf die Qualität der Kooperation ausüben können.[1221] Insofern wird auch diese Determinante in die Untersuchung einbezogen.[1222]

Nicht übernommen werden dagegen die in einigen Arbeiten der *Schnittstellenforschung* untersuchten Einflussfaktoren informeller Kontakt, gemeinsame Ziele, gemeinsame Werte und gemeinsame Visionen sowie psychologische Distanz.[1223] Dies geschieht, um Überschneidungen mit den Konstrukten der Kooperationsgüte, zu denen diese Determinanten eine hohe inhaltliche Nähe aufweisen, und infolgedessen Probleme hinsichtlich der Diskriminanzvalidität zu vermeiden. Wenig sinnvoll für den vorliegenden Untersuchungskontext ist darüber hinaus eine Überprüfung der Variablen, inwieweit die Mitarbeiter beider Controllerbereiche denselben Ausbildungshintergrund besitzen.[1224]

Aus der *Controlling-Forschung* und hier insbesondere aus der Notwendigkeit eines strategischen Managements für Controllerbereiche lässt sich als *weitere* relevante *unternehmensinterne Determinante* der Grad des „Role Making" des Zentralcontrollings ableiten.[1225] Da sich dieser Einflussfaktor keiner der beiden zuvor betrachteten Determinantengruppen zuordnen lässt und hinsichtlich seiner Wirkungsrichtung explorativ zu untersuchen ist,[1226] erfolgt die Analyse der Wirkungsbeziehungen hier in einem separaten Pfadmodell.

1220 Vgl. hierzu die Abschnitte 2.3.2.1, 2.3.2.2, 2.3.2.4 sowie 2.4.1. Im Hinblick auf die Schnittstellenforschung sind exemplarisch die Beiträge von Ruekert/Walker (1987b), Barclay (1991), Menon/Bharadwaj/Howell (1996), Ottum/Moore (1997), de Ruyter/Wetzels (2000a) sowie de Ruyter/Wetzels (2000b) anzuführen, die die Abhängigkeit von Abteilungen als bedeutsame Determinante kooperativen Verhaltens untersuchen. In Bezug auf den Rivalitätsgrad von Funktionsbereichen lassen sich beispielhaft die Arbeiten von Ruekert/ Walker (1987b), Norburn et al. (1995), de Ruyter/Wetzels (2000a) sowie de Ruyter/Wetzels (2000b) nennen.

1221 Vgl. hierzu die Abschnitte 2.3.2.4 sowie 2.4.1.

1222 Zur Relevanz der identifizierten relationalen Determinanten vgl. auch die Ausführungen in Kapitel 6.2.2.

1223 Vgl. zu diesen genannten Determinanten Brockhoff/Hauschildt (1993), S. 400 f.; Brockhoff (1994), S. 34 sowie S. 36; Weinkauf et al. (2005), S. 97 ff., sowie die dort angegebenen Studien. Vgl. hierzu auch Barclay (1991), S. 150; Pinto/Pinto/Prescott (1993), S. 1284; Fisher/Maltz/Jaworski (1997), S. 56 ff.; Maltz/Kohli (2000), S. 482.

1224 Dieser Einflussfaktor wird bspw. in den Untersuchungen von Weinrauch/Anderson (1982), Barclay (1991), Shaw/Shaw (1998), Maltz/Kohli (2000) sowie Shaw/Shaw/Enke (2003) betrachtet und spielt vornehmlich bei der Untersuchung der Kooperation von eher technisch operierenden Abteilungen einerseits und betriebswirtschaftlich tätigen Bereichen andererseits eine wichtige Rolle.

1225 Vgl. Kronast (1989), S. 172 f.; Weber/Schäffer (2006), S. 386 ff. Vgl. auch Abschnitt 2.3.3.2.

1226 Vgl. hierzu Abschnitt 6.2.3.2.1.

Neben unternehmensinternen werden häufig auch *unternehmensexterne Determinanten* der Kooperation in Studien der *Schnittstellenforschung* beleuchtet.[1227] Nach DESS/BEARD (1984) lässt sich der Einfluss der Unternehmensumwelt grundsätzlich durch die Dimensionen Großzügigkeit, Dynamik und Komplexität ausdrücken.[1228] In Bezug auf den Controlling-Kontext wird die Großzügigkeit als bedeutsamer Einflussfaktor angesehen, da „sich mit abnehmender Großzügigkeit der Umwelt ein zunehmender Rationalitätssicherungsbedarf in der Unternehmensführung [ergibt] [teilweise Kursivdruck im Original].“[1229] Die Relevanz der externen Großzügigkeit konnte zudem mehrfach empirisch nachgewiesen werden.[1230] Demgegenüber wurden für die Faktoren Dynamik und Komplexität in der Controlling-Forschung oftmals keine signifikanten Wirkungsbeziehungen festgestellt.[1231] In dieser Arbeit wird als unternehmensexterne Determinante daher die externe Großzügigkeit betrachtet.

In den folgenden Abschnitten werden die ausgewählten Determinanten jeder Kategorie konzeptualisiert und operationalisiert sowie hinsichtlich ihrer Wirkung auf die Kooperationsgüte von Zentral- und Bereichscontrolling analysiert.

6.2 Unternehmensinterne Determinanten

6.2.1 Strukturelle Determinanten

6.2.1.1 Konzeptualisierung und Operationalisierung der strukturellen Determinanten

6.2.1.1.1 Formalisierungsgrad der Interaktion

Mit der Formalisierung der Interaktion von Zentral- und Bereichscontrolling wird das Ziel verfolgt, die Aktivitäten beider Controllerbereiche im Rahmen von Austauschbeziehungen zu strukturieren und „bestimmte Verhaltenserwartungen mit genereller Gültigkeit .. [vorzugeben], die das Handeln der Mitarbeiter nicht unwesentlich beeinflussen.“[1232] Hierzu werden Regelungen aufgestellt und fixiert.[1233] In Anlehnung an RUEKERT/WALKER (1987b) lässt sich der Formalisierungsgrad der Interaktion von Zentral- und Bereichscontrolling

---

[1227] Vgl. etwa Gupta/Raj/Wilemon (1986), S. 9 f.; Ruekert/Walker (1987b), S. 3 f.; Parry/Song (1993), S. 6; Maltz/Kohli (1996), S. 52 f.; Menon/Jaworski/Kohli (1997), S. 190; Morgan/Piercy (1998), S. 196.

[1228] Vgl. Dess/Beard (1984), S. 54 f., der sich an Aldrich (1979) anlehnt.

[1229] Bauer (2002), S. 103 f.

[1230] Vgl. die Ergebnisse von Koberg (1987), S. 802 ff.; Goll/Rasheed (1997), S. 587 f.; Spillecke (2006), S. 220 f. Vgl. in diesem Zusammenhang zudem die Diskussion ausgewählter Arbeiten bei Castrogiovanni (1991), S. 543, sowie Goll/Rasheed (1997), S. 585.

[1231] Vgl. Spillecke (2006), S. 214, der auf die Studien von Niedermayr (1994), S. 335, Aust (1999), S. 181, Karlshaus (2000), S. 160, Bauer (2002) sowie Sandt (2004) verweist.

[1232] Brummund (1983), S. 142; vgl. dort auch S. 148.

[1233] Vgl. Samuel/Mannheim (1970), S. 221; Brummund (1983), S. 141 f. Vgl. auch Kieser/Walgenbach (2003), S. 169. McCann/Galbraith (1981), S. 70, bemerken rekurrierend auf March/Simon (1958), „that organizations coordinate activities by programming behaviors through rules and procedures“.

entsprechend definieren als „the degree to which rules or standard operating procedures are used to govern the interaction".[1234]

Die Formalisierung kann sich nach PUGH ET AL. (1968) auf drei Dimensionen beziehen: auf Strukturen („role definition"), den Informationsfluss („information passing") sowie die Leistungserfassung und -beurteilung („recording of role performance").[1235]

Die *Strukturformalisierung* als erste Teildimension erstreckt sich auf die Festlegung organisatorischer Regeln in schriftlicher Form. Dabei werden nicht nur einzelne organisatorische Stellen definiert und voneinander abgegrenzt,[1236] sondern auch Verfahren und Programme vorgegeben.[1237] Die schriftliche Fixierung organisatorischer Regeln kann mittels Organisationsschaubildern, Arbeitsplatzbeschreibungen, Richtlinien sowie Handlungsanweisungen erfolgen.[1238]

Die *Formalisierung des Informationsflusses* bezieht sich auf Regelungen, die die Einhaltung bestimmter Kommunikationskanäle vorschreiben sowie spezifizieren, welche Kommunikationsvorgänge sich auf schriftlichem Wege zu vollziehen haben. Ferner legen diese Vorgaben fest, welche Schriftstücke über einen bestimmten Zeitraum zu archivieren sind.[1239] Mit der Informationsflussformalisierung soll die Nachvollziehbarkeit von Kommunikationsprozessen gewährleistet werden, vor allem um Fehler identifizieren und Mitarbeiterwechsel leichter bewerkstelligen zu können. Dokumente eines formalisierten Informationsflusses können etwa schriftliche Anfragen, Entscheidungsvorlagen, Aktennotizen, Sitzungsprotokolle, Rundschreiben sowie Formulare sein.[1240]

Die dritte Teildimension der Formalisierung, die *Leistungsdokumentation*, manifestiert sich in Regelungen, die die Leistungserfassung und -beurteilung an die Schriftform binden. Im Gegensatz zur Informationsflussformalisierung erstreckt sie sich nicht auf die Aufgabenwahrnehmung, sondern auf disziplinarische Aspekte.

Von Relevanz für die Kooperation von Zentral- und Bereichscontrolling sind die Struktur- sowie Informationsflussformalisierung. Während die Definition von Stellen und Festlegung von Arbeitsabläufen häufig den Ausgangspunkt sowie die Notwendigkeit kooperativer Interaktionen begründen und diese über entsprechende Dokumente institutionalisiert werden,[1241] determiniert die Formalisierung des Informationsflusses die Kanäle, über die die Kooperation abläuft. Die Leistungsdokumentation hingegen weist keinen unmittelbaren

[1234] Ruekert/Walker (1987b), S. 6. Ähnlich Van de Ven/Ferry (1980), S. 416. Vgl. auch Karlshaus (2000), S. 135.
[1235] Vgl. Pugh et al. (1968), S. 76. Vgl. hierzu und im Folgenden auch Kieser/Walgenbach (2003), S. 169 ff. Ähnlich im Folgenden auch Spillecke (2006), S. 201 f.
[1236] Vgl. auch Ayers/Gordon/Schoenbachler (2001), S. 136 sowie S. 138.
[1237] Vgl. auch Gupta/Raj/Wilemon (1986), S. 10.
[1238] Vgl. auch Pugh et al. (1968), S. 100 f.; Amshoff (1993), S. 301 f.
[1239] Vgl. auch Kieser/Walgenbach (2003), S. 197.
[1240] Vgl. auch Pugh et al. (1968), S. 101; Amshoff (1993), S. 302 f.
[1241] Vgl. Brummund (1983), S. 145.

Bezug zu kooperativen Beziehungen auf. Das in Tabelle 29 wiedergegebene Messmodell zum Formalisierungsgrad der Interaktion beider Controllerbereiche berücksichtigt daher ausschließlich Aspekte der beiden erstgenannten Formalisierungsdimensionen. Die reflektiven Messindikatoren gehen auf RUEKERT/WALKER (1987b) zurück, der sich seinerseits an VAN DE VEN/FERRY (1980) anlehnt.[1242] Zusätzlich wurde ein revers kodiertes Item aufgenommen.

Informationen zu den einzelnen Indikatoren des Faktors **„Formalisierungsgrad der Interaktion von Zentral- und Bereichscontrolling"**			
Bezeichnung des Indikators	Item-to-Total-Korrelation	Indikator-reliabilität	t-Wert der Faktor-ladung
Zur Koordination der Aufgaben zwischen beiden Bereichen existieren Regelungen, Formulare, Richtlinien etc.	0,78	0,85	-
Zur Koordination der Aufgaben zwischen beiden Bereichen werden vorgegebene Kommunikationswege stets eingehalten.	0,50	0,28	10,67
Zur Koordination der Aufgaben zwischen beiden Bereichen existieren keine formalen Vorgaben. (rc)	0,71	0,66	17,25
Die Arbeitsbeziehungen zwischen beiden Bereichen sind explizit formuliert und/oder besprochen worden.	eliminiert		
Die Arbeitsbeziehungen zwischen beiden Bereichen sind im Detail festgelegt.	0,60	0,43	13,69

Informationen zum Faktor **„Formalisierungsgrad der Interaktion von Zentral- und Bereichscontrolling"**			
Cronbach'sches Alpha	0,82	AGFI	0,98
Erklärte Faktorvarianz	0,55	CFI	1,00
χ^2/df	1,23	TLI	1,00
RMSEA	0,03	Faktorreliabilität	0,84
GFI	1,00	Durchschnittlich erfasste Varianz	0,59

Tabelle 29: Informationen zum Messmodell „Formalisierungsgrad der Interaktion"

Da die Messfehlervariablen des vierten und fünften Indikators stark miteinander korrelieren, wurde unter Berücksichtigung der Indikatorreliabilitäten eine Bereinigung der Skala um die vierte Indikatorfrage vorgenommen. Demgegenüber wurde der zweite Indikator, der die Informationsflussformalisierung erfasst, trotz niedriger Indikatorreliabilität aus inhaltlichen Erwägungen im Messmodell belassen. Die übrigen Gütemaße weisen sehr gute Werte auf, so dass von einer reliablen und validen Messung auszugehen ist.

6.2.1.1.2 Nutzung abteilungsübergreifender Teams

Der Einsatz abteilungsübergreifender Teams wird in der Kooperationsforschung als eine wichtige strukturelle Maßnahme angesehen, um organisatorische Schnittstellen zu über-

[1242] Vgl. Ruekert/Walker (1987b), S. 9 sowie S. 16.

brücken und den Kooperationsbedarf von Abteilungen zu adressieren.[1243] „Organizations have increasingly called upon teams to span traditional boundaries .. inside firms, where they might provide a closer coupling between functional units".[1244]

Wenngleich Teams damit sowohl in Theorie als auch betrieblicher Praxis eine hohe Bedeutung zukommt,[1245] ist festzustellen, dass der Teambegriff in der Organisationsforschung „alles andere als einheitlich"[1246] definiert ist.[1247] In dieser Arbeit wird dem Ansatz von GEMÜNDEN/HÖGL (2000) gefolgt.[1248] Danach lassen sich Teams durch folgende Merkmale charakterisieren:

- Teams stellen eine soziale Einheit von drei oder mehr Personen dar.[1249]
- Mitglieder dieser sozialen Einheit werden von außen stehenden Personen als solche erkannt und fühlen sich selbst dieser Einheit zugehörig.
- Die soziale Einheit ist in eine Organisation eingebettet.
- Die Mitglieder der sozialen Einheit bearbeiten unmittelbar zusammen eine gemeinsame Aufgabe.[1250]

Aufbauend auf diesen *allgemeinen* Merkmalen von *Teams* lassen sich *abteilungsübergreifende* Teams dahingehend spezifizieren, dass es sich nach DENISON/HART/KAHN (1996) um „teams, with members representing multiple organizational functions, that are formed to integrate expertise from those functions",[1251] handelt. Ein wesentliches Kennzeichen abteilungsübergreifender Teams ist somit, dass spezielle und komplementäre

---

[1243] Vgl. bspw. Brockhoff (1994), S. 34; Moenaert et al. (1994), S. 39; Griffin/Hauser (1996), S. 207 f.; Nihtilä (1999), S. 55 sowie S. 57; Gemünden/Högl (2000), S. 9 f.; Maltz/Kohli (2000), S. 487; Ernst (2001), S. 37. Kieser (1991) konstatiert, dass „die Etablierung abteilungsübergreifender Teams .. eine weitere strukturale Maßnahme dar[stellt], durch die die Kooperation intensiviert und effektiver gemacht werden kann". Kieser (1991), S. 168.

[1244] Gladstein Ancona (1990), S. 334.

[1245] Vgl. auch Schäffer (1996b), S. 1096; Stock (2005), S. 972.

[1246] Spieker (2004), S. 7.

[1247] Vgl. Buttlar (1996), S. 10.

[1248] Vgl. hierzu und im Folgenden Gemünden/Högl (2000), S. 8. Gemünden/Högl (2000) rekurrieren dabei auf die Beiträge von Alderfer (1987), Hackman (1987), Guzzo/Shea (1992), Wiendieck (1992) sowie Staehle (1994). Vgl. ähnlich auch die Eingrenzung bei Spieker (2004), S. 7 ff.

[1249] Dabei werden Dyaden bewusst ausgegrenzt, da sich bedeutsame Teamprozesse und -strukturen als maßgebliche Teameigenschaften erst ab einer gewissen Gruppengröße herausbilden können; vgl. hierzu Guzzo/Shea (1992), S. 272 f.; Staehle (1999), S. 267 f. Das Teamverständnis geht damit deutlich über das Vorliegen kooperativer Beziehungen von zwei Akteuren hinaus. Anderer Meinung dagegen Spieker (2004), S. 8. Die maximale Teamgröße ergibt sich durch die anderen aufgeführten Charakteristika eines Teams, insb. durch die Möglichkeit zur unmittelbaren Zusammenarbeit der Teammitglieder. Vgl. hierzu auch Antoni (1998), S. 159. Ähnlich Spieker (2004), S. 8.

[1250] Vgl. auch Antoni (1998), S. 159. Entsprechend definieren Högl/Gemünden (2001) Teams auf Basis dieser Charakteristika „as a social system of three or more people, which is embedded in an organization (context), whose members perceive themselves as such and are perceived as members by others (identity), and who collaborate on a common task". Högl/Gemünden (2001), S. 436, in Anlehnung an Alderfer (1987), Hackman (1987), Guzzo/Shea (1992), Wiendieck (1992). Ähnlich Cohen/Bailey (1997), S. 241; Guzzo/Dickson (1996), S. 308 f. Der Begriff „Arbeitsgruppe" lässt sich auf Basis dieser Beiträge synonym zur Bezeichnung „Team" verwenden. Vgl. hierzu auch Gladstein Ancona (1990), S. 334.

[1251] Denison/Hart/Kahn (1996), S. 1008. Ähnlich Cooper/Kleinschmidt (1994), S. 393; Cooper/Kleinschmidt (1995), S. 385; Scott (1997), S. 98; Nihtilä (1999), S. 57.

Kenntnisse aus verschiedenen Funktionsbereichen zusammengeführt werden.[1252] Vor diesem Hintergrund spielen Teams auch bezogen auf den Controlling-Kontext sowie die Schnittstelle von Zentral- und Bereichscontrolling eine wichtige Rolle.[1253] Hier lassen sich Arbeitsgruppen, die Mitarbeiter beider Controllerbereiche umfassen, vor allem dort sinnvoll einsetzen, wo es die komplementären Fähigkeiten von Zentral- und Bereichscontrolling für eine gemeinsame Aufgabenerfüllung zu bündeln gilt, etwa im Rahmen der Planung, gemeinsamer Kontroll- oder Beratungsaktivitäten.[1254]

Da das herausgearbeitete Verständnis von (abteilungsübergreifenden) Teams relativ weit gefasst ist,[1255] soll im Folgenden eine weitere Differenzierung von Teams vorgenommen werden. Ein weit verbreiteter Klassifizierungsansatz von Teams, der mit anderen Strukturierungen kompatibel ist, stellt die Typologie von COHEN/BAILEY (1997) dar.[1256] Danach lassen sich vier Arten von Teams unterscheiden: „(1) work teams, (2) parallel teams, (3) project teams, and (4) management teams."[1257] „*Work Teams*" sind ein festes Element der Aufbauorganisation und werden für einen unbefristeten Zeitraum gebildet, um ausführende Tätigkeiten wahrzunehmen.[1258] „*Parallel Teams* pull together people from different work units or jobs to perform functions that the regular organization is not equipped to perform well ... They literally exist in parallel with the formal organizational structure."[1259] *Projektteams* werden auf eine zeitlich begrenzte Sicht zur Lösung einer einmaligen, abgrenzbaren, komplexen Aufgabe eingerichtet.[1260] *Management-Teams* schließlich setzen sich aus den Abteilungsleitern interdependenter Funktionsbereiche zusammen, deren Aktivitäten es im Hinblick auf gesamtunternehmensbezogene Zielsetzungen zu koordinieren gilt.[1261] Die zu erfüllenden Aufgaben sind hierbei vorwiegend dispositiver Art.[1262]

Eine ähnliche Strukturierung von Arbeitsgruppen wie bei COHEN/BAILEY (1997) wird von MANKIN/COHEN/BIKSON (1996) vorgenommen.[1263] In Erweiterung zu COHEN/BAILEY (1997) unterscheiden sie jedoch einen fünften Teamtypus: „Ad-hoc-Netzwerke". „Ad-hoc-Netzwerke" repräsentieren „loose, informal collections of people"[1264] mit ähnlichen Zielen oder Interessen, die sich spontan herausbilden können und denen die Mitglieder auf freiwilliger Basis beitreten.[1265] Die von MANKIN/COHEN/BIKSON (1996) differenzierten

---

[1252] Vgl. auch McGregor (1960), S. 175; Brett/Rognes (1986), S. 224; Katzenbach/Smith (2005), S. 165.
[1253] Vgl. Zünd (1973), S. 181 f.; Matschke/Kolf (1980), S. 606; Welge (1988), S. 427 f.
[1254] Vgl. hierzu ausführlich Abschnitt 2.3.2.3. Vgl. auch Welge (1988), S. 427, mit Verweis auf Welge (1985), S. 470 ff.; Steinle/Thiem/Dunse (1998), S. 145 f.
[1255] Vgl. Gemünden/Högl (2000), S. 8; Spieker (2004), S. 13.
[1256] Vgl. hierzu und im Folgenden Cohen/Bailey (1997), S. 241 ff.
[1257] Cohen/Bailey (1997), S. 241.
[1258] Vgl. auch Spieker (2004), S. 13.
[1259] Cohen/Bailey (1997), S. 242 m. w. N.
[1260] Vgl. auch Weinkauf et al. (2005), S. 87.
[1261] Vgl. auch Weinkauf et al. (2005), S. 87.
[1262] Vgl. auch Spieker (2004), S. 13.
[1263] Vgl. hierzu und im Folgenden Mankin/Cohen/Bikson (1996), S. 24 ff.
[1264] Mankin/Cohen/Bikson (1996), S. 24.
[1265] Vgl. Mankin/Cohen/Bikson (1996), S. 32.

Teamarten spiegeln damit ein Kontinuum von formal institutionalisierten und dauerhaft existierenden Teams bis hin zu informellen Arbeitsgruppen wider, in denen sich Mitarbeiter ad hoc bzw. spontan bei Bedarf zusammenfinden.[1266]

Ein derartiges Kontinuum, wie es von MANKIN/COHEN/BIKSON (1996) herausgearbeitet wurde, wird auch von ZÜND (1973) bei der Spezifizierung unterschiedlicher Arten von Teams im Controlling-Umfeld zugrunde gelegt: „Diese Teams können dauernden oder vorübergehenden Charakter haben; sie können institutionalisiert oder ad hoc gebildet sein oder nur informalen Charakter haben".[1267]

Zur Operationalisierung des abteilungsübergreifenden Teameinsatzes von Zentral- und Bereichscontrolling wird ebenfalls auf das beschriebene Kontinuum rekurriert. Auf diese Weise lässt sich dem Umstand Rechnung tragen, dass die von beiden Controllerbereichen gebildeten gemeinsamen Teams von unterschiedlicher Natur sein können. Demgegenüber ist eine Messung des Einsatzes von Teams nach verschiedenen inhaltlichen Aufgabenfeldern, wie dies teilweise in Untersuchungen der Schnittstellenforschung erfolgt,[1268] wenig zielführend. So dürften sich die konkreten Arbeitsgebiete und Aufgaben, für die Teams von Zentral- und Bereichscontrollern eingesetzt werden, zwischen verschiedenen Unternehmen deutlich voneinander unterscheiden. Dies lässt sich jedoch über einen für großzahlig empirische Erhebungen konzipierten Fragebogen nur unzureichend berücksichtigen.

Des Weiteren wird im Rahmen der Operationalisierung analog dem Vorgehen von MALTZ/KOHLI (2000) sowie MALTZ/SOUDER/KUMAR (2001) auf das Ausmaß abgestellt, in dem abteilungsübergreifende Teams von Mitarbeitern des Zentral- und Bereichscontrollings zum Einsatz kommen.[1269]

Das entsprechende Messmodell, das auf Basis der Ausführungen bei ZÜND (1973) neu entwickelt wurde und die Nutzung abteilungsübergreifender Teams beider Controllerbereiche reflektiv misst, ist nebst Gütemaßen in Tabelle 30 dargestellt.

[1266] Vgl. Mankin/Cohen/Bikson (1996), S. 24 sowie S. 34. Vgl. auch Gemünden/Högl (2000), S. 10.
[1267] Zünd (1973), S. 182.
[1268] Vgl. bspw. die Studie von Maltz/Kohli (2000), S. 489.
[1269] Vgl. Maltz/Kohli (2000), S. 481 sowie S. 489; Maltz/Souder/Kumar (2001), S. 72.

Informationen zu den einzelnen Indikatoren des Faktors **„Nutzung abteilungsübergreifender Teams von Zentral- und Bereichscontrolling"**			
Bezeichnung des Indikators	Item-to-Total-Korrelation	Indikatorreliabilität	t-Wert der Faktorladung
Es existieren kontinuierlich ein oder mehrere gemeinsame Arbeitsgruppen.	0,61	0,55	-
Häufig werden bei Bedarf gemeinsame Arbeitsgruppen durch die Leiter der beiden Bereiche oder die Unternehmensführung eingesetzt.	0,60	0,52	10,38
Mitarbeiter beider Bereiche bilden oft spontan gemeinsame Arbeitsgruppen.	eliminiert		
Teamarbeit zwischen beiden Bereichen findet in unserem Unternehmen nur selten statt. (rc)	0,58	0,49	10,35

Informationen zum Faktor **„Nutzung abteilungsübergreifender Teams von Zentral- und Bereichscontrolling"**			
Cronbach'sches Alpha	0,76	AGFI	-*
Erklärte Faktorvarianz	0,52	CFI	-*
χ^2/df	-*	TLI	-*
RMSEA	-*	Faktorreliabilität	0,76
GFI	-*	Durchschnittlich erfasste Varianz	0,52

* Eine Berechnung dieser Werte ist nicht möglich, da das Messmodell bei drei Indikatoren im Rahmen der konfirmatorischen Faktorenanalyse keine Freiheitsgrade besitzt.

Tabelle 30: Informationen zum Messmodell „Nutzung abteilungsübergreifender Teams"

Da das ursprüngliche, alle Items umfassende Konstrukt einen χ^2/df-Wert von über drei aufwies, wurde nach Beurteilung der Item-to-Total-Korrelationen der dritte Messindikator aus der Skala eliminiert. Die Gütemaße des resultierenden Messmodells liegen innerhalb der geforderten Grenzen. Allerdings ist anzumerken, dass auf Basis der verbleibenden drei Indikatoren keine Berechnung sämtlicher relevanten Gütekriterien der zweiten Generation durchgeführt werden konnte. Insofern ist das Messinstrument für zukünftige Untersuchungen weiterzuentwickeln.

6.2.1.1.3 Nutzung abteilungsübergreifender Fortbildungen

Auch abteilungsübergreifenden Fortbildungen wird in der Schnittstellenliteratur ein hohes Verbesserungspotenzial für kooperative Beziehungen sowie eine konfliktmindernde Wirkung zugeschrieben.[1270] „*Shared education/training* is seen to foster an understanding of other functions' perspectives, goals, and priorities thereby minimizing misunderstandings".[1271]

[1270] Vgl. bspw. Kohli/Jaworski (1990), S. 15; Jaworski/Kohli (1993), S. 64; Brockhoff (1994), S. 34 sowie S. 36; Kahn (1996), S. 148; Shaw/Shaw/Enke (2003), S. 497; Kahn/Reizenstein/Rentz (2004), S. 1087 sowie S. 1090 m. w. N.

[1271] Chimhanzi (2004), S. 719, in Anlehnung an Griffin/Hauser (1996) sowie Maltz/Kohli (2000). Ähnlich Gupta/Wilemon (1988), S. 28; Brockhoff/Hauschildt (1993), S. 400; Parry/Song (1993), S. 19.

Nach CRAMER (1987) lassen sich unter *Fortbildungsmaßnahmen* alle Aktivitäten subsumieren, die auf vorhandenen Basiskenntnissen bzw. einer Grundausbildung aufbauen, die dazu bestimmt sind, spezielles Wissen, bestimmte Fähigkeiten und Verhaltensweisen zu erhalten, zu entwickeln oder zu erwerben, und die systematisch vorbereitet werden.[1272] Die *Nutzung abteilungsübergreifender* Fortbildungen „refers to the extent to which managers in a functional area are provided with opportunities and encouraged to learn about other functional areas".[1273] Aufbauend auf MALTZ/KOHLI (2000) lassen sich zwei wesentliche Formen abteilungsübergreifender Fortbildungsaktivitäten herausarbeiten, die im Hinblick auf das Kooperationsverhältnis von Zentral- und Bereichscontrolling bedeutsam sind:[1274] erstens *gemeinsame* Schulungsmaßnahmen, zweitens Seminare *über* den jeweils anderen Controllerbereich.

An *gemeinsamen* Fortbildungsmaßnahmen nehmen sowohl Mitarbeiter des Zentral- als auch des Bereichscontrollings teil.[1275] Hier sind einerseits Schulungen denkbar, die *fachliche* Aspekte thematisieren. Dabei können zum einen Themengebiete behandelt werden, die für beide Controllerbereiche unabhängig voneinander von Relevanz sind (z. B. Fortbildungsveranstaltungen zur Kostenplanung oder zu Investitionsbewertungsverfahren). Zum anderen können speziell die zwischen Zentral- und Bereichscontrolling bestehenden Berührungspunkte, aus denen eine Kooperationsnotwendigkeit erwächst (z. B. bei der Durchführung der Unternehmensplanung), Gegenstand von Seminaren sein.[1276] Andererseits können die Mitarbeiter beider Controllerbereiche *fachübergreifende* Fortbildungen „ohne direkten Arbeitsplatzbezug"[1277], etwa zur Förderung der Sozialkompetenz oder zur Verbesserung von Präsentationsfähigkeiten, gemeinsam besuchen.[1278]

Schulungsveranstaltungen *über* den jeweils anderen Controllerbereich sind fachlicher Natur und eröffnen dem Zentralcontrolling einen tieferen Einblick in die einzelnen Aufgabenschwerpunkte, Arbeitsabläufe, angewandten Methoden und abteilungsspezifischen Problemfelder des Bereichscontrollings bzw. vice versa.[1279] So kann das Zentralcontrolling in Seminaren bspw. über das konkrete Vorgehen des Bereichscontrollings bei der Aufstellung

---

[1272] Vgl. Cramer (1987), S. 13 f. Vgl. auch Zimmermann (1979), S. 19.

[1273] Maltz/Kohli (2000), S. 481, in Anlehnung an Roussel/Saad/Erickson (1991) sowie Griffin/Hauser (1996); vgl. auch Maltz/Kohli (2000), S. 489.

[1274] Vgl. Maltz/Kohli (2000), S. 489. Darüber hinaus lassen sich Fortbildungsmaßnahmen u. a. nach ihrem Inhalt, ihrer Zielgruppe, ihrer Qualifizierungszielsetzung, der Anzahl der teilnehmenden Personen, ihrer Institutionalisierung als separate Veranstaltung sowie der die Seminare durchführenden Einheit klassifizieren. Vgl. hierzu ausführlich Cramer (1987), S. 14 sowie S. 18; Gerpott (1991), S. 214 ff.

[1275] Vgl. hierzu und im Folgenden Gerpott (1991), S. 217. Vgl. auch Cespedes (1993), S. 49.

[1276] Vgl. auch Gerpott (1991), S. 215; Kieser (1991), S. 169 f.

[1277] Cramer (1987), S. 14.

[1278] Anzumerken ist, dass auch gemeinsame Fortbildungen, die nicht unmittelbar den jeweils anderen Controllerbereich oder die Berührungspunkte zu diesem behandeln, den Teilnehmern über den Kontakt zu Controllern aus der anderen Abteilung die Möglichkeit eröffnen, sich über den jeweils anderen Controllerbereich zu informieren und weiterzubilden. Insofern lassen sich auch diese Formen der Fortbildung unter die eingangs zitierte Definition der Nutzung abteilungsübergreifender Fortbildungen (vgl. Fußnote 1273) subsumieren.

[1279] Vgl. hierzu Gerpott (1991), S. 212 f. sowie S. 214 f.; Kieser (1991), S. 170; Cespedes (1993), S. 50; Shaw/Shaw (1998), S. 289; de Ruyter/Wetzels (2000b), S. 214; Shaw/Shaw/Enke (2003), S. 498.

der Bereichsplanung auf Basis der vorgegebenen Planungseckpunkte und die dabei konkret zu bewältigenden Herausforderungen informiert werden.[1280]

Die Operationalisierung dieser beiden konstituierenden Hauptdimensionen abteilungsübergreifender Fortbildungen erfolgt formativ über ein neu entwickeltes Messmodell, das auf dem reflektiven Konstrukt von MALTZ/KOHLI (2000) aufsetzt.[1281] Die Messindikatoren und Gütemaße der Skala sind in Tabelle 31 aufgeführt.

Informationen zu den einzelnen Indikatoren des Faktors **„Nutzung abteilungsübergreifender Fortbildungen von Zentral- und Bereichscontrolling“**					
Bezeichnung des Indikators	Ursprünglicher Schätzwert	Mittelwert der erzeugten Fälle	Standardabweichung	t-Wert	Variance Inflation Factor
Die Mitarbeiter beider Bereiche nehmen regelmäßig an gemeinsamen Fortbildungsmaßnahmen oder Seminaren teil.	0,01	0,01	0,08	0,18	1,25
Mitarbeiter beider Bereiche werden regelmäßig über den jeweils anderen Bereich unterrichtet, z. B. über Aufgaben, Funktionen und Methoden.	0,99	0,99	0,04	27,12	1,25
Konditionsindex: 6,61					

Tabelle 31: Informationen zum Messmodell „Nutzung abteilungsübergreifender Fortbildungen“

Die Höhe der Indikatorgewichte sowie die zugehörigen t-Werte lassen erkennen, dass fast ausschließlich Fortbildungsmaßnahmen *über* den jeweils anderen Controllerbereich zur Bildung des Gesamtkonstruktes beitragen.[1282] Aus inhaltlichen Überlegungen wird jedoch von einer Eliminierung des Indikators zu den *gemeinsamen* Schulungsveranstaltungen von Zentral- und Bereichscontrolling abgesehen.[1283] Zudem deuten die Werte von VIF und KI darauf hin, dass zwischen den beiden Items keine Multikollinearität, die eine Skalenbereinigung erforderlich machte, vorliegt.

6.2.1.1.4 Nutzung abteilungsübergreifenden Mitarbeiteraustausches

Das Instrument des Mitarbeiteraustausches „is not new, and in fact has been well researched in the personnel management literature as a method to motivate and increase skills of

[1280] Vgl. in diesem Zusammenhang auch die Ausführungen in Abschnitt 2.2.2.

[1281] Vgl. Maltz/Kohli (2000), S. 489.

[1282] Aus der Datenbasis geht zudem hervor, dass diese Fortbildungsart häufiger genutzt wird als gemeinsame Schulungsmaßnahmen.

[1283] Vgl. hierzu auch Abschnitt 3.3.1.2.2.

employees".[1284] Doch nicht nur in personalwirtschaftlicher Hinsicht, sondern auch in der Schnittstellenforschung kommt dieser Maßnahme eine hohe Bedeutung zu. Mitarbeiterwechsel sind nach BROCKHOFF/HAUSCHILDT (1993) „vorzüglich geeignet, auf lange Frist die Ressort- oder Rollenkonflikte zu reduzieren."[1285] Auch speziell bezogen auf das Verhältnis von Zentral- und Bereichscontrolling „ist insbesondere an einen planmäßigen personellen Wechsel zwischen dem dezentralen und dem zentralen Controlling zu denken."[1286]

In Anlehnung an CAMPION/CHERASKIN/STEVENS (1994) lässt sich *Mitarbeiteraustausch* auffassen als „lateral transfers of employees between jobs in an organization."[1287] Kennzeichen *abteilungsübergreifenden* Personalwechsels ist es dabei, dass es sich um einen „transfer between departments"[1288] handelt. Mitarbeiterwechsel zwischen Abteilungen können zwei Ausprägungen annehmen: Sie können für einen befristeten Zeitraum gelten oder aber auf Dauer angelegt sein.[1289] Während die Mitarbeiter bei einem zeitlich *befristeten* Wechsel, auch Job Rotation genannt, nicht dauerhaft in der sie aufnehmenden Abteilung verbleiben, sondern nach einer gewissen Zeit wieder in ihren vorherigen Bereich zurückkehren,[1290] lässt sich ein Wechsel *auf Dauer* dadurch charakterisieren, dass die entsprechenden Mitarbeiter „do not usually return to former jobs."[1291] Insofern handelt es sich hierbei um einen Karrierewechsel. Mit Job Rotation und Karrierewechsel werden ähnliche Ziele verfolgt.[1292] GRIFFIN/HAUSER (1996) postulieren jedoch, dass der Schwerpunkt auf Job-Rotation-Maßnahmen gelegt werden sollte, „because they enhance integration without eroding valuable functional skills."[1293]

Zur Operationalisierung dieser beiden Dimensionen des Mitarbeiteraustausches musste ein neues Messinstrument konzipiert werden, da sich keine Quelle identifizieren ließ, in der die Nutzung des abteilungsübergreifenden Mitarbeiteraustausches adäquat und zufriedenstellend über ein entsprechendes Konstrukt erfasst wird.[1294] Das entwickelte Messmodell erhebt

---

[1284] Jorgensen et al. (2005), S. 1722. Vgl. hierzu auch Cheraskin/Campion (1996), S. 31 ff.; Gittleman/Horrigan/Joyce (1998), S. 99; Ortega (2001), S. 1361; Eriksson/Ortega (2006), S. 653 f.

[1285] Brockhoff/Hauschildt (1993), S. 400. Vgl. auch Brockhoff (1994), S. 36. Zu Relevanz, Zielen und Wirkung des Mitarbeiteraustausches im Schnittstellenkontext vgl. exemplarisch auch Souder (1981), S. 70 sowie S. 72; Weinrauch/Anderson (1982), S. 298; Kohli/Jaworski (1990), S. 15; Moenaert/Souder (1990b), S. 101; Gerpott (1991), S. 213; Kieser (1991), S. 170; Parry/Song (1993), S. 7; Griffin/Hauser (1996), S. 205; de Ruyter/Wetzels (2000a), S. 271; de Ruyter/Wetzels (2000b), S. 214; Kahn/Reizenstein/Rentz (2004), S. 1087.

[1286] Weber (2006), S. 216. Vgl. hierzu auch Frensdorff (1993), S. 130; Weber et al. (2001), S. 37.

[1287] Campion/Cheraskin/Stevens (1994), S. 1518.

[1288] Chimhanzi (2004), S. 720. Ähnlich Song/Xie/Dyer (2000), S. 53.

[1289] Vgl. Gerpott (1991), S. 213 f.; Griffin/Hauser (1996), S. 205.

[1290] Vgl. Gannon/Brainin (1971), S. 142; Brockhoff/Hauschildt (1993), S. 400; Jorgensen et al. (2005), S. 1721.

[1291] Campion/Cheraskin/Stevens (1994), S. 1519.

[1292] Vgl. Gerpott (1991), S. 213 f.

[1293] Griffin/Hauser (1996), S. 205.

[1294] So zielt etwa die von Van de Ven/Ferry (1980) verwandte Skala primär auf die *Möglichkeit*, nicht aber die *tatsächliche Anwendung* von Mitarbeiterwechseln ab (vgl. Van de Ven/Ferry (1980), S. 164 f.). In der Untersuchung von Hsieh/Chao (2004) weist dieses, bereits durch Indikatoreliminierungen modifizierte Messmodell zudem ein sehr niedriges Cronbach'sches Alpha von 0,53 auf (vgl. Hsieh/Chao (2004), S. 1114).

formativ, in welchem Ausmaß Job Rotation und Karrierewechsel zwischen Zentral- und Bereichscontrolling vorgenommen werden. Die verwendeten Indikatorfragen sowie die sich ergebenden Gütemaße des Konstruktes können Tabelle 32 entnommen werden.

Informationen zu den einzelnen Indikatoren des Faktors **„Nutzung abteilungsübergreifenden Mitarbeiteraustausches zwischen Zentral- und Bereichscontrolling"**					
Bezeichnung des Indikators	Ursprünglicher Schätzwert	Mittelwert der erzeugten Fälle	Standardabweichung	t-Wert	Variance Inflation Factor
Das Zentralcontrolling und dieses Bereichscontrolling tauschen häufig für einen *befristeten* Zeitraum Mitarbeiter untereinander aus (Job Rotation).	0,86	0,87	0,14	6,37	1,29
Mitarbeiter aus dem Zentralcontrolling und diesem Bereichscontrolling wechseln häufig *dauerhaft* in den jeweils anderen Bereich (Karrierewechsel).	0,24	0,20	0,22	1,09	1,29
Konditionsindex: 4,58					

Tabelle 32: Informationen zum Messmodell „Nutzung abteilungsübergreifenden Mitarbeiteraustausches"

Während der sich auf Job Rotation beziehende Indikator einen signifikanten Erklärungsbeitrag zum Gesamtkonstrukt leistet, erreicht der t-Wert des Indikatorgewichtes des zweiten Items nicht die angestrebte Untergrenze von 1,645. Dies scheint die Forderung von GRIFFIN/HAUSER (1996) nach einem Fokus auf zeitlich befristete Mitarbeiterwechsel zu bestätigen.[1295] Da jedoch keine Multikollinearität zwischen den beiden Messindikatoren besteht, wird aus inhaltlichen Gründen auf eine Indikatoreliminierung verzichtet.[1296]

6.2.1.1.5 Räumliche Nähe

Der Einfluss räumlicher Nähe ist in den Wirtschaftswissenschaften bereits seit langer Zeit und in verschiedenen Kontexten untersucht worden. Insbesondere die Marketing- und Strategieliteratur sowie die Makroökonomie haben sich eingehend mit dieser Determinante auseinandergesetzt.[1297] Auch in der Intergruppen- und Schnittstellenforschung ist die Wirkung physischer Nähe auf die Interaktion von Gruppen bzw. Funktionsbereichen bereits früh

Probleme hinsichtlich der Internen-Konsistenz-Reliabilität ergeben sich auch bei den von Song/Xie/Dyer (2000) und Xie/Song/Stringfellow (2003) verwendeten Skalen (vgl. Song/Xie/Dyer (2000), S. 64; Xie/Song/Stringfellow (2003), S. 241 sowie S. 250).

[1295] Vgl. Griffin/Hauser (1996), S. 205, sowie die zu Fußnote 1293 korrespondierenden Ausführungen.

[1296] Vgl. Abschnitt 3.3.1.2.2.

[1297] Vgl. hierzu ausführlich Ganesan/Malter/Rindfleisch (2005), S. 45.

erkannt worden. [1298] PINTO/PINTO/PRESCOTT (1993) stellen diesbezüglich fest: „Propinquity can be an effective tool in creating supportive group relationships and improved communication flows."[1299]

Die Gestaltung der räumlichen Nähe von Abteilungen als strukturelle Maßnahme betrifft *allgemein* „die räumliche Zuordnung der Teilbereiche"[1300] und ist auch im Hinblick auf die Beziehung von Zentral- und Bereichscontrolling von Bedeutung. So können beide Controllerbereiche einerseits etwa in demselben, zentralen Verwaltungsgebäude, andererseits das Bereichscontrolling z. B. aber auch an einem ausgelagerten Standort, an dem sich das operative Geschäft der Basiseinheit befindet, angesiedelt sein.

Hinsichtlich der *konkreten* Definition und Konzeptualisierung räumlicher Nähe von Abteilungen ist festzustellen, dass sich hier in bisherigen Arbeiten der Schnittstellenforschung verschiedene Ansätze herausgebildet haben, die sich analog auch in der Operationalisierung und Messung der räumlichen Nähe grundlegend voneinander unterscheiden. Entsprechend bemerken KAHN/MCDONOUGH (1997a): „What is meant by physical proximity of members .. can vary considerably."[1301] Grob lassen sich zwei Arten von Definitions- bzw. Konzeptualisierungsansätzen identifizieren: zum einen Ansätze, die die räumliche Nähe nach objektiven Kriterien definieren und erheben, und solche, die auf die subjektiv wahrgenommene räumliche Nähe abstellen.[1302]

Nach Ansätzen, die zur Konzeptualisierung und Messung der räumlichen Nähe auf *objektive* Maßstäbe rekurrieren, lässt sich räumliche Nähe von Abteilungen definieren als „the inverse of the physical distance between functional groups."[1303] Die Erfassung physischer Nähe erfolgt hier demzufolge auf Basis objektiv messbarer Kriterien wie der Entfernung zwischen beiden Funktionsbereichen in Längenmaßen[1304] oder der Anordnung beider Abteilungen auf dem gleichen Gang, im gleichen Gebäude, in der gleichen Stadt etc.[1305] Allerdings konnte in

---

1298 Vgl. etwa Durkheim (1933). Vgl. McCann/Galbraith (1981), S. 278.

1299 Pinto/Pinto/Prescott (1993), S. 1286. Zur Bedeutung der räumlichen Nähe für Kooperationsbeziehungen von Abteilungen vgl. bspw. auch Gupta/Raj/Wilemon (1985b), S. 19; Brockhoff (1994), S. 35 f.; Griffin/Hauser (1996), S. 204; Kahn (1996), S. 148; Maltz/Kohli (1996), S. 52; Shaw/Shaw (1998), S. 286 sowie S. 289 f.; de Ruyter/Wetzels (2000b), S. 211 f.; Shaw/Shaw/Enke (2003), S. 495; Weinkauf et al. (2005), S. 97.

1300 Brockhoff/Hauschildt (1993), S. 401.

1301 Kahn/McDonough (1997a), S. 162.

1302 Vgl. hierzu und im Folgenden auch Pinto/Pinto/Prescott (1993), S. 1290; Högl/Proserpio (2004), S. 1155 f.

1303 Maltz/Souder/Kumar (2001), S. 73. Vgl. auch Maltz/Kohli (1996), S. 52; Maltz/Kohli (2000), S. 482; Schamp/Rentmeister/Lo (2004), S. 619; Boschma (2005), S. 69.

1304 Eine grundlegende Untersuchung stellt hier die Arbeit von Allen (1971) dar; vgl. Allen (1971), S. 19. Auch Keller (1986) wendet dieses Messverfahren an; vgl. Keller (1986), S. 718. Vgl. in diesem Zusammenhang auch Högl/Proserpio (2004), S. 1155.

1305 Vgl. hierzu bspw. die Beiträge von Maltz/Kohli (1996), S. 60; Kahn/McDonough (1997a), S. 177; Ottum/Moore (1997), S. 264; de Ruyter/Wetzels (2000a), S. 272; de Ruyter/Wetzels (2000b), S. 212; Maltz/Kohli (2000), S. 489; Maltz/Souder/Kumar (2001), S. 81.

empirischen Untersuchungen der hypothetisierte Einfluss der so gemessenen räumlichen Nähe oftmals nicht nachgewiesen werden.[1306]

HITT/HOSKISSON/NIXON (1993) geben in dieser Hinsicht zu bedenken, dass Mitarbeiter zweier Abteilungen, die nach objektiven Maßstäben nah beieinander angesiedelt sind, durch bauliche Maßnahmen effektiv dennoch räumlich voneinander getrennt sein können: „Individuals ... [can be] *separated* by physical barriers ... at the *same* location [Hervorhebungen nicht im Original]".[1307] Dies legt den Schluss nahe, dass eine Konzeptualisierung und Operationalisierung der räumlichen Nähe nach objektiven Kriterien wichtige Aspekte unberücksichtigt lässt. Insofern wird in dieser Untersuchung der zweiten Gruppe von Konzeptualisierungs- bzw. Definitionsansätzen gefolgt und die von den betreffenden Akteuren *subjektiv wahrgenommene* räumliche Nähe zueinander zugrunde gelegt.[1308] Hierbei bemisst sich räumliche Nähe danach, inwieweit die Mitarbeiter zweier Abteilungen ihrer subjektiven Einschätzung nach jeweils in direkter Nähe zueinander arbeiten sowie jeweils problemlos physisch erreichbar sind.[1309]

Die Operationalisierung der subjektiv wahrgenommenen räumlichen Nähe von Zentral- und Bereichscontrolling stützt sich auf das von HÖGL/PROSERPIO (2004) entwickelte Konstrukt, die ihrerseits auf den Überlegungen von KELLER (1986) und PINTO/PINTO/PRESCOTT (1993) aufbauen.[1310] Das reflektive Messmodell ist in Tabelle 33 dargestellt.

1306 Vgl. die Ergebnisse bei Keller (1986), S. 721 ff.; Kahn/McDonough (1997a), S. 167 ff.; de Ruyter/Wetzels (2000a), S. 266 f.; de Ruyter/Wetzels (2000b), S. 213; Maltz/Kohli (2000), S. 485; Maltz/Souder/Kumar (2001), S. 77. Ottum/Moore (1997), S. 261, konstatieren entsprechend: „The positive effect of co-location has received much discussion, but little empirical support."

1307 Hitt/Hoskisson/Nixon (1993), S. 171. Ähnlich McCann/Galbraith (1981), S. 71, in Anlehnung an Melcher (1976), S. 117 ff.: „Spatial-physical barriers are introduced through more than distance. In addition, there is separation by semi-fixed, but moveable, features such as tables or machines, and separation by fixed features such as walls or spaces".

1308 Vgl. hierzu die Arbeiten von Pinto/Pinto/Prescott (1993), S. 1290, sowie Högl/Proserpio (2004), S. 1162. In beiden Untersuchungen können die Hypothesen zur subjektiv wahrgenommenen physischen Nähe bestätigt werden; vgl. Pinto/Pinto/Prescott (1993), S. 1292; Högl/Proserpio (2004), S. 1159.

1309 Vgl. Högl/Proserpio (2004), S. 1155 f. Vgl. auch Pinto/Pinto/Prescott (1993), S. 1290.

1310 Vgl. Högl/Proserpio (2004), S. 1158.

Informationen zu den einzelnen Indikatoren des Faktors **„Räumliche Nähe von Zentral- und Bereichscontrolling“**			
Bezeichnung des Indikators	Item-to-Total-Korrelation	Indikatorreliabilität	t-Wert der Faktorladung
Die meisten Mitarbeiter der beiden Bereiche arbeiten in unmittelbarer Nähe beieinander.	0,77	0,71	-
Die Mitarbeiter beider Bereiche arbeiten zu weit voneinander entfernt, um sich schnell persönlich treffen zu können. (rc)	0,81	0,80	20,57
Nur wenige Mitarbeiter des jeweils anderen Bereiches sind leicht zu Fuß erreichbar. (rc)	0,73	0,59	17,15
Von Zeit zu Zeit ist es schwierig, Mitarbeiter beider Bereiche spontan an einem Ort zu versammeln. (rc)	0,71	0,56	16,43

Informationen zum Faktor **„Räumliche Nähe von Zentral- und Bereichscontrolling“**			
Cronbach'sches Alpha	0,89	AGFI	0,97
Erklärte Faktorvarianz	0,66	CFI	1,00
χ^2/df	2,36	TLI	0,99
RMSEA	0,06	Faktorreliabilität	0,89
GFI	0,99	Durchschnittlich erfasste Varianz	0,66

Tabelle 33: Informationen zum Messmodell „Räumliche Nähe von Zentral- und Bereichscontrolling“

Die Gütekriterien weisen sehr zufriedenstellende Werte auf, so dass von einer reliablen und validen Erfassung der subjektiv wahrgenommenen physischen Nähe beider Controllerbereiche ausgegangen werden kann.

6.2.1.1.6 Unterstellungsgrad des Bereichscontrollings unter das Zentralcontrolling

Eine wichtige Rolle für das Verhältnis zwischen beiden Controllerbereichen spielt die Form der organisatorischen Unterstellung des Bereichscontrollings unter das Zentralcontrolling und die damit verbundene Ausgestaltung der Weisungsbeziehungen.[1311] Entsprechend ist diesem Aspekt in Beiträgen der Controlling-Forschung eine hohe Aufmerksamkeit gewidmet worden.

Die verschiedenen Varianten einer Unterstellung des Bereichscontrollings unter das Zentralcontrolling wurden ausführlich in Abschnitt 2.2.3 dargestellt. Hierbei wurde deutlich, dass zwischen einer Unterstellung in fachlicher sowie in disziplinarischer Hinsicht zu unterscheiden ist.

Die *fachliche* Unterstellung des Bereichscontrollings betrifft „die Kompetenz für die Methodik und Aufgabenwahrnehmung“.[1312] Sie bezieht sich damit auf die Arbeits- und

1311 Vgl. hierzu und im Folgenden die Diskussion der für die Beziehung zwischen beiden Controllerbereichen relevanten Beiträge der Controlling-Forschung in Kapitel 2.4.1.

1312 Horváth (2003), S. 849.

Aufgabeninhalte des Bereichscontrollings sowie die bei der Erbringung der Leistungen anzuwendenden Vorgehensweisen und Methoden.[1313]

Die *disziplinarische* Unterstellung hingegen beinhaltet „[the] authority in the hiring, training, transferal [!], compensation, promotion, and firing of controllers within that business unit.“[1314] Sie umfasst sämtliche Aspekte, die sich aus dem Arbeitsvertrag der Bereichscontroller ergeben.[1315]

Bei beiden die Unterstellungsform des Bereichscontrollings konstituierenden Dimensionen sind graduelle Abstufungen und Mischformen in der Kompetenzverteilung zwischen Zentralcontrolling und Bereichsleitung denkbar.[1316] So kann sich etwa die fachliche Weisungsbefugnis des Zentralcontrollings nur auf bestimmte Aufgabenaspekte[1317] oder Situationen[1318] erstrecken, während ansonsten das Bereichscontrolling fachlich dem Bereichsmanagement unterstellt ist. Ebenso lassen sich einige Elemente aus der disziplinarischen Weisungskompetenz der Bereichsleitung ausklammern und dem Zentralcontrolling zuordnen.

Der Unterstellungsgrad des Bereichscontrollings unter das Zentralcontrolling lässt sich auf Basis dieser Ausführungen definieren als das Ausmaß, in dem das Bereichs- dem Zentralcontrolling in fachlicher und disziplinarischer Hinsicht unterstellt ist.

Zur Messung des Unterstellungsgrades des Bereichscontrollings wurde die von LITTKEMANN (2001) entwickelte Skala verwendet.[1319] Die fachliche und disziplinarische Unterstellung wurde dabei in Anbetracht der möglichen graduellen Kompetenzverteilung zwischen Zentralcontrolling und Bereichsleitung Likert-skaliert erhoben.[1320] Tabelle 34 gibt das formative Messmodell wieder.

[1313] Vgl. Henselmann (2002), Sp. 1363; Küpper (2005), S. 531. Vgl. auch Kieser/Walgenbach (2003), S. 143.

[1314] Anthony/Govindarajan (2003), S. 106.

[1315] Vgl. hierzu auch Sathe (1978a), S. 14 f.; Henselmann (2002), Sp. 1363; Horváth (2003), S. 849; Kieser/Walgenbach (2003), S. 142 f.; Küpper (2005), S. 531; Bea/Göbel (2006), S. 311.

[1316] Vgl. hierzu und im Folgenden Schmidt (1993a), S. 153; Weber et al. (2001), S. 20; Küpper (2005), S. 534 f.; Weber/Schäffer (2006), S. 461. Vgl. auch Sathe (1978b), S. 102; Sathe (1978a), S. 15 sowie S. 17. Vgl. darüber hinaus Abschnitt 2.2.3.

[1317] Das Zentralcontrolling kann z. B. lediglich bestimmte Vorgaben hinsichtlich der Kennzahlen für die Berichterstattung formulieren oder etwa nur eine grobe Richtlinienkompetenz hinsichtlich einiger Aufgabengebiete besitzen.

[1318] Bspw. kann dem Zentralcontrolling ein gesondertes Informations- oder Vetorecht bei einer gravierenden Verschlechterung der Finanz- und Ertragslage der Basiseinheit zustehen.

[1319] Vgl. Littkemann (2001), S. 1290. Vgl. hierzu auch Littkemann (2004), S. 45.

[1320] Eine Eins bedeutete dabei die vollständige fachliche bzw. disziplinarische Unterstellung unter die Bereichsleitung, während eine Fünf die komplette Zuordnung des Bereichscontrollings zum Zentralcontrolling repräsentierte.

Informationen zu den einzelnen Indikatoren des Faktors **„Unterstellungsgrad des Bereichscontrollings unter das Zentralcontrolling"**					
Bezeichnung des Indikators	Ursprünglicher Schätzwert	Mittelwert der erzeugten Fälle	Standardabweichung	t-Wert	Variance Inflation Factor
Wem ist dieses Bereichscontrolling fachlich unterstellt?	0,75	0,75	0,11	6,54	1,22
Wem ist dieses Bereichscontrolling disziplinarisch unterstellt?	0,42	0,40	0,15	2,87	1,22
Konditionsindex: 4,60					

Tabelle 34: Informationen zum Messmodell „Unterstellungsgrad des Bereichscontrollings unter das Zentralcontrolling"

Beide Indikatoren tragen signifikant zur Konstruktbildung bei. Interessant ist das Ergebnis, dass der fachlichen Unterstellung hierbei eine höhere Bedeutung zukommt als der disziplinarischen Weisungsbefugnis. Eine Erklärung hierfür könnte darin begründet liegen, dass fachliche Weisungskompetenzen im Gegensatz zu disziplinarischen Befugnissen einen direkten Bezug zu den einzelnen Aufgabenfeldern und Berührungspunkten zwischen beiden Controllerbereichen aufweisen, an denen es zu einer Kooperation kommt.[1321]

6.2.1.2 Analyse der Wirkungsbeziehungen

In den folgenden Abschnitten erfolgt die Analyse der Wirkungsbeziehungen der strukturellen Determinanten der Kooperationsgüte von Zentral- und Bereichscontrolling. Dabei werden die einzelnen Wirkungszusammenhänge zwischen den Einflussfaktoren und der Güte der Kooperation wiederum hypothesengetrieben untersucht, während der moderierende Einfluss der Organisationsform explorativ überprüft wird.

6.2.1.2.1 Hypothesenformulierung und -prüfung

6.2.1.2.1.1 Hypothesenformulierung

Die Grundannahme hinsichtlich der Wirkung der strukturellen Determinanten besteht darin, dass sich die Qualität der Kooperation von Zentral- und Bereichscontrolling durch den Einsatz dieser Maßnahmen verbessern lässt. Nachfolgend wird diese Basishypothese für die einzelnen vorgestellten strukturellen Einflussfaktoren hergeleitet und begründet.

[1321] Vgl. in diesem Zusammenhang auch die Ausführungen von Götz/Liehr-Gobbers (2004a), S. 729, zur Bestimmung der Indikatorgewichte formativer Konstrukte durch das PLS-Verfahren.

Als erste strukturelle Determinante der Kooperationsgüte beider Controllerbereiche wurde der *Formalisierungsgrad der Interaktion* betrachtet. Erkenntnisse zur Wirkung dieses Gestaltungsparameters lassen sich anhand der sozialen Austauschtheorie sowie der Theorie der sozialen Identität ableiten.

Nach der *sozialen Austauschtheorie* werden Austauschbeziehungen von Individuen solange fortgeführt, wie aus diesen mit einem angemessenen Ergebnis gerechnet werden kann.[1322] Dabei spielen Kosten-Nutzen-Kalküle eine wichtige Rolle. Die Formalisierung der Interaktion von Zentral- und Bereichscontrolling stellt ein Instrument dar, mit dem die Kosten der Kooperationsbeziehung gesenkt werden können. So stellt BRUMMUND (1983) fest, dass „Kooperationsprozesse aufgrund struktureller Defizite häufig durch Unsicherheiten gekennzeichnet sind."[1323] Durch eine Formalisierung der Interaktion lassen sich die Unsicherheit sowie die durch sie induzierten Kosten[1324] reduzieren.[1325] „Formalization complements the structural vacuum"[1326] „[and] make[s] relationships predictable".[1327] Auf Basis formalisierter Regeln sowie der dadurch geschaffenen höheren Transparenz können die Abläufe zwischen Zentral- und Bereichscontrolling zudem effizienter gestaltet und Koordinationskosten gesenkt werden.[1328] Schließlich lassen sich Kosten verursachende Rollenkonflikte für das Bereichscontrolling, die sich auf Basis seiner Doppelfunktion für Zentralcontrolling einerseits und Bereichsleitung andererseits ergeben können, minimieren, wenn schriftlich formalisierte Regelungen vorliegen.[1329] Niedrigere Kosten und damit verbunden ein höheres Ergebnis aus der Zusammenarbeit führen diesbezüglich zu einer höheren Zufriedenheit der beteiligten Akteure aus Zentral- und Bereichscontrolling. Dies wiederum sollte die Kooperationsbeziehung festigen und so zu einer Qualitätssteigerung derselbigen beitragen.

Darüber hinaus lässt sich die Formalisierung der Interaktion gemäß der *Theorie der sozialen Identität* als Instrument zur Dekategorisierung durch Personalisierung einsetzen, durch das dysfunktionale Kategorisierungen und damit verbundenes diskriminierendes Verhalten abgemildert werden können.[1330] So können formalisierte Regelungen eine gewisse Kontakt- und Interaktionshäufigkeit zwischen Mitarbeitern von Zentral- und Bereichscontrolling aus

[1322] Zur sozialen Austauschtheorie vgl. Kapitel 2.5.3.3.1.
[1323] Brummund (1983), S. 150.
[1324] Derartige Kosten können z. B. für das Bereichscontrolling durch Zusatz- und Nacharbeiten entstehen, wenn die Berechnungsmethodik für bestimmte Kennzahlen, die die Basiseinheit betreffen, nicht klar fixiert ist und sich häufig unvorhergesehen ändert.
[1325] Vgl. Ruekert/Walker (1987b), S. 6.
[1326] Moenaert/Souder (1990a), S. 222.
[1327] Barclay (1991), S. 147, auf Basis von Inkson/Hickson/Pugh (1968).
[1328] Vgl. Lukatis (1972), S. 38; Ruekert/Walker (1987b), S. 6. Ruekert/Walker (1987b) geben zu bedenken, dass auch durch die Formalisierung selbst administrative Kosten anfallen, die sich nur amortisieren, wenn es zu einer Vielzahl von Kontakten und Interaktionen zwischen den entsprechenden Parteien kommt; vgl. Ruekert/Walker (1987b), S. 6. Da zwischen Zentral- und Bereichscontrolling – wie in Kapitel 2.3.2 aufgezeigt – vielfältige Berührungspunkte bestehen, kann davon ausgegangen werden, dass diese Anforderung hier erfüllt ist.
[1329] Vgl. Liessmann (1990), S. 520.
[1330] Zur Theorie der sozialen Identität vgl. Kapitel 2.5.3.3.3.

der jeweiligen Aufgabenerfüllung heraus vorgeben.[1331] Durch den häufigen, direkten Kontakt zueinander im Rahmen der Arbeitsbeziehung lernen sich die jeweiligen Mitarbeiter besser kennen und können so gegenseitige Vorurteile abbauen. Auch dies dürfte eine Verbesserung der Zusammenarbeit zur Folge haben.

Der hypothetisierte positive Einfluss des Formalisierungsgrades der Interaktion auf die Güte der Kooperation von Zentral- und Bereichscontrolling lässt sich schließlich auch durch empirische Befunde der Schnittstellenforschung untermauern.[1332]

Die Hypothese zum Formalisierungsgrad der Interaktion lässt sich wie folgt formulieren:

H10: Der Formalisierungsgrad der Interaktion von Zentral- und Bereichscontrolling wirkt positiv auf die Güte der Kooperation beider Bereiche.

Auch für die *Nutzung abteilungsübergreifender Teams* von Zentral- und Bereichscontrolling sind positive Wirkungen auf die Qualität der Kooperation zu erwarten. Einen Erklärungsbeitrag leisten hier die Theorie der sozialen Identität sowie die soziale Austauschtheorie.

Mit der Dekategorisierung, Rekategorisierung sowie wechselseitigen Differenzierung zeigt die *Theorie der sozialen Identität* drei Ansatzpunkte zur Verbesserung abteilungsübergreifender Beziehungen auf.[1333] Der Einsatz von Teams mit Mitarbeitern aus beiden Controllerbereichen weist dabei Bezüge zu allen drei genannten Maßnahmen auf.

So kommen Zentral- und Bereichscontroller im Rahmen der Teamarbeit unmittelbar miteinander in Kontakt, lernen sich gegenseitig besser kennen und können so die auf der Zugehörigkeit zu ihrer jeweiligen Abteilung basierenden kooperationsschädigenden Stereotypen überwinden (*Dekategorisierung durch Personalisierung*).[1334]

Darüber hinaus weisen Mitarbeiter beider Controllerbereiche, die in abteilungsübergreifenden Teams eingesetzt werden, keine eindeutige Gruppenzugehörigkeit zu Zentral- *oder* Bereichscontrolling mehr auf, sondern besitzen auf Basis ihres Einsatzes im Team eine weitere Gruppenmitgliedschaft. Die bisherige eindeutige Kategorisierung wird somit aufgeweicht (*Dekategorisierung durch Kreuzkategorisierung*). Mit der geringeren Salienz der Kategorisierung sind auch Vorurteile und negative Einstellungen gegenüber dem jeweils anderen Controllerbereich weniger stark ausgeprägt, was zu einer Verbesserung der Kooperationsbeziehung führen sollte.

Des Weiteren identifizieren sich die in abteilungsübergreifenden Teams arbeitenden Mitarbeiter aus Zentral- und Bereichscontrolling nicht mehr ausschließlich mit ihrer

---

1331 Vgl. hierzu Moenaert/Souder (1990a), S. 226; Moenaert et al. (1994), S. 32; Moenaert et al. (2000), S. 370.

1332 Vgl. bspw. die Untersuchungen von Ruekert/Walker (1987b), S. 12; Barclay (1991), S. 153; Moenaert et al. (1994), S. 36 f.; Menon/Bharadwaj/Howell (1996), S. 307.

1333 Zu diesen Maßnahmen vgl. ausführlich Abschnitt 2.5.3.3.3.1.

1334 Vgl. in diesem Zusammenhang auch Klimecki (1985), S. 141 f.; de Ruyter/Wetzels (2000a), S. 271 f.

Abteilung, sondern auf Basis der gemeinsamen Teamarbeit und -mitgliedschaft auch mit ihrer Arbeitsgruppe. [1335] Insofern stellen abteilungsübergreifende Teams eine übergeordnete, Mitarbeiter beider Bereiche umfassende Gruppe dar, über die es zu einer Kategorisierung auf einer höheren Ebene kommt (*Rekategorisierung*). Auch hierbei verwischt die bisherige strikte Trennung in Eigen- und Fremdgruppe, was die bereits erläuterten positiven Wirkungen nach sich zieht.[1336]

Schließlich stellt die Teamarbeit von Mitarbeitern des Zentral- und Bereichscontrollings den Ausgangspunkt für eine *wechselseitige Differenzierung* dar. So wird durch die Einbringung spezieller Expertise in das Team durch Zentral- und Bereichscontroller sichtbar, dass beide Abteilungen jeweils spezifische, komplementäre Kernkompetenzen besitzen,[1337] mit denen sie sich voneinander differenzieren und über die sie jeweils eine soziale Distinktheit aufbauen können. Da so diskriminierende soziale Vergleiche zu Lasten der jeweils anderen Abteilung vermieden werden, dürfte sich hieraus ebenfalls eine positive Wirkung auf die Kooperationsbeziehung ergeben.

Insgesamt ist der Theorie der sozialen Identität zufolge somit mit einer kooperationsfördernden Wirkung der Nutzung abteilungsübergreifender Teams zu rechnen. Die beschriebenen positiven Effekte des Teameinsatzes dürften sich dabei von den in abteilungsübergreifenden Teams eingesetzten Controllern auch auf die übrigen Mitarbeiter der jeweiligen Abteilung übertragen und so auch die Kooperation beider Bereiche verbessern, die sich nicht im Rahmen der Teamarbeit vollzieht.

Nach der *sozialen Austauschtheorie* kann der Einsatz abteilungsübergreifender Teams zu einer Senkung der mit der Kooperation verbundenen Kosten beitragen. So erhalten die Teammitglieder durch die gemeinsame Arbeit einen besseren Einblick in die konkreten Arbeitsinhalte, Vorgehensweisen und Charakteristika des jeweils anderen Bereiches. [1338] Dadurch lassen sich Unsicherheiten in der Interaktion mit der anderen Abteilung sowie die damit verbundenen Kosten vermindern. Darüber hinaus lernen Mitarbeiter beider Controllerbereiche durch die Teamarbeit Ansprechpartner aus der jeweils anderen Abteilung kennen und können so entsprechende Kontakte knüpfen. Im Rahmen einer Zusammenarbeit beider Bereiche abseits der Teamarbeit kann dann auf diese bestehenden Kontakte zurückgegriffen werden. Dies dürfte eine schnellere und reibungslosere Abwicklung bestimmter Aufgaben ermöglichen und sich somit in niedrigeren kooperationsbezogenen Kosten niederschlagen. Geringere Kosten der Zusammenarbeit sollten sich – wie bei der Herleitung der Hypothese zum Formalisierungsgrad der Interaktion beschrieben – positiv auf die Qualität der Kooperationsbeziehung auswirken.

[1335] Vgl. hierzu auch Fisher/Maltz/Jaworski (1997), S. 67.
[1336] Vgl. in diesem Zusammenhang auch Zünd (1973), S. 182.
[1337] Vgl. hierzu auch McGregor (1960), S. 175; Matschke/Kolf (1980), S. 606; Brett/Rognes (1986), S. 224; Katzenbach/Smith (2005), S. 165.
[1338] Vgl. hierzu auch Klimecki (1985), S. 142.

In empirischer Hinsicht konnten MALTZ/KOHLI (2000) sowie MALTZ/SOUDER/KUMAR (2001) zeigen, dass der Einsatz abteilungsübergreifender Teams ein effektives Mittel ist, um Konflikte und Rivalitäten zwischen verschiedenen Funktionsbereichen zu reduzieren.[1339]

Die Hypothese zur Nutzung abteilungsübergreifender Teams lautet:

H11: Die Nutzung abteilungsübergreifender Teams von Zentral- und Bereichscontrolling wirkt positiv auf die Güte der Kooperation beider Bereiche.

Der Einfluss der *Nutzung abteilungsübergreifender Fortbildungen*, die gemäß der Schnittstellenforschung eine weitere Maßnahme zur Verbesserung der Kooperation von Zentral- und Bereichscontrolling darstellt, lässt sich ebenfalls anhand der Theorie der sozialen Identität sowie der sozialen Austauschtheorie ableiten.

Der *Theorie der sozialen Identität* zufolge besitzen abteilungsübergreifende Fortbildungsmaßnahmen eine dekategorisierende Wirkung und können die wechselseitige Differenzierung zwischen beiden Controllerbereichen fördern. Ähnlich wie bei der Arbeit in gemeinsamen Teams kommen Zentral- und Bereichscontroller auch bei gemeinsamen Schulungsveranstaltungen miteinander in Kontakt. Hierbei bietet sich die Gelegenheit, Vertreter des anderen Controllerbereiches persönlich besser kennen zu lernen und so Vorurteile auszuräumen (*Dekategorisierung durch Personalisierung*).[1340]

Darüber hinaus können in Seminaren über die andere Abteilung, aber auch in gemeinsamen Fortbildungsveranstaltungen die komplementäre Rolle sowie die besonderen Kenntnisse und Fähigkeiten jedes Bereiches thematisiert werden. Auf diese Weise wird – wie in abteilungsübergreifenden Teams – aufgezeigt, dass jede Abteilung spezifische Kompetenzfelder besitzt, in denen eine Abgrenzung vom anderen Controllerbereich erfolgen kann und in denen die Realisierung einer positiven sozialen Identität ohne diskriminierendes Verhalten möglich ist (*wechselseitige Differenzierung*). Auch hierdurch sollte sich eine höhere Kooperationsgüte von Zentral- und Bereichscontrolling ergeben.

Gemäß der *sozialen Austauschtheorie* führt der Einsatz abteilungsübergreifender Fortbildungen ebenfalls zu einer höheren Qualität der Kooperation beider Controllerbereiche. So tragen abteilungsübergreifende Schulungen zu einem besseren Verständnis über den anderen Bereich bei. „Such training also helps the manager better understand the goals, perspectives, and priorities of other functions“.[1341] Dadurch lassen sich die im Rahmen der Kooperationsbeziehung auftretenden Unsicherheiten über das Verhalten des anderen Bereiches sowie die hierdurch induzierten Kosten reduzieren. In ähnlicher Weise sensibilisieren Seminare die daran teilnehmenden Mitarbeiter für Wissens- und Wahrnehmungskonflikte zwischen beiden

[1339] Vgl. Maltz/Kohli (2000), S. 485; Maltz/Souder/Kumar (2001), S. 77.
[1340] Vgl. in diesem Zusammenhang auch de Ruyter/Wetzels (2000a), S. 271 f.
[1341] Maltz/Kohli (2000), S. 481, in Anlehung an Dougherty (1992). Vgl. hierzu auch Gupta/Wilemon (1988), S. 28; Kohli/Jaworski (1990), S. 15; Hitt/Hoskisson/Nixon (1993), S. 170; Parry/Song (1993), S. 19.

Abteilungen, die sich auf dieser Basis leichter und damit kostengünstiger lösen lassen.[1342] Schließlich können Zentral- und Bereichscontroller im Rahmen gemeinsamer Seminare Kontakte aufbauen, über die kooperative Prozesse zwischen beiden Abteilungen effizienter und weniger aufwendig abgewickelt werden können. Insofern sollte die Nutzung abteilungsübergreifender Fortbildungen die in der Beziehung zwischen beiden Controllerbereichen entstehenden Kosten senken und so die Güte der Kooperation erhöhen.

Als zusätzliches Indiz für die kooperationsverbessernde Wirkung der Nutzung abteilungsübergreifender Fortbildungen lassen sich die empirischen Ergebnisse von SOUDER (1981), SHAW/SHAW (1998) sowie SHAW/SHAW/ENKE (2003) anführen.[1343]

Insgesamt lässt sich die folgende Hypothese aufstellen:

H12: Die Nutzung abteilungsübergreifender Fortbildungen von Zentral- und Bereichscontrolling wirkt positiv auf die Güte der Kooperation beider Bereiche.

Das Kooperationsverhältnis von Zentral- und Bereichscontrolling sollte sich des Weiteren durch die *Nutzung abteilungsübergreifenden Mitarbeiteraustausches* verbessern lassen.[1344] So bemerkt FRENSDORFF (1993): „Der Personalaustausch zwischen dem zentralen und dezentralen Controlling stärkt Verständnis und Zusammenhalt des Ganzen jenseits aller schriftlichen Regeln."[1345] Einen Erklärungsansatz für die positive Wirkung abteilungsübergreifenden Mitarbeiteraustausches liefern wiederum die soziale Austauschtheorie sowie die Theorie der sozialen Identität.

Im Rahmen von Personalwechseln können die betreffenden Mitarbeiter ein tieferes Verständnis über den jeweils anderen Controllerbereich erwerben.[1346] „One benefit of having worked 'both sides' is increased awareness of the other unit's operating conditions, constraints, and contributions."[1347] Auf diese Weise wird zum einen das Handeln der anderen Abteilung im Rahmen der Kooperationsbeziehung vorhersehbarer und die Unsicherheit reduziert.[1348] Zum anderen wird dadurch eine Grundlage geschaffen, um Konflikte zwischen beiden Abteilungen konstruktiv und einfacher lösen zu können.[1349] Darüber hinaus lernen Controller über die Arbeit im anderen Bereich die konkreten Informationsbedürfnisse der anderen Abteilung besser kennen, die sich auf dieser Basis zielgerichteter und leichter erfüllen

---

1342 Vgl. Brockhoff/Hauschildt (1993), S. 400; Brockhoff (1994), S. 36. Ähnlich auch de Ruyter/Wetzels (2000a), S. 271 f.

1343 Vgl. Souder (1981), S. 70; Shaw/Shaw (1998), S. 284, S. 286 sowie S. 290; Shaw/Shaw/Enke (2003), S. 497.

1344 Vgl. hierzu auch Weber (2006), S. 216.

1345 Frensdorff (1993), S. 130.

1346 Vgl. Weber (2006), S. 216.

1347 Cespedes (1993), S. 50. Vgl. auch Kohli/Jaworski (1990), S. 15; Gerpott (1991), S. 213; Kieser (1991), S. 170; Griffin/Hauser (1996), S. 205; de Ruyter/Wetzels (2000a), S. 271.

1348 Vgl. auch Griffin/Hauser (1996), S. 205.

1349 Vgl. Song/Xie/Dyer (2000), S. 53.

lassen.[1350] Schließlich können die an Personalwechseln teilnehmenden Mitarbeiter während des Aufenthaltes im anderen Controllerbereich persönliche Kontakte knüpfen und so ein informelles Netzwerk aufbauen, „das für die unterschiedlichsten Abstimmungsprobleme zwischen Zentrale und den dezentralen Bereichen genutzt werden kann."[1351] Insgesamt lassen sich demgemäß der *sozialen Austauschtheorie* zufolge die mit der Kooperation von Zentral- und Bereichscontrolling verbundenen Kosten senken und so die Qualität der Zusammenarbeit steigern.

Nach der *Theorie der sozialen Identität* sind Personalwechsel dazu geeignet, dysfunktionales Kategorisierungsverhalten abzuschwächen. So können während der Tätigkeit im anderen Controllerbereich persönliche Kontakte und Bindungen eingegangen werden, über die sich kooperationshemmende Stereotypen und soziale Distanzen abmildern lassen (Dekategorisierung durch Personalisierung).[1352] Darüber hinaus wird die bisherige, eindeutige Kategorisierung, die aus der Zugehörigkeit zu einer Abteilung resultiert, durch den Wechsel und die (befristete) Mitgliedschaft im anderen Controllerbereich aufgeweicht (Dekategorisierung durch Kreuzkategorisierung). Vor dem Hintergrund der weniger stark ausgeprägten kooperationsschädigenden Kategorisierung ist somit auch auf Basis der Theorie der sozialen Identität mit einer besseren Zusammenarbeit durch Mitarbeiterwechsel zu rechnen.

In empirischen Untersuchungen der Schnittstellenforschung konnte ebenfalls die positive Wirkung der Nutzung abteilungsübergreifenden Mitarbeiteraustausches nachgewiesen werden.[1353] Bezogen auf das Verhältnis zwischen Zentral- und Bereichscontrolling stellen WEBER ET AL. (2001) in ihrer Fallstudienuntersuchung fest: „Beispielhaft für den intensiven Austausch zwischen den Ebenen ist die Tatsache, dass einige Produktbereichscontroller früher bereits im Konzerncontrolling des Unternehmens gearbeitet haben."[1354]

Auf Basis der Ausführungen lässt sich die folgende Hypothese ableiten:

H13: Die Nutzung abteilungsübergreifenden Mitarbeiteraustausches zwischen Zentral- und Bereichscontrolling wirkt positiv auf die Güte der Kooperation beider Bereiche.

Auch eine größere *räumliche Nähe* von Zentral- und Bereichscontrolling dürfte zu einer besseren Kooperation beider Controllerbereiche führen.[1355] Dies lässt sich ebenfalls anhand der sozialen Austauschtheorie sowie der Theorie der sozialen Identität begründen.

[1350] Vgl. hierzu auch Moenaert/Souder (1990b), S. 100 f. Vgl. auch Song/Xie/Dyer (2000), S. 53.

[1351] Weber (2006), S. 216. Vgl. auch Gerpott (1991), S. 213; Kieser (1991), S. 170; Cespedes (1993), S. 50; Griffin/Hauser (1996), S. 205.

[1352] Vgl. hierzu auch Brockhoff (1994), S. 36; Griffin/Hauser (1996), S. 205; Chimhanzi (2004), S. 720.

[1353] Vgl. etwa die Beiträge von Souder (1981), S. 70, sowie Xie/Song/Stringfellow (2003), S. 243.

[1354] Weber et al. (2001), S. 37.

[1355] Vgl. hierzu auch Schiff/Lewin (1970), S. 264. Anzumerken ist, dass für die Gestaltung der räumlichen Nähe beider Controllerbereiche zueinander in der Praxis nur bedingt Freiheitsgrade bestehen, da hierbei auch die

Gemäß der *sozialen Austauschtheorie* sollte eine geringere physische Entfernung zwischen Zentral- und Bereichscontrolling die mit der Kooperationsbeziehung verbundenen Kosten senken und dementsprechend die Qualität der Zusammenarbeit steigern. So ist bei einer großen physischen Nähe eine persönliche Kommunikation zwischen Mitarbeitern beider Bereiche mit geringeren Anstrengungen und somit kostengünstiger möglich als über weitere räumliche Entfernungen.[1356] Darüber hinaus lassen sich gemeinsame Aktivitäten zwischen den Beteiligten bei einer größeren physischen Nähe mit weniger Aufwand koordinieren.[1357] Ferner können sich, wenn beide Abteilungen nah beieinander angesiedelt sind, zufällige informelle Treffen zwischen den Controllern beider Bereiche ergeben (z. B. auf dem Flur, an der Kaffeemaschine).[1358] Diese können dazu genutzt werden, um sich über aktuelle Themen und Probleme der anderen Abteilung zu informieren.[1359] Das so gewonnene Verständnis kann zu einer Reduktion der der Interaktionsbeziehung immanenten Unsicherheit sowie der hieraus resultierenden Kosten beitragen.

Darüber hinaus fördert eine große räumliche Nähe gemäß der *Theorie der sozialen Identität* eine Dekategorisierung durch Personalisierung. So können sich die Mitarbeiter in den zufälligen und spontanen Treffen auch persönlich besser kennen lernen und hierbei Vorurteile und Stereotypen abbauen.[1360]

Der postulierte positive Einfluss räumlicher Nähe ist schließlich auch empirisch bereits mehrfach bestätigt worden.[1361]

Insgesamt wird die folgende Hypothese aufgestellt:

H14: Die räumliche Nähe von Zentral- und Bereichscontrolling wirkt positiv auf die Güte der Kooperation beider Bereiche.

Als letzte strukturelle Determinante kooperativen Verhaltens beider Controllerbereiche wurde der *Unterstellungsgrad des Bereichscontrollings unter das Zentralcontrolling* identifiziert. Die Wirkung dieses Einflussfaktors lässt sich wiederum auf Basis der sozialen Austauschtheorie sowie der Theorie der sozialen Identität ableiten.

Bedürfnisse der Basiseinheit zu beachten sind. Vgl. in diesem Zusammenhang auch die Ausführungen in Kapitel 7.3 zu den Implikationen der Ergebnisse dieser Arbeit für die Unternehmenspraxis.

1356 Vgl. hierzu Brockhoff/Hauschildt (1993), S. 401; Brockhoff (1994), S. 36; Kahn/McDonough (1997a), S. 162; Högl/Proserpio (2004), S. 1156. Bspw. fallen bei einer geringeren physischen Distanz Reisekosten und Zeitaufwand für die Überbrückung der Entfernung niedriger aus. Vgl. Maltz/Kohli (1996), S. 52; de Ruyter/Wetzels (2000a), S. 262.

1357 Vgl. hierzu auch Maltz/Kohli (1996), S. 52; de Ruyter/Wetzels (2000a), S. 262.

1358 Vgl. Griffin/Hauser (1996), S. 197; Maltz/Kohli (1996), S. 52; Högl/Proserpio (2004), S. 1156.

1359 Vgl. Griffin/Hauser (1996), S. 197; de Ruyter/Wetzels (2000a), S. 262 f.; de Ruyter/Wetzels (2000b), S. 211 f.

1360 Vgl. hierzu Shaw/Shaw (1998), S. 289; de Ruyter/Wetzels (2000a), S. 262 f. sowie S. 270; de Ruyter/Wetzels (2000b), S. 211; Högl/Proserpio (2004), S. 1157. Vgl. auch Kahn/McDonough (1997a), S. 162.

1361 Vgl. hierzu die Untersuchungen von Allen (1971), S. 19 f.; Gupta/Raj/Wilemon (1985b), S. 19; Pinto/Pinto/Prescott (1993), S. 1292; Maltz/Kohli (1996), S. 57; Shaw/Shaw (1998), S. 286 sowie S. 289; Shaw/Shaw/Enke (2003), S. 495; Högl/Proserpio (2004), S. 1159.

Durch die Form der Unterstellung sowie die damit verbundenen Weisungsrechte werden die Kosten der Austauschbeziehung zwischen beiden Controllerbereichen maßgeblich beeinflusst. So ist etwa eine Umsetzung von Beschlüssen der Zentrale, die auch die dezentralen Bereiche betreffen,[1362] durch das Zentralcontrolling in Zusammenarbeit mit dem Bereichscontrolling erheblich schwieriger und aufwendiger, wenn das Bereichscontrolling der Bereichsleitung statt dem Zentralcontrolling unterstellt ist.[1363] Erfolgt dagegen eine Zuordnung des Bereichscontrollings zum Zentralcontrolling, können die Weisungsrechte für eine Förderung, Strukturierung und Koordination der Kooperationsbeziehung durch das Zentralcontrolling genutzt werden. Dadurch lassen sich Reibungsverluste und entsprechende Kosten verringern.[1364] Aufgrund dessen ist gemäß der *sozialen Austauschtheorie* bei einem höheren Unterstellungsgrad des Bereichscontrollings unter das Zentralcontrolling mit einer höheren Kooperationsgüte zu rechnen.

Auch der *Theorie der sozialen Identität* zufolge lässt sich die Qualität der Zusammenarbeit von Zentral- und Bereichscontrolling durch eine entsprechende Unterstellung steigern. So ist davon auszugehen, dass die Unterstellungsform einen Einfluss auf das Kategorisierungsverhalten von Zentral- und Bereichscontrollern besitzt. Wird das Bereichscontrolling etwa komplett dem Bereichsmanagement unterstellt, so dürften sich die Bereichscontroller primär dem Geschäftsbereich zugehörig fühlen und auch durch das Zentralcontrolling als Vertreter der Basiseinheit angesehen werden.[1365] Dadurch wird die Salienz der Trennung in Eigen- und Fremdgruppe bezogen auf beide Controllerbereiche verstärkt und so ein dysfunktionales Kategorisierungsdenken begünstigt, das die Herausbildung von Bereichsegoismen nach sich ziehen kann.[1366] Im Gegensatz dazu ist bei einer Zuordnung des Bereichscontrollings zum Zentralcontrolling mit einer rekategorisierenden Wirkung zu rechnen. So wird hierdurch die gemeinsame Zugehörigkeit von Bereichs- und Zentralcontrollern zur übergeordneten Gruppe „Controllerbereich" betont. Auf diese Weise lässt sich eine kooperationsschädigende Kategorisierung abmildern. Insofern sollte ein höherer Unterstellungsgrad des Bereichscontrollings unter das Zentralcontrolling auch auf Basis der Theorie der sozialen Identität zu einer besseren Kooperation beider Controllerbereiche führen.

Einen positiven Einfluss des Unterstellungsgrades des Bereichscontrollings unter das Zentralcontrolling auf die Kooperationsqualität beider Controllerbereiche lassen auch die Ergebnisse von SIMON ET AL. (1954) sowie SATHE (1978b) vermuten.[1367]

1362 Als Beispiel lässt sich hier etwa die unternehmensweite Einführung einer wertorientierten Steuerung anführen.

1363 Vgl. hierzu Zünd (1973), S. 184; Liessmann (1990), S. 519. Vgl. auch Synek (1996), S. 106.

1364 Auf dieser Basis lassen sich bspw. dezentrale Bereiche betreffende Informationen und Analysen schneller und leichter beschaffen oder neue Konzepte zügiger einführen. Vgl. auch Sathe (1978b), S. 101; Schüller (1984), S. 210.

1365 Vgl. Simon et al. (1954), S. 18.

1366 Vgl. auch Schüller (1984), S. 210; Schmidt (1993a), S. 153; Stoffel (1995), S. 106; Weber et al. (2001), S. 19; Weber (2006), S. 215; Weber/Schäffer (2006), S. 460.

1367 Vgl. Simon et al. (1954), S. 18 sowie S. 82; Sathe (1978b), S. 100.

Auf Basis der Ausführungen lässt sich die folgende Hypothese formulieren:

H15: Der Unterstellungsgrad des Bereichscontrollings unter das Zentralcontrolling wirkt positiv auf die Güte der Kooperation beider Bereiche.

6.2.1.2.1.2 Hypothesenprüfung

Zur Prüfung der abgeleiteten Hypothesen wurde wiederum ein PLS-Strukturmodell berechnet (vgl. Abbildung 12). Die detaillierten Ergebnisse der Hypothesenprüfung sind in Tabelle 35 zusammengefasst. Diese enthält zudem Informationen zur Wirkung der strukturellen Determinanten auf die einzelnen Faktoren der Kooperationsgüte.

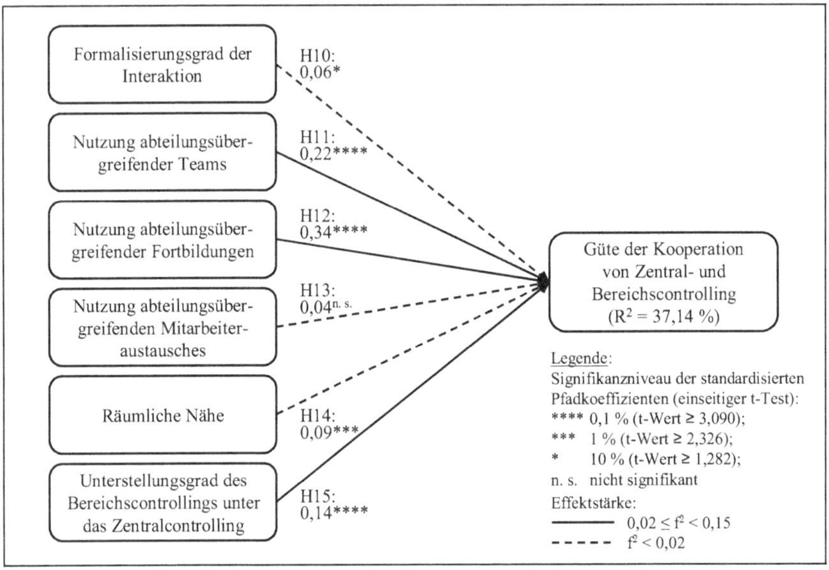

Abbildung 12: Strukturmodell zur Analyse der strukturellen Determinanten der Güte der Kooperation

Informationen zum Strukturmodell **„Strukturelle Determinanten der Güte der Kooperation von Zentral- und Bereichscontrolling"**					
Wirkungsbeziehung	Ursprünglicher Schätzwert	Mittelwert der erzeugten Fälle	Standardabweichung	t-Wert	Effektgröße f^2
Formalisierungsgrad der Interaktion ➔ Güte der Kooperation	**0,06**	**0,07**	**0,04**	**1,61**	**0,01**
Formalisierungsgrad der Interaktion ➔ Güte des formellen Informationsaustausches	0,09	0,09	0,04	2,02	0,01
Formalisierungsgrad der Interaktion ➔ Güte des informellen Informationsaustausches	-0,08	-0,06	0,05	1,68	0,01
Formalisierungsgrad der Interaktion ➔ Güte der Collaboration	0,08	0,09	0,04	2,04	0,01
Nutzung abteilungsübergreifender Teams ➔ Güte der Kooperation	**0,22**	**0,22**	**0,05**	**4,23**	**0,05**
Nutzung abteilungsübergreifender Teams ➔ Güte des formellen Informationsaustausches	0,22	0,22	0,05	4,60	0,06
Nutzung abteilungsübergreifender Teams ➔ Güte des informellen Informationsaustausches	0,37	0,37	0,05	7,61	0,15
Nutzung abteilungsübergreifender Teams ➔ Güte der Collaboration	0,19	0,20	0,05	3,87	0,04
Nutzung abteilungsübergreifender Fortbildungen ➔ Güte der Kooperation	**0,34**	**0,34**	**0,05**	**7,13**	**0,12**
Nutzung abteilungsübergreifender Fortbildungen ➔ Güte des formellen Informationsaustausches	0,33	0,33	0,05	7,07	0,12
Nutzung abteilungsübergreifender Fortbildungen ➔ Güte des informellen Informationsaustausches	0,20	0,19	0,05	3,70	0,04
Nutzung abteilungsübergreifender Fortbildungen ➔ Güte der Collaboration	0,35	0,35	0,05	6,45	0,12
Nutzung abteilungsübergreifenden Mitarbeiteraustausches ➔ Güte der Kooperation	**0,04**	**0,04**	**0,04**	**0,97**	**0,00**
Nutzung abteilungsübergreifenden Mitarbeiteraustausches ➔ Güte des formellen Informationsaustausches	0,03	0,03	0,04	0,76	0,00
Nutzung abteilungsübergreifenden Mitarbeiteraustausches ➔ Güte des informellen Informationsaustausches	0,06	0,06	0,03	1,75	0,00
Nutzung abteilungsübergreifenden Mitarbeiteraustausches ➔ Güte der Collaboration	0,04	0,05	0,04	0,99	0,00

Räumliche Nähe → Güte der Kooperation	**0,09**	**0,09**	**0,04**	**2,46**	**0,01**
Räumliche Nähe → Güte des formellen Informationsaustausches	0,11	0,12	0,04	2,77	0,02
Räumliche Nähe → Güte des informellen Informationsaustausches	0,20	0,20	0,04	4,71	0,06
Räumliche Nähe → Güte der Collaboration	0,09	0,10	0,04	2,35	0,01
Unterstellungsgrad des Bereichscontrollings unter das Zentralcontrolling → Güte der Kooperation	**0,14**	**0,15**	**0,04**	**3,63**	**0,03**
Unterstellungsgrad des Bereichscontrollings unter das Zentralcontrolling → Güte des formellen Informationsaustausches	0,20	0,20	0,04	4,91	0,06
Unterstellungsgrad des Bereichscontrollings unter das Zentralcontrolling → Güte des informellen Informationsaustausches	0,10	0,11	0,04	2,39	0,01
Unterstellungsgrad des Bereichscontrollings unter das Zentralcontrolling → Güte der Collaboration	0,09	0,10	0,04	2,26	0,01
Erklärte Varianz (R^2): 37,14 %					

Tabelle 35: Informationen zum Strukturmodell „Strukturelle Determinanten der Güte der Kooperation"

Mit Hypothese H10 wurde ein positiver Einfluss des *Formalisierungsgrades der Interaktion* auf die Güte der Kooperation von Zentral- und Bereichscontrolling postuliert. Wie aus Abbildung 12 hervorgeht, spiegelt der Pfadkoeffizient von 0,06 die hypothetisierte Wirkungsrichtung wider, liegt allerdings deutlich unter dem angestrebten Mindestwert von 0,1. Ebenso verfehlt der zugehörige t-Wert mit 1,61 das Anspruchsniveau von 1,645. Aus diesem Grunde ist die Hypothese H10 zu verwerfen. Eine mögliche Erklärung für den geringen Einfluss des Formalisierungsgrades ergibt sich aus den Wirkungsbeziehungen zu den einzelnen Bestandteilen der Kooperationsgüte (vgl. Tabelle 35). So ist ersichtlich, dass ein hoher Formalisierungsgrad einen besseren formellen Informationsaustausch sowie eine bessere Collaboration bedingt. Die entsprechenden Pfadkoeffizienten liegen nur knapp unter dem geforderten Grenzwert von 0,1 und sind auf dem 5-%-Niveau signifikant. Demgegenüber wird die Güte des informellen Informationsaustausches durch eine stärkere Formalisierung der Interaktion verschlechtert. Dies ist möglicherweise darauf zurückzuführen, dass sich als Resultat eines höheren Formalisierungsgrades die Analyse des gegenseitigen Informationsbedarfes sowie die Bereitstellung tätigkeitsrelevanter Informationen als wesentliche Aspekte eines guten Informationsaustausches[1368] vorwiegend auf formellem Wege vollziehen.[1369] Dadurch kommt diesen Aktivitäten bei informellen Kontakten zwischen Mitarbeitern beider Controllerbereiche evtl. eine geringere Bedeutung zu, was sich demgemäß in einer Qualitäts-

[1368] Vgl. hierzu die Konzeptualisierung der Güte des Informationsaustausches in Abschnitt 4.1.2.1.1.
[1369] Vgl. hierzu auch Ruekert/Walker (1987b), S. 12 sowie S. 14.

einbuße beim informellen Austausch manifestiert. Insgesamt wird dadurch der positive Gesamteffekt des Formalisierungsgrades auf die Kooperationsgüte abgeschwächt.

Auch für die *Nutzung abteilungsübergreifender Teams* wurde eine qualitätssteigernde Wirkung auf die Kooperationsbeziehung von Zentral- und Bereichscontrolling abgeleitet (Hypothese H11). Die empirischen Ergebnisse bestätigen den angenommenen Zusammenhang. So erweist sich der Pfadkoeffizient von 0,22 auf einem Niveau von 0,1 % als signifikant. Die Effektgröße f^2 beläuft sich auf 0,05 und deutet auf eine schwache bis moderate Wirkung hin. Auch bezogen auf die einzelnen Faktoren der Kooperationsgüte weist die Nutzung von Teams bestehend aus Zentral- und Bereichscontrollern einen qualitätsfördernden Einfluss auf. Auffällig ist in diesem Zusammenhang die starke Wirkung auf die Güte des informellen Informationsaustausches. Dieses Ergebnis lässt möglichenfalls den Schluss zu, dass im Rahmen der Teamarbeit vor allem persönliche Kontakte geknüpft und intensiviert werden, die die Kommunikation abseits offizieller Arbeitsbeziehungen verbessern.[1370]

Auch die Hypothese H12, die eine positive Beziehung zwischen der *Nutzung abteilungsübergreifender Fortbildungen* und der Qualität der Kooperation unterstellt, kann gestützt werden. Der Pfadkoeffizient beläuft sich bei einem Signifikanzniveau von 0,1 % auf 0,34, die Effektstärke von 0,12 lässt auf einen moderaten Wirkungszusammenhang schließen. Für die einzelnen Komponenten der Güte der Kooperation ergibt sich ebenfalls ein qualitätsverbessernder Effekt der Nutzung abteilungsübergreifender Fortbildungen. Dieser ist für die Güte der Collaboration am höchsten ausgeprägt, so dass abteilungsübergreifende Schulungsmaßnahmen über einen Abbau von Wahrnehmungs- und Wissensdefiziten vor allem eine gute verhaltensbezogene, relationale Zusammenarbeit sowie deren Elemente (bspw. ein gutes gegenseitiges Verständnis[1371]) zu fördern scheinen.[1372]

Wie die Hypothese H10 muss auch die Hypothese H13 zur kooperationsfördernden Wirkung der *Nutzung abteilungsübergreifenden Mitarbeiteraustausches* abgelehnt werden. So bewegt sich der Pfadkoeffizient von 0,04 unter dem angestrebten Wert von 0,1 und ist nicht signifikant. Darüber hinaus liegt die Effektgröße nur unwesentlich über null.[1373] Das gleiche Resultat ergibt sich in Bezug auf die Güte des formellen Informationsaustausches sowie die Güte der Collaboration. Lediglich hinsichtlich der Güte des informellen Informationsaustausches ist ein auf dem 5-%-Niveau signifikanter Einfluss der Nutzung abteilungsübergreifenden Mitarbeiteraustausches zu verzeichnen. Allerdings fällt der korrespondierende Pfadkoeffizient mit 0,06 ebenfalls deutlich niedriger als der geforderte Mindestwert aus. Auch der Effektwert unterscheidet sich nur geringfügig von null, so dass nur von einer vernachlässigbaren Wirkungsstärke ausgegangen werden kann.

[1370] Vgl. hierzu auch die Ausführungen in Abschnitt 6.2.1.2.1.1.

[1371] Vgl. hierzu auch Abschnitt 4.1.2.2.1.

[1372] Vgl. in diesem Zusammenhang auch Brockhoff/Hauschildt (1993), S. 400; Maltz/Kohli (2000), S. 481. Zur kooperationsverbessernden Wirkung abteilungsübergreifender Fortbildungsveranstaltungen vgl. ausführlich auch Abschnitt 6.2.1.2.1.1.

[1373] Auf die dritte Nachkommastelle gerundet, beträgt die Effektstärke 0,003.

Eine etwaige Erklärung für dieses Ergebnis liefert BROCKHOFF (1994), der sich dabei auf die Analysen von MOENAERT ET AL. (1992) stützt. So bemerkt BROCKHOFF (1994) im Hinblick auf die Nutzung von Job-Rotation-Maßnahmen, durch die das Konstrukt zum abteilungsübergreifenden Mitarbeiteraustausch i. W. gebildet wird:[1374] „Allerdings kommen die Beiträge von job rotation zur Lösung von Schnittstellenproblemen offenbar nur mit zeitlicher Verzögerung nach der Einnahme neuer Positionen innerhalb des Unternehmens zur Wirkung und können sogar in der ersten Zeit kontraproduktiv wirken".[1375] Insofern scheint die Zeitdauer, seit der die an Job-Rotation-Programmen teilnehmenden Controller in der neuen Abteilung arbeiten, für eine Verbesserung kooperativer Beziehungen eine wichtige Rolle zu spielen. So können etwa Mitarbeiter, die erst seit kurzem am neuen Arbeitsplatz eingesetzt werden, von ihren neuen Kollegen oftmals zunächst mit Argwohn betrachtet werden: „In the beginning, the newcomers from job rotation may be seen as a threat because of previous mistrust."[1376] Dadurch können die im vorherigen Abschnitt abgeleiteten positiven Effekte des Mitarbeiteraustausches ihre volle Wirksamkeit möglicherweise z. T. erst nach einer gewissen Zeit entfalten. In dieser Hinsicht besteht allerdings noch weiterer Forschungsbedarf.

Hypothese H14 besagt, dass eine hohe *räumliche Nähe* von Zentral- und Bereichscontrollern positiv auf die Güte der Kooperation beider Controllerbereiche wirkt. Der korrespondierende Pfadkoeffizient fällt mit 0,09 zwar leicht niedriger als die angestrebte Untergrenze von 0,1 aus, erweist sich aber auf dem 1-%-Niveau als hochsignifikant. Auch auf Basis der Effektgröße von 0,01 ist von einem, wenn auch schwachen Einfluss auszugehen. Vor diesem Hintergrund lässt sich die Hypothese H14 nicht verwerfen. Wie Tabelle 35 verdeutlicht, ergeben sich auch für die einzelnen Faktoren der Kooperationsgüte stark signifikante Zusammenhänge. Die stärkste Wirkungsbeziehung ist dabei für die Güte des informellen Informationsaustausches festzustellen. Dies deutet möglichenfalls darauf hin, dass eine größere räumliche Nähe insbesondere spontane informelle Treffen und Gespräche zwischen Zentral- und Bereichscontrollern fördert, die für gute Kommunikationsbeziehungen jenseits offizieller Kanäle wichtig sind.[1377]

Auch Hypothese H15 zum *Unterstellungsgrad des Bereichscontrollings unter das Zentralcontrolling* wird durch die empirischen Ergebnisse gestützt. So beträgt der Pfadkoeffizient 0,14 und weist ein Signifikanzniveau von 0,1 % auf. Der Effektwert von 0,03 signalisiert einen schwachen Wirkungszusammenhang. Im Hinblick auf die einzelnen Kooperationsbestandteile zeigt sich ebenfalls ein qualitätserhöhender Einfluss. Am meisten profitiert der formelle Informationsaustausch von einem hohen Unterstellungsgrad des Bereichscontrollings unter das Zentralcontrolling. Dieses Resultat lässt sich u. U. dadurch erklären, dass sich

[1374] Vgl. Abschnitt 6.2.1.1.4.
[1375] Brockhoff (1994), S. 36 f. Vgl. hierzu Moenaert et al. (1992), S. 33 f. Vgl. darüber hinaus auch Moenaert/Souder (1996), S. 1605.
[1376] Weinrauch/Anderson (1982), S. 298.
[1377] Vgl. hierzu auch Abschnitt 6.2.1.2.1.1. Vgl. in diesem Zusammenhang auch Abschnitt 4.1.2.1.1.

vor allem formelle Informationsbeziehungen über umfangreichere fachliche Weisungsrechte, durch die das formative Konstrukt zum Unterstellungsgrad primär gebildet wird und die auch die Berührungspunkte zwischen beiden Controllerbereichen betreffen,[1378] reibungsloser sowie zielgerichteter gestalten und somit verbessern lassen dürften.[1379] Demgegenüber dürften der Austausch von Informationen auf informeller Ebene sowie relationale Elemente der Kooperationsbeziehung, wie z. B. kooperative Empfindungen[1380], in deutlich geringerem Maße und nur mittelbar über Weisungsbefugnisse steuerbar sein.

Zusammenfassend zeigt die Hypothesenprüfung zu den strukturellen Determinanten, dass sich kooperatives Verhalten von Zentral- und Bereichscontrolling durch verschiedene strukturelle Maßnahmen gezielt fördern lässt. Eine besonders wichtige Bedeutung kommt dabei der Nutzung abteilungsübergreifender Fortbildungen sowie Teams zu. Insgesamt erklären die sechs strukturellen Einflussfaktoren ca. 37 % der Varianz der Güte der Kooperation beider Controllerbereiche. Dieser Wert kann als zufriedenstellend bezeichnet werden.

6.2.1.2.2 Explorative Analyse der moderierenden Wirkung der Organisationsform

Um den moderierenden Einfluss der Organisationsform des Unternehmens auf die Wirkungsbeziehungen zwischen den strukturellen Einflussfaktoren und der Kooperationsgüte von Zentral- und Bereichscontrolling zu ermitteln, erfolgte zunächst wiederum eine Berechnung des betreffenden Strukturmodells für die beiden Teilstichproben der Operativen Holding und Management-Holding.[1381]

Für die *Operative Holding* sind die entsprechenden Ergebnisse in Tabelle 36 zusammengestellt.

[1378] Vgl. hierzu Abschnitt 6.2.1.1.6.

[1379] Bspw. kann das Zentralcontrolling über fachliche Weisungskompetenzen die Termine festlegen, zu denen das Bereichscontrolling bestimmte Informationen bereitstellen soll, oder genaue Anforderungen an die vom Bereichscontrolling zu berichtenden Daten formulieren. Dies sollte dazu beitragen, dass der formelle Informationsaustausch strukturierter und mit weniger Reibungsverlusten abläuft.

[1380] Vgl. hierzu Abschnitt 4.1.2.2.1.

[1381] Das erwähnte Strukturmodell ist in Abbildung 12 im vorherigen Abschnitt dargestellt. Die Organisationsform der Finanzholding musste aufgrund der geringen Fallzahl in der entsprechenden Teilstichprobe auch hier aus der moderierenden Analyse ausgeklammert werden. Vgl. hierzu auch Abschnitt 5.3.2. Zum Vorgehen bei dem hier angewandten Mehrgruppenverfahren vgl. Abschnitt 3.3.2.3.

Informationen zum Strukturmodell **„Strukturelle Determinanten der Güte der Kooperation von Zentral- und Bereichscontrolling in der *Operativen Holding*"**					
Wirkungsbeziehung	Ursprünglicher Schätzwert	Mittelwert der erzeugten Fälle	Standardabweichung	t-Wert	Effektgröße f^2
Formalisierungsgrad der Interaktion ➔ Güte der Kooperation	0,06	0,08	0,07	0,78	0,00
Nutzung abteilungsübergreifender Teams ➔ Güte der Kooperation	0,25	0,25	0,07	3,54	0,07
Nutzung abteilungsübergreifender Fortbildungen ➔ Güte der Kooperation	0,34	0,33	0,07	4,84	0,12
Nutzung abteilungsübergreifenden Mitarbeiteraustausches ➔ Güte der Kooperation	0,09	0,10	0,06	1,51	0,01
Räumliche Nähe ➔ Güte der Kooperation	0,12	0,13	0,07	1,87	0,02
Unterstellungsgrad des Bereichscontrollings unter das Zentralcontrolling ➔ Güte der Kooperation	0,09	0,10	0,06	1,34	0,01
Erklärte Varianz (R^2): 39,05 %					

Tabelle 36: Informationen zum Strukturmodell „Strukturelle Determinanten der Güte der Kooperation in der Operativen Holding"

Insgesamt ist eine hohe Analogie zu den Befunden für die Gesamtstichprobe zu erkennen. So geht vom *Formalisierungsgrad der Interaktion* auch in der Operativen Holding keine kooperationsverbessernde Wirkung aus. Dabei liegt der t-Wert des Pfadkoeffizienten – anders als für die komplette Datenbasis – sogar unterhalb des ein Signifikanzniveau von 10 % repräsentierenden Schwellenwertes. Weiterhin lässt sich die Kooperationsbeziehung zwischen Zentral- und Bereichscontrolling durch die *Nutzung abteilungsübergreifender Teams* und *Fortbildungen* verbessern. Bezüglich der *Nutzung abteilungsübergreifenden Mitarbeiteraustausches* fällt der Pfadkoeffizient mit einem Wert von 0,09 im Vergleich zur Gesamtstichprobe höher aus und erreicht ein Signifikanzniveau von 10 %. Da damit jedoch die Anforderungen hinsichtlich Höhe (0,1) und Signifikanz (5 %) des Pfadkoeffizienten nicht eingehalten werden, wäre die Hypothese H13 für die Operative Holding ebenfalls zu verwerfen. Demgegenüber ist auch in der Operativen Holding ein kooperationsfördernder Einfluss der *räumlichen Nähe* festzustellen, wenngleich der Pfadkoeffizient nunmehr nicht auf dem 1-%-Niveau, sondern lediglich auf einem Niveau von 5 % signifikant ist. Abweichend zu den Ergebnissen für die Gesamtdatenbasis kann für die Operative Holding interessanterweise nicht von einem kooperationssteigernden Einfluss des *Unterstellungsgrades des Bereichscontrollings unter das Zentralcontrolling* ausgegangen werden. So verfehlt der Pfadkoeffizient von 0,09 den Mindestwert von 0,1 und weist nur ein Signifikanzniveau von 10 % auf. Möglicherweise wird die für die Gesamtstichprobe zu verzeichnende kooperationsverbessernde Funktion des Unterstellungsgrades in der Operativen Holding durch andere strukturelle Gegebenheiten ausgefüllt, so dass dem Unterstellungsgrad in dieser Hinsicht keine signifikante Bedeutung zukommt.[1382] Insgesamt ist die Stützung der Hypothese H15 zum Unterstellungsgrad des Bereichscontrollings somit mit Einschränkungen zu versehen.[1383]

Die Ergebnisse der Berechnung des Strukturmodells für die *Management-Holding* können Tabelle 37 entnommen werden.

Informationen zum Strukturmodell **„Strukturelle Determinanten der Güte der Kooperation von Zentral- und Bereichscontrolling in der *Management-Holding*"**					
Wirkungsbeziehung	Ursprünglicher Schätzwert	Mittelwert der erzeugten Fälle	Standardabweichung	t-Wert	Effektgröße f^2
Formalisierungsgrad der Interaktion ➔ Güte der Kooperation	0,14	0,14	0,06	2,21	0,02
Nutzung abteilungsübergreifender Teams ➔ Güte der Kooperation	0,11	0,12	0,07	1,67	0,01
Nutzung abteilungsübergreifender Fortbildungen ➔ Güte der Kooperation	0,33	0,32	0,07	4,74	0,12
Nutzung abteilungsübergreifenden Mitarbeiteraustausches ➔ Güte der Kooperation	0,00	0,03	0,06	0,06	0,00
Räumliche Nähe ➔ Güte der Kooperation	0,12	0,13	0,05	2,28	0,02
Unterstellungsgrad des Bereichscontrollings unter das Zentralcontrolling ➔ Güte der Kooperation	0,22	0,23	0,06	3,79	0,07
Erklärte Varianz (R^2): 37,15 %					

Tabelle 37: Informationen zum Strukturmodell „Strukturelle Determinanten der Güte der Kooperation in der Management-Holding"

Auch für die Management-Holding ergeben sich größtenteils die für die gesamte Stichprobe ermittelten Ergebnisse. Eine Ausnahme bildet hier der *Formalisierungsgrad der Interaktion*, der mit einem auf dem 5-%-Niveau signifikanten Pfadkoeffizienten von 0,14 zu einer Verbesserung kooperativer Beziehungen zwischen Zentral- und Bereichscontrolling beiträgt. Hierdurch erfahren die zu Hypothese H10 aufgestellten Überlegungen eine gewisse Bestätigung. Hinsichtlich der *Nutzung abteilungsübergreifender Teams* und *Fortbildungen* ist analog zu den Befunden für die gesamte Datenbasis ebenfalls eine kooperationsfördernde Wirkung zu verzeichnen. Auffällig ist hierbei, dass der Pfadkoeffizient in Bezug auf den

[1382] Grundsätzlich denkbar wäre als mögliche Begründung für den schwachen Wirkungszusammenhang auch eine (nahezu) vollständige Unterstellung des Bereichscontrollings unter das Zentralcontrolling in der überwiegenden Zahl der als Operative Holding organisierten Unternehmen sowie daraus resultierend eine zu geringe Varianz der Antworten zum Unterstellungsgrad. Dieser Tatbestand ist gemäß der Datenbasis allerdings nicht gegeben, so dass dieser Erklärungsansatz ausscheidet.

[1383] Vgl. in diesem Zusammenhang auch das Vorgehen bei Igbaria/Parasuraman/Badawy (1994), S. 188 f.; Armstrong/Sambamurthy (1999), S. 315 ff.; Keil et al. (2000), S. 312 ff.

Teameinsatz mit 0,11 deutlich niedriger ausfällt und statt auf dem 0,1-%-Niveau nunmehr lediglich auf einem Niveau von 5 % signifikant ist. Zudem impliziert die Effektgröße von 0,01 nur noch eine schwache Wirkung. Von der *Nutzung abteilungsübergreifenden Mitarbeiteraustausches* geht auch in der Management-Holding kein signifikanter Einfluss auf die Güte der Kooperation aus. Dagegen führen eine hohe *räumliche Nähe* und ein hoher *Unterstellungsgrad des Bereichscontrollings unter das Zentralcontrolling* wiederum zu einer besseren Kooperation beider Controllerbereiche. Im Gegensatz zur Gesamtstichprobe bewegt sich der Pfadkoeffizient für die räumliche Nähe jedoch nur auf einem Signifikanzniveau von 5 % statt von 1 %. Demgegenüber liegen Pfadkoeffizient und Effektstärke für den Unterstellungsgrad deutlich über den korrespondierenden Werten für die komplette Datenbasis.

Im nächsten Schritt wurden die Unterschiede zwischen den für die beiden Teilstichproben berechneten Pfadkoeffizienten anhand der in Abschnitt 3.3.2.3 vorgestellten Formel auf Signifikanz überprüft. Tabelle 38 gibt die Ergebnisse dieser Analyse wieder.

Informationen zum **Signifikanztest der Unterschiede zwischen den Pfadkoeffizienten der strukturellen Determinanten der Güte der Kooperation** in Operativer Holding und Management-Holding				
Wirkungsbeziehung	Pfadkoeffizient Operative Holding	Pfadkoeffizient Management-Holding	t-Wert des Unterschiedes	Signifikanzniveau des Unterschiedes
Formalisierungsgrad der Interaktion ➔ Güte der Kooperation	0,06	0,14	0,83	n. s.
Nutzung abteilungsübergreifender Teams ➔ Güte der Kooperation	0,25	0,11	1,43	n. s.
Nutzung abteilungsübergreifender Fortbildungen ➔ Güte der Kooperation	0,34	0,33	0,04	n. s.
Nutzung abteilungsübergreifenden Mitarbeiteraustausches ➔ Güte der Kooperation	0,09	0,00	0,98	n. s.
Räumliche Nähe ➔ Güte der Kooperation	0,12	0,12	0,06	n. s.
Unterstellungsgrad des Bereichscontrollings unter das Zentralcontrolling ➔ Güte der Kooperation	0,09	0,22	1,57	n. s.

Tabelle 38: Informationen zum Signifikanztest der Unterschiede zwischen den Pfadkoeffizienten der strukturellen Determinanten der Güte der Kooperation in Operativer Holding und Management-Holding

Es zeigt sich, dass die Pfadkoeffizienten für Operative Holding und Management-Holding nicht signifikant voneinander verschieden sind. Sämtliche t-Werte liegen unter dem Anspruchsniveau von 1,96. Die auffälligsten Unterschiede zwischen den Pfadkoeffizienten sind für die Nutzung abteilungsübergreifender Teams sowie den Unterstellungsgrad des Bereichscontrollings zu verzeichnen. Die relativ niedrigen t-Werte lassen sich wiederum durch die erhöhten Standardabweichungen der Pfadkoeffizienten erklären, die sich im Rahmen des Bootstrapping aus der Verringerung der Fallzahl in den Teilstichproben gegenüber der Gesamtdatenbasis ergeben.[1384]

Insgesamt kann somit – wie bei den Auswirkungen der Güte der Kooperation – auch bezogen auf den Einfluss der strukturellen Determinanten keine moderierende Wirkung der Organisationsform festgestellt werden. Die explorative Analyse in diesem Abschnitt verdeutlicht hingegen, dass grundsätzlich auch die Wirkungsbeziehungen, die für die strukturellen Einflussfaktoren der Kooperationsgüte abgeleitet wurden, gegenüber dem aus der betrachteten Organisationsform resultierenden Kontext weitgehend eine hohe Robustheit aufweisen.[1385] Allerdings besteht die Möglichkeit, dass die Organisationsform die Wirkungszusammenhänge zwischen den strukturellen Determinanten und dem *Ausmaß* oder *Inhalt* der Kooperation von Zentral- und Bereichscontrolling in signifikantem Maße beeinflusst. In dieser Hinsicht existiert jedoch weiterer Forschungsbedarf.[1386]

6.2.2 Relationale Determinanten

6.2.2.1 Konzeptualisierung und Operationalisierung der relationalen Determinanten

6.2.2.1.1 Organisationsvertrauen

Vertrauen wird gemeinhin eine zentrale Rolle für die Festigung und Förderung relationaler Austauschbeziehungen zuerkannt.[1387] „Trust has been identified as an essential ingredient in relational exchanges".[1388] Auch im Controlling-Kontext und speziell im Hinblick auf die Beziehung zwischen Zentral- und Bereichscontrolling wird Vertrauen als ein wesentlicher Erfolgsfaktor angesehen.[1389]

1384 Das Ergebnis, dass die Pfadkoeffizienten nicht signifikant voneinander verschieden sind, obwohl sich deren Signifikanzniveau in beiden Teilstichproben z. T. unterscheidet, ist darauf zurückzuführen, dass bei einer Mehrgruppenanalyse ausschließlich die Pfadkoeffizienten selbst auf signifikante Unterschiede getestet werden. Vgl. hierzu auch Fußnote 1195 in Abschnitt 5.3.2.

1385 Lediglich die Annahme der Hypothese zum Unterstellungsgrad des Bereichscontrollings musste angesichts der Ergebnisse für die Operative Holding mit Einschränkungen versehen werden. Dagegen war – abweichend zu den Befunden für die Gesamtstichprobe sowie die Operative Holding – in der Management-Holding ein kooperationsverbessernder Einfluss des Formalisierungsgrades zu verzeichnen.

1386 Vgl. hierzu analog auch die Ausführungen am Ende von Abschnitt 5.3.2.

1387 Vgl. hierzu u. a. Hosmer (1995), S. 379; Ganesan/Hess (1997), S. 439; Nielson (1998), S. 444; Bartelt (2002), S. 44; Wallenburg (2004), S. 79. Vgl. auch Grüninger (2001), S. 67 ff.

1388 de Ruyter/Wetzels (2000a), S. 260 m. w. N. Ähnlich auch Anderson/Narus (1986), S. 321. Spekman (1988), S. 79, bezeichnet Vertrauen als „cornerstone to the strategic partnership".

1389 Vgl. hierzu Krystek (1990), S. 332 f.; Steinle/Thiem/Dunse (1998), S. 148 f.

Vor dem Hintergrund der Bedeutung, die Vertrauen beigemessen wird, hat sich in der Wissenschaft eine Vielzahl unterschiedlicher Fachrichtungen mit diesem Phänomen auseinandergesetzt.[1390] Insbesondere in Sozialpsychologie, Soziologie und Ökonomie ist Vertrauen eine hohe Aufmerksamkeit gewidmet worden.[1391] Allerdings hat diese Vielfalt auch dazu geführt, dass sich bisher kein allgemeingültiges Verständnis von Vertrauen herausgebildet hat.[1392] Selbst innerhalb der wirtschaftswissenschaftlichen Disziplinen sind unterschiedliche Definitionsansätze zu erkennen.[1393] Trotz dieser verschiedenen Begriffsverständnisse lassen sich in Anlehnung an LANE (1998) drei wesentliche Prämissen identifizieren, die der überwiegenden Zahl der Konzepte von Vertrauen zugrunde liegen und die gleichzeitig den Rahmen für die Bedeutung von Vertrauen vorgeben:[1394]

- *Interdependenz*: Vertrauen kommt nur dann eine Relevanz zu, wenn zwischen den beteiligten Parteien eine Abhängigkeit dergestalt besteht, dass „the completion of one's own consequential activities *depend* on the prior action or co-operation of another person".[1395]
- *Risiko und Unsicherheit*: Vertrauen dient dem Umgang mit und der Überwindung von Risiko und Unsicherheit in Austauschbeziehungen.[1396] „Without uncertainty in the outcome, trust has no role of any consequence."[1397] Dabei spielen vor allem die Unsicherheit über das Verhalten des Interaktionspartners und die damit verbundene Opportunismusgefahr eine wichtige Rolle.[1398]
- *Verletzbarkeit*: Vertrauen ist nur dann relevant, wenn sich aus der Unsicherheit und dem potenziell opportunistischen Verhalten des Interaktionspartners ein Verlust für den Vertrauensgeber ergeben kann und dieser somit verletzbar ist.[1399] In Vertrauen manifestiert sich die Erwartung, dass diese Verletzbarkeit nicht ausgenutzt wird.[1400]

Diese drei Aspekte finden sich auch in der Beziehung von Zentral- und Bereichscontrolling wieder, so dass – wie eingangs erwähnt – Vertrauen auch hier ein bedeutsames Element darstellt.

[1390] Vgl. hierzu Kenning (2002), S. 8, sowie den Überblick bei Petermann (1996), S. 11 f.

[1391] Vgl. Doney/Cannon (1997), S. 36; Ganesan/Hess (1997), S. 439; Grüninger (2001), S. 67; Matthes (2006), S. 20. Vgl. auch Ahlert/Kenning/Petermann (2001), S. 281.

[1392] Vgl. Krystek/Zumbrock (1993), S. 4; Plötner (1993), S. 33; Hosmer (1995), S. 380; Kenning (2002), S. 8.

[1393] Vgl. Wallenburg (2004), S. 105, der hierbei auf Krystek (1999), Schmitz (1997) sowie Ripperger (1998) verweist. Vgl. auch Ganesan/Hess (1997), S. 439, sowie die Zusammenstellung bei Kenning (2002), S. 20 f.

[1394] Vgl. hierzu und im Folgenden Lane (1998), S. 3, sowie in diesem Zusammenhang auch die Ausführungen bei Wallenburg (2004), S. 105 f. Vgl. darüber hinaus im Folgenden auch Spillecke (2006), S. 150.

[1395] Lane (1998), S. 3, in Anlehnung an Luhmann (1979) sowie Dasgupta (1988). Vgl. auch Johnson-George/Swap (1982), S. 1306.

[1396] Vgl. Ripperger (1998), S. 106. Vgl. auch Ahlert/Kenning/Petermann (2001), S. 281 f.

[1397] Das/Teng (2001), S. 256. Vgl. auch Kenning (2002), S. 22.

[1398] Vgl. hierzu auch Eggs (2001), S. 71. Luhmann (1989), S. 27, bemerkt: „Vertrauen bleibt ein Wagnis".

[1399] Vgl. auch Matthes (2006), S. 22. Vgl. hierzu auch Deutsch (1976), S. 135 f.; Johnson-George/Swap (1982), S. 1306; Doney/Cannon (1997), S. 36; Bruhn (2001), S. 69; Bartelt (2002), S. 45.

[1400] Vgl. hierzu auch Eggs (2001), S. 72.

Darüber hinaus ist festzustellen, dass Vertrauen nach herrschender Meinung auf der Wahrnehmung von Glaubwürdigkeit („credibility") und Wohlwollen („benevolence") basiert.[1401] Empfundene Glaubwürdigkeit spiegelt sich in dem Gefühl wider, „that a person's words are reliable and correspond with his deeds".[1402] „Benevolence.. is the extent to which one partner is genuinely interested in the other partner's welfare".[1403] Auch der vorliegenden Arbeit wird diese weit verbreitete Vertrauenskonzeption zugrunde gelegt.

Für eine Operationalisierung und Messung von Vertrauen ist eine weitere Konkretisierung des Vertrauensbegriffes erforderlich. In Anlehnung an KENNING (2002) kann weiterführend hinsichtlich der Art des Vertrauens zunächst zwischen generalisiertem, affektivem sowie kognitivem Vertrauen unterschieden werden.[1404]

Generalisiertes Vertrauen lässt sich als grundsätzliche und kontextunabhängige Vertrauensbereitschaft einer Person auffassen. Es stellt eine nur schwer zu beeinflussende Persönlichkeitsausprägung dar und bildet die Grundlage der weiteren Dimensionen von Vertrauen.[1405]

Affektives Vertrauen bildet sich aus den Erfahrungen heraus, die eine Person vom Kindesalter an während ihres Lebens sammelt.[1406] Es ist an eine bestimmte Beziehung und einen bestimmten Vertrauensnehmer geknüpft und ebenfalls nur schwer beeinflussbar.[1407]

Im Gegensatz dazu kann der Vertrauensnehmer *kognitives Vertrauen*, das sich in Form von Erfahrungs- oder Reputationsvertrauen herausbilden kann, durch sein Verhalten steuern und fördern. Während sich *Erfahrungsvertrauen* auf Basis der eigenen positiven Erfahrungen des Vertrauensgebers mit dem Interaktionspartner entwickelt, basiert *Reputationsvertrauen* auf Informationen Dritter und damit der Reputation des Vertrauensnehmers.[1408]

Hinsichtlich der Erfahrungen Dritter, die beim Reputationsvertrauen als Grundlage der Bildung von Vertrauenserwartungen herangezogen werden, betont RIPPERGER (1998), dass sich diese nicht nur unmittelbar auf einen spezifischen Vertrauensnehmer, sondern auch allgemein auf verschiedene Interaktionen zwischen Dritten innerhalb eines gemeinsamen sozialen Umfeldes beziehen können.[1409] Diese Erfahrungen interpretiert RIPPERGER (1998) „als konstitutive Elemente der *Vertrauensatmosphäre*"[1410] und arbeitet damit eine weitere Vertrauensdimension heraus. „Die Vertrauensatmosphäre bezieht sich grundsätzlich auf ein

1401 Vgl. hierzu Giering (2000), S. 106; Wallenburg (2004), S. 107.
1402 Lindskold (1978), S. 773. Ähnlich auch Doney/Cannon (1997), S. 36; Ganesan/Hess (1997), S. 440.
1403 Doney/Cannon (1997), S. 36. Vgl. auch Ganesan (1994), S. 3. Geyskens/Steenkamp/Kumar (1999) weisen darauf hin, dass sich beide genannten Elemente von Vertrauen in unterschiedlichen Phasen einer Beziehung herausbilden können. Vgl. Geyskens/Steenkamp/Kumar (1999), S. 225.
1404 Vgl. hierzu und im Folgenden Kenning (2002), S. 12 ff., sowie darüber hinaus auch Petermann (1996), S. 12 f., und Spillecke (2006), S. 152. Für eine andere Einteilung vgl. Lane (1998), S. 4 ff.
1405 Vgl. auch Ripperger (1998), S. 101.
1406 Vgl. auch Ahlert/Kenning/Petermann (2001), S. 288.
1407 Vgl. zum affektiven Vertrauen auch Narowski (1974), S. 168, sowie Grund (1998), S. 109.
1408 Zu Erfahrungs- und Reputationsvertrauen vgl. auch Grund (1998), S. 109; Ahlert/Kenning/Petermann (2001), S. 288. Vgl. in diesem Zusammenhang ähnlich auch Lane (1998), S. 11.
1409 Vgl. hierzu und im Folgenden Ripperger (1998), S. 99 f.
1410 Ripperger (1998), S. 100.

mehr oder weniger geschlossenes soziales System".[1411] Da es sich bei dem sozialen System auch um ein Unternehmen bzw. eine Organisation handeln kann und auch Zentral- und Bereichscontrolling in einen Organisationskontext eingebettet sind, wird für diese Art des Vertrauens im Folgenden auch der Begriff „Organisationsvertrauen" verwendet. Das Organisationsvertrauen ist umso stärker ausgeprägt, je mehr positive Erfahrungen innerhalb einer Organisation mit Vertrauensbeziehungen vorliegen.

Hinsichtlich der Messung des Vertrauens wird in der vorliegenden Untersuchung auf die zuletzt erläuterte Dimension des Organisationsvertrauens abgestellt. Dies geschieht zum einen, um – wie in Abschnitt 6.1 angeführt – Probleme hinsichtlich der Diskriminanzvalidität zwischen dem Kooperations- und Vertrauenskonstrukt zu vermeiden, die sich bei einem Rückgriff auf das generalisierte, affektive oder kognitive Vertrauen ergäben.[1412] Zum anderen bestehen unmittelbare Zusammenhänge zwischen den verschiedenen Vertrauensdimensionen.[1413] Insofern spiegelt sich in der Erfassung des Organisationsvertrauens auch die Ausprägung der übrigen Arten von Vertrauen wider.

Die Operationalisierung des Organisationsvertrauens erfolgt in Anlehnung an die reflektive Skala von WILLAUER (2005), die in ihrem Vertrauensverständnis ebenfalls auf die in Vertrauenskonzeptionen vorherrschenden Elemente Glaubwürdigkeit und Wohlwollen rekurriert.[1414] Das verwendete Messmodell ist in Tabelle 39 dargestellt.

[1411] Ripperger (1998), S. 100. Vgl. in diesem Zusammenhang auch Zucker (1986), S. 63.

[1412] So bemerkt Matthes (2006), S. 57, etwa, dass „Vertrauen .. substantielle Ähnlichkeit mit dem Konzept der Zusammenarbeit auf[weist]." In einigen Arbeiten der Schnittstellenforschung wird Vertrauen gar als ein Element der verhaltensbezogenen, relationalen Kooperationsdimension angesehen; vgl. bspw. de Ruyter/ Wetzels (2000a), S. 260; de Ruyter/Wetzels (2000b), S. 210 f. Allerdings weist Matthes (2006) auch darauf hin, dass es sich bei Vertrauen einerseits und Zusammenarbeit andererseits um zwei voneinander abzugrenzende Konzepte handelt. Vgl. Matthes (2006), S. 22.

[1413] Vgl. hierzu ausführlich Ripperger (1998), S. 100.

[1414] Vgl. Willauer (2005), S. 204 ff.

Informationen zu den einzelnen Indikatoren des Faktors **„Organisationsvertrauen“**			
Bezeichnung des Indikators	Item-to-Total-Korrelation	Indikator-reliabilität	t-Wert der Faktor-ladung
Vertrauen wird bei uns groß geschrieben.	0,69	0,63	-
Vorsicht und gegenseitiges Misstrauen sind bei uns weit verbreitet. (rc)	0,65	0,50	14,12
Wichtige Informationen werden bei uns sofort offen kommuniziert.	0,58	0,40	12,42
Die Zusammenarbeit in unserem Unternehmen ist von gegenseitigem Vertrauen geprägt.	0,78	0,82	17,18

Informationen zum Faktor **„Organisationsvertrauen“**			
Cronbach'sches Alpha	0,84	AGFI	0,96
Erklärte Faktorvarianz	0,58	CFI	0,99
χ^2/df	3,65	TLI	0,98
RMSEA	0,08	Faktorreliabilität	0,84
GFI	0,99	Durchschnittlich erfasste Varianz	0,57

Tabelle 39: Informationen zum Messmodell „Organisationsvertrauen“

Es ist zu erkennen, dass der χ^2/df-Wert mit 3,65 sowie der RMSEA mit 0,08 außerhalb der angestrebten Grenzen liegen. Eine Indikatoreliminierung hätte jedoch zur Folge, dass eine Berechnung einiger Gütemaße der zweiten Generation nicht mehr möglich wäre. Da diese jedoch sehr gute Werte aufweisen, wurde auf eine Skalenbereinigung verzichtet. Zudem werden in der Literatur teilweise auch Ausprägungen von bis zu fünf für den χ^2/df-Wert als ausreichend angesehen.[1415] Auch bezogen auf den RMSEA kann bis zu einem Wert von 0,08 noch von einer akzeptablen Modellapproximation ausgegangen werden.[1416] Insgesamt erfährt das Konstrukt jedoch eine schlechtere Gütebeurteilung als in der Untersuchung von WILLAUER (2005).[1417]

6.2.2.1.2 Abhängigkeit

Aus der Spezialisierung und Arbeitsteilung in Organisationen ergeben sich unmittelbar Abhängigkeiten zwischen den hierbei gebildeten Funktionsbereichen.[1418] „Division of labor necessarily produces departments having interdependence.“ [1419] Diese Abhängigkeitsverhältnisse spielen eine zentrale Rolle für die Kooperationsbeziehungen zwischen einzelnen Organisationseinheiten.[1420] Wie in Abschnitt 2.3.2 bei der Analyse der Berührungspunkte

---

1415 Vgl. hierzu auch Wheaton et al. (1977), S. 99; Balderjahn (1986), S. 109; Fritz (1992), S. 140.
1416 Vgl. Abschnitt 3.3.1.2.1.2.
1417 Vgl. Willauer (2005), S. 206.
1418 Vgl. Van de Ven/Ferry (1980), S. 104; Ruekert/Walker (1987b), S. 2; Victor/Blackburn (1987), S. 486; Kieser/Walgenbach (2003), S. 101.
1419 McCann/Galbraith (1981), S. 66.
1420 Vgl. Brummund (1983), S. 17; Chimhanzi (2004), S. 716.

zwischen Zentral- und Bereichscontrolling herausgearbeitet wurde, bestehen auch zwischen beiden Controllerbereichen vielfältige Abhängigkeitsbeziehungen. Auch hier ist zu vermuten, dass diese einen maßgeblichen Einfluss auf das Kooperationsverhältnis zwischen beiden Abteilungen haben.

Abhängigkeit stellt ein vielschichtiges Phänomen dar.[1421] Grundsätzlich lassen sich Ziel- und Aufgabenabhängigkeiten differenzieren.

Zielabhängigkeiten beschreiben, in welchem Verhältnis sich die von verschiedenen Funktionsbereichen verfolgten Ziele zueinander bewegen.[1422] Hierbei sind identische, komplementäre, konfliktäre und voneinander unabhängige Ziele denkbar.[1423] Allerdings wird die Identität zumindest *übergeordneter* Ziele in der Betriebswirtschaftslehre als eine Grundvoraussetzung für das Zustandekommen und den Fortbestand von Kooperationsbeziehungen zwischen Organisationseinheiten erachtet.[1424] Die Relation *bereichsbezogener* Ziele zueinander spielt dagegen im Hinblick auf kompetitive Beziehungen eine maßgebliche Rolle und wird somit im Rahmen des Rivalitätsgrades thematisiert.[1425] „Aus diesem Grund erscheinen andere Merkmale zur Bestimmung der Interdependenz zweckdienlicher."[1426] In der vorliegenden Untersuchung wird daher auf die zweite Abhängigkeitsdimension, die Aufgabenabhängigkeit, abgestellt, die eine weite Verbreitung hinsichtlich der Erfassung von Abhängigkeitsverhältnissen gefunden hat.[1427]

Aufgabenabhängigkeit kann – bezogen auf den abteilungsübergreifenden Kontext – aufgefasst werden als das Ausmaß, in dem ein Funktionsbereich zur Erfüllung seiner Aufgaben auf einen anderen Bereich angewiesen ist.[1428] Ein Ansatz zur Klassifizierung von Aufgabenabhängigkeiten stellt das Schema von THOMPSON (1967) dar, das in dieser Hinsicht „die wohl bekannteste Form der Kategorisierung"[1429] darstellt und von vielen anderen Autoren in ihren Arbeiten zugrunde gelegt worden ist.[1430] THOMPSON (1967) unterscheidet zwischen drei Formen der Aufgabenabhängigkeit: der gebündelten („pooled"), der einseitigen („sequential") sowie der gegenseitigen („reciprocal") Abhängigkeit.[1431] *Gebündelte Abhängigkeit* liegt vor, wenn die Aktivitäten von Funktionsbereichen „auf der Berücksichtigung einer gemeinsamen Beschränkung beruhen, die sich additiv über die Organisationseinheiten verteilt, so daß [!] ansonsten autonom operierende Einheiten mittelbar abhängig voneinander sind."[1432] Eine solche Situation ist bspw. gegeben, „when two units

[1421] Vgl. hierzu und im Folgenden Röder (2001), S. 113 ff.
[1422] Vgl. auch Brummund (1983), S. 21; Schertler (1998), S. 21 f.; Staehle (1999), S. 440.
[1423] Vgl. Bleicher (1991b), S. 43; Heinen (1991), S. 14 ff.; Staehle (1999), S. 443.
[1424] Vgl. Röder (2001), S. 115.
[1425] Vgl. den folgenden Gliederungspunkt.
[1426] Röder (2001), S. 115.
[1427] Vgl. hierzu die bei Röder (2001), S. 115 ff., angegebene und vorgestellte Literatur.
[1428] Vgl. hierzu Van de Ven/Ferry (1980), S. 166.
[1429] Röder (2001), S. 115.
[1430] Vgl. Röder (2001), S. 117.
[1431] Vgl. hierzu und im Folgenden Thompson (1967), S. 54 f.
[1432] Brummund (1983), S. 17.

depend upon a common pool of scarce organizational resources".[1433] *Einseitige Abhängigkeit* tritt auf, wenn ein Funktionsbereich bei der Wahrnehmung seiner Aufgaben unmittelbar auf einen anderen Funktionsbereich angewiesen ist und dessen Ressourcen, Produkte etc. als Inputfaktoren für die eigene Leistungserstellung benötigt.[1434] Die komplexeste Form der Abhängigkeit schließlich stellt die *gegenseitige Abhängigkeit* dar.[1435] Hierbei sind beide Funktionsbereiche jeweils auf den anderen Bereich angewiesen.[1436] „Mutual dependence.. captures the existence of bilateral dependencies in the dyad".[1437]

Im Hinblick auf die Beziehung zwischen Zentral- und Bereichscontrolling sind die Formen der einseitigen sowie der gegenseitigen Abhängigkeit von Bedeutung. So wurde im Rahmen der Schnittstellenanalyse in Kapitel 2.3.2 zum einen deutlich, dass das Zentralcontrolling auf das Bereichscontrolling als Lieferant angewiesen ist.[1438] Zum anderen stellt das Bereichscontrolling aber auch einen Kunden des Zentralcontrollings dar und ist somit seinerseits vom zentralen Controllerbereich abhängig.[1439] Zwar liegt bezogen auf beide Abteilungen auch eine gebündelte Abhängigkeit vor, da sowohl Zentral- als auch Bereichscontrolling etwa auf knappe finanzielle Mittel des Unternehmens angewiesen sind. Allerdings setzt diese Form der Abhängigkeit keine direkte Interaktion zwischen beiden Bereichen voraus,[1440] so dass dieser Variante keine Bedeutung für die in dieser Arbeit untersuchten Kooperationsbeziehungen zukommt. In der vorliegenden Untersuchung werden daher die jeweils einseitigen Abhängigkeiten des Zentral- und Bereichscontrollings sowie die gegenseitige Abhängigkeit beider Controllerbereiche betrachtet.

Der Ansatz von THOMPSON (1967) nimmt eine Kategorisierung von Abhängigkeiten nach den ihnen zugrunde liegenden *strukturellen* Merkmalen vor.[1441] Allerdings erfolgt keine Präzisierung dieser Abhängigkeitsverhältnisse nach ihren *Inhalten*. In inhaltlicher Hinsicht lassen sich entlang der Input-, Prozess- sowie Outputdimension grundlegend Ressourcen-, Handlungs- und Ergebnisabhängigkeiten unterscheiden.[1442] „*Resource dependence* exists when one unit controls resources (including information) that are vital to the performance of another unit [Hervorhebung nicht im Original]".[1443] *Handlungsabhängigkeiten* bestehen,

1433 Walton/Dutton (1969), S. 77. Vgl. auch McCann/Galbraith (1981), S. 63.
1434 Vgl. Thompson (1967), S. 54; McCann/Galbraith (1981), S. 63; Victor/Blackburn (1987), S. 486.
1435 Vgl. Röder (2001), S. 125.
1436 Vgl. Thompson (1967), S. 54 f.; McCann/Galbraith (1981), S. 63; Brummund (1983), S. 17; Victor/Blackburn (1987), S. 486 f. Vgl. auch Brockhoff/Hauschildt (1993), S. 399.
1437 Casciaro/Piskorski (2005), S. 170. Zur Unterscheidung von ein- und wechselseitiger Abhängigkeit vgl. auch Athenstaedt/Freudenthaler/Mikula (2002), S. 69.
1438 Vgl. Abschnitt 2.3.2.1.
1439 Vgl. Abschnitt 2.3.2.2.
1440 Victor/Blackburn (1987), S. 486, führen aus: „Pooled interdependence represents an absence of work flow between units. Each unit uses independent inputs and makes independent contributions to the organization."
1441 Vgl. hierzu und im Folgenden Brummund (1983), S. 18; Röder (2001), S. 118.
1442 Vgl. hierzu Van de Ven/Ferry (1980), S. 253 sowie S. 321; Brummund (1983), S. 20 sowie S. 22 f.; Ruekert/Walker (1987b), S. 16; Fisher/Maltz/Jaworski (1997), S. 68. Brummund (1983), S. 20, nennt darüber hinaus als weitere Ausprägung noch entscheidungsbezogene Abhängigkeiten.
1443 de Ruyter/Wetzels (2000a), S. 261, in Anlehnung an Van de Ven/Ferry (1980) sowie Ruekert/Walker (1987b).

wenn eine Abteilung während der Aufgabenerfüllung auf die Unterstützung einer anderen Abteilung angewiesen ist und insofern eine Einbindung dieser Organisationseinheit in die Aktivitäten und das Handeln des betreffenden Funktionsbereiches erforderlich ist. [1444] *Ergebnisabhängigkeit* beschreibt die Abhängigkeit von den von einer anderen Abteilung erstellten Gütern und Dienstleistungen und damit von ihren Arbeitsergebnissen.[1445]

Die Erfassung der ein- sowie gegenseitigen Abhängigkeiten beider Controllerbereiche geschieht formativ entlang der vorgestellten inhaltlichen Dimensionen. Hierzu wird auf die von VAN DE VEN/FERRY (1980) entwickelte Skala in der von FISHER/MALTZ/ JAWORSKI (1997) modifizierten Form zurückgegriffen.[1446]

Das Messmodell zur Erhebung der einseitigen *Abhängigkeit des Zentralcontrollings vom Bereichscontrolling* ist in Tabelle 40 aufgeführt. Anhand der t-Werte der Indikatorgewichte lässt sich ablesen, dass überraschenderweise lediglich die Ressourcenabhängigkeit signifikant zur Bildung des Konstruktes beiträgt.[1447] Da jedoch zwischen den drei Items keine Multikollinearität vorliegt, wird aufgrund inhaltlicher Überlegungen von einer Eliminierung der zweiten und dritten Indikatorfrage abgesehen.

1444 Vgl. hierzu auch Walton/Dutton (1969), S. 73; Brummund (1983), S. 22.

1445 Vgl. die Ausführungen bei Brummund (1983), S. 23, sowie Röder (2001), S. 119. Vgl. auch Van de Ven/ Ferry (1980), S. 321; Ruekert/Walker (1987b), S. 16; Fisher/Maltz/Jaworski (1997), S. 68.

1446 Vgl. Van de Ven/Ferry (1980), S. 321; Fisher/Maltz/Jaworski (1997), S. 68. Fisher/Maltz/Jaworski (1997) beziehen sich bei dem von ihnen verwandten und angepassten Messmodell auf Ruekert/Walker (1987b), die wiederum unmittelbar das von Van de Ven/Ferry (1980) entwickelte Konstrukt zugrunde legen. Vgl. hierzu auch Ruekert/Walker (1987b), S. 9 sowie S. 16.

1447 Anzumerken ist, dass von der Höhe der Indikatorgewichte nicht auf das Ausmaß der ressourcen-, handlungs- und ergebnisbezogenen Abhängigkeit des Zentralcontrollings vom Bereichscontrolling geschlossen werden kann. So werden die Indikatorgewichte durch das PLS-Verfahren dahingehend optimiert, dass die Höhe der erklärten Varianz der endogenen Variablen im Modell maximiert wird. Vgl. Götz/Liehr-Gobbers (2004a), S. 729. Darüber hinaus verdeutlichen die Antworten der Respondenten, dass das Zentralcontrolling in allen drei Feldern auf das Bereichscontrolling angewiesen ist. So wurde die Ressourcenabhängigkeit des Zentralcontrollings auf der 5er-Likert-Skala im Durchschnitt mit 3,5, die Handlungsabhängigkeit mit 3,0 und die Ergebnisabhängigkeit mit 3,8 beziffert.

Informationen zu den einzelnen Indikatoren des Faktors **„Abhängigkeit des Zentralcontrollings vom Bereichscontrolling"**					
Bezeichnung des Indikators	Ursprünglicher Schätzwert	Mittelwert der erzeugten Fälle	Standardabweichung	t-Wert	Variance Inflation Factor
Zur Erfüllung seiner Aufgaben ist das Zentralcontrolling angewiesen auf die Ressourcen (z. B. Personal, Informationen) dieses Bereichscontrollings.	0,83	0,73	0,29	2,87	1,65
Zur Erfüllung seiner Aufgaben ist das Zentralcontrolling angewiesen auf die Unterstützung (z. B. methodische oder inhaltliche Ratschläge) dieses Bereichscontrollings.	0,29	0,25	0,32	0,92	1,48
Zur Erfüllung seiner Aufgaben ist das Zentralcontrolling angewiesen auf die Arbeitsergebnisse (z. B. Analysen, Berichte) dieses Bereichscontrollings.	-0,02	0,02	0,37	0,05	1,51
Konditionsindex: 11,15					

Tabelle 40: Informationen zum Messmodell „Abhängigkeit des Zentralcontrollings vom Bereichscontrolling"

Die Skala für die einseitige *Abhängigkeit des Bereichscontrollings vom Zentralcontrolling* kann nebst Gütemaßen Tabelle 41 entnommen werden. Hier leistet lediglich die Dimension der Ergebnisabhängigkeit keinen signifikanten Erklärungsbeitrag für das Konstrukt.[1448] Auch hier wird zur Wahrung der konzeptionellen Ausrichtung des Konstruktes auf eine Skalenbereinigung verzichtet. Die Werte für VIF und KI verdeutlichen in diesem Zusammenhang, dass keine Multikollinearität vorliegt.

[1448] Gleichwohl ist das Bereichscontrolling im Rahmen seiner Aufgabenerfüllung auch auf die Arbeitsergebnisse des Zentralcontrollings angewiesen. So wurde die Ergebnisabhängigkeit durchschnittlich mit 3,3 auf der 5er-Likert-Skala bewertet. Für die Ressourcen- und Handlungsabhängigkeit ergeben sich im Durchschnitt Antworten von 3,3 resp. 3,7. Vgl. in diesem Zusammenhang auch die Erläuterungen in Fußnote 1447.

Informationen zu den einzelnen Indikatoren des Faktors **„Abhängigkeit des Bereichscontrollings vom Zentralcontrolling"**					
Bezeichnung des Indikators	Ursprünglicher Schätzwert	Mittelwert der erzeugten Fälle	Standardabweichung	t-Wert	Variance Inflation Factor
Zur Erfüllung seiner Aufgaben ist dieses Bereichscontrolling angewiesen auf die Ressourcen (z. B. Personal, Informationen) des Zentralcontrollings.	0,51	0,42	0,30	1,71	1,63
Zur Erfüllung seiner Aufgaben ist dieses Bereichscontrolling angewiesen auf die Unterstützung (z. B. methodische oder inhaltliche Ratschläge) des Zentralcontrollings.	0,63	0,62	0,27	2,36	1,47
Zur Erfüllung seiner Aufgaben ist dieses Bereichscontrolling angewiesen auf die Arbeitsergebnisse (z. B. Analysen, Berichte) des Zentralcontrollings.	0,01	0,05	0,26	0,04	1,57
Konditionsindex: 11,03					

Tabelle 41: Informationen zum Messmodell „Abhängigkeit des Bereichscontrollings vom Zentralcontrolling"

Die *gegenseitige Abhängigkeit von Zentral- und Bereichscontrolling* setzt sich – wie erläutert – aus den jeweiligen einseitigen Abhängigkeiten beider Controllerbereiche zusammen. Insofern lässt sich die gegenseitige Abhängigkeit als Summe der beiden einseitigen Abhängigkeiten auffassen und operationalisieren.[1449] Dies erfolgt formativ auf Basis der Methode der wiederholten Indikatoren.[1450] Das so gebildete Messmodell ist in Tabelle 42 wiedergegeben. Es ist ersichtlich, dass das Gesamtkonstrukt durch die Ressourcenabhängigkeit des Zentralcontrollings sowie die Handlungsabhängigkeit des Bereichscontrollings gebildet wird.[1451] Gemäß VIF und KI besteht auch hier keine Multikollinearität zwischen den einzelnen Indikatoren.

1449 Vgl. hierzu Kumar/Scheer/Steenkamp (1995), S. 349, sowie das Vorgehen bei Fisher/Maltz/Jaworski (1997), S. 62.

1450 Vgl. hierzu Lohmöller (1989), S. 130 ff., sowie die in Abschnitt 5.2.2.2 erläuterte Vorgehensweise.

1451 Vgl. hierzu auch die Ausführungen in den Fußnoten 1447 und 1448.

Informationen zu den einzelnen Indikatoren des Faktors **„Gegenseitige Abhängigkeit von Zentral- und Bereichscontrolling"**					
Bezeichnung des Indikators	Ursprünglicher Schätzwert	Mittelwert der erzeugten Fälle	Standardabweichung	t-Wert	Variance Inflation Factor
Zur Erfüllung seiner Aufgaben ist das Zentralcontrolling angewiesen auf die Ressourcen (z. B. Personal, Informationen) dieses Bereichscontrollings.	0,51	0,45	0,18	2,87	1,76
Zur Erfüllung seiner Aufgaben ist das Zentralcontrolling angewiesen auf die Unterstützung (z. B. methodische oder inhaltliche Ratschläge) dieses Bereichscontrollings.	0,16	0,13	0,19	0,81	1,53
Zur Erfüllung seiner Aufgaben ist das Zentralcontrolling angewiesen auf die Arbeitsergebnisse (z. B. Analysen, Berichte) dieses Bereichscontrollings.	0,01	0,03	0,22	0,03	1,59
Zur Erfüllung seiner Aufgaben ist dieses Bereichscontrolling angewiesen auf die Ressourcen (z. B. Personal, Informationen) des Zentralcontrollings.	0,26	0,20	0,18	1,46	1,77
Zur Erfüllung seiner Aufgaben ist dieses Bereichscontrolling angewiesen auf die Unterstützung (z. B. methodische oder inhaltliche Ratschläge) des Zentralcontrollings.	0,44	0,43	0,16	2,72	1,53
Zur Erfüllung seiner Aufgaben ist dieses Bereichscontrolling angewiesen auf die Arbeitsergebnisse (z. B. Analysen, Berichte) des Zentralcontrollings.	0,07	0,09	0,16	0,44	1,62
Konditionsindex: 16,35					

Tabelle 42: Informationen zum Messmodell „Gegenseitige Abhängigkeit von Zentral- und Bereichscontrolling"

6.2.2.1.3 Rivalitätsgrad

Wenngleich die Schnittstelle zwischen Zentral- und Bereichscontrolling vor allem durch kooperative Beziehungen geprägt ist[1452] und diese – wie auch empirisch gezeigt wurde[1453] – eine hohe Relevanz für die Aufgabenerfüllung des Zentralcontrollings besitzen,[1454] kann sich zwischen beiden Controllerbereichen dennoch ein Konkurrenzverhältnis ergeben.[1455] Dieses stellt einen wichtigen potenziellen Einflussfaktor der Kooperationsgüte dar.[1456]

Nach SCHMIDT (1999) ist ein Wettbewerbs- bzw. Konkurrenzverhältnis[1457] gekennzeichnet durch „das Streben von zwei oder mehr Personen bzw. Gruppen nach einem Ziel .., wobei der höhere Zielerreichungsgrad des einen i.d.R. einen geringeren Zielerreichungsgrad des(r) anderen bedingt“.[1458] Als zentrales, *strukturelles* Merkmal von Konkurrenzbeziehungen lassen sich auf Basis dieses in der Literatur weit verbreiteten Verständnisses[1459] somit zunächst *in einer negativen Wechselbeziehung zueinander stehende Ziele* und Eigeninteressen von Akteuren identifizieren.[1460] Die von einer Partei zur Realisierung ihrer Ziele vorgenommenen Handlungen schränken dabei unmittelbar die Wahrscheinlichkeit ein, dass andere Akteure ihre (entgegengesetzten) Ziele vollständig erreichen.[1461] Da diese Aktivitäten damit direkt zu Lasten anderer Parteien gehen, lässt sich als zweiter grundlegender, struktureller Aspekt von Wettbewerbsverhältnissen ein *antagonistisches Handeln* erkennen.[1462] Dieses zielt vor dem Hintergrund der negativen Zielbeziehung darauf ab, „to impair the progress of others in an effort to gain positive advantage.“[1463]

1452 Vgl. Abschnitt 2.3.2.5.
1453 Vgl. hierzu Abschnitt 5.3.1.2.
1454 Vgl. die Ausführungen in Abschnitt 2.3.3.2.
1455 Vgl. Abschnitt 2.3.2.4.
1456 Vgl. hierzu auch de Ruyter/Wetzels (2000a), S. 262.
1457 Die Begriffe „Konkurrenz“, „Wettbewerb“ sowie „Rivalität“ werden im Folgenden synonym verwandt. Vgl. hierzu auch Schmidt (1999), S. 1.
1458 Schmidt (1999), S. 1.
1459 Eine ähnliche, vielen Beiträgen zugrunde liegende Auffassung vertreten Borchardt/Fikentscher (1957), S. 15. Vgl. hierzu auch Schmidt (1999), S. 1. Vgl. darüber hinaus die im Folgenden zitierten Beiträge, die zur Definition von Konkurrenz ebenfalls auf Kernelemente dieses Verständnisses rekurrieren.
1460 Vgl. hierzu und im Folgenden u. a. Deutsch (1976), S. 26; Grunwald (1981), S. 61 f.; Tjosvold (1985), S. 26; Na'im (2004), S. 310. Vgl. darüber hinaus die bei Röder (2001), S. 64, genannten Arbeiten. Anzumerken ist, dass die Form der reinen Konkurrenz mit sich komplett ausschließenden Zielen in der Realität nur selten gegeben sein dürfte. Hier sind vielmehr Situationen von Relevanz, in denen in Bezug auf einige Teilziele negative Beziehungen auftreten, während andere Teilziele miteinander in Einklang stehen. Ebenso können Ziele zwar in einem positiven Verhältnis zueinander stehen, sich aber dennoch nicht gleichzeitig vollständig realisieren lassen. Vgl. hierzu auch Deutsch (1976), S. 26 f.
1461 Vgl. auch Deutsch (1976), S. 28.
1462 Vgl. auch Ott (1959), S. 44; Schmidt (1999), S. 2; High (2001), S. xiv. Auch Herdzina (1999), S. 10, merkt an, dass sich Rivalität in einem bestimmten Handeln und Verhalten widerspiegelt.
1463 Beersma et al. (2003), S. 574. Bezogen auf wirtschaftliche Beziehungen nennt Schmidt (1999) die Existenz eines Marktes als weiteres Charakteristikum von Wettbewerb; vgl. Schmidt (1999), S. 1. Da sich ein Konkurrenzverhältnis jedoch vor allem auch in sozialen Austausch- sowie Arbeitsbeziehungen herausbilden kann, die nicht an einen Markt gebunden sind, wird dieses Merkmal nicht als zwingende Voraussetzung für Wettbewerb bzw. Konkurrenz angesehen. Vgl. hierzu auch Grunwald (1981), S. 61.

Inhaltlich lässt sich im Hinblick auf das Verhältnis von Zentral- und Bereichscontrolling zwischen Leistungswettbewerb einerseits sowie Ressourcenwettbewerb andererseits differenzieren.[1464]

Ein *Leistungswettbewerb* kann zwischen beiden Controllerbereichen in zwei Formen auftreten: zum einen unmittelbar an der Schnittstelle beider Abteilungen, zum anderen auf Basis eines ähnlichen Leistungsangebotes. Konkurrenzbeziehungen an der *Schnittstelle* von Zentral- und Bereichscontrolling können sich aufgrund unklarer Zuständigkeiten oder Aufgabenverschiebungen zwischen beiden Bereichen ergeben.[1465] Darüber hinaus erbringen beide Controllerbereiche *ähnliche Leistungen*, woraus in einem gewissen Rahmen Substitutionsmöglichkeiten erwachsen.[1466]

„*Resource competition* refers to the extent to which two units obtain resources from the same source [Hervorhebung nicht im Original].“ [1467] So konkurrieren Zentral- und Bereichscontrolling bspw. um finanzielle oder personelle Ressourcen.[1468]

Das zwischen Zentral- und Bereichscontrolling bestehende Konkurrenzverhältnis wird in der vorliegenden Untersuchung über den *Rivalitätsgrad* erfasst, der sich nach MALTZ/KOHLI (1996) definieren lässt als „the extent to which members of two different functions perceive each other as competitors.“ [1469] Die Erfassung des Rivalitätsgrades basiert ebenfalls auf MALTZ/KOHLI (1996), deren reflektives Messmodell auf VAN DE VEN/FERRY (1980) zurückgeht.[1470] Neben einer Anpassung der Items auf den Untersuchungskontext wurden dem Konstrukt drei Indikatoren hinzugefügt, die sich auf den Leistungswettbewerb beziehen. Das so modifizierte Messmodell, das in Tabelle 43 angegeben ist, deckt die herausgearbeiteten strukturellen Merkmale einer Konkurrenzbeziehung (nicht vereinbare Zielsetzungen, antagonistisches Verhalten) sowie die erläuterten inhaltlichen Aspekte des Leistungs- und Ressourcenwettbewerbes ab.

[1464] Vgl. hierzu und im Folgenden grundlegend David (2005), S. 91 ff. Vgl. darüber hinaus auch Nalebuff/ Brandenburger (1996), S. 30 f.; High (2001), S. xiv; Tsai (2002), S. 181.

[1465] Vgl. Abschnitt 2.3.2.4.

[1466] Vgl. Abschnitt 2.3.2.4. Vgl. darüber hinaus hierzu auch Meffert (2000), S. 42 f. sowie S. 449; Mosiek (2002), S. 163; Tsai (2002), S. 184; David (2005), S. 129; Luo (2005), S. 76.

[1467] Tsai (2002), S. 184. Vgl. auch Grunwald (1981), S. 68; Voland (2000), S. 130; Luo (2005), S. 75; Luo/Slotegraaf/Pan (2006), S. 67.

[1468] Vgl. auch Abschnitt 2.3.2.4.

[1469] Maltz/Kohli (1996), S. 52. Ebenso de Ruyter/Wetzels (2000b), S. 212. Ähnlich auch Maltz/Souder/Kumar (2001), S. 71.

[1470] Vgl. Maltz/Kohli (1996), S. 60.

Informationen zu den einzelnen Indikatoren des Faktors **„Rivalitätsgrad von Zentral- und Bereichscontrolling“**			
Bezeichnung des Indikators	Item-to-Total-Korrelation	Indikator-reliabilität	t-Wert der Faktor-ladung
Das Verhältnis zwischen den Leitern der beiden Bereiche ist häufig angespannt.	0,68	0,69	-
Beide Bereiche behindern sich häufig gegenseitig bei der Erfüllung ihrer Aufgaben.	0,69	0,67	14,78
Beide Bereiche konkurrieren häufig um dieselben Ressourcen (z. B. Personal, Informationen).	eliminiert		
Beide Bereiche haben häufig bereichsbezogene Ziele, die <u>miteinander vereinbar</u> sind. (rc)	eliminiert		
Beide Bereiche konkurrieren häufig um die Aufmerksamkeit derselben internen Leistungsempfänger (z. B. Manager).	0,46	0,26	9,50
Dieses Bereichscontrolling bietet viele gleichartige Leistungen wie das Zentralcontrolling an.	eliminiert		
Wenn sich Aufgabenfelder zwischen den beiden Bereichen verschieben, kommt es oftmals zu Spannungen.	0,58	0,44	12,63

Informationen zum Faktor **„Rivalitätsgrad von Zentral- und Bereichscontrolling“**			
Cronbach'sches Alpha	0,78	AGFI	1,00
Erklärte Faktorvarianz	0,51	CFI	1,00
χ^2/df	0,38	TLI	1,01
RMSEA	0,00	Faktorreliabilität	0,78
GFI	1,00	Durchschnittlich erfasste Varianz	0,48

Tabelle 43: Informationen zum Messmodell „Rivalitätsgrad von Zentral- und Bereichscontrolling“

Da das alle Indikatoren umfassende Konstrukt einen χ^2/df-Wert von über drei sowie einen RMSEA von mehr als 0,08 aufwies, musste eine Skalenbereinigung durchgeführt werden. Das hieraus resultierende, aus vier Items bestehende Modell weist insgesamt sehr gute Gütemaße auf. Lediglich der Reliabilitätswert des (ursprünglich) fünften Indikators sowie die DEV verfehlen das angestrebte Niveau, wobei Letztere nur knapp unter dem geforderten Wert von 0,5 liegt. Insofern wurde, um weiterhin alle Gütekriterien der zweiten Generation ausweisen zu können,[1471] auf eine weitere Eliminierung von Items verzichtet.

6.2.2.1.4 Ausmaß der Kontrollaktivitäten des Zentralcontrollings gegenüber dem Bereichscontrolling

Auf Basis der Schnittstellenanalyse sowie der Besprechung der relevanten Beiträge der Controlling-Forschung wurde als relationale Determinante schließlich das Ausmaß der

[1471] Vgl. hierzu auch die Ausführungen am Ende des Gliederungspunktes 6.2.2.1.1.

Kontrollaktivitäten des Zentralcontrollings gegenüber dem Bereichscontrolling identifiziert.[1472]

Wie in Abschnitt 2.1.2 erläutert, lässt sich Kontrolle im Kern als ein Vergleich von Ist- und Soll-Größen auffassen. Im Hinblick auf die Kontrolle des Bereichscontrollings durch das Zentralcontrolling bezieht sich dieser Vergleich auf die Aufgabenerfüllung des Bereichscontrollings.[1473] Dabei gleicht das Zentralcontrolling die tatsächliche Aufgabenwahrnehmung des Bereichscontrollings als Ist-Größe mit seinen Soll-Vorstellungen und Erwartungen ab.[1474] Das Ausmaß dieser Kontrollaktivitäten beschreibt, in welchem Umfang das Zentralcontrolling Handlungen vornimmt, die auf eine Kontrolle und Überprüfung der Aufgabenerfüllung des Bereichscontrollings abzielen.[1475]

Kontrollen allgemein und damit auch die auf das Bereichscontrolling ausgerichteten Kontrollaktivitäten des Zentralcontrollings lassen sich nach dem Zeitpunkt ihrer Durchführung in Input-, Prozess- und Outputkontrollen unterscheiden.[1476]

Inputkontrollen setzen vor der Ausführung der zu kontrollierenden Handlung an und beziehen sich auf den im Rahmen der Handlung einzusetzenden Faktorinput.[1477] Hinsichtlich der Aufgabenerfüllung des Bereichscontrollings können Inputkontrollen etwa eine Prüfung der Qualifikation der Bereichscontroller oder der Qualität der Datenbasis, die der Leistungserstellung zugrunde gelegt wird, umfassen. Allerdings ist anzumerken, dass sich die vom Bereichscontrolling verwandten Inputfaktoren i. d. R. einer Kontrolle durch das Zentralcontrolling entziehen. So dürfte das Zentralcontrolling bspw. kaum in der Lage sein, die Eignung der Mitarbeiter des Bereichscontrollings für bestimmte Aufgaben beurteilen zu können.[1478] Ebenso wird das Zentralcontrolling nicht abschätzen können, inwieweit dezentrale Informationen hinreichend valide sind. Für die Konzeptualisierung und Operationalisierung des Ausmaßes der Kontrollaktivitäten des Zentralcontrollings werden daher die beiden nachfolgenden Formen der Kontrolle zugrunde gelegt.

Im Rahmen von *Prozesskontrollen* überprüft das Zentralcontrolling die Vorgehensweise des Bereichscontrollings bei der Aufgabenerfüllung sowie die Anwendung der dabei eingesetzten Mittel.[1479] So kann etwa nachgehalten werden, inwieweit das Bereichscontrolling bei der

[1472] Vgl. hierzu die Abschnitte 2.3.2.4, 2.4.1 sowie 6.1.
[1473] Vgl. auch Hungenberg (1992a), S. 287; Steinle/Thiem/Dunse (1998), S. 148.
[1474] Vgl. hierzu auch Schmidt (1993a), S. 149. Bei der Kontrolle des Bereichscontrollings durch das Zentralcontrolling handelt es sich somit um eine Fremdkontrolle; vgl. auch Steinle/Thiem/Dunse (1998), S. 148. Zu Fremd- vs. Eigenkontrolle vgl. auch Schäffer (1996a), S. 108 ff.; Schäffer (2001b), S. 175 ff. sowie S. 180 ff.
[1475] Vgl. in diesem Zusammenhang auch Hage/Aiken (1967), S. 79; Barclay (1991), S. 148.
[1476] Vgl. Jaworski (1988), S. 26; Jaworski/MacInnis (1989), S. 408; Schäffer (2004), S. 492. Vgl. auch Anderson/Oliver (1987), S. 76; Merchant (1988), S. 42. Für ein ausführliches Beispiel zu Input-, Prozess- und Outputkontrolle vgl. auch Schäffer (2004), S. 492 f., sowie Weber/Schäffer (2006), S. 45 ff.
[1477] Vgl. Jaworski (1988), S. 26; Schäffer (2004), S. 492.
[1478] Darüber hinaus liegt die disziplinarische Weisungsbefugnis, die sich auch auf die Personalauswahl und -einstellung der Bereichscontroller erstreckt, im Regelfall bei der Bereichsleitung. Vgl. hierzu die Ausführungen und Quellen in den Abschnitten 2.2.3 sowie 6.2.1.1.6.
[1479] Vgl. hierzu allgemein Jaworski (1988), S. 26; Jaworski/MacInnis (1989), S. 408; Das/Teng (2001), S. 259 f.

Aufstellung der Planung die vom Zentralcontrolling vorgegebenen Planungsschritte einhält und die einzusetzenden Tools richtig anwendet.

„*Output control* refers to the extent to which a supervisor places emphasis on results when monitoring“.[1480] Entsprechend werden hierbei die im Rahmen der Aufgabenerfüllung erbrachten Arbeitsergebnisse des Bereichscontrollings kontrolliert. Bspw. kann die vom Bereichscontrolling aufgestellte Bereichsplanung Plausibilitätschecks unterzogen werden.[1481]

Zur Messung des Ausmaßes der Kontrollaktivitäten des Zentralcontrollings gegenüber dem Bereichscontrolling musste eine neue Skala entwickelt werden. Dies geschah auf Grundlage der Ausführungen in der Controlling-Literatur.[1482] In Anbetracht des negativen Einflusses auf die Rücklaufquote sowie das Antwortverhalten der Respondenten bei einer weiteren Erhöhung des Fragebogenumfanges[1483] konnten jedoch nur zwei Indikatorfragen formuliert werden. Insofern müssen die empirischen Ergebnisse zu diesem reflektiven Konstrukt mit Einschränkungen versehen werden. Die ermittelbaren Gütekriterien weisen zufriedenstellende Werte auf (vgl. Tabelle 44).

Informationen zu den einzelnen Indikatoren des Faktors **„Ausmaß der Kontrollaktivitäten des Zentralcontrollings gegenüber dem Bereichscontrolling“**			
Bezeichnung des Indikators	Item-to-Total-Korrelation	Indikator-reliabilität	t-Wert der Faktor-ladung
Das Zentralcontrolling überprüft die von diesem Bereichscontrolling erhaltenen Auswertungen/Berichte oft noch einmal auf inhaltliche Richtigkeit.	0,57	-*	-*
Das Zentralcontrolling kontrolliert häufig die Aufgabenerfüllung des Bereichscontrollings.	0,57	-*	-*

Informationen zum Faktor **„Ausmaß der Kontrollaktivitäten des Zentralcontrollings gegenüber dem Bereichscontrolling“**			
Cronbach'sches Alpha	0,72	AGFI	-*
Erklärte Faktorvarianz	0,57	CFI	-*
χ^2/df	-*	TLI	-*
RMSEA	-*	Faktorreliabilität	-*
GFI	-*	Durchschnittlich erfasste Varianz	-*

* Eine Berechnung dieser Werte ist nicht möglich, da eine konfirmatorische Faktorenanalyse erst ab drei Indikatoren durchgeführt werden kann.

Tabelle 44: Informationen zum Messmodell „Ausmaß der Kontrollaktivitäten des Zentralcontrollings gegenüber dem Bereichscontrolling“

[1480] Atuahene-Gima/Li (2002), S. 65. Vgl. darüber hinaus Jaworski (1988), S. 27; Lusch/Jaworski (1991), S. 399; Das/Teng (2001), S. 259.

[1481] Vgl. auch Weber/Schäffer (2006), S. 46.

[1482] Vgl. hierzu vor allem Hungenberg (1992a), S. 287; Steinle/Thiem/Dunse (1998), S. 148. Vgl. in diesem Zusammenhang darüber hinaus auch Vellmann (1990), S. 553; Schmidt (1993a), S. 149; Weber/David/Prenzler (2001), S. 27; Weber et al. (2001), S. 13; Weber (2004), S. 578.

[1483] Vgl. hierzu Drolet/Morrison (2001), S. 199 f.

6.2.2.2 Analyse der Wirkungsbeziehungen

Analog zum Vorgehen bei den strukturellen Determinanten wird im Folgenden zunächst eine konfirmatorische Analyse der Wirkung der relationalen Einflussfaktoren auf die Kooperationsqualität von Zentral- und Bereichscontrolling vorgenommen, an die sich eine explorative Untersuchung des moderierenden Einflusses der Organisationsform anschließt.

6.2.2.2.1 Hypothesenformulierung und -prüfung

6.2.2.2.1.1 Hypothesenformulierung

Im Rahmen der Hypothesenformulierung in diesem Abschnitt wird für das Organisationsvertrauen sowie die ein- und wechselseitigen Abhängigkeiten beider Controllerbereiche eine positive, für den Rivalitätsgrad und die Kontrollaktivitäten des Zentralcontrollings eine negative Wirkung auf die Güte der Kooperation von Zentral- und Bereichscontrolling abgeleitet.

Der kooperationsfördernde Einfluss des *Organisationsvertrauens* lässt sich auf Basis der sozialen Austauschtheorie erklären, nach der Vertrauen eine zentrale Rolle für Austauschbeziehungen spielt.[1484] So trägt Organisationsvertrauen zu einer Reduktion der bei der Kooperation beider Controllerbereiche auftretenden Unsicherheiten sowie der daraus resultierenden Kosten bei.[1485] Durch die Existenz von Organisationsvertrauen werden das Verhalten der Kooperationspartner vorhersehbarer, positive Erwartungen hinsichtlich des Kooperationsergebnisses geschaffen und so die Anzahl der möglichen zukünftigen Umweltzustände begrenzt.[1486] Auf diese Weise werden Kosten vermieden bzw. gesenkt, die sich aus potenziell notwendigen Anpassungen des Kooperationsverhältnisses an geänderte Verhaltensweisen oder Umweltsituationen sowie den in diesem Zusammenhang zusätzlich erforderlichen Vereinbarungen oder Vorkehrungen ergäben.[1487] Wie in Abschnitt 6.2.1.2.1.1 erläutert, sollten niedrigere Kooperationskosten die Qualität der Zusammenarbeit steigern.

Auch in empirischen Studien konnte eine positive Wirkung des (Organisations-) Vertrauens auf kooperative Beziehungen nachgewiesen werden.[1488]

Insgesamt wird die folgende Hypothese aufgestellt:

H16: Das Organisationsvertrauen wirkt positiv auf die Güte der Kooperation von Zentral- und Bereichscontrolling.

[1484] Vgl. hierzu sowie zur sozialen Austauschtheorie Abschnitt 2.5.3.3.1.
[1485] Vgl. auch Ganesan (1994), S. 3; Willauer (2005), S. 205.
[1486] Vgl. Bartelt (2002), S. 47; Wallenburg (2004), S. 109; Willauer (2005), S. 205.
[1487] Vgl. Krystek (1990), S. 333; Ripperger (1998), S. 181; Wallenburg (2004), S. 109; Matthes (2006), S. 26 f.
[1488] Vgl. u. a. Moenaert et al. (1994), S. 36; Maltz/Kohli (1996), S. 56.

Für die *Abhängigkeit des Zentral- bzw. Bereichscontrollings* vom jeweils anderen Controllerbereich wird ebenfalls ein qualitätssteigernder Einfluss auf die Kooperation erwartet. Erklärungsansätze hierfür liefern die Ressourcenabhängigkeitsperspektive sowie die soziale Austauschtheorie.

Der *Ressourcenabhängigkeitsperspektive* zufolge stellt die Kooperation eine bedeutsame Handlungsstrategie dar, um Abhängigkeitsverhältnissen Rechnung zu tragen und fehlende Ressourcen, die für das eigene Überleben wichtig sind, zu beschaffen.[1489] Dementsprechend lässt sich die Zusammenarbeit beider Controllerbereiche als eine Reaktion des Zentral- bzw. Bereichscontrollings auffassen, um den Erhalt von Informationen, Arbeitsergebnissen oder Unterstützungsleistungen vom anderen Controllerbereich sicherzustellen, die für die eigene Aufgabenerfüllung benötigt werden.[1490] Je stärker die Abhängigkeitsbeziehung dabei ausfällt, desto höher dürfte der Kooperationsbedarf bzw. das Interesse an einer guten Zusammenarbeit ausfallen.[1491]

Gemäß der *sozialen Austauschtheorie* wird die Kooperation in ihrer Ausprägung nicht nur durch die damit verbundenen Kosten, sondern auch durch den sich hieraus ergebenden Nutzen determiniert.[1492] So sind Akteure bestrebt, eine Kooperationsbeziehung dann weiterzuführen und zu vertiefen, wenn sie von der Zusammenarbeit profitieren.[1493] Einen entsprechenden Nutzen können Zentral- bzw. Bereichscontrolling aus der Kooperation insbesondere dann ziehen, wenn eine Abhängigkeit von Ressourcen und Leistungen des anderen Controllerbereiches besteht, die über eine Zusammenarbeit bereitgestellt werden. Der Kooperationsnutzen und damit auch die Kooperationsgüte dürften dabei umso höher ausfallen, je stärker das Abhängigkeitsverhältnis ausgeprägt ist.

Die postulierte positive Wirkung der Abhängigkeit lässt sich schließlich auch durch zahlreiche empirische Befunde der Schnittstellenforschung untermauern.[1494]

Auf dieser Basis lassen sich die folgenden Hypothesen formulieren:

H17: Die Abhängigkeit des Zentralcontrollings vom Bereichscontrolling wirkt positiv auf die Güte der Kooperation beider Bereiche.

H18: Die Abhängigkeit des Bereichscontrollings vom Zentralcontrolling wirkt positiv auf die Güte der Kooperation beider Bereiche.

1489 Zur Ressourcenabhängigkeitsperspektive vgl. Abschnitt 2.5.3.2. Vgl. auch Van de Ven/Ferry (1980), S. 335.

1490 Vgl. hierzu auch Tjosvold (1988), S. 281 f.

1491 Vgl. Kieser (1991), S. 162.

1492 Vgl. Abschnitt 2.5.3.3.1.1.

1493 Vgl. Kumar/Scheer/Steenkamp (1995), S. 350.

1494 Vgl. hierzu Van de Ven/Ferry (1980), S. 267 ff.; Ruekert/Walker (1987b), S. 10 sowie S. 13; Barclay (1991), S. 154; Fisher/Maltz/Jaworski (1997), S. 63 sowie S. 65; de Ruyter/Wetzels (2000a), S. 266 f.; de Ruyter/Wetzels (2000b), S. 213.

Da sich die *gegenseitige Abhängigkeit von Zentral- und Bereichscontrolling* formativ aus den jeweiligen einseitigen Abhängigkeiten zusammensetzt, sollte der abgeleitete positive Einfluss auch für diese Abhängigkeitsform gelten. Entsprechend wird die folgende Hypothese aufgestellt:

H19: Die gegenseitige Abhängigkeit von Zentral- und Bereichscontrolling wirkt positiv auf die Güte der Kooperation beider Bereiche.

Der Einfluss des *Rivalitätsgrades* von Zentral- und Bereichscontrolling auf die Kooperationsqualität lässt sich über die Theorie des realistischen Konfliktes sowie die soziale Austauschtheorie ableiten.

Als ein charakterisierendes Merkmal der Rivalität zwischen beiden Controllerbereichen wurden Ziele und Eigeninteressen herausgearbeitet, die in einer negativen Beziehung zueinander stehen und sich nicht gleichzeitig realisieren lassen.[1495] Nach der *Theorie des realistischen Konfliktes* führen derartige Zielrelationen zu einem wettbewerbsbezogenen Verhältnis zwischen beiden Abteilungen, das mit kooperationsschädigenden Verhaltensweisen und Handlungen einhergeht.[1496] Insofern sollte ein hoher Rivalitätsgrad negativ auf die Kooperationsgüte von Zentral- und Bereichscontrolling wirken.

Darüber hinaus wird die Kooperationsbeziehung von Zentral- und Bereichscontrolling bei Vorliegen eines Rivalitätsverhältnisses mit zusätzlichen Kosten belastet. Diese resultieren bspw. aus der Schlichtung von auftretenden Konflikten, der Erarbeitung von Kompromissen zu den bestehenden Zieldivergenzen, der Absicherung gegen antagonistisches Verhalten des anderen Bereiches oder erhöhten Anstrengungen, um die Arbeitsergebnisse und Ressourcen der anderen Abteilung zu erlangen.[1497] Der *sozialen Austauschtheorie* zufolge schwächen höhere Kosten die Kooperationsbeziehung und führen so zu einer Qualitätsverschlechterung.

Zur Stützung der hypothetisierten kooperationsmindernden Wirkung des Rivalitätsgrades lassen sich darüber hinaus empirische Ergebnisse der Schnittstellenforschung anführen.[1498]

Zusammenfassend wird folgende Hypothese formuliert:

H20: Der Rivalitätsgrad von Zentral- und Bereichscontrolling wirkt negativ auf die Güte der Kooperation beider Bereiche.

Auch für das *Ausmaß der Kontrollaktivitäten des Zentralcontrollings gegenüber dem Bereichscontrolling* wird ein negativer Einfluss auf die Güte der Kooperation beider

[1495] Vgl. Abschnitt 6.2.2.1.3.
[1496] Vgl. hierzu Abschnitt 2.5.3.3.2.
[1497] Vgl. auch Jaworski/Kohli (1993), S. 63; de Ruyter/Wetzels (2000b), S. 212; Beersma et al. (2003), S. 574.
[1498] Vgl. Gupta/Raj/Wilemon (1985b), S. 19; Tjosvold (1988), S. 280; Jaworski/Kohli (1993), S. 63; Maltz/Souder/Kumar (2001), S. 76 f.; de Ruyter/Wetzels (2000a), S. 266 f.; de Ruyter/Wetzels (2000b), S. 213.

Controllerbereiche angenommen. Dieser Wirkungszusammenhang lässt sich wiederum durch die Theorie des realistischen Konfliktes sowie die soziale Austauschtheorie fundieren.

Wie in Abschnitt 2.3.2.4 erläutert, ist das Bereichscontrolling bestrebt, eine gewisse Eigenständigkeit und einen entsprechenden Handlungsspielraum gegenüber dem Zentralcontrolling aufrechtzuerhalten. Dieses Ziel wird durch eine Kontrolle seitens des Zentralcontrollings, das das Interesse besitzt, die Aufgabenerfüllung des Bereichscontrollings genau nachzuhalten, konterkariert: „Control over another implies that the controlled has relinquished some degree of autonomy over its decisions, which reflects restrictions in scope and latitude of decision making.“[1499] Der aus den Kontrollaktivitäten des Zentralcontrollings gegenüber dem Bereichscontrolling erwachsende Zielkonflikt dürfte der *Theorie des realistischen Konfliktes* zufolge eine Verschlechterung der Kooperation beider Controllerbereiche mit sich bringen.

Darüber hinaus fallen in der Kooperationsbeziehung durch die Kontrollaktivitäten des Zentralcontrollings zusätzliche (soziale) Kosten für das Bereichscontrolling an, die gemäß der *sozialen Austauschtheorie* zu einer Qualitätsminderung der Zusammenarbeit führen sollten. So dürfte die Einschränkung der Autonomie des Bereichscontrollings mit einer demotivierenden Wirkung verbunden sein.[1500] Zudem können Kontrollen zusätzlichen Druck, Anspannung und Stress sowie im Extremfall Angst vor Sanktionierungen bei den Bereichscontrollern hervorrufen.[1501] Um einer wirksamen Überwachung durch das Zentralcontrolling im Rahmen dessen Kontrollaktivitäten zu entgehen, kann das Bereichscontrolling schließlich dazu verleitet werden, die an das Zentralcontrolling zu berichtenden Informationen zu schönen. Dies dürfte für das Bereichscontrolling mit zusätzlichen, die Kooperationsbeziehung belastenden Kosten verbunden sein.[1502]

In empirischer Hinsicht zeigt BARCLAY (1991) in seiner Untersuchung, dass intensive Kontrollen zu Konflikten führen.[1503]

Insgesamt lässt sich die folgende Hypothese ableiten:

H21: Das Ausmaß der Kontrollaktivitäten des Zentralcontrollings gegenüber dem Bereichscontrolling wirkt negativ auf die Güte der Kooperation beider Bereiche.

1499 Mohr/Fisher/Nevin (1996), S. 104. Vgl auch Schmidt (1993a), S. 149.
1500 Vgl. Burg (1995), S. 98; Schäffer (1996a), S. 111.
1501 Vgl. Jaworski/MacInnis (1989), S. 409 m. w. N.; Schmidt (1993a), S. 150.
1502 Vgl. auch Abschnitt 2.3.2.4.
1503 Vgl. Barclay (1991), S. 153 f.

6.2.2.2.1.2 Hypothesenprüfung

Das zur Hypothesenprüfung auf Basis der PLS-Methode berechnete Strukturmodell ist in Abbildung 13 dargestellt. Weiterführende Informationen zu den Ergebnissen der Hypothesenprüfung können wieder der zugehörigen Tabelle entnommen werden, die auch Auskunft über die Wirkungsbeziehungen zwischen den relationalen Determinanten und den einzelnen Faktoren der Güte der Kooperation gibt (vgl. Tabelle 45).

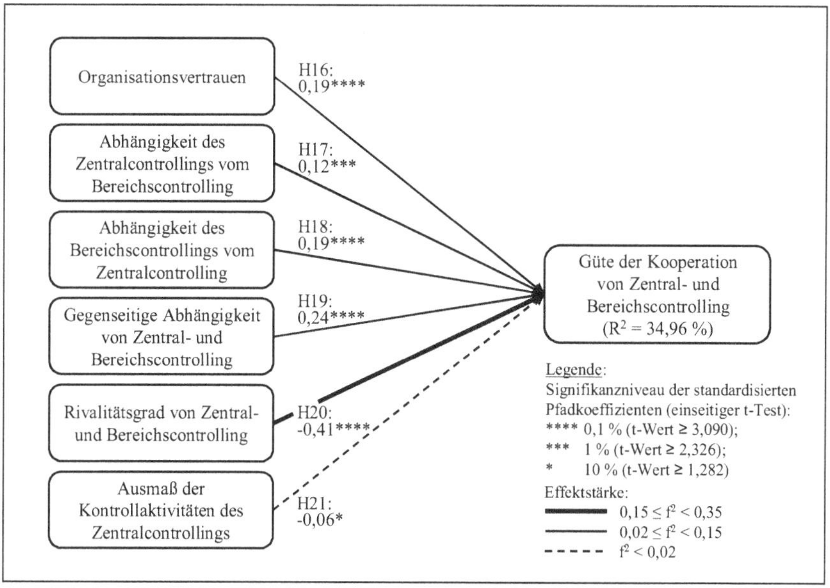

Abbildung 13: Strukturmodell zur Analyse der relationalen Determinanten der Güte der Kooperation

Informationen zum Strukturmodell **„Relationale Determinanten der Güte der Kooperation von Zentral- und Bereichscontrolling"**					
Wirkungsbeziehung	Ursprünglicher Schätzwert	Mittelwert der erzeugten Fälle	Standardabweichung	t-Wert	Effektgröße f^2
Organisationsvertrauen ➔ Güte der Kooperation	**0,19**	**0,19**	**0,04**	**4,36**	**0,05**
Organisationsvertrauen ➔ Güte des formellen Informationsaustausches	0,19	0,19	0,04	4,19	0,04
Organisationsvertrauen ➔ Güte des informellen Informationsaustausches	0,12	0,13	0,05	2,48	0,02
Organisationsvertrauen ➔ Güte der Collaboration	0,17	0,17	0,05	3,70	0,04

Abhängigkeit des Zentralcontrollings vom Bereichscontrolling ➔ Güte der Kooperation	**0,12**	**0,14**	**0,04**	**2,73**	**0,02**
Abhängigkeit des Zentralcontrollings vom Bereichscontrolling ➔ Güte des formellen Informationsaustausches	0,10	0,11	0,05	2,09	0,01
Abhängigkeit des Zentralcontrollings vom Bereichscontrolling ➔ Güte des informellen Informationsaustausches	0,05	0,08	0,06	0,86	0,00
Abhängigkeit des Zentralcontrollings vom Bereichscontrolling ➔ Güte der Collaboration	0,13	0,13	0,05	2,87	0,02
Abhängigkeit des Bereichscontrollings vom Zentralcontrolling ➔ Güte der Kooperation	**0,19**	**0,19**	**0,05**	**3,66**	**0,05**
Abhängigkeit des Bereichscontrollings vom Zentralcontrolling ➔ Güte des formellen Informationsaustausches	0,23	0,24	0,05	4,36	0,07
Abhängigkeit des Bereichscontrollings vom Zentralcontrolling ➔ Güte des informellen Informationsaustausches	0,21	0,23	0,05	4,05	0,05
Abhängigkeit des Bereichscontrollings vom Zentralcontrolling ➔ Güte der Collaboration	0,20	0,20	0,05	3,75	0,05
Gegenseitige Abhängigkeit von Zentral- und Bereichscontrolling ➔ Güte der Kooperation	**0,24**	**0,25**	**0,05**	**4,90**	**0,08**
Gegenseitige Abhängigkeit von Zentral- und Bereichscontrolling ➔ Güte des formellen Informationsaustausches	0,26	0,27	0,06	4,64	0,09
Gegenseitige Abhängigkeit von Zentral- und Bereichscontrolling ➔ Güte des informellen Informationsaustausches	0,23	0,25	0,05	4,77	0,06
Gegenseitige Abhängigkeit von Zentral- und Bereichscontrolling ➔ Güte der Collaboration	0,25	0,26	0,04	6,28	0,08
Rivalitätsgrad von Zentral- und Bereichscontrolling ➔ Güte der Kooperation	**-0,41**	**-0,41**	**0,05**	**9,03**	**0,23**
Rivalitätsgrad von Zentral- und Bereichscontrolling ➔ Güte des formellen Informationsaustausches	-0,36	-0,36	0,04	8,14	0,16
Rivalitätsgrad von Zentral- und Bereichscontrolling ➔ Güte des informellen Informationsaustausches	-0,20	-0,20	0,04	4,70	0,04
Rivalitätsgrad von Zentral- und Bereichscontrolling ➔ Güte der Collaboration	-0,47	-0,46	0,04	11,10	0,31

Ausmaß der Kontrollaktivitäten des Zentralcontrollings gegenüber dem Bereichscontrolling ➔ Güte der Kooperation	**-0,06**	**-0,06**	**0,04**	**1,35**	**0,00**
Ausmaß der Kontrollaktivitäten des Zentralcontrollings gegenüber dem Bereichscontrolling ➔ Güte des formellen Informationsaustausches	-0,07	-0,07	0,04	1,56	0,01
Ausmaß der Kontrollaktivitäten des Zentralcontrollings gegenüber dem Bereichscontrolling ➔ Güte des informellen Informationsaustausches	-0,10	-0,11	0,05	2,02	0,01
Ausmaß der Kontrollaktivitäten des Zentralcontrollings gegenüber dem Bereichscontrolling ➔ Güte der Collaboration	-0,08	-0,08	0,04	1,83	0,01
Erklärte Varianz (R^2): 34,96 %					

Tabelle 45: Informationen zum Strukturmodell „Relationale Determinanten der Güte der Kooperation"

Hypothese H16 unterstellt einen kooperationsfördernden Einfluss des *Organisationsvertrauens*. Dieser Wirkungszusammenhang kann anhand der empirischen Ergebnisse bestätigt werden. So erweist sich der Pfadkoeffizient von 0,19 auf einem Niveau von 0,1 % als signifikant. Auf Basis der Effektgröße von 0,05 kann von einer schwachen bis moderaten Beziehungsstärke ausgegangen werden. Auch auf die einzelnen Elemente der Kooperationsgüte übt das Organisationsvertrauen eine signifikante Wirkung aus, die für die Güte des formellen Informationsaustausches und die der Collaboration ähnlich hohe Ausprägungen aufweist.

Die Hypothesen H17 und H18, mit denen ein positiver Einfluss der *Abhängigkeit des Zentral- bzw. Bereichscontrollings* vom jeweils anderen Controllerbereich abgeleitet wurde, werden ebenfalls durch die Befunde gestützt.

Der Pfadkoeffizient für die Beziehung zwischen der *Abhängigkeit des Zentralcontrollings vom Bereichscontrolling* und der Kooperationsgüte beläuft sich auf 0,12 und ist auf dem 1-%-Niveau signifikant. Die Effektstärke beträgt 0,02 und signalisiert damit einen schwachen Wirkungszusammenhang. Mit Ausnahme der Güte des informellen Informationsaustausches werden auch die einzelnen Bestandteile der Kooperationsgüte von der Abhängigkeit des Zentralcontrollings in signifikantem Maße beeinflusst. Das Ergebnis zum informellen Informationsaustausch lässt sich möglicherweise darauf zurückführen, dass vom Bereichscontrolling benötigte Ressourcen und Leistungen in Anbetracht der umfangreichen Arbeitsbeziehungen primär auf formellem Wege beschafft werden.[1504]

Bezogen auf die *Abhängigkeit des Bereichscontrollings vom Zentralcontrolling* ist bei einem Signifikanzniveau von 0,1 % ein Pfadkoeffizient von 0,19 zu verzeichnen. Der Effektwert von

[1504] Vgl. in diesem Zusammenhang auch die Ausführungen zum Erklärungsbeitrag der Güte des informellen Informationsaustausches zum Gesamtkonstrukt der Kooperationsgüte in Abschnitt 4.1.3.2.

0,05 deutet auf einen schwachen bis moderaten Einfluss hin. Für die einzelnen Komponenten der Zusammenarbeit ergeben sich ähnliche Wirkungsbeziehungen wie für die Kooperationsgüte insgesamt. Den Befunden für die Abhängigkeit des Zentralcontrollings entsprechend ist dabei für den formellen Informationsaustausch eine höhere qualitätsverbessernde Wirkung als für den informellen Informationsaustausch festzustellen.[1505]

Auch Hypothese H19 zur *gegenseitigen Abhängigkeit von Zentral- und Bereichscontrolling* kann bestätigt werden. Der Pfadkoeffizient von 0,24 weist ein Signifikanzniveau von 0,1 % auf, während die Effektgröße mit 0,08 einen moderaten Zusammenhang impliziert. Wie bei der Abhängigkeit des Bereichscontrollings vom Zentralcontrolling spiegelt sich das Resultat für das Gesamtkonstrukt der Güte der Kooperation auch in den Ergebnissen für die einzelnen Faktoren der Zusammenarbeit wider. Dabei wird die Güte des formellen Informationsaustausches wiederum stärker von der gegenseitigen Abhängigkeit beeinflusst als die des informellen Informationsaustausches.[1506]

Hypothese H20 besagt, dass der *Rivalitätsgrad* von Zentral- und Bereichscontrolling negativ auf die Kooperationsqualität wirkt. Diese Hypothese kann ebenfalls angenommen werden. So erweist sich der Pfadkoeffizient von -0,41 mit einem t-Wert von 9,03 auf dem 0,1-%-Niveau als hochsignifikant. Die Effektstärke beträgt 0,23 und signalisiert damit einen moderaten bis starken kooperationsmindernden Einfluss. Auch in Bezug auf die einzelnen Faktoren der Kooperationsgüte sind bei einem Signifikanzniveau von 0,1 % negative Zusammenhänge zu verzeichnen. Die stärkste Wirkung entfaltet der Rivalitätsgrad dabei auf die Güte der Collaboration. Somit werden insbesondere relationale, verhaltensbezogene kooperative Beziehungen von einem Konkurrenzverhältnis zwischen Zentral- und Bereichscontrolling beeinträchtigt.

Im Gegensatz zu Hypothese H20 ist Hypothese H21 zum *Ausmaß der Kontrollaktivitäten des Zentralcontrollings gegenüber dem Bereichscontrolling* zu verwerfen. Tabelle 45 sowie Abbildung 13 verdeutlichen, dass der Pfadkoeffizient mit -0,06 zwar die abgeleitete Wirkungsrichtung widerspiegelt, jedoch betragsmäßig die Untergrenze von 0,1 verfehlt und nur auf dem 10-%- statt dem geforderten 5-%-Niveau signifikant ist. Zudem unterscheidet sich die Effektstärke nur unwesentlich von null.[1507] Hinsichtlich der einzelnen Elemente der Güte der Kooperation ergeben sich dem hypothetisierten Wirkungszusammenhang entsprechend ebenfalls negative Pfadkoeffizienten. Allerdings erfüllt nur der Pfadkoeffizient der Güte des informellen Informationsaustausches die Anforderungen sowohl hinsichtlich der betragsmäßigen Mindesthöhe als auch des Signifikanzniveaus. Der geringe Einfluss des Ausmaßes der Kontrollaktivitäten auf die Kooperationsqualität sowie ihre Elemente lässt sich

[1505] Vgl. hierzu analog die für den Wirkungszusammenhang zwischen der Abhängigkeit des Zentralcontrollings und der Qualität des informellen Informationsaustausches angeführte mögliche Begründung.

[1506] Vgl. als denkbare Erklärung hierfür ebenfalls analog die Ausführungen zum Einfluss der Abhängigkeit des Zentralcontrollings auf die Güte des informellen Informationsaustausches.

[1507] Gerundet auf die dritte Nachkommastelle, beläuft sich die Effektstärke auf 0,004.

möglicherweise auf die Operationalisierung dieses Konstruktes mit nur zwei Items und die sich hieraus evtl. ergebende eingeschränkte Messgüte zurückführen.[1508]

Zusammenfassend lässt sich festhalten, dass mit Ausnahme des Ausmaßes der Kontrollaktivitäten des Zentralcontrollings sämtliche relationalen Determinanten einen maßgeblichen Einfluss auf die Güte der Kooperation von Zentral- und Bereichscontrolling ausüben. Hervorzuheben ist in diesem Zusammenhang die hohe negative Wirkung des Rivalitätsgrades beider Controllerbereiche. Durch die relationalen Einflussfaktoren werden insgesamt knapp 35 % der Varianz der Kooperationsgüte erklärt. Dies kann als zufriedenstellend bezeichnet werden.

6.2.2.2.2 Explorative Analyse der moderierenden Wirkung der Organisationsform

Zur Überprüfung, inwieweit die Organisationsform die Wirkungszusammenhänge zwischen den relationalen Einflussfaktoren und der Kooperationsgüte moderiert, wurde das entsprechende Strukturmodell zunächst wiederum für die Operative Holding sowie die Management-Holding berechnet.[1509]

Die Ergebnisse für die *Operative Holding* weisen insgesamt und von einer Ausnahme abgesehen eine hohe Ähnlichkeit zu den Befunden für die gesamte Datenbasis auf (vgl. Tabelle 46). So geht ein höheres *Organisationsvertrauen* auch in der Operativen Holding mit einer besseren Kooperation einher. Abweichend zu den Wirkungsbeziehungen der Gesamtstichprobe ist dagegen für die *Abhängigkeit des Zentralcontrollings* kein kooperationsverbessernder Einfluss zu verzeichnen. So weist der Pfadkoeffizient einen Wert nahe null auf und ist nicht signifikant,[1510] so dass die Stützung der Hypothese H17 mit Einschränkungen zu versehen ist.[1511] Eine mögliche Erklärung für dieses überraschende Ergebnis könnte darin bestehen, dass die Abhängigkeit des Zentralcontrollings vom Bereichscontrolling in ihrer angenommenen kooperationsfördernden Wirkung in der Operativen Holding durch bestimmte strukturelle Gegebenheiten abgemildert wird, wodurch das Zentralcontrolling nicht unbedingt auf eine gute Kooperation zur Beschaffung benötigter Ressourcen angewiesen ist.[1512] Da

[1508] Vgl. hierzu auch die Ausführungen in Abschnitt 6.2.2.1.4.

[1509] Zum zugrunde gelegten Strukturmodell vgl. Abbildung 13 im vorhergehenden Abschnitt. Wie bereits erläutert, konnte die Organisationsform der Finanzholding aufgrund des geringen Umfanges der korrespondierenden Teilstichprobe nicht in die hier angewandte Mehrgruppenanalyse einbezogen werden. Vgl. auch Abschnitt 5.3.2. Zur Mehrgruppenanalyse vgl. Abschnitt 3.3.2.3.

[1510] Der Pfadkoeffizient beläuft sich, auf die dritte Nachkommastelle gerundet, auf 0,003.

[1511] Vgl. in diesem Zusammenhang auch das Vorgehen bei Igbaria/Parasuraman/Badawy (1994), S. 188 f.; Armstrong/Sambamurthy (1999), S. 315 ff.; Keil et al. (2000), S. 312 ff.

[1512] Bspw. könnten in der Operativen Holding die Informationssysteme von Spitzeneinheit und Basiseinheiten stark integriert sein, so dass das Zentralcontrolling die Informationen des Bereichscontrollings, auf die es für seine Aufgabenerfüllung angewiesen ist, hierüber beschaffen könnte. Dadurch ergäbe sich eine geringere Kooperationsnotwendigkeit.

hierzu allerdings keine abschließende Aussage getroffen werden kann, besteht in dieser Hinsicht weiterer Forschungsbedarf.

Für die *Abhängigkeit des Bereichscontrollings* sowie die *gegenseitige Abhängigkeit* beider Controllerbereiche ist weiterhin ein signifikant positiver Einfluss auf die Güte der Kooperation festzustellen. Ebenfalls in Analogie zur Gesamtdatenbasis wird der abgeleitete negative Zusammenhang zwischen dem *Rivalitätsgrad* von Zentral- und Bereichscontrolling sowie der Kooperationsqualität bestätigt. Schließlich kann auch für die Operative Holding nicht von einer negativen Wirkung der *Kontrollaktivitäten* des Zentralcontrollings gegenüber dem Bereichscontrolling auf die Güte der Kooperation ausgegangen werden. So verfehlt der Pfadkoeffizient weiterhin die betragsmäßige Untergrenze von 0,1 sowie das geforderte Signifikanzniveau von 5 %.

Informationen zum Strukturmodell **„Relationale Determinanten der Güte der Kooperation von Zentral- und Bereichscontrolling in der *Operativen Holding*"**					
Wirkungsbeziehung	Ursprünglicher Schätzwert	Mittelwert der erzeugten Fälle	Standardabweichung	t-Wert	Effektgröße f^2
Organisationsvertrauen ➔ Güte der Kooperation	0,21	0,21	0,07	3,10	0,06
Abhängigkeit des Zentralcontrollings vom Bereichscontrolling ➔ Güte der Kooperation	0,00	0,03	0,08	0,03	0,00
Abhängigkeit des Bereichscontrollings vom Zentralcontrolling ➔ Güte der Kooperation	0,25	0,26	0,07	3,61	0,09
Gegenseitige Abhängigkeit von Zentral- und Bereichscontrolling ➔ Güte der Kooperation	0,25	0,28	0,07	3,50	0,09
Rivalitätsgrad von Zentral- und Bereichscontrolling ➔ Güte der Kooperation	-0,37	-0,36	0,09	4,30	0,17
Ausmaß der Kontrollaktivitäten des Zentralcontrollings gegenüber dem Bereichscontrolling ➔ Güte der Kooperation	-0,09	-0,10	0,06	1,52	0,01
Erklärte Varianz (R^2): 33,97 %					

Tabelle 46: Informationen zum Strukturmodell „Relationale Determinanten der Güte der Kooperation in der Operativen Holding"

Die Resultate für die *Management-Holding* spiegeln ebenfalls i. W. die Ergebnisse der Gesamtstichprobe wider (vgl. Tabelle 47). So ist wiederum ein kooperationsfördernder Einfluss des *Organisationsvertrauens* zu verzeichnen. Der Pfadkoeffizient von 0,19 ist dabei statt auf dem 0,1-%- nunmehr auf dem 1-%-Niveau signifikant. Auch von den verschiedenen Ausprägungen der *Abhängigkeit* geht weiterhin eine positive Wirkung auf die Kooperationsqualität aus. Insbesondere für die *Abhängigkeit des Zentralcontrollings* sind dabei in Relation zur Gesamtdatenbasis deutlich höhere Werte für Pfadkoeffizient und Effektstärke zu erkennen. Wie beim Organisationsvertrauen bewegt sich der Pfadkoeffizient für die *Abhängigkeit des Bereichscontrollings* nunmehr auf einem Signifikanzniveau von 1 % statt 0,1 %. Analog zu den Befunden für die komplette Stichprobe führt der *Rivalitätsgrad* von Zentral- und Bereichscontrolling zu Qualitätseinbußen der Zusammenarbeit, während ein höheres Ausmaß der *Kontrollaktivitäten* des Zentralcontrollings gegenüber dem Bereichscontrolling nicht mit einer Verschlechterung der Kooperation verbunden ist.

Informationen zum Strukturmodell **„Relationale Determinanten der Güte der Kooperation von Zentral- und Bereichscontrolling in der *Management-Holding*"**					
Wirkungsbeziehung	Ursprünglicher Schätzwert	Mittelwert der erzeugten Fälle	Standardabweichung	t-Wert	Effektgröße f^2
Organisationsvertrauen ➔ Güte der Kooperation	0,19	0,20	0,06	2,97	0,05
Abhängigkeit des Zentralcontrollings vom Bereichscontrolling ➔ Güte der Kooperation	0,19	0,19	0,07	2,64	0,05
Abhängigkeit des Bereichscontrollings vom Zentralcontrolling ➔ Güte der Kooperation	0,20	0,22	0,08	2,47	0,05
Gegenseitige Abhängigkeit von Zentral- und Bereichscontrolling ➔ Güte der Kooperation	0,29	0,31	0,06	4,52	0,11
Rivalitätsgrad von Zentral- und Bereichscontrolling ➔ Güte der Kooperation	-0,40	-0,40	0,05	8,10	0,23
Ausmaß der Kontrollaktivitäten des Zentralcontrollings gegenüber dem Bereichscontrolling ➔ Güte der Kooperation	-0,01	-0,01	0,08	0,18	0,00
Erklärte Varianz (R^2): 35,23 %					

Tabelle 47: Informationen zum Strukturmodell „Relationale Determinanten der Güte der Kooperation in der Management-Holding"

Der Vergleich der Pfadkoeffizienten für Operative Holding und Management-Holding basiert wiederum auf der in Abschnitt 3.3.2.3 vorgestellten Formel. Aus Tabelle 48, in der die Ergebnisse dieses Vergleiches zusammengefasst sind, geht hervor, dass sich lediglich zwischen den Pfadkoeffizienten der Abhängigkeit des Zentralcontrollings ein signifikanter Unterschied ergibt, der unter Zugrundelegung der zweiseitigen Studentverteilung allerdings nur ein Niveau von 10 % aufweist und damit das Anspruchsniveau von 5 % verfehlt.[1513] Die recht niedrigen t-Werte des Signifikanztests sind auch hier auf die im Vergleich zur Gesamtstichprobe höheren Standardabweichungen der Pfadkoeffizienten zurückzuführen.

[1513] Vgl. hierzu Abschnitt 3.3.2.3.

Diese resultieren aus dem geringeren Umfang der Teilstichproben für Operative und Management-Holding gegenüber der gesamten Datenbasis.[1514]

Insgesamt verdeutlicht die explorative Analyse, dass auch der Einfluss der relationalen Determinanten auf die Kooperationsgüte nicht der moderierenden Wirkung der Organisationsform unterliegt. Die Wirkungsbeziehungen erweisen sich stattdessen grundsätzlich als weitgehend robust gegenüber dem sich aus der betrachteten Holding-Form ergebenden Kontext.[1515] Allerdings ist es möglich, dass die Wirkungszusammenhänge zwischen den relationalen Determinanten und dem *Ausmaß* oder dem *Inhalt* der Zusammenarbeit von Zentral- und Bereichscontrolling durch die Organisationsform moderiert werden. Diesbezüglich existiert jedoch weiterer Forschungsbedarf.[1516]

[1514] Wie bereits erläutert, können die Unterschiede zwischen Pfadkoeffizienten auch dann nicht signifikant sein, wenn die zu vergleichenden Pfadkoeffizienten selbst ein unterschiedliches Signifikanzniveau aufweisen. Dies ist darauf zurückzuführen, dass die Ermittlung des entsprechenden t-Wertes lediglich auf der Höhe und Standardabweichung der Pfadkoeffizienten sowie der Stichprobengröße basiert, nicht aber das jeweilige Signifikanzniveau der Pfadkoeffizienten zugrunde legt. Vgl. hierzu die in Abschnitt 3.3.2.3 erläuterte Formel sowie Fußnote 1195 in Abschnitt 5.3.2.

[1515] Lediglich bezogen auf die Abhängigkeit des Zentralcontrollings vom Bereichscontrolling konnte das für die Gesamtstichprobe ermittelte Ergebnis nur in einer der beiden Teilstichproben bestätigt werden.

[1516] Vgl. hierzu analog auch die Ausführungen am Ende der Abschnitte 5.3.2 sowie 6.2.1.2.2.

Informationen zum **Signifikanztest der Unterschiede zwischen den Pfadkoeffizienten der relationalen Determinanten der Güte der Kooperation** in Operativer Holding und Management-Holding				
Wirkungsbeziehung	Pfadkoeffizient Operative Holding	Pfadkoeffizient Management-Holding	t-Wert des Unterschiedes	Signifikanzniveau des Unterschiedes
Organisationsvertrauen ➔ Güte der Kooperation	0,21	0,19	0,22	n. s.
Abhängigkeit des Zentralcontrollings vom Bereichscontrolling ➔ Güte der Kooperation	0,00	0,19	1,73	10,0 %
Abhängigkeit des Bereichscontrollings vom Zentralcontrolling ➔ Güte der Kooperation	0,25	0,20	0,53	n. s.
Gegenseitige Abhängigkeit von Zentral- und Bereichscontrolling ➔ Güte der Kooperation	0,25	0,29	0,44	n. s.
Rivalitätsgrad von Zentral- und Bereichscontrolling ➔ Güte der Kooperation	-0,37	-0,40	0,38	n. s.
Ausmaß der Kontrollaktivitäten des Zentralcontrollings gegenüber dem Bereichscontrolling ➔ Güte der Kooperation	-0,09	-0,01	0,78	n. s.

Tabelle 48: Informationen zum Signifikanztest der Unterschiede zwischen den Pfadkoeffizienten der relationalen Determinanten der Güte der Kooperation in Operativer Holding und Management-Holding

6.2.3 Grad des „Role Making" des Zentralcontrollings

6.2.3.1 Konzeptualisierung und Operationalisierung des Grades des „Role Making"

Für eine erfolgreiche Positionierung im unternehmensinternen Wettbewerb um Controllerleistungen ist es bedeutsam, inwieweit das Zentralcontrolling die Möglichkeit besitzt, seine eigene Rolle und das von ihm angebotene Leistungsspektrum selbst zu gestalten.[1517] In dieser Hinsicht lassen sich in Anlehnung an KRONAST (1989) mit dem „Role Taking" und „Role Making" grundsätzlich zwei Perspektiven unterscheiden, die sich aus der Rollentheorie ableiten.[1518]

[1517] Vgl. hierzu auch Abschnitt 2.3.3.2. Vgl. auch Weber/David/Prenzler (2001), S. 14. Diese Aussage gilt nicht nur für das Zentral-, sondern auch das Bereichscontrolling. Da in der vorliegenden Arbeit die Zusammenarbeit beider Controllerbereiche jedoch aus der Sicht des Zentralcontrollings untersucht wird (vgl. Abschnitt 2.3.3.3), stellt dieses auch für die folgenden Ausführungen den relevanten Bezugspunkt dar.

[1518] Vgl. Kronast (1989), S. 169 ff.; Weber/Schäffer (2006), S. 386 f.

Der *Rollentheorie* zufolge wird das Verhalten eines Akteurs zum einen durch die Erwartungen anderer Personen an seine Rolle sowie zum anderen durch seine eigenen rollenbezogenen Vorstellungen determiniert.[1519] Werden die Aktivitäten eines Akteurs vorwiegend durch die Rollenerwartungen seiner Umwelt vorgegeben und an diesen ausgerichtet, handelt es sich um ein *„Role Taking"*.[1520] Besitzt der Rolleninhaber dagegen einen gewissen Freiraum in der Ausübung seiner Rolle, kann er die an ihn gerichteten Erwartungen anderer Akteure durch seine Einstellungen und sein Handeln beeinflussen und so seine Rolle im Sinne eines *„Role Making"* aktiv gestalten.

Bezogen auf den *Controlling-Kontext* wird bei einem *„Role Taking"* die vom Zentralcontrolling wahrzunehmende Rolle durch die Unternehmensleitung festgelegt.[1521] Das Zentralcontrolling nimmt lediglich die Aufgaben wahr, die ihm vom Management zugeordnet worden sind. Im Extremfall wird dem Zentralcontrolling keinerlei Handlungsautonomie eingeräumt, sein Leistungsangebot und seine Position im Unternehmen selbst zu bestimmen und zu beeinflussen.[1522]

Nach der Perspektive des *„Role Making"* wird das Aufgabenspektrum des Zentralcontrollings dagegen nicht vollständig vom Management vorgegeben.[1523] Stattdessen setzt das Zentralcontrolling seine Aufgabenschwerpunkte eigenständig und richtet seine Leistungserbringung an den Bedürfnissen der internen Kunden aus.[1524] Hierzu wird dem Zentralcontrolling ein entsprechender Gestaltungsraum zugestanden, der in einer weitreichenden Ausprägung lediglich durch grobe Rahmenvorgaben des Managements begrenzt wird. Auf diese Weise kann das Zentralcontrolling seine Rolle im Unternehmen selbstständig formen und weiterentwickeln.[1525]

Zwar ist ein „Role Taking" des Zentralcontrollings auf Basis der in Unternehmen vorgenommenen Arbeitsteilung, Abteilungsbildung und Aufgabenzuordnung sowie eines im Zeitablauf gewachsenen Controllerbildes in gewissem Maße vorgezeichnet.[1526] Allerdings wäre ein Agieren ausschließlich nach dieser Perspektive in Anbetracht der Konkurrenzbeziehung zu anderen internen Dienstleistern, in der das Zentralcontrolling steht, unzureichend.[1527] Stattdessen kommt einem „Role Making" eine hohe und aktuelle

---

[1519] Vgl. hierzu und im Folgenden die Ausführungen bei Katz/Kahn (1978), S. 185 ff. sowie insb. S. 195 ff.; David (2005), S. 79 ff.

[1520] Vgl. auch Kronast (1989), S. 153.

[1521] Zur Bedeutung der Erwartungen des Managements für die vom Controllerbereich ausgefüllte Rolle vgl. auch Sathe (1982), S. 46 f. sowie S. 53 f. Vgl. in diesem Zusammenhang auch Kronast (1989), S. 201.

[1522] Vgl. hierzu Weber/David/Prenzler (2001), S. 12; Weber/Schäffer (2006), S. 387. Zum „Role Taking" vgl. auch Kronast (1989), S. 169 ff.

[1523] Vgl. hierzu und im Folgenden Weber/David/Prenzler (2001), S. 12 f.; Weber/Schäffer (2006), S. 387.

[1524] Vgl. David (2005), S. 81.

[1525] Vgl. Katz/Kahn (1978), S. 219; Kronast (1989), S. 153; Weber/Schäffer (2006), S. 387. Vgl. darüber hinaus die Ausführungen von Kronast (1989), S. 172 f., zum „Role Making". Wrzesniewski/Dutton (2001) verwenden in diesem Zusammenhang den Begriff „Job Crafting"; vgl. Wrzesniewski/Dutton (2001), S. 179 ff.

[1526] Vgl. hierzu und im Folgenden Weber/Schäffer (2006), S. 387 ff.

[1527] Vgl. auch Abschnitt 2.3.3.2 sowie darüber hinaus Weber/David/Prenzler (2001), S. 14; Weber/Schäffer (2006), S. 440 f.

Handlungspriorität für eine erfolgreiche Positionierung im unternehmensinternen Wettbewerb zu.[1528] Vor diesem Hintergrund wird in der vorliegenden Untersuchung auf das Ausmaß abgestellt, in dem das Zentralcontrolling seine Rolle und sein Tätigkeitsfeld aktiv gestaltet.

Die Operationalisierung des Grades des „Role Making" des Zentralcontrollings erfolgt über ein reflektives Messmodell, das in Anlehnung an die Ausführungen von KRONAST (1989) sowie WEBER (2004) neu entwickelt wurde.[1529] Informationen zu den einzelnen Indikatoren sowie zum Faktor des Grades des „Role Making" können Tabelle 49 entnommen werden.

Informationen zu den einzelnen Indikatoren des Faktors **„Grad des ‚Role Making' des Zentralcontrollings"**			
Bezeichnung des Indikators	Item-to-Total-Korrelation	Indikator-reliabilität	t-Wert der Faktor-ladung
Das Controlling definiert seinen Aufgabenbereich größtenteils selbst.	0,56	0,42	-
Das Controlling nutzt konsequent Freiheiten zur Gestaltung des eigenen Tätigkeitsgebietes.	0,66	0,72	10,38
Das Controlling nimmt nur Aufgaben wahr, die ihm vom Management zugewiesen worden sind. (rc)	0,47	0,28	8,59
Das Controlling bietet insbesondere Leistungen an, mit denen es sich am besten unternehmensintern positionieren kann.	eliminiert		
Das Controlling hält es für notwendig, den eigenen Aufgabenbereich aktiv zu gestalten.	0,47	0,33	9,26

Informationen zum Faktor **„Grad des ‚Role Making' des Zentralcontrollings"**			
Cronbach'sches Alpha	0,74	AGFI	0,96
Erklärte Faktorvarianz	0,44	CFI	0,99
χ^2/df	2,80	TLI	0,97
RMSEA	0,07	Faktorreliabilität	0,75
GFI	0,99	Durchschnittlich erfasste Varianz	0,44

Tabelle 49: Informationen zum Messmodell „Grad des ‚Role Making' des Zentralcontrollings"

Aufgrund einer deutlich zu niedrigen Indikatorreliabilität wurde das vierte Item von der Messung ausgeschlossen. Das resultierende Messmodell enthält weiterhin zwei Indikatoren, deren Reliabilitätswert das geforderte Anspruchsniveau von 0,4 unterschreitet. Darüber hinaus liegen die Ausprägungen der Faktorvarianz sowie der DEV knapp unter dem angestrebten Grenzwert von 0,5. Um jedoch alle Gütemaße der zweiten Generation, die überwiegend zufriedenstellende Werte aufweisen, berechnen zu können, wurde keine weitere Indikatoreliminierung vorgenommen. Für nachfolgende empirische Untersuchungen stellt sich die Aufgabe, die neu konzipierte Skala weiterzuentwickeln.

[1528] Vgl. Weber/Schäffer (2006), S. 388 f.

[1529] Vgl. Kronast (1989), S. 153 sowie S. 169 ff.; Weber (2004), S. 541 ff. Vgl. hierzu auch Weber/Schäffer (2006), S. 386 ff.

6.2.3.2 Explorative Analyse der Wirkungsbeziehungen

6.2.3.2.1 Explorative Fragestellung zur Wirkung des Grades des „Role Making"

6.2.3.2.1.1 Formulierung der explorativen Fragestellung

Da sich für den Grad des „Role Making" des Zentralcontrollings sowohl ein positiver als auch ein negativer Einfluss auf die Güte der Kooperation von Zentral- und Bereichscontrolling ableiten lässt, wird für die Wirkung dieser Determinante eine explorative Fragestellung formuliert.

Der mögliche *positive* Zusammenhang zwischen dem Grad des „Role Making" und der Kooperationsgüte ergibt sich aus der Tatsache, dass das Zentralcontrolling für eine nachfragerorientierte Gestaltung seines Leistungsangebotes und damit seiner Rolle in einem gewissen Rahmen auf das Bereichscontrolling und dessen Ressourcen angewiesen ist.[1530] Insbesondere für eine Ausweitung des Leistungsportfolios gemäß den Kundenwünschen kann ein Zugang zu den Ressourcen des Bereichscontrollings erforderlich sein.[1531] Auf Basis entsprechender Informationen, Arbeitsergebnisse etc., über die das Zentralcontrolling selbst nicht verfügt, kann die Erstellung neuer, von Kunden nachgefragten Leistungen überhaupt erst möglich sein. In Anbetracht der mit einer aktiven Gestaltung der eigenen Rolle einhergehenden Abhängigkeit vom Bereichscontrolling ist der Ressourcenabhängigkeitsperspektive sowie der sozialen Austauschtheorie zufolge mit einem kooperationsverbessernden Einfluss des Grades des „Role Making" zu rechnen.[1532]

Der potenziell *negative* Einfluss auf die Güte der Kooperation leitet sich aus dem Wettbewerbsverhältnis ab, das bei einem „Role Making" des Zentralcontrollings zwischen beiden Controllerbereichen verstärkt auftreten kann. So kann das Zentralcontrolling bei der Ausrichtung seines Leistungsspektrums an der im Unternehmen vorhandenen Nachfrage nach Controllerleistungen in den Aufgabenbereich des Bereichscontrollings eindringen.[1533] Beide Abteilungen konkurrieren dann im Sinne eines Leistungswettbewerbes um die Aufmerksamkeit derselben Kunden.[1534] Darüber hinaus kann sich ein Wettbewerb um Ressourcen herausbilden, die für die Leistungserstellung beider Controllerbereiche erforderlich sind.[1535] Die sich so ergebende Rivalitätsbeziehung zwischen Zentral- und Bereichscontrolling dürfte

1530 Vgl. hierzu David (2005), S. 134, sowie Abschnitt 2.3.2.1.
1531 Vgl. hierzu und im Folgenden auch die Ausführungen bei David (2005), S. 168 sowie S. 180.
1532 Vgl. hierzu die in Abschnitt 6.2.2.2.1.1 formulierte Hypothese zur kooperationssteigernden Wirkung der Abhängigkeit des Zentralcontrollings vom Bereichscontrolling. Vgl. diesbezüglich auch die empirische Bestätigung in Abschnitt 6.2.2.2.1.2.
1533 Vgl. David (2005), S. 168; Weber/Schäffer (2006), S. 387.
1534 Vgl. Weber/David/Prenzler (2001), S. 13.
1535 Vgl. Weber/Schäffer (2006), S. 387.

gemäß der Theorie des realistischen Konfliktes sowie der sozialen Austauschtheorie zu einer Verschlechterung der Kooperation führen.[1536]

Auf dieser Basis lässt sich die folgende explorative Fragestellung formulieren:

E1: Welche Wirkung besitzt der Grad des „Role Making" des Zentralcontrollings auf die Güte der Kooperation von Zentral- und Bereichscontrolling?

6.2.3.2.1.2 Prüfung der explorativen Fragestellung

Zur Beantwortung der explorativen Fragestellung wurde das in Abbildung 14 dargestellte Pfadmodell auf Basis des PLS-Verfahrens berechnet. Die detaillierten Ergebnisse der Modellberechnung sowie der Einfluss des Grades des „Role Making" des Zentralcontrollings auf die einzelnen Bestandteile der Güte der Kooperation gehen aus Tabelle 50 hervor.

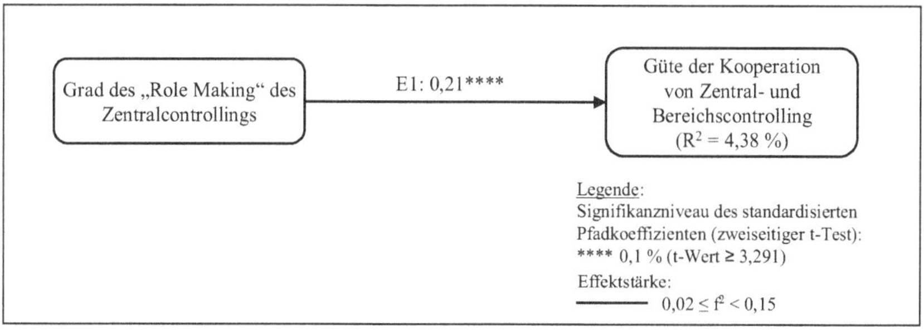

Abbildung 14: Strukturmodell zur Analyse der Wirkung des Grades des „Role Making" des Zentralcontrollings auf die Güte der Kooperation

[1536] Vgl. hierzu die in Abschnitt 6.2.2.2.1.1 abgeleitete Hypothese zum Einfluss des Rivalitätsgrades von Zentral- und Bereichscontrolling auf die Kooperationsqualität. Vgl. hierzu auch das Ergebnis der Hypothesenprüfung in Abschnitt 6.2.2.2.1.2.

Informationen zum Strukturmodell **„Wirkung des Grades des ‚Role Making' des Zentralcontrollings auf die Güte der Kooperation von Zentral- und Bereichscontrolling"**					
Wirkungsbeziehung	Ursprünglicher Schätzwert	Mittelwert der erzeugten Fälle	Standardabweichung	t-Wert	Effektgröße f^2
Grad des „Role Making" des Zentralcontrollings ➔ Güte der Kooperation	**0,21**	**0,22**	**0,05**	**4,48**	**0,05**
Grad des „Role Making" des Zentralcontrollings ➔ Güte des formellen Informationsaustausches	0,16	0,19	0,04	3,82	0,03
Grad des „Role Making" des Zentralcontrollings ➔ Güte des informellen Informationsaustausches	0,12	0,14	0,07	1,69	0,02
Grad des „Role Making" des Zentralcontrollings ➔ Güte der Collaboration	0,20	0,22	0,05	4,42	0,04
Erklärte Varianz (R^2): 4,38 %					

Tabelle 50: Informationen zum Strukturmodell „Wirkung des Grades des ‚Role Making' des Zentralcontrollings auf die Güte der Kooperation"

Es zeigt sich, dass ein „Role Making" des Zentralcontrollings zu einer Verbesserung der Kooperation beider Controllerbereiche beiträgt. Der Pfadkoeffizient von 0,21 weist auf Basis des für explorative Untersuchungen anzuwendenden zweiseitigen t-Tests[1537] ein Signifikanzniveau von 0,1 % auf. Die Effektgröße signalisiert mit einem Wert von 0,05 einen schwachen bis moderaten Zusammenhang, was einem erklärten Varianzanteil von gut 4 % entspricht. Auch im Hinblick auf die einzelnen Faktoren der Kooperationsgüte ist ein positiver Einfluss des Grades des „Role Making" zu verzeichnen. Die stärkste Wirkung ergibt sich dabei auf die Güte der Collaboration. Dagegen ist die Beziehung zwischen dem Grad des „Role Making" und der Güte des informellen Informationsaustausches lediglich auf einem Niveau von 10 % signifikant. Dies lässt sich u. U. dadurch erklären, dass das Zentralcontrolling die für eine aktive Gestaltung der eigenen Rolle benötigten Ressourcen des Bereichscontrollings angesichts der stark ausgeprägten Arbeitsbeziehungen zwischen beiden Controllerbereichen womöglich vorwiegend über formelle Informationswege bezieht.[1538]

Insgesamt korrespondiert die ermittelte kooperationsverbessernde Wirkung des Grades des „Role Making" des Zentralcontrollings mit der Empfehlung von MOSIEK (2002). Danach ist auch bei einem möglichen Wettbewerbsverhältnis, wie es sich bei einem „Role Making" ergeben kann,[1539] anstelle einer Konfliktstrategie eine Kooperation anzustreben, durch die sich wichtige Ressourcen beschaffen lassen.[1540]

[1537] Vgl. hierzu Abschnitt 3.3.2.2.

[1538] Vgl. in diesem Zusammenhang auch die Ergebnisse und Erläuterungen zur Wirkung der verschiedenen Abhängigkeitsformen auf die Güte des formellen und informellen Informationsaustausches in Abschnitt 6.2.2.2.1.2.

[1539] Vgl. Abschnitt 6.2.3.2.1.1.

[1540] Vgl. hierzu Mosiek (2002), S. 221 ff.

6.2.3.2.2 Explorative Analyse der moderierenden Wirkung der Organisationsform

Auch in der Operativen sowie Management-Holding bewirkt das „Role Making“ des Zentralcontrollings eine Verbesserung der Kooperation beider Controllerbereiche (vgl. Tabelle 51 sowie Tabelle 52).[1541] Die Pfadkoeffizienten belaufen sich auf 0,23 (Operative Holding) resp. 0,25 (Management-Holding) und sind in beiden Fällen auf 0,1-%-Niveau signifikant. Auf Basis der Effektstärke kann jeweils von einem schwachen bis moderaten Wirkungszusammenhang ausgegangen werden.

Informationen zum Strukturmodell **„Wirkung des Grades des ‚Role Making' des Zentralcontrollings auf die Güte der Kooperation von Zentral- und Bereichscontrolling in der *Operativen Holding*“**					
Wirkungsbeziehung	Ursprünglicher Schätzwert	Mittelwert der erzeugten Fälle	Standardabweichung	t-Wert	Effektgröße f^2
Grad des „Role Making“ des Zentralcontrollings ➔ Güte der Kooperation	0,23	0,24	0,06	3,97	0,05
Erklärte Varianz (R^2): 5,16 %					

Tabelle 51: Informationen zum Strukturmodell „Wirkung des Grades des ‚Role Making' des Zentralcontrollings auf die Güte der Kooperation in der Operativen Holding“

Informationen zum Strukturmodell **„Wirkung des Grades des ‚Role Making' des Zentralcontrollings auf die Güte der Kooperation von Zentral- und Bereichscontrolling in der *Management-Holding*“**					
Wirkungsbeziehung	Ursprünglicher Schätzwert	Mittelwert der erzeugten Fälle	Standardabweichung	t-Wert	Effektgröße f^2
Grad des „Role Making“ des Zentralcontrollings ➔ Güte der Kooperation	0,25	0,27	0,07	3,68	0,07
Erklärte Varianz (R^2): 6,35 %					

Tabelle 52: Informationen zum Strukturmodell „Wirkung des Grades des ‚Role Making' des Zentralcontrollings auf die Güte der Kooperation in der Management-Holding“

Da die Pfadkoeffizienten für beide Organisationsformen eine ähnliche Ausprägung aufweisen, fällt der Signifikanztest auf Unterschiede negativ aus (vgl. Tabelle 53). Somit liegt in Bezug auf die kooperationsfördernde Wirkung des Grades des „Role Making“ kein moderierender Einfluss der Organisationsform vor; der Wirkungszusammenhang zwischen der Kooperationsgüte und dem Grad des „Role Making“ gilt grundsätzlich auch unabhängig von dem aus der betrachteten Organisationsform resultierenden Kontext. Allerdings ist auch hier anzumerken, dass die vorliegende Holding-Form gleichwohl die Wirkung des Grades des

[1541] Zum Ablauf der hier vorgenommenen Mehrgruppenanalyse vgl. Abschnitt 3.3.2.3. Aufgrund zu geringer Stichprobengröße ist eine Berechnung des betreffenden Strukturmodells für die Finanzholding nicht möglich. Vgl. auch Abschnitt 5.3.2.

„Role Making" auf das *Ausmaß* oder den *Inhalt* der Kooperation von Zentral- und Bereichscontrolling beeinflussen könnte. In dieser Hinsicht sind jedoch weitere Forschungsanstrengungen notwendig.[1542]

Informationen zum **Signifikanztest der Unterschiede zwischen den Pfadkoeffizienten der Wirkung des Grades des „Role Making" des Zentralcontrollings auf die Güte der Kooperation** in Operativer Holding und Management-Holding				
Wirkungsbeziehung	Pfadkoeffizient Operative Holding	Pfadkoeffizient Management-Holding	t-Wert des Unterschiedes	Signifikanzniveau des Unterschiedes
Grad des „Role Making" des Zentralcontrollings ➔ Güte der Kooperation	0,23	0,25	0,28	n. s.

Tabelle 53: Informationen zum Signifikanztest der Unterschiede zwischen den Pfadkoeffizienten der Wirkung des Grades des „Role Making" des Zentralcontrollings auf die Güte der Kooperation in Operativer Holding und Management-Holding

6.3 Externe Großzügigkeit als unternehmensexterne Determinante

6.3.1 Konzeptualisierung und Operationalisierung der externen Großzügigkeit

Wie in Abschnitt 6.1 erläutert, wird in Beiträgen der Kooperationsforschung neben unternehmensinternen Determinanten oftmals auch der Einfluss der Unternehmensumwelt berücksichtigt. Für die vorliegende Arbeit wurde in dieser Hinsicht die externe Großzügigkeit als relevante Determinante abgeleitet,[1543] die für eine explizite Erfassung von Umweltcharakteristika gut geeignet ist.[1544]

In Anlehnung an BAUER (2002) lässt sich externe Großzügigkeit als das Ausmaß definieren, in dem suboptimales Verhalten und Entscheidungen der Unternehmensleitung von der Unternehmensumwelt toleriert und nicht sanktioniert werden.[1545] Sie beschreibt, inwieweit ein Unternehmen im gegebenen Umfeld erfolgreich agieren kann und in welchem Maße die Umweltbedingungen einem nachhaltigen Unternehmenswachstum zuträglich sind. „Munificence refers to an environment's ability to support sustained growth of an organization".[1546] Eine hohe externe Großzügigkeit schlägt sich dabei in einer hohen Robustheit der Erfolgsgrößen eines Unternehmens gegenüber negativen externen Einflüssen nieder.[1547]

[1542] Vgl. hierzu analog auch die Ausführungen am Ende der Abschnitte 5.3.2, 6.2.1.2.2 sowie 6.2.2.2.2.
[1543] Vgl. nochmals Abschnitt 6.1.
[1544] Vgl. Bauer (2002), S. 104.
[1545] Vgl. hierzu sowie im Folgenden auch grundlegend zur externen Großzügigkeit Bauer (2002), S. 102 ff.
[1546] Goll/Rasheed (1997), S. 585, in Anlehnung an Aldrich (1979) sowie Dess/Beard (1984).
[1547] Vgl. Bauer (2002), S. 180 f. Vgl. in diesem Zusammenhang auch Dess/Beard (1984), S. 58.

Den Ausgangspunkt und Ursprung externer Großzügigkeit bildet „the scarcity or abundance of critical resources needed by (one or more) firms operating within an environment ... The resources available within an environment influence the survival and growth of firms sharing that environment". [1548] Die Knappheit bzw. Verfügbarkeit wichtiger Ressourcen als Bestimmungsfaktor externer Großzügigkeit bezieht sich dabei sowohl auf die Beschaffungs- als auch die Absatzseite von Unternehmen, die BAUER (2002) als die „erfolgskritischen Felder[] der Unternehmensumwelt" [1549] identifiziert. [1550] Eine hohe Großzügigkeit der Unternehmensumwelt liegt dann vor, wenn Ressourcen auf der Beschaffungsseite ausreichend verfügbar sowie leicht zu beschaffen sind und wenn die Absatzseite durch günstige Marktbedingungen gekennzeichnet ist.[1551] Dies wiederum spiegelt sich in einer entsprechenden Unempfindlichkeit der Erfolgsgrößen des Unternehmens wider.

Die Operationalisierung der externen Großzügigkeit erfolgt in Anlehnung an SPILLECKE (2006), der sich auf die von BAUER (2002) entwickelte Skala stützt.[1552] Dabei wird ein Messmodell zweiter Ordnung gebildet, bei dem die die Großzügigkeit konstituierenden Faktoren (beschaffungs- sowie absatzmarktseitige Verfügbarkeit von Ressourcen) reflektiv operationalisiert werden und sich formativ zum Gesamtkonstrukt der externen Großzügigkeit zusammensetzen. Die Validierung dieses „Reflective First-Order, Formative Second-Order"[1553]-Konstruktes wird anhand eines MIMIC-Modells vorgenommen.[1554] Hierzu wird die externe Großzügigkeit zusätzlich durch zwei reflektive Indikatoren direkt erfasst, die sich auf die Robustheit der Erfolgsgrößen des Unternehmens als Ausprägung der Großzügigkeit beziehen.

Die Ressourcenverfügbarkeit auf der *Beschaffungsseite* wird über das reflektiv operationalisierte Konstrukt der Großzügigkeit des Beschaffungsmarktes[1555] erfasst. Die Indikatorfragen erheben, inwieweit das Unternehmen erforderliche Ressourcen schnell sowie problemlos in der nötigen Qualität und Menge beziehen kann. Für die ermittelbaren Gütekriterien ergeben sich sehr gute Werte (vgl. Tabelle 54).

[1548] Castrogiovanni (1991), S. 542 f., mit Verweis auf weitere Quellen. Vgl. darüber hinaus Yasai-Ardekani (1989), S. 131 ff. sowie S. 142 f.; Bauer (2002), S. 180.

[1549] Bauer (2002), S. 180.

[1550] Vgl. in diesem Zusammenhang auch Dess/Beard (1984), S. 55 sowie S. 58; Koberg (1987), S. 800; Yasai-Ardekani (1989), S. 142; Goll/Rasheed (1997), S. 586. Als wichtige Ressourcen, die die Absatzseite betreffen, lassen sich die Nachfrage von Kunden nach Produkten des Unternehmens und die hierdurch erlösten finanziellen Mittel nennen. Vgl. auch Plinke (1992), S. 832 f.

[1551] Vgl. hierzu und im Folgenden Spillecke (2006), S. 216.

[1552] Vgl. hierzu sowie zur Operationalisierung im Folgenden Spillecke (2006), S. 215 ff.

[1553] Jarvis/MacKenzie/Podsakoff (2003), S. 205.

[1554] Vgl. hierzu auch Abschnitt 3.3.1.2.2.

[1555] Spillecke (2006) bezeichnet diesen Faktor als „Knappheit des Beschaffungsmarktes"; vgl. Spillecke (2006), S. 216 f. Um jedoch die semantische Struktur und den Inhalt dieser Dimension widerzuspiegeln sowie aus Gründen der Konsistenz zur Bezeichnung des Gesamtkonstruktes wird dieser Faktor in der vorliegenden Arbeit „Großzügigkeit des Beschaffungsmarktes" genannt.

Informationen zu den einzelnen Indikatoren des Faktors **„Großzügigkeit des Beschaffungsmarktes"**			
Bezeichnung des Indikators	Item-to-Total-Korrelation	Indikator-reliabilität	t-Wert der Faktor-ladung
Die von unserem Unternehmen benötigten Ressourcen (Rohstoffe, Personal, Finanzmittel) können *sehr schnell* beschafft werden.	0,76	0,74	-
Die von unserem Unternehmen benötigten Ressourcen (Rohstoffe, Personal, Finanzmittel) können sehr leicht in der *nötigen Qualität* beschafft werden.	0,71	0,60	16,30
Die von unserem Unternehmen benötigten Ressourcen (Rohstoffe, Personal, Finanzmittel) können sehr leicht in der *nötigen Menge* beschafft werden.	0,75	0,70	17,21

Informationen zum Faktor **„Großzügigkeit des Beschaffungsmarktes"**			
Cronbach'sches Alpha	0,86	AGFI	-*
Erklärte Faktorvarianz	0,68	CFI	-*
χ^2/df	-*	TLI	-*
RMSEA	-*	Faktorreliabilität	0,86
GFI	-*	Durchschnittlich erfasste Varianz	0,68
* Eine Berechnung dieser Werte ist nicht möglich, da das Messmodell bei drei Indikatoren im Rahmen der konfirmatorischen Faktorenanalyse keine Freiheitsgrade besitzt.			

Tabelle 54: Informationen zum Messmodell „Großzügigkeit des Beschaffungsmarktes"

Die Verfügbarkeit von Ressourcen auf der *Absatzseite* wird durch den Faktor „Großzügigkeit des Absatzmarktes" abgebildet. Dieses Konstrukt ist ebenfalls reflektiv operationalisiert und drückt aus, inwieweit das Unternehmen auf dem Absatzmarkt vorteilhafte Bedingungen vorfindet, die eine problemlose Versorgung mit absatzseitigen Ressourcen (i. e. finanzielle Mittel durch den Absatz von Produkten) ermöglichen. Die formulierten Indikatoren messen dabei als Auswirkungen eines großzügigen Absatzmarktes, wie stark der Absatz des Unternehmens auf Marketing-Maßnahmen der Wettbewerber reagiert. Tabelle 55 verdeutlicht, dass sowohl sämtliche indikator- als auch faktorbezogenen Gütemaße mit Ausnahme der t-Werte der Faktorladungen sowie der Faktorreliabilität unterhalb der geforderten Grenzwerte liegen.[1556] Letztere erreicht lediglich exakt das geforderte Mindestniveau von 0,6. Die Gütebeurteilung muss somit als nicht zufriedenstellend bezeichnet werden. Insofern sind die empirischen Ergebnisse zu diesem Faktor mit entsprechenden Einschränkungen zu versehen.

Eine Erklärung für die schlechten Gütekriterien liegt möglicherweise darin begründet, dass Controller in Unternehmen vorwiegend eine Innenperspektive einnehmen und so ihre Marktkenntnisse oftmals unterentwickelt sind.[1557] Vor diesem Hintergrund scheinen Controller nur in begrenztem Maße in der Lage zu sein, eine valide Einschätzung des Marktumfeldes auf der Absatzseite vorzunehmen.

[1556] Hinsichtlich des Cronbach'schen Alphas, das sich im vorliegenden Fall auf 0,6 beläuft, wurde für nicht neu entwickelte Messmodelle ein Mindestwert von 0,7 gefordert. Vgl. Abschnitt 3.3.1.2.1.1.

[1557] Vgl. hierzu Weber (2005), S. 23.

Informationen zu den einzelnen Indikatoren des Faktors **„Großzügigkeit des Absatzmarktes“**			
Bezeichnung des Indikators	Item-to-Total-Korrelation	Indikator-reliabilität	t-Wert der Faktor-ladung
Der Absatz der Produkte unseres Unternehmens reagiert sehr stark auf Preisänderungen unserer Wettbewerber. (rc)	0,41	0,34	-
Der Absatz der Produkte unseres Unternehmens reagiert sehr stark auf Werbemaßnahmen unserer Wettbewerber. (rc)	0,40	0,32	5,69
Der Absatz der Produkte unseres Unternehmens reagiert sehr stark auf Produktverbesserungen unserer Wettbewerber. (rc)	0,41	0,35	5,63

Informationen zum Faktor **„Großzügigkeit des Absatzmarktes“**			
Cronbach'sches Alpha	0,60	AGFI	-*
Erklärte Faktorvarianz	0,33	CFI	-*
χ^2/df	-*	TLI	-*
RMSEA	-*	Faktorreliabilität	0,60
GFI	-*	Durchschnittlich erfasste Varianz	0,33

* Eine Berechnung dieser Werte ist nicht möglich, da das Messmodell bei drei Indikatoren im Rahmen der konfirmatorischen Faktorenanalyse keine Freiheitsgrade besitzt.

Tabelle 55: Informationen zum Messmodell „Großzügigkeit des Absatzmarktes“

Die reflektiven Items zur direkten Erfassung der externen Großzügigkeit sind in Tabelle 56 aufgeführt. Die ermittelbaren Gütemaße erfüllen die aufgestellten Vorgaben.

Informationen zu den einzelnen Indikatoren des Faktors **„Direkte Messung der externen Großzügigkeit“**			
Bezeichnung des Indikators	Item-to-Total-Korrelation	Indikator-reliabilität	t-Wert der Faktor-ladung
Das Ergebnis unseres Unternehmens ist gegenüber Schwankungen allgemeinwirtschaftlicher Faktoren (z. B. Konjunktur) recht stabil.	0,55	-*	-*
In allgemeinwirtschaftlich schwierigen Zeiten (z. B. Rezessionen) kann unser Unternehmen trotzdem ein zufrieden stellendes Ergebnis erzielen.	0,55	-*	-*

Informationen zum Faktor **„Direkte Messung der externen Großzügigkeit“**			
Cronbach'sches Alpha	0,71	AGFI	-*
Erklärte Faktorvarianz	0,54	CFI	-*
χ^2/df	-*	TLI	-*
RMSEA	-*	Faktorreliabilität	-*
GFI	-*	Durchschnittlich erfasste Varianz	-*

* Eine Berechnung dieser Werte ist nicht möglich, da eine konfirmatorische Faktorenanalyse erst ab drei Indikatoren durchgeführt werden kann.

Tabelle 56: Informationen zum Messmodell „Direkte Messung der externen Großzügigkeit“

Die Ergebnisse der Validierung des Gesamtkonstruktes der externen Großzügigkeit auf Basis des MIMIC-Modells sind Tabelle 57 zu entnehmen. Für die berechneten globalen Gütemaße sind sehr gute Werte zu verzeichnen. Im Hinblick auf die Faktorenstruktur ist allerdings auffällig, dass ausschließlich die Großzügigkeit des Absatzmarktes einen hinreichend signifikanten Erklärungsbeitrag für das Gesamtkonstrukt leistet.[1558] In Anbetracht der schlechten Gütebeurteilung für diese Teildimension kommt somit auch den empirischen Ergebnissen zur externen Großzügigkeit nur eine eingeschränkte Gültigkeit zu. Zur Untersuchung der Auswirkungen der externen Großzügigkeit wird das Gesamtkonstrukt in einen Index überführt.[1559]

Globale Anpassungsmaße des Gesamtmodells **„Externe Großzügigkeit"**						
Kriterium	χ^2/df	RMSEA	GFI	AGFI	CFI	TLI
Ausprägung	1,16	0,02	0,99	0,97	1,00	1,00
Informationen zu den einzelnen Faktoren des Gesamtmodells **„Externe Großzügigkeit"**						
Bezeichnung des Faktors	Ursprünglicher Schätzwert	Mittelwert der erzeugten Fälle	Standardabweichung	t-Wert	Effektgröße f^2	Variance Inflation Factor
Großzügigkeit des Beschaffungsmarktes	0,09	0,09	0,07	1,31	0,01	1,02
Großzügigkeit des Absatzmarktes	0,31	0,32	0,04	7,10	0,10	1,02
Konditionsindex: 12,32						

Tabelle 57: Informationen zum Gesamtmodell „Externe Großzügigkeit"

6.3.2 Analyse der Wirkungsbeziehungen

6.3.2.1 Hypothesenformulierung und -prüfung

6.3.2.1.1 Hypothesenformulierung

Zwischen der externen Großzügigkeit und der Güte der Kooperation lässt sich auf Basis der Ressourcenabhängigkeitsperspektive ein negativer Wirkungszusammenhang ableiten. So impliziert eine niedrigere Großzügigkeit, dass sich das Unternehmen einer höheren Anzahl und Intensität unternehmensextern getriebener Probleme ausgesetzt sieht.[1560] Management-Fehler werden dabei schneller und stärker als in einem großzügigeren Unternehmensumfeld sanktioniert. Dementsprechend müssen Entscheidungen der Unternehmensleitung sorgfältiger vorbereitet und Problemstellungen genauer analysiert werden. „In hostile or nonmunificent environments, firms require the devotion of greater analytical effort to understand and master

[1558] Gleichwohl wird der Faktor der Großzügigkeit des Beschaffungsmarktes aus inhaltlichen Erwägungen im Gesamtmodell belassen. Zudem besteht zwischen den Faktoren keine Multikollinearität, die eine Eliminierung nach sich zöge. Vgl. hierzu auch Abschnitt 3.3.1.2.2.

[1559] Vgl. hierzu analog auch das Vorgehen beim Messmodell zur Güte der Kooperation in Abschnitt 4.1.3.2.

[1560] Vgl. Bauer (2002), S. 144.

threats".[1561] Um das Management in dieser Hinsicht effektiv ergänzen und begrenzen zu können, benötigt das Zentralcontrolling auch detaillierte Informationen aus den dezentralen Bereichen sowie geschäftsspezifisches Wissen in Bezug auf die verschiedenen Unternehmenseinheiten, über die das Bereichscontrolling verfügt. Dies dürfte umso stärker der Fall sein, je geringer die Großzügigkeit der Umwelt ist, je gravierender die Konsequenzen fehlerhafter Management-Entscheidungen ausfallen und je größer somit der Bedarf an einer qualitativ hochwertigen Rationalitätssicherung durch das Zentralcontrolling ist,[1562] für die dezentrale Informationen und Know-how aus den Basiseinheiten benötigt werden.[1563] Den Erhalt dieser erforderlichen Ressourcen kann das Zentralcontrolling der Ressourcenabhängigkeitsperspektive zufolge über eine Kooperation mit dem Bereichscontrolling sicherstellen.[1564] Dabei dürfte das Zentralcontrolling in einer Situation geringer externer Großzügigkeit ein höheres Interesse an einer guten Zusammenarbeit haben als bei günstigen Umweltbedingungen, in denen es nicht so stark auf die Informationen und Kenntnisse des Bereichscontrollings angewiesen ist.[1565] Insofern sollte eine niedrigere externe Großzügigkeit zu einer besseren Kooperation beider Controllerbereiche führen.[1566]

Die postulierte Wirkungsbeziehung wird zudem durch empirische Befunde der Schnittstellenforschung gestützt.[1567]

Insgesamt wird die folgende Hypothese aufgestellt:

H22: Die externe Großzügigkeit wirkt negativ auf die Güte der Kooperation von Zentral- und Bereichscontrolling.

6.3.2.1.2 Hypothesenprüfung

Die Ergebnisse der Hypothesenprüfung zur externen Großzügigkeit sind in Abbildung 15 sowie Tabelle 58 dargestellt. Tabelle 58 enthält neben detaillierten Informationen zum berechneten Strukturmodell auch Angaben zum Einfluss der externen Großzügigkeit auf die einzelnen Faktoren der Kooperationsgüte.

[1561] Goll/Rasheed (1997), S. 585, in Anlehnung an Khandwalla (1973).
[1562] Vgl. Bauer (2002), S. 103 f.
[1563] Zur Bedeutung dezentraler Informationen und Expertise für eine hohe Qualität der vom Zentralcontrolling erbrachten Rationalitätssicherungsleistungen vgl. auch die Ausführungen in Abschnitt 5.3.1.1 im Rahmen der Hypothesenableitung zur Wirkung der Kooperationsgüte von Zentral- und Bereichscontrolling auf die Leistungsqualität der Rationalitätssicherung des Zentralcontrollings. Vgl. in diesem Zusammenhang auch die empirischen Ergebnisse hierzu in Abschnitt 5.3.1.2.
[1564] Zur Ressourcenabhängigkeitsperspektive vgl. Abschnitt 2.5.3.2.
[1565] Vgl. hierzu auch Olson et al. (2001), S. 261.
[1566] Vgl. in diesem Zusammenhang auch die Ausführungen bei Gupta/Raj/Wilemon (1986), S. 10; Menon/Jaworski/Kohli (1997), S. 190.
[1567] Vgl. Parry/Song (1993), S. 14; Maltz/Kohli (1996), S. 57.

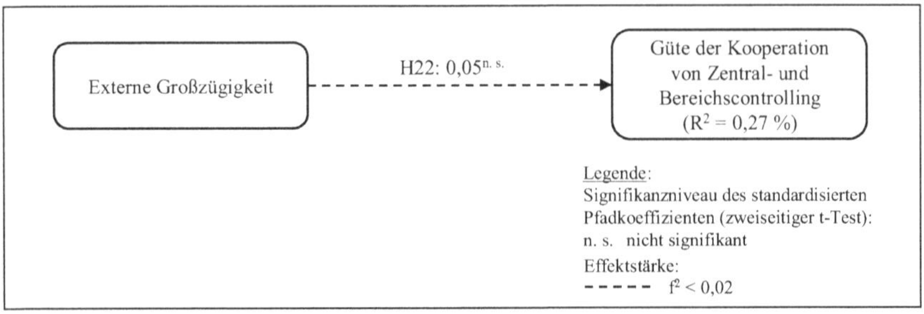

Abbildung 15: Strukturmodell zur Analyse der Wirkung der externen Großzügigkeit auf die Güte der Kooperation

Informationen zum Strukturmodell **„Wirkung der externen Großzügigkeit auf die Güte der Kooperation von Zentral- und Bereichscontrolling"**					
Wirkungsbeziehung	Ursprünglicher Schätzwert	Mittelwert der erzeugten Fälle	Standardabweichung	t-Wert	Effektgröße f^2
Externe Großzügigkeit ➔ Güte der Kooperation	**0,05**	**0,05**	**0,06**	**0,92**	**0,00**
Externe Großzügigkeit ➔ Güte des formellen Informationsaustausches	0,08	0,07	0,10	0,81	0,01
Externe Großzügigkeit ➔ Güte des informellen Informationsaustausches	-0,06	-0,03	0,11	0,57	0,00
Externe Großzügigkeit ➔ Güte der Collaboration	0,08	0,00	0,11	0,78	0,01
Erklärte Varianz (R^2): 0,27 %					

Tabelle 58: Informationen zum Strukturmodell „Wirkung der externen Großzügigkeit auf die Güte der Kooperation"

Entgegen dem hypothetisierten negativen Zusammenhang zwischen der externen Großzügigkeit und der Güte der Kooperation weist der Pfadkoeffizient mit einem Wert von 0,05 eine positive Ausprägung auf. Hypothese H22 ist somit zu verwerfen. Trotz dieser positiven Wirkungsrichtung muss jedoch nicht wider die konzeptionellen Überlegungen von einem kooperationsfördernden Einfluss der externen Großzügigkeit ausgegangen werden. So verfehlt der Pfadkoeffizient das Anspruchsniveau von 0,1 und ist mit einem t-Wert von 0,92 nicht signifikant.[1568] Das Bestimmtheitsmaß und die korrespondierende Effektstärke fallen vernachlässigbar gering aus.

Hinsichtlich der Güte des formellen Informationsaustausches sowie der Güte der Collaboration sind ähnliche Ergebnisse wie für das Gesamtkonstrukt der Kooperationsgüte zu

[1568] Da der Pfadkoeffizient im vorliegenden Fall eine in Relation zur formulierten Hypothese entgegengesetzte Richtung aufweist, ist der Signifikanzprüfung – wie bei explorativen Fragestellungen – statt der ein- die zweiseitige Studentverteilung zugrunde zu legen. Der geforderte t-Wert, der einem Signifikanzniveau von 5 % entspricht, beträgt hierbei 1,96. Vgl. hierzu auch Abschnitt 3.3.2.2.

verzeichnen. Lediglich der Pfadkoeffizient der Güte des informellen Informationsaustausches spiegelt die abgeleitete negative Beziehung wider. Allerdings besteht auch hier kein signifikanter Einfluss.

Eine Erklärung für diese die theoretischen Überlegungen nicht stützenden Befunde ergibt sich u. U. aus der schlechten Gütebeurteilung für die Teildimension der Großzügigkeit des Absatzmarktes, durch die das Gesamtkonstrukt der externen Großzügigkeit i. W. gebildet wird. Angesichts der wenig reliablen und validen Einschätzung der Großzügigkeit des Absatzmarktes seitens der antwortenden Zentralcontrolling-Leiter lässt sich möglicherweise auch der Einfluss der externen Großzügigkeit auf die Qualität der Zusammenarbeit nicht korrekt ermitteln.[1569]

6.3.2.2 *Explorative Analyse der moderierenden Wirkung der Organisationsform*

Für die Teilstichprobe der *Operativen Holding* ergibt sich – wie für die Gesamtdatenbasis – ebenfalls ein positiver Pfadkoeffizient, der sich allerdings auf Basis des zweiseitigen t-Tests, der hier aufgrund des positiven statt hypothesenkonformen negativen Vorzeichens des Pfadkoeffizienten anzuwenden ist,[1570] wiederum als nicht signifikant erweist (vgl. Tabelle 59).[1571] Somit bleibt die externe Großzügigkeit auch in der Operativen Holding ohne Wirkung auf die Qualität der Zusammenarbeit von Zentral- und Bereichscontrolling.

Informationen zum Strukturmodell **„Wirkung der externen Großzügigkeit auf die Güte der Kooperation von Zentral- und Bereichscontrolling in der *Operativen Holding*"**					
Wirkungsbeziehung	Ursprünglicher Schätzwert	Mittelwert der erzeugten Fälle	Standardabweichung	t-Wert	Effektgröße f^2
Externe Großzügigkeit ➔ Güte der Kooperation	0,11	0,10	0,08	1,36	0,01
Erklärte Varianz (R^2): 1,24 %					

Tabelle 59: Informationen zum Strukturmodell „Wirkung der externen Großzügigkeit auf die Güte der Kooperation in der Operativen Holding"

Für die *Management-Holding* lässt sich der abgeleitete kooperationsmindernde Einfluss der externen Großzügigkeit ebenfalls nicht nachweisen. Zwar weist der Pfadkoeffizient mit -0,04 die hypothetisierte negative Ausprägung auf, ist jedoch in Anbetracht des t-Wertes von 0,58

[1569] Vgl. hierzu die Ausführungen zur Operationalisierung und empirischen Validierung des Konstruktes der externen Großzügigkeit in Abschnitt 6.3.1.

[1570] Vgl. hierzu auch Fußnote 1568 im vorhergehenden Abschnitt.

[1571] Zum Vorgehen bei der hier verwendeten Mehrgruppenanalyse vgl. Abschnitt 3.3.2.3. Die Organisationsform der Finanzholding musste wiederum aufgrund der zu kleinen Stichprobe aus der moderierenden Analyse ausgeklammert werden. Vgl. auch Abschnitt 5.3.2.

nicht signifikant. Zudem erreicht er nicht die geforderte betragsmäßige Untergrenze von 0,1 (vgl. Tabelle 60).

Informationen zum Strukturmodell **„Wirkung der externen Großzügigkeit auf die Güte der Kooperation von Zentral- und Bereichscontrolling in der *Management-Holding*“**					
Wirkungsbeziehung	Ursprünglicher Schätzwert	Mittelwert der erzeugten Fälle	Standardabweichung	t-Wert	Effektgröße f^2
Externe Großzügigkeit ➔ Güte der Kooperation	-0,04	-0,05	0,07	0,58	0,00
Erklärte Varianz (R^2): 0,17 %					

Tabelle 60: Informationen zum Strukturmodell „Wirkung der externen Großzügigkeit auf die Güte der Kooperation in der Management-Holding“

Wie aus Tabelle 61 hervorgeht, sind die Pfadkoeffizienten für Operative und Management-Holding trotz des großen Unterschiedes nicht signifikant voneinander verschieden. So bewegt sich der t-Wert des Signifikanztests mit 1,42 unterhalb des Anspruchsniveaus von 1,96. Dies lässt sich wiederum auf die Standardabweichungen der Pfadkoeffizienten zurückführen, für die sich durch die Stichprobenverkleinerung im Rahmen der Mehrgruppenanalyse erhöhte Werte beim Bootstrapping ergeben. Insgesamt liegt somit auch in Bezug auf die externe Großzügigkeit kein moderierender Einfluss der Organisationsform vor. Hinsichtlich der Aussagekraft dieser explorativen moderierenden Analyse ist jedoch einschränkend auf die geringe Messqualität des Konstruktes der externen Großzügigkeit bzw. seiner Hauptdimension hinzuweisen.[1572]

Informationen zum **Signifikanztest der Unterschiede zwischen den Pfadkoeffizienten der Wirkung der externen Großzügigkeit auf die Güte der Kooperation** in Operativer Holding und Management-Holding				
Wirkungsbeziehung	Pfadkoeffizient Operative Holding	Pfadkoeffizient Management-Holding	t-Wert des Unterschiedes	Signifikanzniveau des Unterschiedes
Externe Großzügigkeit ➔ Güte der Kooperation	0,11	-0,04	1,42	n. s.

Tabelle 61: Informationen zum Signifikanztest der Unterschiede zwischen den Pfadkoeffizienten der Wirkung der externen Großzügigkeit auf die Güte der Kooperation in Operativer Holding und Management-Holding

[1572] Vgl. hierzu Abschnitt 6.3.1.

6.4 Zusammenfassung

In diesem Kapitel wurde eine Untersuchung der Determinanten der Güte der Kooperation von Zentral- und Bereichscontrolling vorgenommen. Dazu wurde zunächst eine grundlegende Strukturierung der potenziell zu überprüfenden Einflussfaktoren erarbeitet, anhand derer die Auswahl der für diese Untersuchung relevanten Determinanten erfolgte. Hieran schloss sich die Konzeptualisierung und Operationalisierung der einzelnen Variablen sowie die Überprüfung der entsprechenden Wirkungsbeziehungen an. Dabei wurde auch eine explorative moderierende Analyse in Abhängigkeit der Organisationsform durchgeführt.

Im Bereich der *unternehmensinternen Determinanten* wurden strukturelle und relationale Einflussfaktoren betrachtet. Zusätzlich wurde der Grad des „Role Making" des Zentralcontrollings als relevanter unternehmensinterner Einflussfaktor untersucht.

Hinsichtlich der *strukturellen Determinanten* wurden der Formalisierungsgrad der Interaktion, die Nutzung abteilungsübergreifender Teams, abteilungsübergreifender Fortbildungsmaßnahmen und abteilungsübergreifenden Mitarbeiteraustausches, die räumliche Nähe sowie der Unterstellungsgrad des Bereichscontrollings unter das Zentralcontrolling analysiert. Ein kooperationsfördernder Einfluss konnte für die Nutzung abteilungsübergreifender Teams und Fortbildungen, die räumliche Nähe sowie den Unterstellungsgrad des Bereichscontrollings nachgewiesen werden. Kooperative Beziehungen von Zentral- und Bereichscontrolling lassen sich dabei insbesondere durch den Einsatz abteilungsübergreifender Teams und Schulungen verbessern. Im Falle des Unterstellungsgrades musste die Stützung der Hypothese dagegen mit Einschränkungen versehen werden, da für die Organisationsform der Operativen Holding nur ein auf dem 10-%-Niveau signifikanter Wirkungszusammenhang zu verzeichnen war. Bezogen auf den Formalisierungsgrad der Interaktion sowie die Nutzung abteilungsübergreifenden Mitarbeiteraustausches kann nicht von einem positiven Einfluss auf die Qualität der Zusammenarbeit beider Controllerbereiche ausgegangen werden.

Im Rahmen der *relationalen Determinanten* wurden das Organisationsvertrauen, die ein- und gegenseitige Abhängigkeit von Zentral- und Bereichscontrolling, der Rivalitätsgrad beider Controllerbereiche sowie das Ausmaß der Kontrollaktivitäten des Zentralcontrollings gegenüber dem Bereichscontrolling untersucht. Es zeigte sich, dass das Organisationsvertrauen sowie die verschiedenen Formen der Abhängigkeit zu einer Verbesserung der Kooperation führen. Die hypothetisierte kooperationssteigernde Wirkung der Abhängigkeit des Zentralcontrollings ließ sich dabei wiederum aufgrund der Ergebnisse für die Teilstichprobe der Operativen Holding nur eingeschränkt bestätigen. Während der Rivalitätsgrad die Güte der Kooperation stark beeinträchtigt, konnte für das Ausmaß der Kontrollaktivitäten des Zentralcontrollings keine kooperationsschädigende Wirkung nachgewiesen werden.

Für den *Grad des „Role Making" des Zentralcontrollings* wurde vor dem Hintergrund des möglichen kooperationsfördernden als auch -mindernden Einflusses eine explorative Fragestellung abgeleitet. Die empirische Überprüfung ergab, dass von diesem Parameter eine signifikant positive Wirkung auf die Kooperationsgüte ausgeht.

Als *unternehmensexterne Determinante* wurde schließlich die Großzügigkeit der Unternehmensumwelt in die Untersuchung einbezogen. Allerdings konnte zwischen dieser Variablen und der Qualität der Kooperation kein signifikanter Zusammenhang festgestellt werden.

Im Rahmen der explorativen moderierenden Analysen zeigte sich, dass die Wirkungszusammenhänge zwischen den Determinanten und der Kooperationsgüte von Zentral- und Bereichscontrolling nicht dem moderierenden Einfluss der Organisationsform unterliegen. Die für die Einflussfaktoren hypothetisierten Beziehungen haben grundsätzlich auch unabhängig von der betrachteten Organisationsform weitgehend Gültigkeit.

Einen zusammenfassenden Überblick über die Ergebnisse der Hypothesenprüfung sowie der Prüfung der explorativen Fragestellung bietet Tabelle 62.[1573]

[1573] Für eine Bewertung der Ergebnisse der Determinantenprüfung sowie die sich hieraus ableitenden Implikationen vgl. Kapitel 7.2 sowie 7.3. Anzumerken ist, dass zwischen den einzelnen Determinanten der Kooperationsgüte Wechselwirkungen auftreten können, die aber aufgrund des Untersuchungsfokus der Arbeit nicht analysiert wurden. Insofern lassen sich die Bestimmtheitsmaße der einzelnen Pfadmodelle zu den jeweiligen Determinantengruppen nicht ohne Weiteres aggregieren.

Ergebnisse der Hypothesenprüfung sowie der Prüfung der explorativen Fragestellung zu den Determinanten der Güte der Kooperation			
Unternehmensinterne Determinanten			
Strukturelle Determinanten			
Hypothese		Bestätigt	Abgelehnt
H10	Formalisierungsgrad der Interaktion (+) ➔ Güte der Kooperation (+)		X
H11	Nutzung abteilungsübergreifender Teams (+) ➔ Güte der Kooperation (+)	X	
H12	Nutzung abteilungsübergreifender Fortbildungen (+) ➔ Güte der Kooperation (+)	X	
H13	Nutzung abteilungsübergreifenden Mitarbeiteraustausches (+) ➔ Güte der Kooperation (+)		X
H14	Räumliche Nähe (+) ➔ Güte der Kooperation (+)	X	
H15	Unterstellungsgrad des Bereichscontrollings unter das Zentralcontrolling (+) ➔ Güte der Kooperation (+)	(X)	
Relationale Determinanten			
Hypothese		Bestätigt	Abgelehnt
H16	Organisationsvertrauen (+) ➔ Güte der Kooperation (+)	X	
H17	Abhängigkeit des Zentralcontrollings vom Bereichscontrolling (+) ➔ Güte der Kooperation (+)	(X)	
H18	Abhängigkeit des Bereichscontrollings vom Zentralcontrolling (+) ➔ Güte der Kooperation (+)	X	
H19	Gegenseitige Abhängigkeit von Zentral- und Bereichscontrolling (+) ➔ Güte der Kooperation (+)	X	
H20	Rivalitätsgrad von Zentral- und Bereichscontrolling (+) ➔ Güte der Kooperation (-)	X	
H21	Ausmaß der Kontrollaktivitäten des Zentralcontrollings gegenüber dem Bereichscontrolling (+) ➔ Güte der Kooperation (-)		X
Explorative Fragestellung		Positiv	Negativ
E1	Grad des „Role Making" des Zentralcontrollings ➔ Güte der Kooperation	X	
Unternehmensexterne Determinante			
Hypothese		Bestätigt	Abgelehnt
H22	Externe Großzügigkeit (-) ➔ Güte der Kooperation (+)		X
Anmerkung: (X) = eingeschränkte Bestätigung der Hypothese			

Tabelle 62: Ergebnisse der Hypothesenprüfung sowie der Prüfung der explorativen Fragestellung zu den Determinanten der Güte der Kooperation

7 Zusammenfassung und Implikationen

Ziel dieses abschließenden Kapitels ist die Zusammenfassung der wesentlichen Befunde der Untersuchung sowie die Ableitung von Implikationen. Hierzu erfolgt zunächst eine Darstellung der zentralen Ergebnisse, bevor die Arbeit einer wissenschaftlichen Bewertung unterzogen wird. Diese umfasst sowohl inhaltliche als auch methodische Aspekte und zeigt Ansatzpunkte für nachfolgende Untersuchungen auf. Schließlich werden die sich aus der Arbeit ergebenden Implikationen für die Unternehmenspraxis diskutiert.

7.1 Zentrale Ergebnisse der Untersuchung

Den Ausgangspunkt der vorliegenden Untersuchung bildete die Erkenntnis, dass kooperativen Beziehungen an der Schnittstelle von Zentral- und Bereichscontrolling eine hohe Bedeutung zukommt. Trotz dieser Relevanz, die Beiträge der Controlling-Forschung der Kooperation zwischen beiden Controllerbereichen einräumen, musste jedoch festgestellt werden, dass die Zusammenarbeit beider Abteilungen oftmals nur in Ausschnitten oder Ansätzen sowie rein deskriptiv behandelt wird. Insbesondere konnte keine großzahlige empirische Studie identifiziert werden, in der ein Konstrukt zur Kooperation von Zentral- und Bereichscontrolling erarbeitet und validiert wird sowie seine Auswirkungen und Einflussfaktoren überprüft werden. In Anbetracht dessen bestand das grundlegende Ziel der Arbeit darin, eine umfassende Untersuchung der Kooperation beider Controllerbereiche durchzuführen. Hierzu wurden eine forschungsleitende Frage sowie drei Forschungsfragen abgeleitet:

- Welche Beziehungen bestehen an der Schnittstelle von Zentral- und Bereichscontrolling und welche Bedeutung nimmt die Kooperation hierbei ein? (*Forschungsleitende Frage*)
- Wie lässt sich die Kooperation von Zentral- und Bereichscontrolling definieren und wie kann sie konzeptualisiert und operationalisiert werden? (*Forschungsfrage 1*)
- Welche Auswirkungen hat die Kooperation von Zentral- und Bereichscontrolling auf die Qualität der vom Zentralcontrolling angebotenen Leistungen? (*Forschungsfrage 2*)
- Welche Determinanten beeinflussen die Kooperation von Zentral- und Bereichscontrolling? (*Forschungsfrage 3*)

Die Beantwortung der forschungsleitenden Frage erfolgte *sach-analytisch* im Rahmen einer umfassenden Schnittstellenanalyse. Hierbei zeigte sich, dass, wenngleich sich auch ein Konkurrenzverhältnis sowie Konflikte und Friktionen zwischen Zentral- und Bereichscontrolling herausbilden können, insgesamt kooperative Beziehungen die Schnittstelle zwischen beiden Controllerbereichen dominieren und eine Zusammenarbeit eine hohe Relevanz einnimmt.

Die Untersuchung der Forschungsfragen 1 bis 3 basierte auf einer großzahligen *empirischen* Erhebung, bei der eine schriftliche Befragung von Zentralcontrolling-Leitern im Rahmen des Forschungsprojektes „Die Zusammenarbeit des Controllings mit anderen Funktionsbereichen" stattfand. Für die vorliegende Arbeit konnten 386 auswertbare Antworten gewonnen werden, die mittels ambitionierter statistischer, insbesondere kausalanalytischer Verfahren analysiert wurden.

Im Hinblick auf *Forschungsfrage 1* wurde in Kapitel 4 ein kontextunabhängiges Messmodell zur Kooperation von Zentral- und Bereichscontrolling entwickelt, für das die integrierte Perspektive der Kooperation als Grundlage diente. Als Faktoren der informationsbezogenen Dimension wurden dabei die Güte des formellen und informellen Informationsaustausches abgeleitet, während die verhaltensbezogene, relationale Dimension über die Güte der Collaboration abgebildet wurde. Die drei Faktoren wurden nach ihrer Konzeptualisierung, Operationalisierung und empirischen Validierung zu einem gesamthaften Messmodell der Kooperationsgüte zusammengeführt, das einer umfassenden Reliabilitäts- und Validitätsbeurteilung anhand von Gütekriterien der ersten sowie zweiten Generation unterzogen wurde und hierbei sehr zufriedenstellende Werte erzielte. Somit konnte die hergeleitete Faktorenstruktur des Kooperationskonstruktes bestätigt werden. Dabei war zu erkennen, dass die Güte der Collaboration den höchsten Erklärungsbeitrag für das Gesamtkonstrukt leistet. Der auf dieser Basis gebildete Kooperationsindex wies keine signifikanten Unterschiede in Abhängigkeit der Branche, Unternehmensgröße sowie Organisationsform auf.

Bezogen auf die *zweite Forschungsfrage* wurde der Zusammenhang zwischen der Güte der Kooperation von Zentral- und Bereichscontrolling sowie der Qualität der vom Zentralcontrolling erbrachten Leistungen untersucht. Es konnte nachgewiesen werden, dass eine gute Zusammenarbeit mit dem Bereichscontrolling zu einer signifikanten Verbesserung der Leistungen des Zentralcontrollings beiträgt. Dies gilt sowohl für die einzelnen Leistungsfelder der Führungsunterstützungs- und Rationalitätssicherungsaufgaben als auch bezogen auf diese beiden Aufgabenbereiche insgesamt. Entgegen der aufgestellten Hypothese profitieren Rationalitätssicherungsleistungen qualitätsmäßig von einer guten Kooperation jedoch nicht in höherem Maße als Führungsunterstützungsleistungen.

Zur Beantwortung der *Forschungsfrage 3* wurden unternehmensinterne strukturelle und relationale Determinanten, der Grad des „Role Making" des Zentralcontrollings sowie die externe Großzügigkeit als unternehmensexterne Determinante in das Forschungsmodell einbezogen und hinsichtlich ihres Einflusses analysiert. Bei den strukturellen Determinanten konnte eine kooperationssteigernde Wirkung der Nutzung abteilungsübergreifender Teams und Fortbildungsmaßnahmen, der räumlichen Nähe sowie mit Einschränkungen des Unterstellungsgrades des Bereichscontrollings unter das Zentralcontrolling ermittelt werden. Im Bereich der relationalen Determinanten war für das Organisationsvertrauen sowie die verschiedenen Abhängigkeitsausprägungen ein positiver[1574], für den Rivalitätsgrad von Zentral- und Bereichscontrolling ein negativer Einfluss auf die Güte der Kooperation zu verzeichnen. Während für den Grad des „Role Making" des Zentralcontrollings, der im Rahmen einer explorativen Fragestellung betrachtet wurde, eine kooperationsfördernde Wirkung festgestellt wurde, geht von der externen Großzügigkeit kein signifikanter Einfluss aus.

Weder für die Auswirkungen der Güte der Kooperation von Zentral- und Bereichscontrolling noch die Wirkungsbeziehungen der Determinanten konnte ein moderierender Einfluss der Organisationsform nachgewiesen werden.

7.2 Wissenschaftliche Bewertung

7.2.1 Inhaltliche Aspekte

In inhaltlicher Hinsicht leistet die vorliegende Untersuchung mit der Beantwortung der forschungsleitenden Frage sowie der drei Forschungsfragen einen Erkenntnisbeitrag sowohl für die Controlling- als auch die Schnittstellenforschung, der nachfolgend diskutiert werden soll. Dabei soll auch auf mögliche Restriktionen der Arbeit eingegangen werden.

Vor dem Hintergrund der vorwiegend kooperativen, potenziell aber auch kompetitiven Ausprägung des Verhältnisses von Zentral- und Bereichscontrolling sowie der Erkenntnis, dass die Zusammenarbeit beider Controllerbereiche in bisherigen Beiträgen der Controlling-Forschung jeweils nur ausschnitts- oder ansatzweise betrachtet worden ist, wurde in der vorliegenden Arbeit erstmalig eine umfassende und detaillierte theoriegeleitete Analyse der Schnittstelle von Zentral- und Bereichscontrolling durchgeführt (*forschungsleitende Frage*). Dabei wurden die komplexen Verflechtungen zwischen beiden Controllerbereichen nach der Art der Beziehung strukturiert und die entsprechenden Berührungspunkte systematisch nach Leistungsfeldern analysiert. Auf dieser Basis konnte die Relevanz der Kooperation konzeptionell belegt werden.

Darüber hinaus leistet die Arbeit einen Beitrag zur theoretischen Fundierung kooperativer Beziehungen und damit für die Kooperationsforschung. So wird oftmals betont, dass eine in sich geschlossene Kooperationstheorie bisher nicht vorliegt.[1575] Dabei lässt ein Großteil der Untersuchungen der Schnittstellenforschung eine theoretische Untermauerung gänzlich vermissen oder greift auf einzelne Theorien zurück, die jedoch der Komplexität des Phänomens der Kooperation nicht gerecht werden. Angesichts dessen wurde als Grundlage für die empirische Untersuchung ein theoretischer Bezugsrahmen erarbeitet, der in sich

[1574] Die Hypothese zur Abhängigkeit des Zentralcontrollings vom Bereichscontrolling konnte dabei nur eingeschränkt bestätigt werden. Vgl. die Abschnitte 6.2.2.2.2 sowie 6.4.

[1575] Vgl. Balling (1998), S. 7 f.; Röder (2001), S. 55.

konsistent ist und mit dem eine theoretische Fundierung kooperativer Beziehungen in ihren verschiedenen Facetten möglich ist.

Mit der Konzeptualisierung der Kooperation von Zentral- und Bereichscontrolling auf Basis der integrierten Sichtweise wurde zudem ein Begriffsverständnis der Zusammenarbeit beider Controllerbereiche geschaffen und eine entsprechende Definition erarbeitet. Aufbauend darauf wurde erstmalig ein Messmodell zur Erfassung der Kooperation beider Abteilungen entwickelt (*Forschungsfrage 1*). In Erweiterung der überwiegenden Zahl der Untersuchungen der Schnittstellenforschung wurde hierbei auch empirisch zwischen den verschiedenen Kooperationsdimensionen unterschieden und eine Verdichtung der einzelnen Faktoren zu einem übergeordneten Konstrukt vorgenommen, für das eine umfassende Gütebeurteilung erfolgte.[1576] In Anbetracht der dabei erzielten guten bis sehr guten Gütemaße eignet sich dieses Messinstrument auch für nachfolgende Studien, in denen die abteilungsübergreifende Zusammenarbeit für andere Schnittstellen oder in anderen Kontexten untersucht werden soll. Als weitere Erkenntnis für Folgestudien konnte zudem aufgezeigt werden, dass die Kooperationsgüte i. W. durch die Güte der Collaboration abgebildet wird, während die Güte des informellen Informationsaustausches diesbezüglich nur eine untergeordnete Bedeutung einnimmt.

Aufgrund des Untersuchungsfokus wurde die Kooperation beider Controllerbereiche bewusst aus der Perspektive des Zentralcontrollings beleuchtet.[1577] Gleichwohl wäre eine Beurteilung und Untersuchung der Zusammenarbeit auch aus der Sicht des Bereichscontrollings von Interesse und mit nützlichen Erkenntnissen verbunden.

Im Rahmen der vorliegenden Arbeit wurde des Weiteren erstmals eine systematische Analyse der Auswirkungen (*Forschungsfrage 2*) und Determinanten (*Forschungsfrage 3*) der Güte der Kooperation von Zentral- und Bereichscontrolling durchgeführt. So finden sich in bisherigen Beiträgen der Controlling-Forschung lediglich grobe Hinweise auf mögliche positive Auswirkungen der Zusammenarbeit sowie Anhaltspunkte zu potenziell relevanten Einflussfaktoren. Für die Untersuchung der Auswirkungen und Einflussfaktoren wurden zudem einige Messmodelle neu entwickelt, die auch in nachfolgenden Studien verwandt werden können.

Hinsichtlich der *Auswirkungen* der Güte der Kooperation beider Controllerbereiche wurde ein positiver Wirkungszusammenhang zur Qualität der vom Zentralcontrolling erstellten Leistungen ermittelt. Somit konnten erstmals die Relevanz und der Nutzen einer guten

[1576] Bezogen auf die in Kapitel 2.4.2.2 diskutierten Beiträge der Schnittstellenforschung bildet diesbezüglich die einzige Ausnahme die Studie von Ayers/Dahlstrom/Skinner (1997). Hier werden die Faktoren der informations- und verhaltensbezogenen Dimension ebenfalls separat operationalisiert und zu einem Konstrukt höherer Ordnung zusammengeführt, das einer Gütebeurteilung unterzogen wird. Allerdings unterscheiden Ayers/Dahlstrom/Skinner (1997) hinsichtlich der informationsbezogenen Dimension nicht zwischen einem Informationsaustausch auf formellem sowie informellem Wege. Zudem erlaubt die Operationalisierung keine Berechnung der freiheitsgradabhängigen Gütemaße aller Einzelkonstrukte. Vgl. Ayers/Dahlstrom/Skinner (1997), S. 114 f. Vgl. darüber hinaus Abschnitt 2.4.2.2.4.

[1577] Vgl. hierzu Abschnitt 2.3.3.3.

Zusammenarbeit auch empirisch nachgewiesen werden. Hervorzuheben ist in diesem Zusammenhang das Ergebnis, dass sich insbesondere auch die Qualität der Rationalitätssicherungsleistungen durch eine gute Kooperation steigern lässt. So stellt die Rationalitätssicherung zum einen eine Kernaufgabe von Controllern dar.[1578] Zum anderen dürfte sich das Zentralcontrolling vor allem mit komplexen und zugleich qualitativ hochwertigen Rationalitätssicherungsleistungen gegenüber unternehmensinternen Wettbewerbern differenzieren können. Insofern leistet die vorliegende Arbeit auch einen Beitrag im Hinblick auf ein strategisches Management von Controllerbereichen. Die Ergebnisse der Wirkungsanalyse stützen damit schließlich auch die Relevanz der Themenstellung der vorliegenden Arbeit.

Einschränkend anzumerken ist, dass aufgrund der Befragung von Leitern des Zentralcontrollings als Schlüsselinformanten sowie der sich aus dem Umfang des Fragebogens ergebenden Restriktionen keine weitergehende Wirkungsanalyse dahingehend vorgenommen werden konnte, inwieweit die Kooperationsgüte über die Leistungsqualität des Zentralcontrollings auch auf die Nutzungsintensität der Zentralcontrolling-Leistungen sowie schließlich den Unternehmenserfolg wirkt.[1579] An dieser Stelle muss auf bisherige Studien verwiesen werden, in denen die entsprechenden (Teil-) Zusammenhänge analysiert und bestätigt worden sind.[1580] Darüber hinaus wurde aufgrund der Zielsetzung der Arbeit, die Kooperation aus dem Blickwinkel des Zentralcontrollings zu betrachten, nicht untersucht, inwieweit eine gute Zusammenarbeit beider Controllerbereiche auch einen positiven Effekt auf die Qualität der Leistungen des Bereichscontrollings besitzt.[1581] Angesichts der Ergebnisse der Schnittstellenanalyse liegt jedoch die Annahme nahe, dass auch dessen Leistungsqualität von einer guten Kooperation mit dem Zentralcontrolling profitiert.[1582]

Die Analyse der *Determinanten* der Güte der Kooperation liefert ebenfalls wichtige Erkenntnisse. So konnte vor dem Hintergrund der Bedeutung einer guten Zusammenarbeit aufgezeigt werden, durch welche strukturellen Maßnahmen das Kooperationsverhältnis von Zentral- und Bereichscontrolling gefördert werden kann und welcher Einfluss von verschiedenen relationalen Faktoren, dem „Role Making" des Zentralcontrollings sowie der Großzügigkeit der Unternehmensumwelt ausgeht. Die durch die untersuchten Determinanten erklärte Varianz der Kooperationsgüte kann dabei als zufriedenstellend bezeichnet werden.

Überraschend ist der Befund, dass für die beiden strukturellen Determinanten Formalisierungsgrad der Interaktion sowie Nutzung abteilungsübergreifenden Mitarbeiteraustausches, die in Beiträgen der Schnittstellen- sowie z. T. auch der Controlling-Forschung als sehr bedeutsam angesehen werden,[1583] keine kooperationsfördernde Wirkung zu verzeichnen ist.

1578 Vgl. Weber/Schäffer (2006), S. 40.

1579 Vgl. auch Abschnitt 5.1.

1580 Vgl. hierzu etwa Weber/Schäffer (2000), S. 221; Bauer (2002), S. 252; Spillecke (2006), S. 185; Weber et al. (2006a), S. 59 ff.

1581 Vgl. auch Abschnitt 2.3.3.3.

1582 Vgl. Kapitel 2.3.

1583 Vgl. die Abschnitte 6.1 sowie 6.2.1.1.4.

Bezüglich des Formalisierungsgrades wurde hierfür als mögliche Erklärung angeführt, dass eine höhere Formalisierung der Interaktion u. U. zu einer Verschlechterung des informellen Informationsaustausches führt, was den positiven Gesamteffekt auf die Güte der Kooperation dämpfen kann. Hinsichtlich des Mitarbeiteraustausches wurde die Vermutung geäußert, dass die Dauer der Zugehörigkeit der betreffenden Mitarbeiter zu der neuen Abteilung ein wichtiger Bestimmungsfaktor für die Entfaltung der kooperationsfördernden Wirkung dieser Maßnahme ist. Beide Erklärungsansätze müssen jedoch in Folgeuntersuchungen überprüft werden.

Ein weiteres nicht zu erwartendes Ergebnis betrifft den Unterstellungsgrad des Bereichscontrollings sowie die Abhängigkeit des Zentralcontrollings vom Bereichscontrolling. Für beide Einflussfaktoren konnte bezogen auf die Gesamtstichprobe ein signifikant positiver Einfluss auf die Kooperationsqualität ermittelt werden, während für die Operative Holding jeweils nicht von einer kooperationsverbessernden Wirkung auszugehen ist. Eine Ursache hierfür könnten bestimmte strukturelle Gegebenheiten in der Operativen Holding sein, durch die der kooperationssteigernde Einfluss dieser Parameter abgemildert oder substituiert wird. Allerdings besteht auch hier weiterer Forschungsbedarf.

Für die externe Großzügigkeit als umweltbezogene Determinante konnte keine signifikante Wirkung festgestellt werden. Hierbei ist allerdings zu betonen, dass dieses Ergebnis nicht die Schlussfolgerung zulässt, die Unternehmensumwelt habe generell keinen Einfluss auf die kooperativen Beziehungen von Zentral- und Bereichscontrolling und sei in diesem Zusammenhang ohne Bedeutung. Vielmehr gilt es, in nachfolgenden Arbeiten das Konstrukt der externen Großzügigkeit in Anbetracht seiner schlechten Gütebeurteilung weiterzuentwickeln sowie weitere Umweltfaktoren hinsichtlich ihrer Wirkung zu analysieren.

Eine gewisse Einschränkung der Determinantenprüfung ergibt sich auch aus dem Umfang der in das Forschungsmodell einbezogenen Einflussfaktoren. So konnten aufgrund der begrenzten Fragebogenlänge nicht sämtliche Determinanten berücksichtigt werden, von denen ein Einfluss auf die Kooperationsgüte ausgehen könnte.

Aufgrund ihrer Bedeutung für das Verhältnis von Zentral- und Bereichscontrolling wurde in der vorliegenden Arbeit schließlich die Rolle der *Organisationsform* explizit untersucht. Dabei wurde zunächst der Zusammenhang zur Güte der Kooperation betrachtet. Allerdings konnten keine signifikanten Unterschiede des Kooperationsindexes in Abhängigkeit der Organisationsform identifiziert werden. Es wurde die Überlegung angestellt, dass sich die Kooperation je nach Organisationsform möglicherweise weniger hinsichtlich ihrer Qualität als vielmehr in Bezug auf ihre Inhalte und ihr Ausmaß ändert. Eine Überprüfung dieser Vermutung bleibt jedoch Folgeuntersuchungen vorbehalten. Des Weiteren wurde der moderierende Einfluss der Organisationsform auf die auswirkungs- und determinantenbezogenen Wirkungsbeziehungen der Kooperationsgüte beleuchtet. Auch diese Analysen blieben ohne signifikante Befunde. Vielmehr erwiesen sich die hypothetisierten Wirkungszusammenhänge grundsätzlich als weitgehend robust gegenüber dem sich aus der betrachteten Organisationsform ergebenden Kontext. Nicht ausgeschlossen werden kann hingegen, dass die Organisationsform die Beziehungen zwischen dem Ausmaß oder Inhalt der Kooperation beider Controllerbereiche und ihren Ergebnisdimensionen sowie Determinanten in signifikantem Maße beeinflusst. Dies jedoch gilt es ebenfalls in Folgestudien zu untersuchen.

7.2.2 Methodische Aspekte

Nicht nur inhaltlich, sondern auch methodisch genügt die vorliegende Arbeit den Ansprüchen der Controlling- und Schnittstellenforschung.

So wurde großer Wert auf eine gründliche Konzeptualisierung und Operationalisierung der verwendeten Konstrukte gelegt. Den Empfehlungen der Literatur entsprechend wurde hierbei – sofern möglich – die Konsistenz mit existierenden empirischen Studien gesucht.[1584] Zudem erfolgte für die reflektiven Konstrukte eine umfassende Gütebeurteilung anhand von Kriterien sowohl der ersten als auch der zweiten Generation. Lediglich in wenigen Fällen konnten die an die Messungen gestellten hohen Reliabilitäts- und Validitätsanforderungen nicht vollständig erfüllt werden. Hier empfiehlt sich eine Weiterentwicklung der betreffenden Konstrukte für Folgeuntersuchungen. Dies gilt auch für das Konstrukt des Ausmaßes der Kontrollaktivitäten des Zentralcontrollings, das aufgrund der umfangmäßigen Begrenzung des Fragebogens nur mit zwei Indikatoren operationalisiert werden konnte.

Mit der PLS-Methode wurde zudem auf ein kausalanalytisches Instrument zurückgegriffen, das sich zunehmend auch für die empirische Controlling-Forschung zum Standard entwickelt und gegenüber kovarianzbasierten Verfahren einige Vorzüge aufweist.[1585] Auf diese Weise war auch die Einbindung und Auswertung formativer Konstrukte problemlos möglich, wodurch häufig zu beobachtenden Fehlspezifizierungen von Messmodellen vorgebeugt werden konnte.[1586] In Erweiterung vieler Arbeiten wurden auf Basis des PLS-Ansatzes des Weiteren nicht nur lineare Wirkungsbeziehungen analysiert, sondern über die Mehrgruppenanalyse auch moderierende Effekte erfasst.[1587]

Darüber hinaus wurde, um das Auftreten von „Biases“ einzuschränken, auf eine hinreichende Kompetenz der Respondenten, eine adäquate Formulierung und hohe Verständlichkeit der Indikatorfragen sowie ein entsprechendes Fragebogendesign geachtet. Dadurch konnte das Vorliegen von „Biases“ stark eingeschränkt werden.[1588] Allerdings muss als Restriktion der

---

[1584] Vgl. Homburg/Klarmann (2003), S. 77.
[1585] Vgl. hierzu Abschnitt 3.3.2.1.
[1586] Vgl. Abschnitt 3.3.1.1.
[1587] Vgl. hierzu auch Homburg/Klarmann (2003), S. 80 f.
[1588] Vgl. hierzu die Ausführungen in den Abschnitten 3.1.1 und 3.1.2 sowie die Analysen in Abschnitt 3.2.3. Vgl. darüber hinaus auch Abschnitt 5.1.

Arbeit festgehalten werden, dass bestimmte Verzerrungen im Antwortverhalten durch diese Maßnahmen nicht gänzlich ausgeschlossen werden können.

Eine weitere Limitation ergibt sich aus dem statischen Forschungsdesign der Untersuchung. So stellt die Erfassung der Kooperation sowie ihrer Auswirkungen und Determinanten eine Momentaufnahme dar, die dynamische Anpassungseffekte und Variationen im Zeitablauf ausblendet. Infolgedessen lassen sich u. U. nicht alle Wirkungen vollständig erfassen. So wurde etwa die Vermutung geäußert, dass die Wirksamkeit von Programmen zum Mitarbeiteraustausch durch eine zeitliche Komponente beeinflusst wird.

Schließlich beschränkte sich die empirische Erhebung aus Kosten- und Komplexitätsgründen auf in Deutschland ansässige Unternehmen und Unternehmenseinheiten. Insofern lassen sich die Erkenntnisse der vorliegenden Untersuchung nicht zwingender Maßen auf den internationalen Kontext übertragen.

7.2.3 Ansatzpunkte für zukünftige Untersuchungen

Mit der vorliegenden Arbeit konnte eine wichtige Forschungslücke geschlossen werden. Nichtsdestotrotz ergeben sich aus den in den beiden vorherigen Abschnitten aufgezeigten Restriktionen Ansatzpunkte für zukünftige Untersuchungen. Diese werden – strukturiert nach inhaltlichen und methodischen Aspekten – nachfolgend erläutert.

In *inhaltlicher* Hinsicht wäre eine Analyse der Kooperation auch aus der Perspektive des Bereichscontrollings aufschlussreich. Angesichts der Relevanz eines strategischen Managements für Controllerbereiche sollte hierbei auch der Einfluss der Güte der Kooperation auf die Leistungsqualität des Bereichscontrollings untersucht werden.

Darüber hinaus stellt eine Ausdehnung der Wirkungsanalyse der Kooperationsgüte auf weitere Ergebnisdimensionen einen sinnvollen Ansatzpunkt für Folgestudien dar. So ist von Interesse, inwieweit eine gute Kooperation beider Controllerbereiche über eine bessere Leistungsqualität auch positiv auf die Inanspruchnahme von Controllerleistungen durch das Management und schlussendlich den Unternehmenserfolg wirkt.

Auch bezogen auf die Determinanten der Kooperationsgüte besteht weiterer Forschungsbedarf. Hierbei könnten zunächst die in Abschnitt 7.2.1 angeführten Erklärungsansätze für die Ergebnisse zu den beiden strukturellen Instrumenten Formalisierungsgrad der Interaktion sowie abteilungsübergreifender Mitarbeiteraustausch überprüft werden. Ebenso sollte der Fragestellung nachgegangen werden, warum der Unterstellungsgrad des Bereichscontrollings sowie die Abhängigkeit des Zentralcontrollings in der Operativen Holding ohne Einfluss bleiben. Im Hinblick auf die Rolle der Unternehmensumwelt bietet es sich an, diese Variable über andere bzw. weitere Konstrukte (z. B. Dynamik und Komplexität) zu erfassen. Erforderlich ist auch eine Beantwortung der Frage, inwieweit die Organisationsform des

Unternehmens statt auf die Qualität einen Einfluss auf die Inhalte oder das Ausmaß der Zusammenarbeit sowie die entsprechenden Wirkungsbeziehungen zu Ergebnisdimensionen und Einflussfaktoren ausübt. Schließlich kann eine Erweiterung der vorliegenden Arbeit durch eine Analyse der Wirkung weiterer Determinanten auf die Kooperation beider Controllerbereiche erfolgen.

Unter *methodischen* Gesichtspunkten sollte eine Weiterentwicklung derjenigen Messmodelle vorgenommen werden, die nur mäßige Gütekriterien aufweisen oder die aufgrund fragebogenbezogener Restriktionen nur mit wenigen Indikatoren operationalisiert werden konnten. Überlegenswert ist auch eine alternative Operationalisierung der Organisationsform. In der vorliegenden Untersuchung wurde dieser Parameter vor dem Hintergrund des begrenzten Fragebogenumfanges kategorial erhoben. Demgegenüber könnte die Organisationsform auch Likert-skaliert auf einem Kontinuum anhand verschiedener Merkmale gemessen werden.[1589] Dies ermöglichte eine feinere Erfassung der vorliegenden Organisationsform und so auch die Berücksichtigung von Zwischen- bzw. Mischformen.

Eine methodische Erweiterung der vorliegenden Untersuchung könnte auch in einer zusätzlichen Befragung von Mitgliedern der Unternehmensleitung sowie von Bereichscontrolling-Leitern bestehen. Durch ein solches dyadisches bzw. triadisches Untersuchungsdesign ließe sich die Gefahr eines „Informant Bias“ sowie „Common Method Bias“ weiter reduzieren.[1590]

Einen Ansatzpunkt für nachfolgende Arbeiten stellt zudem die Durchführung einer Längsschnittstudie dar. So könnten im Rahmen eines derartigen dynamischen Forschungsdesigns zeitversetzte Effekte, Veränderungen im Kontext sowie Rückkopplungen zwischen verschiedenen Faktoren berücksichtigt werden. Insofern lieferte eine entsprechende Untersuchung möglicherweise auch weiterführende Erklärungen zur Wirkung des abteilungsübergreifenden Mitarbeiteraustausches.[1591]

Zu einem Erkenntnisgewinn kann auch die Ausweitung der Untersuchung auf den internationalen Kontext beitragen. Dadurch lassen sich länderspezifische Besonderheiten und Unterschiede herausarbeiten, die z. B. auf kulturelle Aspekte, das zugrunde liegende Controlling-Verständnis oder ein bestimmtes Aufgabenspektrum des Zentral- bzw. Bereichscontrollings zurückzuführen sind. Zudem könnte explizit die Kooperation des Zentralcontrollings mit dezentralen Controllerbereichen in ausländischen Tochterunternehmen beleuchtet werden und eine Eruierung entsprechender Spezifika erfolgen.

[1589] Entsprechende Merkmale könnten etwa die Homogenität der Geschäftsfelder sowie die Führungstiefe der Spitzeneinheit gegenüber den Basiseinheiten in strategischer, operativer und finanzieller Hinsicht sein. Vgl. hierzu auch Abschnitt 2.2.1.1.

[1590] Vgl. Ernst (2001), S. 92 f.; Homburg/Klarmann (2003), S. 80.

[1591] Vgl. auch Song/Xie/Dyer (2000), S. 62.

Darüber hinaus kann eine Replikationsstudie sinnvoll sein. Hierdurch ließen sich zum einen die verwendeten Messmodelle weiterentwickeln.[1592] Zum anderen könnte so der durch die vorliegende Untersuchung geleistete Erkenntnisfortschritt abgesichert werden.[1593]

Schließlich könnten aufbauend auf den Ergebnissen dieser großzahlig angelegten empirischen Arbeit im Rahmen einer Fallstudienuntersuchung Teilaspekte der Kooperationsbeziehung von Zentral- und Bereichscontrolling vertieft werden. Auf diese Weise ist etwa eine detaillierte Betrachtung des Einflusses der Organisationsform auf die Inhalte und das Ausmaß der Kooperation sowie die Wirkungsweise ausgewählter Determinanten möglich.

7.3 Implikationen für die Unternehmenspraxis

Wenngleich das primäre Ziel der vorliegenden Arbeit in einer Auseinandersetzung mit dem Phänomen der Kooperation von Zentral- und Bereichscontrolling in wissenschaftlicher Hinsicht bestand, lassen sich aus den Kernergebnissen der Untersuchung auch wichtige Implikationen für die Unternehmenspraxis ableiten.

Im Rahmen der Wirkungsanalyse konnte gezeigt werden, dass die Kooperation von Zentral- und Bereichscontrolling signifikant zur Verbesserung der Qualität der Leistungen des Zentralcontrollings beiträgt. Dies gilt sowohl für die einzelnen Aufgabenfelder der Führungsunterstützung als auch die der Rationalitätssicherung. Dementsprechend stellt die Kooperation mit dem Bereichscontrolling für das Zentralcontrolling auch eine im Hinblick auf den zunehmenden unternehmensinternen Wettbewerb um Controllerleistungen Erfolg versprechende Handlungsstrategie dar, um sich über eine höhere Leistungsqualität gegenüber konkurrierenden Dienstleistern differenzieren zu können.

Insofern sollte das Zentralcontrolling eine gute Zusammenarbeit mit den Bereichscontrollerabteilungen im Unternehmen anstreben und diese aktiv fördern. Hierzu ist es sinnvoll, dass die Zentralcontrolling-Leiter analysieren, welche dezentralen Controllerbereiche für die Aufgabenwahrnehmung des Zentralcontrollings am wichtigsten sind. Die Bemühungen des Zentralcontrollings um eine Verbesserung der Zusammenarbeit sollten sich dann unter Berücksichtigung von Kosten-Nutzen-Erwägungen insbesondere auf Bereichscontrollerabteilungen mit einer hohen Bedeutung für das Zentralcontrolling konzentrieren.

Darüber hinaus sollte auch das Management, das als primärer Kunde des Zentralcontrollings ebenfalls von einer höheren Qualität der erbrachten Controllerleistungen profitiert, an einer guten Zusammenarbeit des Zentralcontrollings mit den dezentralen Controllerbereichen interessiert sein und entsprechende Voraussetzungen schaffen.

[1592] Vgl. Homburg (2000), S. 217.
[1593] Vgl. Fassott (2006), S. 84 f.

Zur Förderung der Kooperation empfiehlt sich in der Praxis der Einsatz verschiedener Instrumente. Dieser sollte primär auf die Verbesserung von Kooperationsbeziehungen zu Bereichscontrollerabteilungen ausgerichtet werden, die für das Zentralcontrolling eine wichtige Rolle spielen, und ebenfalls unter Kosten-Nutzen-Gesichtspunkten erfolgen. Die konkret zu ergreifenden Maßnahmen ergeben sich aus den Ergebnissen der Determinantenprüfung.

So bietet es sich an, für bestimmte Themen und Aufgaben, die den zentralen sowie die dezentralen Controllerbereiche betreffen, verstärkt Teams bestehend aus Zentral- und Bereichscontrollern einzusetzen. Ebenso sollten Schulungsmaßnahmen forciert werden, in denen die Controller vor allem über die jeweils andere Abteilung unterrichtet werden. Darüber hinaus ist in Erwägung zu ziehen, Bereichscontrollerabteilungen in räumlicher Nähe zum Zentralcontrolling anzusiedeln. Hierbei sind allerdings auch bereichsbezogene Bedürfnisse zu berücksichtigen. Insbesondere in der Management-Holding empfiehlt es sich zur Förderung der Kooperation zudem, dezentrale Controllerabteilungen dem Zentralcontrolling zu unterstellen.[1594] Des Weiteren kann eine gute Kooperation hier durch Regelungen und Richtlinien zur Koordination der Aufgaben zwischen den Controllerbereichen verbessert werden. Schließlich sollte die Schaffung eines Vertrauensklimas im Unternehmen sowie eine Abmilderung des Rivalitätsverhältnisses zwischen Zentralcontrolling und Bereichscontrollerabteilungen angestrebt werden, um die Zusammenarbeit zu stimulieren.

[1594] Anzumerken ist, dass auch bei Entscheidungen über die Ausgestaltung der organisatorischen Unterstellung des Bereichscontrollings divisions- sowie gesamtunternehmensbezogene Erfordernisse zu beachten sind. Vgl. in diesem Zusammenhang auch die Ausführungen in Abschnitt 2.2.3.

Anhang

WHU
Excellence in Management Education

WHU – Otto Beisheim School of Management

Burgplatz 2
56179 Vallendar
Tel.: 0261-6509-472
Fax: 0261-6509-479
http://www.whu.edu/control

Die Zusammenarbeit des Controllings mit anderen Funktionsbereichen

Univ.-Prof. Dr. Jürgen Weber
Dr. Bernhard Hirsch
Dipl.-Kfm. Holger Birl
Dipl.-Kfm. Hendrik Grieshop
Dipl.-Kfm. Ramon Knollmann
Dipl.-Kfm. Carsten Sieber

Lehrstuhl für Controlling und Telekommunikation
- Stiftungslehrstuhl der Deutschen Telekom AG -

Wir bitten Sie um ca. 20 Minuten Ihrer Zeit.

Dafür bieten wir Ihnen:

- **einen individuellen und exklusiv erstellten Benchmarking-Bericht,** aus dem Sie Handlungsempfehlungen für Ihr Controlling erhalten,
- **ein Gratisexemplar** des **Controlling-Standardwerkes** „Einführung in das Controlling" von Prof. Dr. Jürgen Weber (aktuelle, 10. Auflage, 650 Seiten) *sowie*
- **eine Einladung für eine eintägige Fortbildung an der WHU für Sie oder einen Mitarbeiter** aus Ihrer Abteilung.

Alle Daten werden anonym und streng vertraulich behandelt!

Wir bedanken uns für Ihr Vertrauen und Ihre Mitarbeit!

Bitte vor Ausfüllen des Fragebogens lesen!

Allgemeine Hinweise zum Fragebogen

- Dieser Fragebogen befasst sich mit der **Zusammenarbeit des Controllings mit anderen Funktionsbereichen**. Ziel ist es, die wesentlichen Erfolgsfaktoren und Wirkungszusammenhänge für eine erfolgreiche Zusammenarbeit zu identifizieren.

- Der Fragebogen dient **rein wissenschaftlichen Zwecken** im Rahmen unserer Forschung. Grundsatz unserer wissenschaftlichen Arbeit ist es, konkrete Handlungsempfehlungen für die Praxis zu erarbeiten. Eine kommerzielle Auswertung der Ergebnisse wird nicht stattfinden.

- Wir sichern Ihnen ausdrücklich zu, dass alle Angaben **streng vertraulich** behandelt werden. Alle Antworten werden **anonym** ausgewertet.

- Sollten Sie nicht der **richtige Ansprechpartner** sein, leiten Sie den Fragebogen bitte an eine geeignete Person in Ihrem Unternehmen weiter.

- Für **Rückfragen** stehen Ihnen

  Dipl.-Kfm. Holger Birl
  Dipl.-Kfm. Hendrik Grieshop
  Dipl.-Kfm. Ramon Knollmann
  Dipl.-Kfm. Carsten Sieber

  unter der Telefonnummer 0261-6509-472 oder per E-Mail unter controlling-forschung@whu.edu zur Verfügung.

Wichtige Hinweise zur Beantwortung der Fragen

- Im Verlauf des Fragebogens werden verschiedene Sachverhalte durch **ähnliche Fragestellungen** erfasst. Wir bitten Sie hierfür um Verständnis, da dies aus methodischen Gründen erforderlich ist.

- Die **Vollständigkeit Ihrer Antworten** ist für den Erfolg der Studie von größter Bedeutung. Sollten Ihnen zu einer Frage gesicherte Informationen fehlen, so bitten wir Sie bewusst um **Ihre subjektive Einschätzung**. Bitte überspringen Sie eine Frage nur dann, wenn Sie diese in keinem Fall sinnvoll beantworten können.

Vielen Dank für Ihre Unterstützung!

WHU
Excellence in Management Education

Funktionsbereiche Ihres Unternehmens

Inwieweit existieren in Ihrem Unternehmen neben Ihrem Controllingbereich ...

O ... eine separate **Strategieabteilung bzw. Unternehmensentwicklung** (ein bzw. mehrere Mitarbeiter, die sich schwerpunktmäßig mit strategischen Fragestellungen beschäftigen)?

O ... eine separate **Innenrevision** (ein bzw. mehrere Mitarbeiter, die sich schwerpunktmäßig mit Aufgabenstellungen der Innenrevision beschäftigen)?

O ... ein **dezentrales Bereichscontrolling** (Geschäftsbereichs-, Sparten-, Werks- bzw. Divisionscontrolling), das unterhalb Ihrer Controllingabteilung angesiedelt ist?

O ... eine separate Organisationseinheit für **externes Rechnungswesen** (z. B. für Buchführung und/oder Jahresabschluss)?

O In unserem Unternehmen existiert keiner der oben angegebenen Funktionsbereiche.

Persönliche und unternehmensbezogene Angaben

Bitte beantworten Sie folgende Fragen zu Ihrer Person:	
Seit wie vielen Jahren sind Sie in Ihrer derzeitigen Funktion tätig?	____
Seit wie vielen Jahren sind Sie in Ihrem Unternehmen tätig?	____

Bitte beziehen Sie die folgenden Fragen auf Ihr **gesamtes Unternehmen**. Sollte das Controlling, für das Sie (mit)verantwortlich sind, für eine **bestimmte Unternehmenseinheit** (z. B. Geschäftsbereich, Teilkonzern) zuständig sein, so beziehen Sie auch die folgenden Fragen nur auf die entsprechende Einheit.

Welcher Branche gehört Ihr Unternehmen/Ihre Unternehmenseinheit an? *(Bitte nur eine Branche ankreuzen.)*

O	Konsumgüterindustrie	O	Maschinen- und Apparatebau	O	Logistik-/Transportdienstleister
O	Handel	O	Elektrotechnik/Feinmechanik/ Optik	O	Sonstige Dienstleister
O	Automobil-/ Zulieferindustrie	O	Banken/Kreditinstitute	O	Andere
O	Chemie/Pharma/Kunststoff	O	Versicherungen/Sonst. Finanzdienstleister		

Wie groß ist das Umsatzvolumen Ihres Unternehmens/Ihrer Unternehmenseinheit derzeit ungefähr (in Mio. €/Jahr)?

O	bis 10	O	11-25	O	26-50	O	51-100
O	101-250	O	251-500	O	501-1.000	O	1.001-2.500
O	2.501-5.000	O	5.001-10.000	O	über 10.000		

Wie viele Mitarbeiter beschäftigt Ihr Unternehmen/Ihre Unternehmenseinheit derzeit ungefähr?

O	bis 200	O	201-500	O	501-1.000	O	1.001-1.500
O	1.501-2.000	O	2.001-5.000	O	5.001-10.000	O	10.001 und mehr

Inwieweit treffen die folgenden Aussagen auf Ihr Unternehmen/ Ihre Unternehmenseinheit zu? Beziehen Sie bitte sämtliche Leistungsbeziehungen mit Kunden bzw. Lieferanten ein! **Die von unserem Unternehmen benötigten Ressourcen (Rohstoffe, Personal, Finanzmittel) …**	*Trifft gar nicht zu* … *Trifft voll zu*
… können *sehr schnell* beschafft werden.	O O O O O
… können sehr leicht in der *nötigen Qualität* beschafft werden.	O O O O O
… können sehr leicht in der *nötigen Menge* beschafft werden.	O O O O O
Der Absatz der Produkte unseres Unternehmens reagiert sehr stark auf …	
… Preisänderungen unserer Wettbewerber.	O O O O O
… Werbemaßnahmen unserer Wettbewerber.	O O O O O
… Produktverbesserungen unserer Wettbewerber.	O O O O O

Das Ergebnis unseres Unternehmens ist gegenüber Schwankungen allgemeinwirtschaftlicher Faktoren (z. B. Konjunktur) recht stabil.	O O O O O
In allgemeinwirtschaftlich schwierigen Zeiten (z. B. Rezessionen) kann unser Unternehmen trotzdem ein zufrieden stellendes Ergebnis erzielen.	O O O O O

Inwieweit treffen folgende Aussagen zum Vertrauen in Ihrem Unternehmen/Ihrer Unternehmenseinheit zu?	*Trifft gar nicht zu* … *Trifft voll zu*
Vertrauen wird bei uns groß geschrieben.	O O O O O
Vorsicht und gegenseitiges Misstrauen sind bei uns weit verbreitet.	O O O O O
Wichtige Informationen werden bei uns sofort offen kommuniziert.	O O O O O
Die Zusammenarbeit in unserem Unternehmen ist von gegenseitigem Vertrauen geprägt.	O O O O O

Angaben zu Ihrem Controlling

Mit **Controlling** ist im Folgenden der **Controllingbereich** Ihres Unternehmens bzw. Ihrer Unternehmenseinheit gemeint, für den Sie **unmittelbar (mit)verantwortlich** sind.

Wie beurteilen Sie die Qualität der von Ihrem Controlling für das Management erbrachten Leistungen? **Folgende von unserem Controlling erbrachten Leistungen erfüllen die Qualitätsansprüche des Managements stets in jeglicher Hinsicht:**	*Trifft gar nicht zu* … *Trifft voll zu*	*Keine Controlling-aufgabe*
Bereitstellung von monetären Informationen	O O O O O	O
Bereitstellung von nicht-monetären Informationen	O O O O O	O
Durchführung der operativen Planung	O O O O O	O
Durchführung der Mittelfristplanung	O O O O O	O
Erarbeitung von (Geschäftsfeld-) Strategien	O O O O O	O
Durchführung von Soll-Ist-Vergleichen	O O O O O	O
Ermittlung und Analyse von Abweichungsursachen	O O O O O	O
Erarbeitung von operativen Verbesserungsmaßnahmen	O O O O O	O
Unterstützung der Implementierung von operativen Verbesserungsmaßnahmen	O O O O O	O
Unterstützung der Implementierung von (Unternehmens- bzw. Geschäftsfeld-) Strategien	O O O O O	O
Herausfordern/kritisches Hinterfragen von Entscheidungen des Managements	O O O O O	O
Konstruktiver Sparringspartner des Managements bei wichtigen Entscheidungen	O O O O O	O
Kritische Prüfung der Aussagen zu Ergebniswirkungen von geplanten Maßnahmen	O O O O O	O

Inwieweit kann Ihr Controlling seinen Aufgabenbereich unabhängig vom Management selbst gestalten? Bitte beziehen Sie sämtliche Aufgabenbereiche ein!	*Trifft gar nicht zu*				*Trifft voll zu*
Das Controlling definiert seinen Aufgabenbereich größtenteils selbst.	O	O	O	O	O
Das Controlling nutzt konsequent Freiheiten zur Gestaltung des eigenen Tätigkeitsgebietes.	O	O	O	O	O
Das Controlling nimmt nur Aufgaben wahr, die ihm vom Management zugewiesen worden sind.	O	O	O	O	O
Das Controlling bietet insbesondere Leistungen an, mit denen es sich am besten unternehmensintern positionieren kann.	O	O	O	O	O
Das Controlling hält es für notwendig, den eigenen Aufgabenbereich aktiv zu gestalten.	O	O	O	O	O

Wichtige Hinweise zur Beantwortung der folgenden Fragen

- Die folgenden Fragestellungen beziehen sich auf die **Zusammenarbeit** zwischen **Ihrer Controllingabteilung** und einem **dezentralen Bereichscontrolling** (Geschäftsbereichs-, Sparten-, Werks- bzw. Divisionscontrolling), das unterhalb Ihrer Controllingabteilung angesiedelt ist.
- Bitte beziehen Sie alle Fragen **auf genau ein und dasselbe dezentrale Bereichscontrolling,** und zwar auf das aus Ihrer Sicht für Ihre Controllingabteilung **wichtigste dezentrale Bereichscontrolling** (z. B. das dezentrale Bereichscontrolling, mit dem sich die meisten Berührungspunkte ergeben).
- Mit **„Zentralcontrolling"** ist im Folgenden stets **Ihre Controllingabteilung** gemeint.
- Bitte berücksichtigen Sie bei Ihren Antworten Ihre Erfahrungen während der **letzten 12 Monate** sowie **alle Berührungspunkte zu diesem dezentralen Bereichscontrolling**.

Allgemeine Informationen zur Schnittstelle zwischen Zentralcontrolling *(= Ihre Controllingabteilung)* und Bereichscontrolling

Bitte beantworten Sie folgende Fragen zur Unterstellung dieses Bereichscontrollings.	*Fachleitung (z. B. Geschäftsbereichsleitung)*				*Zentral-controlling*
Wem ist dieses Bereichscontrolling fachlich unterstellt?	○	○	○	○	○
Wem ist dieses Bereichscontrolling disziplinarisch unterstellt?	○	○	○	○	○
Bei wichtigen Fragestellungen, die dieses Bereichscontrolling betreffen, wird die Entscheidung letztlich zumeist von folgendem Bereich getroffen:	○	○	○	○	○

Welche Organisationsform trifft auf Ihr Unternehmen zu bzw. kommt der Organisationsform in Ihrem Unternehmen am nächsten? *(Bitte nur eine Organisationsform ankreuzen.)*	
Sehr heterogene Geschäftsfelder; lediglich finanzielle Steuerung durch Unternehmensspitze, strategische und operative Führung durch jeweilige Geschäftsfelder selbst (*Typus Finanzholding*)	○
Heterogene Geschäftsfelder; strategische Führung durch Unternehmensspitze, operative Führung durch jeweilige Geschäftsfelder selbst (*Typus Management- bzw. Strategische Holding*)	○
Homogene Geschäftsfelder; strategische und operative Führung durch Unternehmensspitze (*Typus Stammhauskonzern bzw. Operative Holding*)	○

Kooperation zwischen Zentralcontrolling und Bereichscontrolling

Wie beurteilen Sie den Informationsaustausch zwischen Zentralcontrolling *(= Ihre Controllingabteilung)* und diesem Bereichscontrolling? **Die Mitarbeiter dieses Bereichscontrollings …**	*Trifft gar nicht zu* … *Trifft voll zu*
… erkennen Änderungen im Informationsbedarf des Zentralcontrollings sehr schnell.	O O O O O
… versuchen aktiv, die Informationsbedürfnisse des Zentralcontrollings zu verstehen.	O O O O O
… tauschen sich häufig mit den Mitarbeitern des Zentralcontrollings aus, um zu verstehen, wie sie sich gegenseitig unterstützen können.	O O O O O
… treffen sich regelmäßig mit den Mitarbeitern des Zentralcontrollings, um herauszufinden, welche Informationen und Leistungen der jeweils andere Bereich in Zukunft benötigt.	O O O O O
Die Kommunikation zwischen Zentralcontrolling und diesem Bereichscontrolling ist häufig mit Problemen behaftet.	O O O O O
Der formelle Informationsaustausch zwischen Zentralcontrolling und diesem Bereichscontrolling ist sehr konstruktiv.	O O O O O
Die Mitarbeiter des Zentralcontrollings und dieses Bereichscontrollings …	*Trifft gar nicht zu* … *Trifft voll zu*
… haben persönlich sehr engen Kontakt.	O O O O O
… diskutieren oftmals auch außerhalb der offiziellen Treffen (z. B. abends bei einem Bier/auf dem Flur) über aktuelle Themen.	O O O O O
… nutzen auch informelle Treffen, um die Fragestellungen des jeweils anderen Bereiches zu verstehen (z. B. während des Mittagessens).	O O O O O
… tauschen sich sehr häufig in Flurgesprächen zu aktuellen Problemen des Unternehmens aus.	O O O O O
… sind auch persönlich untereinander sehr gut vernetzt.	O O O O O
… sprechen auch informell regelmäßig miteinander.	O O O O O
Ein informeller Informationsaustausch zwischen beiden Bereichen findet selten statt.	O O O O O

Wie beurteilen Sie die Zusammenarbeit zwischen Zentralcontrolling und diesem Bereichscontrolling? **Zentralcontrolling und dieses Bereichscontrolling …**	*Trifft gar nicht zu* … *Trifft voll zu*
… versuchen, Ziele gemeinsam zu erreichen.	O O O O O
… haben ein gutes gegenseitiges Verständnis.	O O O O O
… arbeiten auch abseits von Regularien und Richtlinien zusammen.	O O O O O
… teilen Ideen, Informationen und/oder Ressourcen.	O O O O O
… arbeiten eng zusammen.	O O O O O
… unterstützen sich gegenseitig bei der Erfüllung ihrer Aufgaben.	O O O O O
Bei der Zusammenarbeit von Zentralcontrolling und diesem Bereichscontrolling kommt es häufig zu Konflikten.	O O O O O

Wie beurteilen Sie die <u>Kooperation</u> zwischen Zentralcontrolling und diesem Bereichscontrolling <u>insgesamt</u>?	*Trifft gar nicht zu* … *Trifft voll zu*
Das Zentralcontrolling und dieses Bereichscontrolling arbeiten insgesamt sehr gut zusammen.	O O O O O
Die Kooperation zwischen Zentralcontrolling und diesem Bereichscontrolling funktioniert insgesamt sehr gut.	O O O O O

Verhältnis zwischen Zentralcontrolling und Bereichscontrolling

Wie beurteilen Sie die <u>räumliche Entfernung</u> zwischen Zentralcontrolling *(= Ihre Controllingabteilung)* und diesem Bereichscontrolling?	*Trifft gar nicht zu* … *Trifft voll zu*
Die meisten Mitarbeiter der beiden Bereiche arbeiten in unmittelbarer Nähe beieinander.	O O O O O
Die Mitarbeiter beider Bereiche arbeiten <u>zu weit</u> voneinander entfernt, um sich schnell persönlich treffen zu können.	O O O O O
<u>Nur wenige</u> Mitarbeiter des jeweils anderen Bereiches sind leicht zu Fuß erreichbar.	O O O O O
Von Zeit zu Zeit ist es <u>schwierig</u>, Mitarbeiter beider Bereiche spontan an einem Ort zu versammeln.	O O O O O

Wie beurteilen Sie die <u>Abhängigkeit des Zentralcontrollings von diesem Bereichscontrolling</u> in Ihrem Unternehmen? **Zur Erfüllung seiner Aufgaben ist das <u>Zentralcontrolling</u> angewiesen auf ...**	*Trifft gar nicht zu* … *Trifft voll zu*
... die Ressourcen (z. B. Personal, Informationen) dieses Bereichscontrollings.	O O O O O
... die Unterstützung (z. B. methodische oder inhaltliche Ratschläge) dieses Bereichscontrollings.	O O O O O
... die Arbeitsergebnisse (z. B. Analysen, Berichte) dieses Bereichscontrollings.	O O O O O

Wie beurteilen Sie die <u>Abhängigkeit dieses Bereichscontrollings vom Zentralcontrolling</u> in Ihrem Unternehmen? **Zur Erfüllung seiner Aufgaben ist dieses <u>Bereichscontrolling</u> angewiesen auf ...**	*Trifft gar nicht zu* … *Trifft voll zu*
... die Ressourcen (z. B. Personal, Informationen) des Zentralcontrollings.	O O O O O
... die Unterstützung (z. B. methodische oder inhaltliche Ratschläge) des Zentralcontrollings.	O O O O O
... die Arbeitsergebnisse (z. B. Analysen, Berichte) des Zentralcontrollings.	O O O O O

Inwieweit arbeiten Mitarbeiter des Zentralcontrollings und dieses Bereichscontrollings in Ihrem Unternehmen in <u>gemeinsamen Arbeitsgruppen/Teams</u>?	*Trifft gar nicht zu*				*Trifft voll zu*
Es existieren kontinuierlich ein oder mehrere gemeinsame Arbeitsgruppen.	○	○	○	○	○
Häufig werden bei Bedarf gemeinsame Arbeitsgruppen durch die Leiter der beiden Bereiche oder die Unternehmensführung eingesetzt.	○	○	○	○	○
Mitarbeiter beider Bereiche bilden oft spontan gemeinsame Arbeitsgruppen.	○	○	○	○	○
Teamarbeit zwischen beiden Bereichen findet in unserem Unternehmen <u>nur selten</u> statt.	○	○	○	○	○

Inwieweit werden Mitarbeiter des Zentralcontrollings und dieses Bereichscontrollings <u>gemeinsam fortgebildet</u>?	*Trifft gar nicht zu*				*Trifft voll zu*
Die Mitarbeiter beider Bereiche nehmen regelmäßig an gemeinsamen Fortbildungsmaßnahmen oder Seminaren teil.	○	○	○	○	○
Mitarbeiter beider Bereiche werden regelmäßig über den jeweils anderen Bereich unterrichtet, z. B. über Aufgaben, Funktionen und Methoden.	○	○	○	○	○

Bitte beantworten Sie folgende Aussagen zum <u>Mitarbeiteraustausch</u> zwischen Zentralcontrolling und diesem Bereichscontrolling.	*Trifft gar nicht zu*				*Trifft voll zu*
Das Zentralcontrolling und dieses Bereichscontrolling tauschen häufig für einen *befristeten* Zeitraum Mitarbeiter untereinander aus (Job Rotation).	○	○	○	○	○
Mitarbeiter aus dem Zentralcontrolling und diesem Bereichscontrolling wechseln häufig *dauerhaft* in den jeweils anderen Bereich (Karrierewechsel).	○	○	○	○	○

Inwieweit sind die <u>Arbeitsbeziehungen</u> zwischen Zentralcontrolling und diesem Bereichscontrolling in Ihrem Unternehmen eindeutig geregelt? **Zur Koordination der Aufgaben zwischen beiden Bereichen ...**	*Trifft gar nicht zu*				*Trifft voll zu*
... existieren Regelungen, Formulare, Richtlinien etc.	○	○	○	○	○
... werden vorgegebene Kommunikationswege stets eingehalten.	○	○	○	○	○
... existieren <u>keine</u> formalen Vorgaben.	○	○	○	○	○
Die Arbeitsbeziehungen zwischen beiden Bereichen sind ...					
... explizit formuliert und/oder besprochen worden.	○	○	○	○	○
... im Detail festgelegt.	○	○	○	○	○

Inwieweit bestehen in Ihrem Unternehmen Rivalitäten zwischen Zentralcontrolling und diesem Bereichscontrolling?	*Trifft gar nicht zu*				*Trifft voll zu*
Das Verhältnis zwischen den Leitern der beiden Bereiche ist häufig angespannt.	O	O	O	O	O
Beide Bereiche ...					
... behindern sich häufig gegenseitig bei der Erfüllung ihrer Aufgaben.	O	O	O	O	O
... konkurrieren häufig um dieselben Ressourcen (z. B. Personal, Informationen).	O	O	O	O	O
... haben häufig bereichsbezogene Ziele, die miteinander vereinbar sind.	O	O	O	O	O
... konkurrieren häufig um die Aufmerksamkeit derselben internen Leistungsempfänger (z. B. Manager).	O	O	O	O	O
Dieses Bereichscontrolling bietet viele gleichartige Leistungen wie das Zentralcontrolling an.	O	O	O	O	O
Wenn sich Aufgabenfelder zwischen den beiden Bereichen verschieben, kommt es oftmals zu Spannungen.	O	O	O	O	O
Das Zentralcontrolling überprüft die von diesem Bereichscontrolling erhaltenen Auswertungen/Berichte oft noch einmal auf inhaltliche Richtigkeit.	O	O	O	O	O
Das Zentralcontrolling kontrolliert häufig die Aufgabenerfüllung des Bereichscontrollings.	O	O	O	O	O

Vielen herzlichen Dank für Ihre Unterstützung!

Bevor Sie Ihre Adresse für die Zusendung der versprochenen Leistungen eingeben, bitten wir Sie noch um die Beantwortung der folgenden vier Fragen in eigener Sache:

Bezogen auf den Fragebogen, wie zufrieden sind Sie mit ...	*Sehr unzufrieden*				*Sehr zufrieden*
... der Themenstellung und der inhaltlichen Ausrichtung der Fragen?	O	O	O	O	O
... der Verständlichkeit und Eindeutigkeit der Fragen?	O	O	O	O	O
... der für das Ausfüllen des Fragebogens benötigten Zeit?	O	O	O	O	O

Wie viel Zeit haben Sie für die Beantwortung aller Fragen in dieser Umfrage benötigt (in Minuten)?	________

Literaturverzeichnis

Adam, Dietrich: Koordinationsprobleme bei dezentralen Entscheidungen, in: Zeitschrift für Betriebswirtschaft, Nr. 10, 39. Jg. (1969), S. 615-632.

Adam, Dietrich: Produktions-Management, 9., überarbeitete Auflage, Wiesbaden 1998.

Adam, Dietrich: Investitionscontrolling, 3., völlig neu bearbeitete und wesentlich erweiterte Auflage, München, Wien 2000.

Ahlert, Dieter/Kenning, Peter/Petermann, Franz: Die Bedeutung von Vertrauen für die Interaktionsbeziehungen zwischen Dienstleistungsanbietern und -nachfragern, in: Bruhn, Manfred/Stauss, Bernd (Hrsg.), Dienstleistungsmanagement Jahrbuch 2001 – Interaktionen im Dienstleistungsbereich, Wiesbaden 2001, S. 279-298.

Al-Bazzaz, Shawki/Grinyer, Peter M.: How Planning Works in Practice – A Survey of 48 U. K. Companies, in: Long Range Planning, Nr. 4, 13. Jg. (1980), S. 30-42.

Albers, Sönke/Hildebrandt, Lutz: Methodische Probleme bei der Erfolgsfaktorenforschung – Messfehler, formative versus reflektive Indikatoren und die Wahl des Strukturgleichungs-Modells, in: Zeitschrift für Betriebswirtschaftliche Forschung, Nr. 2, 58. Jg. (2006), S. 2-33.

Alderfer, Clayton P.: Group and Intergroup Relations, in: Hackman, J. Richard/Suttle, J. Lloyd (Hrsg.), Improving Life at Work: Behavioral Science Approaches to Organizational Change, Santa Monica 1977, S. 227-296.

Alderfer, Clayton P.: An intergroup perspective on group dynamics, in: Lorsch, Jay W. (Hrsg.), Handbook of organizational behavior, Englewood Cliffs 1987, S. 190-222.

Aldrich, Howard E.: Technology and Organizational Structure: A Reexamination of the Findings of the Aston Group, in: Administrative Science Quarterly, Nr. 1, 17. Jg. (1972), S. 26-43.

Aldrich, Howard E.: Resource Dependence and Interorganizational Relations – Local Employment Service Offices and Social Services Sector Organizations, in: Administration and Society, Nr. 4, 7. Jg. (1976), S. 419-454.

Aldrich, Howard E.: Organizations and Environments, Englewood Cliffs 1979.

Aldrich, Howard E./Pfeffer, Jeffrey: Environments of Organizations, in: Annual Review of Sociology, 2. Jg. (1976), S. 79-105.

Allen, Thomas J.: Communication networks in R & D Laboratories, in: R&D Management, Nr. 1, 1. Jg. (1971), S. 14-21.

Amshoff, Bernhard: Controlling in deutschen Unternehmungen – Realtypen, Kontext und Effizienz, 2., aktualisierte Auflage, Wiesbaden 1993.

Ancona, Deborah G./Caldwell, David F.: Bridging the Boundary: External Activity and Performance in Organizational Teams, in: Administrative Science Quarterly, Nr. 4, 37. Jg. (1992), S. 634-665.

Anderson, Erin/Oliver, Richard L.: Perspectives on Behavior-Based Versus Outcome-Based Salesforce Control Systems, in: Journal of Marketing, Nr. 4, 51. Jg. (1987), S. 76-88.

Anderson, James C./Gerbing, David W.: Structural Equation Modeling in Practice: A Review and Recommended Two-Step Approach, in: Psychological Bulletin, Nr. 3, 103. Jg. (1988), S. 411-423.

Anderson, James C./Gerbing, David W./Hunter, John E.: On the Assessment of Unidimensional Measurement: Internal and External Consistency, and Overall Consistency Criteria, in: Journal of Marketing Research, Nr. 4, 24. Jg. (1987), S. 432-437.

Anderson, James C./Håkansson, Håkan/Johanson, Jan: Dyadic Business Relationships Within a Business Network Context, in: Journal of Marketing, Nr. 1, 58. Jg. (1994), S. 1-15.

Anderson, James C./Narus, James A.: A Model of the Distributor's Perspective of Distributor-Manufacturer Working Relationships, in: Journal of Marketing, Nr. 4, 48. Jg. (1984), S. 62-74.

Anderson, James C./Narus, James A.: Toward a Better Understanding of Distribution Channel Working Relationships, in: Backhaus, Klaus/Wilson, David T. (Hrsg.), Industrial Marketing – A German-American Perspective, Berlin et al. 1986, S. 320-336.

Anderson, James C./Narus, James A.: A Model of Distributor Firm and Manufacturer Firm Working Partnerships, in: Journal of Marketing, Nr. 1, 54. Jg. (1990), S. 42-58.

Anderson, Paul F.: Marketing, Strategic Planning and the Theory of the Firm, in: Journal of Marketing, Nr. 2, 46. Jg. (1982), S. 15-26.

Anthony, Robert N./Govindarajan, Vijay: Management Control Systems, 11. Auflage, Boston et al. 2003.

Antoni, Conny H.: Kooperationsförderliche Arbeitsstrukturen, in: Spieß, Erika (Hrsg.), Formen der Kooperation – Bedingungen und Perspektiven, Göttingen 1998, S. 157-168.

Appley, Dee G./Winder, Alvin E.: An Evolving Definition of Collaboration and Some Implications for the World of Work, in: Journal of Applied Behavioral Science, Nr. 3, 13. Jg. (1977), S. 279-291.

Armstrong, Curtis P./Sambamurthy, V.: Information Technology Assimilation in Firms: The Influence of Senior Leadership and IT Infrastructures, in: Information Systems Research, Nr. 4, 10. Jg. (1999), S. 304-327.

Armstrong, J. Scott/Overton, Terry S.: Estimating Nonresponse Bias in Mail Surveys, in: Journal of Marketing Research, Nr. 3, 14. Jg. (1977), S. 396-402.

Athenstaedt, Ursula/Freudenthaler, Heribert H./Mikula, Gerold: Die Theorie sozialer Interdependenz, in: Frey, Dieter/Irle, Martin (Hrsg.), Theorien der Sozialpsychologie, Band II – Gruppen-, Interaktions- und Lerntheorien, 2., vollständig überarbeitete und erweiterte Auflage, Bern et al. 2002, S. 62-91.

Atuahene-Gima, Kwaku/Li, Haiyang: When Does Trust Matter? Antecedents and Contingent Effects of Supervisee Trust on Performance in Selling New Products in China and the United States, in: Journal of Marketing, Nr. 3, 66. Jg. (2002), S. 61-81.

Aust, René: Kostenrechnung als unternehmensinterne Dienstleistung, Wiesbaden 1999.

Avolio, Bruce J./Howell, Jane M./Sosik, John J.: A Funny Thing Happened On The Way To The Bottom Line: Humor As A Moderator Of Leadership Style Effects, in: Academy of Management Journal, Nr. 2, 42. Jg. (1999), S. 219-227.

Ayers, Douglas J./Dahlstrom, Robert/Skinner, Steven J.: An Exploratory Investigation of Organizational Antecedents to New Product Success, in: Journal of Marketing Research, Nr. 1, 34. Jg. (1997), S. 107-116.

Ayers, Douglas J./Gordon, Geoffrey L./Schoenbachler, Denise D.: Integration And New Product Development Success: The Role Of Formal And Informal Controls, in: The Journal of Applied Business Research, Nr. 2, 17. Jg. (2001), S. 133-148.

Bach, Sabine/Brettel, Malte/Grothe, Martin/Schäffer, Utz/Weber, Jürgen: Grundmodell einer dynamischen Theorie ökonomischer Akteure, in: Weber, Jürgen/Schäffer, Utz (Hrsg.), Rationalitätssicherung der Führung, Wiesbaden 2001, S. 95-104.

Backhaus, Klaus: Industriegütermarketing, 7., erweiterte und überarbeitete Auflage, München 2003.

Backhaus, Klaus/Erichson, Bernd/Plinke, Wulff/Weiber, Rolf: Multivariate Analysemethoden – Eine anwendungsorientierte Einführung, 11., überarbeitete Auflage, Berlin, Heidelberg, New York 2006.

Bagozzi, Richard P.: The Role of Measurement in Theory Construction and Hypothesis Testing: Toward a Holistic Model, in: Ferrell, O. C./Brown, Stephen W. /Lamb, Charles W. (Hrsg.), Conceptual and Theoretical Developments in Marketing, Chicago 1979, S. 15-33.

Bagozzi, Richard P.: An Examination of the Validity of Two Models of Attitude, in: Fornell, Claes (Hrsg.), A Second Generation of Multivariate Analysis – Measurement and Evaluation, Band 2, New York 1982, S. 145-184.

Bagozzi, Richard P./Baumgartner, Hans: The Evaluation of Structural Equation Models and Hypothesis Testing, in: Bagozzi, Richard P. (Hrsg.), Principles of Marketing Research, Cambridge 1994, S. 386-422.

Bagozzi, Richard P./Fornell, Claes: Theoretical Concepts, Measurements, and Meaning, in: Fornell, Claes (Hrsg.), A Second Generation of Multivariate Analysis – Measurement and Evaluation, Band 2, New York 1982, S. 24-38.

Bagozzi, Richard P./Phillips, Lynn W.: Representing and Testing Organizational Theories: A Holistic Construal, in: Administrative Science Quarterly, Nr. 3, 27. Jg. (1982), S. 459-489.

Bagozzi, Richard P./Yi, Youjae: On the Evaluation of Structural Equation Models, in: Journal of the Academy of Marketing Science, Nr. 1, 16. Jg. (1988), S. 74-94.

Bagozzi, Richard P./Yi, Youjae/Phillips, Lynn W.: Assessing Construct Validity in Organizational Research, in: Administrative Science Quarterly, Nr. 3, 36. Jg. (1991), S. 421-458.

Balderjahn, Ingo: Das umweltbewußte Konsumentenverhalten – Eine empirische Studie, Berlin 1986.

Balling, Richard: Kooperation – Strategische Allianzen, Netzwerke, Joint Ventures und andere Organisationsformen zwischenbetrieblicher Zusammenarbeit in Theorie und Praxis, 2., durchgesehene Auflage, Frankfurt am Main et al. 1998.

Bamberger, Ingolf/Wrona, Thomas: Der Ressourcenansatz und seine Bedeutung für die Strategische Unternehmensführung, in: Zeitschrift für Betriebswirtschaftliche Forschung, Nr. 2, 48. Jg. (1996), S. 130-153.

Bankhofer, Udo/Praxmarer, Sandra: Zur Behandlung fehlender Daten in der Marktforschungspraxis, in: Marketing ZFP, Nr. 2, 20. Jg. (1998), S. 109-118.

Barclay, Donald W.: Interdepartmental Conflict in Organizational Buying: The Impact of the Organizational Context, in: Journal of Marketing Research, Nr. 2, 28. Jg. (1991), S. 145-159.

Baron, Robert A.: Positive Effects of Conflict: A Cognitive Perspective, in: Employee Responsibilities and Rights Journal, Nr. 1, 4. Jg. (1991), S. 25-36.

Bartelt, Andreas: Vertrauen in Zuliefernetzwerken – Eine theoretische und empirische Analyse am Beispiel der Automobilindustrie, Wiesbaden 2002.

Bartling, Ulrich: Die Unternehmensberatung als externe Stabsstelle des Managements – Eine Untersuchung der Funktionen und Bedeutung der Unternehmensberatung unter besonderer Berücksichtigung ihrer Relevanz für Klein- und Mittelunternehmen, Frankfurt am Main, Bern, New York 1985.

Bartunek, Jean M./Foster-Fishman, Pennie G./Keys, Christopher B.: Using Collaborative Advocacy to Foster Intergroup Cooperation: A Joint Insider-Outsider Investigation, in: Human Relations, Nr. 6, 49. Jg. (1996), S. 701-733.

Bassen, Alexander: Dezentralisation und Koordination von Entscheidungen in der Holding, Wiesbaden 1998.

Bauer, Michael: Controllership in Deutschland – Zur erfolgreichen Zusammenarbeit von Controllern und Managern, Wiesbaden 2002.

Baumgartner, Hans/Homburg, Christian: Applications of structural equation modeling in marketing and consumer research: A review, in: International Journal of Research in Marketing, Nr. 2, 13. Jg. (1996), S. 139-161.

Bea, Franz Xaver/Göbel, Elisabeth: Organisation – Theorie und Gestaltung, 3., neu bearbeitete Auflage, Stuttgart 2006.

Beck, Dieter/Diehl, Michael: Fortschritte in der Kleingruppenforschung: Beiträge der Forschung im deutschsprachigen Raum – 1984-1995, in: Mandl, Heinz (Hrsg.), Schwerpunktthema Wissen und Handeln – Bericht über den 40. Kongress der Deutschen Gesellschaft für Psychologie in München 1996, Göttingen et al. 1997, S. 149-154.

Beersma, Bianca/Hollenbeck, John R./Humphrey, Stephen E./Moon, Henry/Conlon, Donald E./Ilgen, Daniel R.: Cooperation, Competition, And Team Performance: Toward A Contingency Approach, in: Academy of Management Journal, Nr. 5, 46. Jg. (2003), S. 572-590.

Behme, Wolfgang/Roth, Armin: Organisation und Steuerung von dezentralen Einheiten, in: Roth, Armin/Behme, Wolfgang (Hrsg.), Organisation und Steuerung dezentraler Unternehmenseinheiten, Wiesbaden 1997, S. 17-39.

Belsley, David A./Kuh, Edwin/Welsch, Roy E.: Regression Diagnostics – Identifying Influential Data and Sources of Collinearity, New York 1980.

Benkenstein, Martin: Dienstleistungsqualität – Ansätze zur Messung und Implikationen für die Steuerung, in: Zeitschrift für Betriebswirtschaft, Nr. 11, 63. Jg. (1993), S. 1095-1116.

Benkenstein, Martin/Güthoff, Judith: Methoden zur Messung der Dienstleistungsqualität, in: Bruhn, Manfred/Meffert, Heribert (Hrsg.), Handbuch Dienstleistungsmanagement – Von der strategischen Konzeption zur praktischen Umsetzung, Wiesbaden 1998, S. 429-447.

Bentler, Peter M./Bonett, Douglas G.: Significance Tests and Goodness of Fit in the Analysis of Covariance Structures, in: Psychological Bulletin, Nr. 3, 88. Jg. (1980), S. 588-606.

Bentler, Peter M./Bonett, Douglas G.: Significance Tests and Goodness of Fit in the Analysis of Covariance Structures, in: Fornell, Claes (Hrsg.), A Second Generation of Multivariate Analysis – Measurement and Evaluation, Band 2, New York 1982, S. 348-380.

Berekoven, Ludwig /Eckert, Werner /Ellenrieder, Peter: Marktforschung – Methodische Grundlagen und praktische Anwendung, 11., überarbeitete Auflage, Wiesbaden 2006.

Berg, Hartmut/Cassel, Dieter: Theorie der Wirtschaftspolitik, in: Bender, Dieter/Berg, Hartmut/Cassel, Dieter/Gabisch, Günter/Grossekettler, Heinz/Hartwig, Karl-Hans/Hübl,

Lothar/Kath, Dietmar/Siebke, Jürgen/Thieme, Jörg/Willms, Manfred (Hrsg.), Vahlens Kompendium der Wirtschaftstheorie und Wirtschaftspolitik, 6., überarbeitete Auflage, München 1995, S. 163-238.

Berlo, David K.: The Process of Communication – An Introduction to Theory and Practice, San Francisco 1960.

Berry, Leonard L.: Relationship Marketing of Services – Growing Interest, Emerging Perspectives, in: Journal of the Academy of Marketing Science, Nr. 4, 23. Jg. (1995), S. 236-245.

Berthel, Jürgen: Informationsbedarf, in: Frese, Erich (Hrsg.), Handwörterbuch der Organisation, 3., völlig neu gestaltete Auflage, Stuttgart 1992, Sp. 872-886.

Beuermann, Günter: Zentralisation und Dezentralisation, in: Frese, Erich (Hrsg.), Handwörterbuch der Organisation, 3., völlig neu gestaltete Auflage, Stuttgart 1992, Sp. 2611-2625.

Biel, Alfred: Controlling – Dezentral und integriert. Controlling 2000 – Eine Antwort aus der Praxis, in: Controller-Magazin, Heft 3, Band 23 (1998), S. 197-202.

Bierhoff, Hans Werner: Austauschtheorien, in: Frey, Dieter/Greif, Siegfried (Hrsg.), Sozialpsychologie – Ein Handbuch in Schlüsselbegriffen, 3. Auflage, Weinheim 1994, S. 136-141.

Birl, Holger: Kooperation von Controllerbereich und Innenrevision – Messung, Auswirkungen, Determinanten, Wiesbaden 2007.

Blake, Robert R./Mouton, Jane S.: Reactions to Intergroup Competition under Win-Lose Conditions, in: Management Science, Nr. 4, 7. Jg. (1961), S. 420-435.

Blake, Robert R./Mouton, Jane S.: Overevaluation of Own Group's Product in Intergroup Competition, in: Journal of Abnormal and Social Psychology, Nr. 3, 64. Jg. (1962), S. 237-238.

Blake, Robert R./Mouton, Jane S./Sloma, Richard L.: The Union-Management Intergroup Laboratory: Strategy for Resolving Intergroup Conflict, in: Journal of Applied Behavioral Science, Nr. 1, 1. Jg. (1965), S. 25-57.

Blake, Robert R./Shepard, Herbert A./Mouton, Jane S.: Managing Intergroup Conflict in Industry, Houston 1964.

Blalock, Hubert M.: Causal Inferences in Nonexperimental Research, Chapel Hill 1964.

Blau, Peter M.: Exchange and Power in Social Life, Nachdruck 1967, New York, London, Sydney 1964.

Blau, Peter M.: Social Exchange, in: Sills, David L. (Hrsg.), International Encyclopedia of the Social Sciences, Band 7, New York 1968, S. 452-458.

Bleicher, Knut: Gedanken zur Gestaltung der Konzernorganisation bei fortschreitender Diversifizierung, in: Zeitschrift für Organisation, Nr. 5, 48. Jg. (1979), S. 243-251.

Bleicher, Knut: Kooperation als Teil des organisatorischen Harmonisationsprozesses, in: Wunderer, Rolf (Hrsg.), Kooperation – Gestaltungsprinzipien und Steuerung der Zusammenarbeit zwischen Organisationseinheiten, Stuttgart 1991a, S. 143-157.

Bleicher, Knut: Organisation: Strategien – Strukturen – Kulturen, 2., vollständig neu bearbeitete und erweiterte Auflage, Wiesbaden 1991b.

Bleicher, Knut/Kraehe, Jeannette: Die Holding als Organisations- und Führungskonzept für kleine und mittlere Unternehmungen, in: Schulte, Christof (Hrsg.), Holding-Strategien – Erfolgspotentiale realisieren durch Beherrschung von Größe und Komplexität, Wiesbaden 1992, S. 59-90.

Bliemel, Friedhelm/Eggert, Andreas/Fassott, Georg/Henseler, Jörg: Die PLS-Pfadmodellierung: Mehr als eine Alternative zur Kovarianzstrukturanalyse, in: Bliemel, Friedhelm/Eggert, Andreas/Fassott, Georg/Henseler, Jörg (Hrsg.), Handbuch PLS-Pfadmodellierung – Methode, Anwendung, Praxisbeispiele, Stuttgart 2005, S. 9-16.

Bohrnstedt, George W.: Reliability and Validity Assessment in Attitude Measurement, in: Summers, Gene F. (Hrsg.), Attitude Measurement, London 1970, S. 80-99.

Bollen, Kenneth A.: Structural Equations with Latent Variables, New York 1989.

Bollen, Kenneth A.: Overall Fit in Covariance Structure Models: Two Types of Sample Size Effects, in: Psychological Bulletin, Nr. 2, 107. Jg. (1990), S. 256-259.

Bollen, Kenneth A./Lennox, Richard: Conventional Wisdom on Measurement: A Structural Equation Perspective, in: Psychological Bulletin, Nr. 2, 110. Jg. (1991), S. 305-314.

Bollen, Kenneth A./Stine, Robert A.: Bootstrapping Goodness-of-Fit Measures in Structural Equation Models, in: Bollen, Kenneth A./Long, J. Scott (Hrsg.), Testing Structural Equation Models, Newbury Park, London, Neu Delhi 1993, S. 111-135.

Borchardt, Knut/Fikentscher, Wolfgang: Wettbewerb, Wettbewerbsbeschränkung, Marktbeherrschung, Stuttgart 1957.

Borchers, Stefan: Beteiligungscontrolling in der Management-Holding – Ein integratives Konzept, Wiesbaden 2000.

Bortz, Jürgen: Lehrbuch der empirischen Forschung, Berlin 1984.

Bortz, Jürgen: Statistik für Human- und Sozialwissenschaftler, 6., vollständig überarbeitete und aktualisierte Auflage, Heidelberg 2005.

Boschma, Ron: Proximity and Innovation: A Critical Assessment, in: Regional Studies, Nr. 1, 39. Jg. (2005), S. 61-74.

Brandenburger, Adam M./Nalebuff, Barry J.: The Right Game: Use Game Theory to Shape Strategy, in: Harvard Business Review, Nr. 4, 73. Jg. (1995), S. 57-71.

Brett, Jeanne M./Rognes, Jorn Kjell: Intergroup Relations in Organizations, in: Goodman, Paul S. (Hrsg.), Designing Effective Work Groups, San Francisco et al. 1986, S. 202-236.

Brewer, Marilynn B./Brown, Rupert J.: Intergroup Relations, in: Gilbert, Daniel T./Fiske, Susan T./Lindzey, Gardner (Hrsg.), The Handbook of Social Psychology, Band 2, 4. Auflage, Boston et al. 1998, S. 554-594.

Brewer, Marilynn B./Campbell, Donald T.: Ethnocentrism and Intergroup Attitudes – East African Evidence, New York 1976.

Brewer, Marilynn B./Miller, Norman: Beyond the Contact Hypothesis: Theoretical Perspectives on Desegregation, in: Brewer, Marilynn B./Miller, Norman (Hrsg.), Groups in Contact – The Psychology of Desegregation, Orlando et al. 1984, S. 281-302.

Brockhoff, Klaus: Management organisatorischer Schnittstellen – unter besonderer Berücksichtigung der Koordination von Marketingbereichen mit Forschung und Entwicklung, Göttingen 1994.

Brockhoff, Klaus/Hauschildt, Jürgen: Schnittstellen-Management – Koordination ohne Hierarchie, in: Zeitschrift für Führung und Organisation, Nr. 6, 62. Jg. (1993), S. 396-403.

Brosius, Felix: SPSS 12, Bonn 2004.

Brown, Rupert: Beziehungen zwischen Gruppen, in: Stroebe, Wolfgang/Jonas, Klaus/ Hewstone, Miles (Hrsg.), Sozialpsychologie – Eine Einführung, 4., überarbeitete und erweiterte Auflage, Nachdruck 2003, Berlin, Heidelberg, New York 2002, S. 537-576.

Browne, Michael W./Cudeck, Robert: Alternative Ways of Assessing Model Fit, in: Bollen, Kenneth A./Long, J. Scott (Hrsg.), Testing Structural Equation Models, Newbury Park, London, Neu Delhi 1993, S. 136-162.

Bruhn, Manfred: Verfahren zur Messung der Qualität interner Dienstleistungen – Ansätze für einen Methodentransfer aus dem (externen) Dienstleistungsmarketing, in: Bruhn, Manfred (Hrsg.), Internes Marketing: Integration der Kunden- und Mitarbeiterorientierung. Grundlagen – Implementierung – Praxisbeispiele, 2., überarbeitete und erweiterte Auflage, Wiesbaden 1999, S. 537-575.

Bruhn, Manfred: Qualitätssicherung im Dienstleistungsmarketing – eine Einführung in die theoretischen und praktischen Probleme, in: Bruhn, Manfred/Stauss, Bernd (Hrsg.), Dienstleistungsqualität – Konzepte – Methoden – Erfahrungen, 3., vollständig überarbeitete und erweiterte Auflage, Wiesbaden 2000, S. 21-48.

Bruhn, Manfred: Relationship Marketing – Das Management von Kundenbeziehungen, München 2001.

Brummund, Werner: Zusammenarbeit zwischen Organisationseinheiten in sozio-technischen Systemen – Grundlagen zur Beschreibung und Ansätze zur strukturellen Gestaltung lateraler Kooperationsbeziehungen, Essen 1983.

Bühner, Rolf: Management-Holding – Unternehmensstruktur der Zukunft, Landsberg/Lech 1992.

Bühner, Rolf: Management-Holding in der Praxis – Eine empirische Untersuchung deutscher Unternehmen, in: Der Betrieb, Heft 6, 46. Jg. (1993), S. 285-290.

Burg, Monika: Der Einfluß des Dezentralisationsgrades auf die Ausgestaltung des Controlling, Frankfurt am Main et al. 1995.

Busz, Michael/Cohen, Rudolf/Poser, Ulrich/Schümer, Anke/Schümer, Rudolf/Sonnenfeld, Christa: Die soziale Bewertung von 880 Eigenschaftsbegriffen sowie die Analyse der Ähnlichkeitsbeziehungen zwischen einigen dieser Begriffe, in: Zeitschrift für experimentelle und angewandte Psychologie, 19. Jg. (1972), S. 282-308.

Buttlar, Detlef von: Die Organisation effektiver Gruppen bei kreativen Problemlösungsprozessen – Ein kongruenztheoretischer Ansatz für die Mesostruktur, Berlin 1996.

Byrne, Barbara M.: Structural Equation Modeling With AMOS – Basic Concepts, Applications, and Programming, Mahwah, London 2001.

Callaghan, Michael B./McPhail, Janelle/Yau, Oliver H. M.: Dimensions of a Relationship Marketing Orientation: An Empirical Exposition, in: Proceedings of the Seventh Bi-annual World Marketing Congress II, Melbourne 1995, S. 56-66.

Campbell, Donald T.: Recommendations for APA Test Standards Regarding Construct, Trait, or Discriminant Validity, in: American Psychologist, Nr. 8, 15. Jg. (1960), S. 546-553.

Campion, Michael A./Cheraskin, Lisa/Stevens, Michael J.: Career-Related Antecedents and Outcomes of Job Rotation, in: Academy of Management Journal, Nr. 6, 37. Jg. (1994), S. 1518-1542.

Carlsson, Matts: Aspects of the integration of technical functions for efficient product development, in: R&D Management, Nr. 1, 21. Jg. (1991), S. 55-66.

Carmines, Edward G./Zeller, Richard A.: Reliability and Validity Assessment, Beverly Hills 1979.

Carte, Traci A./Russell, Craig J.: In Pursuit of Moderation: Nine Common Errors and Their Solutions, in: MIS Quarterly, Nr. 3, 27. Jg. (2003), S. 479-501.

Casciaro, Tiziana/Piskorski, Mikolaj Jan: Power Imbalance, Mutual Dependence, and Constraint Absorption: A Closer Look at Resource Dependence Theory, in: Administrative Science Quarterly, Nr. 2, 50. Jg. (2005), S. 167-199.

Castrogiovanni, Gary J.: Environmental Munificence: A Theoretical Assessment, in: Academy of Management Review, Nr. 3, 16. Jg. (1991), S. 542-565.

Cespedes, Frank V.: Coordinating Sales and Marketing in Consumer Goods Firms, in: Journal of Consumer Marketing, Nr. 2, 10. Jg. (1993), S. 37-55.

Cheraskin, Lisa/Campion, Michael A.: Study clarifies job-rotation benefits, in: Personnel Journal, Nr. 11, 75. Jg. (1996), S. 31-36.

Child, John: Organizational Structure, Environment and Performance: The Role of Strategic Choice, in: Sociology, Nr. 1, 6. Jg. (1972), S. 1-22.

Child, Peter/Diederichs, Raimund/Sanders, Falk-Hayo/Wisniowski, Stefan: SMR Forum: The Management of Complexity, in: Sloan Management Review, Nr. 1, 33. Jg. (1991), S. 73-80.

Chimhanzi, Jacqueline: The Impact of Integration Mechanisms on Marketing/HR Dynamics, in: Journal of Marketing Management, Nr. 7/8, 20. Jg. (2004), S. 713-740.

Chin, Wynne W.: The Partial Least Squares Approach to Structural Equation Modeling, in: Marcoulides, George A. (Hrsg.), Modern Methods For Business Research, Mahwah 1998, S. 295-336.

Chin, Wynne W.: Frequently Asked Questions – Partial Least Squares & PLS-Graph, Internet-Seite: http://disc-nt.cba.uh.edu/chin/plsfaq.htm (Zugriff am 26. April 2006), 2000.

Chin, Wynne W./Marcolin, Barbara L./Newsted, Peter R.: A Partial Least Squares Latent Variable Modeling Approach for Measuring Interaction Effects: Results from a Monte Carlo Simulation Study and an Electronic-Mail Emotion/Adoption Study, in: Information Systems Research, Nr. 2, 14. Jg. (2003), S. 189-217.

Chin, Wynne W./Newsted, Peter R.: Structural Equation Modeling Analysis with Small Samples Using Partial Least Squares, in: Hoyle, Rick H. (Hrsg.), Statistical Strategies for Small Sample Research, Thousand Oaks 1999, S. 307-341.

Church, Allan H.: Estimating the Effect of Incentives on Mail Survey Response Rates: A Meta-Analysis, in: Public Opinion Quarterly, Nr. 1, 57. Jg. (1993), S. 62-79.

Churchill, Jr., Gilbert A.: A Paradigm for Developing Better Measures of Marketing Constructs, in: Journal of Marketing Research, Nr. 1, 16. Jg. (1979), S. 64-73.

Cohen, Jacob: Statistical Power Analysis for the Behavioral Sciences, 2. Auflage, Hillsdale 1988.

Cohen, Susan G./Bailey, Diane E.: What Makes Teams Work: Group Effectiveness Research from the Shop Floor to the Executive Suite, in: Journal of Management, Nr. 3, 23. Jg. (1997), S. 239-290.

Collis, David J./Ghemawat, Pankaj: Mapping the business landscape, in: Fahey, Liam/Randall, Robert M. (Hrsg.), The portable MBA in strategy, New York et al. 2001, S. 171-188.

Collis, David J./Montgomery, Cynthia A.: Corporate Strategy – A Resource-Based Approach, 2. Auflage, Boston et al. 2005.

Cook, Karen S.: Exchange and Power in Networks on Interorganizational Relations, in: The Sociological Quarterly, Nr. 1, 18. Jg. (1977), S. 62-82.

Cooper, Robert G./Kleinschmidt, Elko J.: Determinants of Timeliness in Product Development, in: Journal of Product Innovation Management, Nr. 5, 11. Jg. (1994), S. 381-396.

Cooper, Robert G./Kleinschmidt, Elko J.: Benchmarking the Firm's Critical Success Factors in New Product Development, in: Journal of Product Innovation Management, Nr. 5, 12. Jg. (1995), S. 374-391.

Corsten, Daniel: Zur empirischen Methode in der Logistikforschung – Bestandsaufnahme und Leitfaden zur Konzeptualisierung und Operationalisierung von Logistikkonstrukten, in: Logistik Management, Nr. 3, 5. Jg. (2003), S. 49-60.

Corsten, Hans: Die Produktion von Dienstleistungen – Grundzüge einer Produktionswirtschaftslehre des tertiären Sektors, Berlin 1985.

Corsten, Hans: Dienstleistungen in produktionstheoretischer Interpretation, in: Wirtschaftswissenschaftliches Studium, Nr. 2, 17. Jg. (1988), S. 81-87.

Corsten, Hans: Betriebswirtschaftslehre der Dienstleistungsunternehmungen – Einführung, 2., durchgesehene Auflage, München, Wien 1990.

Cortina, Jose M.: What Is Coefficient Alpha? An Examination of Theory and Applications, in: Journal of Applied Psychology, Nr. 1, 78. Jg. (1993), S. 98-104.

Cosier, Richard A.: The Effects of Three Potential Aids for Making Strategic Decisions on Prediction Accuracy, in: Organizational Behavior and Human Performance, Nr. 2, 22. Jg. (1978), S. 295-306.

Cramer, Birgit: Marketing für innerbetriebliche Weiterbildungsleistungen, Frankfurt am Main et al. 1987.

Crittenden, Victoria L.: Close the Marketing/Manufacturing Gap, in: Sloan Management Review, Nr. 3, 33. Jg. (1992), S. 41-52.

Cronbach, Lee J.: Test "Reliability": Its Meaning and Determination, in: Psychometrika, Nr. 1, 12. Jg. (1947), S. 1-16.

Cronbach, Lee J.: Coefficient Alpha and the Internal Structure of Tests, in: Psychometrika, Nr. 3, 16. Jg. (1951), S. 297-334.

Crosby, Philip B.: Qualität bringt Gewinn, Hamburg et al. 1986.

Das, T. K./Teng, Bing-Sheng: Trust, Control, and Risk in Strategic Alliances: An Integrated Framework, in: Organization Studies, Nr. 2, 22. Jg. (2001), S. 251-283.

Dasgupta, Partha: Trust as a Commodity, in: Gambetta, Diego (Hrsg.), Trust – Making and Breaking Cooperative Relations, New York, Oxford 1988, S. 49-72.

David, Ulrich: Strategisches Management von Controllerbereichen – Konzept und Fallstudien, Wiesbaden 2005.

de Ruyter, Ko/Wetzels, Martin: Determinants of a Relational Exchange Orientation in the Marketing-Manufacturing Interface: An Empirical Investigation, in: Journal of Management Studies, Nr. 2, 37. Jg. (2000a), S. 257-276.

de Ruyter, Ko/Wetzels, Martin: The Marketing-Finance Interface: A Relational Exchange Perspective, in: Journal of Business Research, Nr. 2, 50. Jg. (2000b), S. 209-215.

Dehler, Markus: Entwicklungsstand der Logistik – Messung – Determinanten – Erfolgswirkungen, Wiesbaden 2001.

Deng, Shengliang/Dart, Jack: Measuring Market Orientation: A Multi-factor, Multi-item Approach, in: Journal of Marketing Management, Nr. 8, 10. Jg. (1994), S. 725-742.

Denison, Daniel R./Hart, Stuart L./Kahn, Joel A.: From chimneys to cross-functional teams: Developing and validating a diagnostic model, in: Academy of Management Journal, Nr. 4, 39. Jg. (1996), S. 1005-1023.

Deppisch, Carl Georg: Dienstleistungsqualität im Handel, Wiesbaden 1997.

Dess, Gregory G./Beard, Donald W.: Dimensions of Organizational Task Environments, in: Administrative Science Quarterly, Nr. 1, 29. Jg. (1984), S. 52-73.

Deutsch, Morton: A Theory of Co-operation and Competition, in: Human Relations, Nr. 2, 2. Jg. (1949), S. 129-152.

Deutsch, Morton: The Resolution of Conflict – Constructive and Destructive Processes, New Haven, London 1973.

Deutsch, Morton: Konfliktregelung – Konstruktive und destruktive Prozesse, München, Basel 1976.

Deutsch, Morton: Fünfzig Jahre Konfliktforschung, in: Grunwald, Wolfgang/Lilge, Hans-Georg (Hrsg.), Kooperation und Konkurrenz in Organisationen, Bern, Stuttgart 1981, S. 15-49.

DeVellis, Robert F.: Scale Development – Theory and Applications, 2. Auflage, Thousand Oaks 2003.

Deyhle, Albrecht: Tendenzen im Controlling, in: Mayer, Elmar/Landsberg, Georg von/ Thiede, Wolfgang (Hrsg.), Controlling-Konzepte im internationalen Vergleich, Freiburg 1986, S. 61-76.

Diamantopoulos, Adamantios/Hart, Susan: Linking market orientation and company performance: preliminary evidence on Kohli and Jaworski's framework, in: Journal of Strategic Marketing, Nr. 2, 1. Jg. (1993), S. 93-121.

Diamantopoulos, Adamantios/Schlegelmilch, Bodo B.: Determinants of Industrial Mail Survey Response: A Survey-on-Surveys Analysis of Researchers' and Managers' Views, in: Journal of Marketing Management, Nr. 6, 12. Jg. (1996), S. 505-531.

Diamantopoulos, Adamantios/Siguaw, Judy A.: Formative Versus Reflective Indicators in Organizational Measure Development: A Comparison and Empirical Illustration, in: British Journal of Management, Nr. 4, 17. Jg. (2006), S. 263-282.

Diamantopoulos, Adamantios/Winklhofer, Heidi M.: Index Construction with Formative Indicators: An Alternative to Scale Development, in: Journal of Marketing Research, Nr. 2, 38. Jg. (2001), S. 269-277.

Diekmann, Andreas: Empirische Sozialforschung – Grundlagen, Methoden, Anwendungen, 16. Auflage, Reinbek bei Hamburg 2006.

Doise, Willem: Die experimentelle Untersuchung von Beziehungen zwischen Gruppen, in: Zeitschrift für experimentelle und angewandte Psychologie, Nr. 4, 18. Jg. (1971), S. 51-89.

Domsch, Michel/Gerpott, Heike/Gerpott, Thomas J.: Technologische Gatekeeper in der industriellen F&E – Merkmale und Leistungswirkungen, Stuttgart 1989.

Donabedian, Avedis: Explorations in Quality Assessment and Monitoring, Band 1: The Definition of Quality and Approaches to its Assessment, Ann Arbor 1980.

Doney, Patricia M./Cannon, Joseph P.: An Examination of the Nature of Trust in Buyer-Seller Relationships, in: Journal of Marketing, Nr. 2, 61. Jg. (1997), S. 35-51.

Dougherty, Deborah: Interpretive Barriers To Successful Product Innovation In Large Firms, in: Organization Science, Nr. 2, 3. Jg. (1992), S. 179-202.

Dowling, Michael/Lechner, Christian: Kooperative Wettbewerbsbeziehungen: Theoretische Ansätze und Managementstrategien, in: Die Betriebswirtschaft, Nr. 1, 58. Jg. (1998), S. 86-102.

Drolet, Aimee L./Morrison, Donald G.: Do We Really Need Multiple-Item Measures in Service Research?, in: Journal of Service Research, Nr. 3, 3. Jg. (2001), S. 196-204.

Duncan, Robert B.: Characteristics of Organizational Environments and Perceived Environmental Uncertainty, in: Administrative Science Quarterly, Nr. 3, 17. Jg. (1972), S. 313-327.

Durkheim, Emile: The Division of Labor in Society, Glencoe 1933.

Dymond, Rosalind F.: A Scale for the Measurement of the Relation of Insight and Empathy, in: Journal of Consulting Psychology, 13. Jg. (1949), S. 127-133.

Eberl, Markus/Zinnbauer, Markus: Strukturgleichungsmodelle in der Anwendung, in: Wirtschaftswissenschaftliches Studium, Heft 10, 34. Jg. (2005), S. 591-596.

Ebers, Mark: Organisationstheorie, situative, in: Frese, Erich (Hrsg.), Handwörterbuch der Organisation, 3., völlig neu gestaltete Auflage, Stuttgart 1992, Sp. 1817-1838.

Efron, Bradley/Gong, Gail: A Leisurely Look at the Bootstrap, the Jackknife, and Cross-Validation, in: The American Statistician, Nr. 1, 37. Jg. (1983), S. 36-48.

Efron, Bradley/Tibshirani, Robert J.: An Introduction to the Bootstrap, New York 1993.

Eggert, Andreas/Fassott, Georg/Helm, Sabrina: Identifizierung und Quantifizierung mediierender und moderierender Effekte in komplexen Kausalstrukturen, in: Bliemel, Friedhelm/ Eggert, Andreas/Fassott, Georg/Henseler, Jörg (Hrsg.), Handbuch PLS-Pfadmodellierung – Methode, Anwendung, Praxisbeispiele, Stuttgart 2005, S. 101-116.

Eggs, Holger: Vertrauen im Electronic Commerce – Herausforderungen und Lösungsansätze, Wiesbaden 2001.

Eichenseher, Ernst: Dezentralisierung des Controlling, Frankfurt am Main et al. 1997.

Emerson, Richard M.: Power-Dependence Relations, in: American Sociological Review, Nr. 2, 27. Jg. (1962), S. 31-41.

Enders, Craig K.: Using the Expectation Maximization Algorithm to Estimate Coefficient Alpha for Scales With Item-Level Missing Data, in: Psychological Methods, Nr. 3, 8. Jg. (2003), S. 322-337.

Enders, Craig K.: The Impact of Missing Data on Sample Reliability Estimates: Implications for Reliability Reporting Practices, in: Educational and Psychological Measurement, Nr. 3, 64. Jg. (2004), S. 419-436.

Engelbrecht, Christoph: Logistikoptimierung durch Outsourcing – Erfolgswirkung und Erfolgsfaktoren, Wiesbaden 2004.

Engelhardt, Werner H.: Qualitätspolitik, in: Tietz, Bruno (Hrsg.), Handwörterbuch der Absatzwirtschaft, Stuttgart 1974, Sp. 1799-1816.

Engelhardt, Werner H./Kleinaltenkamp, Michael/Reckenfelderbäumer, Martin: Dienstleistungen als Absatzobjekt, Arbeitsbericht Nr. 52, Institut für Unternehmensführung und Unternehmensforschung, Ruhr-Universität Bochum, Bochum 1992.

Engelhardt, Werner H./Kleinaltenkamp, Michael/Reckenfelderbäumer, Martin: Leistungsbündel als Absatzobjekte – Ein Ansatz zur Überwindung der Dichotomie von Sach- und Dienstleistungen, in: Zeitschrift für Betriebswirtschaftliche Forschung, Nr. 5, 45. Jg. (1993), S. 395-426.

Eriksson, Tor/Ortega, Jaime: The Adoption of Job Rotation: Testing the Theories, in: Industrial and Labor Relations Review, Nr. 4, 59. Jg. (2006), S. 653-666.

Ernst, Holger: Erfolgsfaktoren neuer Produkte – Grundlagen für eine valide empirische Forschung, Wiesbaden 2001.

Esser, Hartmut: Response Set – Methodische Problematik und soziologische Interpretation, in: Zeitschrift für Soziologie, Nr. 3, 6. Jg. (1977), S. 253-263.

Ezzamel, Mahmoud: Business Unit & Divisional Performance Measurement, 2. Auflage, London et al. 1994.

Falkenhausen, Hasso Freiherr von: Controlling in Mehrbereichsunternehmen – Gratwanderung zwischen Zentralisierung und Dezentralisierung, in: Pape, Ulrich (Hrsg.), Unternehmensführung und Controlling, Sternenfels 1990, S. 87-106.

Fassott, Georg: Operationalisierung latenter Variablen in Strukturgleichungsmodellen: Eine Standortbestimmung, in: Zeitschrift für Betriebswirtschaftliche Forschung, Nr. 2, 58. Jg. (2006), S. 67-88.

Fischer, Arnold: Organisation des Controlling in einem Großunternehmen (Am Beispiel der Continental AG, Hannover), in: Mayer, Elmar/Weber, Jürgen (Hrsg.), Handbuch Controlling, Stuttgart 1990, S. 565-578.

Fisher, Robert J./Maltz, Elliot/Jaworski, Bernard J.: Enhancing Communication Between Marketing and Engineering: The Moderating Role of Relative Functional Identification, in: Journal of Marketing, Nr. 3, 61. Jg. (1997), S. 54-70.

Fornell, Claes: A Second Generation of Multivariate Analysis: Classification of Methods and Implications for Marketing Research, in: Houston, Michael J. (Hrsg.), Review of Marketing, Chicago 1987, S. 407-450.

Fornell, Claes/Cha, Jaesung: Partial Least Squares, in: Bagozzi, Richard P. (Hrsg.), Advanced Methods of Marketing Research, Cambridge, Oxford 1994, S. 52-78.

Fornell, Claes/Larcker, David F.: Evaluating Structural Equation Models with Unobservable Variables and Measurement Error, in: Journal of Marketing Research, Nr. 1, 18. Jg. (1981), S. 39-50.

Frazier, Gary L.: Interorganizational Exchange Behavior in Marketing Channels: A Broadened Perspective, in: Journal of Marketing, Nr. 4, 47. Jg. (1983), S. 68-78.

Frensdorff, Hans-Joachim: Erfahrungen mit dem dezentralen Controlling bei der Deutschen Shell AG (DSAG), in: Horváth, Péter (Hrsg.), Marktnähe und Kosteneffizienz schaffen – Effektives Controlling für neue Führungsstrukturen, Stuttgart 1993, S. 113-132.

Friedrichs, Jürgen: Methoden empirischer Sozialforschung, 14. Auflage, Opladen 1990.

Fritz, Wolfgang: Marktorientierte Unternehmensführung und Unternehmenserfolg – Grundlagen und Ergebnisse einer empirischen Untersuchung, Stuttgart 1992.

Fritz, Wolfgang/Möllenberg, Antje/Dees, Heiko: Erfolgsfaktoren von Internet-Auktionen: Eine empirische Analyse mit PLS, in: Bliemel, Friedhelm/Eggert, Andreas/Fassott, Georg/ Henseler, Jörg (Hrsg.), Handbuch PLS-Pfadmodellierung – Methode, Anwendung, Praxisbeispiele, Stuttgart 2005, S. 255-274.

Gaertner, Samuel L./Dovidio, John F.: Reducing Intergroup Bias – The Common Ingroup Identity Model, Philadelphia 2000.

Ganesan, Shankar: Determinants of Long-Term Orientation in Buyer-Seller Relationships, in: Journal of Marketing, Nr. 2, 58. Jg. (1994), S. 1-19.

Ganesan, Shankar/Hess, Ron: Dimensions and Levels of Trust: Implications for Commitment to a Relationship, in: Marketing Letters, Nr. 4, 8. Jg. (1997), S. 439-448.

Ganesan, Shankar/Malter, Alan J./Rindfleisch, Aric: Does Distance Still Matter? Geographic Proximity and New Product Development, in: Journal of Marketing, Nr. 4, 69. Jg. (2005), S. 44-60.

Gannon, Martin J./Brainin, Uri: Job Rotation And Employee Tenure Among Temporary Workers, in: Academy of Management Journal, Nr. 1, 14. Jg. (1971), S. 142-144.

Garvin, David A.: What Does "Product Quality" Really Mean?, in: Sloan Management Review, Nr. 1, 26. Jg. (1984), S. 25-43.

Garvin, David A.: Managing Quality – The Strategic and Competitive Edge, New York, Ontario 1988.

Gebert, Diether: Organisation und Umwelt – Probleme der Gestaltung innovationsfähiger Organisationen, Stuttgart et al. 1978.

Gebert, Diether: Kommunikation, in: Frese, Erich (Hrsg.), Handwörterbuch der Organisation, 3., völlig neu gestaltete Auflage, Stuttgart 1992, Sp. 1110-1121.

Gemünden, Hans Georg/Högl, Martin: Teamarbeit in innovativen Projekten – Eine kritische Bestandsaufnahme der empirischen Forschung, in: Gemünden, Hans Georg/Högl, Martin (Hrsg.), Management von Teams – Theoretische Konzepte und empirische Befunde, Wiesbaden 2000, S. 1-31.

Gerbing, David W./Anderson, James C.: An Updated Paradigm for Scale Development Incorporating Unidimensionality and Its Assessment, in: Journal of Marketing Research, Nr. 2, 25. Jg. (1988), S. 186-192.

Gerpott, Heike: F&E und Produktion – Theoretische und empirische Analysen zu Schnittstellenproblemen im Innovationsprozeß unter besonderer Berücksichtigung personalwirtschaftlicher Aspekte, München 1991.

Geyskens, Inge/Steenkamp, Jan-Benedict E. M./Kumar, Nirmalya: A Meta-Analysis of Satisfaction in Marketing Channel Relationships, in: Journal of Marketing Research, Nr. 2, 36. Jg. (1999), S. 223-238.

Giering, Annette: Der Zusammenhang zwischen Kundenzufriedenheit und Kundenloyalität – Eine Untersuchung moderierender Effekte, Wiesbaden 2000.

Gittleman, Maury/Horrigan, Michael/Joyce, Mary: "Flexible" Workplace Practices: Evidence From A Nationally Representative Survey, in: Industrial and Labor Relations Review, Nr. 1, 52. Jg. (1998), S. 99-115.

Gladstein Ancona, Deborah L.: Outward Bound: Strategies for Team Survival in an Organization, in: Academy of Management Journal, Nr. 2, 33. Jg. (1990), S. 334-365.

Gladstein Ancona, Deborah L./Caldwell, David F.: Beyond Task and Maintenance – Defining External Functions in Groups, in: Group & Organization Studies, Nr. 4, 13. Jg. (1988), S. 468-494.

Gladstein, Deborah L.: Groups in Context: A Model of Task Group Effectiveness, in: Administrative Science Quarterly, Nr. 4, 29. Jg. (1984), S. 499-517.

Gleich, Ronald: Das System des Performance Measurement – Theoretisches Grundkonzept, Entwicklungs- und Anwendungsstand, München 2001.

Gleich, Ronald: Performance Measurement – Grundlagen, Konzepte und empirische Erkenntnisse, in: Controlling, Heft 8/9, 14. Jg. (2002), S. 447-454.

Goeldel, Hanns: Gestaltung der Planung – Konzeptioneller Ansatz und Fallstudien, Wiesbaden 1997.

Goll, Irene/Rasheed, Abdul M. A.: Rational Decision-Making And Firm Performance: The Moderating Role Of Environment, in: Strategic Management Journal, Nr. 7, 18. Jg. (1997), S. 583-591.

Götz, Oliver/Liehr-Gobbers, Kerstin: Analyse von Strukturgleichungsmodellen mit Hilfe der Partial-Least-Squares (PLS)-Methode, in: Die Betriebswirtschaft, Nr. 6, 64. Jg. (2004a), S. 714-738.

Götz, Oliver/Liehr-Gobbers, Kerstin: Der Partial-Least-Squares (PLS)-Ansatz zur Analyse von Strukturgleichungsmodellen, IfM-Arbeitspapier Nr. 2, Institut für Marketing, Westfälische Wilhelms-Universität Münster, Münster 2004b.

Graen, George B./Novak, Michael A./Sommerkamp, Patricia: The Effects of Leader-Member Exchange and Job Design on Productivity and Satisfaction: Testing a Dual Attachment Model, in: Organizational Behavior and Human Performance, Nr. 1, 30. Jg. (1982), S. 109-131.

Gray, Barbara: Collaborating – Finding Common Ground for Multiparty Problems, San Francisco, London 1989.

Greiner, Larry E./Metzger, Robert O.: Consulting To Management, Englewood Cliffs 1983.

Grieshop, Hendrik/Weber, Jürgen: Ergebnisse einer empirischen Studie zur Kooperation von Controllerbereich und externem Rechnungswesen, in: Der Konzern, Nr. 5, 5. Jg. (2007), S. 307-315.

Griffin, Abbie/Hauser, John R.: Patterns of Communication among Marketing, Engineering and Manufacturing – A Comparison between Two New Product Teams, in: Management Science, Nr. 3, 38. Jg. (1992), S. 360-373.

Griffin, Abbie/Hauser, John R.: Integrating R&D and Marketing: A Review and Analysis of the Literature, in: Journal of Product Innovation Management, Nr. 1, 13. Jg. (1996), S. 191-215.

Grinyer, Peter M./Al-Bazzaz, Shawki/Yasai-Ardekani, Masoud: Towards a Contingency Theory of Corporate Planning: Findings in 48 U.K. Companies, in: Strategic Management Journal, Nr. 1, 7. Jg. (1986), S. 3-28.

Großeibl, Wilhelm: Konzerncontrolling, in: Eschenbach, Rolf (Hrsg.), Controlling, 2., überarbeitete und erweiterte Auflage, Stuttgart 1996, S. 636-648.

Grund, Michael A.: Interaktionsbeziehungen im Dienstleistungsmarketing – Zusammenhänge zwischen Zufriedenheit und Bindung von Kunden und Mitarbeitern, Wiesbaden 1998.

Grüninger, Stephan: Vertrauensmanagement – Kooperation, Moral und Governance, Marburg 2001.

Grunwald, Wolfgang: Konflikt – Konkurrenz – Kooperation: Eine theoretisch-empirische Konzeptanalyse, in: Grunwald, Wolfgang/Lilge, Hans-Georg (Hrsg.), Kooperation und Konkurrenz in Organisationen, Bern, Stuttgart 1981, S. 50-96.

Gujarati, Damodar N.: Basic Econometrics, 4. Auflage, New York et al. 2003.

Güldenberg, Stefan: Wissensmanagement und Wissenscontrolling in lernenden Organisationen – Ein systemtheoretischer Ansatz, 4., aktualisierte Auflage, Wiesbaden 2003.

Gupta, Anil K./Govindarajan, Vijay: Knowledge Flows and the Structure of Control within Multinational Corporations, in: Academy of Management Review, Nr. 4, 16. Jg. (1991), S. 768-792.

Gupta, Ashok K.: A Study of the R&D/Marketing Interface and Innovation Success in High Technology Firms, Dissertation, Syracuse University 1984.

Gupta, Ashok K./Raj, S. P./Wilemon, David: A Model for Studying R&D-Marketing Interface in the Product Innovation Process, in: Journal of Marketing, Nr. 2, 50. Jg. (1986), S. 7-17.

Gupta, Ashok K./Raj, S. P./Wilemon, David L.: R&D and Marketing Dialogue in High-Tech Firms, in: Industrial Marketing Management, Nr. 4, 14. Jg. (1985a), S. 289-300.

Gupta, Ashok K./Raj, S. P./Wilemon, David L.: The R&D-Marketing Interface in High-Technology Firms, in: Journal of Product Innovation Management, Nr. 1, 2. Jg. (1985b), S. 12-24.

Gupta, Ashok K./Wilemon, David: The Credibility-Cooperation Connection at the R&D-Marketing Interface, in: Journal of Product Innovation Management, Nr. 1, 5. Jg. (1988), S. 20-31.

Gutenberg, Erich: Die Unternehmung als Gegenstand betriebswirtschaftlicher Theorie, unveränderter Nachdruck 1967, Berlin 1929.

Gutenberg, Erich: Planung im Betrieb, in: Zeitschrift für Betriebswirtschaft, Nr. 12, 22. Jg. (1952), S. 669-684.

Gutenberg, Erich: Grundlagen der Betriebswirtschaftslehre, Band 1: Die Produktion, 24., unveränderte Auflage, Berlin, Heidelberg 1983.

Guzzo, Richard A./Dickson, Marcus W.: Teams in Organizations: Recent Research on Performance and Effectiveness, in: Annual Review of Psychology, Nr. 1, 47. Jg. (1996), S. 307-338.

Guzzo, Richard A./Shea, Gregory P.: Group Performance and Intergroup Relations in Organizations, in: Dunnette, Marvin D./Hough, Leaetta M. (Hrsg.), Handbook of Industrial and Organizational Psychology, Band 3, 2. Auflage, Palo Alto 1992, S. 269-313.

Hackman, J. Richard: The design of work teams, in: Lorsch, Jay W. (Hrsg.), Handbook of organizational behavior, Englewood Cliffs 1987, S. 315-342.

Hage, Jerald: Communication and Organizational Control – Cybernetics in Health and Welfare Settings, New York et al. 1974.

Hage, Jerald/Aiken, Michael: Relationship of Centralization to Other Structural Properties, in: Administrative Science Quarterly, Nr. 1, 12. Jg. (1967), S. 72-92.

Hahn, Dietger: Konzepte und Beispiele zur Organisation des Controlling in der Industrie, in: Zeitschrift für Organisation, Nr. 1, 48. Jg. (1979), S. 4-24.

Hahn, Dietger: Strategische Führung und Controlling unter besonderer Berücksichtigung internationaler Aspekte, in: Controlling, Heft 4, 2. Jg. (1990), S. 176-185.

Hahn, Dietger/Hungenberg, Harald: Organisation der Planung, in: Das Wirtschaftsstudium, Heft 2, 23. Jg. (1994), S. 125-129.

Hahn, Dietger/Hungenberg, Harald: PuK – Wertorientierte Controllingkonzepte, 6., vollständig überarbeitete und erweiterte Auflage, Wiesbaden 2001.

Haller, Sabine: Methoden zur Beurteilung von Dienstleistungsqualität – Überblick zum State of the Art –, in: Zeitschrift für Betriebswirtschaftliche Forschung, Nr. 1, 45. Jg. (1993), S. 19-40.

Hamprecht, Markus: Controlling von Konzernplanungssystemen – Theoretische Ableitung und betriebliche Realität führungsstrukturabhängiger Ausprägungsmuster, Wiesbaden 1996.

Hansmann, Karl-Werner/Ringle, Christian M.: Wirkung einer Teilnahme an Unternehmensnetzwerken auf die strategischen Erfolgsfaktoren von Partnerunternehmen – Eine empirische Untersuchung, in: Die Unternehmung, Nr. 3, 59. Jg. (2005), S. 217-236.

Harbert, Ludger: Controlling-Begriffe und Controlling-Konzeptionen – Eine kritische Betrachtung des Entwicklungsstandes des Controlling und Möglichkeiten seiner Fortentwicklung, Bochum 1982.

Hartung, Joachim/Elpelt, Bärbel: Multivariate Statistik – Lehr- und Handbuch der angewandten Statistik, 4., durchgesehene Auflage, München, Wien 1992.

Hartung, Joachim/Elpelt, Bärbel/Klösener, Karl-Heinz: Statistik – Lehr- und Handbuch der angewandten Statistik, 14., unwesentlich veränderte Auflage, München, Wien 2005.

Hauser, Robert M./Goldberger, Arthur S.: The Treatment of Unobservable Variables in Path Analysis, in: Costner, Herbert L. (Hrsg.), Sociological Methodology, London 1971, S. 81-117.

Hausman, Warren H./Montgomery, David B./Roth, Aleda V.: Why should marketing and manufacturing work together? Some exploratory empirical results, in: Journal of Operations Management, Nr. 3, 20. Jg. (2002), S. 241-257.

Heeler, Roger M./Ray, Michael L.: Measure Validation in Marketing, in: Journal of Marketing Research, Nr. 4, 9. Jg. (1972), S. 361-370.

Heide, Jan B.: Interorganizational Governance in Marketing Channels, in: Journal of Marketing, Nr. 1, 58. Jg. (1994), S. 71-85.

Heide, Jan B./John, George: Do Norms Matter in Marketing Relationships?, in: Journal of Marketing, Nr. 2, 56. Jg. (1992), S. 32-44.

Heide, Jan B./Miner, Anne S.: The Shadow of the Future: Effects of Anticipated Interaction and Frequency of Contact on Buyer-Seller Cooperation, in: Academy of Management Journal, Nr. 2, 35. Jg. (1992), S. 265-291.

Heinen, Edmund: Industriebetriebslehre als entscheidungsorientierte Unternehmensführung, in: Heinen, Edmund (Hrsg.), Industriebetriebslehre – Entscheidungen im Industriebetrieb, 9., vollständig neu bearbeitete und erweiterte Auflage, Wiesbaden 1991, S. 1-71.

Helm, Sabrina: Entwicklung eines formativen Messmodells für das Konstrukt Unternehmensreputation, in: Bliemel, Friedhelm/Eggert, Andreas/Fassott, Georg/Henseler, Jörg (Hrsg.), Handbuch PLS-Pfadmodellierung – Methode, Anwendung, Praxisbeispiele, Stuttgart 2005, S. 241-254.

Henseler, Jörg: Einführung in die PLS-Pfadmodellierung, in: Wirtschaftswissenschaftliches Studium, Nr. 2, 34. Jg. (2005), S. 70-75.

Henselmann, Klaus: Organisation des Controlling, in: Küpper, Hans-Ulrich/Wagenhofer, Alfred (Hrsg.), Handwörterbuch Unternehmensrechnung und Controlling, 4., völlig neu gestaltete Auflage, Stuttgart 2002, Sp. 1357-1365.

Herbst, Claus: Interorganisationales Schnittstellenmanagement – Ein Konzept zur Unterstützung des Managements von Transaktionen, Frankfurt am Main et al. 2002.

Herdzina, Klaus: Wettbewerbspolitik, 5., vollständig überarbeitete Auflage, Stuttgart 1999.

Herrmann, Andreas/Homburg, Christian: Marktforschung: Ziele, Vorgehensweisen und Methoden, in: Herrmann, Andreas/Homburg, Christian (Hrsg.), Marktforschung – Methoden – Anwendungen – Praxisbeispiele, 2., aktualisierte Auflage, Wiesbaden 2000, S. 13-32.

Herrmann, Andreas/Huber, Frank/Kressmann, Frank: Varianz- und kovarianzbasierte Strukturgleichungsmodelle – Ein Leitfaden zu deren Spezifikation, Schätzung und Beurteilung, in: Zeitschrift für Betriebswirtschaftliche Forschung, Nr. 2, 58. Jg. (2006), S. 34-66.

Herzog, Andreas: Gestaltung von Controllership – Die Zuordnung von Aufgaben zu Controllern, Wiesbaden 1999.

Hewstone, Miles/Brown, Rupert: Contact is not Enough: An Intergroup Perspective on the 'Contact Hypothesis', in: Hewstone, Miles/Brown, Rupert (Hrsg.), Contact and Conflict in Intergroup Encounters, Oxford 1986, S. 1-44.

High, Jack: Introduction – Split Personality: A Brief History of Competition in Economic Theory, in: High, Jack (Hrsg.), Competition, Cheltenham, Northampton 2001, S. xiii-xlv.

Hildebrandt, Lutz: Kausalanalytische Validierung in der Marketingforschung, in: Marketing ZFP, Nr. 1, 6. Jg. (1984), S. 41-51.

Hilke, Wolfgang: Dienstleistungs-Marketing aus der Sicht der Wissenschaft, Diskussionsbeiträge des Betriebswirtschaftlichen Seminars der Universität Freiburg im Breisgau, Freiburg 1984.

Hilke, Wolfgang: Grundprobleme und Entwicklungstendenzen des Dienstleistungs-Marketing, in: Hilke, Wolfgang (Hrsg.), Dienstleistungs-Marketing – Banken und Versicherungen – Freie Berufe – Handel und Transport – Nicht-erwerbswirtschaftlich orientierte Organisationen, Wiesbaden 1989, S. 5-44.

Hirsch, Bernhard/Meyer, Matthias: Controlling ohne modischen Schnick-Schnack – Ein Gespräch mit Dr. Ernst F. Schröder, persönlich haftender Gesellschafter der Dr. August

Oetker KG über die Aufgaben des Controlling des Bielefelder Familienunternehmens, in: Zeitschrift für Controlling und Management, Heft 2, 48. Jg. (2004), S. 76-77.

Hirsch, Bernhard/Sorg, Mascha: Controller und Investor Relations: Konzeptionelle und empirische Untersuchung der Schnittstellen, in: Finanz Betrieb, Heft 7-8, 8. Jg. (2006), S. 428-434.

Hise, Richard T./O'Neal, Larry/Parasuraman, A./McNeal, James U.: Marketing/R&D Interaction in New Product Development: Implications for New Product Success Rates, in: Journal of Product Innovation Management, Nr. 1, 7. Jg. (1990), S. 142-155.

Hitt, Michael A./Hoskisson, Robert E./Nixon, Robert D.: A mid-range theory of interfunctional integration, its antecedents and outcomes, in: Journal of Engineering and Technology Management, Nr. 1/2, 10. Jg. (1993), S. 161-185.

Hoffmann, Friedrich: Anmerkungen zum Beitrag von R. Bühner: "Management-Holding", in: Die Betriebswirtschaft, Nr. 2, 47. Jg. (1987), S. 232-234.

Hoffmann, Friedrich (Hrsg.): Konzernhandbuch. Recht – Steuern – Rechnungslegung – Führung – Organisation – Praxisfälle, Wiesbaden 1993.

Hoffmann, Werner H.: Faktoren erfolgreicher Unternehmensberatung, Wiesbaden 1991.

Högl, Martin/Gemünden, Hans Georg: Teamwork Quality and the Success of Innovative Projects: A Theoretical Concept and Empirical Evidence, in: Organization Science, Nr. 4, 12. Jg. (2001), S. 435-449.

Högl, Martin/Proserpio, Luigi: Team member proximity and teamwork in innovative projects, in: Research Policy, Nr. 8, 33. Jg. (2004), S. 1153-1165.

Högl, Martin/Weinkauf, Katharina/Gemünden, Hans Georg: Interteam Coordination, Project Commitment, and Teamwork in Multiteam R&D Projects: A Longitudinal Study, in: Organization Science, Nr. 1, 15. Jg. (2004), S. 38-55.

Homans, George C.: Social Behavior as Exchange, in: The American Journal of Sociology, 63. Jg. (1958), S. 597-606.

Homans, George C.: Social Behavior – Its Elementary Forms, New York 1961.

Homans, George C.: Elementarformen sozialen Verhaltens. Social Behavior – Its Elementary Forms, Deutsche Übersetzung, Köln, Opladen 1968.

Homburg, Christian: Exploratorische Ansätze der Kausalanalyse als Instrument der Marketingplanung, Frankfurt am Main et al. 1989.

Homburg, Christian: Die Kausalanalyse – Eine Einführung, in: Wirtschaftswissenschaftliches Studium, Nr. 10, 21. Jg. (1992), S. 499-508.

Homburg, Christian: Kundennähe von Industriegüterunternehmen – Konzeption – Erfolgsauswirkungen – Determinanten, 3., aktualisierte Auflage, Wiesbaden 2000.

Homburg, Christian/Baumgartner, Hans: Beurteilung von Kausalmodellen – Bestandsaufnahme und Anwendungsempfehlungen, in: Marketing ZFP, Nr. 3, 17. Jg. (1995a), S. 162-176.

Homburg, Christian/Baumgartner, Hans: Die Kausalanalyse als Instrument der Marketingforschung – Eine Bestandsaufnahme, in: Zeitschrift für Betriebswirtschaft, Nr. 10, 65. Jg. (1995b), S. 1091-1108.

Homburg, Christian/Dobratz, Andreas: Iterative Modellselektion in der Kausalanalyse, in: Hildebrandt, Lutz/Homburg, Christian (Hrsg.), Die Kausalanalyse – Ein Instrument der empirischen betriebswirtschaftlichen Forschung, Stuttgart 1998, S. 447-474.

Homburg, Christian/Giering, Annette: Konzeptualisierung und Operationalisierung komplexer Konstrukte – Ein Leitfaden für die Marketingforschung, in: Marketing ZFP, Nr. 1, 18. Jg. (1996), S. 5-24.

Homburg, Christian/Giering, Annette: Personal Characteristics as Moderators of the Relationship Between Customer Satisfaction and Loyalty – An Empirical Analysis, in: Psychology & Marketing, Nr. 1, 18. Jg. (2001), S. 43-66.

Homburg, Christian/Klarmann, Martin: Empirische Controllingforschung – Anmerkungen aus der Perspektive des Marketing, in: Weber, Jürgen/Hirsch, Bernhard (Hrsg.), Zur Zukunft der Controllingforschung – Empirie, Schnittstellen und Umsetzung in der Lehre, Wiesbaden 2003, S. 65-88.

Homburg, Christian/Pflesser, Christian: Strukturgleichungsmodelle mit latenten Variablen: Kausalanalyse, in: Herrmann, Andreas/Homburg, Christian (Hrsg.), Marktforschung – Methoden – Anwendungen – Praxisbeispiele, 2., aktualisierte Auflage, Wiesbaden 2000, S. 633-659.

Homburg, Christian/Weber, Jürgen/Karlshaus, Jan Thido/Aust, René: Interne Kundenorientierung der Kostenrechnung?, in: Die Betriebswirtschaft, Heft 2, 60. Jg. (2000), S. 241-257.

Horváth, Péter: Controlling, 9., vollständig überarbeitete Auflage, München 2003.

Hosmer, Larue Tone: Trust: The Connecting Link Between Organizational Theory And Philosophical Ethics, in: Academy of Management Review, Nr. 2, 20. Jg. (1995), S. 379-403.

Hsieh, An-Tien/Chao, Hui-Yu: A reassessment of the relationship between job specialization, job rotation and job burnout: example of Taiwan's high-technology industry, in: International Journal of Human Resource Management, Nr. 6, 15. Jg. (2004), S. 1108-1123.

Hu, Li-tze/Bentler, Peter M.: Evaluating Model Fit, in: Hoyle, Rick H. (Hrsg.), Structural Equation Modeling – Concepts, Issues and Applications, Thousand Oaks et al. 1995, S. 76-99.

Hu, Li-tze/Bentler, Peter M.: Cutoff Criteria for Fit Indexes in Covariance Structure Analysis: Conventional Criteria Versus New Alternatives, in: Structural Equation Modeling, Nr. 1, 6. Jg. (1999), S. 1-55.

Hulland, John: Use of Partial Least Squares (PLS) in Strategic Management Research: A Review of Four Recent Studies, in: Strategic Management Journal, Nr. 2, 20. Jg. (1999), S. 195-204.

Hungenberg, Harald: Controlling in der Industrie – Stützpfeiler für die erfolgreiche Unternehmensentwicklung oder Ausdruck einer Mißtrauensorganisation?, in: Controlling, Heft 5, 4. Jg. (1992a), S. 286-288.

Hungenberg, Harald: Die Aufgaben der Zentrale – Ansatzpunkte zur zeitgemäßen Organisation der Unternehmensführung in Konzernen, in: Zeitschrift für Führung und Organisation, Nr. 6, 61. Jg. (1992b), S. 341-354.

Hungenberg, Harald: Zentralisation und Dezentralisation – Strategische Entscheidungsverteilung in Konzernen, Wiesbaden 1995.

Hungenberg, Harald: Strategisches Management in Unternehmen. Ziele – Prozesse – Verfahren, Wiesbaden 2000.

Hunold, Claus: Kommunale Kostenrechnung – Gestaltung, Nutzung und Erfolgsfaktoren, Wiesbaden 2003.

Hüttner, Manfred/Schwarting, Ulf: Exploratorische Faktorenanalyse, in: Herrmann, Andreas/Homburg, Christian (Hrsg.), Marktforschung – Methoden – Anwendungen – Praxisbeispiele, 2., aktualisierte Auflage, Wiesbaden 2000, S. 381-412.

Igbaria, Magid/Parasuraman, Saroj/Badawy, Michael K.: Work Experiences, Job Involvement, and Quality of Work Life Among Information Systems Personnel, in: MIS Quarterly, Nr. 2, 18. Jg. (1994), S. 175-201.

Ihring, Hans Christof: Einführung in das Controlling für Mittelstandsunternehmen, Wien 1986.

Inkson, J. H. Kerr/Hickson, David J./Pugh, Derek S.: Administrative Reduction of Variance in Organization and Behaviour, Arbeitspapier, vorgelegt der British Psychological Society, London 1968.

Jacoby, Jacob: Consumer Research: How valid and useful are all our consumer behavior research findings? A State of the Art Review, in: Journal of Marketing, Nr. 2, 42. Jg. (1978), S. 87-96.

Janell, Paul A./Kinnunen, Raymond M.: Portrait of the divisional controller, in: Management Accounting, Nr. 12, 61. Jg. (1980), S. 15-19, S. 24.

Jansen, Stephan A.: Konkurrenz der Konkurrenz – Co-opetition: Die Form der Konkurrenz, in: Jansen, Stephan A./Schleissing, Stephan (Hrsg.), Konkurrenz und Kooperation – Interdisziplinäre Zugänge zur Theorie der Co-opetition, Marburg 2000, S. 13-63.

Jarvis, Cheryl Burke/MacKenzie, Scott B./Podsakoff, Philip M.: A Critical Review of Construct Indicators and Measurement Model Misspecification in Marketing and Consumer Research, in: Journal of Consumer Research, Nr. 2, 30. Jg. (2003), S. 199-218.

Jaworski, Bernard J.: Toward a Theory of Marketing Control: Environmental Context, Control Types, and Consequences, in: Journal of Marketing, Nr. 3, 52. Jg. (1988), S. 23-39.

Jaworski, Bernard J./Kohli, Ajay K.: Market Orientation: Antecedents and Consequences, in: Journal of Marketing, Nr. 3, 57. Jg. (1993), S. 53-70.

Jaworski, Bernard J./MacInnis, Deborah J.: Marketing Jobs and Management Controls: Toward a Framework, in: Journal of Marketing Research, Nr. 4, 26. Jg. (1989), S. 406-419.

John, George/Reve, Torger: The Reliability and Validity of Key Informant Data from Dyadic Relationships in Marketing Channels, in: Journal of Marketing Research, Nr. 4, 19. Jg. (1982), S. 517-524.

Johnson-George, Cynthia/Swap, Walter C.: Measurement of Specific Interpersonal Trust: Construction and Validation of a Scale to Assess Trust in a Specific Other, in: Journal of Personality and Social Psychology, Nr. 6, 43. Jg. (1982), S. 1306-1317.

Jones, Allan P./James, Lawrence R.: Psychological Climate: Dimensions and Relationships of Individual and Aggregated Work Environment Perceptions, in: Organizational Behavior and Human Performance, Nr. 2, 23. Jg. (1979), S. 201-250.

Jöreskog, Karl G.: Testing a Simple Structure Hypothesis in Factor Analysis, in: Psychometrika, Nr. 2, 31. Jg. (1966), S. 165-178.

Jöreskog, Karl G.: Some Contributions to Maximum Likelihood Factor Analysis, in: Psychometrika, Nr. 4, 32. Jg. (1967), S. 443-482.

Jöreskog, Karl G.: A General Approach to Confirmatory Maximum Likelihood Factor Analysis, in: Psychometrika, Nr. 3, 34. Jg. (1969), S. 183-202.

Jöreskog, Karl G./Sörbom, Dag: Recent Developments in Structural Equation Modeling, in: Journal of Marketing Research, Nr. 4, 19. Jg. (1982), S. 404-416.

Jöreskog, Karl G./Sörbom, Dag: LISREL 7 – A Guide to the Program and Applications, 2. Auflage, Chicago 1989.

Jorgensen, Michael/Davis, Kermit/Kotowski, Susan/Aedla, Pranathi/Dunning, Kari: Characteristics of job rotation in the Midwest US manufacturing sector, in: Ergonomics, Nr. 15, 48. Jg. (2005), S. 1721-1733.

Kahn, Arnold/Ryen, Allen H.: Factors Influencing the Bias Towards One's Own Group, in: International Journal of Group Tensions, 2. Jg. (1972), S. 33-50.

Kahn, Kenneth B.: Interdepartmental Integration: A Definition with Implications for Product Development Performance, in: Journal of Product Innovation Management, Nr. 1, 13. Jg. (1996), S. 137-151.

Kahn, Kenneth B.: Market orientation, interdepartmental integration, and product development performance, in: Journal of Product Innovation Management, Nr. 1, 18. Jg. (2001), S. 314-323.

Kahn, Kenneth B./McDonough, Edward F.: An Empirical Study of the Relationships among Co-location, Integration, Performance, and Satisfaction, in: Journal of Product Innovation Management, Nr. 3, 14. Jg. (1997a), S. 161-178.

Kahn, Kenneth B./McDonough, Edward F.: Marketing's Integration with R&D and Manufacturing: A Cross-Regional Analysis, in: Journal of International Marketing, Nr. 1, 5. Jg. (1997b), S. 51-76.

Kahn, Kenneth B./Mentzer, John T.: Logistics and interdepartmental integration, in: International Journal of Physical Distribution & Logistics Management, Nr. 8, 26. Jg. (1996), S. 6-14.

Kahn, Kenneth B./Mentzer, John T.: Marketing's Integration with Other Departments, in: Journal of Business Research, Nr. 1, 42. Jg. (1998), S. 53-62.

Kahn, Kenneth B./Reizenstein, Richard C./Rentz, Joseph O.: Sales-distribution interfunctional climate and relationship effectiveness, in: Journal of Business Research, Nr. 10, 57. Jg. (2004), S. 1085-1091.

Kappler, Ekkehard: Rationalität und Ökonomik, in: Wittmann, Waldemar/Kern, Werner/Köhler, Richard/Küpper, Hans-Ulrich/Wysocki, Klaus von (Hrsg.), Handwörterbuch der Betriebswirtschaft, 5., völlig neu gestaltete Auflage, Stuttgart 1993, Sp. 3648-3664.

Karlshaus, Jan Thido: Die Nutzung von Kostenrechnungsinformationen im Marketing – Bestandsaufnahme, Determinanten und Erfolgsauswirkungen, Wiesbaden 2000.

Katz, Daniel/Kahn, Robert L.: The Social Psychology Of Organizations, 2. Auflage, New York et al. 1978.

Katz, Ralph/Tushman, Michael L.: An Investigation into the Managerial Roles and Career Paths of Gatekeepers and Project Supervisors in a major R&D Facility, in: R&D Management, Nr. 3, 11. Jg. (1981), S. 103-110.

Katzenbach, Jon R./Smith, Douglas K.: The Discipline of Teams, in: Harvard Business Review, Nr. 7/8, 83. Jg. (2005), S. 162-171.

Kebbel, Phoebe: Qualitätswahrnehmung von Dienstleistungen – Determinanten und Auswirkungen, Wiesbaden 2000.

Keil, Mark/Tan, Bernard C. Y./Wei, Kwok-Kee/Saarinen, Timo/Tuunainen, Virpi/ Wassenaar, Arjen: A Cross-Cultural Study on Escalation of Commitment Behavior in Software Projects, in: MIS Quarterly, Nr. 2, 24. Jg. (2000), S. 299-324.

Keller, Robert T.: Predictors Of The Performance Of Project Groups In R & D Organizations, in: Academy of Management Journal, Nr. 4, 29. Jg. (1986), S. 715-726.

Kenning, Peter: Customer Trust Management – Ein Beitrag zum Vertrauensmanagement im Lebensmitteleinzelhandel, Wiesbaden 2002.

Khandwalla, Pradip N.: Effect of Competition on the Structure of Top Management Control, in: Academy of Management Journal, Nr. 2, 16. Jg. (1973), S. 285-295.

Kieser, Alfred: Innovation und Kooperation, in: Wunderer, Rolf (Hrsg.), Kooperation – Gestaltungsprinzipien und Steuerung der Zusammenarbeit zwischen Organisationseinheiten, Stuttgart 1991, S. 159-174.

Kieser, Alfred: Der Situative Ansatz, in: Kieser, Alfred (Hrsg.), Organisationstheorien, 4. Auflage, Stuttgart, Berlin, Köln 2001, S. 169-198.

Kieser, Alfred/Walgenbach, Peter: Organisation, 4., überarbeitete und erweiterte Auflage, Stuttgart 2003.

Kim, Jae-On/Curry, James: The Treatment of Missing Data in Multivariate Analysis, in: Sociological Methods and Research, Nr. 2, 6. Jg. (1977), S. 215-240.

Kinnear, Thomas C./Taylor, James R.: Marketing Research – An Applied Approach, 5. Auflage, New York et al. 1996.

Kirsch, Werner: Entscheidungsprozesse, Band 1: Verhaltenswissenschaftliche Ansätze der Entscheidungstheorie, Wiesbaden 1970.

Klee, Alexander: Strategisches Beziehungsmanagement – Ein integrativer Ansatz zur strategischen Planung und Implementierung des Beziehungsmanagement, Aachen 2000.

Kleijnen, Mirella/Wetzels, Martin/de Ruyter, Ko: Consumer acceptance of wireless finance, in: Journal of Financial Services Marketing, Nr. 3, 8. Jg. (2004), S. 206-217.

Klimecki, Rüdiger G.: Laterale Kooperation – Zur Analyse und Gestaltung der Zusammenarbeit zwischen Abteilungen in der Unternehmung, Bern, Stuttgart 1985.

Knoblich, Hans/Oppermann, Ralf: Dienstleistung – ein Produkttyp: eine Erfassung und Abgrenzung des Dienstleistungsbegriffs auf produkttypologischer Basis, in: Der Markt, Nr. 1, 35. Jg. (1996), S. 13-22.

Knollmann, Ramon: Kooperation von Controllerbereich und Strategieabteilung – Messung, Wirkungen, Determinanten, Wiesbaden 2007.

Koberg, Christine S.: Resource Scarcity, Environmental Uncertainty, And Adaptive Organizational Behavior, in: Academy of Management Journal, Nr. 4, 30. Jg. (1987), S. 798-807.

Koch, Jörg: Marktforschung – Begriffe und Methoden, 4., überarbeitete und erweiterte Auflage, München et al. 2004.

Köhler, Richard/Görgen, Walter: Schnittstellenmanagement, in: Die Betriebswirtschaft, Nr. 4, 51. Jg. (1991), S. 527-529.

Kohli, Ajay K./Jaworski, Bernard J.: Market Orientation: The Construct, Research Propositions, and Managerial Implications, in: Journal of Marketing, Nr. 2, 54. Jg. (1990), S. 1-18.

Konovsky, Mary A./Cropanzano, Russell: Perceived Fairness of Employee Drug Testing as a Predictor of Employee Attitudes and Job Performance, in: Journal of Applied Psychology, Nr. 5, 76. Jg. (1991), S. 698-707.

Körfgen, Ralph: Prozessoptimierung in Dienstleistungsunternehmen, Wiesbaden 1999.

Krafft, Manfred/Götz, Oliver/Liehr-Gobbers, Kerstin: Die Validierung von Strukturgleichungsmodellen mit Hilfe des Partial-Least-Squares (PLS)-Ansatzes, in: Bliemel, Friedhelm/ Eggert, Andreas/Fassott, Georg/Henseler, Jörg (Hrsg.), Handbuch PLS-Pfadmodellierung – Methode, Anwendung, Praxisbeispiele, Stuttgart 2005, S. 71-86.

Kreikebaum, Hartmut: Zentralbereiche, in: Frese, Erich (Hrsg.), Handwörterbuch der Organisation, 3., völlig neu gestaltete Auflage, Stuttgart 1992, Sp. 2603-2610.

Krohmer, Harley: Marktorientierte Unternehmenskultur als Erfolgsfaktor der Strategieimplementierung, Wiesbaden 1999.

Kronast, Matthias: Controlling – Notwendigkeit eines unternehmensspezifischen Selbstverständnisses, München 1989.

Krüger, Wilfried: Beteiligungscontrolling, in: Schulte, Christof (Hrsg.), Lexikon des Controlling, München, Wien 1996, S. 74-79.

Krüger, Wilfried/Werder, Axel von: Zentralbereiche – Gestaltungsmuster und Entwicklungstrends in der Unternehmungspraxis, in: Frese, Erich (Hrsg.), Zentralbereiche: theoretische Grundlagen und praktische Erfahrungen, Stuttgart 1993, S. 235-286.

Krüger, Wilfried/Werder, Axel von: Zentralbereiche als Auslaufmodell? Gestaltungsmuster und Entwicklungstrends der Organisation von Teilfunktionen in der Unternehmungspraxis, in: Zeitschrift für Organisation, Nr. 1, 64. Jg. (1995), S. 6-17.

Krystek, Ulrich: Vertrauensbasiertes Controlling – Thesen zur Bedeutung von Vertrauen/ Mißtrauen für das Controlling in der Praxis, in: Controlling, Heft 6, 2. Jg. (1990), S. 332-333.

Krystek, Ulrich: Beschaffung und Vertrauen, in: Hahn, Dietger/Kaufmann, Lutz (Hrsg.), Handbuch Industrielles Beschaffungsmanagement – Internationale Konzepte – Innovative Instrumente – Aktuelle Praxisbeispiele, Wiesbaden 1999, S. 827-846.

Krystek, Ulrich/Zumbrock, Stefanie: Planung und Vertrauen – Die Bedeutung von Vertrauen und Mißtrauen für die Qualität von Planungs- und Kontrollsystemen, Stuttgart 1993.

Kumar, Nirmalya/Scheer, Lisa K./Steenkamp, Jan-Benedict E. M.: The Effects of Perceived Interdependence on Dealer Attitudes, in: Journal of Marketing Research, Nr. 3, 32. Jg. (1995), S. 348-356.

Kumar, Nirmalya/Stern, Louis W./Anderson, James C.: Conducting Interorganizational Research Using Key Informants, in: Academy of Management Journal, Nr. 6, 36. Jg. (1993), S. 1633-1651.

Küpper, Hans-Ulrich: Controlling – Konzeption, Aufgaben, Instrumente, 4., überarbeitete Auflage, Stuttgart 2005.

Küpper, Hans-Ulrich/Weber, Jürgen: Grundbegriffe des Controlling, Stuttgart 1995.

Küpper, Hans-Ulrich/Weber, Jürgen/Zünd, André: Zum Verständnis und Selbstverständnis des Controlling – Thesen zur Konsensbildung, in: Zeitschrift für Betriebswirtschaft, Nr. 3, 60. Jg. (1990), S. 281-293.

Küting, Karlheinz/Heiden, Matthias: Controlling in internationalen Unternehmen, in: Küpper, Hans-Ulrich/Wagenhofer, Alfred (Hrsg.), Handwörterbuch Unternehmensrechnung und Controlling, 4., völlig neu gestaltete Auflage, Stuttgart 2002, Sp. 288-298.

Lambe, C. Jay/Wittmann, C. Michael/Spekman, Robert E.: Social Exchange Theory and Research on Business-to-Business Relational Exchange, in: Journal of Business-to-Business Marketing, Nr. 3, 8. Jg. (2001), S. 1-36.

Lane, Christel: Introduction: Theories and Issues in the Study of Trust, in: Lane, Christel/ Bachmann, Reinhard (Hrsg.), Trust Within And Between Organizations – Conceptual Issues and Empirical Applications, Nachdruck 2002, Oxford 1998, S. 1-30.

Langenbach, Wilm: Börseneinführungen von Tochtergesellschaften – Eine konzeptionelle und empirische Analyse zur Optimierung der Rationalitätssicherung durch Märkte, Wiesbaden 2001.

Langerak, Fred: The effect of market orientation on positional advantage and organizational performance, in: Journal of Strategic Marketing, Nr. 2, 11. Jg. (2003), S. 93-115.

Langguth, Heike: Strategisches Controlling, Ludwigsburg, Berlin 1994.

Lanter, Norbert: Beziehungsdynamik im Controlling – Schwierigkeiten in der Zusammenarbeit zwischen Managern und Controllern unter konstruktivistischer Sicht, Bern et al. 1996.

Laux, Helmut: Organisation und Controlling, in: Küpper, Hans-Ulrich/Wagenhofer, Alfred (Hrsg.), Handwörterbuch Unternehmensrechnung und Controlling, 4., völlig neu gestaltete Auflage, Stuttgart 2002, Sp. 1366-1374.

Lawrence, Paul R./Lorsch, Jay W.: Differentiation and Integration in Complex Organizations, in: Administrative Science Quarterly, Nr. 1, 12. Jg. (1967), S. 1-47.

Lemieux, James/McAlister, Leigh: Handling Missing Values in Marketing Data: A Comparison of Techniques, in: Marketing Science Institute Reports – Working Paper Series, Nr. 2, Report Nr. 05-107 (2005), S. 41-59.

Liedtka, Jeanne M.: Collaborating across lines of business for competitive advantage, in: Academy of Management Executive, Nr. 2, 10. Jg. (1996), S. 20-34.

Liessmann, Konrad: Bestimmungsfaktoren und Varianten der Controller-Organisation, in: Mayer, Elmar/Weber, Jürgen (Hrsg.), Handbuch Controlling, Stuttgart 1990, S. 511-533.

Lindskold, Svenn: Trust Development, the GRIT Proposal, and the Effects of Conciliatory Acts on Conflict and Cooperation, in: Psychological Bulletin, Nr. 4, 85. Jg. (1978), S. 772-793.

Lings, Ian N./Greenley, Gordon E.: The Development and Validation of a Measure of Internal Market Orientation, Arbeitspapier, Aston Business School, Aston University, Birmingham 2001.

Lings, Ian N./Greenley, Gordon E.: Measuring Internal Market Orientation, in: Journal of Service Research, Nr. 3, 7. Jg. (2005), S. 290-305.

Littkemann, Jörn: Beteiligungscontrolling: Organisation und Effizienz, in: Zeitschrift für Betriebswirtschaft, Nr. 11, 71. Jg. (2001), S. 1283-1304.

Littkemann, Jörn: Beteiligungsspezifisches Konzerncontrolling, in: Zeitschrift für Controlling und Management, Heft 1, 48. Jg. (2004), S. 33-46.

Little, Roderick J. A./Rubin, Donald B.: Statistical Analysis with Missing Data, 2. Auflage, Hoboken 2002.

Lohmöller, Jan-Bernd: Latent Variable Path Modeling with Partial Least Squares, Heidelberg 1989.

Lube, Marc-Milo: Strategisches Controlling in international tätigen Konzernen – Aufgaben – Instrumente – Maßnahmen, Wiesbaden 1997.

Luhmann, Niklas: Trust and Power, Chichester 1979.

Luhmann, Niklas: Vertrauen – Ein Mechanismus der Reduktion sozialer Komplexität, 3., durchgesehene Auflage, Stuttgart 1989.

Lukatis, Ingrid: Organisationsstrukturen und Führungsstile in Wirtschaftsunternehmen, Frankfurt am Main 1972.

Luo, Xueming/Slotegraaf, Rebecca J./Pan, Xing: Cross-Functional "Coopetition": The Simultaneous Role of Cooperation and Competition Within Firms, in: Journal of Marketing, Nr. 2, 70. Jg. (2006), S. 67-80.

Luo, Yadong: Toward coopetition within a multinational enterprise: a perspective from foreign subsidiaries, in: Journal of World Business, Nr. 1, 40. Jg. (2005), S. 71-90.

Lusch, Robert F./Jaworski, Bernard J.: Management Controls, Role Stress, and Retail Store Manager Performance, in: Journal of Retailing, Nr. 4, 67. Jg. (1991), S. 397-419.

MacCallum, Robert C./Browne, Michael W.: The Use of Causal Indicators in Covariance Structure Models: Some Practical Issues, in: Psychological Bulletin, Nr. 3, 114. Jg. (1993), S. 533-541.

Macharzina, Klaus: Führungsmodelle, in: Grochla, Erwin (Hrsg.), Handwörterbuch der Organisation, 2., völlig neu gestaltete Auflage, Stuttgart 1980, Sp. 744-756.

Maier, Johannes: Zur Dezentralisation von Führungsaufgaben in Konzernen – eine Analyse der Führungsbeziehungen zwischen Konzernmutter- und Tochtergesellschaften, in: Roth, Armin/Behme, Wolfgang (Hrsg.), Organisation und Steuerung dezentraler Unternehmenseinheiten, Wiesbaden 1997, S. 95-113.

Maleri, Rudolf: Grundlagen der Dienstleistungsproduktion, in: Bruhn, Manfred/Meffert, Heribert (Hrsg.), Handbuch Dienstleistungsmanagement – Von der strategischen Konzeption zur praktischen Umsetzung, Wiesbaden 1998, S. 117-139.

Malhotra, Naresh K.: Marketing Research – An Applied Orientation, 5. Auflage, Upper Saddle River 2006.

Maltz, Elliot: Is All Communication Created Equal?: An Investigation into the Effects of Communication Mode on Perceived Information Quality, in: Journal of Product Innovation Management, Nr. 1, 17. Jg. (2000), S. 110-127.

Maltz, Elliot/Kohli, Ajay K.: Market Intelligence Dissemination Across Functional Boundaries, in: Journal of Marketing Research, Nr. 1, 33. Jg. (1996), S. 47-61.

Maltz, Elliot/Kohli, Ajay K.: Reducing Marketing's Conflict With Other Functions: The Differential Effects of Integrating Mechanisms, in: Journal of the Academy of Marketing Science, Nr. 4, 28. Jg. (2000), S. 479-492.

Maltz, Elliot/Souder, William E./Kumar, Ajith: Influencing R&D/marketing integration and the use of market information by R&D managers: intended and unintended effects of managerial actions, in: Journal of Business Research, Nr. 1, 52. Jg. (2001), S. 69-82.

Mankin, Donald A./Cohen, Susan G./Bikson, Tora K.: Teams and Technology – Fulfilling the Promise of the New Organization, Boston 1996.

March, James G./Simon, Herbert A.: Organizations, New York 1958.

Marlowe, David/Crowne, Douglas P.: Social Desirability and Response to Perceived Situational Demands, in: Journal of Consulting Psychology, 25. Jg. (1961), S. 109-115.

Marr, Rainer: Betrieb und Umwelt, in: Bitz, Michael/Dellmann, Klaus/Domsch, Michel/ Egner, Henning (Hrsg.), Vahlens Kompendium der Betriebswirtschaftslehre, Band 1, 2., überarbeitete und erweiterte Auflage, München 1989, S. 47-114.

Marr, Rainer: Kooperationsmanagement, in: Gaugler, Eduard/Weber, Wolfgang (Hrsg.), Handwörterbuch des Personalwesens, 2., neubearbeitete und ergänzte Auflage, Stuttgart 1992, Sp. 1154-1164.

Marsh, Herbert W./Balla, John R./McDonald, Roderick P.: Goodness-of-Fit Indexes in Confirmatory Factor Analysis: The Effect of Sample Size, in: Psychological Bulletin, Nr. 3, 103. Jg. (1988), S. 391-410.

Matschke, M. J./Kolf, J.: Historische Entwicklung, Begriff und organisatorische Probleme des Controlling, in: Der Betrieb, Nr. 13, 33. Jg. (1980), S. 601-607.

Matthes, Alexandra: Die Wirkung von Vertrauen auf die Ex-Post-Transaktionskosten in Kooperation und Hierarchie, noch nicht veröffentlichte Dissertation, Vallendar 2006.

McCann, Joseph/Galbraith, Jay R.: Interdepartmental relations, in: Nystrom, Paul C./ Starbuck, William H. (Hrsg.), Handbook of organizational design – Remodeling organizations and their environments, Oxford et al. 1981, S. 60-84.

McGregor, Douglas: The Human Side of Enterprise, New York 1960.

McLachlan, Geoffrey J./Krishnan, Thriyambakam: The EM Algorithm and Extensions, New York et al. 1997.

Meffert, Heribert: Marktorientierte Führung von Dienstleistungsunternehmen – Neuere Entwicklungen in Theorie und Praxis, Arbeitspapier Nr. 78, Wissenschaftliche Gesellschaft für Marketing und Unternehmensführung, Münster 1993.

Meffert, Heribert: Marketing – Grundlagen marktorientierter Unternehmensführung. Konzepte – Instrumente – Praxisbeispiele, 9., überarbeitete und erweiterte Auflage, Wiesbaden 2000.

Meffert, Heribert/Bruhn, Manfred: Dienstleistungsmarketing – Grundlagen – Konzepte – Methoden, 5., überarbeitete und erweiterte Auflage, Wiesbaden 2006.

Melcher, Arlyn J.: Structure and Process of Organizations – A Systems Approach, Englewood Cliffs 1976.

Mellerowicz, Konrad: Planung und Plankostenrechnung, 3., überarbeitete Auflage, Freiburg 1979.

Mellewigt, Thomas: Konzernorganisation und Konzernführung – Eine empirische Untersuchung börsennotierter Konzerne, Frankfurt am Main et al. 1995.

Mendelow, Aubrey L.: Setting Corporate Goals and Measuring Organizational Effectiveness – A Practical Approach, in: Long Range Planning, Nr. 1, 16. Jg. (1983), S. 70-76.

Menon, Ajay/Jaworski, Bernard J./Kohli, Ajay K.: Product Quality: Impact of Interdepartmental Interactions, in: Journal of the Academy of Marketing Science, Nr. 3, 25. Jg. (1997), S. 187-200.

Menon, Anil/Bharadwaj, Sundar G./Howell, Roy: The Quality and Effectiveness of Marketing Strategy: Effects of Functional and Dysfunctional Conflict in Intraorganizational Relationships, in: Journal of the Academy of Marketing Science, Nr. 4, 24. Jg. (1996), S. 299-313.

Merchant, Kenneth A.: Progressing Toward a Theory of Marketing Control: A Comment, in: Journal of Marketing, Nr. 3, 52. Jg. (1988), S. 40-44.

Meyer, Anton: Marketing für Dienstleistungs-Anbieter – Vergleichende Analyse verschiedener Dienstleistungsarten, in: Hermanns, Arnold/Meyer, Anton (Hrsg.), Zukunftsorientiertes Marketing für Theorie und Praxis – Festschrift zum 60. Geburtstag von Paul W. Meyer, Berlin 1984, S. 197-213.

Meyer, Anton/Mattmüller, Roland: Qualität von Dienstleistungen – Entwurf eines praxisorientierten Qualitätsmodells, in: Marketing ZFP, Nr. 3, 9. Jg. (1987), S. 187-195.

Mintzberg, Henry/Dougherty, Deborah/Jorgensen, Jan/Westley, Frances: Some Surprising Things About Collaboration – Knowing How People Connect Makes It Work Better, in: Organizational Dynamics, Nr. 1, 25. Jg. (1996), S. 60-71.

Mitchell, Vincent-Wayne: Using industrial key informants: Some guidelines, in: Journal of the Market Research Society, Nr. 2, 36. Jg. (1994), S. 139-144.

Mockler, Robert J.: Situational theory of management, in: Harvard Business Review, Nr. 3, 49. Jg. (1971), S. 146-155.

Moenaert, Rudy K./Caeldries, Filip/Lievens, Annouk/Wauters, Elke: Communication Flows in International Product Innovation Teams, in: Journal of Product Innovation Management, Nr. 1, 17. Jg. (2000), S. 360-377.

Moenaert, Rudy K./Deschoolmeester, Dirk/De Meyer, Arnoud/Souder, William E.: Information styles of marketing and R&D personnel during technological product innovation projects, in: R&D Management, Nr. 1, 22. Jg. (1992), S. 21-39.

Moenaert, Rudy K./Souder, William E.: An Analysis of the Use of Extrafunctional Information by R&D and Marketing Personnel: Review and Model, in: Journal of Product Innovation Management, Nr. 1, 7. Jg. (1990a), S. 213-229.

Moenaert, Rudy K./Souder, William E.: An Information Transfer Model for Integrating Marketing and R&D Personnel in New Product Development Projects, in: Journal of Product Innovation Management, Nr. 1, 7. Jg. (1990b), S. 91-107.

Moenaert, Rudy K./Souder, William E.: Context and Antecedents of Information Utility at the R&D/Marketing Interface, in: Management Science, Nr. 11, 42. Jg. (1996), S. 1592-1610.

Moenaert, Rudy K./Souder, William E./De Meyer, Arnoud/Deschoolmeester, Dirk: R&D-Marketing Integration Mechanisms, Communication Flows, and Innovation Success, in: Journal of Product Innovation Management, Nr. 1, 11. Jg. (1994), S. 31-45.

Mohr, Jakki J./Fisher, Robert J./Nevin, John R.: Collaborative Communication in Interfirm Relationships: Moderating Effects of Integration and Control, in: Journal of Marketing, Nr. 3, 60. Jg. (1996), S. 103-115.

Mohr, Jakki J./Nevin, John R.: Communication Strategies in Marketing Channels: A Theoretical Perspective, in: Journal of Marketing, Nr. 4, 54. Jg. (1990), S. 36-51.

Morgan, Neil A./Piercy, Nigel F.: Interactions Between Marketing and Quality at the SBU Level: Influences and Outcomes, in: Journal of the Academy of Marketing Science, Nr. 3, 26. Jg. (1998), S. 190-208.

Morgan, Robert M./Hunt, Shelby D.: The Commitment-Trust Theory of Relationship Marketing, in: Journal of Marketing, Nr. 3, 58. Jg. (1994), S. 20-38.

Mosiek, Thomas: Interne Kundenorientierung des Controlling, Frankfurt am Main et al. 2002.

Mott, Paul E.: The Characteristics of Effective Organizations, New York et al. 1972.

Müller-Stewens, Günter/Lechner, Christoph: Strategisches Management – Wie strategische Initiativen zum Wandel führen, 2., überarbeitete und erweiterte Auflage, Stuttgart 2003.

Mummendey, Amélie: Verhalten zwischen sozialen Gruppen: Die Theorie der sozialen Identität, in: Frey, Dieter/Irle, Martin (Hrsg.), Theorien der Sozialpsychologie, Band II: Gruppen- und Lerntheorien, Bern, Stuttgart, Toronto 1985, S. 185-216.

Mummendey, Amélie/Otten, Sabine: Theorien intergruppalen Verhaltens, in: Frey, Dieter/Irle, Martin (Hrsg.), Theorien der Sozialpsychologie, Band II – Gruppen-, Interaktions- und Lerntheorien, 2., vollständig überarbeitete und erweiterte Auflage, Bern et al. 2002, S. 95-119.

Mummendey, Amélie/Schreiber, Hans-Joachim: Better or just different? Positive social identity by discrimination against, or by differentiation from outgroups, in: European Journal of Social Psychology, Nr. 4, 13. Jg. (1983), S. 389-397.

Murnighan, J. Keith: Game Theory And Organizational Behavior, in: Research in Organizational Behavior, 16. Jg. (1994), S. 83-123.

Na'im, Ainun: Intragroup Cooperation Vs. Intragroup Competition – A Meta-Analytical Study, in: Gadjah Mada International Journal of Business, Nr. 3, 6. Jg. (2004), S. 309-322.

Nalebuff, Barry J./Brandenburger, Adam M.: Coopetition – kooperativ konkurrieren, Frankfurt am Main, New York 1996.

Narowski, Claus: Vertrauen – Begriffsanalyse und Operationalisierungsversuch. Prolegomena zu einer empirischen psychologisch-pädagogischen Untersuchung der zwischenmenschlichen Einstellung, Tübingen 1974.

Narver, John C./Slater, Stanley F.: The Effect of a Market Orientation on Business Profitability, in: Journal of Marketing, Nr. 4, 54. Jg. (1990), S. 20-35.

Naumann, Jörg-Peter: Strategische Holding, in: Hoffmann, Friedrich (Hrsg.), Konzernhandbuch. Recht – Steuern – Rechnungslegung – Führung – Organisation – Praxisfälle, Wiesbaden 1993, S. 235-304.

Niedereichholz, Christel: Business Plan zur Positionierung einer internen Beratungseinheit, in: Niedereichholz, Christel (Hrsg.), Internes Consulting – Grundlagen – Praxisbeispiele – Spezialthemen, München, Wien 2000, S. 13-54.

Niedermayr, Rita: Entwicklungsstand des Controlling – System, Kontext und Effizienz, Wiesbaden 1994.

Niedermayr, Rita: Die Realität des Controlling, in: Eschenbach, Rolf (Hrsg.), Controlling, 2., überarbeitete und erweiterte Auflage, Stuttgart 1996, S. 127-174.

Nielson, Charles C.: An empirical examination of the role of "closeness" in industrial buyer-seller relationships, in: European Journal of Marketing, Nr. 5/6, 32. Jg. (1998), S. 441-463.

Nieschlag, Robert/Dichtl, Erwin/Hörschgen, Hans: Marketing, 19., überarbeitete und ergänzte Auflage, Berlin 2002.

Nihtilä, Jukka: R&D-Production integration in the early phases of new product development projects, in: Journal of Engineering and Technology Management, Nr. 1, 16. Jg. (1999), S. 55-81.

Norburn, David/Dunn, Mark G./Birley, Sue/Boxx, W. Randy: Corporate values and the marketing concept: examining interfunctional relationships, in: Journal of Strategic Marketing, Nr. 4, 3. Jg. (1995), S. 215-232.

Nunnally, Jum C./Bernstein, Ira H.: Psychometric Theory, 3. Auflage, New York 1994.

Obermeier, Georg: Controlling in einer Holding, in: Zeitschrift für Betriebswirtschaft, ZfB-Ergänzungsheft 3/91 (1991), S. 309-321.

Ockenfels, Axel: Konflikt und Kooperation, in: Handelsblatt, 9. Dezember 2005, Nr. 239, S. 6.

Olson, Eric M./Walker Jr., Orville C./Ruekert, Robert W./Bonner, Joseph M.: Patterns of cooperation during new product development among marketing, operations and R&D: Implications for project performance, in: Journal of Product Innovation Management, Nr. 4, 18. Jg. (2001), S. 258-271.

Ortega, Jaime: Job Rotation as a Learning Mechanism, in: Management Science, Nr. 10, 47. Jg. (2001), S. 1361-1370.

Ott, Alfred E.: Marktform und Verhaltensweise, Stuttgart 1959.

Ottum, Brian D./Moore, William L.: The Role of Market Information in New Product Success/Failure, in: Journal of Product Innovation Management, Nr. 1, 14. Jg. (1997), Januar 1997.

Parasuraman, A./Zeithaml, Valarie A./Berry, Leonard L.: A Conceptual Model of Service Quality and Its Implications for Future Research, in: Journal of Marketing, Nr. 4, 49. Jg. (1985), S. 41-50.

Parry, Mark E./Song, X. Michael: Determinants of R&D-Marketing Integration in High-Tech Japanese Firms, in: Journal of Product Innovation Management, Nr. 1, 10. Jg. (1993), S. 4-22.

Perlet, Helmut/Müller, Bernd: Konzerncontrolling, in: Küpper, Hans-Ulrich/Wagenhofer, Alfred (Hrsg.), Handwörterbuch Unternehmensrechnung und Controlling, 4., völlig neu gestaltete Auflage, Stuttgart 2002, Sp. 1019-1034.

Peter, J. Paul: Reliability: A Review of Psychometric Basics and Recent Marketing Practices, in: Journal of Marketing Research, Nr. 1, 16. Jg. (1979), S. 6-17.

Peter, J. Paul: Construct Validity: A Review of Basic Issues and Marketing Practices, in: Journal of Marketing Research, Nr. 2, 18. Jg. (1981), S. 133-145.

Petermann, Franz: Psychologie des Vertrauens, 3., korrigierte Auflage, Göttingen 1996.

Peterson, Candida C./Peterson, James L.: Linguistic Determinants of the Difficulty of True-False Test Items, in: Educational and Psychological Measurement, Nr. 1, 36. Jg. (1976), S. 161-164.

Peterson, Robert A.: A Meta-analysis of Cronbach's Coefficient Alpha, in: Journal of Consumer Research, Nr. 2, 21. Jg. (1994), S. 381-391.

Pfeffer, Jeffrey/Salancik, Gerald R.: The External Control of Organizations – A Resource Dependence Perspective, New York et al. 1978.

Pfohl, Hans-Christian: Planung und Kontrolle, Stuttgart et al. 1981.

Phillips, Lynn W.: Assessing Measurement Error in Key Informant Reports: A Methodological Note on Organizational Analysis in Marketing, in: Journal of Marketing Research, Nr. 4, 18. Jg. (1981), S. 395-415.

Picot, Arnold/Böhme, Markus: Controlling in dezentralen Unternehmensstrukturen, München 1999.

Pinto, Mary Beth/Pinto, Jeffrey K.: Project Team Communication and Cross-Functional Cooperation in New Program Development, in: Journal of Product Innovation Management, Nr. 1, 7. Jg. (1990), S. 200-212.

Pinto, Mary Beth/Pinto, Jeffrey K./Prescott, John E.: Antecedents and Consequences of Project Team Cross-functional Cooperation, in: Management Science, Nr. 10, 39. Jg. (1993), S. 1281-1297.

Plinke, Wulff: Ausprägungen der Marktorientierung im Investitionsgüter-Marketing, in: Zeitschrift für Betriebswirtschaftliche Forschung, Nr. 9, 44. Jg. (1992), S. 830-846.

Plötner, Olaf: Risikohandhabung und Vertrauen des Kunden, Berlin 1993.

Pondy, Louis R.: Organizational Conflict: Concepts and Models, in: Administrative Science Quarterly, Nr. 2, 12. Jg. (1967), S. 296-320.

Portatius, Botho von: Zum Verhältnis von Konzernleitung und Controlling – Am Beispiel der Unternehmensgruppe Otto Wolff, in: Zeitschrift für Betriebswirtschaft, ZfB-Ergänzungsheft 3/91 (1991), S. 269-290.

Porter, Michael E.: Competitive Strategy – Techniques for Analyzing Industries and Competitors, New York, London 1980.

Porter, Michael E.: Competitive Advantage – Creating and Sustaining Superior Performance, New York, London 1985.

Porter, Michael E.: Competitive Advantage – Creating and Sustaining Superior Performance, New York et al. 1998a.

Porter, Michael E.: Competitive Strategy – Techniques for Analyzing Industries and Competitors, New York 1998b.

Prenger, Al J.: Divisional Controllership, in: Management Accounting, 53. Jg. (1972), S. 29-32.

Pritsch, Gunnar/Weber, Jürgen: Realoptionen als Controlling-Instrument, in: Weber, Jürgen/Schäffer, Utz (Hrsg.), Rationalitätssicherung der Führung, Wiesbaden 2001, S. 171-195.

Pugh, Derek S./Hickson, David J./Hinings, C. R./Turner, C.: Dimensions of Organization Structure, in: Administrative Science Quarterly, Nr. 1, 13. Jg. (1968), S. 65-105.

Rall, Wilhelm/König, Birgit: Aktuelle Herausforderungen an das strategische Management, in: Hungenberg, Harald/Meffert, Jürgen (Hrsg.), Handbuch Strategisches Management, 2., überarbeitete und erweiterte Auflage, Wiesbaden 2005, S. 9-33.

Ray, John J.: Reviving the Problem of Acquiescent Response Bias, in: Journal of Social Psychology, Nr. 1, 121. Jg. (1983), S. 81-96.

Reckenfelderbäumer, Martin: Die Gestaltung der Interaktionen zwischen Zentralbereichen in Unternehmungen und ihren internen Kunden – Probleme und Lösungsansätze, in: Bruhn, Manfred/Stauss, Bernd (Hrsg.), Dienstleistungsmanagement Jahrbuch 2001 – Interaktionen im Dienstleistungsbereich, Wiesbaden 2001, S. 249-275.

Reinartz, Werner/Krafft, Manfred/Hoyer, Wayne D.: The Customer Relationship Management Process: Its Measurement and Impact on Performance, in: Journal of Marketing Research, Nr. 3, 41. Jg. (2004), S. 293-305.

Reiß, Michael/Höge, Robert: Schlankes Controlling in segmentierten Unternehmen, in: Betriebswirtschaftliche Forschung und Praxis, Nr. 3, 46. Jg. (1994), S. 210-224.

Ringle, Christian M.: Gütemaße für den Partial Least Squares-Ansatz zur Bestimmung von Kausalmodellen, Arbeitspapier-Nr. 16, Institut für Industriebetriebslehre und Organisation, Universität Hamburg, Hamburg 2004.

Ringle, Christian M./Boysen, Nils/Wende, Sven/Will, Alexander: Messung von Kausalmodellen mit dem Partial-Least-Squares-Verfahren, in: Das Wirtschaftsstudium, Nr. 1, 35. Jg. (2006), S. 81-88.

Ripperger, Tanja: Ökonomik des Vertrauens – Analyse eines Organisationsprinzips, Tübingen 1998.

Röder, Roland: Kooperation an Schnittstellen – Eine empirische Untersuchung, Frankfurt am Main et al. 2001.

Rogers, Everett M./Agarwala-Rogers, Rekha: Communication in Organizations, New York 1976.

Rosenzweig, Kenneth: An exploratory field study of the relationships between the controller's department and overall organizational characteristics, in: Accounting, Organizations and Society, Nr. 4, 6. Jg. (1981), S. 339-354.

Roussel, Philip A./Saad, Kamal N./Erickson, Tamara J.: Third Generation R & D – Managing the Link to Corporate Strategy, Boston 1991.

Rubin, Donald B.: Inference and missing data, in: Biometrika, Nr. 3, 63. Jg. (1976), S. 581-592.

Ruekert, Robert W./Walker, Jr., Orville C.: Interactions between Marketing and R&D Departments in Implementing Different Business Strategies, in: Strategic Management Journal, Nr. 3, 8. Jg. (1987a), S. 233-248.

Ruekert, Robert W./Walker, Jr., Orville C.: Marketing's Interaction with Other Functional Units: A Conceptual Framework and Empirical Evidence, in: Journal of Marketing, Nr. 1, 51. Jg. (1987b), S. 1-19.

Rupps, Oliver C.: Strategieverdichtung im Konzern, in: Zeitschrift für Betriebswirtschaft, Nr. 10, 60. Jg. (1990), S. 1091-1104.

Samuel, Yitzhak/Mannheim, Bilha F.: A Multidimensional Approach toward a Typology of Bureaucracy, in: Administrative Science Quarterly, Nr. 2, 15. Jg. (1970), S. 216-229.

Sánchez-Franco, Manuel J./Roldán, José L.: Web acceptance and usage model – A comparison between goal-directed and experiential web users, in: Internet Research, Nr. 1, 15. Jg. (2005), S. 21-48.

Sandt, Joachim: Management mit Kennzahlen und Kennzahlensystemen – Bestandsaufnahme, Determinanten und Erfolgsauswirkungen, Wiesbaden 2004.

Sarkar, M. B./Echambadi, Raj/Cavusgil, S. Tamer/Aulakh, Preet S.: The Influence of Complementarity, Compatibility, and Relationship Capital on Alliance Performance, in: Journal of the Academy of Marketing Science, Nr. 4, 29. Jg. (2001), S. 358-373.

Sathe, Vijay: Controllership in Divisionalized Firms: Structure, Evaluation, and Development, 5. Auflage, New York 1978a.

Sathe, Vijay: Who should control division controllers?, in: Harvard Business Review, Nr. 5, 56. Jg. (1978b), S. 99-104.

Sathe, Vijay: Controller Involvement in Management, Englewood Cliffs 1982.

Sathe, Vijay: The controller's role in management, in: Organizational Dynamics, Nr. 3, 11. Jg. (1983), S. 31-48.

Scandura, Terri A./Graen, George B.: Moderating Effects of Initial Leader-Member Exchange Status on the Effects of a Leadership Intervention, in: Journal of Applied Psychology, Nr. 3, 69. Jg. (1984), S. 428-436.

Schäffer, Utz: Controlling für selbstabstimmende Gruppen?, Wiesbaden 1996a.

Schäffer, Utz: Koordination durch Selbstabstimmung, in: Das Wirtschaftsstudium, Heft 12, 25. Jg. (1996b), S. 1096-1101.

Schäffer, Utz: Controlling, Controller und Kontrolle, in: Weber, Jürgen/Schäffer, Utz (Hrsg.), Rationalitätssicherung der Führung, Wiesbaden 2001a, S. 122-130.

Schäffer, Utz: Kontrolle als Lernprozess, Wiesbaden 2001b.

Schäffer, Utz: Rationalitätssicherung und Unternehmensführung, in: Weber, Jürgen/Schäffer, Utz (Hrsg.), Rationalitätssicherung der Führung, Wiesbaden 2001c, S. 112-121.

Schäffer, Utz: Rationalitätssicherung durch Kontrolle, in: Scherm, Ewald/Pietsch, Gotthard (Hrsg.), Controlling – Theorien und Konzeptionen, München 2004, S. 487-500.

Schäffer, Utz/Weber, Jürgen: Controlling als Rationalitätssicherung der Führung – Zum Stand unserer Forschung, in: Weber, Jürgen/Schäffer, Utz (Hrsg.), Rationalitätssicherung der Führung, Wiesbaden 2001, S. 1-6.

Schamp, Eike W./Rentmeister, Bernd/Lo, Vivien: Dimensions of Proximity in Knowledge-based Networks: The Cases of Investment Banking and Automobile Design, in: European Planning Studies, Nr. 5, 12. Jg. (2004), S. 607-624.

Scheffler, Eberhard: Die konzernleitende Holding im faktischen Konzern, in: Schulte, Christof (Hrsg.), Holding-Strategien – Erfolgspotentiale realisieren durch Beherrschung von Größe und Komplexität, Wiesbaden 1992, S. 245-265.

Scheffler, Hartmut: Stichprobenbildung und Datenerhebung, in: Herrmann, Andreas/Homburg, Christian (Hrsg.), Marktforschung – Methoden, Anwendungen, Praxisbeispiele, 2., aktualisierte Auflage, Wiesbaden 2000, S. 59-77.

Schertler, Walter: Unternehmensorganisation – Lehrbuch der Organisation und strategischen Unternehmensführung, 7., unwesentlich veränderte Auflage, München, Wien 1998.

Schiff, Michael/Lewin, Arie Y.: The impact of people on budgets, in: Accounting Review, Nr. 2, 45. Jg. (1970), S. 259-268.

Schlegelmilch, Bodo B./Diamantopoulos, Adamantios/Kreuz, Peter: Strategic innovation: the construct, its drivers and its strategic outcomes, in: Journal of Strategic Marketing, Nr. 2, 11. Jg. (2003), S. 117-132.

Schmidt, Berndt Thomas: Grundkonzept der Konzernführung, in: Hoffmann, Friedrich (Hrsg.), Konzernhandbuch. Recht – Steuern – Rechnungslegung – Führung – Organisation – Praxisfälle, Wiesbaden 1993a, S. 81-161.

Schmidt, Ingo: Wettbewerbspolitik und Kartellrecht – Eine Einführung, 6., neu bearbeitete und erweiterte Auflage, Stuttgart 1999.

Schmidt, Rudolf: Grundfunktionen des Controlling – Eine Analyse der betriebswirtschaftlichen Literatur zum Stand der aufgabenorientierten Controlling-Diskussion, Frankfurt am Main et al. 1993b.

Schmitz, Gertrud: Marketing für professionelle Dienstleistungen – Bedeutung und Dynamik der Geschäftsbeziehungen, dargestellt am Beispiel Wirtschaftsprüfung, Wiesbaden 1997.

Schnell, Rainer: Realisierung von Missing-Data-Ersetzungstechniken innerhalb statistischer Programmpakete und ihre Leistungsfähigkeit, in: Best, Heinrich/Thome, Helmut (Hrsg.), Neue Methoden der Analyse historischer Daten, St. Katharinen 1991, S. 105-137.

Schnell, Rainer/Hill, Paul B./Esser, Elke: Methoden der empirischen Sozialforschung, 7., völlig überarbeitete und erweiterte Auflage, München 2005.

Scholl, Wolfgang: Informationspathologien, in: Frese, Erich (Hrsg.), Handwörterbuch der Organisation, 3., völlig neu gestaltete Auflage, Stuttgart 1992, Sp. 900-912.

Schrage, Michael: Shared Minds – The New Technologies of Collaboration, New York 1990.

Schreyögg, Georg: Umwelt, Technologie und Organisationsstruktur – Eine Analyse des kontingenztheoretischen Ansatzes, Bern, Stuttgart 1978.

Schreyögg, Georg: Organisation – Grundlagen moderner Organisationsgestaltung, 4., vollständig überarbeitete und erweiterte Auflage, Wiesbaden 2003.

Schüller, Stephan: Organisation von Controllingsystemen in Kreditinstituten, Frankfurt am Main 1984.

Schulte, Christof: Die Holding als Instrument zur strategischen und strukturellen Neuausrichtung von Konzernen, in: Schulte, Christof (Hrsg.), Holding-Strategien – Erfolgspotentiale realisieren durch Beherrschung von Größe und Komplexität, Wiesbaden 1992, S. 17-58.

Schulz, Stephan: Komplexität in Unternehmen – Eine Herausforderung an das Controlling, in: Controlling, Heft 3, 6. Jg. (1994), S. 130-139.

Schurr, Paul H./Ozanne, Julie L.: Influences on Exchange Processes: Buyers' Preconceptions of a Seller's Trustworthiness and Bargaining Toughness, in: Journal of Consumer Research, Nr. 4, 11. Jg. (1985), S. 939-953.

Schuster, Hermann: Kooperation zwischen internen Service-Bereichen, Wiesbaden 1998.

Scott, Susanne G.: Social identification effects in product and process development teams, in: Journal of Engineering and Technology Management, Nr. 2, 14. Jg. (1997), S. 97-127.

Serfling, Klaus: Controlling, 2., überarbeitete und erweiterte Auflage, Stuttgart, Berlin, Köln 1992.

Sharma, Subhash: Applied Multivariate Techniques, New York et al. 1996.

Sharma, Subhash/Durand, Richard M./Gur-Arie, Oded: Identification and Analysis of Moderator Variables, in: Journal of Marketing Research, Nr. 3, 18. Jg. (1981), S. 291-300.

Shaw, Vivienne/Shaw, Christopher T.: Conflict between Engineers and Marketers – The Engineer's Perspective, in: Industrial Marketing Management, Nr. 4, 27. Jg. (1998), S. 279-291.

Shaw, Vivienne/Shaw, Christopher T./Enke, Margit: Conflict between engineers and marketers: the experience of German engineers, in: Industrial Marketing Management, Nr. 6, 32. Jg. (2003), S. 489-499.

Sherif, Muzafer: Group Conflict and Co-Operation – Their Social Psychology, London 1966a.

Sherif, Muzafer: In Common Predicament – Social Psychology of Intergroup Conflict and Cooperation, Boston et al. 1966b.

Shulman, Art: A Comparison of Two Scales on Extremity Response Bias, in: Public Opinion Quarterly, Nr. 3, 37. Jg. (1973), S. 407-412.

Siguaw, Judy A./Diamantopoulos, Adamantios: Measuring market orientation: some evidence on Narver and Slater's three-component scale, in: Journal of Strategic Marketing, Nr. 2, 3. Jg. (1995), S. 77-88.

Simon, Herbert A./Guetzkow, Harold/Kozmetsky, George/Tyndall, Gordon: Centralization vs. Decentralization in Organizing the Controller's Department, Nachdruck 1978, Houston 1954.

Sjurts, Insa: Kooperation und Konkurrenz bei kollektivem strategischen Handeln – Anmerkungen zu Dowling/Lechner: "Kooperative Wettbewerbsbeziehungen: Theoretische Ansätze und Managementstrategien", in: Die Betriebswirtschaft, Nr. 5, 59. Jg. (1999), S. 707-712.

Smith, Ken G./Carroll, Stephen J./Ashford, Susan J.: Intra- and Interorganizational Cooperation: Toward a Research Agenda, in: Academy of Management Journal, Nr. 1, 38. Jg. (1995), S. 7-23.

Song, X. Michael/Montoya-Weiss, Mitzi M./Schmidt, Jeffrey B.: Antecedents and Consequences of Cross-Functional Cooperation: A Comparison of R&D, Manufacturing, and Marketing Perspectives, in: Journal of Product Innovation Management, Nr. 1, 14. Jg. (1997), S. 35-47.

Song, X. Michael/Parry, Mark E.: A Cross-National Comparative Study of New Product Development Processes: Japan and the United States, in: Journal of Marketing, Nr. 2, 61. Jg. (1997), S. 1-18.

Song, X. Michael/Xie, Jinhong/Dyer, Barbara: Antecedents and Consequences of Marketing Managers' Conflict-Handling Behaviors, in: Journal of Marketing, Nr. 1, 64. Jg. (2000), S. 50-66.

Sorg, Mascha: Rationalitätssicherung durch Banken in mittelständischen Unternehmen – Eine empirische Untersuchung der Einflussfaktoren und Auswirkungen, Wiesbaden 2007.

Souder, William E.: Disharmony Between R&D and Marketing, in: Industrial Marketing Management, Nr. 1, 10. Jg. (1981), S. 67-73.

Souder, William E./Chakrabarti, A. K./Bonoma, T. V./Avery, R. W./Cicchinelli, R. D.: An Exploratory Study of the Coordinating Mechanisms Between R&D and Marketing as an Influence on the Innovation Process. Final Report to the National Science Foundation, Washington D. C. 1977.

Spekman, Robert E.: Strategic Supplier Selection: Understanding Long-Term Buyer Relationships, in: Business Horizons, Nr. 4, 31. Jg. (1988), S. 75-81.

Spieker, Marc: Entscheidungsverhalten in Gründerteams – Determinanten, Parameter und Erfolgsauswirkungen, Wiesbaden 2004.

Spillecke, Dennis: Interne Kundenorientierung des Controllerbereichs – Messung – Erfolgsauswirkungen – Determinanten, Wiesbaden 2006.

Spitzenpfeil, Thomas/Lingscheid, Andreas/Renner, Andreas: Controlling in dezentralen Organisationen – Ein Erfahrungsbericht vom Spagat zwischen Zentralismus und Dezentralisierung bei der VAW aluminium AG, in: Controlling, Heft 1, 11. Jg. (1999), S. 29-34.

Staehle, Wolfgang H.: Der situative Ansatz in der Betriebswirtschaftslehre, in: Ulrich, Hans (Hrsg.), Zum Praxisbezug der Betriebswirtschaftslehre in wissenschaftstheoretischer Sicht, Bern 1976, S. 33-50.

Staehle, Wolfgang H.: Management – Eine verhaltenswissenschaftliche Perspektive, 7., überarbeitete Auflage, München 1994.

Staehle, Wolfgang H.: Management – Eine verhaltenswissenschaftliche Perspektive, 8., überarbeitete Auflage, München 1999.

Stank, Theodore P./Daugherty, Patricia J./Ellinger, Alexander E.: Marketing/Logistics Integration and Firm Performance, in: International Journal of Logistics Management, Nr. 1, 10. Jg. (1999), S. 11-24.

Stauss, Bernd/Hentschel, Bert: Die Qualität von Dienstleistungen: Konzeption, Messung und Management, Diskussionsbeiträge der Wirtschaftswissenschaftlichen Fakultät Ingolstadt, Nr. 10, Katholische Universität Eichstätt, Ingolstadt 1990.

Stauss, Bernd/Hentschel, Bert: Dienstleistungsqualität, in: Wirtschaftswissenschaftliches Studium, Nr. 5, 20. Jg. (1991), S. 238-244.

Steinle, Claus: Organisation des Controlling, in: Steinle, Claus/Bruch, Heike (Hrsg.), Controlling – Kompendium für Ausbildung und Praxis, 3. Auflage, Stuttgart 2003, S. 31-47.

Steinle, Claus/Bruch, Heike: Zukunftstrends im Controlling, in: Steinle, Claus/Bruch, Heike (Hrsg.), Controlling – Kompendium für Ausbildung und Praxis, 3. Auflage, Stuttgart 2003, S. 1123-1131.

Steinle, Claus/Thiem, Henning/Dunse, Arnd: Beteiligungs-Controlling – Grundlagen, Realtypen und Gestaltungsempfehlungen, in: Controlling, Heft 3, 10. Jg. (1998), S. 140-149.

Steinle, Claus/Thiem, Henning/Rohden, Holger: Controlling als interne Service-Leistung, in: Controlling, Heft 6, 12. Jg. (2000), S. 281-287.

Steinmann, Horst/Schreyögg, Georg: Management – Grundlagen der Unternehmensführung. Konzepte – Funktionen – Fallstudien, 6., vollständig überarbeitete Auflage, Wiesbaden 2005.

Stephan, Walter G.: Intergroup Relations, in: Lindzey, Gardner/Aronson, Elliot (Hrsg.), Thc Handbook of Social Psychology, Band 2: Special Fields and Applications, 3. Auflage, New York 1985, S. 599-658.

Stevens, James: Applied Multivariate Statistics for the Social Sciences, 3. Auflage, Mahwah 1996.

Stier, Winfried: Empirische Forschungsmethoden, 2., verbesserte Auflage, Berlin et al. 1999.

Stinchcombe, Arthur L.: Bureaucratic and Craft Administration of Production: A Comparative Study, in: Administrative Science Quarterly, Nr. 2, 4. Jg. (1959), S. 168-187.

Stock, Ruth: Erfolgsfaktoren von Teams: Eine Analyse direkter und indirekter Effekte, in: Zeitschrift für Betriebswirtschaft, Nr. 10, 75. Jg. (2005), S. 971-1004.

Stoffel, Kurt: Controllership im internationalen Vergleich, Wiesbaden 1995.

Stohl, Cynthia/Redding, W. Charles: Messages and Message Exchange Processes, in: Jablin, Fredric M./Putnam, Linda L./Roberts, Karlene H./Porter, Lyman W. (Hrsg.), Handbook of Organizational Communication – An Interdisciplinary Perspective, Newbury Park et al. 1987, S. 451-502.

Sydow, Jörg: Strategische Netzwerke – Evolution und Organisation, Nachdruck 1993, Wiesbaden 1992.

Synek, Herbert: Die Organisation des Controlling, in: Eschenbach, Rolf (Hrsg.), Controlling, 2., überarbeitete und erweiterte Auflage, Stuttgart 1996, S. 95-125.

Szyperski, Norbert/Elfgen, Ralph: Das Leistungsangebot der Unternehmensberater – Ergebnisse einer Befragung bei Mitgliedern des BDU und des BVW, Stuttgart 1984.

Szyperski, Norbert/Klaile, Beatrice: Dimensionen der Unternehmensberatung – Hilfen zur Strukturierung und Einordnung von Beratungsleistungen, Köln 1982.

Szyperski, Norbert/Müller-Böling, Detlef: Aufgabenspezialisierung in Planungssystemen – Eine konzeptionelle und empirische Analyse, in: Zeitschrift für Betriebswirtschaftliche Forschung, Nr. 2, 36. Jg. (1984), S. 124-147.

Tajfel, Henri: The Achievement of Group Differentiation, in: Tajfel, Henri (Hrsg.), Differentiation between Social Groups – Studies in the social psychology of intergroup relations, London, New York, San Francisco 1978a, S. 77-98.

Tajfel, Henri: Social Categorization, Social Identity and Social Comparison, in: Tajfel, Henri (Hrsg.), Differentiation between Social Groups – Studies in the social psychology of intergroup relations, London, New York, San Francisco 1978b, S. 61-76.

Tajfel, Henri: Social Psychology of Intergroup Relations, in: Annual Review of Psychology, 33. Jg. (1982), S. 1-39.

Tajfel, Henri/Billig, M. G./Bundy, R. P./Flament, Claude: Social categorization and intergroup behaviour, in: European Journal of Social Psychology, Nr. 2, 1. Jg. (1971), S. 149-178.

Tajfel, Henri/Turner, John C.: An Integrative Theory of Intergroup Conflict, in: Austin, William G./Worchel, Stephen (Hrsg.), The Social Psychology of Intergroup Relations, Monterey 1979, S. 33-47.

Tajfel, Henri/Turner, John C.: The Social Identity Theory of Intergroup Behavior, in: Worchel, Stephen/Austin, William G. (Hrsg.), Psychology of Intergroup Relations, Chicago 1986, S. 7-24.

Theopold, Klaus: Operative Holding, in: Hoffmann, Friedrich (Hrsg.), Konzernhandbuch. Recht – Steuern – Rechnungslegung – Führung – Organisation – Praxisfälle, Wiesbaden 1993, S. 165-233.

Thibaut, John W./Kelley, Harold H.: The Social Psychology of Groups, Nachdruck 1986, New York 1959.

Thiele, Michael: Kernkompetenzorientierte Unternehmensstrukturen – Ansätze zur Neugestaltung von Geschäftsbereichsorganisationen, Wiesbaden 1997.

Thomas, Kenneth W.: Conflict and Conflict Management, in: Dunnette, Marvin D./Hough, Leaetta M. (Hrsg.), Handbook of Industrial and Organizational Psychology, Band 3, Palo Alto 1990a, S. 889-935.

Thomas, Kenneth W.: Conflict and Negotiation Processes in Organizations, in: Dunnette, Marvin D. (Hrsg.), Handbook of Industrial and Organizational Psychology, Palo Alto 1990b.

Thompson, James D.: Organizations in Action – Social Science Bases of Administrative Theory, New York et al. 1967.

Thompson, Ronald L./Higgins, Christopher A./Howell, Jane M.: Influence of Experience on Personal Computer Utilization: Testing a Conceptual Model, in: Journal of Management Information Systems, Nr. 1, 11. Jg. (1994), S. 167-187.

Tjosvold, Dean: Cooperation Theory and Organizations, in: Human Relations, Nr. 9, 37. Jg. (1984), S. 743-767.

Tjosvold, Dean: Implications of Controversy Research for Management, in: Journal of Management, Nr. 3, 11. Jg. (1985), S. 21-37.

Tjosvold, Dean: Cooperative and Competitive Interdependence – Collaboration between Departments to Serve Customers, in: Group & Organization Studies, Nr. 3, 13. Jg. (1988), S. 274-289.

Trilse, Ingo: Weiterentwicklung von Controlling-Bereichen – ein Erfahrungsbericht aus der Bankenpraxis, in: Kostenrechnungspraxis, Heft 2, 45. Jg. (2001), S. 105-109.

Truxius, Dieter: Internationales Beteiligungscontrolling, in: Mayer, Elmar/Liessmann, Konrad/Freidank, Carl-Christian (Hrsg.), Controlling-Konzepte – Werkzeuge und Strategien für die Zukunft, 4., vollständig überarbeitete und erweiterte Auflage, Wiesbaden 1999, S. 173-189.

Tsai, Wenpin: Social Structure of "Coopetition" Within a Multiunit Organization: Coordination, Competition, and Intraorganizational Knowledge Sharing, in: Organization Science, Nr. 2, 13. Jg. (2002), S. 179-190.

Tuominen, Matti/Rajala, Arto/Möller, Kristian: Intraorganizational relationships and operational performance, in: Journal of Strategic Marketing, Nr. 2, 8. Jg. (2000), S. 139-160.

Turner, John C.: The Experimental Social Psychology of Intergroup Behaviour, in: Turner, John C./Giles, Howard (Hrsg.), Intergroup Behavior, Oxford 1981, S. 66-101.

Turner, John C.: Rediscovering the Social Group – A Self-Categorization Theory, Oxford, New York 1987.

Tushman, Michael L.: Special Boundary Roles in the Innovation Process, in: Administrative Science Quarterly, Nr. 4, 22. Jg. (1977), S. 587-605.

Tushman, Michael L./Katz, Ralph: External Communication and Project Performance: An Investigation into the Role of Gatekeepers, in: Management Science, Nr. 11, 26. Jg. (1980), S. 1071-1085.

Udy, Jr., Stanley H.: "Bureaucracy" and "Rationality" in Weber's Organization Theory: An Empirical Study, in: American Sociological Review, Nr. 6, 24. Jg. (1959), S. 791-795.

Utzig, B. Peter: Kundenorientierung strategischer Geschäftseinheiten – Operationalisierung und Messung, Wiesbaden 1997.

Van de Ven, Andrew H./Ferry, Diane L.: Measuring and Assessing Organizations, New York et al. 1980.

Van der Stede, Wim A./Young, S. Mark/Chen, Clara Xiaoling: Assessing the quality of evidence in empirical management accounting research: The case of survey studies, in: Accounting, Organizations and Society, Nr. 7-8, 30. Jg. (2005), S. 655-684.

Vellmann, Karlheinz: Organisation des Controlling in einem Konzern, in: Mayer, Elmar/ Weber, Jürgen (Hrsg.), Handbuch Controlling, Stuttgart 1990, S. 535-563.

Venaik, Sunil/Midgley, David F./Devinney, Timothy M.: Autonomy, Networking and Interunit Learning in a Model of MNC Subsidiary Innovation and Performance, Arbeitspapier, Australian Graduate School of Management, Sydney 2001.

Venkatesh, Viswanath/Morris, Michael G.: Why Don't Men Ever Stop to Ask for Directions? Gender, Social Influence, and Their Role in Technology Acceptance and Usage Behavior, in: MIS Quarterly, Nr. 1, 24. Jg. (2000), S. 115-139.

Victor, Bart/Blackburn, Richard S.: Interdependence: An Alternative Conceptualization, in: Academy of Management Review, Nr. 3, 12. Jg. (1987), S. 486-498.

Voland, Eckart: Konkurrenz in Evolution und Geschichte, in: Jansen, Stephan A./ Schleissing, Stephan (Hrsg.), Konkurrenz und Kooperation – Interdisziplinäre Zugänge zur Theorie der Co-opetition, Marburg 2000, S. 129-173.

Wallenburg, Carl Marcus: Kundenbindung in der Logistik – Eine empirische Untersuchung zu ihren Einflussfaktoren, Bern, Stuttgart, Wien 2004.

Walton, Richard E./Dutton, John M.: The Management of Interdepartmental Conflict: A Model and Review, in: Administrative Science Quarterly, Nr. 1, 14. Jg. (1969), S. 73-84.

Watanabe, Michiko/Yamaguchi, Kazunori: Incomplete Data and the EM Algorithm, in: Watanabe, Michiko/Yamaguchi, Kazunori (Hrsg.), The EM Algorithm and Related Statistical Models, New York, Basel 2004, S. 9-19.

Weber, Jürgen: Bereichscontrolling, in: Wittmann, Waldemar/Kern, Werner/Köhler, Richard/Küpper, Hans-Ulrich/Wysocki, Klaus von (Hrsg.), Handwörterbuch der Betriebswirtschaft, 5., völlig neu gestaltete Auflage, Stuttgart 1993, Sp. 300-312.

Weber, Jürgen: Beteiligungscontrolling – ein zentrales Element erfolgreicher Konzernführung, in: Roth, Armin/Behme, Wolfgang (Hrsg.), Organisation und Steuerung dezentraler Unternehmenseinheiten, Wiesbaden 1997, S. 67-93.

Weber, Jürgen: Controlling – Entwicklungstendenzen und Zukunftsperspektiven, in: Weber, Jürgen/Schäffer, Utz (Hrsg.), Rationalitätssicherung der Führung, Wiesbaden 2001a, S. 233-251.

Weber, Jürgen: Neue Perspektiven des Controlling, in: Weber, Jürgen/Schäffer, Utz (Hrsg.), Rationalitätssicherung der Führung, Wiesbaden 2001b, S. 152-170.

Weber, Jürgen: Vorwort, in: Weber, Jürgen/Kunz, Jennifer (Hrsg.), Empirische Controllingforschung – Begründung – Beispiele – Ergebnisse, Wiesbaden 2003, S. V-VII.

Weber, Jürgen: Einführung in das Controlling, 10., überarbeitete und aktualisierte Auflage, Stuttgart 2004.

Weber, Jürgen: Strategisches Controlling – Wie Controller auf diesem Spielfeld wettbewerbsfähig werden, Weinheim 2005.

Weber, Jürgen: Zum Zusammenspiel von zentralem und dezentralem Controlling, in: Zeitschrift für Controlling und Management, Heft 4, 50. Jg. (2006), S. 211-217.

Weber, Jürgen/Brettel, Malte/Schäffer, Utz: Gedanken zur Unternehmensführung, WHU-Forschungspapier Nr. 35, Wissenschaftliche Hochschule für Unternehmensführung (WHU), Vallendar 1996.

Weber, Jürgen/David, Ulrich/Prenzler, Carsten: Controller Excellence, Vallendar 2001.

Weber, Jürgen/Grothe, Martin/Schäffer, Utz: Mentale Modelle, in: Weber, Jürgen/ Schäffer, Utz (Hrsg.), Rationalitätssicherung der Führung, Wiesbaden 2001, S. 105-111.

Weber, Jürgen/Hirsch, Bernhard/Rambusch, René/Schlüter, Hendrik/Sill, Frauke/Spatz, Almuth: Controlling 2006 – Stand und Perspektiven, Vallendar 2006a.

Weber, Jürgen/Hunold, Claus/Prenzler, Carsten/Thust, Solveig: Controllerorganisation in deutschen Unternehmen, Vallendar 2001.

Weber, Jürgen/Meyer, Matthias/Birl, Holger/Knollmann, Ramon/Schlüter, Hendrik/ Sieber, Carsten: Investitionscontrolling in deutschen Großunternehmen, Weinheim 2006b.

Weber, Jürgen/Schäffer, Utz: Sicherstellung der Rationalität von Führung als Controller-aufgabe?, WHU-Forschungspapier Nr. 49, Wissenschaftliche Hochschule für Unternehmens-führung (WHU), Vallendar 1998.

Weber, Jürgen/Schäffer, Utz: Sicherstellung der Rationalität von Führung als Aufgabe des Controlling?, in: Die Betriebswirtschaft, Heft 6, 59. Jg. (1999), S. 731-747.

Weber, Jürgen/Schäffer, Utz: Balanced Scorecard & Controlling. Implementierung – Nutzen für Manager und Controller – Erfahrungen in deutschen Unternehmen, 3., überarbeitete Auflage, Wiesbaden 2000.

Weber, Jürgen/Schäffer, Utz: Controlling als Koordinationsfunktion – 10 Jahre Küpper/ Weber/Zünd, in: Weber, Jürgen/Schäffer, Utz (Hrsg.), Rationalitätssicherung der Führung, Wiesbaden 2001a, S. 7-24.

Weber, Jürgen/Schäffer, Utz: Controlling durch die Nutzung des fruchtbaren Spannungsverhältnisses von Reflexion und Intuition, in: Weber, Jürgen/Schäffer, Utz (Hrsg.), Rationalitätssicherung der Führung, Wiesbaden 2001b, S. 77-94.

Weber, Jürgen/Schäffer, Utz: Einführung in das Controlling, 11., vollständig überarbeitete Auflage, Stuttgart 2006.

Weber, Jürgen/Schäffer, Utz/Bauer, Michael: Controller & Manager im Team – Neue empirische Erkenntnisse, Vallendar 2000.

Weber, Jürgen/Schäffer, Utz/Langenbach, Wilm: Gedanken zur Rationalitätskonzeption des Controlling, in: Weber, Jürgen/Schäffer, Utz (Hrsg.), Rationalitätssicherung der Führung, Wiesbaden 2001, S. 46-76.

Weber, Jürgen/Schäffer, Utz/Prenzler, Carsten: Charakterisierung und Entwicklung von Controlleraufgaben, in: Weber, Jürgen/Schäffer, Utz (Hrsg.), Rationalitätssicherung der Führung, Wiesbaden 2001, S. 131-151.

Weber, Max: Wirtschaft und Gesellschaft – Grundriss der verstehenden Soziologie, 5., revidierte Auflage, Tübingen 1972.

Weinkauf, Katharina/Högl, Martin/Gemünden, Hans Georg/Hölzle, Katharina: Zusammenarbeit zwischen organisatorischen Gruppen: Ein Literaturüberblick über die

Intergroup Relations-, Schnittstellen- und Boundary Spanning-Forschung, in: Journal für Betriebswirtschaft, Nr. 2, Band 55 (2005), S. 85-111.

Weinrauch, J. Donald/Anderson, Richard: Conflicts Between Engineering and Marketing Units, in: Industrial Marketing Management, Nr. 4, 11. Jg. (1982), S. 291-301.

Welge, Martin K.: Profit-Center-Organisation – Organisatorische Analyse von Strukturbewertungsproblemen in funktionalen und profit-center-orientierten Organisationen, Wiesbaden 1975.

Welge, Martin K.: Unternehmensführung, Band 1: Planung, Stuttgart 1985.

Welge, Martin K.: Unternehmensführung, Band 3: Controlling, Stuttgart 1988.

Welge, Martin K.: Organisation des Controlling, in: Controlling, Heft 3, 1. Jg. (1989), S. 140-149.

Werdich, Hans: Finanzholding, in: Hoffmann, Friedrich (Hrsg.), Konzernhandbuch. Recht – Steuern – Rechnungslegung – Führung – Organisation – Praxisfälle, Wiesbaden 1993, S. 307-345.

Wheaton, Blair/Muthén, Bengt/Alwin, Duane F./Summers, Gene F.: Assessing Reliability And Stability In Panel Models, in: Heise, David R. (Hrsg.), Sociological Methodology 1977, San Francisco, Washington, London 1977, S. 84-136.

Widmer Gysel, Rosmarie: Controlling in internationalen, dezentralen Konzernstrukturen, in: Controller-Magazin, Heft 5, 20. Jg. (1995), S. 298-306.

Wiendieck, Gerd: Teamarbeit, in: Frese, Erich (Hrsg.), Handwörterbuch der Organisation, 3., völlig neu gestaltete Auflage, Stuttgart 1992, Sp. 2375-2384.

Wild, Jürgen: Grundlagen der Unternehmensplanung, 4. Auflage, Opladen 1982.

Wilensky, Harold L.: Organizational Intelligence – Knowledge and Policy in Government and Industry, New York 1967.

Willauer, Bianca: Consensus as Key Success Factor in Strategy-Making, Wiesbaden 2005.

Williams, Kathy: Are controllers really becoming business partners?, in: Strategic Finance, Nr. 11, Band 81 (2000), S. 25-30.

Williams, Larry J./Edwards, Jeffrey R./Vandenberg, Robert J.: Recent Advances in Causal Modeling Methods for Organizational and Management Research, in: Journal of Management, Nr. 6, 29. Jg. (2003), S. 903-936.

Wilson, David T.: An Integrated Model of Buyer-Seller Relationships, in: Journal of the Academy of Marketing Science, Nr. 4, 23. Jg. (1995), S. 335-345.

Winklhofer, Heidi M./Diamantopoulos, Adamantios: Managerial Evaluation of Sales Forecasting Effectiveness: A MIMIC Modeling Approach, in: International Journal of Research in Marketing, Nr. 2, 19. Jg. (2002), S. 151-166.

Winter, Robert: Zentrales Controlling und Bereichs-Controlling in Versicherungen auf der Grundlage eines generischen Produktkonzepts, Arbeitspapier-Nr. 04-95, Institut für Wirtschaftsinformatik, Johann Wolfgang Goethe-Universität Frankfurt am Main, Frankfurt am Main 1995.

Winterstein, Hans: Kooperative Kommunikation, in: Spieß, Erika/Nerdinger, Friedemann W. (Hrsg.), Kooperation in Unternehmen, München, Mering 1998, S. 143-164.

Wirz, Wilhelm: Zur Logik des Qualitätsbegriffs, in: Jahrbücher für Nationalökonomie und Statistik, Teil I, Band 104 (1915), S. 1-11.

Wohlgemuth, André C.: Führung im Dienstleistungsbereich. Interaktionsintensität und Produktionsstandardisierung als Basis einer neuen Typologie, in: Zeitschrift für Führung und Organisation, Nr. 5, 58. Jg. (1989), S. 339-345.

Wold, Herman O. A.: Estimation of Principal Components and Related Models by Iterative Least Squares, in: Krishnaiah, Paruchuri R. (Hrsg.), Multivariate Analysis – Proceedings of an International Symposium Held in Dayton, Ohio, June 14-19, 1965, New York 1966a, S. 391-420.

Wold, Herman O. A.: Nonlinear Estimation by Partial Least Squares Procedures, in: David, Florence N. (Hrsg.), Research Papers in Statistics – Festschrift for J. Neyman, New York 1966b, S. 411-444.

Wold, Herman O. A.: Introduction to the Second Generation of Multivariate Analysis, in: Wold, Herman O. A. (Hrsg.), Theoretical Empiricism – A General Rationale for Scientific Model-Building, New York 1989, S. VIII-XL.

Wolf, Joachim: Organisation, Management, Unternehmensführung – Theorien und Kritik, 2., aktualisierte Auflage, Wiesbaden 2005.

Wood, Stephen: A Reappraisal of the Contingency Approach to Organization, in: Journal of Management Studies, Nr. 3, 16. Jg. (1979), S. 334-354.

Wrzesniewski, Amy/Dutton, Jane E.: Crafting A Job: Revisioning Employees As Active Crafters Of Their Work, in: Academy of Management Review, Nr. 2, 26. Jg. (2001), S. 179-201.

Wunderer, Rolf: Zusammenarbeit zwischen Organisationseinheiten – Zur Analyse von Grundmustern lateraler Kooperationsbeziehungen, in: Probst, Gilbert J. B./Siegwart, Hans (Hrsg.), Integriertes Management – Bausteine des systemorientierten Managements, Bern, Stuttgart 1985, S. 509-527.

Wunderer, Rolf: Laterale Kooperation als Selbststeuerungs- und Führungsaufgabe, in: Wunderer, Rolf (Hrsg.), Kooperation – Gestaltungsprinzipien und Steuerung der Zusammenarbeit zwischen Organisationseinheiten, Stuttgart 1991, S. 205-219.

Wunderer, Rolf/Walser, Fredy: Laterale Kooperation zwischen Marketing und F+E – ein strategisches Innovationspotential, in: Belz, Christian (Hrsg.), Realisierung des Marketing – Marketing in unterschiedlichen Situationen von Märkten und Unternehmen, Savosa, St. Gallen 1986, S. 229-250.

Xie, Jinhong/Song, X. Michael/Stringfellow, Anne: Interfunctional Conflict, Conflict Resolution Styles, and New Product Success: A Four-Culture Comparison, in: Management Science, Nr. 12, 44. Jg. (1998), S. S192-S206.

Xie, Jinhong/Song, X. Michael/Stringfellow, Anne: Antecedents and Consequences of Goal Incongruity on New Product Development in Five Countries: A Marketing View, in: Journal of Product Innovation Management, Nr. 3, 20. Jg. (2003), S. 233-250.

Yamaguchi, Kazunori/Watanabe, Michiko: Statistical Models and the EM Algorithm, in: Watanabe, Michiko/Yamaguchi, Kazunori (Hrsg.), The EM Algorithm and Related Statistical Models, New York, Basel 2004, S. 21-36.

Yasai-Ardekani, Masoud: Effects of Environmental Scarcity And Munificence On The Relationship Of Context To Organizational Structure, in: Academy of Management Journal, Nr. 1, 32. Jg. (1989), S. 131-156.

Zeithaml, Valarie A./Parasuraman, A./Berry, Leonard L.: Problems and Strategies in Services Marketing, in: Journal of Marketing, Nr. 2, 49. Jg. (1985), S. 33-46.

Zerr, Konrad: Online-Marktforschung – Erscheinungsformen und Nutzenpotentiale, in: Theobald, Axel/Dreyer, Marcus/Starsetzki, Thomas (Hrsg.), Online-Marktforschung – Theoretische Grundlagen und praktische Erfahrungen, 2., vollständig überarbeitete und erweiterte Auflage, Wiesbaden 2003, S. 7-26.

Zillmann, Dolf: Cognition-Excitation Interdependencies in Aggressive Behavior, in: Aggressive Behavior, Nr. 1, 14. Jg. (1988), S. 51-64.

Zimmermann, Peter: Innerbetriebliche Weiterbildung von Führungskräften – Eine Systematisierung der betriebswirtschaftlichen Probleme anhand eines integrierten Lösungsansatzes, Bern, Stuttgart 1979.

Zucker, Lynne G.: Production Of Trust: Institutional Sources Of Economic Structure, 1840-1920, in: Research in Organizational Behavior, 8. Jg. (1986), S. 53-111.

Zünd, André: Kontrolle und Revision in der multinationalen Unternehmung, Bern, Stuttgart 1973.

Kolibri 360 GmbH
Ferdinand-Jühlke-Straße 7
99095 Erfurt, Deutschland
produktsicherheit@kolibri360.de